2026

한국사
능력검정시험
심화
기출유형
500제

한국사능력검정 연구회

2026
한국사능력검정시험
심화대비 기출유형 500제

인쇄일 2026년 1월 1일 4판 1쇄 인쇄　　**발행처** 시스컴 출판사
발행일 2026년 1월 5일 4판 1쇄 발행　　**발행인** 송인식
등　록 제17-269호　　　　　　　　　　**지은이** 한국사능력검정 연구회
판　권 시스컴2026

ISBN 979-11-6941-830-0 13910
정　가 19,000원

주소 서울시 금천구 가산디지털1로 225, 513호(가산포휴)　|　**홈페이지** www.nadoogong.com
E-mail siscombooks@naver.com　|　**전화** 02)866-9311　|　Fax 02)866-9312

발간 이후 발견된 정오 사항은 홈페이지 도서 정오표에서 알려드립니다(홈페이지→자격증→도서 정오표).

이 책의 무단 복제, 복사, 전재 행위는 저작권법에 저촉됩니다. 파본은 구입처에서 교환하실 수 있습니다.

머리말

역사는 시대의 거울이자 과거와 현재의 생생한 기록이다. 그러나 아직까지도 역사를 과거의 전유물로 인식하는 사람들이 많고, 주변 국가들은 역사 교과서를 왜곡하고 심지어 역사 전쟁을 도발하고 있다. 한국사의 위상 제고가 시급한 실정에서, 우리가 살아온 발자취와 삶의 다양한 흔적을 담고 있는 역사를 올바르게 아는 것은 매우 중요한 일이다.

국사편찬위원회가 주관하는 한국사능력검정시험은 우리 역사에 대한 관심을 제고하고 한국사에 대한 폭넓고 올바른 지식을 공유함으로써 균형 잡힌 역사의식을 갖도록 하는 것을 목적으로 한다. 이를 위해 한국사능력검정시험은 역사에 대한 기본 지식의 습득과 적용, 보다 수준 높은 역사 지식의 이해와 창의적 문제 해결 능력의 함양 등을 평가기준으로 하여 문항을 구성하고 있다.

이 책은 국사편찬위원회가 주관하는 '한국사능력검정시험(심화)'의 50가지 기출테마와 상세한 해설을 수록하여 수험생들이 단시간 내에 문제를 충실하게 이해하고, 보다 효과적으로 시험을 대비할 수 있도록 돕고자 출간되었다. 구체적으로는 다음과 같은 특징을 지니고 있다.

첫째, 달달 외우는 핵심 키워드 : 시험에 나오는 카드식 핵심 키워드만 달달 외워 학습 효과를 극대화 하도록 하였다.

둘째, 달달 외우는 빈출 선지 : 시험에 반복적으로 출제되는 빈출 선지 문항만 달달 외워 문항 인지 속도를 빠르게 학습하도록 하였다.

셋째, 그림 외우는 문화유산 : 시험에 반복적으로 출제되는 시대별 문화유산을 썸네일을 통해 직접 눈으로 익히도록 하였다.

본서는 단기간에 한국사능력검정시험 심화 과정에 합격하고자 하는 수험생들에게 최적의 교재가 되길 바라는 마음으로 출간되었다. 이 책과 함께한 수험생 모두에게 좋은 결과가 있기를 바란다.

시험 안내

1 한국사능력검정시험이란?

한국사능력검정시험은 우리 역사에 관한 패러다임의 혁신과 한국사 교육의 위상을 강화하기 위하여 국사편찬위원회에서 주관하고 시행하는 시험이다. 국사편찬위원회는 우리 역사에 대한 관심을 제고하고, 한국사 전반에 걸쳐 역사적 사고력을 평가하는 다양한 유형의 문항을 개발하고 있다. 이를 통해 한국사 교육의 올바른 방향을 제시하고, 자발적 역사학습을 통해 고차원적 사고력과 문제해결 능력을 배양하고자 한다.

2 한국사능력검정시험의 목적

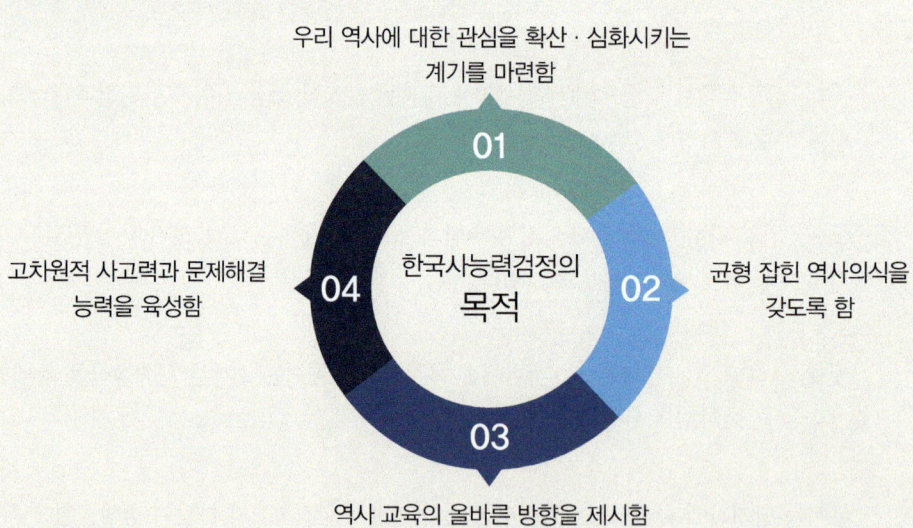

3 한국사능력검정시험의 응시 대상

- 한국사에 관심 있는 대한민국 국민 (외국인도 가능)
- 한국사 학습자
- 상급 학교 진학 희망자
- 공공기관이나 기업체 취업 및 해외 유학 희망자 등

4 한국사능력검정시험의 출제 유형

역사 지식의 이해	역사 탐구에 필요한 기본적인 지식, 즉 역사적 사실·개념·원리 등의 이해 정도를 묻는 영역이다.
연대기의 파악	역사의 연속성과 변화 및 발전을 이해하고 있는지를 묻는 영역이다. 역사 사건이나 상황을 시대순으로 정확하게 이해하고 인과 관계를 파악할 수 있는가를 묻는다.
역사 상황 및 쟁점의 인식	제시된 자료에서 해결해야 할 구체적 역사 상황과 핵심적인 논쟁점, 주장 등을 찾을 수 있는지를 묻는 영역이다. 문헌 자료, 도표, 사진 등의 형태로 주어진 자료에서 해결해야 할 과제를 포착하거나 변별해내는 능력이 있는지를 측정한다.
역사 자료의 분석 및 해석	자료에 나타난 정보를 해석하여 그 의미를 파악할 수 있는가를 묻는 영역이다. 정보의 분석을 바탕으로 자료의 시대적 배경과 사회적 의미를 해석할 수 있는가를 측정한다.
역사 탐구의 설계 및 수행	제시된 문제의 성격과 목적을 고려하여 절차와 방법에 따라 역사 탐구를 설계하고 수행할 수 있는 능력이 있는가를 묻는 영역이다.
결론의 도출 및 평가	주어진 자료의 타당성을 판별하고, 여러 자료를 종합하여 결론을 도출할 수 있는가를 묻는 영역이다.

5 한국사능력검정시험의 특징

한국사능력검정시험은 한 나라의 국민으로서 가져야 하는 기본적인 역사적 소양을 측정하고, 역사에 대한 전 국민적 공감대를 형성하기 위한 시험으로 다음과 같은 특징을 갖고 있다.

한국사 학습능력을 측정할 수 있는 대표적인 시험이다.

한국사 전반에 걸친 지식을 폭넓게 이해할 수 있는 시험으로서, 역사를 올바르게 이해할 수 있도록 심층적인 지식을 제공한다.

응시자의 계층이 매우 다양하다.

한국사능력검정시험은 입시생이나 각종 채용 시험과 같은 동일한 집단이 아니라, 다양한 연령층과 직업군을 가진 사람들이 응시하고 있다. 한국사에 대한 관심과 애정만 있다면 응시자의 학력수준이나 연령 등은 더욱 다양해질 것이다.

국가기관인 국사편찬위원회가 주관한다.

국사편찬위원회는 우리 역사에 대한 자료를 관장하고 있는 교육부 직속 기관이다. 한국사능력검정시험은 우리나라 역사에 관한 자료를 조사·연구·편찬하는 국사편찬위원회가 주관·시행을 함으로써, 수준 높고 참신한 문항과 공신력 있는 관리를 통해 안정적인 시험 운영을 하고 있다.

참신한 문항 개발에 노력하고 있다.

매회 시험마다 단순 암기 위주의 보편적인 문항보다는, 다양한 영역에서 여러 접근 방법을 통해 풀 수 있는 참신한 문항을 새로 개발하고 있다. 또한 탐구력을 증진할 수 있는 문항 개발을 통해 기존 시험의 틀을 탈피하려고 노력하고 있다.

'선발 시험'이 아니라 '인증 시험'이다.

합격의 당락을 결정하는 선발 시험의 성격이 아니라, 한국사의 학습 능력을 인증하는 시험이다.

6 응시자 유의사항

- 입실 시간 및 고사실 확인
  - 시험 당일 고사실 입실은 08:30 부터 10:00 까지 가능하다(10시부터 고사실이 있는 건물의 출입문 통제).
  - 오전 10시 20분(시험 시작) 이후에는 고사실(교실)에 들어갈 수 없다.
  - 시험장을 착오한 응시생은 시험에 응시할 수 없다.
  - 수험번호대로 고사실의 지정된 자리에 앉아 응시해야 한다.

- 시험 진행 중 유의사항
  - 시험 시간 중에는 신분증과 수험표를 자기 책상의 좌측 상단에 놓아야 한다.
  - 시험 종료 15분 전까지는 퇴실할 수 없다.
  - 시험 중 퇴실할 경우에는 답안지를 감독관에게 직접 제출하며 다른 응시자에게 방해가 되지 않도록 조용히 퇴실해야 한다.
  - 시험 도중 화장실 이용 등으로 부득이하게 고사실을 출입할 상황 발생시에는 복도감독관의 인솔 하에 이동하여야 한다.

7 평가 내용

시험 종류	평가 내용
심화	한국사 심화과정으로서 한국사에 대한 체계적인 이해를 바탕으로 한국사의 주요 사건과 개념을 종합적으로 이해하고, 역사 자료를 분석하고 해석하는 능력, 한국사의 흐름 속에서 시대적 상황 및 쟁점을 파악하는 능력을 평가
기본	한국사 기본과정으로서 기초적인 역사 상식을 바탕으로 한국사의 필수 지식과 기본적인 흐름을 이해하는 능력을 평가

8 한국사능력검정시험의 시험 종류 및 인증 등급

시험 종류	심화	기본
인증 등급	1급(80점 이상) 2급(70점~79점) 3급(60점~69점)	4급(80점 이상) 5급(70점~79점) 6급(60점~69점)
문항 수	50문항(5지 택 1형)	50문항(4지 택 1형)

※ 100점 만점(문항별 1점~3점 차등배점)

9 한국사능력검정시험의 활용 및 특전

- 2급 이상 합격자에 한해 인사혁신처에서 시행하는 5급 국가공무원 공개경쟁채용시험 및 외교관후보자 선발시험에 응시자격 부여
- 한국사능력검정시험 3급 이상 합격자에 한해 교원임용시험 응시자격 부여
- 국비 유학생, 해외 파견 공무원, 이공계 전문연구요원(병역) 선발 시 한국사 시험을 한국사능력검정시험 3급 이상 합격으로 대체
- 2급 이상 합격자에 한해 인사혁신처 시행 지역인재 7급 수습직원 선발시험에 추천 자격요건 부여
- 공무원 경력경쟁채용시험 가산점 부여
- 4대 사관학교(공군·육군·해군·국군간호사관학교) 입시 가산점 부여
- 군무원 경력경쟁채용시험에서 한국사 과목을 한국사능력검정시험으로 대체
- 일부 공기업 및 민간기업의 직원 채용이나 승진 시 반영
- 경찰청 및 해양경찰청 순경 등 공개경쟁채용시험에서 한국사 과목을 한국사능력검정시험으로 대체

10 시험 시간

시험 종류	시간	내용	소요 시간
심화	10:00~10:10	오리엔테이션(시험시 주의 사항)	10분
	10:10~10:15	신분증 확인(감독관)	5분
	10:15~10:20	문제지 배부	5분
	10:20~11:40	시험 실시(50문항) ※ 파본 확인	80분
기본	10:00~10:10	오리엔테이션(시험시 주의 사항)	10분
	10:10~10:15	신분증 확인(감독관)	5분
	10:15~10:20	문제지 배부	5분
	10:20~11:30	시험 실시(50문항) ※ 파본 확인	70분

한국사능력검정 시험과 관련된 각종 수험정보는 위의 내용과 다르게 변경될 수 있으므로, 시험 주관처의 홈페이지(www.historyexam.go.kr)에서 꼭 확인하시기 바랍니다.

구성과 특징

한국사능력검정시험 기출유형 500제

① 기출테마 50
시험에 출제되는 50가지 유형의 기출테마를 시대별로 묶어 문제의 유형을 파악한다.

② 달달 외우는 핵심 키워드
시험에 나오는 카드식 핵심 키워드만 달달 외워 학습 효과를 극대화 한다.

③ 달달 외우는 빈출 선지
시험에 반복적으로 출제되는 빈출 선지 문항만 달달 외워 문항 인지 속도를 빠르게 한다.

④ 그림 외우는 문화유산
시험에 반복적으로 출제되는 시대별 문화유산을 썸네일을 통해 직접 눈으로 익힌다.

⑤ 기출테마별 문제 유형
동일 유형의 기출 문제를 반복 수록하여 테마별 실전 응용력을 키운다.

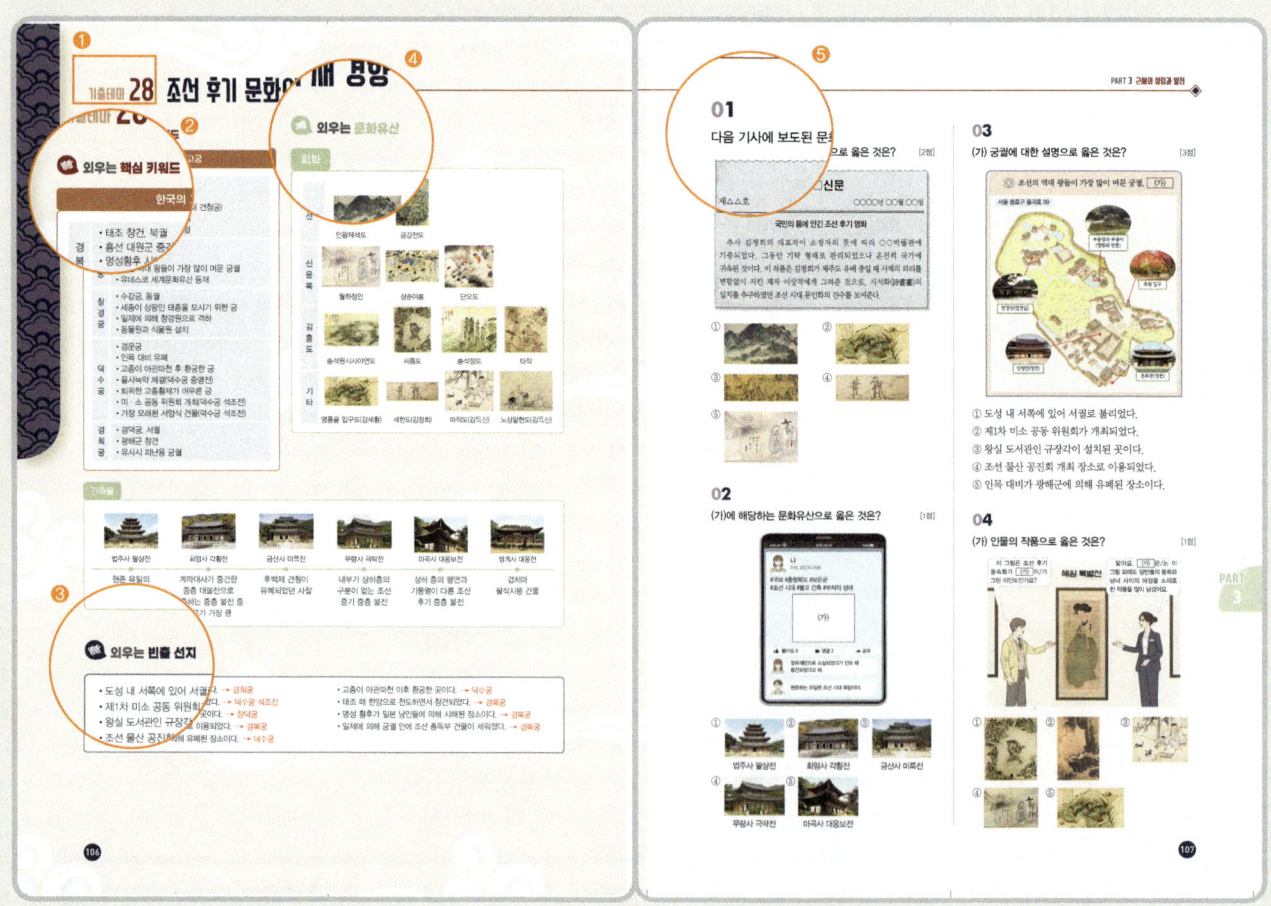

정답 및 해설

① 문항별 주제
출제의도를 파악함으로써 문제의 본질을 파악하기!

② 암기박사
이것만 알면 정답이 보인다! 정답을 여는 핵심 Key!

③ 정답 해설
군더더기 없는 깔끔한 해설로 문제 완전 정복

④ 오답 해설
오답 선택지의 상세한 해설로 핵심 이론 간파!

⑤ 핵심노트
문제와 관련한 심화 학습을 통해 고득점을 향해 한 발짝 나아가기!

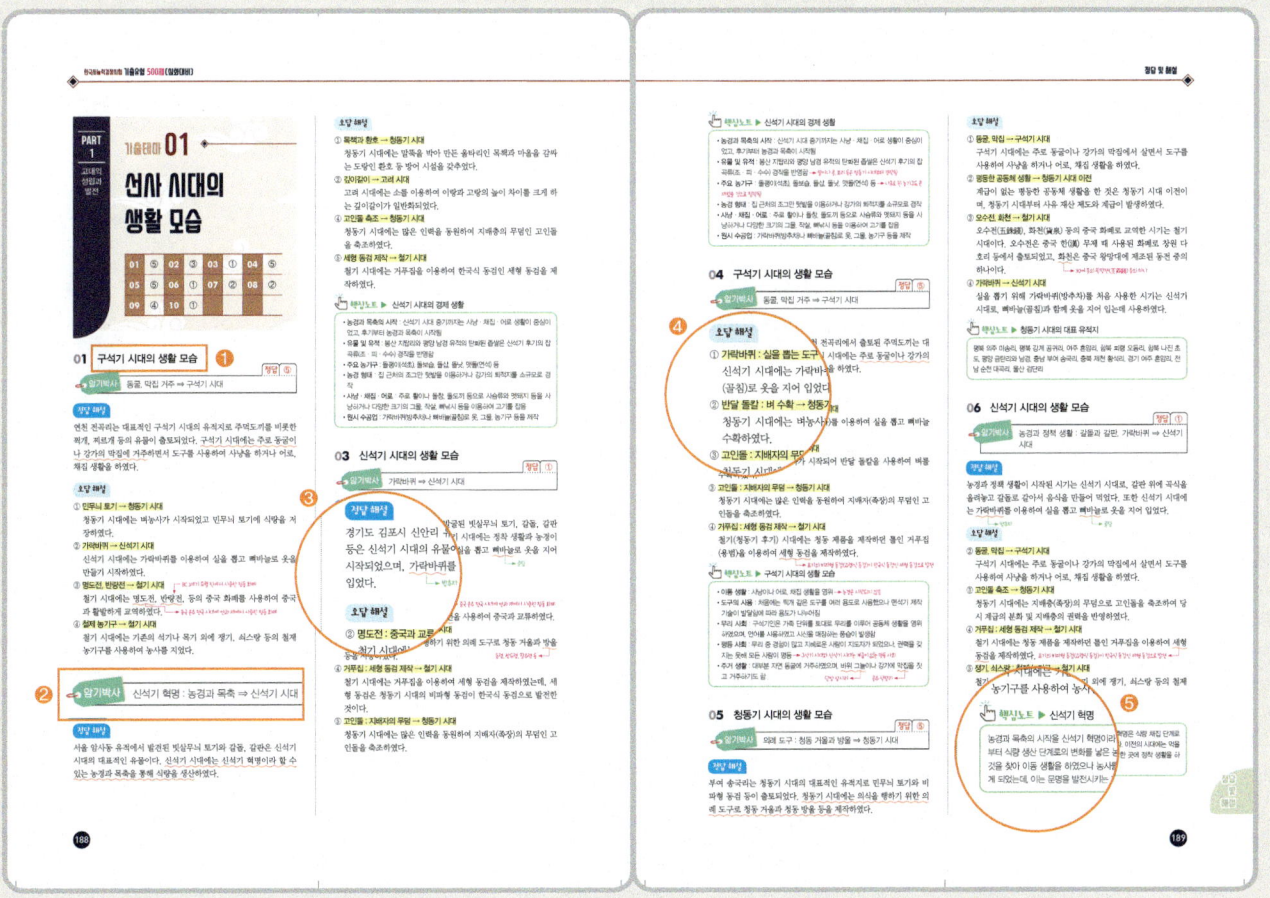

문제편 목차

[문제편]

PART 1 고대의 성립과 발전

01	선사 시대의 생활 모습	16
02	고조선과 초기 국가의 형성	19
03	삼국의 성립과 발전	22
04	삼국의 문화유산	25
05	가야 연맹과 문화	29
06	신라의 삼국 통일	32
07	통일 신라의 체제	35
08	발해의 건국과 발전	38
09	신라 하대와 후삼국 성립	41

PART 2 중세의 성립과 발전

10	고려의 후삼국 통일과 성립	46
11	문벌 귀족 사회의 동요와 무신 정권	50
12	고려의 대외 관계	53
13	원 간섭기와 공민왕의 개혁	56
14	고려의 경제와 사회 모습	59
15	고려의 학문과 사상	62
16	고려의 문화유산	66
17	우리 지역의 역사	69

PART 3 근세의 성립과 발전

18	조선 건국과 국가 기반 확립	74
19	조선 전기 통치 제제 정비	77
20	사화의 발생과 붕당 형성	80
21	조선 전기의 대외 관계	83
22	조선 전기의 문화와 과학 기술	86
23	붕당 정치의 변질	90
24	영조·정조의 탕평 정치	93
25	세도 정치기의 사회 혼란	96
26	조선 후기 실학과 국학	99
27	조선 후기의 사회·경제 모습	103
28	조선 후기 문화의 새 경향	106

PART 4 근대의 변화와 흐름

29	흥선 대원군의 정책	112
30	일본 및 서양과의 조약 체결	115
31	개화사상과 위정척사 운동	118
32	임오군란과 갑신정변	121
33	동학 농민 운동의 전개	124
34	갑오개혁과 을미개혁	127
35	독립 협회와 대한 제국	130
36	항일 의병과 애국 계몽 운동	133
37	열강의 이권 침탈과 경제 구국 운동	136
38	근대 문물의 수용 및 발전	139

PART 5 일제 강점기 독립 운동

39	일제의 국권 침탈	144
40	일제의 식민 통치	147
41	1910년대 민족 운동	150
42	3·1 운동과 대한민국 임시 정부	153
43	항일 운동과 의열 투쟁	156
44	1920~1940년대 무장 독립 전쟁	159
45	실력 양성 및 사회적 민족 운동	163
46	사회주의 운동과 민족 문화 수호 운동	166

PART 6 현대 사회의 발전

47	대한민국 정부 수립과 6·25 전쟁	172
48	민주화 운동과 항쟁	176
49	이승만 정부 ~ 전두환 정부	180
50	노태우 정부 ~ 현 정부	184

해설편 목차

[해설편]

PART 1 고대의 성립과 발전

01	선사 시대의 생활 모습	188
02	고조선과 초기 국가의 형성	191
03	삼국의 성립과 발전	195
04	삼국의 문화유산	198
05	가야 연맹과 문화	201
06	신라의 삼국 통일	204
07	통일 신라의 체제	207
08	발해의 건국과 발전	210
09	신라 하대와 후삼국 성립	213

PART 2 중세의 성립과 발전

10	고려의 후삼국 통일과 성립	216
11	문벌 귀족 사회의 동요와 무신 정권	219
12	고려의 대외 관계	221
13	원 간섭기와 공민왕의 개혁	224
14	고려의 경제와 사회 모습	228
15	고려의 학문과 사상	231
16	고려의 문화유산	234
17	우리 지역의 역사	237

PART 3 근세의 성립과 발전

18	조선 건국과 국가 기반 확립	240
19	조선 전기 통치 제제 정비	243
20	사화의 발생과 붕당 형성	246
21	조선 전기의 대외 관계	250
22	조선 전기의 문화와 과학 기술	253
23	붕당 정치의 변질	257
24	영조·정조의 탕평 정치	260
25	세도 정치기의 사회 혼란	263
26	조선 후기 실학과 국학	266
27	조선 후기의 사회·경제 모습	270
28	조선 후기 문화의 새 경향	273

PART 4 근대의 변화와 흐름

29	흥선 대원군의 정책	276
30	일본 및 서양과의 조약 체결	279
31	개화사상과 위정척사 운동	282
32	임오군란과 갑신정변	285
33	동학 농민 운동의 전개	288
34	갑오개혁과 을미개혁	291
35	독립 협회와 대한 제국	293
36	항일 의병과 애국 계몽 운동	296
37	열강의 이권 침탈과 경제 구국 운동	299
38	근대 문물의 수용 및 발전	302

PART 5 일제 강점기 독립 운동

39	일제의 국권 침탈	306
40	일제의 식민 통치	309
41	1910년대 민족 운동	312
42	3·1 운동과 대한민국 임시 정부	315
43	항일 운동과 의열 투쟁	318
44	1920~1940년대 무장 독립 전쟁	321
45	실력 양성 및 사회적 민족 운동	324
46	사회주의 운동과 민족 문화 수호 운동	327

PART 6 현대 사회의 발전

47	대한민국 정부 수립과 6·25 전쟁	331
48	민주화 운동과 항쟁	334
49	이승만 정부 ~ 전두환 정부	338
50	노태우 정부 ~ 현 정부	341

| 문제편 |

PART 1
고대의 성립과 발전

기출테마 01 선사 시대의 생활 모습
기출테마 02 고조선과 초기 국가의 형성
기출테마 03 삼국의 성립과 발전
기출테마 04 삼국의 문화유산
기출테마 05 가야 연맹과 문화
기출테마 06 신라의 삼국 통일
기출테마 07 통일 신라의 체제
기출테마 08 발해의 건국과 발전
기출테마 09 신라 하대와 후삼국 성립

기출테마 01 선사 시대의 생활 모습

외우는 핵심 키워드

구석기 시대	신석기 시대	청동기 시대	철기 시대
• 연천 전곡리 유적 • 공주 석장리 유적 • 단양 수양개 유적 • 예천 삼강리 유적 • 동굴, 막집 거주 • 사냥과 채집 생활 • 주먹도끼, 찍개, 슴베찌르개 • 계급 없는 평등한 공동체 생활	• 제주 고산리 유적 • 김포 신안리 유적 • 신석기 혁명 : 농경과 목축 • 움집에서의 정착 생활 • 빗살무늬 토기 • 가락바퀴와 뼈바늘 • 갈돌과 갈판 • 계급 없는 평등한 공동체 생활	• 부여 송국리 유적 • 여주 흔암리 유적 • 민무늬 토기 • 고인돌 • 반달 돌칼 • 거푸집 : 비파형 동검 제작 • 청동 거울, 청동 방울 • 권력을 가진 지배자 처음 출현, 계급 발생	• 쟁기, 쇠스랑 • 명도전, 반량전 • 오수전, 화천 • 거푸집 : 세형 동검 제작 • 철제 무기 : 부족 간의 전쟁

외우는 빈출 선지

- 농경과 목축을 시작하여 식량을 생산하였다. → 신석기 시대
- 명도전, 반량전 등의 화폐가 유통되었다. → 철기 시대
- 주로 동굴이나 강가의 막집에 거주하였다. → 구석기 시대
- 빗살무늬 토기를 만들어 식량을 저장하였다. → 신석기 시대
- 가락바퀴를 이용하여 실을 뽑았다. → 신석기 시대
- 반달 돌칼을 사용하여 벼를 수확하였다. → 청동기 시대
- 계급이 없는 평등한 공동체 생활을 하였다. → 청동기 시대 이전
- 오수전, 화천 등의 중국 화폐로 교역하였다. → 철기 시대
- 의례 도구로 청동 거울과 청동 방울 등을 제작하였다. → 청동기 시대
- 지배층의 무덤으로 고인돌을 축조하였다. → 청동기 시대
- 거푸집을 이용하여 세형 동검을 제작하였다. → 철기 시대
- 쟁기, 쇠스랑 등의 철제 농기구를 사용하였다. → 철기 시대
- 거푸집을 이용하여 청동 무기를 제작하였다. → 청동기 시대
- 대표적인 도구로 주먹도끼, 찍개 등을 제작하였다. → 구석기 시대
- 민무늬 토기에 식량을 저장하였다. → 청동기 시대
- 목책과 환호 등 방어 시설을 갖추었다. → 청동기 시대

01

밑줄 그은 '이 시대'의 생활 모습으로 옳은 것은? [1점]

① 민무늬 토기에 식량을 저장하였다.
② 가락바퀴를 이용하여 실을 만들었다.
③ 명도전, 반량전 등 화폐를 사용하였다.
④ 철제 농기구를 사용하여 농사를 지었다.
⑤ 주로 동굴이나 강가의 막집에 거주하였다.

02

(가) 시대의 생활 모습으로 가장 적절한 것은? [1점]

올해는 서울 암사동 유적 발견 100주년입니다. 1925년 을축년 대홍수로 우연히 모습이 드러난 이 유적은 수차례 발굴 과정에서 (가) 시대의 대표적 유물인 빗살무늬 토기와 갈돌, 갈판이 출토되고, 유구인 집터가 발견되었습니다.

서울 암사동 유적 발견 100주년 맞아

① 목책과 환호 등 방어 시설을 갖추었다.
② 소를 이용한 깊이갈이가 일반화되었다.
③ 농경과 목축을 통해 식량을 생산하였다.
④ 지배층의 무덤으로 고인돌을 축조하였다.
⑤ 거푸집을 이용하여 세형 동검을 제작하였다.

03

(가) 시대의 생활 모습으로 옳은 것은? [1점]

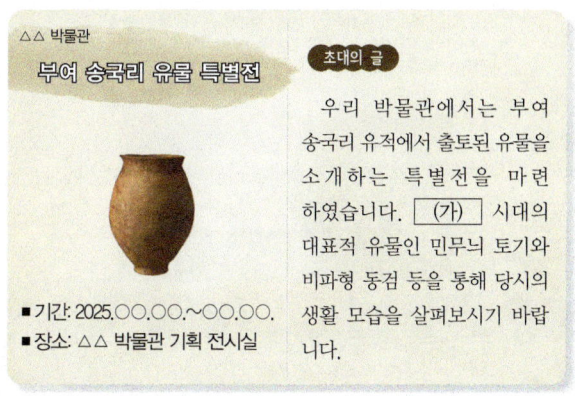

① 가락바퀴를 이용하여 실을 뽑았다.
② 명도전을 사용하여 중국과 교류하였다.
③ 의례 도구로 청동 방울 등을 사용하였다.
④ 거푸집을 이용하여 세형 동검을 제작하였다.
⑤ 많은 인력을 동원하여 고인돌을 축조하였다.

04

(가) 시대의 생활 모습으로 옳은 것은? [1점]

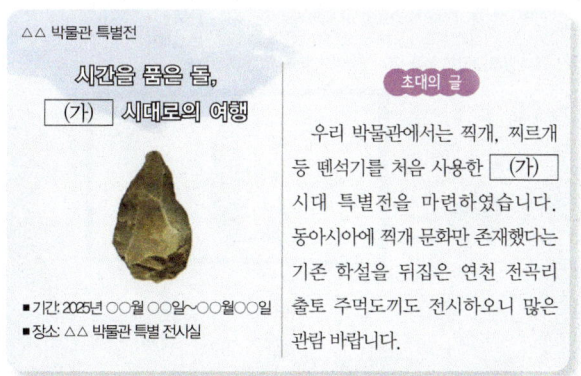

① 가락바퀴를 이용하여 실을 뽑았다.
② 반달 돌칼을 사용하여 벼를 수확하였다.
③ 많은 인력을 동원하여 고인돌을 축조하였다.
④ 거푸집을 이용하여 세형 동검을 제작하였다.
⑤ 주로 동굴이나 강가의 막집에서 거주하였다.

05

(가) 시대의 생활 모습으로 옳은 것은? [1점]

① 주로 동굴이나 강가의 막집에서 살았다.
② 계급이 없는 평등한 공동체 생활을 하였다.
③ 오수전, 화천 등의 중국 화폐로 교역하였다.
④ 실을 뽑기 위해 가락바퀴를 처음 사용하였다.
⑤ 의례 도구로 청동 거울과 청동 방울 등을 제작하였다.

06

(가) 시대의 생활 모습으로 옳은 것은? [1점]

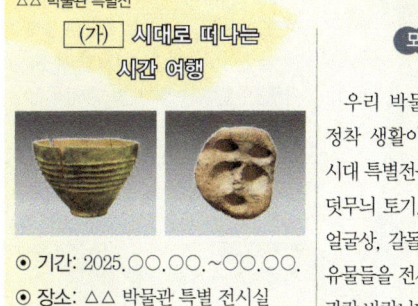

① 가락바퀴를 이용하여 실을 뽑았다.
② 주로 동굴이나 강가의 막집에서 살았다.
③ 지배층의 무덤으로 고인돌을 축조하였다.
④ 거푸집을 이용하여 세형 동검을 제작하였다.
⑤ 쟁기, 쇠스랑 등의 철제 농기구를 사용하였다.

07

(가) 시대의 생활 모습으로 옳은 것은? [1점]

> 공주 석장리에서 남한 최초로 (가) 시대의 유물인 찍개, 주먹도끼 등의 뗀석기가 출토되었습니다. 이번 발굴로 우리나라에서도 (가) 시대가 존재했다는 사실이 입증되었습니다.

① 반달 돌칼로 벼를 수확하였다.
② 주로 동굴이나 막집에서 거주하였다.
③ 거푸집을 이용하여 청동 무기를 제작하였다.
④ 빗살무늬 토기를 제작하여 식량을 저장하였다.
⑤ 가락바퀴와 뼈바늘을 이용하여 옷을 만들었다.

08

(가) 시대의 생활 모습으로 옳은 것은? [1점]

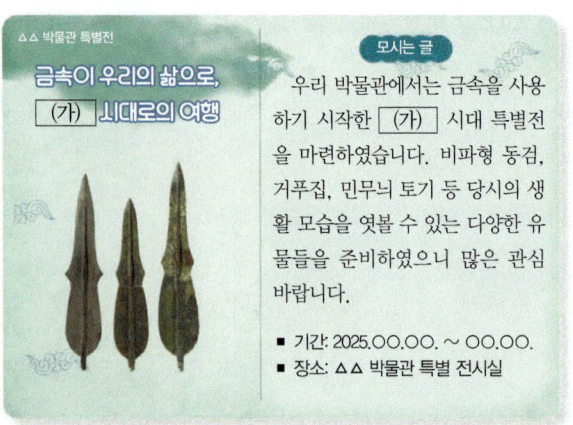

△△ 박물관 특별전 — 금속이 우리의 삶으로, (가) 시대로의 여행

우리 박물관에서는 금속을 사용하기 시작한 (가) 시대 특별전을 마련하였습니다. 비파형 동검, 거푸집, 민무늬 토기 등 당시의 생활 모습을 엿볼 수 있는 다양한 유물들을 준비하였으니 많은 관심 바랍니다.

■ 기간: 2025.○○.○○. ~ ○○.○○.
■ 장소: △△ 박물관 특별 전시실

① 주로 동굴이나 막집에서 거주하였다.
② 지배층의 무덤으로 고인돌을 축조하였다.
③ 농경과 목축을 시작하여 식량을 생산하였다.
④ 쟁기, 쇠스랑 등의 철제 농기구를 사용하였다.
⑤ 대표적인 도구로 주먹도끼, 찍개 등을 제작하였다.

09

(가) 시대의 생활 모습으로 옳은 것은? [1점]

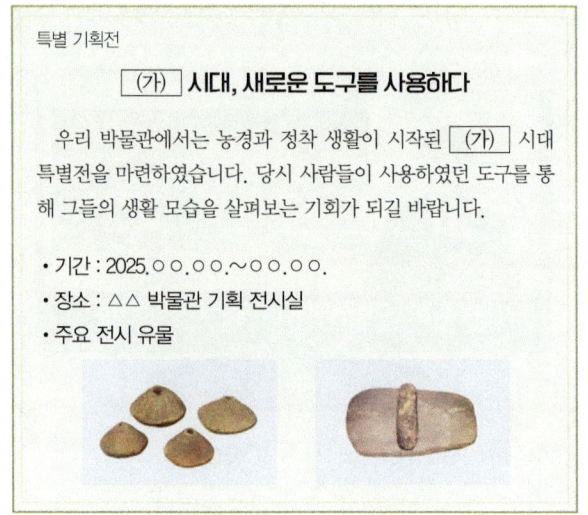

특별 기획전

(가) 시대, 새로운 도구를 사용하다

우리 박물관에서는 농경과 정착 생활이 시작된 (가) 시대 특별전을 마련하였습니다. 당시 사람들이 사용하였던 도구를 통해 그들의 생활 모습을 살펴보는 기회가 되길 바랍니다.

• 기간 : 2025.○○.○○.~○○.○○.
• 장소 : △△ 박물관 기획 전시실
• 주요 전시 유물

① 주로 동굴이나 강가의 막집에서 살았다.
② 지배층의 무덤으로 고인돌을 축조하였다.
③ 거푸집을 이용하여 세형 동검을 제작하였다.
④ 빗살무늬 토기를 만들어 식량을 저장하였다.
⑤ 쟁기, 쇠스랑 등의 철제 농기구를 사용하였다.

10

(가) 시대의 사회 모습으로 옳은 것은? [1점]

> 단양 수양개 유적에서 출토된 이 슴베찌르개는 주먹도끼와 함께 (가) 시대의 대표적인 유물 중 하나입니다. 이 유적에서는 슴베찌르개와 함께 돌날과 몸돌 등의 뗀석기도 출토되었습니다.

① 주로 동굴이나 막집에 거주하였다.
② 가락바퀴를 이용하여 실을 뽑았다.
③ 명도전을 이용하여 중국과 교역하였다.
④ 철제 농기구를 사용하여 농사를 지었다.
⑤ 의례 도구로 청동 방울 등을 제작하였다.

기출테마 02 고조선과 초기 국가의 형성

외우는 핵심 키워드

고조선
- 단군왕검
- 범금 8조
- 부왕·준왕 왕위 세습
- 위만 조선
- 진번과 임둔 복속
- 한과 진국 사이 중계무역
- 한 무제의 침략
- 마지막 왕 우거왕

부여
- 영고(12월)
- 가(加) : 사출도 주관
- 대가 : 마가, 우가, 저가, 구가
- 1책 12법
- 순장
- 우제점법
- 형사취수제

고구려
- 동맹(10월)
- 5부족 연맹체
- 대가 : 상가, 고추가
- 관리 : 사자, 조의, 선인
- 서옥제
- 제가 회의
- 1책 12법
- 부경 : 창고

옥저
- 읍군·삼로
- 민며느리제
- 가족 공동 무덤
- 맥포·어염

동예
- 무천(10월)
- 읍군·삼로
- 족외혼
- 책화
- 단궁, 과하마, 반어피

삼한
- 계절제(5월, 10월)
- 신지, 읍차
- 제사장 : 천군
- 신성 지역 : 소도

외우는 빈출 선지

- 진번과 임둔을 복속하여 세력을 확장하였다. → 위만 조선
- 연의 장수 진개의 공격을 받아 영토를 빼앗겼다. → 고조선
- 살인, 절도 등의 죄를 다스리는 범금 8조가 있었다. → 고조선
- 한(漢)과 진국(辰國) 사이에서 중계 무역을 하였다. → 위만 조선
- 한 무제가 파견한 군대의 공격으로 멸망하였다. → 고조선
- 혼인 풍습으로 서옥제가 있었다. → 고구려
- 12월에 영고라는 제천 행사를 열었다. → 부여
- 특산물로 단궁, 과하마, 반어피가 유명하였다. → 동예
- 여러 가(加)들이 별도로 사출도를 주관하였다. → 부여
- 혼인 풍습으로 민며느리제가 있었다. → 옥저
- 읍락 간의 경계를 중시하는 책화가 있었다. → 동예
- 제가 회의에서 나라의 중대사를 결정하였다. → 고구려
- 신지, 읍차 등의 지배자가 있었다. → 삼한
- 남의 물건을 훔쳤을 때에는 12배로 갚게 하였다. → 부여와 고구려
- 대가들이 사자, 조의, 선인 등의 관리를 거느렸다. → 고구려
- 다른 부족의 영역을 침범하면 소나 말로 변상하였다. → 동예
- 읍군이나 삼로라는 지배자가 있었다. → 옥저와 동예
- 집집마다 부경이라는 창고가 있었다. → 고구려
- 제사장인 천군과 신성 지역인 소도가 존재하였다. → 삼한
- 왕 아래 상, 대부, 장군 등의 관직을 두었다. → 고조선

01

(가) 인물에 대한 설명으로 옳은 것은? [2점]

> 연(燕)의 (가) 이/가 망명하여 오랑캐의 복장을 하고 동쪽으로 패수를 건너 준왕에게 항복하였다. …… (가) 이/가 망명자들을 꾀어내어 그 무리가 점점 많아지자, 준왕에게 사람을 보내 "한의 군대가 열 갈래로 쳐들어오니 [왕궁에] 들어가 숙위하기를 청합니다."라고 속이고 도리어 준왕을 공격하였다.
> - 『삼국지』 동이전 -

① 한 무제가 파견한 군대와 맞서 싸웠다.
② 진번과 임둔을 복속하여 세력을 확장하였다.
③ 빈민을 구제하기 위해 진대법을 실시하였다.
④ 지방의 여러 성에 욕살, 처려근지 등을 두었다.
⑤ 연의 장수 진개의 공격을 받아 영토를 빼앗겼다.

02

밑줄 그은 '이 나라'에 대한 설명으로 옳은 것은? [2점]

이곳 강화 참성단은 단군왕검이 하늘에 제사를 올리던 제단이라고 전합니다. 우리 역사상 최초의 국가인 이 나라를 세운 것을 기념하는 개천절 행사가 매년 열리며, 전국체육대회 성화 채화식도 이곳에서 거행됩니다.

① 여러 가(加)들이 사출도를 다스렸다.
② 동맹이라는 제천 행사를 개최하였다.
③ 민며느리제라는 혼인 풍습이 있었다.
④ 읍락 간의 경계를 중시하는 책화가 있었다.
⑤ 왕 아래 상, 대부, 장군 등의 관직을 두었다.

03

(가) 나라에 대한 설명으로 옳은 것을 <보기>에서 고른 것은? [2점]

> 아들을 거쳐 손자 우거 때 이르러서는 …… 주변의 여러 나라들이 글을 올려 천자를 알현하고자 하였으나, 또한 가로막고 통하지 못하게 하였다. …… 좌장군이 두 군대를 합하여 맹렬히 (가) 을/를 공격하였다. 상 노인, 상 한음, 니계상 참, 장군 왕협 등이 서로 [항복]을 모의하였다. …… [우거]왕이 항복하려 하지 않았다. 한음, 왕협, 노인이 모두 도망하여 한에 항복하였는데, 노인은 도중에 죽었다.
> ―『사기』―

보 기

ㄱ. 22담로에 왕족을 파견하였다.
ㄴ. 빈민을 구제하기 위해 진대법을 실시하였다.
ㄷ. 진번과 임둔을 복속시켜 세력을 확장하였다.
ㄹ. 살인, 절도 등의 죄를 다스리는 범금 8조가 있었다.

① ㄱ, ㄴ　② ㄱ, ㄷ　③ ㄴ, ㄷ
④ ㄴ, ㄹ　⑤ ㄷ, ㄹ

04

(가), (나) 나라에 대한 설명으로 옳은 것은? [2점]

> (가) 여자의 나이가 열 살이 되기 전에 혼인을 약속하고, 신랑 집에서 맞이하여 장성할 때까지 기른다. 여자가 장성하면 여자 집으로 돌아가게 한다. 여자 집에서는 돈을 요구하는데, 신랑 집에서 돈을 지불한 후 다시 데리고 와서 아내로 삼는다.
>
> (나) 읍마다 우두머리가 있어 세력이 강대하면 신지라 하고, …… 그 다음은 읍차라 하였다. 나라에는 철이 생산되는데 예(濊), 왜(倭) 등이 와서 사간다. 무역에서 철을 화폐로 사용한다.

① (가) ― 신성 지역인 소도가 존재하였다.
② (가) ― 삼로라 불린 우두머리가 읍락을 다스렸다.
③ (나) ― 여러 가(加)들이 별도로 사출도를 주관하였다.
④ (나) ― 단궁, 과하마, 반어피 등의 특산물이 유명하였다.
⑤ (가), (나) ― 한 무제가 파견한 군대의 공격으로 멸망하였다.

05

다음 자료에 해당하는 나라에 대한 설명으로 옳은 것은? [2점]

> 대군장이 없고 관직으로는 후·읍군·삼로가 있다. …… 해마다 10월이면 하늘에 제사를 지내는데, 밤낮으로 술 마시고 노래 부르며 춤추니 이를 무천이라 한다. …… 낙랑의 단궁이 그 지방에서 산출되고 무늬 있는 표범이 많다. 과하마가 있으며 바다에서는 반어가 난다.
> ―『후한서』―

① 신성 지역인 소도가 존재하였다.
② 혼인 풍습으로 민며느리제가 있었다.
③ 읍락 간의 경계를 중시하는 책화가 있었다.
④ 제가 회의에서 나라의 중대사를 결정하였다.
⑤ 여러 가(加)들이 별도로 사출도를 주관하였다.

06

밑줄 그은 '이 나라'에 대한 설명으로 옳은 것은? [2점]

이 나라에는 제사장인 천군과 신성 지역인 소도가 존재했어.

5월과 10월에 하늘에 제사 지내는 풍습도 있었어.

① 신지, 읍차 등의 지배자가 있었다.
② 혼인 풍습으로 서옥제가 존재하였다.
③ 여러 가(加)들이 별도로 사출도를 주관하였다.
④ 남의 물건을 훔쳤을 때에는 12배로 갚게 하였다.
⑤ 부족 간의 경계를 중시하는 책화라는 풍속이 있었다.

07

(가) 나라에 대한 설명으로 옳은 것은? [2점]

이 유물은 중국 지린성 쑹화강 유역의 둥퇀산 유적에서 출토된 (가) 의 금동제 가면이다. 『삼국지』 동이전에 따르면 (가) 에는 여러 가(加)들이 별도로 관할하는 사출도가 있었으며, 사람을 죽여 순장하는 풍습이 행해졌다고 한다.

① 12월에 영고라는 제천 행사를 열었다.
② 신지, 읍차라고 불린 지배자가 있었다.
③ 제사장인 천군과 신성 지역인 소도가 존재하였다.
④ 대가들이 사자, 조의, 선인 등의 관리를 거느렸다.
⑤ 다른 부족의 영역을 침범하면 소나 말로 변상하였다.

08

(가) 나라에 대한 설명으로 옳은 것은? [2점]

(가) 의 사회와 경제

풍습
산천을 중시하며, 산과 내마다 읍락의 경계가 있어 함부로 들어가지 않는다. 다른 읍락을 침범하면 소, 말 등으로 변상하게 하는 책화가 있다.

특산물
낙랑의 단궁이 그 땅에서 나고, 바다에서는 반어피가 산출된다. 무늬 있는 표범과 과하마 등이 유명하다.

① 신성 지역인 소도가 존재하였다.
② 정사암에 모여 재상을 선출하였다.
③ 읍군이나 삼로라는 지배자가 있었다.
④ 12월에 영고라는 제천 행사를 열었다.
⑤ 도둑질한 자에게 12배로 배상하게 하였다.

09

(가)에 들어갈 내용으로 옳은 것은? [1점]

신지, 읍차 등의 지배자가 있었던 나라에 대해 발표해 볼까요?

벼농사가 발달하였고, 씨 뿌리기가 끝난 5월과 추수를 마친 10월에 제천 행사를 열었습니다. (가)

① 혼인 풍습으로 민며느리제가 있었습니다.
② 대가들이 사자, 조의, 선인을 거느렸습니다.
③ 제사장인 천군과 신성 지역인 소도가 있었습니다.
④ 남의 물건을 훔쳤을 때는 12배로 갚게 하였습니다.
⑤ 단궁, 과하마, 반어피 등이 특산물로 유명하였습니다.

10

밑줄 그은 '이 나라'에 대한 설명으로 옳은 것은? [2점]

이 나라에는 왕이 있고 벼슬로는 상가·대로·패자·고추가·주부·우태·승·사자·조의·선인이 있으며, 존비(尊卑)에 따라 각각 등급을 두었다. 모든 대가들도 스스로 사자·조의·선인을 두었는데, 그 명단은 모두 왕에게 보고하여야 한다. …… 범죄자가 있으면 제가들이 모여 회의하여 즉시 사형에 처하고, 그 처자는 노비로 삼는다.
— 『삼국지』 동이전 —

① 집집마다 부경이라는 창고가 있었다.
② 12월에 영고라는 제천 행사를 열었다.
③ 혼인 풍습으로 민며느리제가 있었다.
④ 읍락 간의 경계를 중시하는 책화가 있었다.
⑤ 제사장인 천군과 신성 지역인 소도가 존재하였다.

기출테마 03 삼국의 성립과 발전

외우는 핵심 키워드

고구려	백제	신라
• **고국천왕** : 진대법(을파소 건의) • **미천왕** : 서안평 공격, 낙랑군 축출 • **고국원왕** : 백제 근초고왕의 평양성 공격으로 전사 • **소수림왕** : 태학 설립, 불교 수용(전진의 순도), 율령 반포 • **광개토 대왕** : 영락, 신라에 침입한 왜 격퇴 • **장수왕** : 평양 천도, 백제 한성 공격(개로왕 전사)	• **고이왕** : 6좌평 관제 정비, 관복 제정, 율령 반포 • **근초고왕** : 서기 편찬(고흥), 평양성 공격(고국원왕 전사) • **침류왕** : 불교 수용(동진의 마라난타) • **무령왕** : 중국 남조(양) 교류, 22담로에 왕족 파견 • **성왕** : 사비 천도, 국호 남부여, 신라 진흥왕과 한강 수복, 관산성 전투에서 전사	• **내물왕** : 김씨의 왕위 세습, 왕호 마립간, 광개토 대왕에 원조 요청(왜 격퇴) • **지증왕** : 국호 신라와 왕 칭호 사용, 순장 금지, 우경 실시, 우산국 복속, 동시전 설치 • **법흥왕** : 건원, 불교 공인(이차돈 순교), 병부 설치, 율령 반포, 금관가야 병합 • **진흥왕** : 화랑도 국가 조직 개편, 국사 편찬(거칠부), 북한산 순수비 건립, 대가야 병합

외우는 빈출 선지

- 도읍을 국내성에서 평양으로 옮겼다. → **고구려 장수왕**
- 을파소의 건의로 진대법이 실시되었다. → **고구려 고국천왕**
- 태학을 설립하여 인재를 양성하였다. → **고구려 소수림왕**
- 서안평을 공격하여 영토를 확장하였다. → **고구려 미천왕**
- 신라에 군대를 파견하여 왜를 격퇴하였다. → **고구려 광개토 대왕**
- 평양성을 공격하여 고국원왕을 전사시켰다. → **백제 근초고왕**
- 관산성 전투에서 백제 왕이 피살되었다. → **백제 성왕**
- 이사부를 보내 우산국을 복속하였다. → **신라 지증왕**
- 이차돈의 순교를 계기로 불교를 공인하였다. → **신라 법흥왕**
- 거칠부에게 명하여 국사를 편찬하게 하였다. → **신라 진흥왕**
- 익산에 미륵사를 창건하였다. → **백제 무왕**
- 중국 남조의 양과 교류하였다. → **백제 무령왕**
- 고흥에게 서기를 편찬하게 하였다. → **백제 근초고왕**
- 동진의 마라난타를 통해 불교를 수용하였다. → **백제 침류왕**
- 사비로 천도하고 행정 조직을 재정비하였다. → **백제 성왕**
- 마운령, 황초령 등에 순수비를 세웠다. → **신라 진흥왕**
- 금관가야를 복속하여 영토를 확대하였다. → **신라 법흥왕**
- 시장을 감독하는 관청인 동시전을 설치하였다. → **신라 지증왕**
- 병부를 설치하고 율령을 반포하였다. → **신라 법흥왕**
- 대가야를 병합하여 영토를 확장하였다. → **신라 진흥왕**
- 자장의 건의로 황룡사 구층 목탑을 건립하였다. → **신라 선덕여왕**
- 건원이라는 독자적인 연호를 제정하였다. → **신라 법흥왕**
- 지방에 22담로를 두어 왕족을 파견하였다. → **백제 무령왕**
- 고구려가 낙랑군을 축출하였다. → **고구려 미천왕**
- 백제가 신라와 연합하여 한강 유역을 수복하였다. → **백제 성왕**
- 최고 지배자의 호칭이 마립간으로 바뀌었다. → **신라 내물왕**
- 전진의 순도를 통해 불교를 수용하였다. → **고구려 소수림왕**
- 곡물을 대여하고 이자를 받은 내용을 좌관대식기에 남겼다. → **백제**
- 일길찬, 사찬 등의 관등이 있었다. → **신라**

01

밑줄 그은 '그 나라'의 경제 상황으로 가장 적절한 것은? [2점]

> 그 나라는 관(官)을 세움에 9등이 있다. 첫 번째는 토졸이라 하며, 1품에 비견된다. 옛 이름은 대대로이며, 국정을 모두 맡는다. 3년마다 교대하는데, 직에 걸맞은 자가 있으면 연한에 구애받지 않는다. …… 또 여러 큰 성에는 녹살(욕살)을 두는데, 도독에 비견된다. 여러 성에는 처려근지를 두는데, 자사에 비견된다. 또한 도사라 이르기도 한다.
> — 『한원』 —

① 수도에 동시전이 설치되었다.
② 집집마다 부경이라는 창고가 있었다.
③ 금속 화폐인 건원중보가 주조되었다.
④ 솔빈부의 말이 특산품으로 수출되었다.
⑤ 곡물을 대여하고 이자를 받은 내용을 좌관대식기에 남겼다.

02

(가) 국가에 대한 설명으로 옳은 것은? [2점]

여러분이 계신 곳은 [(가)]의 능산리 고분군 중 동하총 증강 현실 전시실입니다. 동하총 무덤방의 벽에는 사신도가, 천장에는 연꽃과 구름무늬가 그려져 있습니다. 이는 송산리 6호분과 함께 [(가)]의 고분 벽화 연구에 중요한 자료로 평가됩니다.

① 일길찬, 사찬 등의 관등이 있었다.
② 지방 장관으로 욕살, 처려근지 등이 있었다.
③ 특산물로 단궁, 과하마, 반어피가 유명하였다.
④ 사회 질서를 유지하기 위해 범금 8조를 두었다.
⑤ 왕족인 부여씨와 8성 귀족이 지배층을 이루었다.

03

밑줄 그은 '이 왕'에 대한 설명으로 옳은 것은? [2점]

이것은 국보 제242호인 울진 봉평리 신라비로 병부를 설치하고 율령을 반포한 이 왕 때 건립되었습니다. 이 비석에는 신라 6부의 성격과 관등 체계, 지방 통치 조직과 촌락 구조 등 당시 사회상을 알려주는 내용이 담겨 있습니다.

① 이사부를 보내 우산국을 복속하였다.
② 관료전을 지급하고 녹읍을 폐지하였다.
③ 이차돈의 순교를 계기로 불교를 공인하였다.
④ 인재 등용을 위해 독서삼품과를 시행하였다.
⑤ 거칠부에게 명하여 국사를 편찬하게 하였다.

04

(가) 왕의 재위 기간에 있었던 사실로 옳은 것은? [2점]

백제 제25대 왕인 (가) 의 무덤 발굴 50주년을 기념하는 행사가 공주시에서 열립니다. (가) 은/는 백가의 난을 평정하고 22담로에 왕족을 파견하였습니다. 그의 무덤은 피장자와 축조 연대가 확인된 유일한 백제 왕릉입니다.

① 익산에 미륵사를 창건하였다.
② 중국 남조의 양과 교류하였다.
③ 고흥에게 서기를 편찬하게 하였다.
④ 마라난타를 통해 불교를 수용하였다.
⑤ 사비로 천도하고 행정 조직을 재정비하였다.

05

밑줄 그은 '왕'의 업적으로 옳은 것은? [2점]

> 여러 신하들이 아뢰기를 "…… 신(新)은 '덕업이 날로 새로워진다'는 뜻이고, 라(羅)는 '사방(四方)을 망라한다'는 뜻이므로 이를 나라 이름으로 삼는 것이 마땅하다고 여겨집니다. 또 살펴보건대 옛날부터 국가를 가진 이는 모두 제(帝)나 왕(王)을 칭하였는데, 우리 시조께서 나라를 세운 지 지금 22대에 이르기까지 방언으로만 부르고 높이는 호칭을 정하지 못하였으니, 이제 여러 신하들이 한 마음으로 삼가 신라왕국(新羅王國)이라는 칭호를 올립니다."라고 하였다. 왕이 이를 따랐다.
> ― 『삼국사기』 ―

① 병부를 설치하고 율령을 반포하였다.
② 이사부를 보내 우산국을 복속시켰다.
③ 대가야를 병합하여 영토를 확장하였다.
④ 국학을 설립하여 유학 교육을 진흥시켰다.
⑤ 자장의 건의로 황룡사 구층 목탑을 건립하였다.

06

(가), (나) 사이의 시기에 있었던 사실로 옳은 것은? [3점]

> (가) 고구려 왕 거련(巨璉)이 군사 3만 명을 이끌고 와서 왕도인 한성을 포위하였다. 왕이 성문을 닫고서 나가 싸우지 못하였다. 고구려 군사가 네 길로 나누어 협공하고, 바람을 타고 불을 놓아 성문을 불태웠다. 사람들이 매우 두려워하여 나가서 항복하려는 자들도 있었다. 왕이 어찌할 바를 몰라 수십 명의 기병을 거느리고 성문을 나가 서쪽으로 달아나니, 고구려 군사가 추격하여 왕을 해쳤다.
>
> (나) 여러 장수가 안시성을 공격하였다. …… 60일 동안 50만 명의 인력을 동원하여 밤낮으로 쉬지 않고 토산을 쌓았다. 토산의 정상은 성에서 몇 길 떨어져 있고 성 안을 내려다 볼 수 있었다. 도중에 토산이 허물어지면서 성을 덮치는 바람에 성벽의 일부가 무너졌다. …… 황제가 여러 장수에게 명하여 안시성을 공격하였으나, 3일이 지나도록 이길 수 없었다.

① 미천왕이 서안평을 점령하였다.
② 을지문덕이 살수에서 수의 군대를 물리쳤다.
③ 고국원왕이 백제의 평양성 공격으로 전사하였다.
④ 관구검이 이끄는 위의 군대가 고구려를 침략하였다.
⑤ 광개토 대왕이 군대를 보내 신라에 침입한 왜를 격퇴하였다.

07

(가), (나) 사이의 시기에 있었던 사실로 옳은 것은? [3점]

> (가) 백제왕 모대가 사신을 보내 혼인하기를 청하였다. [신라]왕은 이벌찬 비지(比智)의 딸을 보냈다.
> — 『삼국사기』 —
>
> (나) 신라를 습격하기 위해 왕이 직접 보병과 기병 50명을 거느리고 구천(狗川)에 이르렀는데, 신라 복병을 만나 그들과 싸우다가 살해되었다. 시호를 성(聖)이라 하였다.
> — 『삼국사기』 —

① 고구려가 낙랑군을 축출하였다.
② 백제가 동진으로부터 불교를 수용하였다.
③ 신라가 고구려의 도움으로 왜를 격퇴하였다.
④ 고구려가 동옥저를 정복하여 영토를 확장하였다.
⑤ 백제가 신라와 연합하여 한강 유역을 수복하였다.

08

밑줄 그은 '왕'의 재위 시기에 있었던 사실로 옳은 것은? [2점]

> ○ 왕이 다시 명령을 내려 좋은 가문 출신의 남자로서 덕행이 있는 자를 뽑아 명칭을 고쳐서 화랑이라고 하였다. 처음으로 설원랑을 받들어 국선(國仙)으로 삼으니, 이것이 화랑 국선의 시초이다.
> — 『삼국유사』 —
>
> ○ 왕이 이찬 이사부에게 명령하여 가라국(加羅國)을 습격하게 하였다. 이때 사다함은 나이가 15~16세였는데 종군하기를 청하였다. …… 그 나라 사람들은 뜻하지 않은 병사들의 습격에 놀라 막아내지 못하였다. 대군이 승세를 타서 마침내 그 나라를 멸망시켰다.
> — 『삼국사기』 —

① 거칠부가 국사를 편찬하였다.
② 김헌창이 웅천주에서 반란을 일으켰다.
③ 이차돈의 순교를 계기로 불교가 공인되었다.
④ 최고 지배자의 호칭이 마립간으로 바뀌었다.
⑤ 자장의 건의로 황룡사 9층 목탑이 건립되었다.

09

밑줄 그은 '왕'의 업적으로 옳은 것은? [2점]

> ○ 왕의 이름은 명농이니 무령왕의 아들이다. 지혜와 식견이 뛰어나고 일을 처리함에 결단성이 있었다. 무령왕이 죽고 왕위에 올랐다.
> — 『삼국사기』 —
>
> ○ 왕이 신라군을 습격하고자 몸소 보병과 기병 모두 50명을 거느리고 밤에 구천(狗川)에 이르렀다. 신라의 복병이 나타나 그들과 싸우다가 혼전 중에 왕이 신라군에게 살해되었다.
> — 『삼국사기』 —

① 익산에 미륵사를 창건하였다.
② 동진으로부터 불교를 수용하였다.
③ 신라를 공격하여 대야성을 점령하였다.
④ 사비로 천도하고 국호를 남부여로 고쳤다.
⑤ 고흥으로 하여금 서기를 편찬하게 하였다.

10

다음 사건이 일어난 이후의 사실로 옳은 것은? [2점]

> 왕이 보병과 기병 등 5만 명을 보내 신라를 구원하게 하였다. 고구려군이 남거성을 거쳐 신라성에 이르렀는데, 그곳에 왜적이 가득하였다. 고구려군이 도착하자 왜적이 퇴각하였다.

① 고구려가 옥저를 복속시켰다.
② 백제가 고구려의 평양성을 공격하였다.
③ 가야 연맹이 대가야를 중심으로 재편되었다.
④ 신라 지배자의 칭호가 차차웅으로 바뀌었다.
⑤ 고구려가 대방군을 축출하고 영토를 확장하였다.

기출테마 04 삼국의 문화유산

외우는 문화유산

고구려

 수산리 고분 교예도
 무용총 접객도
 강서대묘 사신도
 각저총 씨름도
 통구 12호분 참수도
 연가 7년명 금동 여래 입상

백제

 능산리 고분군
 관북리 유적
 부소산성
 부여 정림사지 5층 석탑
 익산 미륵사지 석탑
 익산 왕궁리 5층 석탑
 서산 용현리 마애여래삼존상
 진묘수(석수)
 산수 무늬 벽돌
 칠지도
 금동 대향로
 창왕명 석조 사리감

신라

 경주 분황사 모전 석탑
 천마도
 광개토 대왕명 호우
 금광총 금관
 도기 기마인물형 명기
 포항 중성리 신라비

외우는 빈출 선지

- 관구검이 이끄는 군대의 공격을 받았다. → 환도성
- 고구려가 첫 번째 도읍으로 삼은 곳이다. → 졸본
- 매지권(買地券)이 새겨진 지석과 석수가 출토되었다. → 백제 무령왕릉
- 대가야를 정복하고 순수한 후 세운 것이다. → 창녕비
- 백제 금동 대향로가 출토되었다. → 부여 능산리
- 온조왕이 왕성으로 삼았다. → 하남 위례성
- 재상을 선출하던 천정대가 있었다. → 호암사
- 무령왕과 왕비의 무덤이 발굴되었다. → 공주 송산리
- 석탑 해체 과정에서 금제 사리봉영기가 발견되었다. → 익산 미륵사지 석탑

- 나무로 곽을 짜고 그 위에 돌을 쌓았다. → 돌무지덧널무덤 : 천마총
- 무덤의 둘레돌에 12지 신상을 조각하였다. → 굴식돌방무덤 : 김유신묘
- 중국 남조의 영향을 받아 벽돌로 축조하였다. → 백제 무령왕릉
- 내부에서 천마도가 수습되었다. → 천마총
- 자장의 건의로 건립되었다. → 황룡사 9층 목탑
- 나무로 만든 14면체 주사위가 출토되었다. → 동궁과 월지
- 돌을 벽돌 모양으로 다듬어 쌓아 올린 탑이 남아 있다. → 분황사지 모전 석탑
- 경내의 삼층 석탑에서 무구정광대다라니경이 발견되었다. → 불국사 삼층 석탑

01

(가) 국가의 문화유산으로 옳은 것은? [1점]

①    ②    ③

④    ⑤

02

다음 특별전에 전시될 문화유산으로 가장 적절한 것은? [2점]

디지털 실감 영상으로 재현한 고구려의 문화유산

우리 박물관은 '영락'이라는 연호를 사용한 왕의 능비를 디지털 영상으로 복원하여 선보이고자 합니다. 네 면에 새겨진 1,700여 개의 문자와 능비의 실물 크기, 표면 질감을 생생하게 재현하였습니다. 한편, 이번 전시에서는 그의 시호가 새겨진 문화유산도 함께 전시할 예정이오니 많은 관심 부탁드립니다.

- 기간: 2025년 ○○월 ○○일 ~ ○○월 ○○일
- 장소: △△ 박물관 1층 로비

03

밑줄 그은 '이 국가'의 벽화로 옳지 않은 것은? [3점]

이 국가의 고분 벽화는 도읍이었던 지안과 평양 일대에 주로 남아 있는데, 일상생활과 풍속, 신앙과 의례를 묘사한 것으로 유명합니다. 이제 벽화 사진을 바탕으로 제작한 영상을 생생하게 만나 보세요.

①    ②

③    ④

⑤

04

(가)에 해당하는 문화유산으로 옳은 것은? [2점]

국보로 지정된 이 마애불은 둥근 얼굴 윤곽에 자비로운 인상을 지녀 '백제의 미소'라고 불립니다. 6세기 말에서 7세기 초, 중국을 오가던 사람들의 안녕을 기원하고자 교통로에 만들어진 것으로 보입니다.

한국의 마애불 (가)

①    ②    ③

④    ⑤

05

(가)~(마) 문화유산에 대한 설명으로 옳은 것은? [3점]

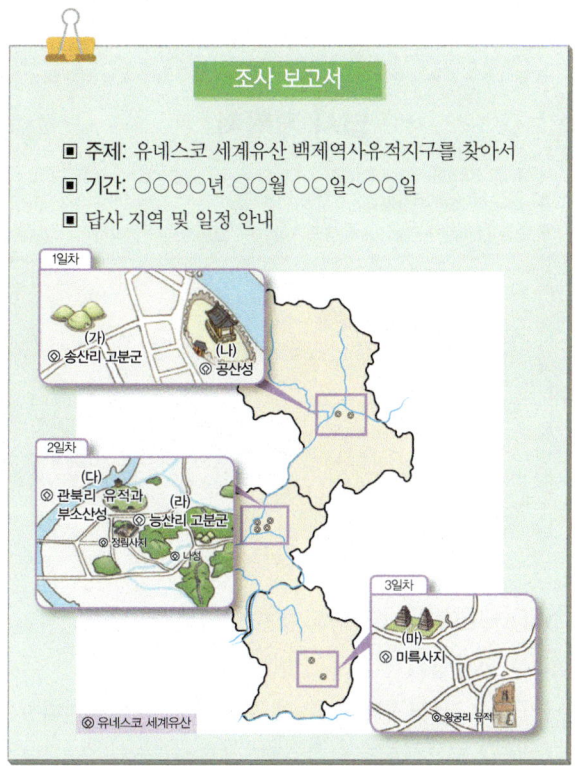

① (가) – 백제 금동 대향로가 출토되었다.
② (나) – 온조왕이 왕성으로 삼았다.
③ (다) – 재상을 선출하던 천정대가 있었다.
④ (라) – 무령왕과 왕비의 무덤이 발굴되었다.
⑤ (마) – 석탑 해체 과정에서 금제 사리봉영기가 발견되었다.

06

밑줄 그은 '이 불상'으로 옳은 것은? [1점]

국보 제119호인 이 불상은 고구려의 승려들이 만들어 유포한 천불(千佛) 중의 하나로, 경상남도 의령에서 출토되었습니다. 연가(延嘉) 7년이라는 명문이 새겨져 있어 제작 연대를 추정할 수 있습니다.

①  ②  ③

④  ⑤

07

다음 설명에 해당하는 문화유산으로 옳은 것은? [2점]

이 문화유산은 국보 제287호로 부여 능산리 절터에서 출토되었습니다. 백제 왕실의 의례에 사용한 것으로 추정되는 이 유물은 도교와 불교의 요소가 복합적으로 표현된 걸작입니다.

①  ②  ③

④  ⑤

08

(가) 문화유산에 대한 설명으로 옳은 것은? [3점]

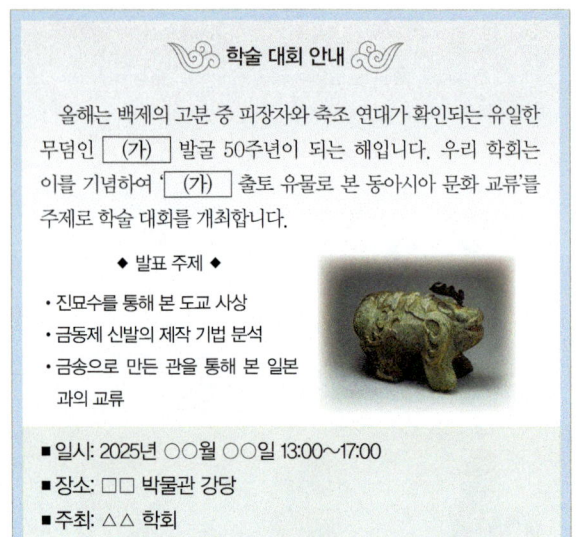

① 서울 석촌동 고분군에 위치하고 있다.
② 나무로 곽을 짜고 그 위에 돌을 쌓았다.
③ 국보로 지정된 금동 대향로가 출토되었다.
④ 무덤의 둘레돌에 12지 신상을 조각하였다.
⑤ 중국 남조의 영향을 받아 벽돌로 축조하였다.

09

(가)에 해당하는 문화유산으로 옳은 것은? [2점]

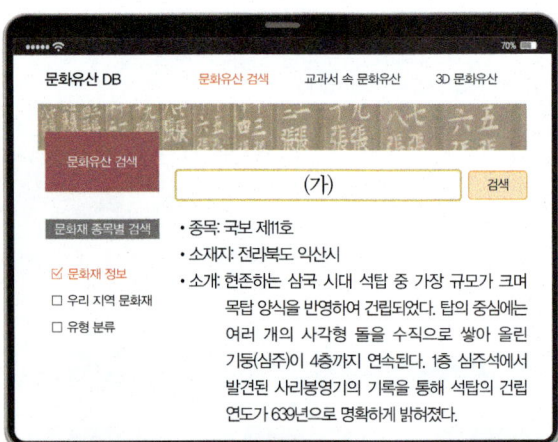

①    ②    ③

④    ⑤

10

(가)~(마) 문화유산에 대한 설명으로 옳지 <u>않은</u> 것은? [2점]

① (가) – 내부에서 천마도가 수습되었다.
② (나) – 자장의 건의로 건립되었다.
③ (다) – 나무로 만든 14면체 주사위가 출토되었다.
④ (라) – 돌을 벽돌 모양으로 다듬어 쌓아 올린 탑이 남아 있다.
⑤ (마) – 경내의 삼층 석탑에서 무구정광대다라니경이 발견되었다.

기출테마 05 가야 연맹과 문화

외우는 핵심 키워드

전기 가야 연맹	후기 가야 연맹
• 금관가야(김해) • 김수로왕 • 아유타국 허황옥 • 김해 대성동 고분군 • 고구려 광개토 대왕의 공격 • 신라 법흥왕 때 멸망 • 전기 가야 연맹	• 대가야(고령) • 이진아시왕 • 고령 지산동 고분군 • 신라 진흥왕 때 멸망 • 후기 가야 연맹

외우는 문화유산

판갑옷 / 도기 기마인물형 뿔잔 / 금동관 / 청동 솥 / 판갑옷과 투구 / 수레바퀴 모양 토기

외우는 빈출 선지

• 철이 많이 생산되어 낙랑과 왜에 수출하였다. → 가야
• 진흥왕 때 신라에 복속되었다. → 대가야
• 시조 김수로왕의 설화가 삼국유사에 전해진다. → 금관가야
• 후기 가야 연맹을 주도하였다. → 대가야
• 낙랑과 왜를 연결하는 중계 무역으로 번성하였다. → 가야
• 덩이쇠를 화폐처럼 사용하였다. → 가야

01

(가) 나라에 대한 설명으로 옳은 것은? [2점]

> 국가유산청은 (가) 의 중심지였던 경상북도 고령군을 한국의 다섯 번째 고도로 지정하였습니다. 고령에는 궁성지, 지산동 고분군, 방어성인 주산성 등 (가) 의 문화유산들이 보존되어 있어 이와 같이 지정되었습니다.
> 경북 고령군, 다섯 번째 고도(古都)로 지정

① 신라 진흥왕에 의해 복속되었다.
② 광평성 등의 정치 기구를 마련하였다.
③ 화백 회의를 통해 국정을 운영하였다.
④ 대가들이 사자, 조의, 선인을 거느렸다.
⑤ 박, 석, 김의 3성이 교대로 왕위를 계승하였다.

02

(가) 나라에 대한 설명으로 옳은 것은? [1점]

특별 기획 큐레이터와의 대화
유물을 통해 본 (가) 의 대외 교류
우리 박물관에서는 수로왕이 건국했다고 전해지는 (가) 의 유물을 큐레이터가 직접 설명하는 행사를 마련하였습니다. 이번 행사를 통해 (가) 의 활발했던 대외 교류에 대해서 알아보는 뜻깊은 시간을 가져 보시기 바랍니다.

■ 주요 해설 유물
- 중국과 교류를 보여 주는 금동허리띠
- 왜와 교류를 보여 주는 바람개비모양 동기
- 북방과 교류를 보여 주는 청동솥

■ 기간: 2024년 ○○월 ○○일~○○월 ○○일
■ 장소: △△ 박물관

① 법흥왕 때 신라에 복속되었다.
② 서옥제라는 혼인 풍습이 있었다.
③ 6좌평이 중요한 국사를 논의하였다.
④ 만장일치제로 운영된 화백 회의가 있었다.
⑤ 지방에 22담로를 두어 왕족을 파견하였다.

03

(가) 나라의 문화유산으로 옳은 것은? [2점]

> 이곳은 김해 대성동 고분군 108호분 발굴 조사 설명회 현장입니다. 대형 덩이쇠 40매와 둥근고리큰칼, 화살촉 등 130여 점의 철기 유물이 출토되었습니다. 이번 발굴로 김수로왕이 건국하였다고 전해지는 (가) 에 대한 연구가 활발하게 이루어질 전망입니다.

04

밑줄 그은 '이 나라'에 대한 설명으로 옳은 것은? [2점]

> 사진은 경상북도 고령을 중심으로 발전하였던 이 나라의 지산동 44호분입니다. 배치도를 보면 으뜸 돌방을 중심으로 30여 기의 순장 돌덧널을 확인할 수 있습니다. 이 고분의 발굴을 통해 이 나라에서 행해졌던 순장의 실체가 확인되었습니다.

① 진흥왕 때 신라에 복속되었다.
② 나당 연합군에 의해 멸망하였다.
③ 대가들이 사자, 조의, 선인을 거느렸다.
④ 빈민을 구제하기 위해 진대법을 시행하였다.
⑤ 박, 석, 김의 3성이 교대로 왕위를 계승하였다.

05

밑줄 그은 '나라'에 대한 설명으로 옳은 것은? [1점]

> 김구해가 아내와 세 아들, 즉 큰 아들 노종, 둘째 아들 무덕, 셋째 아들 무력과 함께 나라의 창고에 있던 보물을 가지고 와서 항복하였다. [법흥]왕이 예로써 그들을 우대하여 높은 관등을 주고 본국을 식읍으로 삼도록 하였다.
> — 『삼국사기』 —

① 만장일치제로 운영된 화백 회의가 있었다.
② 빈민을 구제하기 위해 진대법을 실시하였다.
③ 박, 석, 김의 3성이 번갈아 왕위를 차지하였다.
④ 시조 김수로왕의 설화가 삼국유사에 전해진다.
⑤ 오경박사, 의박사, 역박사 등을 일본에 파견하였다.

06

(가) 나라에 대한 설명으로 옳은 것은? [1점]

> 경상북도 고령군 지산동 고분군에서 발굴 조사 중 그림이 새겨진 직경 5cm 가량의 토제 방울 1점을 비롯하여 곱은옥, 화살촉 등 다양한 유물이 출토되었습니다. 이번 발굴로 이진아시왕을 시조로 이 지역에서 발전한 (가) 에 대한 연구가 활발하게 이루어질 전망입니다.

① 후기 가야 연맹을 주도하였다.
② 중앙군으로 2군 6위를 설치하였다.
③ 9주 5소경의 지방 행정 제도를 두었다.
④ 귀족 합의제인 화백 회의를 운영하였다.
⑤ 왕족인 부여씨와 8성의 귀족이 지배층을 이루었다.

07

(가) 나라에 대한 설명으로 옳은 것은? [2점]

호계사의 파사석탑(婆娑石塔)은 옛날 이 고을이 (가) 이었을 때, 시조 수로왕의 왕비 허황옥이 동한(東漢) 건무 24년에 서역 아유타국에서 싣고 온 것이다. …… 탑은 사각형에 5층인데, 그 조각은 매우 기이하다. 돌에는 희미한 붉은 무늬가 있고 그 질이 매우 연하여 우리나라에서 나는 돌이 아니다.
— 『삼국유사』 —

① 철이 많이 생산되어 왜 등에 수출하였다.
② 만장일치제로 운영된 화백 회의가 있었다.
③ 빈민을 구제하기 위해 진대법을 실시하였다.
④ 지방을 통제하기 위해 22담로를 설치하였다.
⑤ 박, 석, 김의 3성이 교대로 왕위를 계승하였다.

08

(가) 나라의 문화유산으로 옳은 것은? [2점]

고령군은 본래 (가) (으)로 시조 이진아시왕에서 도설지왕까지 모두 16대에 걸쳐 520년간 이어졌던 곳이다. 진흥왕이 공격하여 멸망시키고 그 땅을 군(郡)으로 삼았다. 경덕왕이 이름을 고쳐 지금(고려)에 이르고 있다.
— 『삼국사기』 —

①  ②
③  ④
⑤

09

다음 문화유산을 남긴 나라에 대한 설명으로 옳은 것은? [2점]

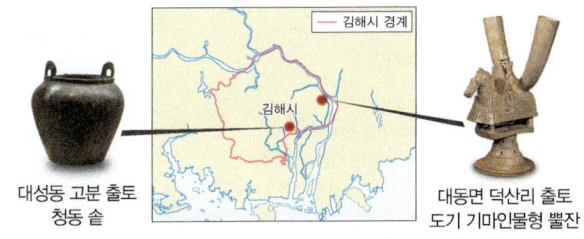
대성동 고분 출토 청동 솥 / 대동면 덕산리 출토 도기 기마인물형 뿔잔

① 읍락 간의 경계를 중시하는 책화가 있었다.
② 백강에서 왜군과 함께 당군에 맞서 싸웠다.
③ 지방 장관으로 욕살, 처려근지 등을 두었다.
④ 낙랑과 왜를 연결하는 중계 무역으로 번성하였다.
⑤ 만장일치제인 화백 회의를 통해 국정을 운영하였다.

10

교사의 질문에 대한 학생의 답변으로 옳은 것은? [2점]

이 우표에는 구간(九干)이 구지봉에서 6개의 알을 맞이하고, 그중 한 알에서 수로가 나오는 장면이 그려져 있습니다. 이러한 건국 신화가 있는 나라에 대해 말해볼까요?

① 덩이쇠를 화폐처럼 사용하였습니다.
② 12월에 영고라는 제천 행사를 열었습니다.
③ 제가 회의에서 국가 중대사를 결정하였습니다.
④ 박, 석, 김의 3성이 교대로 왕위를 계승하였습니다.
⑤ 마한의 목지국을 압도하고 지역의 맹주로 발돋움하였습니다.

기출테마 06 신라의 삼국 통일

외우는 핵심 키워드

백제와 고구려의 멸망

백제	• 계백 : 황산벌 전투 • 사비성 함락 • 백제의 마지막 왕 : 의자왕
고구려	• 연개소문 사망 • 계필하력 : 평양성 함락 • 고구려의 마지막 왕 : 보장왕

백제와 고구려의 부흥 운동

백제	• 부여풍 왕 추대 • 복신과 도침 : 주류성(한성) • 흑치상지와 지수신 : 임존성 • 백강 전투 패배(당나라 소정방)
고구려	• 안승 왕 추대 • 검모잠 : 한성 • 고연무 : 오골성 • 안승 보덕국왕 책봉

신라의 삼국 통일

- 신라 김춘추의 고구려 원병 요청
- 나·당 군사 동맹
- 당의 안동도호부 설치
- 매소성 전투
- 기벌포 해전
- 안동도호부 축출

외우는 빈출 선지

- 검모잠이 안승을 왕으로 추대하고 부흥 운동을 전개하였다. → 고구려 부흥 운동
- 김춘추가 당과의 군사 동맹을 성사시켰다. → 나·당 군사 동맹
- 안승이 보덕국 왕으로 임명되었다. → 안승 보덕국왕
- 흑치상지가 임존성에서 군사를 일으켰다. → 백제 부흥 운동
- 부여풍이 백강에서 왜군과 함께 당군에 맞서 싸웠다. → 백제 부흥 운동
- 당이 안동도호부를 평양에 설치하였다. → 안동도호부 설치
- 신라군이 매소성에서 당군을 격파하였다. → 매소성 전투
- 복신과 도침이 부여풍을 왕으로 추대하였다. → 백제 부흥 운동
- 신라군이 기벌포에서 적군을 격파하였다. → 기벌포 전투
- 당이 안동도호부를 요동 지역으로 옮겼다. → 안동도호부 축출
- 사찬 시득이 기벌포에서 당군을 격파하였다. → 기벌포 전투

01

(가), (나) 사이의 시기에 있었던 사실로 옳은 것은? [3점]

> (가) 연개소문은 왕의 조카인 장을 왕으로 세우고 스스로 막리지가 되었다. 그 관직은 당의 병부상서 겸 중서령의 직임과 같다.
>
> (나) 검모잠은 남은 백성을 모아 궁모성에서 패강 남쪽으로 내려와 당나라 관인 및 승려 법안 등을 죽이고 신라로 향하였다. 사야도에 이르러 고구려 대신 연정토의 아들 안승을 알현하고, 한성으로 모셔와 임금으로 받들었다.

① 을지문덕이 살수에서 대승을 거두었다.
② 사찬 시득이 기벌포에서 당군을 격파하였다.
③ 관구검이 이끄는 군대가 환도성을 함락하였다.
④ 김춘추가 당으로 건너가 군사 동맹을 체결하였다.
⑤ 장문휴가 자사 위준이 관할하는 당의 등주를 공격하였다.

02

(가)~(다)를 일어난 순서대로 옳게 나열한 것은? [3점]

> (가) 사찬 시득이 수군을 거느리고 소부리주 기벌포에서 설인귀와 싸웠으나 패배하였다. 다시 나아가 크고 작은 22번의 싸움에서 승리하고, 4천여 명의 목을 베었다.
>
> (나) 흑치상지가 도망하여 흩어진 무리들을 모으니, 열흘 사이에 따르는 자가 3만여 명이었다. …… 흑치상지가 별부장 사타상여를 데리고 험준한 곳에 웅거하여 복신과 호응하였다.
>
> (다) 검모잠이 국가를 다시 일으키기 위하여 당을 배반하고 보장왕의 외손 안승을 세워 임금으로 삼았다. 당 고종이 대장군 고간을 보내 행군총관으로 삼고 병력을 내어 그들을 토벌하니, 안승이 검모잠을 죽이고 신라로 달아났다.

① (가) - (나) - (다)　② (가) - (다) - (나)
③ (나) - (가) - (다)　④ (나) - (다) - (가)
⑤ (다) - (나) - (가)

03

(가), (나) 사이의 시기에 있었던 사실로 옳은 것은? [3점]

(가) 고구려 왕이 "마목현과 죽령은 본래 우리나라 땅이니 만약 이를 돌려주지 않는다면 돌아가지 못하리라."라고 말하였다. 김춘추가 "국가의 영토는 신하가 마음대로 할 수 있는 것이 아니므로 신은 감히 명령을 따를 수 없습니다."라고 대답하니, 왕이 분노하여 그를 가두었다.

(나) 관창이 "아까 내가 적진에 들어가서 장수를 베고 깃발을 빼앗지 못한 것이 심히 한스럽다. 다시 들어가면 반드시 성공하리라."라고 말하였다. 관창은 적진에 돌입하여 용감히 싸웠으나, 계백이 그를 사로잡아 머리를 베어 말 안장에 매달아서 돌려보냈다. 이를 본 신라군이 죽음을 각오하고 진격하니 백제 군사가 대패하였다.

① 안승이 보덕국 왕으로 임명되었다.
② 신라가 당과 군사 동맹을 체결하였다.
③ 관산성 전투에서 백제 왕이 피살되었다.
④ 흑치상지가 임존성에서 군사를 일으켰다.
⑤ 부여풍이 백강에서 왜군과 함께 당군에 맞서 싸웠다.

04

(가), (나) 사이의 시기에 있었던 사실로 옳은 것은? [3점]

(가) 정관 16년에 …… 여러 대신들과 건무가 의논하여 개소문을 죽이고자 하였다. 일이 누설되자 개소문은 부병을 모두 불러 모아 군병을 사열한다고 말하고 …… 왕궁으로 달려 들어가 건무를 죽인 다음 대양의 아들 장을 왕으로 세우고 스스로 막리지가 되었다.
ㅡ『구당서』 동이전 ㅡ

(나) 건봉 원년에 …… 개소문이 죽고 아들 남생이 막리지가 되었다. 남생은 아우 남건·남산과 화목하지 못하여 각자 붕당을 만들어 서로 공격하였다. 남생은 두 아우에게 쫓겨 국내성으로 달아났다.
ㅡ『구당서』 동이전 ㅡ

① 을지문덕이 살수에서 대승을 거두었다.
② 당이 안동도호부를 평양에 설치하였다.
③ 신라군이 매소성에서 당군을 격파하였다.
④ 복신과 도침이 부여풍을 왕으로 추대하였다.
⑤ 안승이 신라에 의해 보덕국왕으로 임명되었다.

05

다음 사건이 일어난 시기를 연표에서 옳게 고른 것은? [2점]

검모잠이 국가를 다시 일으키기 위하여 당을 배반하고 왕의 외손 안순[안승]을 세워 임금으로 삼았다. 당 고종이 대장군 고간을 보내 동주도(東州道) 행군총관으로 삼고 병력을 내어 그들을 토벌하니, 안순이 검모잠을 죽이고 신라로 달아났다.
ㅡ『삼국사기』ㅡ

581	612	645	668	675	698
	(가)	(나)	(다)	(라)	(마)
수 건국	살수 대첩	안시성 전투	평양성 함락	매소성 전투	발해 건국

① (가) ② (나) ③ (다)
④ (라) ⑤ (마)

06

(가), (나) 사이의 시기에 있었던 사실로 옳은 것은? [3점]

(가) 살수에 이르러 [수의] 군대가 반쯤 건너자 을지문덕이 군사를 보내 그 후군을 공격하였다. 우둔위 장군 신세웅을 죽이니, [수의] 군대가 걷잡을 수 없이 모두 무너져 9군의 장수와 병졸이 도망쳐 돌아갔다.
ㅡ『삼국사기』ㅡ

(나) [신라군이] 당군과 함께 평양을 포위하였다. 고구려 왕은 먼저 연남산 등을 보내 영공(英公)에게 항복을 요청하였다. 이에 영공은 보장왕과 왕자 복남·덕남, 대신 등 20여만 명을 이끌고 당으로 돌아갔다.
ㅡ『삼국사기』ㅡ

① 안승이 신라에 의해 보덕국왕에 책봉되었다.
② 미천왕이 서안평을 공격하여 영토를 넓혔다.
③ 광개토 대왕이 신라에 침입한 왜를 물리쳤다.
④ 연개소문이 정변을 일으켜 권력을 장악하였다.
⑤ 장수왕이 백제를 공격하여 한성을 함락시켰다.

07

다음 가상 뉴스의 보도 내용이 나타난 시기를 연표에서 옳게 고른 것은? [2점]

589	645	660	668	676	698
(가)	(나)	(다)	(라)	(마)	
수의 중국 통일	안시성 전투	황산벌 전투	평양성 함락	기벌포 전투	발해 건국

① (가) ② (나) ③ (다)
④ (라) ⑤ (마)

08

(가), (나) 사이의 시기에 있었던 사실로 옳은 것은? [2점]

(가) 백제가 대야성을 함락하자 김춘추의 딸 고타소랑이 남편 김품석을 따라 죽었다. 김춘추는 이에 한을 품고 고구려에 군사를 청하여 백제에 그 원한을 갚고자 하니, 왕이 허락하였다.

(나) 김유신 등이 황산 벌판으로 진군하자 백제의 장군 계백이 군사를 거느리고 먼저 험한 곳을 차지하여 세 군데에 진영을 설치하고 기다렸다. 김유신 등은 군사를 세 길로 나누어 네 번을 싸웠으나 전세는 불리하고 병사들은 힘이 다하였다.

① 안승이 보덕국의 왕으로 임명되었다.
② 신라가 당과 군사 동맹을 체결하였다.
③ 을지문덕이 살수에서 대승을 거두었다.
④ 신라군이 기벌포에서 적군을 격파하였다.
⑤ 복신과 도침이 부여풍을 왕으로 추대하였다.

09

밑줄 그은 '이 왕'의 재위 시기에 있었던 사실로 옳은 것은? [2점]

소정방이 당의 내주에서 출발하니, 많은 배가 천 리에 이어져 물길을 따라 동쪽으로 내려왔다. …… 무열왕이 태자 법민을 보내 병선 100척을 거느리고 덕물도에서 소정방을 맞이하게 하였다. 소정방이 법민에게 말하기를, "나는 백제의 남쪽에 이르러 대왕의 군대와 만나서 이 왕의 도성을 격파하고자 한다."라고 말하였다.

① 백제가 사비로 천도하였다.
② 백제가 대야성을 점령하였다.
③ 고구려가 낙랑군을 축출하였다.
④ 신라가 매소성에서 당군을 물리쳤다.
⑤ 신라가 안승을 보덕국왕으로 임명하였다.

10

(가), (나) 사이의 시기에 있었던 사실로 옳은 것은? [3점]

(가) 김춘추가 무릎을 꿇고 아뢰기를, "…… 만약 폐하께서 당의 군사를 빌려주어 흉악한 무리를 잘라 없애지 않는다면 저희 백성은 모두 포로가 될 것이며, 산 넘고 바다 건너 행하는 조회도 다시는 바랄 수 없을 것입니다."라고 하였다. 태종이 매우 옳다고 여겨서 군사의 출동을 허락하였다.
- 『삼국사기』 -

(나) 계필하력이 먼저 군사를 이끌고 평양성 밖에 도착하였고, 이적의 군사가 뒤따라 와서 한 달이 넘도록 평양을 포위하였다. …… 남건은 성문을 닫고 항거하여 지켰다. …… 5일 뒤에 신성이 성문을 열었다. …… 남건은 스스로 칼을 들어 자신을 찔렀으나 죽지 못했다. [보장]왕과 남건 등을 붙잡았다.
- 『삼국사기』 -

① 당이 안동도호부를 요동 지역으로 옮겼다.
② 신라와 당의 연합군이 백강에서 왜군을 물리쳤다.
③ 신라가 당의 군대에 맞서 매소성에서 승리하였다.
④ 고구려 안승이 신라에 의해 보덕국왕으로 임명되었다.
⑤ 고구려가 당의 침입에 대비하여 천리장성을 완성하였다.

기출테마 07 통일 신라의 체제

외우는 핵심 키워드

통일 신라 주요 왕의 업적

무열왕	• 최초의 진골 출신 왕 • 사정부 설치, 갈문왕제 폐지 • 나·당 연합 : 백제 멸망
문무왕	• 나·당 연합 : 고구려 멸망 • 매소성 전투, 기벌포 전투 • 당군 축출, 삼국 통일 완성
신문왕	• 김흠돌의 난 평정 · 국학 설립 • 중앙 집권 체제 강화 • 관료전 지급, 녹읍 폐지
성덕왕	• 백성에게 정전 지급
경덕왕	• 집사부의 중시를 시중으로 변경 • 국학을 태학감으로 변경 • 녹읍 부활 · 석굴암, 불국사 건립

통일 신라 통치 체제

중앙	• 집사부 시중 권한 강화 • 사정부(감찰·탄핵)
지방	• 9주 5소경 • 향·부곡 • 외사정 파견 • 상수리 제도
군사	• 9서당 10정

통일 신라 주요 인물

원효	• 일심과 화쟁 사상 • 무애가를 지어 불교 대중화 • 경주 분황사에서 법성종 개창 • 대승기신론소, 금강삼매경론, 십문화쟁론 저술
의상	• 화엄 사상 • 화엄일승법계도 저술 • 부석사 창건 • 원융 사상 • 아미타 신앙과 관음 신앙
혜초	• 인도와 중앙아시아 여행 • 왕오천축국전 저술
최치원	• 6두품 출신, 당의 빈공과 급제 • 황소의 난 : 격황소서 • 진성여왕에게 개혁안 10여 조 건의 • 계원필경, 제왕연대력, 법장화상전, 4산 비명
장보고	• 완도 청해진 설치 • 적산 법화원 건립
기타	• 위홍과 대구화상 : 삼대목 • 강수 : 청방인문표, 답설인귀서 • 김대문 : 화랑세기, 고승전 • 설총 : 이두 정리, 화왕계

통일 신라 석탑

경주 감은사지 3층 석탑

경주 불국사 다보탑

경주 불국사 삼층 석탑

구례 화엄사 사사자 삼층 석탑

양양 진전사지 삼층 석탑

안동 법흥사지 칠층 전탑

화순 쌍봉사 철감선사탑

외우는 빈출 선지

- 9서당 10정의 군사 조직을 운영하였다. → 통일 신라 군사 조직
- 관리 감찰을 위해 사정부를 두었다. → 통일 신라 감찰·탄핵 기구
- 상수리 제도를 실시하여 지방 세력을 견제하였다. → 통일 신라 지방 통제
- 울산항, 당항성이 무역항으로 번성하였다. → 통일 신라 무역항
- 김흠돌을 비롯한 진골 귀족 세력을 숙청하였다. → 신문왕
- 관료전을 지급하고 녹읍을 폐지하였다. → 신문왕
- 화엄일승법계도를 지어 화엄 사상을 정리하였다. → 의상

- 무애가를 지어 불교 대중화에 기여하였다. → 원효
- 진성 여왕에게 시무책 10여 조를 올렸다. → 최치원
- 외교 문서 작성에 능하여 청방인문표를 지었다. → 강수
- 진골 귀족 출신으로 화랑세기, 고승전 등을 저술하였다. → 김대문
- 화왕계를 지어 국왕에게 바쳤다. → 설총
- 부석사를 창건하였다. → 의상
- 금강삼매경론을 저술하였다. → 원효

01
다음 대화에 나타난 왕에 대한 설명으로 옳은 것은? [2점]

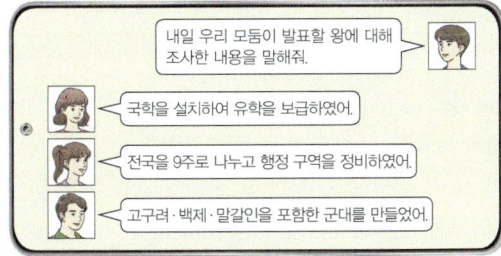

① 병부를 설치하고 율령을 반포하였다.
② 관료전을 지급하고 녹읍을 폐지하였다.
③ 화랑도를 국가적인 조직으로 개편하였다.
④ 관리 선발을 위해 독서삼품과를 시행하였다.
⑤ 국호를 마진으로 바꾸고 도읍을 철원으로 옮겼다.

02
(가)~(다)의 문화유산을 제작된 순서대로 옳게 나열한 것은? [2점]

(가)    (나)    (다)

① (가) - (나) - (다)   ② (가) - (다) - (나)
③ (나) - (가) - (다)   ④ (나) - (다) - (가)
⑤ (다) - (나) - (가)

03

(가) 인물에 대한 설명으로 옳은 것은? [1점]

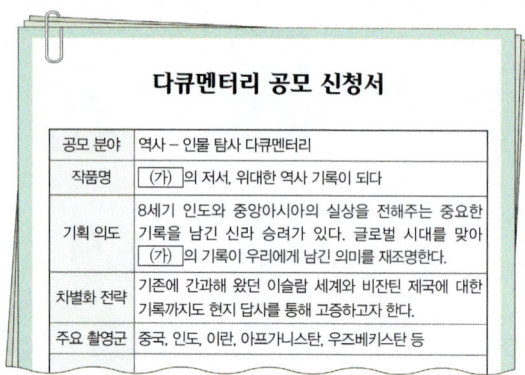

① 향가 모음집인 삼대목을 편찬하였다.
② 화랑도의 규범인 세속 5계를 제시하였다.
③ 무애가를 지어 불교 대중화에 기여하였다.
④ 구법 순례기인 왕오천축국전을 저술하였다.
⑤ 화엄일승법계도를 지어 화엄 사상을 정리하였다.

04

밑줄 그은 '인물'이 활동한 시기의 경제 모습으로 옳은 것은? [1점]

① 활구라고 불리는 은병이 유통되었다.
② 중국의 농서인 농상집요가 소개되었다.
③ 면화, 고추 등이 상품 작물로 재배되었다.
④ 청해진을 중심으로 해상 무역이 전개되었다.
⑤ 수도의 시전을 감독하기 위해 경시서가 설치되었다.

05

밑줄 그은 '이 인물'에 대한 설명으로 옳은 것은? [2점]

① 당으로 건너가 군사 동맹을 체결하였다.
② 진성 여왕에게 시무책 10여 조를 올렸다.
③ 외교 문서 작성에 능하여 청방인문표를 지었다.
④ 진골 귀족 출신으로 화랑세기, 고승전 등을 저술하였다.
⑤ 한자의 음훈을 빌려 우리말을 표기한 이두를 정리하였다.

06

밑줄 그은 '대사'의 활동으로 옳은 것은? [3점]

부석사 창건 설화

당에 유학했던 대사가 공부를 마치고 귀국길에 오르자 그를 사모했던 선묘라는 여인이 용으로 변하여 귀국길을 도왔다. 신라에 돌아온 대사는 불법을 전파하던 중 자신이 원하는 절을 찾았다. 그런데 그곳은 이미 다른 종파의 무리들이 있었다. 이때 선묘룡이 나타나 공중에서 커다란 바위로 변신하여 절의 지붕 위에서 떨어질 듯 말 듯 하자 많은 무리들이 혼비백산하여 달아났다. 이러한 연유로 이 절을 '돌이 공중에 떴다'는 의미의 부석사(浮石寺)로 불렀다.

① 향가 모음집인 삼대목을 편찬하였다.
② 무애가를 지어 불교 대중화에 힘썼다.
③ 화랑도의 규범으로 세속 5계를 제시하였다.
④ 화엄일승법계도를 지어 화엄 사상을 정리하였다.
⑤ 인도와 중앙아시아를 다녀와서 왕오천축국전을 남겼다.

07

밑줄 그은 '왕'에 대한 설명으로 옳은 것은? [2점]

> 용이 검은 옥대를 바쳤다. …… 왕이 놀라고 기뻐하여 오색 비단·금·옥으로 보답하고, 사람을 시켜 대나무를 베어서 바다로 나오자, 산과 용은 홀연히 사라져 보이지 않았다. 왕이 감은사에서 유숙하고 …… 행차에서 돌아와 그 대나무로 피리를 만들어 월성의 천존고에 보관하였다. 이 피리를 불면 적병이 물러가고 병이 나으며, 가물 때 비가 오고 비올 때 개며, 바람이 잦아들고 파도가 평온해졌다. 이를 만파식적(萬波息笛)이라 부르고 국보로 삼았다.
> — 『삼국유사』 —

① 병부와 상대등을 설치하였다.
② 이사부를 보내 우산국을 복속하였다.
③ 마립간이라는 칭호를 처음 사용하였다.
④ 매소성 전투에서 당의 군대를 격파하였다.
⑤ 김흠돌을 비롯한 진골 귀족 세력을 숙청하였다.

08

(가) 국가의 경제 상황으로 옳은 것은? [2점]

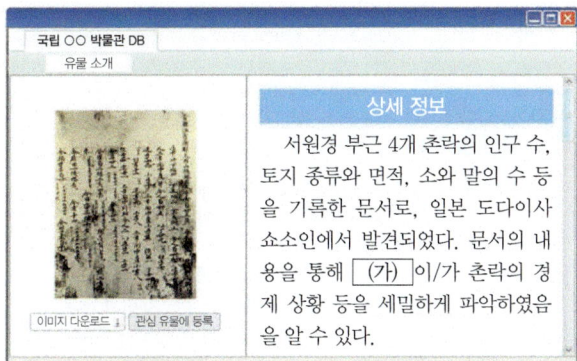

① 은병이 화폐로 제작되었다.
② 집집마다 부경이라는 창고가 있었다.
③ 목화, 담배 등이 상품 작물로 재배되었다.
④ 울산항, 당항성이 무역항으로 번성하였다.
⑤ 현직 관리를 대상으로 직전법이 실시되었다.

09

교사의 질문에 대한 학생의 답변으로 옳은 것은? [3점]

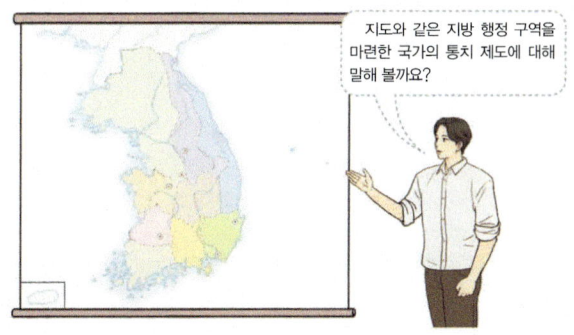

① 중앙군을 2군 6위로 조직했습니다.
② 지방관으로 안찰사를 파견했습니다.
③ 중앙 관제를 3성 6부로 정비했습니다.
④ 관리 감찰을 위해 사정부를 두었습니다.
⑤ 유학 교육 기관으로 주자감을 설치했습니다.

10

지도와 같이 행정 구역을 정비한 국가에 대한 설명으로 옳은 것을 〈보기〉에서 고른 것은? [3점]

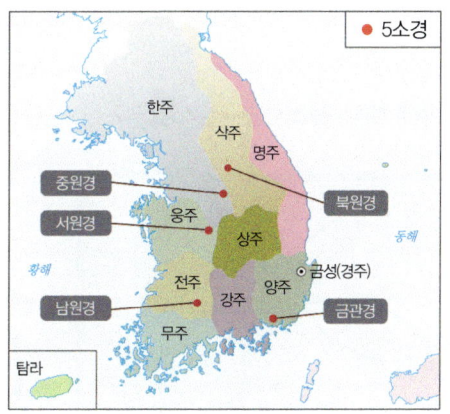

보 기
ㄱ. 9서당 10정의 군사 조직을 운영하였다.
ㄴ. 욕살, 처려근지 등을 지방관으로 파견하였다.
ㄷ. 상수리 제도를 실시하여 지방 세력을 견제하였다.
ㄹ. 북계에 병마사를 파견하여 적의 침입에 대비하였다.

① ㄱ, ㄴ ② ㄱ, ㄷ ③ ㄴ, ㄷ
④ ㄴ, ㄹ ⑤ ㄷ, ㄹ

기출테마 08 발해의 건국과 발전

외우는 핵심 키워드

발해 주요 왕의 업적

무왕 (대무예)	• 연호 : 인안 • 흑수부 말갈 지역 통합 • 장문휴 : 산둥 지방(등주) 공격 • 돌궐·일본과 교류, 당·신라는 견제
문왕 (대흠무)	• 연호 : 대흥 • 상경 용천부로 천도 • 장안성 모방, 주작대로 건설 • 신라도 개설 • 주자감 설립
선왕 (대인수)	• 연호 : 건흥 • 해동성국 • 발해 최대의 영토 형성 • 5경 15부 62주의 지방 제도 정비

발해의 통치 체제
- 중앙 관제 : 3성 6부
- 지방 관제 : 5경 15부 62주
- 군사 제도 : 10위
- 국립 대학 : 주자감
- 국정 총괄 : 정당성의 대내상
- 관리 감찰 : 중정대

발해의 경제
- 무역로 : 거란도, 영주도, 신라도, 일본도
- 특산물 : 솔빈부의 말

외우는 문화유산

 이불병좌상
 발해 석등
 돌사자상
 장백 영광탑
 치미

외우는 빈출 선지

- 고구려와 당의 양식이 혼합된 벽돌무덤을 만들었다. → 발해의 무덤 양식
- 신라도를 통하여 신라와 교류하였다. → 발해의 대외 무역
- 5경 15부 62주의 지방 행정 제도를 갖추었다. → 발해 선왕(대인수)
- 솔빈부의 말이 특산물로 거래되었다. → 발해의 특산물
- 거란도, 영주도 등을 통해 주변국과 교류하였다. → 발해의 대외 무역
- 주자감을 설치하여 인재를 양성하였다. → 발해의 교육 기관
- 정당성의 대내상이 국정을 총괄하였다. → 발해의 중앙 관제
- 중정대를 두어 관리를 감찰하였다. → 발해의 중앙 관제
- 인안이라는 독자적 연호를 사용하였다. → 발해 무왕(대무예)
- 장문휴를 보내 당의 등주를 공격하였다. → 발해 무왕(대무예)
- 수도를 중경 현덕부에서 상경 용천부로 옮겼다. → 발해 문왕(대흠무)
- 대문예로 하여금 흑수 말갈을 정벌하게 하였다. → 발해 무왕(대무예)
- 고구려 유민을 이끌고 동모산에서 나라를 세웠다. → 발해 고왕(대조영)

01

(가) 국가에 대한 설명으로 옳은 것은? [2점]

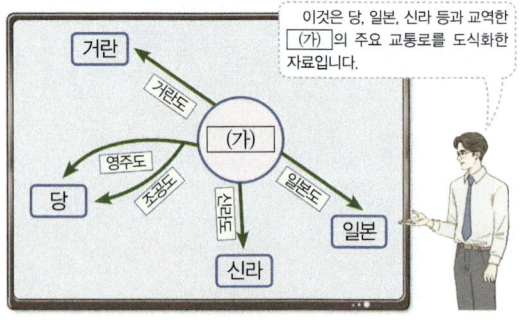

이것은 당, 일본, 신라 등과 교역한 (가) 의 주요 교통로를 도식화한 자료입니다.

① 평양을 서경으로 삼아 중시하였다.
② 후연을 격파하고 백제를 공격하였다.
③ 지방에 22담로를 두어 왕족을 파견하였다.
④ 완도에 청해진을 설치해 해상 무역을 장악하였다.
⑤ 고구려와 당의 양식이 혼합된 벽돌무덤을 만들었다.

02

(가) 국가에 대한 설명으로 옳은 것은? [2점]

#51. 서재 안

최치원이 책상 앞에 앉아 표문을 쓰고 있다. 화면이 표문을 비추며 최치원의 목소리로 내레이션이 흐른다.

내레이션: 지난날 (가) 의 왕자 대봉예가 자신들의 자리를 신라 위에 있게 해 달라고 청하였습니다. 황제 폐하께서 '나라의 순서는 원래 강약에 따라 정하는 것이 아니다.'라는 조칙을 내려 순서를 바로잡아 주셨습니다. 이에 오래된 신하가 소외되는 근심은 덜었으나, 앞으로 같은 일이 생길까 우려됩니다.

① 역사서인 유기와 신집을 편찬하였다.
② 내신좌평, 내두좌평 등 6좌평이 있었다.
③ 5경 15부 62주의 지방 행정 제도를 갖추었다.
④ 도병마사에서 변경의 군사 문제 등을 논의하였다.
⑤ 골품에 따라 관등 승진, 일상생활 등을 엄격히 제한하였다.

03

(가) 국가에 대한 설명으로 옳은 것은? [1점]

① 광군을 창설하여 외침에 대비하였다.
② 9서당 10정의 군사 조직을 운영하였다.
③ 광덕, 준풍 등의 독자적인 연호를 사용하였다.
④ 5경 15부 62주의 지방 행정 제도를 갖추었다.
⑤ 지방관을 감찰하기 위해 외사정을 파견하였다.

04

(가) 국가에 대한 설명으로 옳은 것을 〈보기〉에서 고른 것은? [2점]

〈한국사 온라인 강좌〉

우리 연구소에서는 (가) 의 역사적 의미를 조명하기 위해 온라인 강좌를 마련하였습니다. 관심 있는 분들의 많은 참여 바랍니다.

■ 강좌 주제 ■

제1강 일본에 보낸 외교 문서에 나타난 역사의식
제2강 정혜 공주 무덤의 구조로 알 수 있는 고분 양식
제3강 장문휴의 등주 공격을 통해 본 대외 인식
제4강 인안, 대흥 연호 사용에 반영된 천하관

■ 일시: 2025년 6월 매주 목요일 19:00~21:00
■ 방식: 화상 회의 플랫폼 활용
■ 주관: △△연구소

〈보 기〉

ㄱ. 철전인 건원중보를 발행하였다.
ㄴ. 솔빈부의 말이 특산물로 거래되었다.
ㄷ. 지방관을 감찰하고자 외사정을 파견하였다.
ㄹ. 거란도, 영주도 등을 통해 주변국과 교류하였다.

① ㄱ, ㄴ   ② ㄱ, ㄷ   ③ ㄴ, ㄷ
④ ㄴ, ㄹ   ⑤ ㄷ, ㄹ

05

(가) 국가에 대한 설명으로 옳은 것은? [2점]

① 왜에 칠지도를 만들어 보냈다.
② 2군 6위의 군사 조직을 운영하였다.
③ 신라도를 통하여 신라와 교류하였다.
④ 광평성 등의 정치 기구를 마련하였다.
⑤ 9주 5소경의 지방 행정 제도를 갖추었다.

06

(가) 국가에 대한 설명으로 옳은 것은? [1점]

해외 소재 우리 문화유산 — 일본 편

사진은 해동성국이라 불렸던 (가) 의 함화 4년명 불비상(佛碑像)이다. 아미타불을 중심으로 좌우에 보살상 등이 새겨져 있고 그 아래에는 비문이 있다. 비문은 함화 4년에 허왕부(許王府) 관리인 조문휴의 어머니가 불비상을 조성했다는 내용을 담고 있다. 이를 통해 독자적인 연호를 사용했던 (가) 의 국왕이 '허왕' 등의 제후를 거느린 황제와 같은 위상을 가졌음을 알 수 있다.

함화 4년명 불비상

① 9서당 10정의 군사 조직을 운영하였다.
② 성균관을 설치하여 유교 경전을 교육하였다.
③ 5경 15부 62주의 지방 행정 제도를 갖추었다.
④ 상수리 제도를 실시하여 지방 세력을 견제하였다.
⑤ 내신좌평, 위사좌평 등 6좌평의 관제를 마련하였다.

07

(가) 국가에 대한 설명으로 옳은 것은? [2점]

① 9서당 10정의 군사 조직을 갖추었다.
② 정당성의 대내상이 국정을 총괄하였다.
③ 지방관을 감찰하기 위해 외사정을 파견하였다.
④ 위화부 등 13부를 두어 행정 업무를 분담하였다.
⑤ 마진이라는 국호와 무태라는 연호를 사용하였다.

08

밑줄 그은 '이 국가'에 대한 설명으로 옳은 것은? [2점]

① 중정대를 두어 관리를 감찰하였다.
② 건원이라는 독자적인 연호를 사용하였다.
③ 군사 조직을 9서당 10정으로 편성하였다.
④ 골품에 따라 관직 승진에 제한을 두었다.
⑤ 상수리 제도를 시행하여 지방 세력을 견제하였다.

09

(가) 국가의 문화유산으로 옳은 것은? [2점]

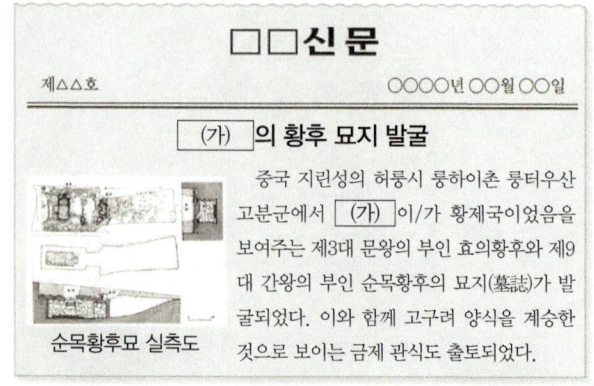

 ①  ②  ③
 ④  ⑤

10

다음 검색창에 들어갈 왕에 대한 설명으로 옳은 것은? [1점]

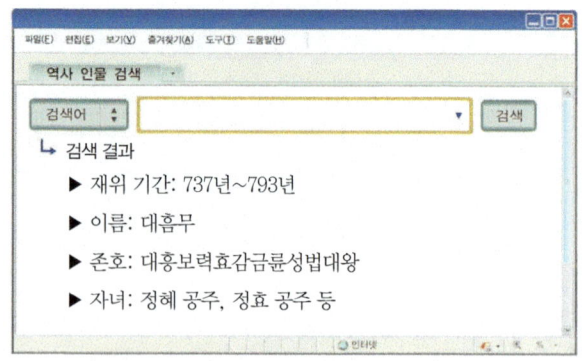

① 인안이라는 독자적 연호를 사용하였다.
② 장문휴를 보내 당의 등주를 공격하였다.
③ 수도를 중경 현덕부에서 상경 용천부로 옮겼다.
④ 대문예로 하여금 흑수 말갈을 정벌하게 하였다.
⑤ 고구려 유민을 이끌고 동모산에서 나라를 세웠다.

기출테마 09 신라 하대와 후삼국 성립

외우는 핵심 키워드

신라의 시대 구분

상대 (박혁거세~진덕여왕)	• BC 57~AD 654년 • 성골 왕 • 상대등이 수상 • 고대 국가 완성기
중대 (태종 무열왕~혜공왕)	• 654~780년 • 진골 왕 • 집사부 시중이 수상 • 왕권의 전성기
하대 (선덕왕~경순왕)	• 780~935년 • 왕위 쟁탈전 가열 • 상대등 권한 강화 • 호족의 발호

신라 하대의 정치적 변동

- 왕위 쟁탈전의 전개
- 왕권의 약화
- 녹읍 부활
- 지방 통제력의 약화
- 집사부 시중보다 상대등의 권력 강대
- 6두품과 지방 호족 세력의 결탁
- 선종의 유행

신라 하대의 난

- 김헌창의 난(822)
- 장보고의 난(839)
- 원종과 애노의 난(889)
- 적고적의 난(896)

후삼국의 성립

후백제	• 완산주(전주)에서 견훤이 건국 • 후당과 오월에 사신 파견 • 신라의 금성 습격, 경애왕 자결 • 견훤, 금산사에 유폐 후 왕건에 귀부
후고구려	• 송악(개성)에서 궁예가 건국 • 국호 마진 → 철원 천도 → 국호 태봉 • 광평성을 비롯한 여러 관서 설치 • 왕건에 의해 축출

외우는 빈출 선지

- 광평성 등의 정치 기구를 두었다. → 후고구려 궁예
- 후당과 오월에 사신을 파견하였다. → 후백제 견훤
- 고창 전투에서 후백제군과 싸워 승리하였다. → 고려 왕건
- 체징이 9산 선문 중 하나인 가지산문을 개창하였다. → 신라 하대
- 국호를 마진으로 바꾸고 철원으로 천도하였다. → 후고구려 궁예
- 궁예가 국호를 태봉으로 바꾸었다. → 후고구려 궁예
- 일리천 전투에서 신검에게 승리하였다. → 고려 왕건
- 오월에 사신을 보내고 검교태보의 직을 받았다. → 후백제 견훤
- 원종과 애노가 사벌주에서 봉기하였다. → 신라 하대 진성 여왕
- 신라의 금성을 습격하여 경애왕을 죽게 하였다. → 후백제 견훤
- 최치원이 왕에게 시무 10여 조를 건의하였다. → 신라 하대 진성 여왕
- 금산사에 유폐된 후 고려에 귀부하였다. → 후백제 견훤
- 참선과 수행을 통한 깨달음을 강조하였다. → 선종
- 김헌창이 웅천주에서 반란을 일으켰다. → 신라 하대

01

(가) 시기에 있었던 사실로 옳은 것은? [3점]

① 비담과 염종의 난이 진압되었다.
② 김헌창이 웅천주에서 반란을 일으켰다.
③ 연개소문이 정변을 일으켜 권력을 잡았다.
④ 만적을 비롯한 노비들이 반란을 모의하였다.
⑤ 김춘추가 당으로 건너가 군사적 지원을 요청하였다.

02

(가) 종파에 대한 설명으로 가장 적절한 것은? [2점]

이것은 (가) 의 9산문 중 가지산문의 대표 사찰인 보림사에 있는 철조비로자나불좌상입니다. 이 불상의 왼팔 뒤편에 헌안왕 2년 무주 장사현의 부관인 김수종이 아뢰어 만들었다는 새김글이 양각되어 있어 정확한 조성 연대를 알 수 있습니다. 이와 같은 철불은 승탑과 더불어 9세기부터 크게 유행하였습니다.

① 하늘에 제사 지내는 초제를 거행하였다.
② 참선과 수행을 통한 깨달음을 강조하였다.
③ 시경, 서경, 역경 등을 주요 경전으로 삼았다.
④ 신선 사상을 기반으로 불로장생을 추구하였다.
⑤ 인내천 사상을 내세워 인간 평등을 주장하였다.

03

(가)~(다)를 일어난 순서대로 옳게 나열한 것은? [3점]

(가) 도적들이 나라의 서남쪽에서 일어났는데, 붉은색 바지를 입어 모습을 다르게 하였기 때문에 적고적(赤袴賊)이라고 불렸다. 그들은 주와 현을 도륙하고, 수도의 서부 모량리까지 와서 민가를 노략질하고 돌아갔다.

(나) 웅천주 도독 헌창은 그의 아버지 주원이 임금이 되지 못하였다는 이유로 반란을 일으켜 국호를 장안이라 하고, 연호를 세워 경운 원년이라 하였다.

(다) 아찬 우징은 청해진에 있으면서 김명이 왕위를 빼앗았다는 소식을 듣고 청해진 대사 궁복에게 말하였다. "김명은 임금을 죽이고 스스로 왕이 되었으니, …… 장군의 군사를 빌려 임금과 아버지의 원수를 갚고자 합니다."

— 『삼국사기』 —

① (가) – (나) – (다) ② (가) – (다) – (나)
③ (나) – (가) – (다) ④ (나) – (다) – (가)
⑤ (다) – (가) – (나)

04

(가) 인물의 활동으로 옳은 것은? [2점]

○ (가) 은/는 왕의 족제(族弟)인 김부에게 왕위를 잇게 하였다. 그런 후에 왕의 아우 효렴과 재상 영경을 사로잡았다.

○ (가) 은/는 넷째 아들 금강이 키가 크고 지혜가 많아 특히 아끼어 왕위를 전하려 하니, [금강의] 형 신검, 양검, 용검 등이 이를 알고 몹시 근심하고 번민하였다.

— 『삼국유사』 —

① 사림원을 설치하여 개혁을 실시하였다.
② 국호를 마진으로 바꾸고 철원으로 천도하였다.
③ 김흠돌을 비롯한 진골 귀족 세력을 숙청하였다.
④ 정계와 계백료서를 지어 관리의 규범을 제시하였다.
⑤ 오월(吳越)에 사신을 보내고 검교태보의 직을 받았다.

05

다음 가상 대화 이후에 있었던 사실로 옳은 것은? [2점]

며칠 전 붉은 바지를 입은 도적들이 나라의 서남쪽에서 봉기하였다고 하네.

적고적 말이지? 7년 전에는 원종과 애노가 세금 독촉 때문에 봉기하더니, 요즘 들어 나라에 변란이 자주 일어나 걱정이구만.

① 궁예가 국호를 태봉으로 바꾸었다.
② 독서삼품과가 처음으로 실시되었다.
③ 왕의 장인인 김흠돌이 반란을 일으켰다.
④ 무열왕의 직계 자손이 왕위를 세습하였다.
⑤ 혜공왕이 귀족 세력에게 죽임을 당하였다.

06

(가) 인물의 활동으로 옳은 것은? [2점]

○ (가) 이/가 스스로 왕이라 칭하며 말하기를, "지난날 신라가 당에 군사를 청하여 고구려를 격파하였다. 그래서 평양 옛 도읍은 잡초만 무성하게 되었으니, 내가 반드시 그 원수를 갚겠다."라고 하였다.

— 『삼국사기』 —

○ (가) 이/가 미륵불을 자칭하였다. 머리에 금책(金幘)을 쓰고 몸에는 가사를 걸쳤으며 큰아들을 청광보살, 막내아들을 신광보살이라고 불렀다.

— 『삼국사기』 —

① 임존성에서 당군을 격퇴하였다.
② 일리천 전투에서 신검에게 승리하였다.
③ 광평성을 비롯한 여러 관서를 설치하였다.
④ 청해진을 통하여 해상 무역을 전개하였다.
⑤ 오월(吳越)에 사신을 보내고 검교태보의 직을 받았다.

07

(가) 시기에 있었던 사실로 옳은 것은? [2점]

① 이차돈의 순교로 불교가 공인되었다.
② 원종과 애노가 사벌주에서 봉기하였다.
③ 관료전을 지급하고 녹읍을 폐지하였다.
④ 거칠부가 왕명을 받들어 국사를 편찬하였다.
⑤ 최고 지배자의 칭호가 마립간으로 바뀌었다.

08

(가) 인물에 대한 설명으로 옳은 것을 〈보기〉에서 고른 것은? [3점]

> (가) 은/는 상주 가은현 사람이다. …… [왕의] 총애를 받던 측근들이 정권을 마음대로 휘둘러 기강이 문란해졌다. 기근까지 겹쳐 백성들이 떠돌아다니고, 여러 도적들이 봉기하였다. 이에 (가) 이/가 몰래 [왕위를] 넘겨다보는 마음을 갖고 …… 드디어 무진주를 습격하여 스스로 왕이 되었으나, 아직 감히 공공연하게 왕을 칭하지는 못하였다. …… 서쪽으로 순행하여 완산주에 이르니 그 백성들이 환영하였다.
>
> - 『삼국사기』 -

보 기

ㄱ. 후당, 오월에 사신을 파견하였다.
ㄴ. 광평성을 비롯한 각종 정치 기구를 마련하였다.
ㄷ. 신라의 금성을 습격하여 경애왕을 죽게 하였다.
ㄹ. 정계와 계백료서를 지어 관리의 규범을 제시하였다.

① ㄱ, ㄴ   ② ㄱ, ㄷ   ③ ㄴ, ㄷ
④ ㄴ, ㄹ   ⑤ ㄷ, ㄹ

09

다음 검색창에 들어갈 왕의 재위 기간에 있었던 사실로 옳은 것은? [1점]

① 왕의 장인인 김흠돌이 반란을 도모하였다.
② 강조가 정변을 일으켜 김치양을 제거하였다.
③ 거칠부가 왕명을 받들어 국사를 편찬하였다.
④ 최치원이 왕에게 시무 10여 조를 건의하였다.
⑤ 복신과 도침 등이 부여풍을 왕으로 추대하였다.

10

다음 대화에 나타난 인물에 대한 설명으로 옳은 것은? [2점]

① 후당, 오월에 사신을 보냈다.
② 금산사에 유폐된 후 고려에 귀부하였다.
③ 지방관을 감찰하고자 외사정을 파견하였다.
④ 청해진을 설치하여 해상 무역을 전개하였다.
⑤ 마진이라는 국호와 무태라는 연호를 사용하였다.

| 문제편 |

PART 2
중세의 성립과 발전

기출테마 **10** 고려의 후삼국 통일과 성립

기출테마 **11** 문벌 귀족 사회의 동요와 무신 정권

기출테마 **12** 고려의 대외 관계

기출테마 **13** 원 간섭기와 공민왕의 개혁

기출테마 **14** 고려의 경제와 사회 모습

기출테마 **15** 고려의 학문과 사상

기출테마 **16** 고려의 문화유산

기출테마 **17** 우리 지역의 역사

기출테마 10 고려의 후삼국 통일과 성립

외우는 핵심 키워드

후삼국 통일 과정

고려 건국(918) → 공산 전투(927) → 고창 전투(930) → 신라 항복(935) → 일리천 전투(936)

중앙 정치 조직

- **2성 6부** : 2성(중서문하성, 상서성), 6부(이·병·형·예·공부)
- **중추원** : 추밀(군사 기밀)과 승선(왕명 출납)
- **어사대** : 관리의 비위 감찰, 서경권 행사
- **삼사** : 화폐와 곡식의 출납 및 회계
- **도병마사** : 국방 문제 담당, 도평의사사로 개편
- **식목도감** : 법의 제정 및 의식 관장

지방 행정 조직

5도 양계	• 5도 : 일반 행정 구역(안찰사 파견) • 양계 : 군사 행정 구역(동계, 북계)
향·소·부곡	• 특수 행정 구역 • 양인이나 일반 군현민과 달리 차별 받음
주현 속현	• 주현 : 지방관이 파견된 곳 • 속현 : 지방관이 파견되지 않은 곳 • 속현>주현

고려 초기 정책

태조	• 호족 세력 포섭 • 사성 정책 • 사심관 및 기인 제도 • 역분전 지급 • 정계와 계백료서, 훈요 10조 • 흑창 설치 • 발해 유민 포용 • 서경 중시 • 거란 외교 단절(만부교 사건)
광종	• 연호 : 광덕·준풍 • 칭제 건원 • 노비안검법 실시 • 과거 제도 실시 • 공복 제정
성종	• 최승로의 시무 28조 수용 • 2성 6부 체제 확립 • 중추원, 삼사 설치 • 도병마사, 식목도감 설치 • 12목 설치, 지방관 파견 • 국자감 개창, 경학박사·의학박사 파견 • 의창 설치

군사 조직 및 관리 등용 제도

군사 조직	• 중앙 : 2군 6위 • 지방 : 주진군, 주현군 • 특수군 : 광군, 별무반, 도방, 삼별초
관리 등용	• 과거제(광종) : 후주인 쌍기 건의 • 음서제(성종) : 천거제, 5품 이상

외우는 빈출 선지

- 12목을 설치하고 지방관을 파견하였다. → 고려 성종
- 개경에 귀법사를 세우고 균여를 주지로 삼았다. → 고려 광종
- 정계와 계백료서를 지어 관리의 규범을 제시하였다. → 고려 태조
- 후주와 사신을 교환하여 대외 관계의 안정을 꾀하였다. → 고려 광종
- 신숭겸이 공산 전투에서 전사하였다. → 공산 전투
- 신검이 일리천에서 고려군에게 패배하였다. → 일리천 전투
- 빈민을 구제하기 위해 흑창을 처음 설치하였다. → 고려 태조
- 왕권을 강화하기 위해 노비안검법을 실시하였다. → 고려 광종
- 국정을 총괄하는 중앙 관서였다. → 고려 : 중서문하성
- 원 간섭기에 도평의사사로 명칭이 바뀌었다. → 고려 : 도병마사
- 소속 관원이 낭사와 함께 서경권을 행사하였다. → 고려 : 어사대
- 천수라는 독자적인 연호를 사용하였다. → 고려 태조
- 최승로의 시무 28조를 받아들여 통치 체제를 정비하였다. → 고려 성종
- 전시과 제도를 마련하여 관리에게 토지를 지급하였다. → 고려 경종
- 화폐와 곡식의 출납 회계를 담당하였다. → 고려 : 삼사
- 김선평, 권행 등이 고창 전투에서 활약하였다. → 고창 전투
- 경애왕이 후백제군의 왕경 습격으로 사망하였다. → 후백제 견훤
- 광덕, 준풍 등의 독자적 연호를 사용하였다. → 고려 광종

01

다음 상황 이후에 전개된 사실로 옳은 것은? [2점]

> 견훤이 금산사에 있은 지 3개월 만에 막내 아들 능예, 딸 쇠복, 총애하는 첩 고비 등과 더불어 금성으로 달아나 사람을 보내 왕에게 만나기를 청하였다. 왕이 기뻐하여 유금필, 왕만세 등을 보내 그를 위로하고 맞아오도록 하였다. 견훤이 도착하자, 두터운 예로써 대접하였다.

① 신숭겸이 공산 전투에서 전사하였다.
② 신검의 군대가 일리천 전투에서 패배하였다.
③ 궁예가 군대를 보내 나주 일대를 점령하였다.
④ 김선평, 권행 등이 고창 전투에서 활약하였다.
⑤ 경애왕이 후백제군의 왕경 습격으로 사망하였다.

02

(가) 왕에 대한 설명으로 옳은 것은? [2점]

> **사료로 만나는 한국사**
>
> 교서를 내려 말하기를, "태학조교 송승연과 나주목(羅州牧)의 경학박사 전보인이 [학생들을] 이끌어 잘 도와서, 학문을 널리 닦으라는 공자의 뜻에 합치된다. 가르침에 게으르지 않아서 내가 학문을 권장하는 뜻에 들어맞으니 마땅히 그들을 발탁하여 특별하고 두터운 총애를 보이도록 하라."라고 하였다.
>
> [해설] 위 사료는 (가) 이/가 유학 교육에 공이 있는 태학조교와 나주목의 경학박사를 치하하는 『고려사』의 기록이다. 중앙뿐 아니라 지방의 교육도 장려했던 (가) 은/는 처음으로 12목을 설치하고 지방관에 이어 경학박사와 의학박사를 파견하였다.

① 광덕, 준풍 등의 독자적 연호를 사용하였다.
② 신돈을 중심으로 전민변정 사업을 추진하였다.
③ 청연각과 보문각을 두어 학문 연구를 장려하였다.
④ 정계와 계백료서를 지어 관리의 규범을 제시하였다.
⑤ 최승로의 시무 28조를 받아들여 통치 체제를 정비하였다.

03

(가)~(다)를 일어난 순서대로 옳게 나열한 것은? [3점]

> (가) 왕규가 광주원군을 옹립하려고 도모하였다. 왕이 깊이 잠든 틈을 타서 그의 무리로 하여금 침실에 잠입시켜 왕을 해하려 하였다.
>
> (나) 왕이 교서를 내려 말하기를, "경전에 통하고 전적(典籍)을 널리 읽은 자들을 선발하여 경학박사와 의학박사로 삼아, 12목에 각각 1명씩 파견하여 돈독하게 가르치고 깨우치게 하라."라고 하였다.
>
> (다) 왕이 한림학사 쌍기를 지공거로 임명하고, 시(詩)·부(賦)·송(頌)과 시무책을 시험하여 진사를 뽑게 하였다. 위봉루에 친히 나가 급제자를 발표하여, 갑과에 최섬 등 2명, 명경에 3명, 복업에 2명을 합격시켰다.

① (가) - (나) - (다)
② (가) - (다) - (나)
③ (나) - (가) - (다)
④ (나) - (다) - (가)
⑤ (다) - (나) - (가)

04

(가), (나) 사이의 시기에 있었던 사실로 옳은 것은? [2점]

> (가) 날이 밝아오자 (여러 장수들이) 태조를 곡식더미 위에 앉히고는 군신의 예를 행하였다. 사람을 시켜 말을 달리며 "왕공(王公)께서 이미 의로운 깃발을 들어 올리셨다."라고 외치게 하였다. …… 궁예가 이 소식을 듣고는 어찌할 바를 몰라 미복(微服) 차림으로 북문을 빠져나갔다.
> - 『고려사절요』 -
>
> (나) 여름 6월 견훤이 막내아들 능예와 딸 애복, 애첩 고비 등과 더불어 나주로 달아나 입조를 요청하였다. …… 도착하자 그를 상보(尙父)라 일컫고 남궁(南宮)을 객관(客館)으로 주었다. 지위를 백관의 위에 두고 양주를 식읍으로 주었다.
> - 『고려사』 -

① 견훤이 후백제를 건국하였다.
② 김흠돌이 반란을 도모하였다.
③ 장보고가 청해진을 설치하였다.
④ 신숭겸이 공산 전투에서 전사하였다.
⑤ 신검이 일리천에서 고려군에게 패배하였다.

05

다음 검색창에 들어갈 왕의 재위 기간에 있었던 사실로 옳은 것은? [2점]

① 전국에 12목을 설치하고 관리를 파견하였다.
② 주전도감을 설치하여 해동통보를 발행하였다.
③ 왕권을 강화하기 위해 노비안검법을 실시하였다.
④ 거란 침입에 대비하여 개경에 나성을 축조하였다.
⑤ 국자감에 서적포를 두어 출판을 담당하게 하였다.

06

(가) 기구에 대한 설명으로 옳은 것은? [3점]

> 시정(時政)을 논박하고 풍속을 교정하며 규찰과 탄핵 업무를 담당하였다. 국초에는 사헌대(司憲臺)라 불렸다. 성종 14년에 (가) (으)로 고쳤으며 [관원으로] 대부, 중승, 시어사, 전중(殿中)시어사, 감찰어사가 있었다.
> — 『고려사』 —

① 국정을 총괄하는 중앙 관서였다.
② 무신 집권기 최고 권력 기구였다.
③ 사간원, 홍문관과 함께 삼사로 불렸다.
④ 원 간섭기에 도평의사사로 명칭이 바뀌었다.
⑤ 소속 관원이 낭사와 함께 서경권을 행사하였다.

07

다음 군사 제도를 운영한 국가에 대한 설명으로 옳은 것은? [2점]

> 목종 5년에 6위의 직원을 마련하여 두었는데, 뒤에 응양군(鷹揚軍)과 용호군(龍虎軍)의 2군을 설치하고, 6위의 위에 있게 하였다. 뒤에 또 중방을 설치하고, 2군·6위의 상장군과 대장군이 모두 회합하게 하였다.

① 중정대를 두어 관리를 감찰하였다.
② 9주 5소경의 지방 제도를 운영하였다.
③ 고관들의 합좌 기구인 도병마사를 설치하였다.
④ 인재를 등용하기 위하여 독서삼품과를 시행하였다.
⑤ 왕족인 부여씨와 8성의 귀족이 지배층을 이루었다.

08

다음 장면에 등장하는 왕에 대한 설명으로 옳은 것은? [1점]

> 내 몸은 비록 궁궐에 있지만 마음은 언제나 백성에게 있노라. 지방 수령들의 눈과 귀를 빌어 백성의 기대에 부합하고자 한다. 이에 우서(虞書)의 12목 제도를 본받아 시행할 터이니, 주나라가 8백 년간 지속되었듯이 우리의 국운도 길이 이어질 것이다.

① 천수라는 독자적인 연호를 사용하였다.
② 관학을 진흥하고자 양현고를 설치하였다.
③ 독서삼품과를 실시하여 관리를 채용하였다.
④ 쌍성총관부를 공격하여 철령 이북을 수복하였다.
⑤ 최승로의 시무 28조를 받아들여 통치 체제를 정비하였다.

09
다음 가상 인터뷰의 왕이 추진한 정책으로 옳은 것은? [2점]

① 흑창을 설치하여 빈민을 구제하였다.
② 양현고를 두어 장학 기금을 마련하였다.
③ 노비안검법을 시행하여 재정을 확충하였다.
④ 전국에 12목을 설치하고 지방관을 파견하였다.
⑤ 전시과 제도를 마련하여 관리에게 토지를 지급하였다.

10
(가) 시기에 있었던 사실로 옳은 것은? [2점]

① 정방이 설치되었다.
② 별무반이 편성되었다.
③ 노비안검법이 실시되었다.
④ 독서삼품과가 시행되었다.
⑤ 정동행성 이문소가 폐지되었다.

기출테마 11 문벌 귀족 사회의 동요와 무신 정권

외우는 핵심 키워드

문벌 귀족 사회의 동요

이자겸의 난 (1126)	• 이자겸 : 금의 사대 요구 수용 • 인종 : 이자겸 제거 시도 • 척준경 : 이자겸 제거
묘청의 서경 천도 운동 (1135)	• 칭제 건원, 금국 정벌, 서경 천도 • 국호 : 대위국, 연호 : 천개 • 김부식 진압 • 신채호 : '조선 역사상 일천년래 제일 대사건'

최씨 무신 정권

최충헌 (1196~1219)	• 조위총의 난 진압 • 봉사 10조 제시 • 교정도감 설치 • 도방 확대
최우 (1219~1249)	• 정방 설치 : 문무 관직에 대한 인사권 장악 • 서방 설치 : 문신 숙위 기구 • 삼별초 조직 : 무신 정권의 군사적 기반 • 강화도 천도 : 대몽 항쟁

무신정변

• 정중부 · 이의방 등이 문신 살해
• 의종 폐위, 명종 옹립
• 이의방 → 정중부 → 경대승 → 이의민 → 최충헌 → 최우

무신 집권기 민란

• 망이 · 망소이의 난(1176)
• 김사미 · 효심의 난(1193)
• 만적의 난(1198)

반무신정변

• 김보당의 난(1173)   • 서경 유수 조위총의 난(1174)

외우는 빈출 선지

• 특수 행정 구역인 소의 주민들이 차별을 받았다. → 고려 무신 집권기
• 김부식 등이 이끈 관군에 의해 진압되었다. → 묘청 : 서경 천도 운동
• 묘청이 서경 천도를 주장하였다. → 묘청 : 서경 천도 운동
• 왕실의 외척인 이자겸이 난을 일으켰다. → 이자겸의 난
• 정중부가 반란을 일으켜 권력을 차지하였다. → 무신 정변
• 최우가 정방을 설치하여 인사권을 장악하였다. → 고려 무신 집권기

• 서경에서 난을 일으키고 국호를 대위로 하였다. → 묘청 : 서경 천도 운동
• 교정별감이 되어 인사, 재정 등 국정 전반을 장악하였다. → 최충헌
• 이자겸과 척준경이 반란을 일으켜 궁궐을 불태웠다. → 이자겸의 난
• 최충헌이 봉사 10조를 올려 시정 개혁을 건의하였다. → 최충헌
• 명학소의 망이 · 망소이가 봉기하였다. → 고려 무신 집권기

01

다음 사건이 전개된 시기의 사회 모습으로 옳은 것은? [2점]

사건 일지
2월 10일 망이 등이 다시 반란을 일으켜 가야사를 습격함.
3월 11일 망이 등이 홍경원에 불을 지르고 승려 10여 명을 죽임.
6월 23일 망이가 사람을 보내 항복을 청함.
7월 20일 망이 · 망소이 등을 체포하여 청주 감옥에 가둠.

① 서얼이 통청 운동을 전개하였다.
② 원종과 애노가 사벌주에서 봉기하였다.
③ 적장자 위주의 상속 제도가 확립되었다.
④ 읍락 간의 경계를 중시하는 책화가 있었다.
⑤ 특수 행정 구역인 소의 주민들이 차별을 받았다.

02

다음 사건이 일어난 시기를 연표에서 옳게 고른 것은? [2점]

○ 명학소의 백성 망이 · 망소이 등이 무리를 모아서 산행병마사라고 자칭하고는 공주를 공격하여 함락하였다.
○ 망이의 고향인 명학소를 충순현으로 승격시키고 양수탁을 현령으로, 김윤실을 현위로 임명하여 그들을 달래었다.

1104	1126	1135	1170	1231	1270
(가)	(나)	(다)	(라)	(마)	
별무반 조직	이자겸의 난	묘청의 난	무신 정변	몽골의 침입	개경 환도

① (가)   ② (나)   ③ (다)
④ (라)   ⑤ (마)

03

다음 대화에 나타난 사건에 대한 설명으로 옳은 것은? [2점]

① 국왕이 나주까지 피란하였다.
② 초조 대장경 간행의 계기가 되었다.
③ 김부식 등이 이끈 관군에 의해 진압되었다.
④ 이성계가 정권을 장악하는 결과를 가져왔다.
⑤ 여진 정벌을 위한 별무반 편성에 영향을 주었다.

04

다음 사건 이후에 일어난 사실로 옳은 것은? [1점]

> 만적 등 6명이 북산에서 땔나무를 하다가, 공사(公私)의 노복들을 불러 모아 모의하며 말하기를, "국가에서 경인년과 계사년 이래로 높은 관직도 천예(賤隷)에서 많이 나왔으니, 장상(將相)에 어찌 씨가 있겠는가? 때가 되면 (누구나) 차지할 수 있는 것이다. 우리들이라고 어찌 뼈 빠지게 일만 하면서 채찍 아래에서 고통만 당하겠는가?"라고 하였다. 여러 노(奴)들이 모두 그렇다고 하였다. …… 가노(家奴) 순정이 한충유에게 변란을 고하자 한충유가 최충헌에게 알렸다. 마침내 만적 등 100여 명을 체포하여 강에 던졌다.

① 묘청이 서경 천도를 주장하였다.
② 쌍기가 과거제의 시행을 건의하였다.
③ 왕실의 외척인 이자겸이 난을 일으켰다.
④ 정중부가 반란을 일으켜 권력을 차지하였다.
⑤ 최우가 정방을 설치하여 인사권을 장악하였다.

05

다음 검색창에 들어갈 인물에 대한 설명으로 옳은 것은? [2점]

① 서경에서 난을 일으키고 국호를 대위로 하였다.
② 화약과 화포 제작을 위한 화통도감 설치를 건의하였다.
③ 삼별초를 이끌고 진도로 이동하여 대몽 항쟁을 펼쳤다.
④ 교정별감이 되어 인사, 재정 등 국정 전반을 장악하였다.
⑤ 전민변정도감의 책임자로 임명되어 권문세족을 견제하였다.

06

(가), (나) 사이의 시기에 있었던 사실로 옳은 것은? [2점]

> (가) 동북면병마사 간의대부 김보당이 동계(東界)에서 군대를 일으켜, 정중부와 이의방을 토벌하고 전왕(前王)을 복위시키려고 하였다. …… 동북면지병마사 한언국이 장순석 등에게 거제(巨濟)로 가서 전왕을 받들어 계림에 모시게 하였다.
>
> (나) 만적 등이 노비들을 불러 모아서 말하기를, "장군과 재상에 어찌 타고난 씨가 있겠는가? 때가 되면 누구나 할 수 있는 것이다."라고 하였다. …… 만적 등 100여 명이 체포되어 강에 던져졌다.

① 웅천주 도독 김헌창이 반란을 일으켰다.
② 최우가 인사 행정 담당 기구로 정방을 설치하였다.
③ 이자겸과 척준경이 반란을 일으켜 궁궐을 불태웠다.
④ 최충헌이 봉사 10조를 올려 시정 개혁을 건의하였다.
⑤ 김부식이 서경의 반란군을 진압하기 위해 출정하였다.

07

다음 자료의 상황이 나타난 시기를 연표에서 옳게 고른 것은? [3점]

> 바야흐로 금이 번성하여 우리 왕조로 하여금 신하를 칭하게 하고자 하였다. 중론이 뒤섞여 어지러웠는데, 공이 홀로 간쟁하기를, "…… 여진은 본래 우리 왕조 사람의 자손이었습니다. 그래서 신하가 되어 천자를 조회하였고 국경 부근의 사람들을 모두 우리 왕조의 호적에 속한 자가 오래 되었습니다. 어찌 우리 왕조가 도리어 신하가 될 수 있습니까?"라고 하였다. 당시에 권신(權臣)이 왕명을 멋대로 하였으므로 이에 신하를 칭하고 이로 인해 서표(誓表)를 올렸다. 진실로 인종의 본심이 아니었으니 공이 심히 부끄럽고 슬프게 여겼다.
> ― 윤언이 묘지명 ―

918	1019	1104	1170	1232	1356
(가)	(나)	(다)	(라)	(마)	
고려 건국	귀주 대첩	별무반 설치	무신 정변	처인성 전투	쌍성총관부 탈환

① (가) ② (나) ③ (다)
④ (라) ⑤ (마)

08

다음 상황이 나타난 시기를 연표에서 옳게 고른 것은? [2점]

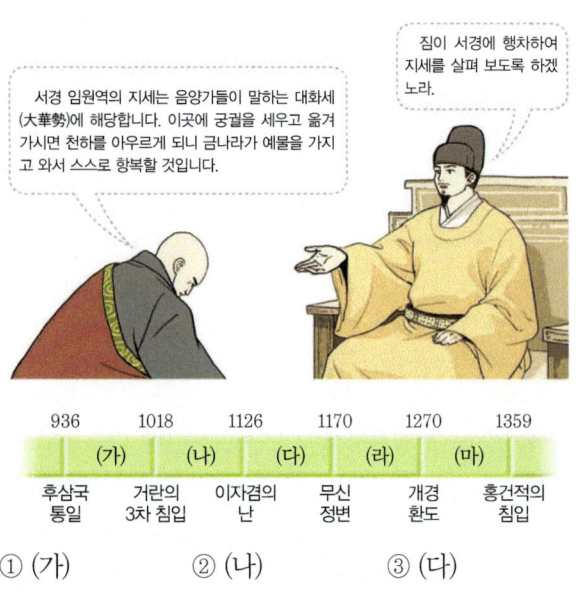

936	1018	1126	1170	1270	1359
(가)	(나)	(다)	(라)	(마)	
후삼국 통일	거란의 3차 침입	이자겸의 난	무신 정변	개경 환도	홍건적의 침입

① (가) ② (나) ③ (다)
④ (라) ⑤ (마)

09

밑줄 그은 '왕'의 재위 기간에 있었던 사실로 옳은 것은? [2점]

> 백관을 소집하여 금을 섬기는 문제에 대한 가부를 의논하게 하니 모두 불가하다고 하였다. 유독 이자겸, 척준경만이 "금이 …… 정치를 잘하고 병력도 강성하여 날로 강대해지고 있습니다. 또 우리와 서로 국경이 맞닿아 있어 섬기지 않을 수 없는 상황입니다 게다가 작은 나라로서 큰 나라를 섬기는 것은 선왕의 도리이니, 사신을 보내 먼저 예를 갖추어 찾아가는 것이 옳습니다."라고 하니 왕이 이 말을 따랐다.
> ― 『고려사』 ―

① 최충헌이 봉사 10조를 올렸다.
② 명학소의 망이·망소이가 봉기하였다.
③ 최무선의 건의로 화통도감이 설치되었다.
④ 강조가 정변을 일으켜 김치양을 제거하였다.
⑤ 묘청이 수도를 서경으로 옮길 것을 주장하였다.

10

(가)~(라)를 일어난 순서대로 옳게 나열한 것은? [2점]

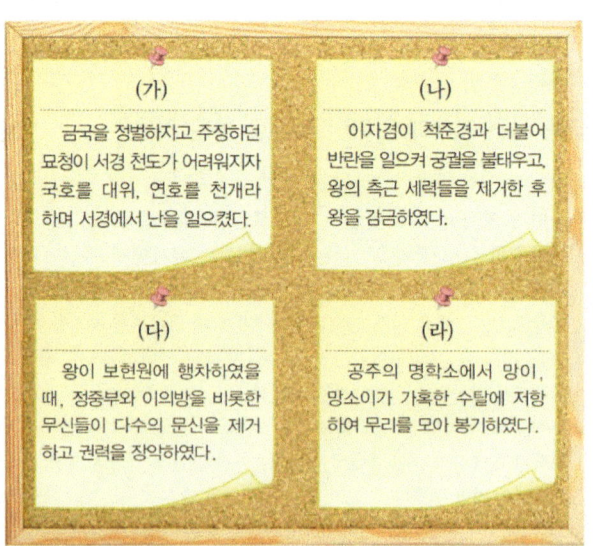

① (가) - (나) - (다) - (라)
② (가) - (나) - (라) - (다)
③ (나) - (가) - (다) - (라)
④ (나) - (가) - (라) - (다)
⑤ (다) - (가) - (나) - (라)

기출테마 12 고려의 대외 관계

외우는 핵심 키워드

거란의 침입과 격퇴

1차 침입 성종 (993)	• 정안국의 존재 • 거란 소손녕 침입 • 강동 6주 획득	• 송과의 단절 요구 • 서희의 외교 담판
2차 침입 현종 (1010)	• 강조의 정변 • 개경 함락, 현종 나주 피란	• 양규 흥화진 전투
3차 침입 현종 (1018)	• 현종의 입조 및 강동 6주 반환 거부 • 거란 소배압의 침입 • 나성(개경) 축조	• 강감찬 귀주 대첩 • 천리장성(압록강~도련포) 축조

홍건적과 왜구의 침입

홍건적	• 1차 침입(공민왕, 1359) : 서경 함락 • 2차 침입(공민왕, 1361) : 개경 함락, 공민왕 복주(안동) 피란
왜구	• 최영 : 홍산 전투(1376) • 최무선 : 화통도감 설치(1377) • 나세 · 심덕부 : 진포 대첩(1380) • 이성계 : 황산 대첩(1380) • 박위 : 쓰시마 섬 정벌(1389)

여진 정벌과 동북 9성

- 윤관 : 별무반 편성(고려 숙종)
- 신기군(기병), 신보군(보병), 항마군(승병) 편성
- 여진 정벌 후 동북 9성 축조(고려 예종)
- 여진에게 동북 9성 환부

몽골의 침입과 항쟁

몽골의 침입	1차	• 저고여 피살 • 박서 : 귀주성 전투
	2차	• 최우 : 다루가치 사살, 강화도 천도 • 김윤후 : 처인성 전투, 살리타 사살 • 초조 대장경 소실(대구 부인사)
	3차	• 황룡사 9층 목탑 소실 • 팔만대장경 조판 시작
	5차	• 김윤후 : 충주성 전투
몽골과의 강화		• 최씨 정권의 몰락 • 몽골과 강화 후 개경 환도
삼별초의 항쟁		• 최씨 무신 정권의 군사적 기반 • 야별초(좌 · 우별초) + 신의군(귀환 포로) 편성 • 강화도(배중손, 반몽정권) → 진도(용장성 구축) → 제주도(김통정 항쟁)

외우는 빈출 선지

- 사신 저고여가 귀국길에 피살되었다. → 몽골
- 강조가 정변을 일으켜 목종을 폐위시켰다. → 거란 2차 침입
- 나세, 심부덕 등이 진포에서 왜구를 물리쳤다. → 진포 대첩
- 여진을 정벌하여 동북 9성을 축조하였다. → 윤관
- 처인성에서 몽골 장수 살리타를 사살하였다. → 김윤후
- 광군을 조직하여 침입에 대비하였다. → 거란
- 윤관을 보내 동북 9성을 개척하였다. → 여진
- 화통도감을 설치하여 화포를 제작하였다. → 왜
- 강화도로 도읍을 옮겨 장기 항전을 준비하였다. → 몽골

- 강감찬이 귀주에서 대승을 거두었다. → 거란 3차 침입
- 거란을 배척하여 만부교 사건이 일어났다. → 고려 태조
- 서희가 외교 담판으로 강동 6주를 확보하였다. → 거란 1차 침입
- 박위를 파견하여 근거지를 토벌하였다. → 왜구
- 대장도감을 설치하여 팔만대장경을 간행하였다. → 몽골
- 최씨 무신 정권의 군사적 기반이었다. → 삼별초
- 거란의 침입에 대비하여 창설되었다. → 광군
- 신기군, 신보군, 항마군으로 구성되었다. → 별무반
- 개경에 나성을 쌓아 침입에 대비하였다. → 거란

01
(가), (나) 사이의 시기에 있었던 사실로 옳은 것은? [2점]

> (가) 왕이 서경에서 안북부까지 나아가 물렀는데, 거란의 소손녕이 봉산군을 공격하여 파괴하였다는 소식을 듣자 더 가지 못하고 돌아왔다. 서희를 보내 화의를 요청하니 침공을 중지하였다.
>
> (나) 강감찬이 수도에 성곽이 없다 하여 나성을 쌓을 것을 요청하니 왕이 그 건의를 따라 왕가도에게 명령하여 축조하게 하였다.

① 사신 저고여가 귀국길에 피살되었다.
② 화통도감이 설치되어 화포를 제작하였다.
③ 강조가 정변을 일으켜 목종을 폐위시켰다.
④ 나세, 심덕부 등이 진포에서 왜구를 물리쳤다.
⑤ 공주 명학소에서 망이 · 망소이가 난을 일으켰다.

02
(가) 국가에 대한 고려의 대응으로 옳은 것은? [2점]

> (가) 임금이 강조를 토벌한다는 구실로 친히 군사를 거느리고 와서 흥화진을 포위하였다. 양규는 도순검사가 되어 성문을 닫고 굳게 지켰다. …… (가) 이/가 강조의 편지를 위조하여 흥화진에 보내어 항복하라고 설득하였다. 양규가 말하기를, "나는 왕명을 받고 온 것이지 강조의 명령을 받은 것이 아니다."라고 하면서 항복하지 않았다.

① 광군을 조직하여 침입에 대비하였다.
② 윤관을 보내 동북 9성을 개척하였다.
③ 화통도감을 설치하여 화포를 제작하였다.
④ 강화도로 도읍을 옮겨 장기 항전을 준비하였다.
⑤ 쌍성총관부를 공격하여 철령 이북을 수복하였다.

03

(가)~(라)를 일어난 순서대로 옳게 나열한 것은? [3점]

(가) 양규가 무로대에서 거란군을 습격하여 2천여 명을 죽이고, 포로가 되었던 남녀 3천여 명을 되찾았다.
(나) 거란이 장차 침입하려 하므로 군사 30만 명을 선발하여 광군이라 부르고 광군사를 설치하였다.
(다) 왕이 소손녕의 봉산군 공격 소식을 듣고 서희를 보내 화의를 요청하니 소손녕이 침공을 중지하였다.
(라) 강감찬 등이 귀주에서 거란군을 맞아 싸웠다. 고려군이 맹렬하게 공격하니 거란군이 북으로 도망쳤다.

① (가) – (나) – (다) – (라)
② (가) – (나) – (라) – (다)
③ (나) – (가) – (라) – (다)
④ (나) – (다) – (가) – (라)
⑤ (다) – (라) – (나) – (가)

04

(가) 부대에 대한 설명으로 옳은 것은? [2점]

① 4군 6진을 개척하여 영토를 확장하였다.
② 원의 요청으로 일본 원정에 참여하였다.
③ 여진을 정벌하여 동북 9성을 축조하였다.
④ 처인성에서 몽골 장수 살리타를 사살하였다.
⑤ 최씨 무신 정권의 군사적 기반 역할을 하였다.

05

다음 대화에 등장하는 왕의 재위 기간에 있었던 사실로 옳은 것은? [3점]

① 강감찬이 귀주에서 대승을 거두었다.
② 사신 저고여가 귀국길에 피살되었다.
③ 별무반을 창설하여 군사력을 강화하였다.
④ 거란을 배척하여 만부교 사건이 일어났다.
⑤ 서희가 외교 담판으로 강동 6주를 확보하였다.

06

(가)에 대한 고려의 대응으로 옳은 것은? [1점]

① 화통도감을 두어 화포를 제작하였다.
② 박위를 파견하여 근거지를 토벌하였다.
③ 연개소문을 보내어 천리장성을 축조하였다.
④ 대장도감을 설치하여 팔만대장경을 간행하였다.
⑤ 신기군, 신보군, 항마군 등으로 구성된 별무반을 조직하였다.

07

(가)~(다)를 일어난 순서대로 옳게 나열한 것은? [3점]

(가) 양규가 이수에서 전투를 벌이다가 석령까지 추격하여 2,500여 명의 머리를 베고 사로잡혔던 남녀 1,000여 명을 되찾아 왔다.

(나) 윤관 등이 여러 군사들에게 내성(內城)의 목재와 기와를 거두어 9성을 쌓게 하고, 변경 남쪽의 백성을 옮겨와 살게 하였다.

(다) 적군이 30일 동안 귀주성을 포위하고 온갖 방법으로 공격하였으나, 박서가 임기응변으로 대응하여 굳게 지켰다. 이에 적군이 이기지 못하고 물러났다.

① (가) - (나) - (다) ② (가) - (다) - (나)
③ (나) - (가) - (다) ④ (나) - (다) - (가)
⑤ (다) - (가) - (나)

08

(가) 국가의 침입에 대한 고려의 대응으로 옳은 것은? [2점]

이곳 죽주산성은 송문주 장군이 (가) 의 침입을 격퇴한 장소입니다. 사신 저고여의 피살을 빌미로 (가) 이/가 쳐들어오자, 송문주 장군은 귀주성과 이곳에서 거듭 물리쳤습니다.

① 화통도감을 두어 화포를 제작하였다.
② 진관 체제를 실시하여 국방을 강화하였다.
③ 별무반을 편성하고 동북 9성을 축조하였다.
④ 삼수병으로 구성된 훈련도감을 설치하였다.
⑤ 대장도감을 설치하여 팔만대장경을 간행하였다.

09

(가) 군사 조직에 대한 설명으로 옳은 것은? [1점]

이 지도는 개경 환도 결정에 반발하여 봉기한 (가) 의 이동 경로를 나타낸 것입니다. 강화도와 진도에서는 배중손, 제주도에서는 김통정을 중심으로 항쟁하였습니다.

① 최씨 무신 정권의 군사적 기반이었다.
② 거란의 침입에 대비하여 창설되었다.
③ 신기군, 신보군, 항마군으로 구성되었다.
④ 유사시에 향토 방위를 맡는 예비군이었다.
⑤ 옷깃 색을 기준으로 9개의 부대로 편성되었다.

10

(가) 국가에 대한 고려의 대응으로 옳은 것은? [2점]

소손녕이 서희에게 말하기를, "너희 나라는 신라 땅에서 일어났고, 고구려 땅은 우리 소유인데, 너희들이 침범해 왔다. 그리고 우리와 국경을 접하고 있는데도 바다를 넘어 송을 섬기기 때문에, 오늘의 출병이 있게 된 것이다. ……"라고 하였다. 서희가 말하기를, "그렇지 않다. 우리나라가 바로 고구려의 옛 땅이기 때문에, 국호를 고려라 하고 평양에 도읍하였다. 만일 국경 문제를 논한다면, (가) 의 동경(東京)도 모조리 우리 땅에 있는데, 어찌 [우리가] 침범해 왔다고 말하는가?"라고 하였다.
— 『고려사』 —

① 별무반을 보내 동북 9성을 축조하였다.
② 개경에 나성을 쌓아 침입에 대비하였다.
③ 최영을 중심으로 요동 정벌을 추진하였다.
④ 화통도감을 설치하여 화약과 화포를 제작하였다.
⑤ 쌍성총관부를 공격하여 철령 이북의 땅을 수복하였다.

기출테마 13 원 간섭기와 공민왕의 개혁

외우는 핵심 키워드

원의 내정 간섭

영토 상실	• 쌍성총관부(철령 이북) • 동녕부(자비령 이북) • 탐라총관부(제주도)
고려 격하	• 부마국 전락 • 왕의 호칭에 충 사용 • 짐 → 고, 폐하 → 전하, 태자 → 세자 • 중서문하성 + 상서성 → 첨의부 • 6부 → 4사 • 중추원 → 밀직사
자원 수탈	• 공녀 착출(결혼도감 설치) • 특산물 수탈 • 매 징발(응방 설치)
내정 간섭	• 정동행성 이문소 설치 • 다루가치(감찰관) 파견

원 간섭기의 사회 변화

- 친원 세력이 권문세족으로 성장
- 향리·환관·역관 등 신분 상승
- **몽골풍 유행**: 체두변발, 몽골식 복장, 몽골어
- **고려양**: 원에서 고려의 풍습 유행
- 조혼 풍습
- 성리학, 목화, 화약, 서양 문물 전래
- **응방**: 매 사육기관

공민왕의 개혁 정치

반원 자주 정책	대내적 개혁 정책
• 원의 연호 폐지 • 친원파 숙청 • 정동행성 이문소 폐지 • 원의 관제 폐지 • 쌍성총관부 공격으로 철령 이북 땅 수복 • 동녕부 요양 정벌 • 원(나하추)의 침입 격퇴 • 친명 정책 전개 • 몽골풍의 폐지	• 정방 혁파 • 신돈의 등용 • 전민변정도감 운영 • 국자감 → 성균관으로 개칭 • 유학 교육 강화 • 과거 제도 정비

외우는 빈출 선지

- 유인우, 이인임 등이 쌍성총관부를 수복하였다. → 고려 공민왕
- 신돈을 등용하여 전민변정도감을 운영하였다. → 고려 공민왕
- 이제현이 만권당에서 유학자들과 교류하였다. → 고려 충선왕
- 중서문하성과 상서성이 첨의부로 개편되었다. → 원 간섭기
- 중서문하성과 상서성을 복구하였다. → 고려 공민왕
- 원의 요청으로 일본 원정에 참여하였다. → 고려 충렬왕
- 조준 등의 건의로 과전법을 제정하였다. → 고려 공양왕
- 이인임 일파를 축출하고 왕권을 회복하였다. → 고려 우왕
- 권문세족이 도평의사사를 장악하였다. → 원 간섭기
- 지배층을 중심으로 변발과 호복이 확산되었다. → 원 간섭기
- 명의 철령위 설치에 반발하여 요동 정벌이 추진되었다. → 고려 우왕
- 매를 기르고 훈련시키는 응방이 설치되었다. → 원 간섭기

01

다음 가상 뉴스 이후에 있었던 사실로 옳은 것은? [1점]

세자 시절 원의 황녀와 혼인하신 국왕께서는 오늘 고려로 들어오시는 황녀를 맞이하기 위해 서북면에 행차하셨습니다. 이 자리에서 신하들이 본인처럼 변발을 하지 않은 점을 크게 질책하셨습니다.

원의 황녀, 겁령구들과 입국하다

① 쌍기의 건의로 과거제가 도입되었다.
② 빈민 구제를 위해 흑창이 설립되었다.
③ 매를 기르고 훈련시키는 응방이 설치되었다.
④ 의천이 국청사를 중심으로 천태종을 개창하였다.
⑤ 망이·망소이가 가혹한 수탈에 저항하여 봉기하였다.

02

(가) 왕의 재위 시기에 있었던 사실로 옳은 것은? [2점]

(가) 께서 돌아가신 뒤 어린 왕을 새로 옹립한 이인임이 원과의 관계 회복에 나섰다는군.

나도 들었네. 기철 세력을 숙청하고, 쌍성총관부를 수복했던 (가) 의 정책이 중단될까 염려되네.

① 대각국사 의천이 천태종을 개창하였다.
② 신돈을 중심으로 전민변정 사업이 추진되었다.
③ 만적이 개경에서 노비를 모아 반란을 모의하였다.
④ 최충이 문헌공도를 설립하여 유학 교육에 힘썼다.
⑤ 이규보가 고구려 계승 의식을 강조한 동명왕편을 지었다.

03

밑줄 그은 '이 왕'의 정책으로 옳은 것은? [2점]

이곳에는 이 왕과 그의 왕비인 노국 대장 공주의 영정이 봉안되어 있습니다. 조선의 종묘에 고려 왕의 신당이 조성되었다는 점이 특이합니다. 이 왕은 기철 등 친원 세력을 숙청하고 정동행성 이문소를 폐지하였습니다.

① 만권당을 두어 원의 학자들과 교유하였다.
② 신돈을 등용하여 전민변정도감을 운영하였다.
③ 쌍기의 건의를 받아들여 과거제를 실시하였다.
④ 정계와 계백료서를 지어 관리의 규범을 제시하였다.
⑤ 최승로의 시무 28조를 받아들여 통치 체제를 정비하였다.

04

다음 상황 이후에 전개된 사실로 옳은 것은? [2점]

고려의 태자가 배알하니 쿠빌라이가 기뻐하며 말하기를, "고려의 세자가 스스로 오니 이는 하늘의 뜻이다."라고 하였다. 강회선무사 조양필이 말하기를, "고려는 비록 소국이나 20여 년간 군사를 동원하였어도 아직 신하가 되지 않았습니다. …… 이는 한 명의 병졸도 수고롭게 하지 않고 한 나라를 얻는 것입니다."라고 하였다.

① 쌍기의 건의로 과거제가 도입되었다.
② 동북면 병마사 김보당이 난을 일으켰다.
③ 이제현이 만권당에서 유학자들과 교류하였다.
④ 묘청 등이 중심이 되어 서경 천도를 주장하였다.
⑤ 최충헌이 봉사 10조를 올려 시정 개혁을 건의하였다.

05

밑줄 그은 '이 시기'에 있었던 사실로 옳은 것은? [2점]

이곳은 김방경의 묘입니다. 그는 개경 환도 이후 몽골의 간섭이 본격화된 이 시기에 여·몽 연합군의 고려군 도원수로 일본 원정에 참여하였습니다.

① 삼수병으로 구성된 훈련도감이 창설되었다.
② 삼군부가 부활하여 군국 기무를 전담하였다.
③ 중서문하성과 상서성이 첨의부로 개편되었다.
④ 인재를 양성하기 위한 초계문신제가 시행되었다.
⑤ 국방 문제를 논의하기 위한 비변사가 설치되었다.

06

밑줄 그은 '왕'에 대한 설명으로 옳은 것은? [2점]

왕이 지정(至正) 연호의 사용을 중지하고 교서를 내려 말하기를, "…… 기철 등이 군주의 위세를 빙자하여 나라의 법도를 뒤흔들었다. 자신의 기분에 따라 관리를 마음대로 임명하여 정령(政令)이 원칙 없이 바뀌었다. 남이 토지를 가지고 있으면 그것을 차지하고, 노비를 가지고 있으면 빼앗았다. …… 이제 다행히도 조종(祖宗)의 영령에 기대어 기철 등을 처단할 수 있었다."라고 하였다.
ㅡ 『고려사』 ㅡ

① 중서문하성과 상서성을 복구하였다.
② 원의 요청으로 일본 원정에 참여하였다.
③ 조준 등의 건의로 과전법을 제정하였다.
④ 이인임 일파를 축출하고 왕권을 회복하였다.
⑤ 쌍기의 건의를 받아들여 과거제를 실시하였다.

07

교사의 질문에 대한 학생의 답변으로 옳은 것은? [1점]

화면의 그림은 천산대렵도에 그려진 변발과 호복을 한 무사입니다. 이러한 머리 모양과 복장이 지배층 사이에서 유행한 시기에 있었던 사실에 대해 말해 볼까요?

① 윤관이 동북 9성을 쌓았어요.
② 권문세족이 도평의사사를 장악했어요.
③ 정중부 등이 정변을 일으켜 권력을 차지했어요.
④ 초조 대장경을 만들어 국난 극복을 기원했어요.
⑤ 만적을 비롯한 노비들이 신분 해방을 도모했어요.

08

다음 자료에 나타난 시기의 사실로 옳은 것은? [1점]

> 흔도·홍다구·김방경이 일본의 세계촌 대명포에 이르러 통사 김저로 하여금 격문으로 이들을 회유하게 하였다. 김주정이 먼저 왜와 교전하자 여러 군사들이 모두 내려와 전투에 참여하였는데, 낭장강언과 강사자 등이 전사하였다. 여러 군사가 일기도(一岐島)로 향할 때 수군 130명과 뱃사공 36명이 풍랑을 만나 행방을 잃었다.

① 왕조 교체를 예언하는 정감록이 유포되었다.
② 지배층을 중심으로 변발과 호복이 확산되었다.
③ 교정도감이 국정을 총괄하는 기구로 부상하였다.
④ 이자겸이 왕실의 외척이 되어 권력을 독점하였다.
⑤ 김사미와 효심이 가혹한 수탈에 저항하여 봉기하였다.

09

밑줄 그은 '이 왕'의 재위 기간에 있었던 사실로 옳은 것은? [1점]

그림으로 보는 한국사 — 고려 시대

고려의 <u>이 왕</u>과 그의 부인인 노국 대장 공주를 그린 초상으로, 현재 국립 고궁 박물관에 소장되어 있다. 왕과 왕비가 서로 마주보듯 의자에 앉아 있는 모습으로 묘사되어 있는 점이 특징이다.

① 유인우, 이자춘 등이 쌍성총관부를 수복하였다.
② 나세, 심덕부 등이 진포에서 왜구를 격퇴하였다.
③ 좌별초, 우별초, 신의군의 삼별초가 조직되었다.
④ 서희가 외교 담판을 벌여 강동 6주를 획득하였다.
⑤ 명의 철령위 설치에 반발하여 요동 정벌이 추진되었다.

10

다음 자료에 나타난 시기의 사회 모습으로 옳은 것은? [2점]

> 공주의 겁령구* 등에게 성과 이름을 하사하였는데 홀랄대는 인후로, 삼가는 장순룡으로, 차홀대는 차신으로 하고 관직은 모두 장군으로 하였다. …… 첨의부에서 아뢰기를, "제국 대장 공주의 겁령구와 관료들이 좋은 땅을 많이 차지하여 산천으로 경계를 정하고 사패(賜牌)를 받아 조세를 납입하지 않으니, 청컨대 사패를 도로 거두소서."라고 하였다.
>
> *겁령구 : 시종인

① 서얼이 통청 운동을 전개하였다.
② 웅천주 도독 김헌창이 반란을 일으켰다.
③ 만적이 개경에서 신분 해방을 도모하였다.
④ 변발과 호복이 지배층을 중심으로 유행하였다.
⑤ 망이·망소이가 가혹한 수탈에 저항하여 봉기하였다.

기출테마 14 고려의 경제와 사회 모습

외우는 핵심 키워드

고려의 토지 제도

역분전 (태조, 940)	• 후삼국 통일에 공을 세운 사람 • 인품(공로)에 따라 지급
시정 전시과 (경종, 976)	• 모든 전·현직 관리 대상 • 관품과 인품·세력 반영 • 토지(전지와 시지) 지급
개정 전시과 (목종, 998)	• 관직만을 고려 • 19품 관등에 따라 170~17결을 차등 지급
경정 전시과 (문종, 1076)	• 토지의 부족으로 현직 관료에게만 지급 (170~15결)
과전법 (공양왕, 1391)	• 수조권 지급 • 신진 사대부의 경제적 기반 • 세습 불가 원칙(수신전, 휼양전, 공신전 예외)

고려의 경제 활동
- 경시서 : 시전 관리
- 상평창 : 물가 조절
- 벽란도 : 국제 무역항
- 주전도감 : 화폐 주조

고려의 화폐 발행

성종	건원중보
숙종	삼한통보, 해동통보, 해동중보, 동국통보, 활구(은병)

고려의 사회 제도
- 의창(성종) : 춘대추납 기관
- 상평창(성종) : 물가 조절 기관
- 대비원(정종) : 환자 진료 및 빈민 구휼
- 혜민국(예종) : 의약품 제공
- 구제도감·구급도감 : 재해 발생 시 임시 기관
- 제위보(광종) : 빈민 구제 기관

외우는 빈출 선지

- 예성강 하구의 벽란도가 국제 무역항으로 번성하였어요. → 고려 무역항
- 해동통보, 활구 등의 화폐를 발행하였다. → 고려 숙종
- 국가 주도로 삼한통보, 해동통보가 발행되었다. → 고려 숙종
- 경시서의 관리들이 수도의 시전을 감독하였다. → 고려
- 건원중보가 발행되어 금속 화폐의 통용이 추진되었다. → 고려 성종
- 물가 조절을 위해 상평창을 설치하였다. → 고려
- 병자에게 의약품을 제공하는 혜민국이 있었다. → 고려

- 환자 치료와 빈민 구제를 위해 동·서 대비원을 두었다. → 고려
- 기금을 모아 그 이자로 빈민을 구제하는 제위보를 운영하였다. → 고려
- 활구라고 불리는 은병이 유통되었다. → 고려 숙종
- 전지와 시지를 지급하여 수취의 권리를 행사하게 하였다. → 시정 전시과
- 관리의 사망 시 유가족에게 수신전과 휼양전을 지급하였다. → 과전법
- 지급 대상 토지를 원칙적으로 경기 지역에 한정하였다. → 과전법
- 관리의 인품과 공복을 기준으로 하여 토지를 지급하였다. → 시정 전시과

01

(가) 국가의 경제 상황으로 가장 적절한 것은? [2점]

> 황비창천 명 거울은 (가) 에서 사용했던 것으로 풍랑이 몰아치는 바다 위에 배 한 척이 돛을 펴고 나아가는 모습이 표현되어 있습니다. 이 거울에 묘사된 배를 토대로 오른쪽 사진과 같이 당시 무역선의 모습을 유추하였습니다. (가) 시대 사람들은 송, 일본뿐만 아니라 동남아시아, 아라비아 상인들과도 교역을 하였습니다.

황비창천 명(銘) 거울 무역선
*황비창천: 밝게 빛나는 창성한 하늘

① 초량 왜관을 통해 일본과 무역하였다.
② 덕대가 광산을 전문적으로 경영하였다.
③ 당항성, 영암이 국제 무역항으로 번성하였다.
④ 거란도, 영주도를 통해 주변국과 교역하였다.
⑤ 주전도감을 설치하여 해동통보를 발행하였다.

02

다음 자료에 나타난 시기의 사회 모습으로 적절한 것은? [2점]

> • 7재를 설치하였다. 주역을 [공부하는 곳은] 이택재, 상서는 대빙재, 모시(毛詩)는 경덕재, 주례는 구인재, 대례는 복응재, 춘추는 양정재, 무학은 강예재라고 하였다.
> • 왕이 결정하시기를 "...... 무학이 점차 번성하여 장차 문학하는 사람들과 각을 세워 불화하게 되면 매우 편치 못하게 될 것이다. ...... 무학으로 무사를 선발하는 일과 무학재의 호칭은 모두 혁파하겠다."라고 하였다.

① 서얼이 통청 운동을 전개하였다.
② 사창절목에 따라 사창제가 시행되었다.
③ 왕조 교체를 예언하는 정감록이 유포되었다.
④ 병자에게 약을 지급하는 혜민국이 설치되었다.
⑤ 국산 약재와 치료 방법을 정리한 향약집성방이 간행되었다.

03

밑줄 그은 '토지 제도'가 시행된 국가의 경제 상황으로 옳은 것은? [2점]

① 초량 왜관을 통해 일본과 무역하였다.
② 독점적 도매상인인 도고가 활동하였다.
③ 시장을 관리하는 관청인 동시전이 설치되었다.
④ 국가 주도로 삼한통보, 해동통보가 발행되었다.
⑤ 민간의 광산 개발을 허용하는 설점수세제를 시행하였다.

04

(가), (나)에 해당하는 토지 제도에 대한 설명으로 옳은 것을 〈보기〉에서 고른 것은? [2점]

(가) 경종 원년(976) 11월, 처음으로 직관(職官)과 산관(散官) 각 품의 전시과를 제정하였다.

(나) 공양왕 3년(1391) 5월, 도평의사사가 글을 올려 과전을 주는 법을 정하자고 요청하니 왕이 따랐다.

〈보 기〉

ㄱ. (가) – 전지와 시지를 지급하여 수취의 권리를 행사하게 하였다.
ㄴ. (가) – 관리의 사망 시 유가족에게 수신전과 휼양전을 지급하였다.
ㄷ. (나) – 지급 대상 토지를 원칙적으로 경기 지역에 한정하였다.
ㄹ. (나) – 관리의 인품과 공복을 기준으로 하여 토지를 지급하였다.

① ㄱ, ㄴ
② ㄱ, ㄷ
③ ㄴ, ㄷ
④ ㄴ, ㄹ
⑤ ㄷ, ㄹ

05

교사의 질문에 대한 학생의 답변으로 옳은 것은? [1점]

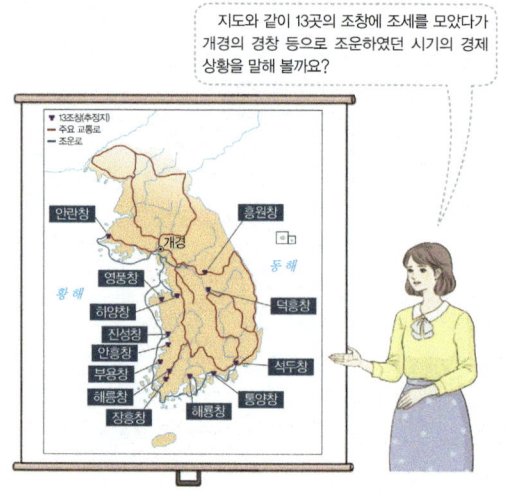

① 관료전을 지급하고 녹읍을 폐지하였어요.
② 덕대가 광산을 전문적으로 경영하였어요.
③ 고구마, 감자 등의 구황 작물을 재배하였어요.
④ 일본과의 무역을 허용하고 계해약조를 체결하였어요.
⑤ 예성강 하구의 벽란도가 국제 무역항으로 번성하였어요.

06

(가) 국가의 경제 상황으로 옳은 것은? [1점]

① 동시전을 설치하여 시장을 감독하였다.
② 해동통보, 활구 등의 화폐를 발행하였다.
③ 감자, 고구마 등이 구황 작물로 재배되었다.
④ 청해진을 중심으로 해상 무역이 전개되었다.
⑤ 계해약조를 맺어 일본과의 무역을 규정하였다.

07

다음 제도가 시행된 국가의 경제 상황으로 옳은 것은? [2점]

> ○ 경종 원년, 처음으로 직관(職官)과 산관(散官) 각 품의 전시과를 제정하였다.
> ○ 문종 30년, 양반 전시과를 다시 고쳤다. 제1과는 중서령, 상서령, 문하시중으로 전지 100결과 시지 50결을 주며, …… 제18과는 한인(閑人), 잡류(雜類)로 전지 17결을 주었다.

① 솔빈부의 말이 특산물로 거래되었다.
② 청해진이 국제 무역 거점으로 번성하였다.
③ 시장을 감독하는 관청인 동시전이 설치되었다.
④ 건원중보가 발행되어 금속 화폐의 통용이 추진되었다.
⑤ 설점수세제의 시행으로 민간의 광산 개발이 허용되었다.

08

(가) 시대의 정책으로 옳은 것을 〈보기〉에서 고른 것은? [2점]

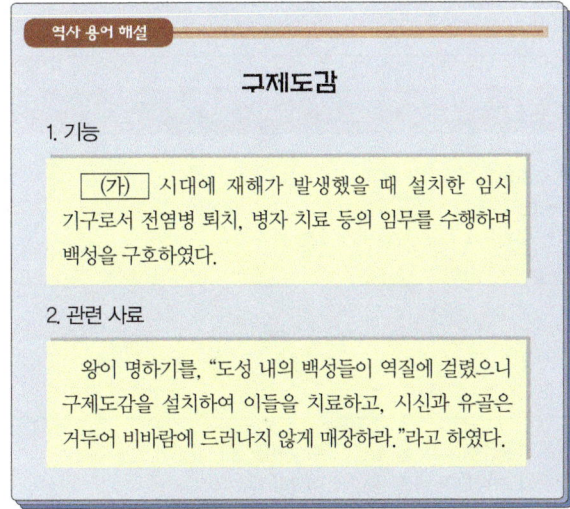

〈보기〉

ㄱ. 기근에 대비하기 위하여 구황촬요를 간행하였다.
ㄴ. 개경에 국립 의료기관인 동서 대비원을 설치하였다.
ㄷ. 호조에서 정한 사창절목에 따라 사창제를 시행하였다.
ㄹ. 기금을 모아 그 이자로 빈민을 구휼하는 제위보를 운영하였다.

① ㄱ, ㄴ ② ㄱ, ㄷ ③ ㄴ, ㄷ
④ ㄴ, ㄹ ⑤ ㄷ, ㄹ

09

다음 자료의 상황이 나타난 시기의 경제 모습으로 옳은 것은? [2점]

> 벽란정은 예성항 연안에 있으며, 개경에서 30리 떨어져 있다. 사신(使臣)의 배가 연안에 닿으면 군사들이 금고(金鼓)를 울리며 조서(詔書)를 맞아 인도하여 벽란정에 들어간다. 벽란정은 두 채로 되어 있는데, 서쪽의 것은 우벽란정이라 부르며 조서를 봉안하고, 동쪽의 것은 좌벽란정이라 부르며 정사·부사를 접대한다. …… 사신이 개경으로 들어가면 그들이 타고 온 배들은 예성항 내에 정박하게 되므로 뱃사람은 순서를 정해 이곳에서 배를 지킨다.

① 활구라고 불리는 은병이 유통되었다.
② 인삼, 담배가 상품 작물로 재배되었다.
③ 내상, 만상 등의 무역을 통해 부를 축적하였다.
④ 덕대가 물주에게 자금을 받아 광산을 경영하였다.
⑤ 공납의 폐단을 시정하기 위해 대동법이 시행되었다.

10

(가)에 들어갈 내용으로 옳지 않은 것은? [2점]

① 물가 조절을 위해 상평창을 설치하였어.
② 병자에게 의약품을 제공하는 혜민국이 있었어.
③ 환자 치료와 빈민 구제를 위해 동·서 대비원을 두었어.
④ 국산 약재와 치료 방법을 정리한 향약집성방이 간행되었어.
⑤ 기금을 모아 그 이자로 빈민을 구제하는 제위보를 운영하였어.

기출테마 15 고려의 학문과 사상

외우는 핵심 키워드

교육 기관

관학	• 국자감(개경) : 국립대학 • 향교(지방) : 국립 중등교육 기관
사학	• 최충의 9재 학당(문헌공도) 등 사학 12도 융성 • 사학의 융성과 관학의 위축
관학 진흥책	• 국자감에 7재(전문 강좌) 개설 • 양현고(장학 재단) 설립

고려 승려

대각국사 의천	• 교종 중심의 선종 통합 주장 • 국청사 창건, 해동 천태종 창시 • 교관검수 제창, 지관 강조 • 교장도감 설치, 교장(속장경) 편찬 • 신편제종교장총록 편찬 • 숙종에게 화폐 유통 건의	보조국사 지눌	• 선종 중심의 교종 통합 주장 • 조계종 창시 • 수선사 결사 제창(순천 송광사) • 정혜쌍수와 돈오점수 주장 • 권수정혜결사문 작성
진각국사 혜심	• 심성 도야를 강조한 유불일치설 주장 • 선문염송집 편찬	원묘국사 요세	• 법화 신앙 바탕 • 백련결사 조직(강진 만덕사) • 불교 정화 운동 전개

고려 역사서

김부식 삼국사기	• 우리나라 현존 최고(最古)의 역사서 • 유교적 합리주의 사관에 기초 • 신라 중심의 서술 • 본기·열전·지·연표 등으로 구분 • 기전체 사서	일연 삼국유사	• 불교사 중심의 민간 설화 수록 • 기사본말체 • 단군의 고조선 건국 이야기 수록
각훈 해동고승전	• 우리나라 최고(最古)의 승전 • 삼국 시대 승려 33명의 전기 기록 • 우리 불교사를 중국과 대등하게 서술	이승휴 제왕운기	• 단군부터 충렬왕까지의 역사를 서사시 형태로 서술 • 상권 : 중국의 역사, 하권 : 우리나라의 역사 • 단군의 고조선 건국 이야기 수록 • 중국과 우리나라 역대 왕의 계보 수록
이규보 동명왕편	• 고구려의 건국 시조인 동명왕의 일대기를 서사시 형태로 표현 • 고구려 계승 의식 반영		

금속 활자

직지심체요절	• 현존 세계 최고(最古)의 금속 활자본 • 청주 흥덕사에서 간행 • 고려 말 우왕 때 제작 • 현재 프랑스 국립 도서관에 소장 • 유네스코 세계 기록 유산에 등재

외우는 빈출 선지

- 역사서인 사략을 저술하였다. → 이제현
- 9재 학당을 세워 유학 교육에 힘썼다. → 최충
- 유교 사관에 입각하여 기전체 형식으로 구성하였다. → 삼국사기
- 단군부터 충렬왕까지의 역사를 서사시로 서술하였다. → 제왕운기
- 단군의 고조선 건국 이야기를 수록하였다. → 삼국유사, 제왕운기
- 본기, 열전 등 기전체 형식으로 서술되었다. → 삼국사기
- 고구려 건국 시조의 일대기를 서사시로 표현하였다. → 동명왕편
- 승려들의 전기를 담은 해동고승전을 집필하였다. → 각훈
- 화엄일승법계도를 지어 화엄 사상을 정리하였다. → 의상
- 권수정혜결사문을 작성하여 정혜쌍수를 강조하였다. → 지눌
- 보현십원가를 지어 불교 교리를 대중에게 전파하였다. → 균여
- 정혜쌍수와 돈오점수를 주장하였다. → 지눌
- 백련사 결사를 통해 불교 정화 운동을 전개하였다. → 요세
- 교장도감을 설치하여 불교 경전 주석서를 편찬하였다. → 의천
- 천태종을 개창하여 불교 통합에 힘썼다. → 의천
- 정혜결사를 통해 불교 개혁에 앞장섰다. → 지눌
- 심성의 도야를 강조한 유불 일치설을 제창하였다. → 혜심
- 불교 관련 설화를 중심으로 삼국유사를 저술하였다. → 일연
- 서사시 형태로 고구려 계승 의식이 반영되었다. → 동명왕편
- 전문 강좌인 7재를 개설하였다. → 국자감
- 불교 개혁을 주장하며 수선사 결사를 조직하였다. → 지눌
- 선문염송집을 편찬하고 유불 일치설을 주장하였다. → 혜심
- 이론 연마와 수행을 함께 강조하는 교관겸수를 제시하였다. → 의천
- 중국과 우리나라의 역대 왕의 계보가 수록되었다. → 제왕운기
- 금속 활자 기술과 직지심체요절의 간행 → 고려 시대

01

(가)에 들어갈 내용으로 가장 적절한 것은? [1점]

```
2025년 한국사 교양 강좌

        고려의 과학 기술

  우리 학회에서는 고려의 과학 기술에 대해 알아보는
교양 강좌를 마련하였습니다. 관심 있는 분들의 많은
참여를 바랍니다.

■ 강의 주제
[제1강] 수시력의 도입과 최성지의 활동
[제2강]        (가)
[제3강] 화통도감의 설치와 화약 무기의 개발
[제4강] 고려 청자의 발달과 상감 기법의 활용

■ 일시: 2025년 8월 매주 수요일 오후 7시
■ 장소: □□ 대학교 인문대학 대강의실
■ 주최: △△ 학회
```

① 의약학의 발전과 향약집성방의 편찬
② 100리 척의 사용과 동국지도의 제작
③ 기하학적 원리와 경주 석굴암의 조성
④ 금속활자 기술과 직지심체요절의 간행
⑤ 농업 기술의 발달과 임원경제지의 저술

02

(가) 인물에 대한 설명으로 옳은 것은? [2점]

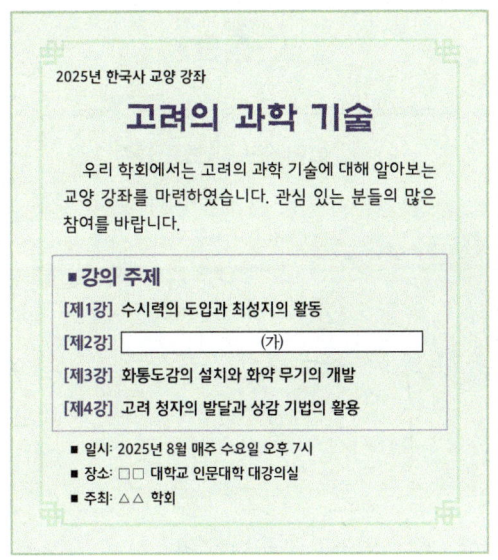

이것은 '불일보조국사'라는 시호를 받은 (가) 의 행적을 담고 있는 송광사 보조국사비입니다. 비문에는 그가 정혜결사를 조직하고, 「권수정혜결사문」을 지었다는 내용이 들어있습니다. 또한 당시 국왕이 그의 뜻을 흠모하여 그가 머물렀던 송광산 길상사(吉祥寺)를 조계산 수선사(修禪社)로 이름을 바꿔주며 직접 글씨를 써서 보냈다는 등의 내용이 기록되어 있습니다.

① 법화 신앙에 중점을 둔 백련 결사를 이끌었다.
② 돈오점수를 바탕으로 꾸준한 수행을 강조하였다.
③ 승려들의 전기를 기록한 해동고승전을 저술하였다.
④ 선문염송집을 편찬하고 유불 일치설을 주장하였다.
⑤ 성상융회를 제창하여 교종 내 대립을 해소하고자 하였다.

03

밑줄 그은 '역사서'에 대한 설명으로 옳은 것은? [1점]

① 남북국이라는 용어를 처음 사용하였다.
② 사초, 시정기 등을 바탕으로 편찬되었다.
③ 단군의 고조선 건국 이야기를 수록하였다.
④ 본기, 열전 등 기전체 형식으로 서술되었다.
⑤ 고구려 건국 시조의 일대기를 서사시로 표현하였다.

04

(가)~(마)에 들어갈 내용으로 옳은 것은? [2점]

한국사 과제 안내문

다음에 제시된 역사서 중 하나를 선택하여 보고서를 제출하시오.

역사서	소개
사략	(가)
삼국사기	(나)
삼국유사	(다)
제왕운기	(라)
해동고승전	(마)

◆ 조사 방법: 문헌 조사, 인터넷 검색 등
◆ 제출 기간: 2025년 ○○월 ○○일~○○월 ○○일
◆ 분량: A4 용지 1장 이상

① (가) – 불교사를 중심으로 고대의 민간 설화를 수록
② (나) – 사초, 시정기 등을 바탕으로 실록청에서 편찬
③ (다) – 유교 사관에 입각하여 기전체 형식으로 구성
④ (라) – 단군부터 충렬왕까지의 역사를 서사시로 서술
⑤ (마) – 강목체로 고려 왕조의 역사를 정리

05

밑줄 그은 '그'에 대한 설명으로 옳은 것은? [2점]

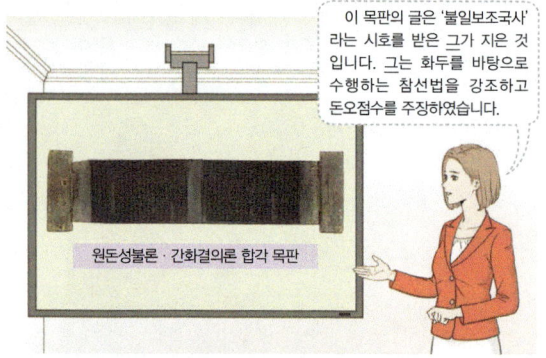

이 목판의 글은 '불일보조국사'라는 시호를 받은 그가 지은 것입니다. 그는 화두를 바탕으로 수행하는 참선법을 강조하고 돈오점수를 주장하였습니다.

원돈성불론·간화결의론 합각 목판

① 화왕계를 지어 국왕에게 바쳤다.
② 천태종을 개창하여 불교 통합에 힘썼다.
③ 정혜결사를 통해 불교 개혁에 앞장섰다.
④ 심성의 도야를 강조한 유불 일치설을 제창하였다.
⑤ 불교 관련 설화를 중심으로 삼국유사를 저술하였다.

07

(가) 역사서에 대한 설명으로 옳은 것은? [2점]

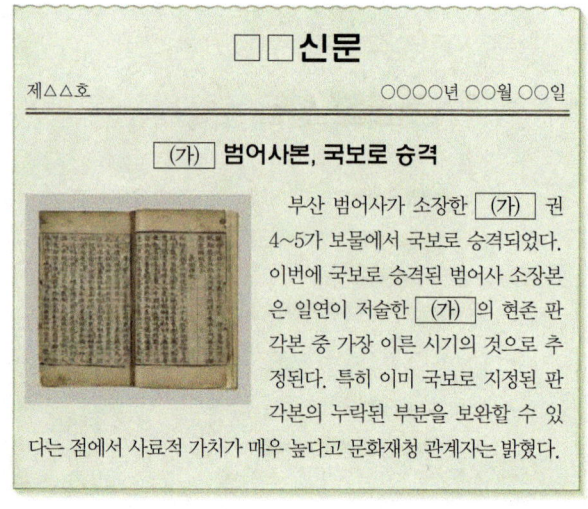

□□신문

제△△호   ○○○○년 ○○월 ○○일

(가) 범어사본, 국보로 승격

부산 범어사가 소장한 (가) 권 4~5가 보물에서 국보로 승격되었다. 이번에 국보로 승격된 범어사 소장본은 일연이 저술한 (가) 의 현존 판각본 중 가장 이른 시기의 것으로 추정된다. 특히 이미 국보로 지정된 판각본의 누락된 부분을 보완할 수 있다는 점에서 사료적 가치가 매우 높다고 문화재청 관계자는 밝혔다.

① 단군의 건국 이야기를 수록하였다.
② 사초, 시정기 등을 바탕으로 편찬되었다.
③ 왕명에 의해 고승들의 전기를 기록하였다.
④ 본기, 열전 등 기전체 형식으로 서술되었다.
⑤ 서사시 형태로 고구려 계승 의식이 반영되었다.

06

밑줄 그은 '이 책'에 대한 설명으로 옳은 것은? [3점]

이승휴가 지은 이 책의 상권에는 중국의 역사가, 하권에는 우리나라의 역사가 서술되어 있습니다.

이 책은 중국과 구별되는 우리 역사의 독자성을 강조했다는 평가를 받고 있습니다.

① 남북국이라는 용어를 처음 사용하였다.
② 사초와 시정기를 바탕으로 편찬하였다.
③ 단군의 고조선 건국 이야기를 수록하였다.
④ 청주 흥덕사에서 금속 활자본으로 간행되었다.
⑤ 유교 사관에 입각하여 기전체 형식으로 서술하였다.

08

(가)에 들어갈 내용으로 옳은 것은? [2점]

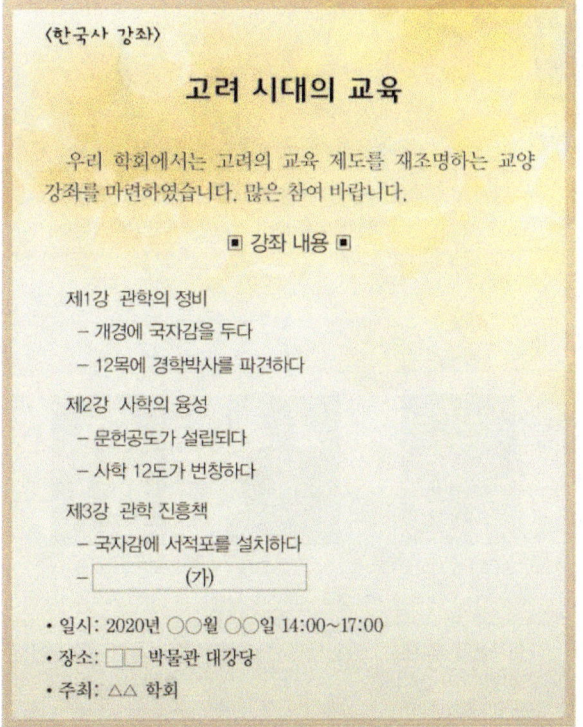

① 당에 유학생을 파견하다
② 전문 강좌인 7재를 개설하다
③ 사액 서원에 서적과 노비를 지급하다
④ 글과 활쏘기를 가르치는 경당을 설립하다
⑤ 관리 채용을 위해 독서삼품과를 시행하다

09

밑줄 그은 '그'에 대한 설명으로 옳은 것은? [2점]

이것은 경상북도 칠곡군 선봉사에 있는 비석입니다. 문조의 아들인 그가 국청사를 중심으로 천태종을 개창한 행적이 기록되어 있습니다.

① 보현십원가를 지어 불교 교리를 전파하였다.
② 불교 개혁을 주장하며 수선사 결사를 조직하였다.
③ 선문염송집을 편찬하고 유불 일치설을 주장하였다.
④ 불교 관련 설화를 중심으로 삼국유사를 저술하였다.
⑤ 이론 연마와 수행을 함께 강조하는 교관겸수를 제시하였다.

10

밑줄 그은 '이 책'에 대한 설명으로 옳은 것은? [3점]

이 책은 이규보의 문집으로 전집 41권, 후집 12권으로 구성되었습니다. 시, 가전체 소설 등 다양한 작품이 실려 있어 그의 문학 세계와 역사의식을 살펴볼 수 있습니다.

① 신라와 발해를 남북국으로 지칭하였다.
② 단군을 우리 역사의 기원으로 기록하였다.
③ 연대순으로 기록하는 편년체로 서술되었다.
④ 고구려의 건국 서사시인 동명왕편이 실려 있다.
⑤ 중국과 우리나라의 역대 왕의 계보가 수록되었다.

기출테마 16 고려의 문화유산

외우는 문화유산

건축물

 안동 봉정사 극락전 — 주심포 양식의 현존 최고(最古)의 목조 건축물

 영주 부석사 무량수전 — 의상대사 창건 소도 여래 좌상 봉안

 예산 수덕사 대웅전 — 모란과 들국화 벽화

 황주 성불사 응진전 — 고려 말의 다포식 불전

석탑

 평창 월정사 팔각 구층 석탑 — 송의 영향을 받은 고려 전기의 석탑

 개성 경천사지 십층 석탑 — 원의 영향을 받은 대리석 석탑

불상

 파주 용미리 마애이불입상 — 2구의 거불 불상

 안동 이천동 마애여래 입상 — 제비원 석불

 논산 관촉사 석조 미륵보살입상 — 인체 비례가 불균형한 고려 최대의 석불입상 (은진 미륵)

 충주 미륵리 석조여래입상 — 6개의 돌을 쌓아 올린 거불

 하남 교산동 마애약사여래좌상 — 약사불을 부조로 조각한 고려 전기의 불상

 하남 하사창동 철조 석가여래 좌상 — 천왕사지 출토 철불

 영주 부석사 소조 여래 좌상 — 부석사 무량수전에 봉안된 고려 불상

01

다음 구성안의 소재가 된 탑으로 옳은 것은? [1점]

○○박물관 실감 콘텐츠 구성안

제목	오늘, 탑을 만나다
기획 의도	증강 현실(AR) 기술을 활용하여 우리 문화유산을 실감나게 체험하는 기회 제공
대상 유물 특징	• 원의 영향을 받아 대리석으로 만든 석탑 • 원각사지 십층 석탑에 영향을 주었음
체험 내용	• 탑을 쌓으며 각 층의 구조 파악하기 • 기단부에 조각된 서유기 이야기를 퀴즈로 풀기

①  ②   ③

④  ⑤

02

(가)에 해당하는 문화유산으로 옳은 것은? [2점]

이 불상은 천연 암벽을 이용하여 몸체를 만들고 머리는 따로 만들어 올렸습니다. 눈, 코, 입 등을 크게 만들어 거대한 느낌을 주며 조형미는 다소 떨어지지만 지방화된 불상 양식을 잘 보여줍니다. 불상 측면에는 세조의 비 정희 왕후와 성종의 안녕을 기원하는 발원문이 새겨져 있습니다.

〈한국의 불상〉
• 종목: 보물
• 소재: 경기도 파주시

①  ②  ③

④  ⑤

03

(가)에 대한 설명으로 옳은 것은? [2점]

국외 소재 우리 문화유산을 찾기 위해 헌신한 박병선 박사를 조명하는 다큐멘터리가 방영될 예정입니다. 그녀는 청주 흥덕사에서 금속 활자로 간행된 (가) 을/를 프랑스 국립 도서관에서 발견하였습니다. 또한 외규장각 의궤의 반환을 위해서도 노력하였습니다.

① 군주의 도를 도식으로 설명하였다.
② 세금 수취를 위해 3년마다 작성되었다.
③ 유네스코 세계 기록 유산으로 등재되었다.
④ 거란의 침략을 물리치기 위해 제작하였다.
⑤ 충신, 효자, 열녀를 알리기 위해 간행하였다.

04

(가)에 들어갈 문화유산으로 옳은 것은? [2점]

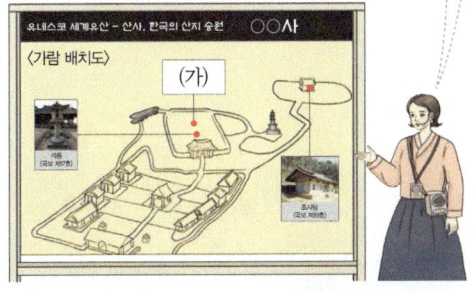

국보 제18호인 (가) 은 고려 시대의 목조 건물로, 배흘림 기둥에 주심포 양식으로 축조되었습니다. 건물 내부에는 국보 제45호인 소조 여래 좌상이 봉안되어 있습니다.

①  공주 마곡사 대웅보전
②  영주 부석사 무량수전
③  예산 수덕사 대웅전
④  구례 화엄사 각황전
⑤  안동 봉정사 극락전

05

다음 사진전에 전시될 사진으로 적절하지 않은 것은? [2점]

불상으로 보는 불교 문화 사진전
제3전시실
이 실에서는 ○○ 시대 불상의 사진을 전시합니다. ○○ 시대에는 대형 철불이 유행하였으며, 논산 관촉사 석조 미륵보살 입상처럼 거대한 불상이 조성되기도 하였습니다.

①  ②  ③
④  ⑤

06

(가)에 들어갈 문화유산으로 옳은 것은? [1점]

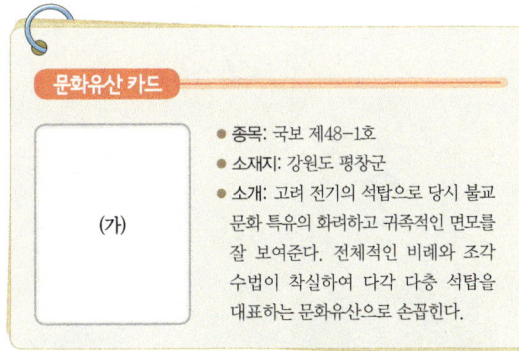

문화유산 카드
- 종목: 국보 제48-1호
- 소재지: 강원도 평창군
- 소개: 고려 전기의 석탑으로 당시 불교 문화 특유의 화려하고 귀족적인 면모를 잘 보여준다. 전체적인 비례와 조각 수법이 착실하여 다각 다층 석탑을 대표하는 문화유산으로 손꼽힌다.

①  ②  ③
④  ⑤

07

(가)에 해당하는 문화유산으로 옳은 것은? [1점]

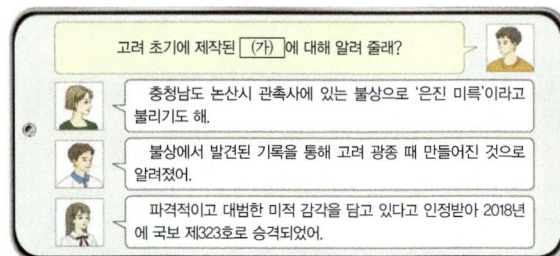

 ①  ②  ③

 ④  ⑤

08

밑줄 그은 '이 자기'에 해당하는 문화유산으로 옳은 것은? [1점]

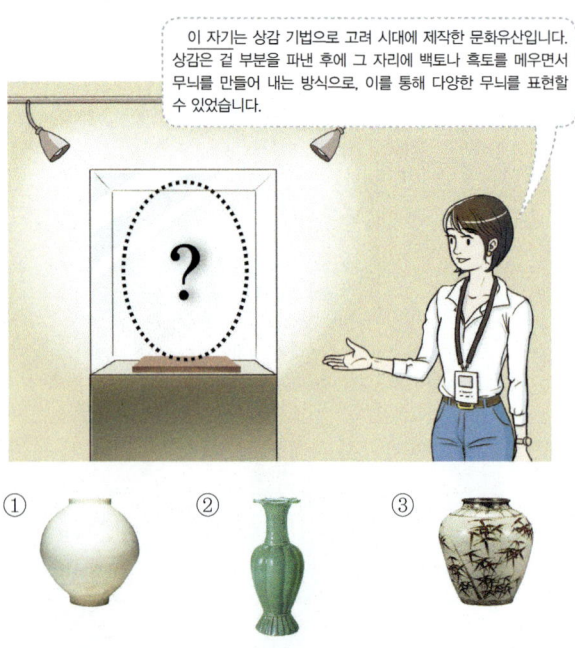

09

(가)~(마)에 들어갈 내용으로 적절하지 않은 것은? [3점]

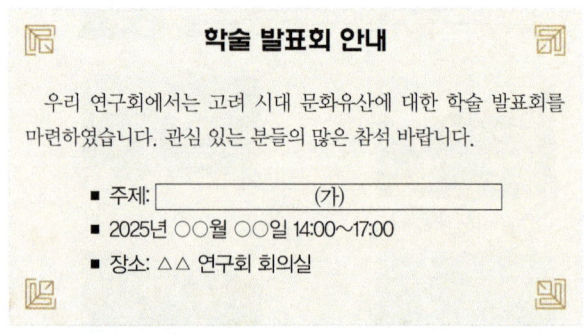

① (가) – 팔상전을 통해 본 오층 목탑의 구조
② (나) – 석조 미륵보살 입상의 조형적 특징
③ (다) – 보조국사 지눌의 생애와 주요 활동
④ (라) – 팔만대장경의 운반 과정과 보관 경위
⑤ (마) – 법화 신앙을 바탕으로 한 요세의 신앙 결사 운동

10

(가)에 들어갈 내용으로 적절하지 않은 것은? [3점]

학술 발표회 안내

우리 연구회에서는 고려 시대 문화유산에 대한 학술 발표회를 마련하였습니다. 관심 있는 분들의 많은 참석 바랍니다.

■ 주제: (가)
■ 2025년 ○○월 ○○일 14:00~17:00
■ 장소: △△ 연구회 회의실

① 논산 개태사 철확의 제작 시기
② 예산 수덕사 대웅전의 공포 구조
③ 서울 원각사지 십층 석탑의 건립 목적
④ 안동 이천동 마애 여래 입상의 조성 배경
⑤ 청주 흥덕사에서 간행된 직지심체요절의 특징

기출테마 17 우리 지역의 역사

외우는 빈출 선지

- 만상이 근거지로 삼아 청과의 무역을 전개하였다. → 의주
- 나석주가 조선 식산 은행에 폭탄을 투척하였다. → 경성
- 동학 농민군이 정부와 화해하는 약조를 맺었다. → 전주
- 임진왜란 중 부사 송상현과 첨사 정발이 순절하였다. → 부산
- 김헌창이 반란을 일으킨 근거지를 검색한다. → 공주
- 성왕이 새롭게 도읍지로 삼은 지역을 파악한다. → 부여
- 2·28 민주 운동이 시작되었다. → 대구
- 제2차 미소 공동 위원회가 개최되었다. → 서울 : 덕수궁 석조전
- 강주룡이 을밀대 지붕에서 고공 농성을 전개하였다. → 평양
- 박재혁이 경찰서에서 폭탄을 투척하는 의거를 일으켰다. → 부산
- 지주 문재철의 횡포에 맞서 농민들이 소작 쟁의를 벌였다. → 목포 : 신안군 암태도
- 프랑스군이 의궤를 약탈하였다. → 강화도 : 외규장각
- 조일 수호 조규가 체결되었다. → 강화도 : 연무당
- 어재연 부대가 결사 항전하였다. → 강화도 : 광성보
- 양헌수 부대가 적군을 물리쳤다. → 강화도 : 정족산성
- 영국군이 불법으로 점령하였다. → 거문도
- 4·3 사건으로 많은 주민이 희생되었다. → 제주도
- 아우내 장터에서 독립 만세 운동이 일어났다. → 천안
- 강우규가 사이토 총독에게 폭탄을 투척하였다. → 서울
- 장용영의 외영이 설치된 곳을 알아본다. → 수원 화성
- 배중손이 삼별초를 지휘하였던 근거지를 찾아본다. → 강화도
- 한성근 부대가 서양 세력에 맞서 항전한 장소를 검색한다. → 강화도 : 문수산성
- 남북한 경제 협력 사업으로 설치된 공단의 위치를 파악한다. → 개성
- 직지심체요절이 금속활자로 간행되었다. → 청주 흥덕사
- 오페르트가 남연군 묘 도굴을 시도하였다. → 덕산
- 신립이 배수의 진을 치고 왜군에 항전하였다. → 충주 탄금대
- 명 신종의 제사를 지내는 만동묘가 건립되었다. → 괴산
- 만적을 비롯한 노비들이 신분 해방을 도모하였다. → 개경
- 유형원이 반계수록을 저술하였다. → 부안
- 안승을 왕으로 하는 보덕국이 세워졌다. → 익산
- 백제와 신라 사이에 황산벌 전투가 벌어졌다. → 논산
- 전태일이 근로 기준법 준수를 외치며 분신하였다. → 서울
- 인조가 피신하여 청군에 항전하였다. → 남한산성
- 정약용이 유배 중에 경세유표를 저술하였다. → 강진
- 김광제 등의 발의로 국채 보상 운동이 일어났다. → 대구
- 김만덕이 흉년에 굶주린 백성을 구제한 기록을 살펴본다. → 제주도

01

(가) 지역에 대한 탐구 활동으로 가장 적절한 것은? [2점]

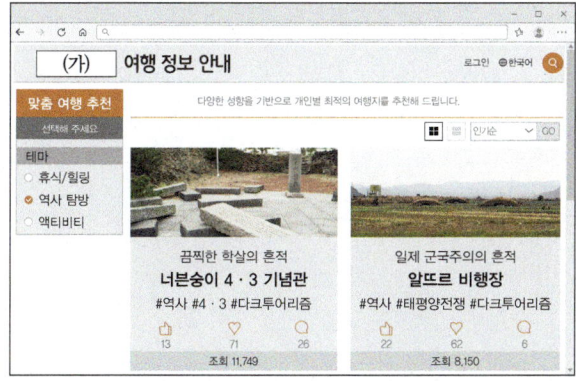

① 원종과 애노가 봉기한 곳을 검색한다.
② 외규장각 도서의 약탈 과정을 조사한다.
③ 강주룡이 고공 시위를 전개한 장소를 알아본다.
④ 김만덕이 흉년에 굶주린 백성을 구제한 기록을 살펴본다.
⑤ 러시아의 남하를 견제한다는 구실로 영국군이 점령한 지역을 찾아본다.

02

(가) 지역을 지도에서 옳게 찾은 것은? [1점]

① ㄱ   ② ㄴ   ③ ㄷ   ④ ㄹ   ⑤ ㅁ

03

다음 지역에서 있었던 사실로 옳은 것은? [3점]

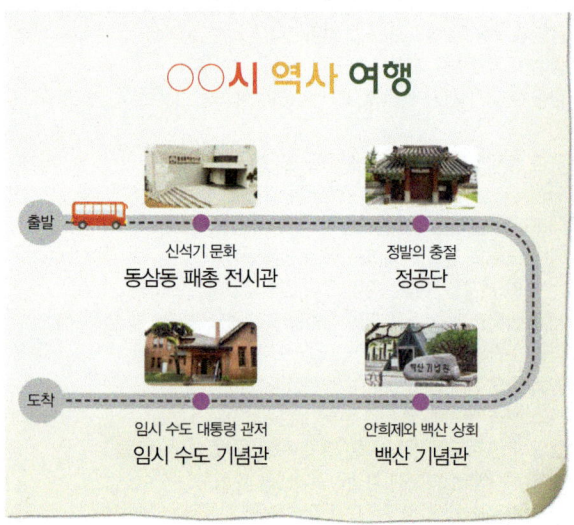

① 2·28 민주 운동이 시작되었다.
② 제2차 미소 공동 위원회가 개최되었다.
③ 강주룡이 을밀대 지붕에서 고공 농성을 전개하였다.
④ 박재혁이 경찰서에서 폭탄을 투척하는 의거를 일으켰다.
⑤ 지주 문재철의 횡포에 맞서 농민들이 소작 쟁의를 벌였다.

04

다음 지역에서 있었던 사실로 옳은 것은? [3점]

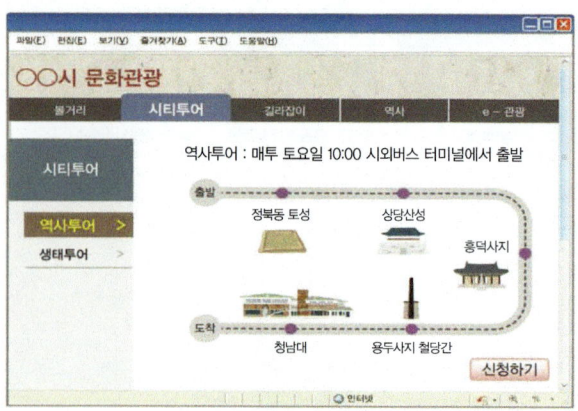

① 유형원이 반계수록을 저술하였다.
② 안승을 왕으로 하는 보덕국이 세워졌다.
③ 금속 활자로 직지심체요절이 간행되었다.
④ 백제와 신라 사이에 황산벌 전투가 벌어졌다.
⑤ 전태일이 근로 기준법 준수를 외치며 분신하였다.

05

(가)~(마)에서 일어난 사실로 옳지 않은 것은? [2점]

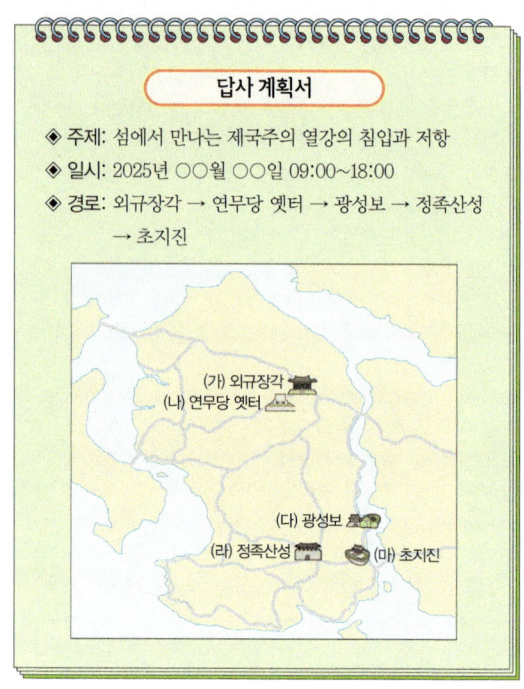

① (가) - 프랑스군이 의궤를 약탈하였다.
② (나) - 조일 수호 조규가 체결되었다.
③ (다) - 어재연 부대가 결사 항전하였다.
④ (라) - 양헌수 부대가 적군을 물리쳤다.
⑤ (마) - 영국군이 불법으로 점령하였다.

06

다음 지역에 대한 탐구 활동으로 적절한 것은? [2점]

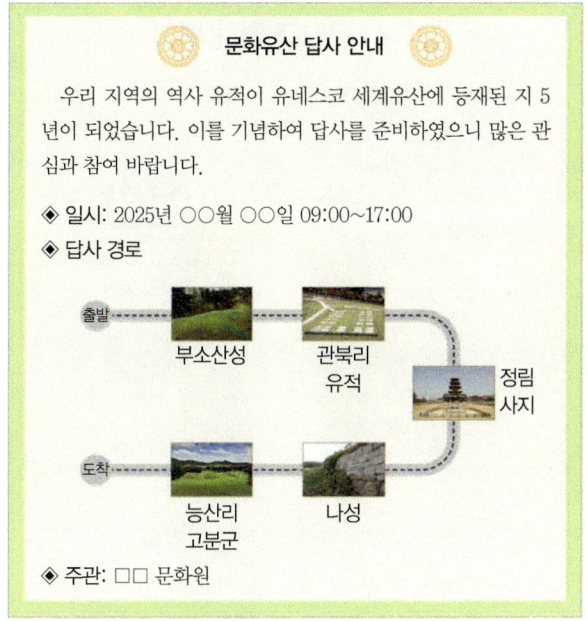

① 장용영의 외영이 설치된 곳을 알아본다.
② 성왕이 새롭게 수도로 정한 지역을 조사한다.
③ 배중손이 삼별초를 지휘하였던 근거지를 찾아본다.
④ 한성근 부대가 서양 세력에 맞서 항전한 장소를 검색한다.
⑤ 남북한 경제 협력 사업으로 설치된 공단의 위치를 파악한다.

07

(가) 지역에서 있었던 사실로 옳은 것은? [2점]

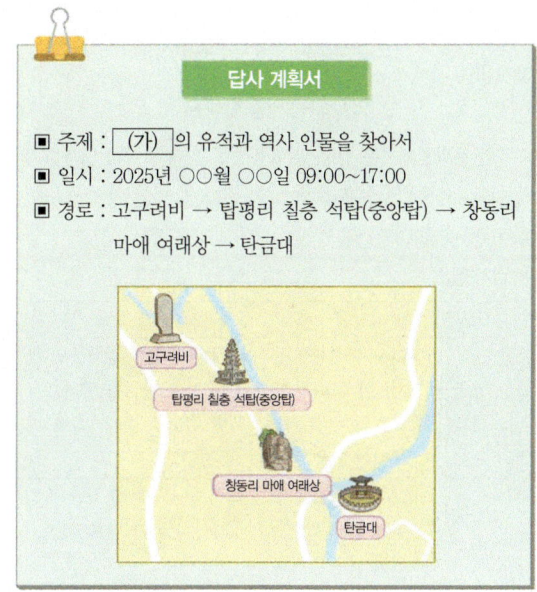

① 직지심체요절이 금속활자로 간행되었다.
② 오페르트가 남연군 묘 도굴을 시도하였다.
③ 신립이 배수의 진을 치고 왜군에 항전하였다.
④ 명 신종의 제사를 지내는 만동묘가 건립되었다.
⑤ 만적을 비롯한 노비들이 신분 해방을 도모하였다.

08

다음 답사가 이루어진 지역을 지도에서 옳게 찾은 것은?

[1점]

⟨답사 안내⟩

역사의 현장을 찾아서

우리 문화원에서는 현장 답사를 통해 우리 지역의 역사를 알아보는 시간을 마련하였습니다.

◆ 일자 : 2025년 ○○월 ○○일
◆ 답사 장소

답사지	소개
영국군 묘지	러시아 견제를 구실로 무단 점령한 영국군의 묘지, 한 무덤의 비문에는 "1886년 3월 알바트로스호의 수병 2명이 폭발 사고로 죽다."라고 기록되어 있음.
임병찬 순지비	고종의 밀지를 받아 독립 의군부를 조직한 독립운동가 임병찬이 유배되어 순국한 것을 기리기 위해 세운 비.

① (가) ② (나) ③ (다) ④ (라) ⑤ (마)

09

다음 지역에서 있었던 사실로 옳은 것은? [1점]

○○시 근현대 역사 투어
- 일시: 매주 토요일 10:00
- 출발지: ○○ 버스 터미널

출발 → 친일파 연구의 선구자, 임종국 선생 흉상 → 일본군 '위안부' 묘역, 망향의 동산 → 국난 극복의 역사, 독립 기념관 → 초혼묘와 사우, 유관순 열사 사적지 → 도착

① 4·3 사건으로 많은 주민이 희생되었다.
② 오페르트가 남연군 묘 도굴을 시도하였다.
③ 아우내 장터에서 독립 만세 운동이 일어났다.
④ 강우규가 사이토 총독에게 폭탄을 투척하였다.
⑤ 지주 문재철의 횡포에 맞서 소작 쟁의가 발생하였다.

10

(가) 지역에서 있었던 사실로 옳은 것은? [2점]

답사 계획서

◆ 주제: (가) 의 역사와 인물을 찾아서
◆ 일시: 2025년 ○○월 ○○일 09:00~17:00
◆ 경로: 2·28 기념 중앙 공원 → 경상 감영 공원 → 달성 공원 내 최제우 동상 → 민족 저항 시인 이상화 고택

① 인조가 피신하여 청군에 항전하였다.
② 오페르트가 남연군 묘 도굴을 시도하였다.
③ 정약용이 유배 중에 경세유표를 저술하였다.
④ 김광제 등의 발의로 국채 보상 운동이 일어났다.
⑤ 노동자 강주룡이 을밀대 지붕에서 고공 농성을 벌였다.

| 문제편 |

PART 3
근세의 성립과 발전

기출테마 18 조선 건국과 국가 기반 확립
기출테마 19 조선 전기 통치 제제 정비
기출테마 20 사화의 발생과 붕당 형성
기출테마 21 조선 전기의 대외 관계
기출테마 22 조선 전기의 문화와 과학 기술
기출테마 23 붕당 정치의 변질
기출테마 24 영조·정조의 탕평 정치
기출테마 25 세도 정치기의 사회 혼란
기출테마 26 조선 후기 실학과 국학
기출테마 27 조선 후기의 사회·경제 모습
기출테마 28 조선 후기 문화의 새 경향

기출테마 18 조선 건국과 국가 기반 확립

외우는 핵심 키워드

태조 이성계
- 위화도 회군(1388) → 조건 건국(1392) → 한양 천도(1394) → 경복궁 건립
- **정도전** : 재상 중심의 정치, 조선경국전, 불씨잡변

태종 이방원
- 왕자의 난
- 6조 직계제 실시, 사병 혁파
- 문하부 폐지, 사간원 독립
- 호패법 실시
- 서얼 차대법 실시
- 신문고 설치
- **주자소** : 계미자 주조

세종
- 의정부 서사제 부활
- 집현전 설치, 훈민정음 창제
- 4군(최윤덕) 6진(김종서) 개척
- 쓰시마섬 정벌(이종무)
- 계해약조 체결
- 3포 개항(부산포, 염포, 제포)
- **공법** : 전분 6등법, 연분 9등법

세조 수양대군
- 계유정난, 사육신
- 이시애의 난 진압
- 6조 직계제 부활, 집현전 폐지
- 직전법 실시
- 5위(중앙군), 진관 체제(지방군)
- 경국대전 편찬 착수

성종
- 사림 등용, 관학의 진흥
- 홍문관(옥당) 설치, 경연 중시
- 유향소의 부활
- 경국대전 완성·반포
- 관수관급제 실시

외우는 빈출 선지

- 북방에 4군과 6진을 설치하였다. → 세종
- 위화도에서 회군하여 정권을 장악하였다. → 태조
- 왕권 강화를 위해 육조 직계제를 부활하였다. → 세조
- 수양 대군이 정권을 장악하는 과정을 정리한다. → 세조
- 경국대전을 완성하여 통치 체제를 정비하였다. → 성종
- 문하부를 폐지하고 낭사를 사간원으로 독립시켰다. → 태종
- 제한된 범위의 무역을 허용한 계해약조가 체결되었다. → 세종
- 계유정난을 통해 정권을 장악하였다. → 세조
- 왕위 계승을 둘러싸고 왕자의 난이 발생하였다. → 태종
- 조선경국전을 저술하여 통치 제도 정비에 기여하였다. → 정도전
- 함길도 토착 세력이 일으킨 이시애의 난을 진압하였다. → 세조
- 현직 관리에게만 수조권을 지급하는 직전법을 실시하였다. → 세조

01

(가) 인물의 활동으로 옳은 것은? [2점]

① 북방에 4군과 6진을 설치하였다.
② 의종 복위를 도모하여 군사를 일으켰다.
③ 위화도에서 회군하여 정권을 장악하였다.
④ 여진을 정벌한 후 동북 9성을 축조하였다.
⑤ 좌·우별초와 신의군으로 삼별초를 조직하였다.

02

다음 대화가 이루어진 시기에 볼 수 있는 모습으로 가장 적절한 것은? [2점]

① 왕에게 직계하는 이조 판서
② 임꺽정 무리를 토벌하는 관군
③ 동몽선습을 공부하는 서당 학생
④ 동의보감을 요청하는 중국 사신
⑤ 시장에 팔기 위해 담배를 재배하는 농민

03

(가) 왕에 대한 설명으로 옳은 것은? [2점]

국악 콘서트
선릉에서 만나는 조선의 예와 악

(가) 의 재위 기간에 예악 정비 사업의 일환으로 편찬된 국조오례의와 악학궤범의 의미를 살펴보는 무대를 준비하였습니다. 시민 여러분의 많은 관심과 참여 바랍니다.

1부 특별 강연: 국조오례의를 통해 본 조선의 의례
2부 주제 공연: 악학궤범을 바탕으로 재현한 처용무

- 일시: 2025년 ○○월 ○○일 ○○시
- 장소: 선릉 정자각 앞 특설 무대

① 상평통보를 발행하여 법화로 사용하였다.
② 법령을 정비하여 경국대전을 반포하였다.
③ 구황촬요를 간행하여 기근에 대비하였다.
④ 초계문신제를 시행하여 문신들을 재교육하였다.
⑤ 동국문헌비고를 편찬하여 역대 문물을 정리하였다.

04

다음 가상 대화의 배경에 대한 탐구 활동으로 적절한 것은? [2점]

① 수양 대군이 정권을 장악하는 과정을 정리한다.
② 자의 대비 복상 문제로 전개된 예송을 알아본다.
③ 인물성동이론을 두고 전개된 호락논쟁을 조사한다.
④ 정여립 모반 사건을 계기로 동인이 입은 피해를 분석한다.
⑤ 인현 왕후가 폐위되고 남인이 권력을 장악한 사건을 파악한다.

05

다음 대화에 등장하는 왕에 대한 설명으로 옳은 것은? [2점]

① 금속 활자인 갑인자를 제작하였다.
② 삼수병으로 구성된 훈련도감을 창설하였다.
③ 인재 양성을 위해 초계문신제를 시행하였다.
④ 경국대전을 완성하여 통치 체제를 정비하였다.
⑤ 문하부를 폐지하고 낭사를 사간원으로 독립시켰다.

06

밑줄 그은 '왕'의 재위 기간에 있었던 사실로 옳은 것은? [2점]

역사 신문
제△△호   ○○○○년 ○○월 ○○일

육조 직계제 부활하다

계유년에 황보인 등을 제거하고 권력을 장악한 이후 즉위한 왕은 강력한 왕권을 행사하고자 육조 직계제를 부활시켰다. 이번 조치는 형조의 사형수 판결을 제외한 육조의 서무를 직접 왕에게 보고하도록 한 것이다. 따라서 이전보다 더욱 강력한 육조 직계제가 시행될 것으로 예상된다.

① 주자소가 설치되어 계미자가 주조되었다.
② 조의제문이 발단이 되어 무오사화가 일어났다.
③ 통치 체제를 정비하기 위해 대전회통이 편찬되었다.
④ 제한된 범위의 무역을 허용한 계해약조가 체결되었다.
⑤ 현직 관리에게만 수조지를 지급하는 직전법이 시행되었다.

07

다음 글을 쓴 인물에 대한 설명으로 옳은 것은? [2점]

> 선유(先儒)가 불씨(佛氏)의 지옥설을 논박하여 말하기를, "…… 불법(佛法)이 중국에 들어오기 전에도 죽었다가 다시 살아난 사람들이 있었는데, 어째서 한 사람도 지옥에 들어가 소위 시왕(十王)*이란 것을 본 자가 없단 말인가? 그 지옥이란 없기도 하거니와 믿을 수 없음이 명백하다."라고 하였다.
> *시왕(十王): 저승에서 죽은 사람을 재판하는 열 명의 대왕
> ─ 『삼봉집』 ─

① 계유정난을 계기로 정계에서 축출되었다.
② 일본에 다녀와서 해동제국기를 편찬하였다.
③ 기축봉사를 올려 명에 대한 의리를 내세웠다.
④ 군주의 도를 도식으로 설명한 성학십도를 지었다.
⑤ 조선경국전을 저술하여 통치 제도 정비에 기여하였다.

08

밑줄 그은 '왕'에 대한 설명으로 옳은 것은? [3점]

> 성삼문이 아버지 성승 및 박팽년 등과 함께 상왕의 복위를 모의하여 중국 사신에게 잔치를 베푸는 날에 거사하기로 기약하였다. …… 일이 발각되어 체포되자, 왕이 친히 국문하면서 꾸짖기를 "그대들은 어찌하여 나를 배반하였는가?"하니 성삼문이 소리치며 말하기를 "상왕을 복위시키려 했을 뿐이오. …… 하늘에 두 개의 해가 없듯이 백성에게도 두 임금이 있을 수 없기 때문이오."라고 하였다.

① 유자광의 고변을 계기로 남이를 처형하였다.
② 변급, 신류 등을 파견하여 나선 정벌을 단행하였다.
③ 함길도 토착 세력이 일으킨 이시애의 난을 진압하였다.
④ 인목 대비 유폐와 영창 대군 사사를 명분으로 폐위되었다.
⑤ 유능한 인재를 양성하기 위해 초계문신제를 시행하였다.

09

다음 상황이 나타난 시기를 연표에서 옳게 고른 것은? [1점]

> 정도전, 남은, 심효생 등이 여러 왕자를 해치려 꾀하다가 성공하지 못하고 참형을 당하였다. …… 이에 정안군이 도당(都堂)으로 하여금 백관을 거느리고 소를 올리게 하였다. "후계자를 세울 때에 장자로 하는 것은 만세의 상도(常道)인데, 전하께서 장자를 버리고 어린 아들을 세웠으며, 정도전 등이 세자를 감싸고서 여러 왕자를 해치고자 하니 화를 예측할 수 없었습니다. 다행히 천지와 종사의 신령에 힘입게 되어 난신(亂臣)이 참형을 당하였으니, 원컨대 전하께서는 적장자인 영안군을 세워 세자로 삼으십시오."라고 하였다.

1374	1392	1418	1453	1485	1519
	(가)	(나)	(다)	(라)	(마)
우왕 즉위	조선 건국	세종 즉위	계유 정난	경국대전 반포	기묘 사화

① (가) ② (나) ③ (다)
④ (라) ⑤ (마)

10

다음 정책을 시행한 왕의 업적으로 옳은 것은? [2점]

> ○ 왕 16년, 옛 땅의 회복을 논의하였다. 소다로(所多老)의 땅이 넓고 기름지며 적들이 오가는 요충지이기 때문에, 옛 터전의 북쪽인 회질가(會叱家)의 땅에다 벽성(壁城)을 설치하고, 남도(南道)의 민호(民戶)를 이주시켜 채우고 경원 도호부를 옮겨 판관과 토관을 두었다.
> ○ 왕 16년 2월, 함길도 감사 김종서가 경원·영북진 두 고을에 모두 판관을 둘 것을 청하니, 즉시 이조에 명을 내려 두 의정(議政)에게 동의를 얻어 문무가 구비된 자를 택하여 보고하게 하였다.

① 독창적인 문자인 훈민정음을 창제하였다.
② 조선의 기본 법전인 경국대전을 반포하였다.
③ 궁중 음악을 집대성한 악학궤범을 편찬하였다.
④ 균역법을 실시하여 군역의 부담을 줄이고자 하였다.
⑤ 현직 관리에게만 수조권을 지급하는 직전법을 실시하였다.

기출테마 19 조선 전기 통치 체제 정비

외우는 핵심 키워드

중앙 정치 체제
- **의정부** : 국정 총괄, 3정승 합의제
- **6조** : 이조, 호조, 예조, 병조, 형조, 공조
- **승정원** : 은대, 왕명 출납, 국왕 직속 비서 기관
- **의금부** : 국왕 직속 사법 기구, 강상죄·반역죄 처리
- **사헌부** : 감찰 탄핵, 대사헌
- **사간원** : 언관, 왕에 대한 간쟁, 대사간
- **홍문관** : 옥당, 경연 주관, 왕의 자문, 대제학
- **춘추관** : 역사서 편찬 및 보관
- **한성부** : 수도의 행정과 치안 담당
- **삼사**(사헌부, 사간원, 홍문관), **대간**(사헌부, 사간원, 5품 이하 관원에 대한 서경권 행사)

지방 행정
- 8도, 부·목·군·현 설치
- **관찰사** : 수령 감독, 감사·도백
- **수령** : 지방 행정·사법·군사권 행사
- **향리** : 수령 보좌, 세습적 아전, 단안 명부 등재
- **유향소** : 향촌 자치 기구, 좌수와 별감 운영
- **경재소** : 한양 설치, 중앙과 지방 간의 연락 업무, 연고지 유향소 통제

관리 등용 및 인사
- **과거 제도** : 문과, 무과, 잡과
- **특별 채용** : 음서, 취재, 천거
- **인사 제도** : 상피제, 서경제

교육 제도
국립 교육 기관	• **성균관** : 국립대학, 입학자격(생원·진사) • **4부 학당** : 중등 교육 기관, 한양에 설립 • **향교** : 지방 관립 중등교육기관, 전국 부·목·군·현에 하나씩 설립, 중앙에서 교수·훈도 파견
사립 교육 기관	• **서원** : 백운동 서원(주세붕) 시초, 선현 제사 및 유학 교육 • **서당** : 사립 초등 교육 기관

외우는 빈출 선지

- 수도의 행정과 치안을 담당하였다. → **한성부**
- 사헌부, 홍문관과 함께 3사로 불렸다. → **사간원**
- 실록을 보관하고 관리하는 업무를 맡았다. → **춘추관**
- 전국의 모든 군현에 하나씩 설치되었다. → **향교**
- 선현의 제사와 유학 교육을 담당하였다. → **서원**
- 중앙에서 교수나 훈도를 교관으로 파견하였다. → **향교**
- 소과에 합격한 생원, 진사에게 입학 자격이 부여되었다. → **성균관**
- 왕의 비서 기관으로 왕명의 출납을 담당하였다. → **승정원**
- 국왕 직속 사법 기구로 반역죄, 강상죄 등을 처결하였다. → **의금부**
- 풍기 군수 주세붕이 처음 세웠다. → **서원**
- 국왕의 비서 기관에서 작성하였다. → **승정원일기**

- 좌수와 별감을 선발하여 운영되었다. → **유향소**
- 지방의 행정·사법·군사권을 행사하였다. → **수령**
- 5품 이하의 관원에 대한 서경권을 가졌다. → **대간(사헌부, 사간원)**
- 간관으로서 간쟁과 봉박을 담당하였다. → **사헌부, 사간원**
- 6조 직계제의 실시로 권한이 약화되었다. → **의정부**
- 호장, 기관, 장교, 통인 등으로 분류되었다. → **향리**
- 관내 군현의 수령을 감독하고 근무 성적을 평가하였다. → **관찰사**
- 한어(漢語), 왜어(倭語), 여진어 등 외국어 교육을 담당하였다. → **사역원**
- 은대(銀臺)라고도 불렸다. → **승정원**
- 집현전의 학문 연구 기능을 계승하였다. → **홍문관**

01

(가) 기구에 대한 설명으로 옳은 것은? [2점]

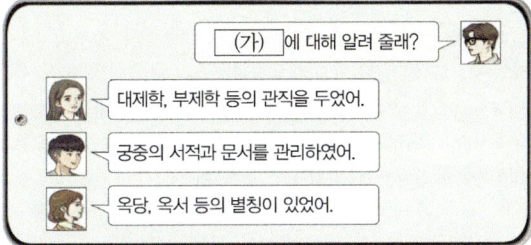

① 수도의 행정과 치안을 맡아보았다.
② 사헌부, 사간원과 함께 3사로 불렸다.
③ 을묘왜변을 계기로 상설 기구화되었다.
④ 왕의 비서 기관으로 왕명의 출납을 담당하였다.
⑤ 국왕 직속 사법 기구로 반역죄, 강상죄 등을 처결하였다.

02

(가) 교육 기관에 대한 설명으로 옳은 것은? [2점]

이곳은 경기도 수원시에 위치한 조선 시대 지방 교육 기관인 (가) 입니다. 대부분 지방 관아 가까운 곳에 위치하였으며 제향 공간인 대성전, 강학 공간인 명륜당, 기숙사인 동재와 서재 등으로 이루어져 있습니다.

① 전문 강좌인 7재를 운영하였다.
② 풍기 군수 주세붕이 처음 세웠다.
③ 생원과 진사에게 입학 자격을 부여하였다.
④ 중앙에서 교수나 훈도를 파견하기도 하였다.
⑤ 유학을 비롯하여 율학, 서학, 산학을 교육하였다.

03

(가) 기구에 대한 설명으로 옳은 것은? [2점]

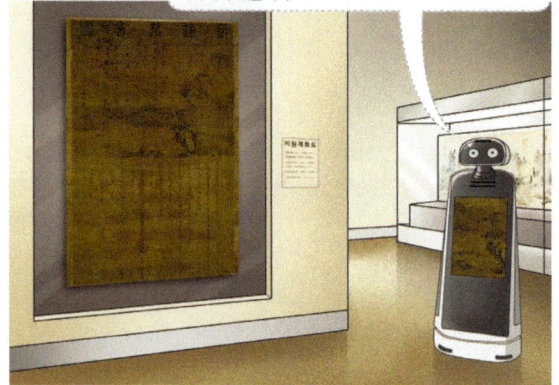

이 그림은 중종 때 그려진 미원계회도(薇垣契會圖)입니다. '미원'은 (가) 의 별칭으로 간쟁과 논박을 담당한 관청이었습니다. 소나무 아래에는 계회를 하고 있는 모습이 보이고, 하단에는 참석자들의 관직, 성명, 본관 등이 기록되어 있습니다.

① 왕명의 출납을 관장하였다.
② 수도의 행정과 치안을 담당하였다.
③ 사헌부, 홍문관과 함께 3사로 불렸다.
④ 실록을 보관하고 관리하는 업무를 맡았다.
⑤ 반역죄, 강상죄 등을 범한 중죄인을 다스렸다.

04

다음 검색창에 들어갈 문화유산에 대한 설명으로 옳은 것은? [1점]

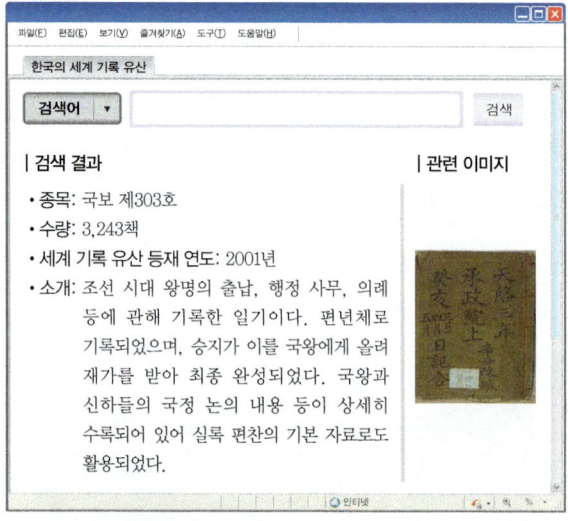

① 비국 등록이라고도 불렸다.
② 국왕의 비서 기관에서 작성하였다.
③ 세가, 지, 열전 등으로 구성되었다.
④ 우리나라 최고(最古)의 역사서이다.
⑤ 정조가 세손 시절부터 쓴 일기에서 유래하였다.

05

(가) 교육 기관에 대한 설명으로 옳은 것은? [1점]

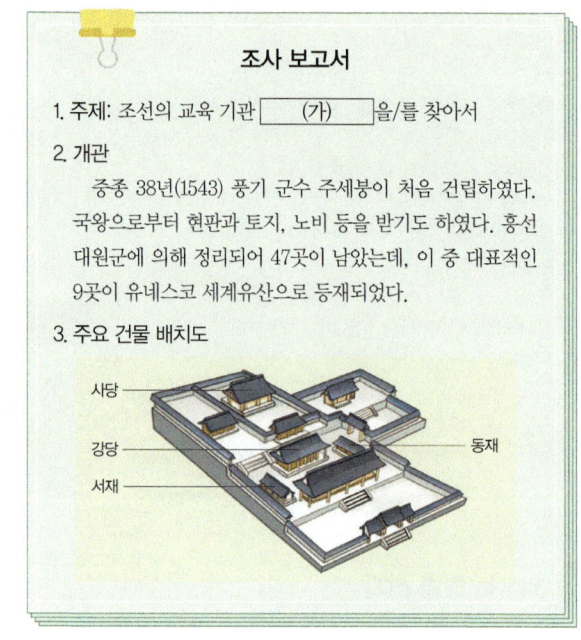

조사 보고서

1. 주제: 조선의 교육 기관 (가) 을/를 찾아서
2. 개관
　중종 38년(1543) 풍기 군수 주세붕이 처음 건립하였다. 국왕으로부터 현판과 토지, 노비 등을 받기도 하였다. 흥선대원군에 의해 정리되어 47곳이 남았는데, 이 중 대표적인 9곳이 유네스코 세계유산으로 등재되었다.
3. 주요 건물 배치도

① 전국의 모든 군현에 하나씩 설치되었다.
② 선현의 제사와 유학 교육을 담당하였다.
③ 전문 강좌인 7재가 설치되어 운영되었다.
④ 중앙에서 교수나 훈도를 교관으로 파견하였다.
⑤ 소과에 합격한 생원, 진사에게 입학 자격이 부여되었다.

06

(가) 기구에 대한 설명으로 옳은 것은? [2점]

교활한 아전이 여러 가지로 폐단을 일으키는 것은 수령이 듣고 보는 것으로서 다 감찰할 수가 없습니다. 그러나 중앙의 경재소와 지방의 (가) 이/가 서로 들은 대로 규찰하여 교활한 아전을 억제시키고 향촌의 풍속을 유지시킨다면 풍속을 좋은 방향으로 개선하는 데 도움이 될 것입니다.
　　　　　　　　　　　　　　　　　- 『성종실록』 -

① 좌수와 별감을 선발하여 운영되었다.
② 지방의 행정·사법·군사권을 행사하였다.
③ 5품 이하의 관원에 대한 서경권을 가졌다.
④ 조광조를 비롯한 사림의 건의로 혁파되었다.
⑤ 중앙에서 교관인 교수나 훈도가 파견되었다.

07

(가)에 대한 설명으로 옳은 것은? [2점]

이 그림은 평양에 새로 부임한 (가) 을/를 환영하는 모습을 묘사한 부벽루연회도입니다. (가) 은/는 감사 또는 방백이라고도 불리었는데, 대개 종 2품 이상의 고위 관리가 임명되었습니다.

① 간관으로서 간쟁과 봉박을 담당하였다.
② 6조 직계제의 실시로 권한이 약화되었다.
③ 호장, 기관, 장교, 통인 등으로 분류되었다.
④ 관내 군현의 수령을 감독하고 근무 성적을 평가하였다.
⑤ 출신지의 경재소를 관장하고 유향소 품관을 감독하였다.

08

(가) 교육 기관에 대한 설명으로 옳은 것은? [2점]

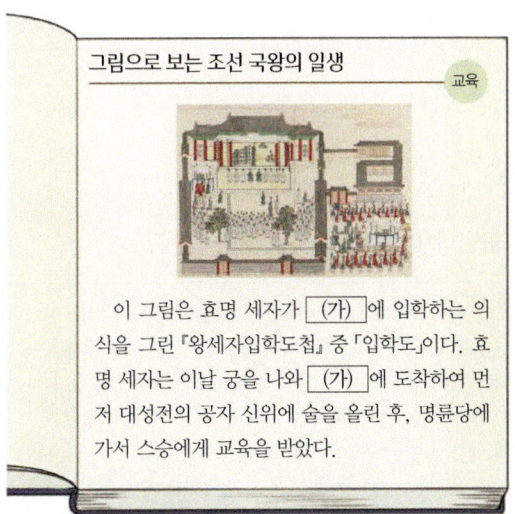

이 그림은 효명 세자가 (가) 에 입학하는 의식을 그린 『왕세자입학도첩』 중 「입학도」이다. 효명 세자는 이날 궁을 나와 (가) 에 도착하여 먼저 대성전의 공자 신위에 술을 올린 후, 명륜당에 가서 스승에게 교육을 받았다.

① 전문 강좌인 7재가 운영되었다.
② 전국의 부·목·군·현에 하나씩 설립되었다.
③ 중앙에서 교관인 교수나 훈도가 파견되었다.
④ 생원시나 진사시의 합격자에게 입학 자격이 부여되었다.
⑤ 한어(漢語), 왜어(倭語), 여진어 등 외국어 교육을 담당하였다.

09

(가) 기구에 대한 설명으로 옳은 것은? [2점]

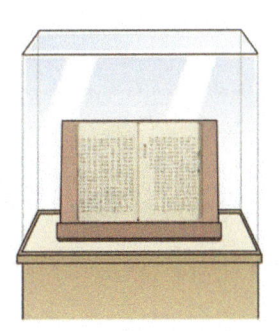

이것은 악장가사에 실린 상대별곡(霜臺別曲)으로 '상대'는 관리를 감찰하고 풍속을 바로잡는 임무를 맡은 (가) 을/를 의미합니다. (가) 의 대사헌을 역임한 권근은 이 가사에서 관원들이 일을 끝내고 연회를 즐기는 장면 등을 흥미롭게 묘사하였습니다.

① 은대(銀臺)라고도 불렸다.
② 집현전의 학문 연구 기능을 계승하였다.
③ 서얼 출신 학자들이 검서관에 등용되었다.
④ 임진왜란을 거치면서 국정 최고 기구로 성장하였다.
⑤ 5품 이하의 관리 임명 과정에서 서경권을 행사하였다.

10

(가), (나)에 대한 설명으로 옳은 것은? [2점]

나는 8도의 부·목·군·현에 파견되는 (가) 입니다. 경국대전에 의하면 임기는 1,800일이고, 원칙적으로 상피제의 적용을 받고 있습니다.

나는 지방 관아에서 행정 실무를 담당하는 (나) 입니다. 고려 때와는 달리 요즘은 외역전도 지급받지 못하고 직무를 수행하고 있습니다. 우리들의 수장을 호장이라고도 부릅니다.

① (가) – 단안(壇案)이라는 명부에 등재되었다.
② (가) – 지방의 행정·사법·군사권을 행사하였다.
③ (나) – 감사, 도백으로도 불렸다.
④ (나) – 장례원(掌隷院)을 통해 국가의 관리를 받았다.
⑤ (가), (나) – 잡과를 통해 선발되었다.

기출테마 20 사화의 발생과 붕당 형성

외우는 핵심 키워드

4대 사화

무오사화 연산군 (1498)	• 김종직의 조의제문 • 김일손 등 사림파 몰락
갑자사화 연산군 (1504)	• 연산군의 친모 폐비 윤씨 사사 사건 • 훈구파와 사림파 모두 피해
기묘사화 중종 (1519)	• 조광조의 급진 개혁(위훈삭제, 현량과 실시, 소격서 폐지) • 훈구파의 주초위왕 모략 • 조광조 등 사림파 몰락
을사사화 명종 (1545)	• 인종의 외척인 대윤(윤임 일파)과 명종의 외척인 소윤(윤원형 일파) 간의 대립 • 대윤의 윤임 일파 축출

붕당 형성

선조	• 이조 전랑 임명권 : 사림이 동인과 서인으로 분당 • 정여립 모반 사건, 정철의 건저의 사건 : 동인이 남인과 북인으로 분당
광해군	• 북인의 정권 장악 • 폐모살제 : 인목 대비 폐위, 영창 대군 사사 • 인조반정 : 서인 집권, 광해군과 북인 축출
인조	• 서인 집권 • 남인 일부 정치 참여
효종	• 서인 집권 : 북벌 추진 • 서인과 남인의 대립

동인과 서인

동인	• 김효원 중심 • 영남학파 형성 • 신진 사림 지지 • 이황, 조식의 학문 계승
서인	• 심의겸 중심 • 기호학파 형성 • 기성 사림 지지 • 이이, 성혼의 학문 계승

외우는 빈출 선지

- 신진 인사를 등용하기 위한 현량과를 실시하였다. → 중종 : 조광조
- 양재역 벽서 사건으로 이언적 등이 화를 입었다. → 명종
- 이조 전랑 임명을 둘러싸고 사림이 동인과 서인으로 나뉘었다. → 선조
- 정여립 모반 사건으로 기축옥사가 일어났다. → 선조
- 조의제문이 발단이 되어 김일손 등이 처형되었다. → 연산군 : 무오사화
- 외척 간의 대립으로 윤임이 제거되었다. → 명종 : 을사사화
- 폐비 윤씨 사사 사건의 전말이 알려져 김굉필 등이 처형되었다. → 연산군 : 갑자사화
- 서인이 반정을 일으켜 정권을 장악하였다. → 광해군 : 인조반정
- 위훈 삭제에 대한 훈구 세력의 반발이 원인이었다. → 중종 : 기묘사화
- 중종반정으로 연산군이 폐위되었다. → 연산군 : 중종반정
- 남곤 등의 고변으로 조광조 일파가 축출되었다. → 중종 : 기묘사화
- 광해군 시기에 국정을 이끌었다. → 북인
- 이언적과 이황의 제자들이 주류를 이루었다. → 남인
- 정여립 모반 사건을 내세워 기축옥사를 주도하였다. → 서인
- 유자광의 고변으로 남이가 처형되었다. → 조선 예종

01

(가) 왕의 재위 시기에 있었던 사실로 옳은 것은? [2점]

이 노래는 백성들이 교동도로 유배된 (가) 을/를 원망하며 부른 것입니다. 그는 폐비 윤씨 사사 사건을 빌미로 신하들을 숙청하는 등 폭정을 자행하다가 반정으로 폐위되었습니다.

충성이란 사모요
거동은 곧 교동일세
일만 흥청 어디 두고
석양 하늘에 뉘를 쫓아 가는고
두어라 예 또한 가시의 집이니
날 새우기엔 무방하고 또 조용하지요

① 유자광의 고변으로 남이가 처형되었다.
② 기사환국으로 송시열이 죽임을 당하였다.
③ 외척 간의 권력 다툼으로 윤임이 제거되었다.
④ 위훈 삭제를 주장한 조광조 일파가 축출되었다.
⑤ 조의제문이 발단이 되어 김일손 등이 피해를 입었다.

02

(가) 붕당에 대한 설명으로 옳은 것은? [3점]

홍문관에서 아뢰기를, "윤국형은 우성전과 유성룡의 심복이며 또한 이성중과 한 집안 사람입니다. 당초 신묘 연간에 양사에서 정철을 탄핵할 때에 옥당은 여러 날 동안이나 거론하지 않았습니다. …… 유성룡이 다시 재상이 되자 윤국형 등이 선비들을 구별하여 자기들에게 붙는 자를 (가) (이)라 하고, 뜻을 달리하는 자를 북인이라 하여 결국 당쟁의 실마리를 크게 열어 놓았습니다. 이처럼 유성룡이 사당(私黨)을 키우고 사류(士類)를 배척하는 데에 모두 윤국형 등이 도왔던 것입니다."라고 하였다.

① 광해군 시기에 국정을 이끌었다.
② 경신환국으로 정권을 장악하였다.
③ 이언적과 이황의 제자들이 주류를 이루었다.
④ 기해 예송에서 자의 대비의 기년복을 주장하였다.
⑤ 정여립 모반 사건을 내세워 기축옥사를 주도하였다.

03

(가), (나) 사이의 시기에 있었던 사실로 옳은 것은? [3점]

> (가) 대사헌 등이 아뢰기를, "정국공신은 책봉된 지 오래 되었지만 폐주(廢主)의 총신(寵臣)도 많이 선정되었을 뿐 아니라, 그 중에는 반정 때 뚜렷한 공을 세우지 못한 사람도 많습니다. 지금이라도 이런 폐단을 고치지 않는다면 나라가 바로 서지 않을 것이니 삭훈해야 마땅합니다."라고 하였다.
>
> (나) 김효원과 심의겸의 두 당이 원수처럼 서로 공격하였다. 당초 심의겸이 김효원을 비방하자 김효원도 심의겸을 비난하여 각기 붕당이 나뉘어 대립하였다.

① 외척 간의 대립으로 윤임이 제거되었다.
② 조의제문이 발단이 되어 김일손 등이 화를 입었다.
③ 붕당의 폐해를 경계하기 위한 탕평비가 건립되었다.
④ 희빈 장씨 소생의 원자 책봉 문제로 환국이 발생하였다.
⑤ 폐비 윤씨 사사 사건의 전말이 알려져 김굉필 등이 처형되었다.

04

(가), (나) 사이의 시기에 있었던 사실로 옳은 것은? [2점]

> (가) 양사(兩司)가 합계하기를, "영창 대군 의(李㼁)를 왕으로 옹립하기로 했다는 설이 이미 역적의 입에서 나왔는데 이에 대해 자복(自服)한 역적만도 한두 명에 그치지 않습니다. …… 왕법은 지극히 엄한 만큼 결코 용서해주기 어려우니 유사로 하여금 법대로 적용하여 처리하게 하소서."라고 하였다.
>
> (나) 앞서 왕에게 이괄 부자가 역적의 우두머리라고 고해바친 자가 있었다. 하지만 임금은 "필시 반역은 아닐 것이다."라고 하면서도, 이괄의 아들인 이전을 잡아오라고 명하였다. 이전은 그때 이괄의 군영에 있었고 이괄은 결국 금부도사 등을 죽이고 여러 장수들을 위협하여 난을 일으켰다.

① 국왕의 친위 부대인 장용영이 조직되었다.
② 서인이 반정을 일으켜 정권을 장악하였다.
③ 정여립 모반 사건으로 옥사가 발생하였다.
④ 허적과 윤휴 등 남인들이 대거 축출되었다.
⑤ 자의 대비의 복상 문제로 예송이 전개되었다.

05

밑줄 그은 '이 사건'에 대한 설명으로 옳은 것은? [2점]

> 이것은 능주 목사 민여로가 건립한 정암 선생 적려 유허비입니다. 정암 선생은 소격서 폐지, 현량과 실시 등을 추진하다가 이 사건으로 능주에 유배되었습니다.

① 김종직의 조의제문이 빌미가 되었다.
② 서인이 정권을 장악하는 계기가 되었다.
③ 윤임 일파가 제거되는 결과를 가져왔다.
④ 상왕의 복위를 목적으로 성삼문 등이 일으켰다.
⑤ 위훈 삭제에 대한 훈구 세력의 반발이 원인이었다.

06

(가)~(라) 사건을 일어난 순서대로 옳게 나열한 것은? [3점]

> (가) 갑자년 봄에, 임금은 어머니가 비명에 죽은 것을 분하게 여겨 그 당시 논의에 참여하고 명을 수행한 신하를 모두 대역죄로 추죄(追罪)하여 팔촌까지 연좌시켰다.
>
> (나) 정문형, 한치례 등이 의논하기를, "지금 김종직의 조의제문을 보니, 차마 읽을 수도 볼 수도 없습니다. …… 마땅히 대역의 죄로 논단하고 부관참시해서 그 죄를 분명히 밝혀 신하들과 백성들의 분을 씻는 것이 사리에 맞는 일이옵니다."라고 하였다.
>
> (다) 정유년 이후부터 조정 신하들 사이에는 대윤이니 소윤이니 하는 말들이 있었다. …… 자전(慈殿)*은 밀지를 윤원형에게 내렸다. 이에 이기, 임백령 등이 고변하여 큰 화를 만들어 냈다.
>
> (라) 언문으로 쓴 밀지에 이르기를, "조광조가 현량과를 설치하자고 청한 것도 처음에는 인재를 얻기 위해서라고 생각했더니 …… 경들은 먼저 그를 없앤 뒤에 보고하라."라고 하였다.
>
> *자전(慈殿): 임금의 어머니

① (가) – (나) – (다) – (라)
② (가) – (나) – (라) – (다)
③ (나) – (가) – (다) – (라)
④ (나) – (다) – (가) – (라)
⑤ (다) – (라) – (나) – (가)

07

(가), (나) 사이의 시기에 있었던 사실로 옳은 것은? [3점]

> (가) 유자광이 하루는 소매 속에서 책자 한 권을 내놓으니, 바로 김종직의 문집이었다. 그 문집 가운데서 조의제문을 지적하여 여러 추관(推官)에게 두루 보이며 말하기를, "이것은 다 세조를 지목한 것이다. 김일손의 죄악은 모두 김종직이 가르쳐서 이루어진 것이다."라고 하고, 알기 쉽게 글귀마다 주석을 달아 왕에게 아뢰었다.
>
> (나) 조광조가 아뢰기를, "정국공신은 이미 10년이 지난 오래된 일이지만 허위가 많습니다. …… 사람은 다 부귀를 꾀하는 마음이 있는데 이익의 근원이 크게 열렸으니, 이때에 그 근원을 분명히 끊지 않으면 누구인들 부귀를 꾀하려는 마음을 갖지 않겠습니까? 지금 신속히 고치지 않으면 뒤에는 개정할 수 있는 날이 없을 것입니다."라고 하였다.

① 양재역 벽서 사건이 일어났다.
② 사림이 동인과 서인으로 나뉘었다.
③ 중종반정으로 연산군이 폐위되었다.
④ 성삼문 등이 상왕의 복위를 꾀하다가 처형되었다.
⑤ 공신 책봉에 불만을 품고 이괄이 반란을 일으켰다.

08

(가), (나) 사이의 시기에 있었던 사실로 옳은 것은? [2점]

> (가) 항과 봉은 정씨의 소생이다. 왕은 어머니 윤씨가 폐위되고 죽은 것이 엄씨, 정씨의 참소 때문이라 여기고, 밤에 엄씨, 정씨를 대궐 뜰에 결박하여 놓고 손수 마구 치고 짓밟다가 항과 봉을 불러 엄씨, 정씨를 가리키며 "이 죄인을 치라."라고 하였다. …… 왕은 대비에게 "어찌하여 내 어머니를 죽였습니까?"라고 하며 불손한 말을 많이 하였다.
>
> (나) 이덕응이 진술하였다. "윤임과는 항상 대윤, 소윤이라는 말 때문에 화가 미칠까 우려하여 서로 경계하였을 뿐이고, 모략에 대해서는 모르겠습니다. …… 윤임이 신에게 '주상이 전혀 소생할 기미가 없으니 만약 대군이 왕위를 계승하여 윤원로가 뜻을 얻게 되면 우리 집안은 멸족당할 것이다.'라고 하였습니다."

① 허적과 윤휴 등 남인이 대거 축출되었다.
② 정여립 모반 사건으로 기축옥사가 일어났다.
③ 신진 인사를 등용하기 위해 현량과가 시행되었다.
④ 조의제문이 발단이 되어 김일손 등이 처형되었다.
⑤ 붕당의 폐해를 경계하기 위해 탕평비가 건립되었다.

09

다음 검색창에 들어갈 인물에 대한 설명으로 옳은 것은? [2점]

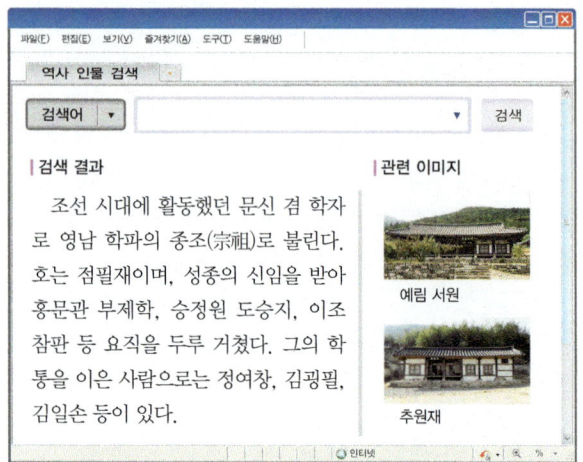

> 조선 시대에 활동했던 문신 겸 학자로 영남 학파의 종조(宗祖)로 불린다. 호는 점필재이며, 성종의 신임을 받아 홍문관 부제학, 승정원 도승지, 이조 참판 등 요직을 두루 거쳤다. 그의 학통을 이은 사람으로는 정여창, 김굉필, 김일손 등이 있다.
>
> 예림 서원
> 추원재

① 갑술환국으로 정계에서 축출되었다.
② 반정 공신의 위훈 삭제를 주장하였다.
③ 무오사화의 발단이 된 조의제문을 작성하였다.
④ 색경을 저술하여 농업 기술 발전에 이바지하였다.
⑤ 양명학을 연구하여 강화 학파 형성의 기초를 마련하였다.

10

다음 사건을 계기로 일어난 사실로 옳은 것은? [2점]

> 정국공신을 개정하는 일로 전지하기를, "충신이 힘을 합쳐 나를 후사(後嗣)로 추대하여 선왕의 유업을 잇게 하니, 그 공이 적다 할 수 없으므로 훈적(勳籍)에 기록하여 영구히 남기도록 명하였다. 그러나 초기에 일이 황급하여 바르게 결단하지 못하고 녹공(錄功)을 분수에 넘치게 하여 뚜렷한 공신까지 흐리게 하였으니 …… 이 때문에 여론이 거세게 일어나 갈수록 울분이 더해 가니 …… 내 어찌 공훈 없이 헛되이 기록된 것을 국시(國是)로 결단하지 않을 수 있겠는가? …… 추가로 바로 잡아서 공권(功券)*을 맑게 하라."라고 하였다.
>
> *공권(功券) : 공신에게 지급하던 포상 문서

① 정여립 모반 사건으로 기축옥사가 일어났다.
② 남곤 등의 고변으로 조광조 일파가 축출되었다.
③ 양재역 벽서 사건으로 이언적 등이 화를 입었다.
④ 조의제문이 발단이 되어 김일손 등이 처형되었다.
⑤ 공신 책봉에 불만을 품고 이괄이 반란을 일으켰다.

기출테마 21 조선 전기의 대외 관계

외우는 핵심 키워드

조선 전기 대외 관계
- 명 : 요동정벌 추진(정도전), 사대교린, 사절단(하정사 · 성절사 · 천추사)
- 여진 : 4군 6진, 무역소, 북평관
- 일본 : 대마도 정벌(이종무), 3포 개항, 계해약조(세종), 기유약조(광해군), 쇄환사 · 통신사 파견

정묘호란 · 병자호란
정묘호란	• 이괄의 난, 친명배금 정책 • 인조의 강화도 피란 • 정봉수와 이립의 용골산성 항전
병자호란	• 후금의 청 건국, 군신 관계 요구 • 주전론(김상헌)과 주화론(최명길)의 대립 • 강화도 김상용 순절　• 인조의 남한산성 피란 • 백마산성 항전(임경업)　• 광교산 전투(김준룡) • 삼전도 굴욕

임진왜란 · 정유재란
임진왜란	• 전개 : 부산진 전투(정발) → 동래성 전투(송상현) → 충주 탄금대 전투(신립) → 한산도 대첩(이순신) → 진주 대첩 (김시민) → 평양성 탈환(조 · 명 연합) → 행주 대첩(권율) • 의병 : 곽재우(경상도), 고경명 · 김천일(전라도), 조헌 · 영규(충청도) • 훈련도감 : 유성룡 건의, 삼수병(포수 · 사수 · 살수) 편제, 직업 군인
정유재란	• 명량 대첩 : 울돌목, 13척 • 노량 해전 : 이순신 전사

대외 정책
광해군	• 명 · 청 사이의 중립 외교 • 사르후 전투(강홍립)에서 후금에 항복
효종	• 청에 대한 북벌 : 기축봉사(송시열) • 나선 정벌 : 변급 · 신유, 조총 부대 파견 • 북학론 대두

외우는 빈출 선지

- 유정이 회답 겸 쇄환사로 일본에 파견되었다. → 임진왜란
- 한성에 동평관을 설치하여 무역을 허용하였다. → 왜
- 포수, 사수, 살수의 삼수병으로 편제되었다. → 훈련도감
- 김시민이 진주성에서 항쟁하였다. → 임진왜란 : 진주 대첩
- 조명 연합군이 평양성을 탈환하였다. → 임진왜란 : 평양성 전투
- 송상현이 동래성 전투에서 항전하였다. → 임진왜란 : 동래성 전투
- 권율이 행주산성에서 적군을 격퇴하였다. → 임진왜란 : 행주 대첩
- 임경업이 백마산성에서 항전하였다. → 병자호란
- 조헌이 금산에서 의병을 이끌고 활약하였다. → 임진왜란 : 금산 전투
- 나선 정벌에 조총 부대가 동원되었다. → 효종 : 나선 정벌
- 정봉수와 이립이 용골산성에서 항쟁하였다. → 정묘호란
- 소현 세자와 봉림 대군 등이 청에 인질로 끌려갔다. → 병자호란
- 하정사, 성절사, 천추사 등으로 구분되었다. → 명 : 사절단
- 신립이 탄금대에서 배수의 진을 치고 싸웠다. → 임진왜란 : 탄금대 전투
- 기유약조를 체결하고 부산에 왜관을 설치하였다. → 광해군 : 기유약조
- 강홍립 부대가 사르후 전투에 참전하였다. → 광해군 : 중립 외교
- 이괄의 반란 세력이 도성을 장악하였다. → 인조 : 이괄의 난
- 곽재우, 고경명 등이 의병장으로 활약하였다. → 임진왜란
- 김준룡이 근왕병을 이끌고 광교산에서 항전하였다. → 병자호란
- 김상용이 강화도에서 순절하였다. → 병자호란

01

(가) 시기에 있었던 사실로 옳은 것은? [3점]

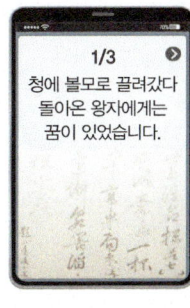

① 나선 정벌에 조총 부대가 동원되었다.
② 권율이 행주산성에서 적군을 격퇴하였다.
③ 정봉수와 이립이 용골산성에서 항쟁하였다.
④ 소현 세자와 봉림 대군 등이 청에 인질로 끌려갔다.
⑤ 외적의 침입에 대비하고자 비변사가 처음 설치되었다.

02

다음 왕에 대한 설명으로 옳은 것은? [1점]

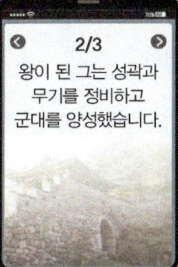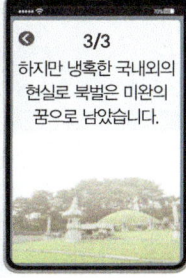

① 나선 정벌에 조총 부대를 파견하였다.
② 왕의 친위 부대인 장용영을 설치하였다.
③ 청과의 국경을 정하는 백두산정계비를 세웠다.
④ 역대 문물을 정리한 동국문헌비고를 편찬하였다.
⑤ 수조권이 세습되던 수신전과 휼양전을 폐지하였다.

03

다음 기사에 보도된 전투 이후의 사실로 옳지 <u>않은</u> 것은?

[3점]

역사 신문

제△△호 ○○○○년 ○○월 ○○일

신립, 탄금대에서 패배

삼도 순변사 신립이 이끄는 관군이 탄금대에서 적군에게 패배, 충주 방어에 실패하였다. 신립은 탄금대에 배수진을 쳤으나, 고니시 유키나가가 이끄는 적군에게 둘러싸여 위태로운 상황에 놓였다. 신립은 종사관 김여물과 최후의 돌격을 감행하였으나 실패하자 전장에서 순절하였다.

① 김시민이 진주성에서 항쟁하였다.
② 조명 연합군이 평양성을 탈환하였다.
③ 이순신이 한산도에서 대승을 거두었다.
④ 송상현이 동래성 전투에서 항전하였다.
⑤ 권율이 행주산성에서 적군을 격퇴하였다.

04

(가) 국가에 대한 조선의 정책으로 옳은 것을 〈보기〉에서 고른 것은?

[2점]

그림으로 보는 조선사 — 외교

이것은 기유약조로 교역이 재개된 (가) 와/과의 무역 중심지인 초량 일대를 그린 그림이다. 그림 아래 부분의 동관 지역은 (가) 상인들과 관리들의 집단 거주지였으며, 거류민 관리와 조선과의 교섭 등을 담당하던 관수의 관사(官舍)도 위치해 있었다.

보 기

ㄱ. 막부의 요청에 따라 통신사를 파견하였다.
ㄴ. 한성에 동평관을 두어 무역을 허용하였다.
ㄷ. 하정사, 성절사, 동지사 등 사절단을 보내었다.
ㄹ. 어윤중을 서북 경략사로 임명하여 사무를 관장하였다.

① ㄱ, ㄴ ② ㄱ, ㄷ ③ ㄴ, ㄷ
④ ㄴ, ㄹ ⑤ ㄷ, ㄹ

05

밑줄 그은 '이 전쟁' 중에 있었던 사실로 옳지 <u>않은</u> 것은?

[2점]

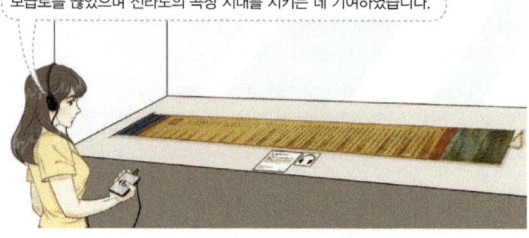

이 자료는 <u>이 전쟁</u>에서 공을 세운 김시민을 선무 2등 공신으로 책봉한 교서입니다. 그는 진주성 전투에서 대승을 거두어 왜군의 보급로를 끊었으며 전라도의 곡창 지대를 지키는 데 기여하였습니다.

① 임경업이 백마산성에서 항전하였다.
② 조명 연합군이 평양성을 탈환하였다.
③ 권율이 행주산성에서 크게 승리하였다.
④ 조헌이 금산에서 의병을 이끌고 활약하였다.
⑤ 이순신이 한산도 앞바다에서 학익진을 펼쳐 승리하였다.

06

밑줄 그은 '이 전란' 이후에 있었던 사실로 옳은 것은?

[2점]

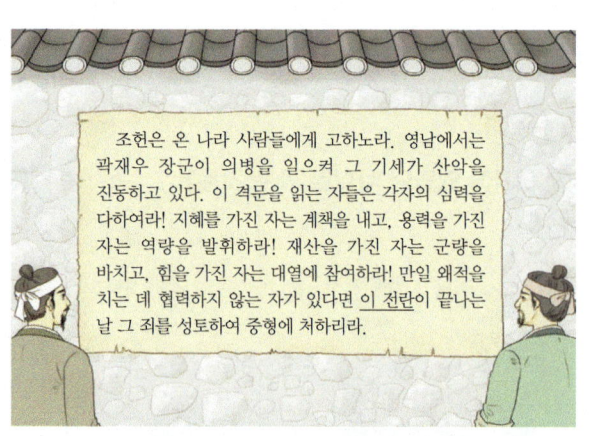

조헌은 온 나라 사람들에게 고하노라. 영남에서는 곽재우 장군이 의병을 일으켜 그 기세를 산악을 진동하고 있다. 이 격문을 읽는 자들은 각자의 심력을 다하여라! 지혜를 가진 자는 계책을 내고, 용력을 가진 자는 역량을 발휘하라! 재산을 가진 자는 군량을 바치고, 힘을 가진 자는 대열에 참여하라! 만일 왜적을 치는 데 협력하지 않는 자가 있다면 <u>이 전란</u>이 끝나는 날 그 죄를 성토하여 중형에 처하리라.

① 유정이 회답 겸 쇄환사로 일본에 파견되었다.
② 나세, 심덕부 등이 진포에서 왜구를 격퇴하였다.
③ 신숙주가 일본에 다녀와 해동제국기를 저술하였다.
④ 조선 정부의 통제에 반발하여 삼포왜란이 일어났다.
⑤ 외침에 대비하기 위해 임시 기구로 비변사가 설치되었다.

07

(가)에 대한 설명으로 옳은 것은? [2점]

① 수원 화성에 외영을 두었다.
② 용호군과 함께 궁성을 호위하였다.
③ 후금의 침입에 대비하고자 창설되었다.
④ 포수, 사수, 살수의 삼수병으로 편제되었다.
⑤ 일본인 교관을 초빙하여 군사 훈련을 받았다.

08

밑줄 그은 '이 나라'에 대한 조선의 정책으로 옳은 것은? [2점]

① 광군을 조직하여 침입에 대비하였다.
② 한성에 동평관을 두어 무역을 허용하였다.
③ 정도전을 중심으로 요동 정벌을 추진하였다.
④ 기유약조를 체결하고 부산에 왜관을 설치하였다.
⑤ 포로 송환을 위하여 유정을 회답 겸 쇄환사로 파견하였다.

09

밑줄 그은 '이 전쟁' 중에 있었던 사실로 옳은 것은? [3점]

① 이괄의 반란 세력이 도성을 장악하였다.
② 곽재우, 고경명 등이 의병장으로 활약하였다.
③ 김준룡이 근왕병을 이끌고 광교산에서 항전하였다.
④ 외적의 침입에 대응하여 임시 기구로 비변사가 처음 설치되었다.
⑤ 포수·사수·살수의 삼수병으로 편제된 훈련도감이 신설되었다.

10

(가) 전쟁 중에 있었던 사실로 옳은 것은? [2점]

① 김상용이 강화도에서 순절하였다.
② 정봉수가 용골산성에서 항쟁하였다.
③ 최영이 홍산 전투에서 큰 승리를 거두었다.
④ 김시민이 진주성에서 적군을 크게 물리쳤다.
⑤ 이종무가 적의 근거지인 쓰시마를 정벌하였다.

기출테마 22 조선 전기의 문화와 과학 기술

외우는 핵심 키워드

문화와 과학 기술

역사서
- 고려국사 : 정도전, 조선 건국의 정통성 강조
- 조선왕조실록 : 사초·시정기 바탕, 왕의 사후 춘추관에서 편찬
- 고려사 : 문종(김종서·정인지), 세가, 열전, 지, 연표 등으로 구성
- 동국통감 : 성종(서거정), 단군 조선~고려 말

지도 지리서
- 혼일강리역대국도지도 : 태종(권근·김사형), 현존 최고(最古)의 세계 지도
- 동국여지승람 : 성종(서거정), 팔도지리지 보완
- 해동제국기 : 성종(신숙주), 일본의 지세와 국정 기록

윤리서 의례서
- 삼강행실도 : 세종(설순), 윤리서
- 국조오례의 : 성종(신숙주·정척), 의례서

농서
- 농사직설 : 세종(정초, 변효문)
- 금양잡록 : 성종(강희맹)
- 농가집성 : 효종(신속)

천문 역법 의학 음악
- 혼천의 : 세종(장영실), 천체 운행 측정기
- 측우기 : 세종(장영실), 강우량 측정
- 자격루 : 세종(장영실), 물시계
- 앙부일구 : 세종(장영실), 해시계
- 천상열차분야지도 : 천문도
- 칠정산 내편 : 세종(정인지·정초), 원의 수시력과 명의 대통력 참고
- 칠정산 외편 : 세종(이순지), 아라비아 회회력 참고
- 향약집성방 : 세종, 국산 약재와 치료법 소개
- 동의보감 : 광해군(허준), 전통 한의학 집대성
- 악학궤범 : 성종(성현), 궁중 음악 집대성

이황 / 이이

퇴계 이황	율곡 이이
• 주리론, 이상적	• 주기론, 현실적
• 영남학파(동인), 예안향약	• 기호학파(서인), 해주향약
• 성학십도, 주자서절요	• 성학집요, 동호문답, 격몽요결
• 백운동 서원(사액 서원)	• 대공수미법, 10만 양병설

외우는 문화유산

탑

원각사지 십층 석탑

원나라 탑 양식의 영향 (세조)

자기

분청사기 음각어문 편병 / 백자 청화매죽문 항아리

분청사기 / 청화백자

회화

몽유도원도(안견) / 고사관수도(강희안)

안평대군의 꿈 이야기를 듣고 그린 그림 / 절벽에서 턱을 괸 선비의 모습

초충도(신사임당)

풀과 벌레를 소재로 한 그림

외우는 빈출 선지

- 음악 이론 등을 집대성한 악학궤범이 완성되었다. → **성종 : 성현**
- 우리 풍토에 맞는 농법을 소개한 농사직설이 편찬되었다. → **세종 : 정초·변효문**
- 우리나라와 중국의 의서를 망라한 동의보감이 간행되었다. → **광해군 : 허준**
- 주자소가 설치되어 계미자가 주조되었다. → **태종**
- 국산 약재와 치료법을 소개한 향약집성방이 간행되었다. → **세종**
- 세가, 열전, 지, 연표 등의 체제로 구성되었다. → **김종서·정인지 : 고려사**
- 단군 조선부터 고려 말까지의 역사를 다룬 통사이다. → **서거정 : 동국통감**
- 일본에 다녀와서 해동제국기를 편찬하였다. → **신숙주**
- 예안 향약을 시행하여 향촌 교화를 위해 노력하였다. → **이황**
- 가례집람을 저술하여 예학을 조선의 현실에 맞게 정리하였다. → **김장생**
- 다양한 개혁 방안을 담은 동호문답을 저술하였다. → **이이**
- 강희맹이 손수 농사를 지은 경험과 견문을 종합하여 서술하였다. → **금양잡록**
- 세계 지도인 혼일강리역대국도지도가 만들어졌다. → **태종**
- 한양을 기준으로 한 역법서인 칠정산 내편이 제작되었다. → **세종**
- 칠정산 외편을 편찬하였다. → **세종 : 이순지**
- 유교 윤리의 보급을 위해 삼강행실도가 편찬되었다. → **세종**

01

다음 가상 대화에 등장하는 왕의 재위 시기에 있었던 사실로 옳은 것은? [3점]

① 훈련 교범인 무예도보통지가 간행되었다.
② 전통 한의학을 정리한 동의보감이 저술되었다.
③ 음악 이론 등을 집대성한 악학궤범이 완성되었다.
④ 유교 윤리의 보급을 위해 삼강행실도가 편찬되었다.
⑤ 군정, 재정의 내용을 정리한 만기요람이 만들어졌다.

02

(가)에 들어갈 내용으로 옳지 않은 것은? [2점]

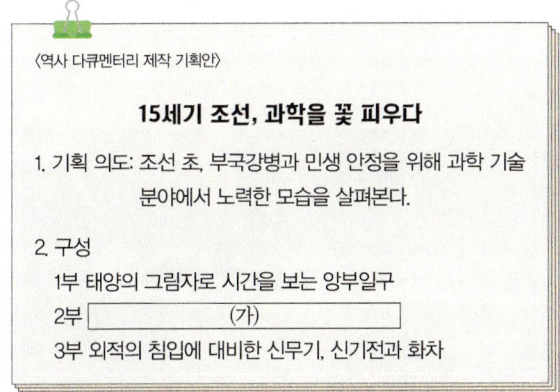

① 기기도설을 참고하여 설계한 거중기
② 국산 약재와 치료법을 소개한 향약집성방
③ 한양을 기준으로 한 역법서인 칠정산 내편
④ 활판 인쇄술의 발달을 가져온 계미자와 갑인자
⑤ 우리나라 실정에 맞는 농법을 소개한 농사직설

03

(가)에 해당하는 문화유산으로 옳은 것은? [2점]

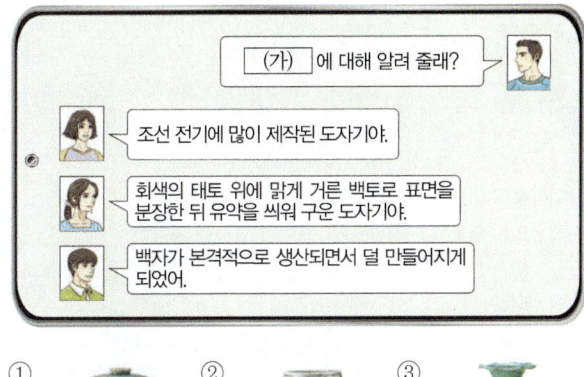

04

(가)에 대한 설명으로 옳은 것은? [3점]

```
□□ 신문
제△△호                    ○○○○년 ○○월 ○○일

              (가) , 보물로 지정

  문화재청은  (가)  을/를 고려 시대를 다룬 역사서로는
처음으로 보물로 지정하였다. 고려의 역사를 파악하는 데 가장
중요한 원사료로서 객관성과 신뢰성이 뛰어나다는 점 등이 높게
평가되었다.
  이 책은 앞 왕조의 역사를 교훈으로 삼을 목적으로 조선 초부터
편찬하기 시작해 문종 대에 완성되었다. 정인지 등이 쓴 서문에서는
사마천이 저술한 사기의 범례를 본받아 편찬하였다고 밝히고 있다.
```

① 남북국이라는 용어를 처음 사용하였다.
② 세가, 열전, 지, 연표 등의 체제로 구성되었다.
③ 고구려 건국 시조의 일대기를 서사시로 표현하였다.
④ 불교사를 중심으로 고대의 민간 설화를 수록하였다.
⑤ 단군 조선부터 고려 말까지의 역사를 다룬 통사이다.

05

밑줄 그은 '이 왕'의 재위 시기에 있었던 사실로 옳은 것은? [3점]

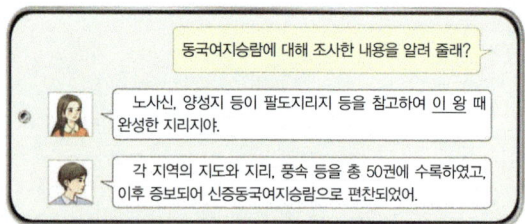

① 전통 한의학을 정리한 동의보감이 완성되었다.
② 역대 문물을 정리한 동국문헌비고가 편찬되었다.
③ 음악 이론 등을 집대성한 악학궤범이 간행되었다.
④ 세계 지도인 혼일강리역대국도지도가 만들어졌다.
⑤ 한양을 기준으로 한 역법서인 칠정산 내편이 제작되었다.

06

(가) 인물에 대한 설명으로 옳은 것은? [2점]

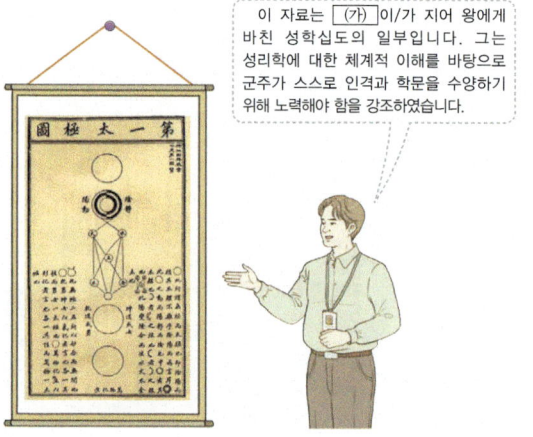

① 양명학을 연구하여 강화학파를 형성하였다.
② 일본에 다녀와서 해동제국기를 편찬하였다.
③ 예안 향약을 시행하여 향촌 교화를 위해 노력하였다.
④ 유학 경전을 주자와 달리 해석한 사변록을 저술하였다.
⑤ 가례집람을 저술하여 예학을 조선의 현실에 맞게 정리하였다.

07

(가) 인물에 대한 설명으로 옳은 것은? [3점]

① 불씨잡변을 지어 불교를 비판하였다.
② 노론의 영수로 북벌론을 주장하였다.
③ 양명학을 연구하여 강화학파를 형성하였다.
④ 북한산비가 진흥왕 순수비임을 고증하였다.
⑤ 다양한 개혁 방안을 담은 동호문답을 저술하였다.

08

(가)~(마)에 들어갈 내용으로 옳은 것은? [2점]

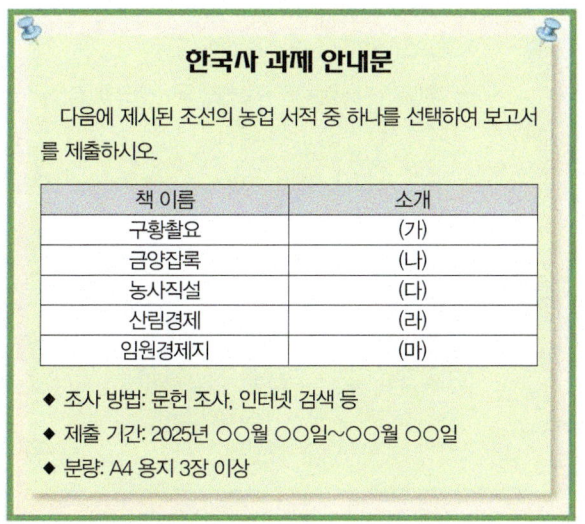

① (가) – 목화 재배와 양잠 등 중국 화북 지방의 농법 소개
② (나) – 인삼, 고추 등의 상품 작물 재배법과 원예 기술 수록
③ (다) – 정초, 변효문 등이 우리 풍토에 맞는 농법을 종합하여 편찬
④ (라) – 농촌 생활을 위한 백과사전으로 서유구가 저술
⑤ (마) – 강희맹이 손수 농사를 지은 경험과 견문을 종합하여 서술

09

교사의 질문에 대한 학생의 답변으로 옳은 것은? [1점]

① 종두법을 소개하였습니다.
② 거중기를 설계하였습니다.
③ 동의보감을 완성하였습니다.
④ 칠정산 외편을 편찬하였습니다.
⑤ 대동여지도를 제작하였습니다.

10

밑줄 그은 '국왕'의 재위 시기에 볼 수 있는 모습으로 적절하지 않은 것은? [2점]

① 집현전에서 근무하는 관리
② 농사직설을 읽고 있는 지방관
③ 칠정산 내·외편을 편찬하는 학자
④ 주자소에서 갑인자를 제작하는 장인
⑤ 화통도감에서 화약 무기를 시험하는 군인

기출테마 23 붕당 정치의 변질

외우는 핵심 키워드

예송 논쟁

현종	• 자의대비의 복상 문제 • 서인과 남인 간에 발생한 전례 문제			
구분	사망	서인	남인	결과
1차(1659) 기해예송	효종	1년 (기년복)	3년	서인 주장 수용
2차(1674) 갑인예송	효종 비	9개월 (대공복)	1년 (기년복)	남인 주장 수용

환국 정치

숙종	서인과 남인 간의 정국 주도 대립
경신환국 (1680)	• 서인이 허적(남인)의 서자 허견 등이 역모를 꾀했다 고변 • 서인 집권, 남인 몰락 • 서인은 남인의 처벌을 놓고 강경론인 노론(송시열)과 온건론인 소론(윤증)으로 분열
기사환국 (1689)	• 희빈 장씨 소생의 원자 책봉을 반대하는 서인(송시열 등) 유배·사사 • 남인 집권, 서인 몰락 • 인현왕후 폐위
갑술환국 (1694)	• 폐비 민씨 복위 운동을 저지하는 남인 실권 • 서인(노론과 소론) 재집권, 남인 몰락 • 폐비 민씨(인현왕후) 복위

외우는 빈출 선지

- 자의 대비의 복상 문제로 예송이 전개되었다. → 예송 논쟁
- 남인이 권력을 장악하고 희빈 장씨가 왕비로 책봉되었다. → 기사환국
- 허적과 윤휴 등 남인들이 대거 축출되었다. → 경신환국
- 인현 왕후가 폐위되고 희빈 장씨가 왕비로 책봉되었다. → 기사환국
- 서인과 남인 사이에 발생한 전례 문제이다. → 예송 논쟁
- 희빈 장씨 소생의 원자 책봉 문제로 환국이 발생되었다. → 기사환국
- 소론과 노론이 정국을 주도하였다. → 갑술환국
- 서인과 남인의 대립으로 인한 환국이 발생하였다. → 숙종 : 환국 정치
- 인현 왕후의 복위를 주장하였다. → 서인
- 주로 이황의 학통을 계승하였다. → 남인
- 노론과 소론으로 갈라졌다. → 서인
- 효종의 사망에 따른 자의대비의 복상 문제에 대해 기년설을 주장하였다. → 송시열
- 송시열이 주자가례에 따라 기년설을 주장하였다. → 예송 논쟁

01

다음 상황 이후에 전개된 사실로 옳은 것은? [2점]

기사년 원자 명호(名號)를 정한 것에 반대한 송시열의 관직을 회복시키고 제사를 지낼 수 있도록 하라.

① 소론과 노론이 정국을 주도하였다.
② 외척 간의 대립으로 을사사화가 일어났다.
③ 허적과 윤휴 등 남인들이 대거 축출되었다.
④ 북인이 서인과 남인을 배제하고 권력을 장악하였다.
⑤ 정여립 모반 사건으로 인해 기축옥사가 발생하였다.

02

다음 상황 이후에 전개된 사실로 옳은 것은? [3점]

> 임금이 말하기를, "송시열은 산림(山林)의 영수로서 나라의 형세가 험난할 때에 감히 원자의 명호를 정한 것이 너무 이르다고 하였으니, 삭탈 관작하고 성문 밖으로 내쳐라. 반드시 송시열을 구하려는 자가 있겠지만, 그런 자는 비록 대신이라 하더라도 용서하지 않을 것이다."라고 하였다.

① 공신 책봉 문제로 이괄의 난이 일어났다.
② 정여립 모반 사건으로 옥사가 발생하였다.
③ 허적과 윤휴 등 남인들이 대거 축출되었다.
④ 북인이 서인과 남인을 배제하고 권력을 장악하였다.
⑤ 인현 왕후가 폐위되고 희빈 장씨가 왕비로 책봉되었다.

03

(가)에 대한 설명으로 옳은 것은? [2점]

① 사림과 훈구의 갈등이 원인이 되었다.
② 서인과 남인 사이에 발생한 전례 문제이다.
③ 북인이 정국을 주도하던 시기에 전개되었다.
④ 외척 세력인 대윤과 소윤의 대립으로 일어났다.
⑤ 동인이 남인과 북인으로 분열되는 결과를 가져왔다.

04

다음 상황 이후에 전개된 사실로 옳은 것은? [3점]

> 인평 대군의 아들 여러 복(복창군·복선군·복평군)이 본래 교만하고 억세었는데, 임금이 초년에 자주 병을 앓았으므로 그들이 몰래 못된 생각을 품고 바라서는 안 될 자리를 넘보았다. …… 남인에 붙어서 윤휴와 허목을 스승으로 삼고 …… 그들이 허적의 서자 허견을 보고 말하기를, "임금에게 만약 불행한 일이 생기면 너는 우리를 후사로 삼게 하라. 우리는 너에게 병조 판서를 시킬 것이다."라고 하였다. …… 이 때 김석주가 남몰래 그 기미를 알고 경신년 옥사를 일으켰다.
> － 『연려실기술』 －

① 자의 대비의 복상 문제로 예송이 전개되었다.
② 정여립 모반 사건으로 서인이 정국을 주도하였다.
③ 이괄의 난이 일어나 반란군이 도성을 장악하였다.
④ 북인이 서인과 남인을 배제한 채 정국을 독점하였다.
⑤ 희빈 장씨 소생의 원자 책봉 문제로 환국이 발생되었다.

05

(가) 시기에 있었던 사실로 옳은 것은? [3점]

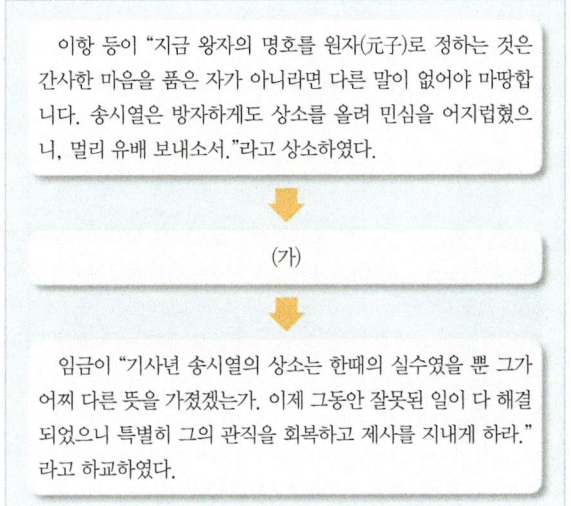

① 자의 대비의 복상 문제로 예송이 전개되었다.
② 공신 책봉에 불만을 품고 이괄이 반란을 일으켰다.
③ 정여립 모반 사건으로 인해 기축옥사가 발생하였다.
④ 붕당의 폐해를 경계하기 위해 탕평비가 건립되었다.
⑤ 남인이 권력을 장악하고 희빈 장씨가 왕비로 책봉되었다.

06

다음 조사 보고서의 제목으로 가장 적절한 것은? [1점]

조사 보고서 제출 안내

▶ 주제: 숙종 때의 정치적 변화 양상
▶ 조사 방법: 숙종 재위 시기의 정치 변화에 한정하여 조사함
▶ 분량: A4 용지 3장 이내
▶ 제출 기한: 2017년 ○○월 ○○일 17시까지

① 이조 전랑 임명 문제와 동·서 분당
② 서인과 남인의 대립으로 인한 환국
③ 자의 대비의 복상 문제로 촉발된 기해예송
④ 세자 추숭(追崇)을 둘러싼 시파와 벽파의 갈등
⑤ 외척 세력인 대윤과 소윤의 대립으로 일어난 을사사화

07

밑줄 그은 '이 왕'의 재위 시기에 있었던 사실로 옳은 것은? [2점]

제시된 자료는 이 왕이 동생인 명안 공주에게 보낸 한글 편지입니다. 그의 재위 시기에는 경신환국 등 여러 차례 환국이 발생하였습니다.

① 나선 정벌에 조총 부대가 파견되었다.
② 청과의 경계를 정한 백두산정계비가 세워졌다.
③ 문신 재교육을 위한 초계문신제가 시행되었다.
④ 시전 상인의 특권을 축소하는 신해통공이 실시되었다.
⑤ 붕당 정치의 폐해를 경계하기 위해 탕평비가 건립되었다.

08

(가), (나)를 주장한 붕당에 대한 설명으로 옳은 것을 <보기>에서 고른 것은? [2점]

(가) 돌아가신 효종 대왕을 장자의 예로 대우하여 대왕대비의 복상(服喪) 기간을 3년으로 정하는 것이 마땅합니다.

(나) 아닙니다. 효종 대왕은 장자가 아니므로 1년으로 해야 합니다.

보기
ㄱ. (가) - 인현 왕후의 복위를 주장하였다.
ㄴ. (가) - 주로 이황의 학통을 계승하였다.
ㄷ. (나) - 노론과 소론으로 갈라졌다.
ㄹ. (나) - 광해군의 중립 외교를 지지하였다.

① ㄱ, ㄴ ② ㄱ, ㄷ ③ ㄴ, ㄷ
④ ㄴ, ㄹ ⑤ ㄷ, ㄹ

09

(가) 인물에 대한 설명으로 옳은 것은? [3점]

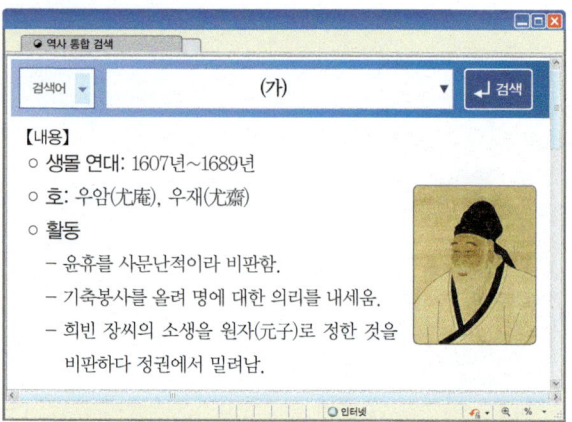

【내용】
○ 생몰 연대: 1607년~1689년
○ 호: 우암(尤庵), 우재(尤齋)
○ 활동
 - 윤휴를 사문난적이라 비판함.
 - 기축봉사를 올려 명에 대한 의리를 내세움.
 - 희빈 장씨의 소생을 원자(元子)로 정한 것을 비판하다 정권에서 밀려남.

① 집현전을 통한 유교 정치의 활성화를 꾀하였다.
② 도교 행사를 주관하던 소격서의 폐지를 주장하였다.
③ 호락논쟁에 참여하여 사람과 사물의 본성이 같다고 주장하였다.
④ 효종의 사망에 따른 자의대비의 복상 문제에 대해 기년설을 주장하였다.
⑤ 성호사설을 저술하여 자영농 육성을 위한 토지 제도 개혁론을 제시하였다.

10

밑줄 그은 '논쟁'에 대한 설명으로 옳은 것을 <보기>에서 고른 것은? [2점]

예조에서 선왕의 국상에 대해 아룁니다. 선왕께서 차남으로 왕위에 오르시어 자의 대비의 복상 기간에 대한 논쟁이 불거졌습니다. 오례의에는 참고할 수 있는 사항이 없으니 대신들과 함께 의논하소서.

보기
ㄱ. 남인과 서인 간에 발생한 전례 문제이다.
ㄴ. 북인 세력이 정권을 장악하는 배경이 되었다.
ㄷ. 송시열이 주자가례에 따라 기년설을 주장하였다.
ㄹ. 외척 세력인 대윤과 소윤 간의 대립으로 일어났다.

① ㄱ, ㄴ ② ㄱ, ㄷ ③ ㄴ, ㄷ
④ ㄴ, ㄹ ⑤ ㄷ, ㄹ

기출테마 24 영조 · 정조의 탕평 정치

외우는 핵심 키워드

영조의 업적
- 이인좌의 난 진압
- 성균관 입구에 탕평비 건립
- 균역법 실시
- 청계천 준설
- 신문고 재설치
- 속대전 편찬
- **동국문헌비고(홍봉한)** : 우리나라 역대 문물 정리

정조의 업적
- **규장각 설치** : 서얼 출신을 규장각 검서관에 등용(박제가 · 이덕무 · 유득공)
- **장용영 설치** : 국왕 직속 친위 부대
- **초계문신제 실시** : 문신 재교육
- **수원 화성 건설** : 정약용의 거중기 사용
- **신해통공 실시** : 육의전을 제외한 시전 상인의 금난전권 폐지
- **대전통편 편찬** : 경국대전 + 속대전
- **동문휘고** : 외교 문서 정리
- **무예도보통지** : 훈련 교범
- **일성록** : 세손시절부터 쓴 정조의 일기

외우는 빈출 선지

- 군역의 부담을 줄이기 위해 균역법이 제정되었다. → 영조
- 육의전을 제외한 시전 상인의 금난전권이 폐지되었다. → 정조
- 유능한 인재를 양성하기 위한 초계문신제를 주관하였다. → 규장각
- 붕당의 폐해를 경계하기 위한 탕평비를 건립하였다. → 영조
- 시전 상인의 특권을 축소한 신해통공을 실시하였다. → 정조
- 준천사를 신설하여 홍수에 대비하였다. → 영조
- 대외 관계를 정리한 동문휘고를 간행하였다. → 정조
- 국왕의 친위 부대인 장용영이 설치되었다. → 정조
- 서얼 출신의 학자들이 규장각 검서관에 기용되었다. → 정조
- 통치 체제를 정비하기 위해 대전통편이 편찬되었다. → 정조
- 초계문신제를 실시하여 문신들을 재교육하였다. → 정조
- 속대전을 편찬하여 통치 체제를 정비하였다. → 영조
- 동국문헌비고를 간행하여 역대 문물을 정리하였다. → 영조 : 홍봉한

01

다음 자료에 등장하는 왕에 대한 설명으로 옳은 것은? [2점]

○ 개천이 점점 막혀 …… 장마 때마다 범람할까 근심하게 되었다. 왕이 이르기를 …… 이에 준천사(濬川司)를 설치하여 병조 판서와 한성부 판윤, 삼군문의 대장으로 하여금 준천 당상을 겸하도록 하고 도청, 낭청 각 1인을 두었다. 매년 개천 바닥을 파서 물이 넘치지 않도록 하였다.

○ 국초에 신문고를 설치하여 억울함을 지닌 백성들로 하여금 북을 쳐서 알리도록 하였는데, 그 법이 폐해진 지 이미 오래 되었다. 왕이 …… 마침내 복구하도록 명하였다. 북을 울리는 자가 있으면 …… 해당 관청에서 아뢰도록 하였다.

① 나선 정벌에 조총 부대를 파견하였다.
② 통치 규범을 재정비한 속대전을 편찬하였다.
③ 청과 국경을 정한 백두산정계비를 건립하였다.
④ 문신을 재교육하기 위한 초계문신제를 시행하였다.
⑤ 한성 방어를 위하여 총융청과 수어청을 창설하였다.

02

(가) 기구에 대한 설명으로 옳은 것은? [2점]

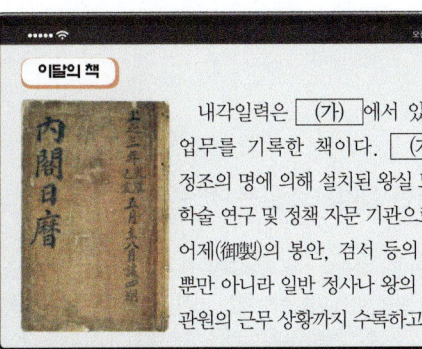

내각일력은 (가) 에서 있었던 일과 업무를 기록한 책이다. (가) 은/는 정조의 명에 의해 설치된 왕실 도서관이자 학술 연구 및 정책 자문 기관으로, 이 책은 어제(御製)의 봉안, 검서 등의 소관 업무 뿐만 아니라 일반 정사나 왕의 동정, 소속 관원의 근무 상황까지 수록하고 있다.

① 을묘왜변을 계기로 상설화되었다.
② 은대(銀臺), 후원(喉院)이라고도 불리었다.
③ 5품 이하 관리 임명에 서경권을 행사하였다.
④ 대사성을 중심으로 좨주, 직강 등의 관직을 두었다.
⑤ 유능한 인재를 양성하기 위한 초계문신제를 주관하였다.

03

밑줄 그은 '이 왕'에 대한 설명으로 옳은 것은? [1점]

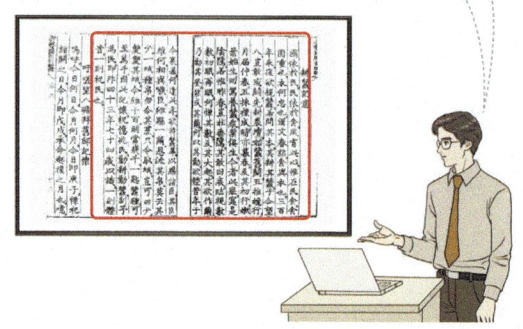

이것은 이 왕이 농경을 장려하기 위해 세손과 더불어 친경(親耕)과 친잠(親蠶)을 거행하고 그 기쁨을 표현한 경잠기입니다. 그는 균역법을 제정하여 백성의 군역 부담을 줄여주는 등 민생 안정에 많은 노력을 기울였습니다.

① 조선의 기본 법전인 경국대전을 완성하였다.
② 붕당의 폐해를 경계하기 위한 탕평비를 건립하였다.
③ 시전 상인의 특권을 축소한 신해통공을 실시하였다.
④ 전세를 1결당 4~6두로 고정하는 영정법을 제정하였다.
⑤ 각 궁방과 중앙 관서의 공노비 6만여 명을 해방하였다.

05

(가) 왕의 재위 기간에 있었던 사실로 옳지 <u>않은</u> 것은? [2점]

이 책은 초계문신제로 선발된 학자들의 명단을 정리한 인명록입니다. (가) 때부터 시행된 초계문신제는 인재 양성과 문풍 진작을 위한 문신 재교육 과정으로 37세 이하의 문신 중 학문에 재능이 뛰어난 이들을 선발하여 운영하였습니다.

① 경기도에 한해서 대동법이 실시되었다.
② 국왕의 친위 부대인 장용영이 설치되었다.
③ 서얼 출신의 학자들이 규장각 검서관에 기용되었다.
④ 통치 체제를 정비하기 위해 대전통편이 편찬되었다.
⑤ 육의전을 제외한 시전 상인의 금난전권이 폐지되었다.

04

다음 왕에 대한 설명으로 옳은 것은? [2점]

왕은 늘 양역의 폐단을 염려하여 군포 한 필을 감하고 균역청을 설치하여 각 도의 어염·은결의 세를 걷어 보충하니, 그 은택을 입은 백성들은 서로 기뻐하였다. 이런 시책으로 화기(和氣)를 끌어 올려 대명(大命)을 이을 만하였다.

① 준천사를 신설하여 홍수에 대비하였다.
② 대외 관계를 정리한 동문휘고를 간행하였다.
③ 전제상정소를 두어 전분 6등법을 제정하였다.
④ 총융청과 수어청을 창설하여 도성을 방어하였다.
⑤ 삼정의 문란을 해결하기 위해 삼정이정청을 두었다.

06

(가)에 들어갈 내용으로 옳은 것은? [1점]

조선 시대 국왕을 알아 맞히는 문제입니다. 이제 5단계 힌트입니다.

한국사 퀴즈
5단계 힌트: (가)
4단계 힌트: 규장각 설치
3단계 힌트: 신해통공 실시
2단계 힌트: 초계문신제 시행
1단계 힌트: 조선의 제22대 국왕

① 훈련도감 설치
② 수원 화성 건설
③ 나선 정벌 단행
④ 간도 관리사 파견
⑤ 이인좌의 난 진압

07

(가) 왕의 재위 기간에 있었던 사실로 옳은 것은? [3점]

 이 책은 이승원이 무신난(戊申亂)의 전개 과정을 기록한 일기로, 경상도 거창에서 반란군을 이끌던 정희량 세력의 활동 내용 등이 기록되어 있다. 무신난은 이인좌, 정희량 등이 세제(世弟)였던 (가) 의 즉위 과정에 의혹을 제기하며 일으킨 반란이다.

통정공 무신일기

① 허적과 윤휴 등 남인들이 대거 축출되었다.
② 박규수의 건의로 삼정이정청이 설치되었다.
③ 자의 대비의 복상 문제로 예송이 전개되었다.
④ 붕당의 폐해를 경계하기 위한 탕평비가 건립되었다.
⑤ 왕조의 통치 규범을 재정비한 대전통편이 편찬되었다.

08

밑줄 그은 '이 왕'의 업적으로 옳은 것은? [2점]

이곳 만석거(萬石渠)는 이 왕이 수원 화성을 건립하면서 축조한 수리 시설 중 하나입니다. 수갑(水閘) 및 수도(水道)를 만든 기술의 혁신성, 백성들의 식량 생산에 이바지 한 점, 풍경의 아름다움 등 역사 문화적 가치를 인정받아 2017년 세계 관개 시설물 유산으로 등재되었습니다.

① 집현전을 계승한 홍문관을 설치하였다.
② 군역의 부담을 줄이고자 균역법을 제정하였다.
③ 초계문신제를 실시하여 문신들을 재교육하였다.
④ 붕당의 폐해를 경계하기 위해 탕평비를 건립하였다.
⑤ 삼정의 문란을 해결하기 위해 삼정이정청을 설치하였다.

09

밑줄 그은 '이 왕'의 업적으로 옳지 않은 것은? [2점]

이 그림은 한성의 홍수 예방을 위하여 이 왕이 시행한 청계천 준설 공사의 모습을 그린 기록화입니다. 이 왕은 신문고를 다시 설치하여 백성의 억울함을 듣고자 하였습니다.

수문상친림관역도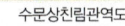

① 속대전을 편찬하여 통치 체제를 정비하였다.
② 기유약조를 체결하여 일본과의 무역을 재개하였다.
③ 동국문헌비고를 간행하여 역대 문물을 정리하였다.
④ 균역법을 실시하여 군역의 부담을 줄이고자 하였다.
⑤ 탕평비를 건립하여 붕당의 폐해를 경계하고자 하였다.

10

(가) 왕의 재위 기간에 있었던 사실로 옳은 것은? [2점]

○○신문

제△△호 ○○○○년 ○○월 ○○일

조선 왕실 어보, 세계 기록 유산으로 등재되다

 조선 왕실 어보가 유네스코 세계 기록 유산으로 등재되었다. 이 가운데에는 왕세손이던 (가) 의 사도 세자에 대한 효심에 감동하여 영조가 내린 은도장이 포함되어 있다. 여기에는 역대 어보 가운데 유일하게 왕의 친필이 새겨져 있다.

① 홍경래 등의 봉기로 정주성이 점령되었다.
② 대외 관계를 정리한 동문휘고가 간행되었다.
③ 신유박해로 수많은 천주교도들이 처형되었다.
④ 붕당의 폐해를 경계하기 위한 탕평비가 건립되었다.
⑤ 한양을 기준으로 한 역법서인 칠정산 내편이 편찬되었다.

기출테마 25 세도 정치기의 사회 혼란

외우는 핵심 키워드

세도 정치기
- 순조~철종의 3대 60여 년간 지속
- 안동 김씨, 풍양 조씨 등 소수 가문의 권력 독점
- 비변사의 변질 및 권력 집중
- 삼정(전정·군정·환곡)의 문란
- 농민 봉기(홍경래의 난, 임술 농민 봉기)

비변사의 변천
- 임시 기구(중종)
- 상설 기구(명종)
- 최고 기구(선조)
- 변질(세도 정치기)
- 혁파(흥선 대원군)

천주교 박해
- **신해박해**(정조, 1791) : 윤지충의 신주 소각, 천주교식 모친상
- **신유박해**(순조, 1801) : 벽파의 시파 축출 박해, 정약용·정약전 유배, 황사영 백서 사건
- **병인박해**(고종, 1866) : 천주교 최대 박해, 프랑스 신부 등 8천여 명 처형, 병인양요 발발 원인

동학 사상
- 최제우 창시(1860)
- 유·불·선 + 민간 신앙
- 시천주, 사인여천, 인내천 사상
- 동경대전, 용담유사
- 혹세무민을 이유로 교조 최제우 처형
- 2대 교주 최시형 교단 정비

농민 봉기
홍경래의 난 (순조, 1811)	• 서북인(평안도민)에 대한 차별 및 가혹한 수취 • 몰락 양반 홍경래 주도 • 평안도 지역 상공인, 광산 노동자 합세 • 가산 다복동에서 발발, 정주성 점령, 청천강 이북 지역 장악
임술 농민 봉기 (철종, 1862)	• 진주 민란 • 몰락 양반 유계춘의 지휘로 진주성 점령 • 안핵사 박규수 파견 • 경상 우병사 백낙신의 탐학 • 삼정이정청 설치

외우는 빈출 선지

- 사건 수습을 위해 박규수가 안핵사로 파견되었다. → 임술 농민 봉기
- 세도 정치기의 수탈과 지역 차별에 반발하여 일어났다. → 홍경래의 난
- 홍경래 등이 난을 일으켜 정주성을 점령하였다. → 홍경래의 난
- 교조 신원을 요구하는 삼례 집회가 개최되었다. → 동학
- 삼정이정청이 설치되는 계기가 되었다. → 임술 농민 봉기
- 서북인에 대한 차별에 반발하여 일어났다. → 홍경래의 난
- 최제우가 동학을 창시하였다. → 철종 : 세도 정치기
- 정약종 등이 희생된 신유박해가 일어났다. → 순조 : 세도 정치기
- 마음속에 한울님을 모시는 시천주를 강조하였다. → 동학
- 황사영이 외국 군대의 출병을 요청하는 백서를 작성하였다. → 천주교
- 이양선이 나타나 통상을 요구하였다. → 세도 정치기
- 세도 정치 시기에 외척 세력의 권력 기반이 되었다. → 비변사

01

(가), (나) 사이의 시기에 있었던 사실로 옳은 것은? [2점]

> (가) 평안 감사가 "이달 19일에 관군이 정주성을 수복하고 두목 홍경래 등을 죽이거나 사로잡았습니다."라고 임금께 보고하였다.
>
> (나) 경상도 안핵사 박규수는 "이번 진주의 백성들이 난을 일으킨 것은 오로지 전 우병사 백낙신이 탐욕을 부려 포학스럽게 행동한 까닭에서 연유한 것이었습니다."라고 임금께 보고하였다.

① 최제우가 동학을 창시하였다.
② 정약종 등이 희생된 신유박해가 일어났다.
③ 오페르트가 남연군 묘 도굴을 시도하였다.
④ 공신 책봉 문제로 이괄이 반란을 일으켰다.
⑤ 이인좌를 중심으로 소론 세력 등이 난을 일으켰다.

02

(가) 시기에 있었던 사실로 옳은 것은? [3점]

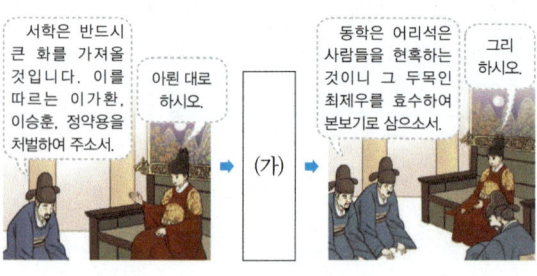

① 왕이 도성을 떠나 공산성으로 피란하였다.
② 오페르트가 남연군 묘 도굴을 시도하였다.
③ 홍경래 등이 난을 일으켜 정주성을 점령하였다.
④ 교조 신원을 요구하는 삼례 집회가 개최되었다.
⑤ 이인좌를 중심으로 한 소론 세력이 난을 일으켰다.

03

밑줄 그은 '사건'에 대한 설명으로 옳은 것은? [1점]

① 청의 군대에 의해 진압되었다.
② 삼정이정청이 설치되는 계기가 되었다.
③ 서북인에 대한 차별에 반발하여 일어났다.
④ 남접과 북접이 연합하여 조직적으로 전개되었다.
⑤ 함경도와 황해도에 방곡령이 선포되는 결과를 가져왔다.

04

(가) 사건에 대한 설명으로 옳은 것은? [1점]

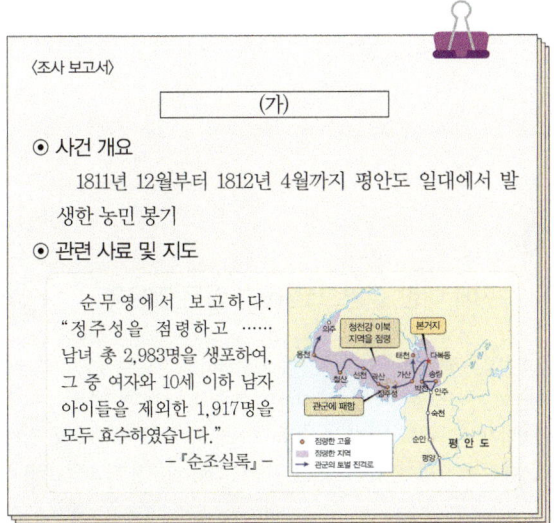

① 청의 군대에 의해 진압되었다.
② 척왜양창의를 기치로 내걸었다.
③ 선혜청과 일본 공사관을 공격하였다.
④ 사건 수습을 위해 박규수가 안핵사로 파견되었다.
⑤ 세도 정치기의 수탈과 지역 차별에 반발하여 일어났다.

05

(가)~(다)를 일어난 순서대로 옳게 나열한 것은? [3점]

(가) 한영규가 아뢰기를, "서양의 간특한 설이 윤리와 강상을 없애고 어지럽히니 어찌 진산의 권상연, 윤지충 같은 자가 또 있겠습니까? 제사를 폐하고 위패를 불태웠으며, 조문을 거절하고 그 부모의 시신을 내버렸으니 그 죄가 매우 큽니다."라고 하였다.

(나) 사헌부에서 아뢰기를 "아! 통분스럽습니다. 이가환, 이승훈, 정약용의 죄가 무거우니 이를 어찌 다 처벌할 수 있겠습니까? 사학(邪學)이란 것은 반드시 나라에 흉악한 화를 가져오고야 말 것입니다."라고 하였다.

(다) 의금부에서, "죄인 남종삼은 명백한 근거도 없이, 러시아에 변란이 있을 것이고 프랑스와 조약을 맺을 계책이 있다면서 사람들을 현혹하였습니다. 감히 나라를 팔아먹고자 몰래 외적을 끌어들이려 하였으니, 그 죄는 만 번을 죽여도 모자랍니다. 죄인이 자백하였습니다."라고 아뢰었다.

① (가) – (나) – (다)
② (가) – (다) – (나)
③ (나) – (가) – (다)
④ (나) – (다) – (가)
⑤ (다) – (나) – (가)

06

(가) 사건에 대한 설명으로 옳은 것은? [2점]

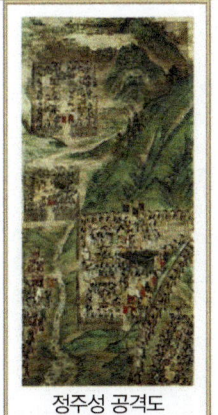
정주성 공격도

① 홍경래, 우군칙 등이 주도하였다.
② 흥선 대원군이 다시 집권하는 결과를 가져왔다.
③ 정부가 청군의 출병을 요청하는 계기가 되었다.
④ 사건 수습을 위해 박규수가 안핵사로 파견되었다.
⑤ 폐정 개혁안 실천을 위해 집강소 설치를 요구하였다.

07

다음 사건에 대한 설명으로 옳은 것은? [2점]

사건 일지

2월 7일 수곡 도회(都會) 주모자 유계춘을 병영에 감금
2월 13일 집안 제사 참석을 요청한 유계춘을 임시 석방
2월 14일 덕천 장시 등에서 농민 시위 전개
2월 18일 목사 홍병원이 사족(士族) 이명윤에게 농민 시위 무마를 부탁하며 정해진 액수 이상으로 세금을 징수하지 않겠다는 문서 전달
2월 19일 우병사 백낙신이 시위를 해산하려 하자 성난 농민들이 그를 포위하여 감금

① 남접과 북접이 연합하여 전개되었다.
② 정부와 약조를 맺고 집강소를 설치하였다.
③ 상황 수습을 위해 박규수가 안핵사로 파견되었다.
④ 지역 차별에 반발한 홍경래가 주도하여 봉기하였다.
⑤ 함경도와 황해도에 방곡령이 선포되는 결과를 가져왔다.

08

(가) 종교에 대한 설명으로 옳은 것은? [1점]

> 경주 사람 최복술은 아이들에게 공부 가르치는 것을 직업으로 삼았다. 그런데 양학(洋學)이 갑자기 퍼지는 것을 차마 보고 앉아 있을 수 없어서, 하늘을 공경하고 순종하는 마음으로 글귀를 지어, (가) (이)라 불렀다. 양학은 음(陰)이고, (가) 은/는 양(陽)이기 때문에 양을 가지고 음을 억제할 목적으로 글귀를 외우고 읽고 하였다.

① 배재 학당을 세워 신학문 보급에 기여하였다.
② 박중빈을 중심으로 새생활 운동을 추진하였다.
③ 일제의 통제에 맞서 사찰령 폐지 운동을 벌였다.
④ 마음속에 한울님을 모시는 시천주를 강조하였다.
⑤ 황사영이 외국 군대의 출병을 요청하는 백서를 작성하였다.

09

밑줄 그은 '시기'에 있었던 사실로 옳지 않은 것은? [2점]

이 불상은 고창 선운사 동불암지 마애여래좌상입니다. 이 불상 안에 있는 비기(祕記)가 세상에 나오는 날 나라가 망한다는 이야기가 있었습니다. 이러한 예언 사상은 안동 김씨 등 왕실의 외척을 비롯한 소수의 특정 가문이 비변사를 중심으로 권력을 독점한 시기에 널리 퍼졌습니다.

① 을사사화가 발생하였다.
② 홍경래가 난을 일으켰다.
③ 삼정이정청이 설치되었다.
④ 최제우가 동학을 창시하였다.
⑤ 이양선이 나타나 통상을 요구하였다.

10

(가) 기구에 대한 설명으로 옳지 않은 것은? [2점]

> 의정부와 별도로 (가) 을/를 설치하여 재신들 중 군무(軍務)를 아는 자로 당상을 삼아 …… 변방의 일에 대응하도록 하였다. …… 조정의 명령이 부득불 모두 (가) (으)로 돌아가지 않을 수 없게 되어, (의정부의) 찬성, 참찬은 신병 치료나 하는 자리가 되고 말았다.
> ─ 『연려실기술』 ─

① 을묘왜변을 계기로 상설 기구화되었다.
② 흥선 대원군이 집권한 시기에 혁파되었다.
③ 임진왜란을 거치면서 조직과 기능이 확대되었다.
④ 세도 정치 시기에 외척 세력의 권력 기반이 되었다.
⑤ 어사대의 관원과 중서문하성의 낭사로 구성되었다.

기출테마 26 조선 후기 실학과 국학

외우는 핵심 키워드

성리학의 비판

- 윤휴 : 사문난적, 주자와 다른 독자적 해석
- 박세당 : 사문난적, 사변록 저술
- 정제두 : 양명학 연구, 강화 학파 형성

실학의 발달

중농 학파	• 유형원 : 균전론, 반계수록 • 이익 : 한전론, 6좀 폐지론, 성호사설, 곽우록 • 정약용 : 여전론, 여유당전서, 목민심서, 마과회통, 거중기 설계 • 홍만선 : 산림경제 • 서유구 : 임원경제지
중상 학파	• 유수원 : 사농공상의 직업적 평등과 전문화, 우서 • 홍대용 : 지전설, 무한우주론, 중국 중심의 세계관 비판, 혼천의 제작, 의산문답, 임하경륜 • 박지원 : 수레와 선박 이용, 화폐 유통의 필요성, 열하일기, 양반전, 허생전 • 박제가 : 수레와 선박 이용, 벽돌 이용, 절약보다 소비 권장, 생산과 소비를 우물에 비유, 북학의

국학의 발달

역사학	• 동사강목(안정복) : 고조선~고려말, 강목체 • 해동역사(한치윤) : 단군조선~고려, 500여 종의 자료 참고 • 동사(이종휘) : 고구려사, 고대사 연구 시야를 만주까지 확대 • 발해고(유득공) : 남북국이라는 용어 최초 사용 • 연려실기술(이긍익) : 조선 왕조의 역사를 기사본말체로 서술, 백과사전식 정리
지리학	• 동국지리지(한백겸) : 삼한의 위치 고증 • 아방강역고(정약용) : 역사 지리서 • 택리지(이중환) : 인문 지리서, 복거총론 • 동국지도(정상기) : 최초로 100리 척 사용 • 대동여지도(김정호) : 22첩의 목판본
기타	지구전요(최한기), 구수략(최석정), 시헌력 도입(김육), 침구경험방(허임), 동의수세보원(이제마), 색경(박세당), 자산어보(정약전), 금석과안록(김정희)

외우는 빈출 선지

- 의산문답에서 중국 중심의 세계관을 비판하다 → 홍대용
- 목민심서에서 지방 행정의 개혁안을 제시하다 → 정약용
- 열하일기에서 수레와 선박의 필요성을 강조하다 → 박지원
- 성호사설에서 사회 폐단을 여섯 가지 좀으로 규정하다 → 이익
- 북학의에서 절약보다 적절한 소비를 권장하다 → 박제가
- 담헌서를 통해 과거제 폐지를 주장하였다. → 홍대용
- 북학의를 저술하여 수레와 배의 이용을 권장하였다. → 박제가
- 연려실기술에서 조선의 역사를 기사 본말체로 서술하였다. → 이긍익
- 주역을 바탕으로 수론(數論)을 전개한 구수략을 저술하였다. → 최석정
- 양명학을 연구하여 강화학파를 형성하였다. → 정제두
- 열하일기에서 화폐 유통의 필요성을 강조하였다. → 박지원
- 우서에서 사농공상의 직업적 평등을 주장하였다. → 유수원
- 전체 22첩의 목판본으로 되어 있다. → 대동여지도
- 정상기가 100리 척을 사용하여 제작하였다. → 동국지도
- 한치윤이 500여 종의 자료를 참고하여 편찬하였다. → 해동역사
- 복거총론에서 거주지의 이상적인 조건을 제시하였다. → 택리지
- 목판으로 인쇄되었으며 10리마다 눈금이 표시되어 있다. → 대동여지도

- 사상 의학을 정립한 동의수세보원을 편찬하였다. → 이제마
- 서양의 과학 기술을 정리한 지구전요를 저술하였다. → 최한기
- 무한 우주론을 주장한 의산문답을 집필하였다. → 홍대용
- 명에서 천리경, 자명종, 홍이포 등을 들여왔다. → 정두원
- 침구술을 집대성하여 침구경험방을 저술하였다. → 허임
- 청으로부터 시헌력 도입을 건의했다. → 김육
- 천체의 운행과 위치를 측정하는 혼천의를 제작하였다. → 장영실, 홍대용
- 유학 경전을 주자와 달리 해석한 사변록을 저술하였다. → 박세당
- 마과회통에서 홍역에 대한 의학 지식을 정리하였다. → 정약용
- 금석과안록에서 북한산비가 진흥왕 순수비임을 고증하였다. → 김정희
- 토지 매매를 제한하는 한전론을 제시하였다. → 이익
- 동국지리지를 저술하여 삼한의 위치를 고증하였다. → 한백겸
- 지전설을 주장하여 중국 중심의 세계관을 비판하였다. → 홍대용
- 자영농 육성을 위해 신분에 따른 토지의 차등 분배를 주장하였다. → 유형원
- 사람의 체질을 연구하여 사상 의학을 확립하였다. → 이제마

01

(가)~(마)에 들어갈 내용으로 옳은 것은? [3점]

〈온라인 한국사 교양 강좌〉

인물로 보는 조선 후기 사회 개혁론

우리 학회에서는 조선 후기 학자들의 다양한 개혁론을 이해하는 교양 강좌를 마련하였습니다. 많은 분들의 관심과 참여 바랍니다.

■ 강좌 안내 ■

제1강 이익, (가)
제2강 홍대용, (나)
제3강 박지원, (다)
제4강 박제가, (라)
제5강 정약용, (마)

• 기간: 2025년 ○○월 ○○일~○○월 ○○일
  매주 화요일 16:00
• 방식: 화상 회의 플랫폼 활용
• 주최: ◇◇ 학회

① (가) – 의산문답에서 중국 중심의 세계관을 비판하다
② (나) – 목민심서에서 지방 행정의 개혁안을 제시하다
③ (다) – 열하일기에서 수레와 선박의 필요성을 강조하다
④ (라) – 성호사설에서 사회 폐단을 여섯 가지 좀으로 규정하다
⑤ (마) – 북학의에서 절약보다 적절한 소비를 권장하다

02

다음 글을 쓴 인물에 대한 설명으로 옳은 것은? [2점]

> 이 비는 아무도 아는 사람이 없어 '요승 무학이 잘못 찾아 여기에 이르렀다는 비'라고 잘못 불려 왔다. …… 탁본을 한 결과 비의 형태는 황초령비와 서로 흡사하였고, 제1행 진흥의 진(眞) 자는 약간 마멸되었으나 여러 차례 탁본을 해서 보니, 진(眞) 자임에 의심할 여지가 없었다. 마침내 진흥왕의 고비(古碑)로 정하고 보니, 1200년 전의 고적(古蹟)임이 밝혀져 무학비라고 하는 황당무계한 설이 깨지게 되었다.
> – 『완당집』 –

① 담헌서를 통해 과거제 폐지를 주장하였다.
② 역대 명필을 연구하여 추사체를 창안하였다.
③ 북학의를 저술하여 수레와 배의 이용을 권장하였다.
④ 연려실기술에서 조선의 역사를 기사 본말체로 서술하였다.
⑤ 주역을 바탕으로 수론(數論)을 전개한 구수략을 저술하였다.

03

밑줄 그은 '그'에 대한 설명으로 옳은 것은? [1점]

시(詩)로 만나는 실학자

육지의 재화는 연경과 통하지 않고
바다의 상인은 왜의 물건을 실어 오지 않네
비유컨대 들판의 우물물과 같아
긷지 않으면 저절로 말라 버리네

[해설] 이 시는 연행사의 일원으로 다녀온 그가 청의 발달한 문물을 경험하고 지은 것이다. 서얼 출신으로 규장각 검서관에 발탁된 그는 시의 내용처럼 재화를 우물물에 비유하며 소비 촉진을 통한 생산력의 증대를 주장하였다.

① 기기도설을 참고하여 거중기를 설계하였다.
② 양명학을 연구하여 강화학파를 형성하였다.
③ 북학의에서 수레와 배의 이용을 권장하였다.
④ 열하일기에서 화폐 유통의 필요성을 강조하였다.
⑤ 우서에서 사농공상의 직업적 평등을 주장하였다.

04

다음 글을 쓴 인물에 대한 설명으로 옳은 것은? [2점]

> 이미 문벌에 따라 사람을 기용하니, 사람이면 모두 오장(五臟)과 칠규(七竅)가 있는데 어느 어리석은 사람이 양반이나 중인이 되려고 하지 않고, 군보(軍保)의 천역(賤役)을 즐겨 지려 하겠는가? 실 한 가닥이나 쌀 한 톨을 납부하더라도 역명을 붙이니 사람들이 반드시 부끄럽게 여긴다.
> － 「우서(迂書)」－

① 사농공상의 직업적 평등을 주장하였다.
② 기기도설을 참고하여 거중기를 설계하였다.
③ 사람의 체질을 연구하여 사상 의학을 확립하였다.
④ 북학의를 저술하여 수레와 배의 이용을 권장하였다.
⑤ 천체의 운행과 위치를 측정하는 혼천의를 제작하였다.

05

(가) 인물에 대한 설명으로 옳은 것은? [2점]

① 의산문답에서 무한 우주론을 주장하였다.
② 기기도설을 참고하여 거중기를 설계하였다.
③ 자동 시보 장치를 갖춘 자격루를 제작하였다.
④ 사상 의학을 정립한 동의수세보원을 편찬하였다.
⑤ 서양의 과학 기술을 정리한 지구전요를 저술하였다.

06

(가)에 들어갈 내용으로 옳은 것은? [2점]

① 청으로부터 시헌력 도입을 건의했어.
② 기기도설을 참고하여 거중기를 설계했어.
③ 무오사화의 발단이 된 조의제문을 작성했어.
④ 천체의 운행과 위치를 측정하는 혼천의를 제작했어.
⑤ 유학 경전을 주자와 달리 해석한 사변록을 저술했어.

07

다음 가상 인터뷰의 주인공에 대한 설명으로 옳은 것은? [3점]

① 북학의에서 절약보다 소비를 권장하였다.
② 의산문답에서 중국 중심의 세계관을 비판하였다.
③ 우서에서 사농공상의 직업적 평등을 주장하였다.
④ 마과회통에서 홍역에 대한 의학 지식을 정리하였다.
⑤ 금석과안록에서 북한산비가 진흥왕 순수비임을 고증하였다.

08

(가) 인물에 대한 설명으로 옳은 것은? [2점]

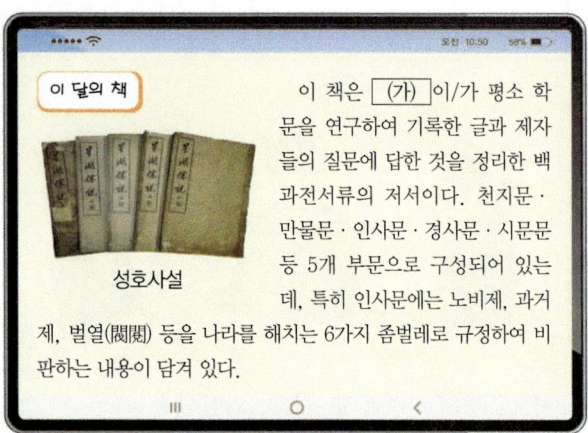

① 북경에 다녀온 후 연행록을 남겼다.
② 양명학을 연구하여 강화학파를 형성하였다.
③ 북한산비가 진흥왕 순수비임을 고증하였다.
④ 토지 매매를 제한하는 한전론을 제시하였다.
⑤ 북학의를 저술하여 절약보다 소비를 권장하였다.

09

(가) 인물에 대한 설명으로 옳은 것은? [2점]

① 정조 때 규장각 검서관으로 활동하였다.
② 동국지리지를 저술하여 삼한의 위치를 고증하였다.
③ 지전설을 주장하여 중국 중심의 세계관을 비판하였다.
④ 연행사를 따라 청에 다녀온 후 열하일기를 집필하였다.
⑤ 자영농 육성을 위해 신분에 따른 토지의 차등 분배를 주장하였다.

10

(가)~(마)에 들어갈 내용으로 옳은 것은? [3점]

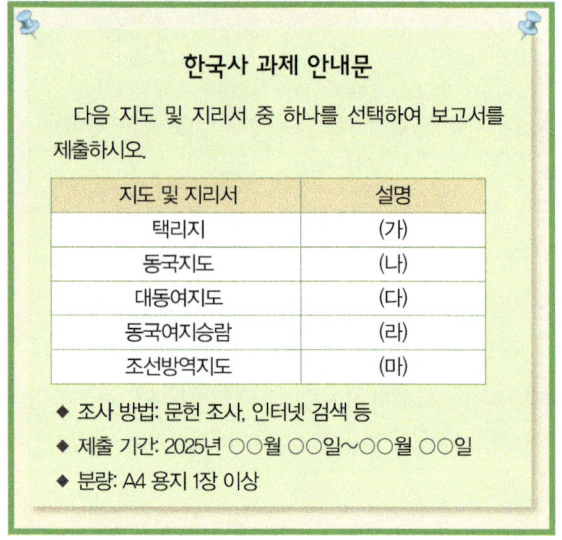

① (가) - 팔도지리지를 참고하여 성종 때 완성되었다.
② (나) - 정상기가 100리 척을 사용하여 제작하였다.
③ (다) - 한치윤이 500여 종의 자료를 참고하여 편찬하였다.
④ (라) - 복거총론에서 거주지의 이상적인 조건을 제시하였다.
⑤ (마) - 목판으로 인쇄되었으며 10리마다 눈금이 표시되어 있다.

기출테마 27 조선 후기의 사회·경제 모습

외우는 핵심 키워드

사회 모습	수취 체제		경제 모습	
• 서민 문학 발달 : 판소리, 탈춤, 산대놀이, 한글소설, 사설시조 등 • 전기수 : 책 읽는 솜씨가 뛰어나 저잣거리에서 한글 소설을 읽어줌 • 시사(詩社) 조직 : 중인층과 서민층의 문학 창작 모임	영정법 (인조)	• 내용 : 풍흉에 관계없이 토지 1결당 미곡 4두로 전세 고정 • 영향 : 전세의 정액화	농업	• 모내기법(이앙법) : 벼와 보리의 이모작 • 상품 작물 재배 : 담배, 고추, 인삼, 면화 등 • 구황 작물 재배 : 고구마, 감자 등 • 타조법 → 도조법
	대동법 (광해군) ~ (숙종)	• 내용 : 특산물 대신 쌀, 베, 동전 납부 • 광해군 : 선혜청 설치, 경기도에서 처음 실시(이원익·한백겸), 1결당 16두 징수 • 인조 : 강원도에서 실시(조익) • 효종 : 충청도, 전라도에서 실시(김육) • 숙종 : 전국적 실시, 1결당 12두 징수 • 영향 : 공인 등장, 도고 성장, 상품 화폐 경제 발달	상업	• 공인(관허 상인) 등장, 도고(독점적 도매상) 성장 • 장시의 발달, 보부상 • 상평통보 전국적 유통(숙종) • 개시 무역(공무역), 후시 무역(사무역) • 의주 만상(대청 무역), 개성 송상(송방, 사개치부법), 동래 내상(왜관), 경강상인(한강)
	균역법 (영조)	• 내용 : 1년에 군포 2필에서 1필로 경감 • 보완책 : 결작, 선무군관포, 잡세(어장세·염세·선박세)	광업	• 설점수세제(민간의 광산 개발 허용), 잠채 • 덕대(광산 전문 경영인) 등장

외우는 빈출 선지

- 일부 부유한 양민에게 선무군관포를 징수하였다. → 균역법
- 1년에 2필씩 걷던 군포를 1필로 줄이는 균역법을 시행하였다. → 영조
- 1결당 쌀 4~6두로 납부액을 고정하였다. → 인조 : 영정법
- 특산물 대신 쌀, 베, 동전 등으로 납부하게 하였다. → 광해군 : 대동법
- 토지 1결당 미곡 12두를 부과하였다. → 대동법
- 어장세, 염세 등을 국가 재정으로 귀속하였다. → 균역법
- 시사(詩社)를 조직하여 활동하는 중인 → 조선 후기
- 여러 장시를 돌며 물품을 판매하는 보부상 → 조선 후기
- 저잣거리에서 한글 소설을 읽어 주는 전기수 → 조선 후기
- 장시에서 탈춤 공연을 벌이는 광대 → 조선 후기
- 담배, 면화 등 상품 작물이 재배되었다. → 조선 후기
- 관청에 물품을 조달하는 공인이 활동하였다. → 조선 후기
- 송상, 만상이 대청 무역으로 부를 축적하였다. → 조선 후기
- 광산을 전문적으로 경영하는 덕대가 등장하였다. → 조선 후기
- 장시에서 판소리를 구경하는 농민 → 조선 후기
- 왜관에서 개시 무역과 후시 무역이 이루어졌다. → 조선 후기
- 모내기법의 확대로 벼와 보리의 이모작이 확산되었다. → 조선 후기
- 장시에서 상평통보로 물건값을 치르는 농민 → 조선 후기

01

다음 가상 대화가 이루어진 시기에 볼 수 있는 모습으로 적절하지 않은 것은? [2점]

지난달에 대왕대비께서 사학(邪學)에 대한 단속을 강화하라고 하교하셨다는군.

이승훈이 잡히고 정약종도 죄인으로 몰려 죽었다고 하네. 우리 교인들에 대한 탄압이 점점 심해지고 있군.

① 상평통보로 물건을 거래하는 객주
② 인삼 무역으로 크게 수익을 본 송상
③ 주자소에서 계미자를 주조하는 장인
④ 고추, 담배 등의 상품 작물을 재배하는 농민
⑤ 저잣거리에서 한글 소설을 읽어주는 전기수

02

밑줄 그은 '대책'으로 옳은 것은? [2점]

양역의 폐단을 개선하기 위해 논의한 호포와 결포는 여러 문제점이 있다고 하니, 그렇다면 군포를 1필로 줄이는 법을 시행하는 것으로 하라. 경들은 1필로 줄였을 때 생기는 세입 감소분을 채울 수 있는 대책을 강구하라.

분부를 받들겠습니다.

① 수신전과 휼양전을 폐지하였다.
② 토지 1결당 미곡 12두를 부과하였다.
③ 양전 사업을 시행하여 지계를 발급하였다.
④ 풍흉에 따라 9등급으로 전세를 부과하였다.
⑤ 어장세, 염세 등을 국가 재정으로 귀속하였다.

03

다음 상황이 나타난 시기에 볼 수 있는 모습으로 적절하지 <u>않은</u> 것은? [2점]

> 가만히 살펴보니, 최근 여자들이 서로 다투어 즐겨하는 것이 오직 패설(稗說)*을 숭상하는 일이다. 패설은 날로 달로 증가하여 그 종류가 이미 엄청나게 되었다. 세책가에서는 패설을 깨끗이 필사하여, 빌려 보는 자가 있으면 그 값을 받아서 이익으로 삼는다. 부녀들은 …… [패설을] 서로 다투어 빌려다가 온종일 허비하니 음식이나 술을 어떻게 만드는지, 베를 어떻게 짜는지에 대해서도 모르게 되었다.
> ─ 『번암집』 ─
>
> *패설(稗說): 민간에서 떠도는 이야기를 주제로 한 소설

① 담배를 밭에 심고 있는 농민
② 염포의 왜관에서 교역하는 상인
③ 장시에서 탈춤 공연을 벌이는 광대
④ 시사(詩社)를 조직하여 활동하는 중인
⑤ 물주의 자금으로 광산을 경영하는 덕대

05

다음 대화가 이루어진 시기의 경제 상황으로 옳지 <u>않은</u> 것은? [2점]

① 고액 화폐인 활구가 주조되었다.
② 담배, 면화 등 상품 작물이 재배되었다.
③ 관청에 물품을 조달하는 공인이 활동하였다.
④ 송상, 만상이 대청 무역으로 부를 축적하였다.
⑤ 광산을 전문적으로 경영하는 덕대가 등장하였다.

04

밑줄 그은 '방책'에 해당하는 내용으로 옳은 것은? [2점]

① 일부 부유한 양민에게 선무군관포를 징수하였다.
② 풍흉에 따라 전세를 9등급으로 차등 과세하였다.
③ 백성들에게 곡식을 빌려주는 진대법을 시행하였다.
④ 수신전, 휼양전 등의 명목으로 세습되는 토지를 폐지하였다.
⑤ 기금을 모아 그 이자로 빈민을 구제하는 제위보를 운영하였다.

06

밑줄 그은 '왕'이 추진한 정책으로 옳은 것은? [2점]

> **역사신문**
>
> 제△△호   ○○○○년 ○○월 ○○일
>
> **호패법 재실시 발표**
>
> 금일, 왕이 호패법을 다시 시행하라고 명령하였다. 이는 문란해진 군적을 정비하고 이괄의 난 이후 심상치 않은 백성들의 동태를 점검하기 위한 것으로 보인다. 호패법은 반정(反正) 직후부터 논의되어 왔으나, 새로 군역에 편입될 백성들의 반발을 우려하여 지금까지 시행이 미루어져 왔다.

① 공신에게 공로와 인품에 따라 역분전을 지급하였다.
② 삼정의 문란을 해결하고자 삼정이정청을 설치하였다.
③ 시전 상인의 특권을 축소하는 신해통공을 단행하였다.
④ 전세를 1결당 4~6두로 고정하는 영정법을 제정하였다.
⑤ 1년에 2필씩 걷던 군포를 1필로 줄이는 균역법을 시행하였다.

07

다음 자료의 상황이 나타난 시기에 볼 수 있는 모습으로 적절하지 <u>않은</u> 것은? [1점]

> 김상철이 말하기를, "도성 백성들의 생계는 점포를 벌여 놓고 사고파는 데 달려 있습니다. 그런데 근래 기강이 엄하지 않아서 어물과 약재 등 온갖 물건의 이익을 중간에서 독점하는 도고(都庫)의 폐단이 한둘이 아닙니다. 대조(大朝)께서 여러 차례 엄하게 다스렸으나, 점차 해이해져 많은 물건의 가격이 폭등한 것은 오로지 이 때문이라고 합니다. 평시서(平市署) 등에서 적발하여 강하게 다스렸다면 어찌 이런 일이 있었겠습니까?"라고 하였다.

① 청요직 통청을 요구하는 서얼
② 한글 소설을 읽고 있는 부녀자
③ 동국문헌비고를 열람하는 관리
④ 염포의 왜관에서 교역하는 상인
⑤ 장시에서 판소리를 구경하는 농민

08

밑줄 그은 '이 법'에 대한 설명으로 옳은 것은? [1점]

① 양반에게도 군포를 부과하였다.
② 1결당 쌀 4~6두로 납부액을 고정하였다.
③ 비옥도에 따라 토지를 6등급으로 나누었다.
④ 일부 상류층에게 선무군관포를 징수하였다.
⑤ 특산물 대신 쌀, 베, 동전 등으로 납부하게 하였다.

09

다음 상황이 나타난 시기에 볼 수 있는 모습으로 옳지 <u>않은</u> 것은? [2점]

> 선혜청 당상 민응수가 "지금 돈이 귀해진 것은 공가(公家)에서 거두어 숨겨 두고 부민(富民)들이 쌓아 두어 유통이 되지 않아서입니다. 만일 관가의 돈을 쌓아 두는 폐단을 없애고 민간의 돈을 유통시키는 효과가 있게 한다면, 전황(錢荒)의 폐단을 구할 수 있을 것입니다."라고 하였다. 임금이 말하기를, "더 주조하는 길밖에 다른 도리가 없으니, 후일 다시 의논하여 아뢰도록 하라."라고 하였다.

① 송상, 만상이 대청 무역으로 부를 축적하였다.
② 왜관에서 개시 무역과 후시 무역이 이루어졌다.
③ 광산을 전문적으로 경영하는 덕대가 등장하였다.
④ 관리가 과전법에 의해 토지의 수조권을 지급받았다.
⑤ 모내기법의 확대로 벼와 보리의 이모작이 확산되었다.

10

다음 상황이 나타난 시기에 볼 수 있는 모습으로 적절한 것을 <보기>에서 고른 것은? [3점]

> 경상도 영덕의 오래되고 유력한 가문은 모두 남인이고, 이른바 신향(新鄕)은 서인이라고 자칭하는 자들입니다. 요즘 서인이 향교를 장악하면서 구향(舊鄕)과 마찰을 빚고 있던 중, 주자의 초상화가 비에 젖자 신향은 자신들이 비난을 받을까 봐 책임을 전가시킬 계획을 꾸몄습니다. 그래서 주자의 초상화와 함께 송시열의 초상화도 숨기고 남인이 훔쳐 갔다는 말을 퍼뜨렸습니다.

<보기>

ㄱ. 염포의 왜관에서 교역하는 상인
ㄴ. 시사(詩社)에서 문예 활동을 하는 역관
ㄷ. 시전의 상행위를 감독하는 경시서의 관리
ㄹ. 장시에서 상평통보로 물건값을 치르는 농민

① ㄱ, ㄴ　　② ㄱ, ㄷ　　③ ㄴ, ㄷ
④ ㄴ, ㄹ　　⑤ ㄷ, ㄹ

기출테마 28 조선 후기 문화의 새 경향

외우는 핵심 키워드

한국의 고궁

경복궁	• 태조 창건, 북궐 • 흥선 대원군 중건 • 명성황후 시해(경복궁 내 건청궁) • 조선 물산 공진회 개최 • 조선 총독부 청사 건립
창덕궁	• 태종 창건, 동궐 • 규장각 설치 • 조선 역대 왕들이 가장 많이 머문 궁궐 • 유네스코 세계문화유산 등재
창경궁	• 수강궁, 동궐 • 세종이 상왕인 태종을 모시기 위한 궁 • 일제에 의해 창경원으로 격하 • 동물원과 식물원 설치
덕수궁	• 경운궁 • 인목 대비 유폐 • 고종이 아관파천 후 환궁한 궁 • 을사늑약 체결(덕수궁 중명전) • 퇴위한 고종황제가 머무른 궁 • 미·소 공동 위원회 개최(덕수궁 석조전) • 가장 오래된 서양식 건물(덕수궁 석조전)
경희궁	• 경덕궁, 서궐 • 광해군 창건 • 유사시 피난용 궁궐

외우는 문화유산

회화

정선: 인왕제색도, 금강전도
신윤복: 월하정인, 상춘야흥, 단오도
김홍도: 송석원시사야연도, 씨름도, 총석정도, 타작
기타: 영통골 입구도(강세황), 세한도(김정희), 파적도(김득신), 노상알현도(김득신)

건축물

법주사 팔상전	화엄사 각황전	금산사 미륵전	무량사 극락전	마곡사 대웅보전	쌍계사 대웅전
현존 유일의 조선 시대 목탑	계파대사가 중건한 중층 대불전으로 현존하는 중층 불전 중 규모가 가장 큼	후백제 견훤이 유폐되었던 사찰	내부가 상하층의 구분이 없는 조선 중기 중층 불전	상하 층의 평면과 기둥열이 다른 조선 후기 중층 불전	겹처마 팔작지붕 건물

외우는 빈출 선지

- 도성 내 서쪽에 있어 서궐로 불리었다. → 경희궁
- 제1차 미소 공동 위원회가 개최되었다. → 덕수궁 석조전
- 왕실 도서관인 규장각이 설치된 곳이다. → 창덕궁
- 조선 물산 공진회 개최 장소로 이용되었다. → 경복궁
- 인목 대비가 광해군에 의해 유폐된 장소이다. → 덕수궁
- 고종이 아관파천 이후 환궁한 곳이다. → 덕수궁
- 태조 때 한양으로 천도하면서 창건되었다. → 경복궁
- 명성 황후가 일본 낭인들에 의해 시해된 장소이다. → 경복궁
- 일제에 의해 궁궐 안에 조선 총독부 건물이 세워졌다. → 경복궁

01

다음 기사에 보도된 문화유산으로 옳은 것은? [2점]

□□신문

제△△호 ○○○○년 ○○월 ○○일

국민의 품에 안긴 조선 후기 명화

추사 김정희의 대표작이 소장자의 뜻에 따라 ○○박물관에 기증되었다. 그동안 기탁 형태로 관리되었으나 온전히 국가에 귀속된 것이다. 이 작품은 김정희가 제주도 유배 중일 때 사제의 의리를 변함없이 지킨 제자 이상적에게 그려준 것으로, 시서화(詩書畵)의 일치를 추구하였던 조선 시대 문인화의 진수를 보여준다.

①    ②

③    ④

⑤

02

(가)에 해당하는 문화유산으로 옳은 것은? [1점]

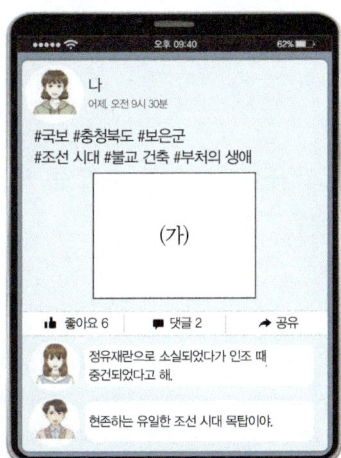

#국보 #충청북도 #보은군
#조선 시대 #불교 건축 #부처의 생애

(가)

정유재란으로 소실되었다가 인조 때 중건되었다고 해.

현존하는 유일한 조선 시대 목탑이야.

①  법주사 팔상전
②  화엄사 각황전
③ 금산사 미륵전
④  무량사 극락전
⑤  마곡사 대웅보전

03

(가) 궁궐에 대한 설명으로 옳은 것은? [3점]

조선의 역대 왕들이 가장 많이 머문 궁궐, (가)

서울 종로구 율곡로 99

부용정과 부용지(정원과 연못)
후원 입구
연경당(접견실)
인정전(정전)
돈화문(정문)

① 도성 내 서쪽에 있어 서궐로 불리었다.
② 제1차 미소 공동 위원회가 개최되었다.
③ 왕실 도서관인 규장각이 설치된 곳이다.
④ 조선 물산 공진회 개최 장소로 이용되었다.
⑤ 인목 대비가 광해군에 의해 유폐된 장소이다.

04

(가) 인물의 작품으로 옳은 것은? [1점]

이 그림은 조선 후기 풍속화가 (가) 이/가 그린 미인도인가요?

맞아요. (가) 은/는 이 그림 외에도 양반들의 풍류와 남녀 사이의 애정을 소재로 한 작품을 많이 남겼어요.

혜원 특별전

①    ②    ③

④    ⑤

05

(가)에 대한 설명으로 옳지 <u>않은</u> 것은? [2점]

① 고종이 아관파천 이후 환궁한 곳이다.
② 태조 때 한양으로 천도하면서 창건되었다.
③ 조선 물산 공진회 개최 장소로도 이용되었다.
④ 명성 황후가 일본 낭인들에 의해 시해된 장소이다.
⑤ 일제에 의해 궁궐 안에 조선 총독부 건물이 세워졌다.

06

(가)의 작품으로 옳은 것은? [1점]

①    ②

③    ④

⑤

07

(가)에 들어갈 문화유산으로 옳은 것은? [1점]

- 종목: 국보 제62호
- 소재지: 전라북도 김제시

이 건축물은 후백제 견훤이 유폐되었던 사찰 내에 있다. 임진왜란 때 소실된 것을 인조 13년(1635)에 지은 것으로 17세기 이후의 대표적인 불교 건축물 중의 하나이다.

①  수덕사 대웅전
②  봉정사 극락전
③ 법주사 팔상전
④ 금산사 미륵전
⑤ 부석사 무량수전

08

다음 그림이 그려진 시기에 볼 수 있는 모습으로 적절하지 <u>않은</u> 것은? [2점]

이 그림은 김득신이 그린 풍속화로 병아리를 물고 도망가는 고양이와 이에 놀란 닭, 긴 담뱃대로 이를 제지하려는 남성의 모습 등이 묘사되어 있다. 조용한 여염집에서 벌어진 소동을 그렸기 때문에 파적도(破寂圖)라 불리기도 한다.

① 생선을 팔고 상평통보를 받는 상인
② 장시에서 탈춤 공연을 벌이는 광대
③ 시사(詩社)를 조직하여 활동하는 중인
④ 직전법에 의해 수조권을 지급받는 관리
⑤ 고추, 인삼 등을 상품 작물로 재배하는 농민

09

다음 설명에 해당하는 문화유산으로 옳은 것은? [2점]

문화유산 카드
- 종목: 국보 제67호
- 소재지: 전라남도 구례군
- 소개: 정면 7칸, 측면 5칸의 다포계 중층 팔작지붕 건물이다. 현존하는 중층의 불전 중에서 가장 큰 규모로 내부 공간은 층의 구분 없이 통층(通層)으로 구성되어 웅장한 느낌을 준다. 임진왜란 때 소실되었으나 1702년(숙종 28)에 중건되어 현재에 이르고 있다.

① 법주사 팔상전
② 금산사 미륵전
③ 화엄사 각황전
④ 무량사 극락전
⑤ 마곡사 대웅보전

10

다음 특별전에 전시될 그림으로 가장 적절한 것은? [1점]

단원 특별전

우리 미술관에서는 풍속화, 산수화, 기록화, 초상화 등 다양한 분야에서 뛰어난 작품을 남긴 단원의 예술 세계를 만날 수 있는 특별전을 마련하였습니다.

- 옥순봉도 / 자화상
- 기간: 2019년 ○○월 ○○일 ~ ○○월 ○○일
- 장소: △△미술관

① ② ③ ④ ⑤

| 문제편 |

PART 4
근대의 변화와 흐름

기출테마 **29** 흥선 대원군의 정책

기출테마 **30** 일본 및 서양과의 조약 체결

기출테마 **31** 개화사상과 위정척사 운동

기출테마 **32** 임오군란과 갑신정변

기출테마 **33** 동학 농민 운동의 전개

기출테마 **34** 갑오개혁과 을미개혁

기출테마 **35** 독립 협회와 대한 제국

기출테마 **36** 항일 의병과 애국 계몽 운동

기출테마 **37** 열강의 이권 침탈과 경제 구국 운동

기출테마 **38** 근대 문물의 수용 및 발전

기출테마 29 흥선 대원군의 정책

 ## 외우는 핵심 키워드

왕권 강화 정책
- 비변사 혁파, 의정부와 삼군부 부활
- 대전회통, 육전조례 편찬
- 경복궁 중건 : 당백전 발행, 원납전 징수
- 서원 정리, 만동묘 철폐

민생 안정 정책
- 군정 개혁 : 호포제(양반에게도 군포 징수)
- 환곡 개혁 : 사창제
- 전정 개혁 : 양전 사업

통상 수교 거부 정책

병인박해 (1866. 1)	• 천주교 최대 박해 • 프랑스 신부와 남종삼 등 8천여 명 처형 • 대왕대비교령으로 천주교 금압령 발표 • 병인양요의 원인
제너럴셔먼호 사건 (1866. 7)	• 미국 상선 제너럴셔먼호의 대동강 침입 • 박규수와 평양 관민의 격퇴 • 신미양요의 원인
병인양요 (1866. 9)	• 병인박해를 구실로 프랑스 로즈 제독의 강화도 침공 • 한성근(문수산성), 양헌수(정족산성) 부대의 항전 • 외규장각 의궤 약탈
오페르트 도굴 사건 (1868)	• 독일 상인 오페르트의 통상 요구 거부 • 충남 덕산의 남연군(흥선 대원군의 아버지) 묘 도굴
신미양요 (1871)	• 제너럴셔먼호 사건을 구실로 미국 로저스 제독의 강화도 침공 • 어재연 부대의 광성보 전투
척화비 건립 (1871)	척화교서를 내리고 종로를 비롯한 전국 각지에 척화비 건립

 ## 외우는 빈출 선지

- 오페르트가 남연군 묘 도굴을 시도하였다. → 오페르트 도굴 사건
- 원납전이 징수되었다. → 흥선 대원군
- 종로를 비롯한 전국 각지에 척화비를 세웠다. → 흥선 대원군
- 만동묘 복구를 건의하는 유생 → 흥선 대원군
- 로즈 제독 함대가 강화도를 침입하는 빌미가 되었다. → 병인박해
- 평양 관민이 제너럴 셔먼호를 불태웠다. → 제너럴 셔먼호 사건
- 로즈 제독의 함대가 양화진을 침입하였다. → 병인양요
- 조선 정부가 프랑스인 선교사들을 처형하였다. → 병인박해
- 환곡의 폐단을 시정하기 위해 사창제를 전국적으로 시행하였다. → 흥선 대원군
- 어재연 부대가 광성보에서 항전하였다. → 신미양요
- 외규장각의 의궤가 국외로 약탈되었다. → 병인양요
- 양헌수 부대가 정족산성에서 프랑스군을 격퇴하였다. → 병인양요

01

다음 사건이 일어난 배경으로 옳은 것은? [2점]

> 양헌수가 은밀히 정족산 전등사로 가서 주둔하였다. …… 산 위에서 매복하고 있다가 한꺼번에 북을 치고 나팔을 불며 좌우에서 총을 쏘았다. 적장이 총에 맞아 말에서 떨어지고 서양인 10여 명이 죽었다. 달아나는 서양인들을 쫓아가니 그들은 동료의 시체를 옆에 끼고 급히 본진으로 도망갔다.

① 종로와 전국 각지에 척화비가 세워졌다.
② 오페르트가 남연군 묘 도굴을 시도하였다.
③ 위안스카이가 이끄는 군대가 조선에 상륙하였다.
④ 병인박해로 천주교 선교사와 신자들이 처형되었다.
⑤ 김홍집이 가지고 온 조선책략이 국내에 유포되었다.

02

(가) 인물에 대한 설명으로 옳은 것은? [1점]

> 신(臣) 병창이 [(가)] 앞에 나아가 품의했더니, 이르기를 '성묘(聖廟) 동서무(東西廡)에 배향된 제현 및 충절과 대의가 매우 빛나 영원토록 높이 받들기에 합당한 47곳의 서원 외에는 모두 향사(享祀)를 중단하고 사액을 철폐하라'고 하였습니다. 지시를 받들어 이미 사액된 서원 중 앞으로 계속 보존할 곳 47개를 별단에 써서 들였습니다. 계하(啓下)*하시면 각 도에 알리겠습니다.
> – 『승정원일기』 –
>
> *계하(啓下): 국왕의 재가

① 종로와 전국 각지에 척화비를 건립하였다.
② 나선 정벌을 위하여 조총 부대를 파견하였다.
③ 각 궁방과 중앙 관서의 공노비를 해방하였다.
④ 도성을 방비하기 위하여 총융청을 설치하였다.
⑤ 통치 체제를 정비하기 위하여 경국대전을 편찬하였다.

03

(가) 인물에 대한 설명으로 옳은 것은? [2점]

> ○ 왕이 말하였다. "요즘에 서원마다 사무를 자손들이 주관하고 붕당을 각기 주장하니, 이로 인한 폐해가 백성들에게 미치는 경우가 많다고 한다. (가) 의 분부대로 서원을 철폐하고 신주를 땅에 묻어 버리는 등의 절차를 거행하도록 전국에 알려라."
> ○ (가) 에게 군국사무를 처리하라는 명이 내려지자 그는 궐내에서 거처하며 5군영의 군사 제도를 복구하고 군량을 지급하게 하였다. 그리고 난병(亂兵)들을 물러가게 하고 대사면령을 내렸다.

① 친위 부대인 장용영을 설치하였다.
② 나선 정벌을 위해 조총 부대를 파견하였다.
③ 속대전을 편찬하여 통치 체제를 정비하였다.
④ 종로를 비롯한 전국 각지에 척화비를 세웠다.
⑤ 영은문이 있던 자리 부근에 독립문을 건립하였다.

04

밑줄 그은 '사건'이 일어난 시기를 연표에서 옳게 고른 것은? [2점]

① (가) ② (나) ③ (다) ④ (라) ⑤ (마)

05

(가) 법전이 편찬된 시기에 볼 수 있는 모습으로 가장 적절한 것은? [3점]

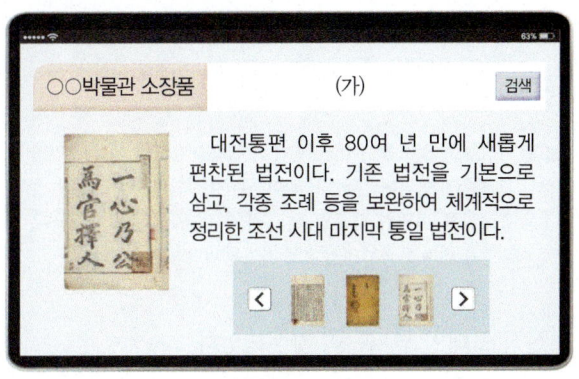

① 동의보감을 집필하는 의관
② 만동묘 복구를 건의하는 유생
③ 훈민정음을 연구하는 집현전 학자
④ 계해약조의 초안을 작성하는 관리
⑤ 성균관에 탕평비 건립을 명하는 국왕

06

(가) 사건에 대한 설명으로 옳은 것은? [2점]

① 황사영 백서 사건의 원인이 되었다.
② 김기수가 수신사로 파견되는 결과를 가져왔다.
③ 정부가 청군의 출병을 요구하는 계기가 되었다.
④ 사태 수습을 위해 이용태가 안핵사로 파견되었다.
⑤ 로즈 제독 함대가 강화도를 침입하는 빌미가 되었다.

07

(가), (나) 사이의 시기에 있었던 사실로 옳은 것은? [2점]

> (가) 대왕대비께서 전교하기를, "이번에 이렇게 만동묘를 철폐하고 다른 곳으로 옮겨 모시는 것에 대해서 선현의 혼령이 알게 되더라도 올바른 예법이라고 여기고 유감이 없을 것이다."라고 하였다.
>
> (나) 최익현이 상소를 올려 대원군의 잘못을 탄핵하기를, "만약 그 지위가 아닌데도 국정에 관여하는 자는 단지 그 지위와 녹을 중요하게 여기기 때문입니다."라고 하였다. 왕은 너그러운 비답을 내려 특별히 그를 호조 참판에 발탁하고 총애하였다.

① 신식 군대인 별기군이 창설되었다.
② 서재필 등이 독립신문을 발행하였다.
③ 종로와 전국 각지에 척화비가 세워졌다.
④ 김옥균 등 개화 세력이 정변을 일으켰다.
⑤ 조청 상민 수륙 무역 장정을 체결하였다.

08

밑줄 그은 '중건' 시기에 있었던 사실로 옳은 것을 <보기>에서 고른 것은? [2점]

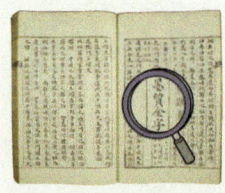

경복궁 영건일기는 한성부 주부 원세철이 경복궁 중건의 시작부터 끝날 때까지의 상황을 매일 기록한 것이다. 이 일기에 광화문 현판이 검은색 바탕에 금색 글자였음을 알려 주는 '묵질금자(墨質金字)'가 적혀 있어 광화문 현판의 옛 모습을 고증하는 근거가 되었다.

<보기>
ㄱ. 비변사가 설치되었다.
ㄴ. 사창제가 실시되었다.
ㄷ. 원납전이 징수되었다.
ㄹ. 대전통편이 편찬되었다.

① ㄱ, ㄴ ② ㄱ, ㄷ ③ ㄴ, ㄷ
④ ㄴ, ㄹ ⑤ ㄷ, ㄹ

09

(가) 인물에 대한 설명으로 옳은 것은? [2점]

> ○ 왕이 말하기를, "요즘 각 고을 백성의 생활 형편이 매우 좋지 않다고 한다. 작년부터 (가) 이/가 분부를 내려 양반 호(戶)는 노비의 이름으로 포(布)를 내게 하였고, 일반 백성들은 신포(身布)로 내게 하였다. …… 의정부에서는 각 도에 알려 이를 만년의 법식으로 삼는 것이 좋겠다."라고 하였다.
>
> ○ 왕이 말하기를, "요즘에 서원마다 사무를 자손들이 주관하고 붕당을 각기 주장하니, 이로 인한 폐해가 백성들에게 미치는 경우가 많다고 한다. …… 서원을 훼철(毁撤)*하고 신주를 땅에 묻어 버리는 등의 절차를 (가) 의 분부대로 거행하도록 해당 관청에서 팔도(八道)와 사도(四都)에 알리라."라고 하였다.
>
> *훼철(毁撤): 헐어서 치워 버림
>
> - 『승정원일기』 -

① 통리기무아문과 12사를 설치하였다.
② 양전 사업을 실시하여 지계를 발급하였다.
③ 나선 정벌을 위해 조총 부대를 파견하였다.
④ 교육의 기본 방향을 제시한 교육 입국 조서를 반포하였다.
⑤ 환곡의 폐단을 시정하기 위해 사창제를 전국적으로 시행하였다.

10

다음 서신이 교환된 이후에 전개된 사실로 옳은 것은? [2점]

> **대원군 귀하**
> 남의 무덤을 파는 것은 예가 없는 행동이지만 무력을 동원하여 백성을 도탄에 빠뜨리는 것보다 낫기 때문에 하는 수 없이 그렇게 하였소. …… 귀국의 안위가 귀하의 처리에 달려 있으니 좋은 대책을 강구하는 것이 어떻겠소.

> **영종 첨사 회답**
> 너희들이 이번 덕산 묘소에서 저지른 변고야말로 어찌 인간의 도리상 차마 할 수 있는 일이겠는가? …… 따라서 우리나라 신하와 백성은 있는 힘을 다하여 너희와는 같은 하늘을 이고 살 수 없다는 것을 맹세한다.

① 어재연 부대가 광성보에서 항전하였다.
② 외규장각의 의궤가 국외로 약탈되었다.
③ 평양 관민이 제너럴 셔먼호를 불태웠다.
④ 로즈 제독의 함대가 양화진을 침입하였다.
⑤ 양헌수 부대가 정족산성에서 프랑스군을 격퇴하였다.

기출테마 30 일본 및 서양과의 조약 체결

외우는 핵심 키워드

강화도 조약(조·일 수호 조규)
- 운요호 사건 계기
- 외국과 맺은 최초의 근대적 조약
- 불평등 조약
- 청의 종주권 부인
- 부산·원산·인천 개항
- 치외법권, 해안 측량권

강화도 조약 부속 조약

조·일 수호 조규 부록	• 일본 공사의 수도 상주 • 일본 외교관의 여행 자유 • 개항장에서 거류지 설정 • 일본 화폐 유통 허용
조·일 무역 규칙	• 일본 상품 무관세 • 양곡의 무제한 수출 허용

기타 조약

조·미 수호 통상 조약	• 청의 알선 • 서양 국가와 맺은 최초의 조약 • 황준헌의 조선책략 영향 • 최혜국 대우 처음 규정 • 거중 조정(상호 안전 보장) • 치외 법권 • 미국에 보빙사 파견
조·청 상민 수륙 무역 장정	• 임오군란 계기 • 외국(청) 상인의 내지 통상권 최초 규정 • 청의 속국 인정, 치외 법권 • 최혜국 대우 규정 없음
조·일 통상 장정	• 방곡령 시행 규정 명시 • 최혜국 대우 • 일본 상인의 내지 통상 허용
기타	• 조·프 수호 통상 조약 : 천주교 포교 허용 • 조·러 수호 통상 조약 : 거문도 사건의 원인

외우는 빈출 선지

- 방곡령 시행에 대한 규정을 명시하였다. → 조·일 통상 장정
- 천주교 포교의 허용 근거가 되었다. → 조·프 수호 통상 조약
- 거중 조정에 대한 내용을 포함하였다. → 조·미 수호 통상 조약
- 임오군란을 계기로 체결되었다. → 제물포 조약, 조·청 상민 수륙 무역 장정
- 조선책략의 영향으로 체결되었다. → 조·미 수호 통상 조약
- 조·일 수호 조규의 후속 조치로 체결되었다. → 조·일 수호 조규 부록, 조·일 무역 규칙
- 운요호가 강화도에 접근하여 무력 시위를 벌였다. → 강화도 조약
- 외국에 대한 최혜국 대우를 처음으로 규정하였다. → 조·미 수호 통상 조약
- 양곡의 무제한 유출 조항을 포함하고 있다. → 조·일 통상 장정
- 외국 상인의 내지 통상권을 최초로 규정하였다. → 조·청 상민 수륙 무역 장정
- 청의 알선으로 서양 국가와 맺은 최초의 조약이다. → 조·미 수호 통상 조약
- 부산, 원산, 인천에 개항장이 설치되는 결과를 가져왔다. → 강화도 조약

01

밑줄 그은 '장정'에 대한 설명으로 옳은 것은? [3점]

이번 장정의 체결로 우리의 관세권을 일정 부분 회복했다고 하네.

그렇지만 이 장정으로 일본에 최혜국 대우를 인정해 주었다더군.

① 갑신정변의 영향으로 체결되었다.
② 방곡령 시행에 대한 규정을 명시하였다.
③ 일본 공사관에 경비병이 주둔하는 계기가 되었다.
④ 일본인 재정 고문을 두도록 하는 조항을 담고 있다.
⑤ 부산 외 2개 항구를 개항한다는 내용을 포함하였다.

02

다음 상황이 전개된 배경으로 가장 적절한 것은? [3점]

> 우리 고을에 흉년이 든 것은 일본 총영사께서도 잘 알고 계실 것입니다. 가난한 백성의 먹을 것이 없는 참상이 눈앞에 가득하니, 곡물 수출은 당분간 중지하지 않을 수 없습니다. …… 음력 을유년 12월 21일을 기점으로 한 달이 지난 이후부터 쌀 수출이 금지되니 이러한 점을 귀국의 상민(商民)들에게 통지하여 주시기 바랍니다.

① 조·일 통상 장정이 체결되었다.
② 러시아가 절영도 조차를 시도하였다.
③ 일본이 황무지 개간권을 요구하였다.
④ 시전 상인들이 황국 중앙 총상회를 조직하였다.
⑤ 메가타의 주도로 화폐 정리 사업이 실시되었다.

03

밑줄 그은 '조약'에 대한 설명으로 옳은 것은? [2점]

> 발신 : 의정부
> 수신 : 각 도 관찰사, 수원·광주·개성·강화의 유수, 동래 부사
> 제목 : 조약 체결 알림
> 1. 관련
>   가. 영종진 불법 침입 보고(강화부, 을해년)
>   나. 교섭 결과 보고(신헌, 병자년)
> 2. 일본국과의 조약 체결에 대해 알립니다. 해당 관아에서는 연해 각 읍에 통지하여, 앞으로 일본국의 표식을 게양 또는 부착한 선박이 항해 또는 정박 시 불필요한 충돌을 방지하기 바랍니다.
>
> 붙임 : 조약 본문 등사본 1부 끝.

① 천주교 포교의 허용 근거가 되었다.
② 거중 조정에 대한 내용을 포함하였다.
③ 재정 고문을 두도록 하는 조항을 담고 있다.
④ 조약 체결에 반대하여 민영환이 자결하였다.
⑤ 부산 외 2곳에 개항장이 설치되는 결과를 가져왔다.

04

(가), (나) 조약에 대한 설명으로 옳은 것은? [2점]

> (가) 제7관 일본국 인민은 본국의 현행 여러 화폐로 조선국 인민이 소유한 물품과 교환할 수 있으며, 조선국 인민은 그 교환한 일본국의 여러 화폐로 일본국에서 생산한 여러 가지 상품을 살 수 있다.
> (나) 제6직 조선국 항구에 거주하는 일본 인민은 양미와 잡곡을 수출, 수입할 수 있다.

① (가) - 임오군란을 계기로 체결되었다.
② (가) - 최혜국 대우를 처음으로 규정하였다.
③ (나) - 조선책략의 영향으로 체결되었다.
④ (나) - 거중 조정에 대한 내용을 포함하였다.
⑤ (가), (나) - 조·일 수호 조규의 후속 조치로 체결되었다.

05

다음 조약이 맺어진 배경으로 가장 적절한 것은? [2점]

> 제1조 중국 상무위원은 개항한 조선의 항구에 주재하면서 본국의 상인을 돌본다. …… 중대한 사건을 맞아 조선 관원과 임의로 결정하기가 어려울 경우 북양 대신에게 청하여 조선 국왕에게 공문서를 보내 처리하게 한다.
> 제2조 중국 상인이 조선 항구에서 개별적으로 고소를 제기할 일이 있을 경우 중국 상무위원에게 넘겨 심의 판결한다. 이밖에 재산 문제에 관한 범죄 사건에 조선 인민이 원고가 되고 중국 인민이 피고일 때에도 중국 상무위원이 체포하여 심의 판결한다.

① 영국이 거문도를 불법 점령하였다.
② 청일 전쟁에서 일본이 승리하였다.
③ 구식 군인들이 임오군란을 일으켰다.
④ 시전 상인들이 철시 투쟁을 전개하였다.
⑤ 운요호가 강화도에 접근하여 무력 시위를 벌였다.

06

밑줄 그은 '조약'에 대한 설명으로 옳은 것은? [2점]

이번에 우리측 대표 신헌과 일본측 대표 구로다가 조약을 체결했다는군.

그렇다네. 작년에 일어났던 운요호 사건을 빌미로 일본이 요구했다더군.

① 방곡령을 선포할 수 있는 조항을 명시하였다.
② 메가타가 재정 고문으로 부임하는 근거가 되었다.
③ 외국에 대한 최혜국 대우를 처음으로 규정하였다.
④ 부산 외 2곳에 개항장이 설치되는 결과를 가져왔다.
⑤ 고종이 헤이그에 특사를 파견하여 부당성을 알리고자 하였다.

07

다음 조약에 대한 설명으로 옳은 것은? [3점]

> 제1관 사후 대조선국 군주와 대미국 대통령과 아울러 그 인민은 각각 모두 영원히 화평하고 우호를 다진다. 만약 타국이 어떤 불공평하게 하고 경시하는 일이 있으면 통지를 거쳐 반드시 서로 도와주며 중간에서 잘 조정해 두터운 우의와 관심을 보여준다.
>
> 제14관 현재 양국이 의논해 정한 이후 대조선국 군주가 어떤 혜택·은전의 이익을 타국 혹은 그 나라 상인에게 베풀면 …… 미국과 그 상인이 종래 점유하지 않고 이 조약에 없는 것 또한 미국 관민이 일체 균점하도록 승인한다.

① 양곡의 무제한 유출 조항을 포함하고 있다.
② 외국 상인의 내지 통상권을 최초로 규정하였다.
③ 청의 알선으로 서양 국가와 맺은 최초의 조약이다.
④ 스티븐스가 외교 고문으로 부임하는 계기가 되었다.
⑤ 부산, 원산, 인천에 개항장이 설치되는 결과를 가져왔다.

08

밑줄 그은 '이 조약'에 대한 설명으로 옳은 것은? [1점]

> S# 36. 궁궐 안
> 이 조약의 체결로 이루어진 공사(公使)의 부임에 대한 답례차 파견되었던 전권대신 민영익이 귀국하여 고종을 알현하고 있다.
>
> 고 종: 그 나라의 부강함은 천하제일이라던데, 경이 이번에 눈으로 보니 과연 그러하던가?
> 민영익: 곡식이 생산되는 땅이 많고 사람들이 모두 실제에 힘씁니다. 그래서 상무(商務)가 가장 왕성하니, 다른 나라와 비교가 되지 않습니다.
> 고 종: 대통령이 이번에 바뀌었다고 하던가?
> 민영익: 신이 귀국하기 전에는 미처 듣지 못하였습니다.

① 최혜국 대우 조항이 포함되었다.
② 천주교 선교를 인정하는 근거가 되었다.
③ 양곡의 수출을 허용하고 관세를 설정하지 않았다.
④ 스티븐스가 외교 고문으로 부임하는 계기가 되었다.
⑤ 부산, 원산, 인천에 개항장이 설치되는 결과를 가져왔다.

09

(가) 조약에 대한 설명으로 옳은 것은? [1점]

심행일기

> 심행일기는 (가) 체결 당시 조선측 대표를 맡았던 신헌이 이 조약의 전말을 기록한 것으로, 구로다 기요타카 등 일본측 대표들과 벌였던 협상의 내용이 대화체로 상세하게 기록되어 있다. 운요호 사건을 계기로 시작된 양국 간 협상의 진행 과정을 살피는 데 중요한 문헌이다.

① 거중조정의 조항을 포함하였다.
② 갑신정변의 원인이 되어 체결되었다.
③ 조약 체결에 항거하여 민영환이 자결하였다.
④ 천주교 포교의 자유를 인정하는 계기가 되었다.
⑤ 부산과 그 외 2곳의 항구가 개항되는 결과를 가져왔다.

10

(가), (나) 조약에 대한 설명으로 옳은 것을 〈보기〉에서 고른 것은? [3점]

> (가) 제5관 미국 상인과 상선이 조선에 와서 무역을 할 때 입출항하는 화물은 모두 세금을 바쳐야 하며, 세금을 거두는 권한은 조선이 자주적으로 행사한다.
>
> (나) 제37관 조선국에서 가뭄과 홍수, 전쟁 등의 일로 국내에 양식이 부족할 것을 우려하여 일시 쌀 수출을 금지하려고 할 때에는 1개월 전에 지방관이 일본 영사관에 통지하고, 미리 그 기간을 항구에 있는 일본 상인들에게 전달하여 일률적으로 준수하는 데 편리하게 한다.

― 보기 ―
ㄱ. (가) - 최혜국 대우 내용을 포함하였다.
ㄴ. (가) - 갑신정변의 영향으로 체결되었다.
ㄷ. (나) - 방곡령 시행에 대한 규정을 명시하였다.
ㄹ. (나) - 재정 고문을 두도록 하는 조항을 담고 있다.

① ㄱ, ㄴ   ② ㄱ, ㄷ   ③ ㄴ, ㄷ
④ ㄴ, ㄹ   ⑤ ㄷ, ㄹ

기출테마 31 개화사상과 위정척사 운동

외우는 핵심 키워드

개화 정책
- 통리기무아문과 12사 설치
- 별기군 창설, 5군영을 2영으로 축소
- 박문국(한성순보 간행), 전환국(화폐 발행), 기기창 설립(무기 제조)

외교 사절단

수신사 (일본)	• 김기수(1차) : 메이지 유신 이후 발전된 일본 문물 시찰 • 김홍집(2차) : 황준헌의 조선책략 유포
조사 시찰단 (일본)	• 신사 유람단 • 박정양, 어윤중, 홍영식 파견 • 암행어사 형태로 비밀리에 파견 • 박문국, 전환국 설치 계기
영선사 (청)	• 단장 김윤식 파견 • 텐진 기기국에서 무기 제조법 습득 • 기기창 설립 계기
보빙사 (미국)	• 민영익, 홍영식, 서광범, 유길준 파견 • 미국 공사의 서울 부임에 대한 답방

위정척사 운동

통상 반대 운동 (1860년대)	• 흥선 대원군 집권기 • 열강의 통상 요구 • 이항로, 기정진의 척화주전론
개항 반대 운동 (1870년대)	• 강화도 조약 체결 시기 • 일본의 개항 요구 • 왜양일체론, 개항불가론 • 최익현의 5불가소(지부복궐척화의소)
개화 반대 운동 (1880년대)	• 개화 정책 추진 시기 • 김홍집의 조선책략 유포 • 이만손의 영남 만인소
항일 의병 운동 (1890년대)	• 을미개혁 시기 • 을미사변, 단발령 • 유인석, 이소응

외우는 빈출 선지

- 통리기무아문과 12사가 설치되었다. → 개화 정책
- 민영익, 홍영식, 서광범 등이 참여하였다. → 보빙사
- 개화 반대 여론으로 인해 비밀리에 출국하였다. → 조사 시찰단(신사 유람단)
- 기기국에서 무기 제조 기술을 배우고 돌아왔다. → 영선사
- 김기수가 수신사로 일본에 파견되었다. → 1차 수신사
- 황준헌이 쓴 조선책략을 국내에 들여왔다. → 김홍집
- 서유견문을 집필하여 서양 근대 문명을 소개하였다. → 유길준
- 이만손 등이 영남 만인소를 올렸다. → 김홍집 : 조선책략 유포
- 무기 제조 공장인 기기창 설립의 계기를 마련하였다. → 영선사
- 해국도지, 영환지략을 들여와 국내에 소개하였다. → 오경석
- 암행어사 형태로 비밀리에 파견되었다. → 신사유람단(조사 시찰단)
- 5군영을 2영으로 축소하고 별기군을 창설하였다. → 개화 정책
- 을사늑약 체결에 반대하여 태인에서 의병을 일으켰다. → 최익현

01
다음 상소가 올려진 이후의 사실로 옳은 것은? [3점]

> 진실로 황준헌의 말처럼 러시아가 비록 병탄할 힘과 침략할 뜻이 있다고 해도, 장차 만 리 밖의 구원을 앉아 기다리면서 홀로 가까운 오랑캐들과 싸우겠습니까? 이야말로 이해 관계가 뚜렷한 것입니다. 지금 조정은 어찌 백해무익한 일을 해서 러시아 오랑캐에게는 없는 마음을 갖게 하고, 미국에게는 일도 아닌 것을 일로 삼게 하여 오랑캐를 불러들이려 합니까?

① 조 · 미 수호 통상 조약이 체결되었다.
② 어재연 부대가 광성보에서 항전하였다.
③ 운요호가 강화도 초지진을 공격하였다.
④ 프랑스군이 외규장각 도서를 약탈하였다.
⑤ 제2차 수신사 김홍집이 조선책략을 들여왔다.

02
(가) 사절단에 대한 설명으로 옳은 것은? [2점]

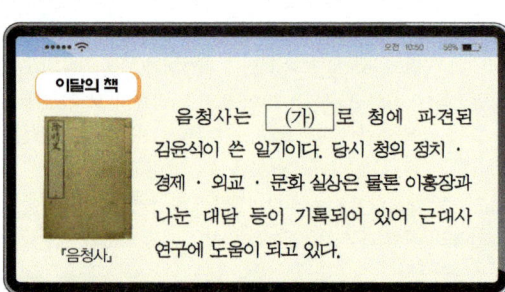

이달의 책
음청사는 (가) 로 청에 파견된 김윤식이 쓴 일기이다. 당시 청의 정치 · 경제 · 외교 · 문화 실상은 물론 이홍장과 나눈 대담 등이 기록되어 있어 근대사 연구에 도움이 되고 있다.

「음청사」

① 기기창 설립의 계기가 되었다.
② 회답 겸 쇄환사로 파견되었다.
③ 조선책략을 처음으로 소개하였다.
④ 민영익, 홍영식, 서광범 등이 참여하였다.
⑤ 개화 반대 여론으로 인해 비밀리에 출국하였다.

03

(가) 사절단에 대한 설명으로 옳은 것은? [2점]

> 한국사 동영상 제작 계획안
>
> [(가)], 서양의 근대 문물을 직접 목격하다
>
> ◆ 기획 의도
> 미국 공사의 부임에 대한 답례로 파견된 [(가)]의 발자취를 통해 근대 문물을 시찰한 과정을 살펴본다.
>
> ◆ 장면별 구성
> #1. 대륙 횡단 열차를 타고 워싱턴에 도착하다
> #2. 뉴욕에서 미국 대통령 아서를 접견하다
> #3. 보스턴 만국 박람회를 참관하다
> #4. 병원, 전신 회사, 우체국 등을 시찰하다

① 수신사라는 이름으로 보내졌다.
② 조선책략을 들여와 국내에 소개하였다.
③ 기기국에서 무기 제조 기술을 배우고 돌아왔다.
④ 개화 반대 여론을 의식하여 비밀리에 파견되었다.
⑤ 전권대신 민영익과 부대신 홍영식 등으로 구성되었다.

04

(가), (나) 문서가 작성된 사이의 시기에 있었던 사실로 옳은 것은? [2점]

> (가) 저들이 비록 왜인이라고는 하나 실은 양적(洋賊)입니다. 화친이 한번 이루어지면 사학(邪學)의 서책과 천주의 초상이 교역하는 속에 섞여 들어오게 되고, 조금 지나면 전도사와 신도가 전수하여 사학이 온 나라에 두루 가득 차게 될 것입니다.
> – 지부복궐척화의소 –
>
> (나) 지금 조정에서는 어찌 백해무익한 일을 하여 러시아가 없는 마음을 먹게 하고, 미국이 의도하지 않았던 일을 만들어 오랑캐를 끌어들이려 하십니까? 저 황준헌이라는 자는 스스로 중국에서 태어났다고 하면서도, 일본을 위해 말하고 예수를 좋은 신이라 하며, 난적의 앞잡이가 되어 스스로 짐승과 같은 무리가 되었습니다. 고금천하에 어찌 이런 이치가 있겠습니까?
> – 영남 만인소 –

① 김기수가 수신사로 일본에 파견되었다.
② 영국이 거문도를 불법으로 점령하였다.
③ 평양 관민이 제너럴 셔먼호를 불태웠다.
④ 거중 조정 조항을 포함한 조약이 체결되었다.
⑤ 양헌수 부대가 정족산성에서 프랑스군을 격퇴하였다.

05

다음 상소가 올려진 이후의 사실로 옳은 것은? [2점]

> 우리 조정은 정학(正學)을 숭상하고 이단을 물리쳐서 만 백성을 바르게 이끌어 오늘에 이르렀습니다. …… 비록 황준헌의 책자로 말하더라도 그 글이 바른가 바르지 못한가 그 말이 좋은가 나쁜가에 대해 신은 진실로 모르지만 …… 기계에 관한 기술과 농업 및 식목에 대한 책이 이익이 된다면 선택하여 시행할 것이지, 굳이 그들의 것이라고 해서 좋은 법까지 배척할 필요는 없습니다.
> – 곽기락의 상소 –

① 무기 제조 공장인 기기창이 설립되었다.
② 김기수가 일본에 수신사로 파견되었다.
③ 오경석이 해국도지를 국내에 들여왔다.
④ 어재연 부대가 광성보에서 항전하였다.
⑤ 평양 관민이 제너럴 셔먼호를 불태웠다.

06

다음 가상 대화 이후 전개된 사실로 옳은 것을 〈보기〉에서 고른 것은? [2점]

현재 조선에서 가장 시급한 외교 사안이 무엇이라고 생각하십니까?

러시아를 막는 것입니다. 이를 위해서는 중국을 가까이 하고, 일본과 관계를 공고히 하며, 미국과 연계하여 자강을 도모해야 합니다.

김홍집 / 황준헌

보 기

ㄱ. 운요호 사건이 일어났다.
ㄴ. 전국에 척화비가 건립되었다.
ㄷ. 이만손 등이 영남 만인소를 올렸다.
ㄹ. 조미 수호 통상 조약이 체결되었다.

① ㄱ, ㄴ ② ㄱ, ㄷ ③ ㄴ, ㄷ
④ ㄴ, ㄹ ⑤ ㄷ, ㄹ

07

(가), (나) 사절단에 대한 설명으로 옳은 것은? [2점]

나는 (가) (으)로서 학생과 기술자를 인솔하여 청으로 가서 전기, 화학 등 선진 과학 기술을 배우게 하고, 우리 나라와 미국과의 조약 체결에 관한 일을 이홍장과 협의하였습니다.

나는 미국 공사의 부임에 대한 답례와 양국의 친선을 위해 파견된 (나) 의 전권대신으로 홍영식, 서광범 등과 미국 대통령 아서를 접견하고 국서와 신임장을 제출하였습니다.

① (가) - 귀국할 때 조선책략을 가지고 들어왔다.
② (가) - 무기 제조 공장인 기기창 설립의 계기를 마련하였다.
③ (나) - 보고 들은 내용을 해동제국기로 남겼다.
④ (나) - 해국도지, 영환지략을 들여와 국내에 소개하였다.
⑤ (가), (나) - 암행어사 형태로 비밀리에 파견되었다.

08

다음 서술형 평가의 답안에 들어갈 내용으로 옳은 것은? [3점]

서술형 평가 ○학년 ○○반 이름: ○○○

◎ 밑줄 그은 '이 기구'에서 추진한 정책을 서술하시오.

이 기구는 변화하는 국내외 정세에 대응하고 개화 정책을 총괄하기 위해 1880년에 설치되었다. 소속 부서로 외교 업무를 담당하는 사대사와 교린사, 중앙과 지방의 군사를 통솔하는 군무사, 외국과의 통상에 관한 일을 맡는 통상사, 외국어 번역을 맡은 어학사, 재정 사무를 담당한 이용사 등 12사가 있었다.

답안:

① 재판소를 설치하여 사법권을 독립시켰다.
② 미국과 합작하여 한성 전기 회사를 설립하였다.
③ 5군영을 2영으로 축소하고 별기군을 창설하였다.
④ 재정 문제를 해결하기 위해 당백전을 주조하였다.
⑤ 교육 입국 조서를 반포하고 외국어 학교 관제를 마련하였다.

09

(가), (나) 사이의 시기에 있었던 사실로 옳은 것은? [3점]

(가) 수신사 김기수가 나와 엎드리니 왕이 말하였다. "전선, 화륜과 농기계에 관하여 들은 것은 없는가? 저 나라에서 이 세 가지 일을 제일 급하게 힘쓰고 있다고 하는데, 그러하던가?" 김기수가 "과연 그러하였습니다."라고 아뢰었다.

(나) 어윤중이 동래부 암행어사로 임명되어 왕에게서 받은 봉해진 서신을 열어보니, "일본 조정의 논의와 정국의 형세, 풍속·인물·교빙·통상 등의 대략을 염탐하는 것이 좋겠다. 그러니 너는 일본으로 건너가 크고 작은 일들을 보고 들되 시간에 구애받지 말고 낱낱이 탐지해서 별도의 문서로 조용히 보고하라."라는 내용이었다.

① 미국에 보빙사가 파견되었다.
② 통리기무아문과 12사가 설치되었다.
③ 운요호가 강화도와 영종도를 무단 침입하였다.
④ 교원 양성을 위해 한성 사범 학교가 설립되었다.
⑤ 프랑스와 조약을 체결하여 천주교 포교가 허용되었다.

10

(가) 인물의 활동으로 옳은 것은? [2점]

이 사당은 위정 척사 운동을 주도한 (가) 의 위패를 모신 충청남도 청양의 모덕사입니다. 흥선 대원군의 하야와 고종의 친정(親政)을 요구하는 상소를 올렸던 그는 왜양일체론을 내세워 강화도 조약 체결에 반대하였습니다.

① 한국독립운동지혈사를 저술하였다.
② 봉오동 전투에서 일본군을 격파하였다.
③ 고종의 밀지를 받아 독립 의군부를 조직하였다.
④ 을사늑약 체결에 반대하여 태인에서 의병을 일으켰다.
⑤ 13도 창의군을 결성하여 서울 진공 작전을 전개하였다.

기출테마 32 임오군란과 갑신정변

외우는 핵심 키워드

임오군란(1882)

원인	• 신식 군대(별기군) 우대 • 구식 군대 차별
경과	• 명성황후 고관들과 일본 교관 살해 • 포도청과 의금부 습격, 일본 공사관 불태움 • 흥선 대원군 일시 재집권 • 통리기무아문과 별기군 폐지, 5군영 부활
결과	• 명성황후 일파가 청에 군대 요청 • 청의 내정 간섭 심화 • 청의 외교고문 묄렌도르프 파견 • 청의 위안스카이 군대 상주

갑신정변(1884)

정변 내용	• 급진 개화파(김옥균)의 우정총국 개국 축하연 정변 • 사대당 요인 살해 및 개화당 정부 수립 • 14개조 개혁 정강 마련 • 청군의 개입으로 3일 만에 실패
14개조 개혁 정강	• 청에 대한 사대 외교(조공) 폐지 • 입헌 군주제 수립 목표 • 지조법 개정, 재정의 호조 일원화 • 혜상공국(보부상 조직) 폐지
갑신정변 이후 정세	• 영국의 거문도 사건 • 조선 중립화론(유길준, 부들러) 대두 • 청 · 일 전쟁

임오군란 조약

제물포 조약 (조 · 일)	• 일본에 배상금 지불과 군란 주동자의 처벌 약속 • 일본 공사관의 경비병 주둔 인정
조 · 청 상민 수륙 무역 장정 (조 · 청)	• 청의 속국 인정, 치외법권 • 서울과 양화진 개방 • 내지통상권 허용

갑신정변 조약

한성 조약 (조 · 일)	• 일본에 배상금 지불 • 일본 공사관 신축비 부담
톈진 조약 (청 · 일)	• 조선에서 청 · 일 군대 동시 철수 • 조선 파병 시 청 · 일 상호 통보

외우는 빈출 선지

- 우정총국 개국 축하연을 이용하여 일어났다. → 갑신정변
- 일본 공사관에 경비병이 주둔하는 계기가 되었다. → 임오군란 : 제물포 조약
- 조선 중립화론을 주장하였다. → 유길준
- 갑신정변 실패 직후 일본으로 망명하였다. → 김옥균, 박영효
- 조청 상민 수륙 무역 장정이 체결되었다. → 임오군란

- 조선과 일본이 한성 조약을 체결하는 계기가 되었다. → 갑신정변
- 김옥균, 박영효 등이 주도하였다. → 갑신정변
- 입헌 군주제 수립을 목표로 전개되었다. → 갑신정변
- 한성 조약이 체결되었다. → 갑신정변
- 청의 군사 개입으로 실패하였다. → 갑신정변
- 국가 재정을 호조로 일원화하고자 하였다. → 갑신정변

01
다음 자료에 나타난 상황 이후 전개된 사실로 옳은 것은?
[2점]

> 김옥균이 일본 공사 다케조에게 국왕의 호위를 위해 일본군이 필요하다고 요청하였다. 그는 호위를 요청하는 국왕의 친서가 있으면 투입하겠다고 약속하였다. 친서는 박영효가 전달하기로 합의하였다. 다케조에는 조선에 주둔한 청군 1천 명이 공격해 들어와도 일본군 1개 중대면 막을 수 있다고 장담하였다.

① 신식 군대인 별기군이 창설되었다.
② 김기수가 수신사로 일본에 파견되었다.
③ 일본 군함 운요호가 영종도를 공격하였다.
④ 이만손이 주도하여 영남 만인소를 올렸다.
⑤ 우정총국 개국 축하연에서 정변이 일어났다.

02
(가) 인물에 대한 설명으로 옳은 것은?
[2점]

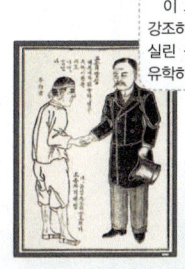

이 그림은 (가) 이/가 노동의 중요성을 강조하고 민중을 계몽하기 위해 쓴 노동야학독본에 실린 삽화입니다. 그는 처음으로 일본과 미국에 유학하고 서유견문을 집필하기도 하였습니다.

① 조선 중립화론을 주장하였다.
② 갑신정변 실패 직후 일본으로 망명하였다.
③ 미국에서 귀국하여 독립 협회를 창립하였다.
④ 배재 학당을 설립하여 근대 교육을 보급하였다.
⑤ 참정대신 자격으로 관민 공동회에서 연설하였다.

03

다음 가상 대화의 상황이 나타난 시기를 연표에서 옳게 고른 것은? [2점]

1871	1876	1884	1895	1904	1909
	(가)	(나)	(다)	(라)	(마)
신미양요	조일 수호 조규	갑신정변	삼국 간섭	한일 의정서	기유각서

① (가) ② (나) ③ (다) ④ (라) ⑤ (마)

04

밑줄 그은 '이 사건'에 대한 설명으로 옳은 것은? [2점]

▲ 임오유월일기

① 전개 과정에서 전주 화약이 체결되었다.
② 통리기무아문이 설치되는 배경이 되었다.
③ 우정총국 개국 축하연을 이용하여 일어났다.
④ 홍범 14조를 개혁의 기본 방향으로 제시하였다.
⑤ 일본 공사관에 경비병이 주둔하는 계기가 되었다.

05

밑줄 그은 '이 사건'의 영향으로 옳은 것은? [2점]

사료로 보는 한국사

제1조
이하응을 보정성성(保定省城)으로 이송하여 청하도의 옛 관서에 거주시키도록 한다. …… 이하응에게 오가는 서신 일체는 밀봉할 수 없으며 간수 위원의 검열을 거쳐야 보낼 수 있다. 밀봉되었거나 한글로 된 서신은 위원이 반송한다.

[해설] 청으로 끌려간 흥선 대원군(이하응)을 감시하기 위해 만들어진 규정의 일부이다. 개화 정책에 대한 불만과 구식 군인에 대한 차별 대우로 일어난 이 사건을 진압한 청은 그 책임을 물어 흥선 대원군을 납치해 갔다.

① 삼정이정청이 설치되었다.
② 어재연 부대가 광성보에서 항전하였다.
③ 종로와 전국 각지에 척화비가 세워졌다.
④ 조청 상민 수륙 무역 장정이 체결되었다.
⑤ 일본 군함 운요호가 영종도를 공격하였다.

06

다음 자료에 나타난 사건에 대한 설명으로 옳은 것은? [2점]

> 이반 셰스타코프 각하
> 이 사건과 관련하여 저희가 접수한 정보에 따르면 …… 일련의 과정에서 수 명의 조선 고관들이 살해되었습니다. 또한 일본군 호위대가 개입하면서 서울 주재 청국 수비대와의 무력충돌이 일어났으며, 패배한 일본인들은 제물포로 후퇴해야만 했습니다.
> H. 기르스

① 최익현, 민종식 등이 주도하였다.
② 구본신참에 입각하여 개혁이 추진되었다.
③ 김기수가 수신사로 파견되는 결과를 가져왔다.
④ 외규장각 건물이 불타고 의궤가 약탈당하였다.
⑤ 조선과 일본이 한성 조약을 체결하는 계기가 되었다.

07

(가) 사건의 결과로 옳은 것은? [2점]

> 1. 대원군을 가까운 시일 안에 돌아오게 하고 청에 조공하는 허례를 폐지할 것.
> 2. 문벌을 폐지하여 인민 평등의 권리를 제정하고 능력에 따라 관리를 등용할 것.
> 3. 대신과 참찬은 합문 안 의정소에서 회의하고 왕에게 보고한 후 정령을 반포해서 시행할 것.

이것은 개화당이 (가) 당시 발표한 개혁 정강의 일부입니다. 개화당은 새로운 정부를 구성하고 이 정강을 내세웠습니다.

① 한성 조약이 체결되었다.
② 신식 군대인 별기군이 창설되었다.
③ 부산 외 두 곳의 항구가 개항되었다.
④ 김윤식이 청에 영선사로 파견되었다.
⑤ 개화 정책을 총괄하는 통리기무아문이 설치되었다.

08

(가) 사건에 대한 설명으로 옳은 것은? [2점]

역사 동영상 제작 계획안

개화당, 새로운 세상을 꿈꾸다

■ 기획 의도
  근대적 개혁을 추구하였던 (가) 을/를 다큐멘터리 형식의 동영상으로 제작하여 그 역사적 의미를 살펴본다.

■ 장면별 구성 내용
  ■ 박규수의 사랑방에 젊은이들이 모인 장면
  ■ 우정총국 개국 축하연 때 거사 장면
  ■ 거사 실패 후 주요 인물이 일본으로 망명하는 장면

① 김옥균, 박영효 등이 주도하였다.
② 김기수를 수신사로 일본에 파견하였다.
③ 구본신참에 입각한 개혁을 추진하였다.
④ 개화 정책을 총괄하는 통리기무아문을 설치하였다.
⑤ 개혁의 기본 방향을 제시한 홍범 14조를 반포하였다.

09

밑줄 그은 '개혁'에 대한 설명으로 옳은 것을 〈보기〉에서 고른 것은? [3점]

> 외무성 아시아국장 카프니스트 백작님께
> 요즘 상하이에 거주하는 유럽인들이 조선인 망명자 살해 사건으로 들썩이고 있습니다. 그는 일본인들의 협력을 기반으로 새로운 질서를 마련하기 위해 청프 전쟁이 벌어진 틈을 타서 자기의 뜻을 펼치기 시작하였습니다. 이에 [정변을 일으켜] 기존의 대신들을 대부분 몰아내고, 스스로 참판에 오르는 등 새로운 관료 조직을 구성하였습니다. 그러나 일본에 대한 뿌리 깊은 증오심으로 조선 민중은 일본인들의 협력을 전제로 한 그의 개혁에 적대감을 갖게 되었습니다. ……
> — 베이징 주재 러시아 공사 보르 —

보기

ㄱ. 집강소를 중심으로 시행되었다.
ㄴ. 토지의 균등 분배를 추진하였다.
ㄷ. 청의 군사 개입으로 실패하였다.
ㄹ. 국가 재정을 호조로 일원화하고자 하였다.

① ㄱ, ㄴ ② ㄱ, ㄷ ③ ㄴ, ㄷ
④ ㄴ, ㄹ ⑤ ㄷ, ㄹ

10

다음 상황 이후에 전개된 사실로 옳은 것은? [2점]

> 대원군에게 군국사무를 처리하라는 명이 내려지자, 대원군은 궐내에 거처하면서 [통리]기무아문과 무위영·장어영을 폐지하고, 5영의 군제를 복구하고 군료(軍料)를 지급하도록 하였다. 그리고 난병(亂兵)에게 물러가라 명하고 대사령을 내렸다. 난병들은 대궐에서 물러나 사방으로 흩어졌다.
> — 『매천야록』 —

① 전국 각지에 척화비가 건립되었다.
② 김기수가 수신사로 일본에 파견되었다.
③ 왕조의 통치 규범을 재정비한 대전통편이 편찬되었다.
④ 조선책략 유포에 반발하여 이만손 등이 영남 만인소를 올렸다.
⑤ 일본 공사관 경비병의 주둔을 인정한 제물포 조약이 체결되었다.

기출테마 33 동학 농민 운동의 전개

외우는 핵심 키워드

교조 신원 운동
- 삼례 집회 : 교조 신원과 동학 탄압 중지 요구
- 서울 집회 : 경복궁 앞 교조 신원 상소(서울 복합 상소)
- 보은 집회 : 탐관오리 숙청, 반봉건·반외세, 척왜양창의

폐정 개혁 12조
1. 동학도와 정부 사이에 원한을 씻어 버리고 모든 행정을 협력할 것
2. 탐관오리는 그 죄목을 조사하여 엄징할 것
3. 횡포한 부호들을 엄징할 것
4. 불량한 양반과 유림을 징벌할 것
5. 노비 문서를 불태워 버릴 것
6. 칠반천인의 대우를 개선하고 평량갓을 없앨 것
7. 과부의 재혼을 허락할 것
8. 무명잡세를 모두 폐지할 것
9. 관리 채용 시 지벌을 타파할 것
10. 왜적과 내통하는 자는 엄징할 것
11. 공사채는 물론이고 기왕의 것을 무효로 돌릴 것
12. 토지는 평균으로 분작할 것

동학 농민 운동

1차 봉기	고부 민란	• 고부 군수 조병갑의 학정 • 전봉준 등 농민군의 고부 관아 점령(사발통문) • 안핵사 이용태 파견
	백산 봉기	• 안핵사 이용태의 동학교도 색출·탄압 • 4대 강령과 격문 발표(보국안민, 제폭구민) • 황토현 전투 → 황룡촌 전투(장태 활용) → 전주성 점령
	전주 화약	• 청·일군의 개입, 정부의 휴전 제의 • 정부 : 교정청 설치 • 농민군 : 집강소 설치, 폐정 개혁안 실천
청·일 전쟁		• 일본의 경복궁 점령 • 청·일 전쟁 : 일본 승리(시모노세키 조약) • 군국기무처 설치 • 일본의 내정 간섭 심화
2차 봉기	논산 집결	• 남접(전봉준)과 북접(손병희)의 연합 • 논산 집결 후 서울 북진
	공주 우금치 전투	• 공주 우금치에서 관군, 민보군, 일본군을 상대로 격전 • 패배 후 전봉준 체포

외우는 빈출 선지

- 남접과 북접이 논산에서 연합하였다. → 남접과 북접 연합
- 조병갑의 탐학에 저항하여 고부 관아를 습격하였다. → 고부 민란
- 교정청이 설치되었다. → 전주 화약 직후
- 농민군이 백산에서 4대 강령을 발표하였다. → 백산 봉기
- 일본이 군대를 동원하여 경복궁을 점령하였다. → 청·일 전쟁
- 보은에서 교조 신원을 요구하는 집회가 열렸다. → 보은 집회
- 동학의 2대 교주로 교조 신원 운동을 주도하였다. → 최시형
- 황룡촌 전투에서 장태를 이용하여 승리하였다. → 황룡촌 전투
- 집강소를 중심으로 폐정 개혁안을 실천하였다. → 전주 화약
- 정부와 농민군 사이에 전주 화약이 체결되었다. → 전주 화약
- 교조 신원을 요구하는 삼례 집회가 개최되었다. → 삼례 집회
- 농민군이 황토현 전투에서 관군에게 승리하였다. → 황토현 전투
- 사태 수습을 위해 이용태가 안핵사로 파견되었다. → 고부 민란
- 보국안민을 기치로 우금치에서 일본군 및 관군과 맞서 싸웠다. → 전봉준 : 우금치 전투
- 탐관오리를 징계하여 쫓아낼 것 → 폐정 개혁 12개조

01

(가) 운동에 대한 설명으로 옳은 것은? [2점]

이곳은 공주 우금치 전적으로 (가) 당시 남접과 북접 연합군이 북상하던 중 관군과 일본군을 상대로 격전을 벌인 장소입니다. 우금치는 도성으로 올라가는 길목으로 전략상 매우 중요한 지역이었습니다.

① 이소응, 유인석 등이 주도하였다.
② 황토현에서 전라 감영군을 격파하였다.
③ 한성 조약이 체결되는 결과를 가져왔다.
④ 관민 공동회를 개최하여 헌의 6조를 결의하였다.
⑤ 사건 수습을 위하여 박규수가 안핵사로 파견되었다.

02

(가) 시기에 있었던 사실로 옳은 것은? [2점]

① 교정청이 설치되었다.
② 독립신문이 창간되었다.
③ 한성 전기 회사가 설립되었다.
④ 시모노세키 조약이 체결되었다.
⑤ 건양이라는 연호가 제정되었다.

03

(가) 시기에 있었던 사실로 옳은 것은? [2점]

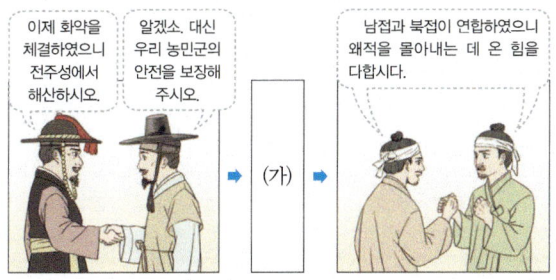

① 농민군이 백산에서 4대 강령을 발표하였다.
② 우금치에서 농민군과 일본군이 격전을 벌였다.
③ 일본이 군대를 동원하여 경복궁을 점령하였다.
④ 보은에서 교조 신원을 요구하는 집회가 열렸다.
⑤ 조병갑의 탐학에 저항해 고부에서 농민 봉기가 일어났다.

04

(가) 시기에 전개된 동학 농민군의 활동으로 옳은 것은? [2점]

백산 봉기 → (가) → 전주성 점령

① 황토현에서 관군에 승리하였다.
② 남접과 북접이 논산에서 연합하였다.
③ 우금치에서 일본군과 관군에 맞서 싸웠다.
④ 집강소를 중심으로 폐정 개혁안을 실천하였다.
⑤ 조병갑의 탐학에 저항하여 고부 관아를 습격하였다.

05

(가) 인물에 대한 설명으로 옳은 것은? [1점]

선 고 서

고부 군수 조병갑이 부임하여 학정을 행하니 (가) 은/는 그 무리를 이끌고 고부 관아의 창고를 털어 곡식을 농민에게 나누어 주었다. …… 무장에서 일어나 장성에 이르러 관군을 격파하고, 밤낮없이 행군하여 전주성에 들어가니 전라 감사는 이미 도망하였다. …… 위에 기록한 사실은 피고와 공모자 손화중 등이 자백한 공초, 압수한 증거에 근거한 것이니 이에 피고 (가) 을/를 사형에 처한다.

① 단발령 시행에 반발하여 의병을 일으켰다.
② 우금치에서 일본군 및 관군에 맞서 싸웠다.
③ 동학의 2대 교주로 교조 신원 운동을 주도하였다.
④ 명동 성당 앞에서 이완용을 습격하여 중상을 입혔다.
⑤ 13도 창의군을 지휘하여 서울 진공 작전을 전개하였다.

06

(가)에 들어갈 내용으로 가장 적절한 것은? [2점]

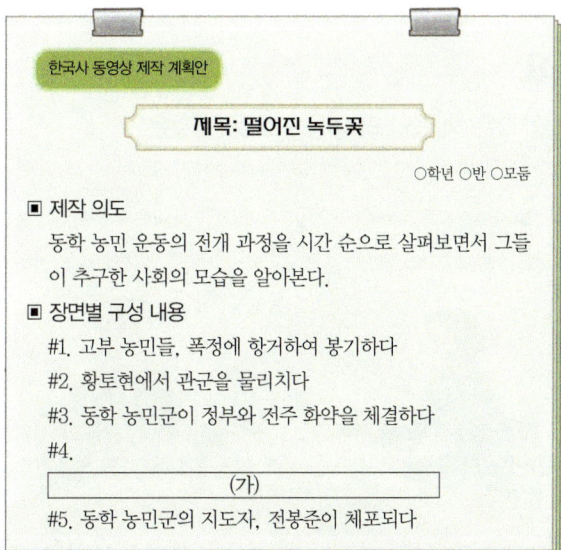

① 최시형이 동학의 2대 교주가 되다
② 백산에서 집결하여 4대 강령을 발표하다
③ 우금치에서 관군과 일본군에 맞서 싸우다
④ 황룡촌 전투에서 장태를 이용하여 승리하다
⑤ 서울에서 교조 신원을 위한 복합 상소를 올리다

07

(가) 운동에 대한 설명으로 옳은 것은? [1점]

① 을사늑약에 반발하여 봉기하였다.
② 백낙신의 탐학이 발단이 되어 일어났다.
③ 집강소를 중심으로 폐정 개혁안을 실천하였다.
④ 유계춘을 중심으로 봉기하여 진주성을 점령하였다.
⑤ 홍의장군으로 불린 곽재우가 의병장으로 활약하였다.

08

밑줄 그은 '개혁안'의 내용으로 옳은 것은? [1점]

① 탐관오리를 징계하여 쫓아낼 것
② 국가의 모든 재정을 호조에서 관할할 것
③ 의정부와 각 아문의 직무 권한을 명확히 할 것
④ 죄인 외의 친족에게 연좌율을 일체 적용하지 말 것
⑤ 외국에 의존하지 말고 관민이 협력하여 전제 황권을 공고히 할 것

09

(가) 인물에 대한 설명으로 옳은 것은? [2점]

> 심문자: 재차 기포(起包)한 것을 일본 군사가 궁궐을 침범하였다고 한 까닭에 다시 일어났다 하니, 다시 일어난 후에는 일본 병사에게 무슨 행동을 하려 하였느냐.
> 진술자: 궁궐을 침범한 연유를 힐문하고자 하였다.
> 심문자: 그러면 일본 병사나 각국 사람이 경성에 머물고 있는 자를 내쫓으려 하였느냐.
> 진술자: 그런 것이 아니라 각국인은 다만 통상만 하는데 일본인은 병사를 거느리고 경성에 진을 치고 있으므로 우리나라 영토를 침략하는가 하고 의아해한 것이다.
> - 「(가) 공초」 -

① 을사늑약에 반대하여 의병을 일으켰다.
② 독립 협회를 창립하고 독립문을 세웠다.
③ 지부복궐척화의소를 올려 왜양일체론을 주장하였다.
④ 13도 창의군을 지휘하여 서울 진공 작전을 전개하였다.
⑤ 보국안민을 기치로 우금치에서 일본군 및 관군과 맞서 싸웠다.

10

(가) 시기에 있었던 사실로 옳은 것은? [2점]

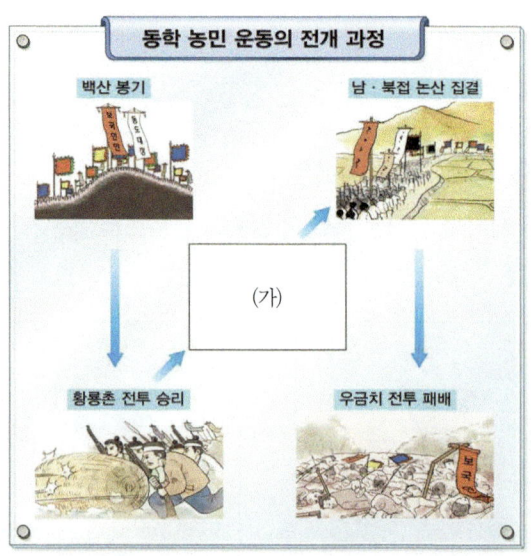

① 정부와 농민군 사이에 전주 화약이 체결되었다.
② 교조 신원을 요구하는 삼례 집회가 개최되었다.
③ 농민군이 황토현 전투에서 관군에게 승리하였다.
④ 사태 수습을 위해 이용태가 안핵사로 파견되었다.
⑤ 전봉준이 농민들을 이끌고 고부 관아를 습격하였다.

기출테마 34 갑오개혁과 을미개혁

외우는 핵심 키워드

제1차 갑오개혁

과정	• 제1차 김홍집 친일 내각 성립 • 교정청 폐지, 군국기무처 설치	
개혁 내용	정치	• 개국 기년 사용, 청의 종주권 부인 • 왕실과 정부 사무 분리 • 육조를 80아문으로 개편 • 과거제 폐지 • 경무청 설치
	경제	• 탁지아문으로 재정 일원화 • 은 본위 화폐 제도 • 조세 금납제 • 도량형 통일 • 일본 화폐의 통용 허용
	사회	• 공·사 노비법 폐지 • 조혼 금지, 과부 재가 허용 • 고문과 연좌제 폐지 • 인신매매 금지

제2차 갑오개혁

과정	• 제2차 김홍집·박영효 친일 연립 내각 성립 • 군국기무처 폐지 • 독립서고문, 홍범 14조 반포	
개혁 내용	정치	• 80아문 → 7부, 8도 → 23부 • 사법권과 행정권 분리 • 재판소 설치
	교육	• 교육입국조서 반포 • 한성사범학교 설립
	군무	• 훈련대·시위대 설치 • 근대적 군사·경찰제도 확립

을미개혁

과정	• 명성황후 시해(을미사변) • 을미의병과 아관파천으로 개혁 중단
개혁 내용	• 단발령 실시　　• 연호 건양 사용 • 종두법 실시　　• 소학교 설립 • 태양력 사용　　• 우편 제도 실시 • 친위대·진위대 설치

외우는 빈출 선지

- 과거제를 폐지하였다. → 제1차 갑오개혁
- 태양력을 시행하였다. → 을미개혁
- 교육 입국 조서를 반포하였다. → 제2차 갑오개혁
- 재판소를 설치하여 사법권을 독립시켰다. → 제2차 갑오개혁
- 지방 행정 구역을 8도에서 23부로 개편하였다. → 제2차 갑오개혁
- 청의 연호를 쓰지 않고 개국기년을 사용하였다. → 제1차 갑오개혁
- 공사 노비법을 혁파하였다. → 제1차 갑오개혁
- 과부의 재가를 허용하였다. → 제1차 갑오개혁
- 건양이라는 독자적인 연호를 사용하였다. → 을미개혁
- 행정 기구를 6조에서 80아문으로 개편하였다. → 제1차 갑오개혁
- 군국기무처를 설치하여 근대적 개혁을 추진하였다. → 제1차 갑오개혁
- 연좌제를 금지하였다. → 제1차 갑오개혁

01

다음 사건 이후 추진된 개혁의 내용으로 옳은 것은? [2점]

> 일본군의 엄호 속에 사복 차림의 일본인들이 건청궁으로 침입하였다. 그들은 왕과 왕후의 처소로 달려가 몇몇 왕과 왕태자의 측근들을 붙잡았고, 다른 자들은 왕후의 침실로 향하였다. 폭도들이 달려들자 궁내부 대신이 왕후를 보호하기 위해 두 팔을 벌려 앞을 가로막아 섰다. …… 의녀가 나서서 손수건으로 죽은 왕후의 얼굴을 덮어 주었다.

① 과거제를 폐지하였다.
② 태양력을 시행하였다.
③ 육영 공원을 설립하였다.
④ 공사 노비법을 혁파하였다.
⑤ 통리기무아문을 설치하였다.

02

(가)에 들어갈 내용으로 옳은 것은? [2점]

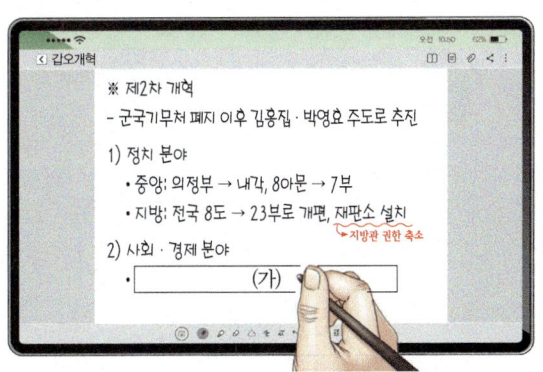

① 지계 발급　　② 태양력 사용
③ 한성순보 발행　　④ 공사 노비법 폐지
⑤ 교육 입국 조서 반포

03

다음 대화 이후에 전개된 사실로 옳은 것을 <보기>에서 고른 것은? [2점]

군국기무처 의안에서 공노비와 사노비에 대한 법을 폐지한다는 내용을 보았다. 그대로 시행하도록 하라.

분부를 받들겠습니다.

보 기

ㄱ. 별기군이 창설되었다.
ㄴ. 한성순보가 발행되었다.
ㄷ. 교육 입국 조서가 반포되었다.
ㄹ. 재판소를 설치하여 사법권을 독립시켰다.

① ㄱ, ㄴ ② ㄱ, ㄷ ③ ㄴ, ㄷ
④ ㄴ, ㄹ ⑤ ㄷ, ㄹ

05

(가)~(다)를 발표된 순서대로 옳게 나열한 것은? [3점]

(가) 1. 문벌, 양반과 상인들의 등급을 없애고 귀천에 관계없이 인재를 선발하여 등용한다.
  1. 공노비와 사노비에 관한 법을 일체 혁파하고 사람을 사고파는 일을 금지한다.

(나) 1. 청나라에 의존하는 생각을 끊어 버리고 자주 독립의 기초를 튼튼히 세운다.
  1. 왕실 사무와 국정 사무는 반드시 분리시켜 서로 뒤섞지 않는다.

(다) 대군주 폐하께서 내리신 조칙에서 "짐이 신민(臣民)에 앞서 머리카락을 자르니, 너희들은 짐의 뜻을 잘 본받아 만국과 나란히 서는 대업을 이루라."라고 하셨다.

① (가) - (나) - (다) ② (가) - (다) - (나)
③ (나) - (가) - (다) ④ (나) - (다) - (가)
⑤ (다) - (나) - (가)

04

밑줄 그은 '개혁'의 내용으로 옳은 것은? [3점]

그동안 국정 논의를 주도한 군국기무처가 폐지되었다는군.

그렇다네. 이제는 김홍집과 박영효가 주도하는 내각에서 여러 개혁을 추진한다는군.

① 통리기무아문과 12사를 설치하였다.
② 지방 행정 구역을 8도에서 23부로 개편하였다.
③ 청의 연호를 쓰지 않고 개국기년을 사용하였다.
④ 공사 노비법을 혁파하고 과부의 재가를 허용하였다.
⑤ 6조에서 8아문으로 개편하고 과거제를 폐지하였다.

06

다음 대화에 나타난 상황 이후의 사실로 옳은 것은? [3점]

며칠 전 러시아, 프랑스, 독일의 압력으로 일본이 청에 랴오둥반도를 반환했다는 소식 들었는가?

들었네. 우리도 이 기회에 러시아를 이용하여 일본의 간섭에서 벗어날 방도를 찾아야 할 것이네.

① 조청 상민 수륙 무역 장정을 체결하였다.
② 건양이라는 독자적인 연호를 사용하였다.
③ 행정 기구를 6조에서 8아문으로 개편하였다.
④ 군국기무처를 설치하여 근대적 개혁을 추진하였다.
⑤ 영국이 러시아를 견제하기 위해 거문도를 점령하였다.

07

밑줄 그은 '개혁'의 내용으로 옳지 <u>않은</u> 것은? [3점]

얼마 전에 정부가 교정청을 폐지하고 군국기무처를 설치하여 대대적인 개혁을 단행했다는군.

은본위제 채택을 포함한 여러 안건을 처리했다고 들었네.

① 과거제를 폐지하였다.
② 연좌제를 금지하였다.
③ 공사 노비법을 혁파하였다.
④ 과부의 재가를 허용하였다.
⑤ 건양이라는 연호를 채택하였다.

08

(가)~(다)를 일어난 순서대로 옳게 나열한 것은? [3점]

(가) 왕이 경복궁을 나오니 이범진, 이윤용 등이 러시아 공사관으로 옮기게 하였다. 김홍집 등이 군중에게 살해되자 유길준, 장박 등은 도주하였다.

(나) 오늘 대군주 폐하께서 내리신 조칙에서 "짐이 신민(臣民)에 앞서 머리카락을 자르니, 너희들은 짐의 뜻을 잘 본받아 만국과 나란히 서는 대업(大業)을 이루라."라고 하셨다.

(다) 광화문을 통해 들어온 일본 병사들은 건청궁으로 침입하였다. …… 일본 장교는 흉악한 일본 자객들이 왕후를 수색하는 것을 도왔다. 자객들은 여러 방을 샅샅이 뒤졌고 마침내 왕후를 찾아내어 시해하였다.

① (가) - (나) - (다)
② (가) - (다) - (나)
③ (나) - (가) - (다)
④ (나) - (다) - (가)
⑤ (다) - (나) - (가)

09

밑줄 그은 '내각'에서 추진한 정책으로 옳은 것은? [2점]

이번에 새로 구성된 내각에서 태양력을 채택했다고 하더군.

나도 들었네. 올해 11월 17일을 새해 1월 1일로 삼는다는군. 이번 조치로 한동안 혼란이 있을 것 같네.

① 건양이라는 연호를 제정하였다.
② 전국 8도를 23부로 개편하였다.
③ 황제 직속의 원수부를 설치하였다.
④ 박문국을 설치하여 한성순보를 발행하였다.
⑤ 공사 노비법을 혁파하고 과거제를 폐지하였다.

10

(가) 기구에 대한 설명으로 옳은 것은? [2점]

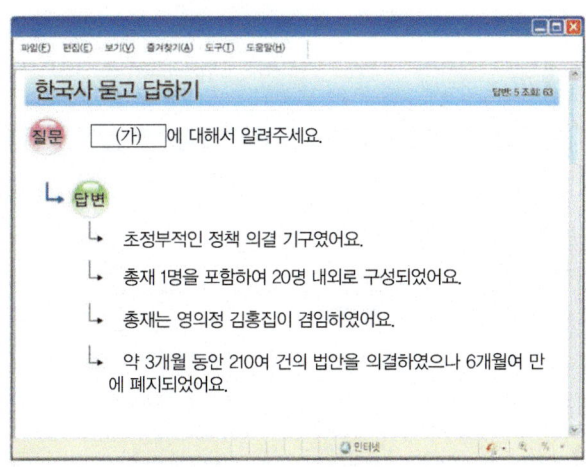

한국사 묻고 답하기

질문   (가) 에 대해서 알려주세요.

답변
- 초정부적인 정책 의결 기구였어요.
- 총재 1명을 포함하여 20명 내외로 구성되었어요.
- 총재는 영의정 김홍집이 겸임하였어요.
- 약 3개월 동안 210여 건의 법안을 의결하였으나 6개월여 만에 폐지되었어요.

① 공사 노비법의 폐지를 결정하였다.
② 임술 농민 봉기를 계기로 설치되었다.
③ 조광조를 비롯한 사림의 건의로 혁파되었다.
④ 임진왜란을 거치면서 국정 최고 기구로 자리 잡았다.
⑤ 소속 부서로 교린사, 군무사, 통상사 등의 12사를 두었다.

기출테마 35 독립 협회와 대한 제국

외우는 핵심 키워드

독립협회

독립신문 창간	• 서재필 창간 • 우리나라 최초의 민간 신문 • 한글판, 영문판 간행	• 독립협회 기관지 • 띄어쓰기 실시
독립 협회 설립	• 자주 국권, 자강 개혁, 자유 민권 • 강연회, 토론회 개최 • 민중의 정치 의식과 민권 사상 고취 • 모화관을 독립관으로 개수 • 영은문 부근에 독립문 건립	
만민 공동회 개최	• 박정양 진보 내각 출범 • 러시아 절영도 조차 요구 저지 • 한·러 은행 폐쇄	
관민 공동회 개최	• 의회 설립 운동 • 의회식 중추원 신관제 반포 • 헌의 6조 결의	
독립 협회 해체	• 왕정을 폐지하고 공화정을 실시하려 한다는 보수파의 모함 • 황국협회를 이용한 보수 세력의 탄압·해산	

대한제국

- 아관파천 : 을미사변(명성황후 시해) 후 고종의 러시아 공사관 피신
- 대한제국 수립 : 경운궁으로 환궁 후 환구단에서 황제 즉위식 거행
- 국호 : 대한제국, 연호 : 광무

광무개혁

- 점진적 개혁 : 갑오·을미 개혁의 급진성 비판
- 복고주의적 개혁 : 구본신참

정치면	• 대한국 국제 반포 • 간도 관리사 이범윤 임명 • 울릉도의 독도 관할(대한제국 칙령 제41호)	• 원수부 설치(황제권 강화)
경제면	• 양지아문 설치, 지계(토지증서) 발급 • 내장원의 재정업무 관할 • 황실 공장 및 민간 회사 설립 지원 • 실업학교 및 기술교육기관 설립	
사회면	• 종합병원 광제원 설치 • 신교육령 발표 • 교통·통신·전기·의료 등 근대 시설 확충	• 무관학교 설립

외우는 빈출 선지

- 양전 사업이 실시되어 지계가 발급되었다. → **광무개혁**
- 간도 관리사로 임명되는 관료 → **대한제국**
- 을미사변이 일어났다. → **아관파천 원인**
- 러일 전쟁이 발발하였다. → **대한제국**
- 한일 신협약이 체결되었다. → **대한제국**
- 용암포 사건이 발생하였다. → **대한제국**

- 영은문이 있던 자리 부근에 독립문을 건립하였다. → **독립협회**
- 관민 공동회에서 결의한 헌의 6조 내용을 분석한다. → **독립협회**
- 대한 제국 황제 즉위식이 거행되었다. → **환구단**
- 중추원 개편을 통해 의회 설립을 추진하였다. → **독립협회**
- 황제 직속의 원수부를 설치하였다. → **광무개혁**
- 독립 협회의 제안을 받아들여 중추원 관제 개편을 추진하였다. → **박정양**

01

다음 자료에 나타난 사건이 발생한 배경으로 옳은 것은? [1점]

> 발신: 고무라(일본국 변리공사)
> 수신: 사이온지(일본국 외무대신)
>
> 지난 11일 새벽, 대군주는 급히 외국 공사관에 피신해야 한다는 거짓 밀고를 받았음. 대군주는 몹시 두려워하여 마침내 왕태자와 함께 궁녀들이 타는 가마를 타고 경계의 허술함을 틈타 밖으로 나와 러시아 공사관으로 이어하였으나, 조금도 이를 저지하는 사람이 없었음.

① 을미사변이 일어났다.
② 원수부가 설치되었다.
③ 러일 전쟁이 발발하였다.
④ 한일 신협약이 체결되었다.
⑤ 용암포 사건이 발생하였다.

02

밑줄 그은 '개혁'에 대한 설명으로 옳은 것은? [1점]

> 구본신참을 원칙으로 추진된 개혁에 대해 말해 보자.
> 상공업 진흥에 필요한 인재를 양성하기 위해 상공 학교를 세웠어.
> 양전 사업을 실시하여 지계를 발급했어.

① 과거제를 폐지하였다.
② 홍범 14조를 반포하였다.
③ 공사 노비법을 혁파하였다.
④ 전국 8도를 23부로 개편하였다.
⑤ 황제 직속의 원수부를 설치하였다.

03

밑줄 그은 '개혁'의 내용으로 옳은 것은? [1점]

지난 시간에는 고종이 황제로 즉위한 이후 추진한 개혁을 배웠습니다. 이 화면에는 여러분이 수업 후 기억에 남는 용어를 입력한 결과가 나타나 있습니다. 입력 빈도가 높을수록 큰 글씨로 표시됩니다.

원수부
내장원 탑골공원
구본신참 전제군주제
양무호 상공학교
대한천일은행

① 5군영에서 2영으로 군제를 개편하였다.
② 양전 사업을 시행하여 지계를 발급하였다.
③ 박문국을 설치하여 한성순보를 발행하였다.
④ 개혁의 방향을 제시한 홍범 14조를 반포하였다.
⑤ 서양식 근대 교육 기관인 육영 공원을 설립하였다.

04

다음 대화 이후에 전개된 사실로 옳은 것은? [2점]

며칠 전 폐하께서 환구단에 나아가 황제로 즉위하셨다는 소식 들었는가?

들었네. 어제는 국호를 대한으로 선포하셨다고 하더군.

① 전환국이 설치되었다.
② 혜상공국이 설립되었다.
③ 보빙사가 미국에 파견되었다.
④ 조청 상민 수륙 무역 장정이 체결되었다.
⑤ 양전 사업이 실시되어 지계가 발급되었다.

05

(가) 단체에 대한 설명으로 옳은 것은? [1점]

이달의 독립운동가

국권을 지키기 위해 노력한 남궁억

• 생몰년: 1893~1939
• 생애 및 활동
 서울 정동에서 태어났다. 동문학에서 교육을 받았다. 1896년 서재필 등과 함께 (가) 을/를 창립하여 활동하였다. (가) 의 의회 설립 운동이 공화제를 수립하려는 것이라는 의심을 받아 이상재 등과 함께 체포되었다. 러시아와 일본의 한국 침략을 고발하는 논설과 기사를 실은 황성신문 사장을 역임하였다. 정부는 그의 공훈을 기려 건국훈장 독립장을 추서하였다.

① 고종의 강제 퇴위 반대 운동을 전개하였다.
② 일제가 조작한 105인 사건으로 와해되었다.
③ 영은문이 있던 자리 부근에 독립문을 건립하였다.
④ 광주 학생 항일 운동의 진상 조사단을 파견하였다.
⑤ 독립 운동 자금 마련을 위해 독립 공채를 발행하였다.

06

밑줄 그은 '관계'가 발급되던 시기에 볼 수 있는 모습으로 가장 적절한 것은? [2점]

이제 지계사무(地契事務)를 강원도에서 실시하여 영동은 울진군부터 시작하고, 영서는 춘천군부터 시작하여 토지를 개량(改量)한 후 관계(官契)를 발급합니다. 서울과 지방을 막론하고 전답가사(田畓家舍)를 강원도에 두고 있는 인민은 구권(舊券)을 가지고 음력 8월 15일 내로 토지가 있는 군에 가서 관계로 바꾸어 가시기 바랍니다.

광무 ○년 ○○월 ○○일 지계아문

① 영남 만인소에 동참하는 유생
② 원수부에서 업무를 처리하는 관리
③ 남연군 묘를 도굴하려는 독일 상인
④ 제너럴 셔먼호를 불태우는 평양 관민
⑤ 통신사를 수행해 일본으로 가는 역관

07

다음 자료를 활용한 탐구 활동으로 가장 적절한 것은? [2점]

> 제1조 중추원은 아래에 열거한 사항을 심사하고 의정(議定)하는 곳으로 할 것이다.
>   1. 법률, 칙령의 제정과 폐지 혹은 개정하는 것에 관한 사항
>   2. 의정부에서 토의를 거쳐 임금에게 상주(上奏)하는 일체 사항
>
> 제3조 의장은 대황제 폐하가 글로 칙수(勅授)하고, 부의장은 중추원에서 공천에 따라 폐하가 칙수하며, 의관은 그 절반은 정부에서 나라에 공로가 있었던 사람을 회의에서 상주하여 추천하고 그 절반은 인민협회(人民協會) 중에서 27세 이상 되는 사람이 정치, 법률, 학식에 통달한 자를 투표해서 선거할 것이다.

① 105인 사건의 영향을 알아본다.
② 사창제 실시의 배경을 파악한다.
③ 13도 창의군의 활동을 검색한다.
④ 헤이그에 특사를 파견한 목적을 조사한다.
⑤ 관민 공동회에서 결의한 헌의 6조 내용을 분석한다.

08

밑줄 그은 '협회'에 대한 설명으로 옳은 것은? [2점]

① 대성 학교와 오산 학교를 설립하였다.
② 고종 강제 퇴위 반대 운동을 주도하였다.
③ 일본의 황무지 개간권 요구를 저지하였다.
④ 중추원 개편을 통해 의회 설립을 추진하였다.
⑤ 일본에 진 빚을 갚자는 국채 보상 운동을 전개하였다.

09

(가) 시기에 볼 수 있는 모습으로 적절한 것은? [3점]

① 간도 관리사로 임명되는 관료
② 영화 아리랑을 관람하는 청년
③ 육영 공원에서 영어를 배우는 학생
④ 제너럴 셔먼호를 불태우는 평양 관민
⑤ 조사 시찰단으로 일본에 파견되는 통역관

10

다음 인물에 대한 설명으로 옳은 것은? [2점]

역사 인물 카드

- 생몰 : 1841년~1905년
- 시호 : 문익(文翼)
- 주요 활동
  - 조사 사찰단으로 일본 파견
  - 초대 주미 공사 부임
  - 호조 판서, 한성부 판윤 역임
  - 군국기무처 부총재 겸임
- 저서 : 일본내무성시찰기, 미속습유 등

① 샌프란시스코에서 흥사단을 창립하였다.
② 고종의 밀지를 받아 독립 의군부를 조직하였다.
③ 조선 광문회를 조직하여 민족 고전을 간행하였다.
④ 13도 창의군을 결성하여 서울 진공 작전을 전개하였다.
⑤ 독립 협회의 제안을 받아들여 중추원 관제 개편을 추진하였다.

기출테마 36 항일 의병과 애국 계몽 운동

외우는 핵심 키워드

항일 의병 투쟁	
을미의병 (1895)	• 최초의 항일 의병 • 명성황후 시해와 단발령 계기 • 유인석, 이소응의 충주성 점령 • 고종의 해산 권고 조칙 후 자진 해산 • 활빈당 활동
을사의병 (1905)	• 을사늑약의 폐기와 친일 내각 타도 • 민종식: 관리 출신, 홍주성(홍성) 점령 • 최익현: 태인에서 거병, 쓰시마 섬에서 순국 • 신돌석: 평민 의병장
정미의병 (1907)	• 고종의 강제 퇴위와 군대 해산 계기 • 해산 군인들의 의병 합류
13도 창의군 (1907. 12)	• 총대장: 유인영, 군사장: 허위 • 국제법상 교전 단체 승인 요청 • 서울 진공 작전 전개

애국 계몽 운동	
보안회 (1904)	일제의 황무지 개간권 요구 저지
헌정 연구회 (1905)	• 입헌 군주제 수립 목적 • 일진회의 반민족 행위 규탄 중 해산
대한 자강회 (1906)	• 장지연, 윤치호 등 참여 • 고종의 강제 퇴위 반대 운동 • 통감부의 탄압으로 해산
대한 협회 (1907)	• 대한 자강회 계승 • 한·일 병합 조약 이후 해체
신민회 (1907)	• 조직: 비밀 결사 단체 • 구성: 안창호, 양기탁 등 • 목적: 국권 회복과 공화정체의 국민 국가 건설 • 학교 설립: 대성학교, 오산학교 • 산업 활동: 태극서관, 자기회사 • 독립 활동: 남만주(서간도) 삼원보에 경학사 설립, 신흥 강습소 설립 • 기관지: 대한매일신보 • 해체: 105인 사건

외우는 빈출 선지

- 입헌 군주제 수립을 목표로 하였다. → 헌정 연구회
- 대성 학교와 오산 학교를 설립하여 민족 교육을 실시하였다. → 신민회
- 관군에게 체포되어 쓰시마섬에서 순국하였다. → 최익현
- 일제가 조작한 105인 사건으로 외해되었다. → 신민회
- 대성 학교를 설립하여 민족 교육을 실시하였다. → 안창호
- 13도 창의군을 이끌고 서울 진공 작전을 전개하였다. → 이인영, 허위
- 단발령의 시행에 반발하여 봉기하였다. → 을미의병
- 민종식이 이끈 부대가 홍주성을 점령하였다. → 을사의병
- 국제법상 교전 단체로 승인해 줄 것을 요구하였다. → 정미의병
- 의병 부대가 연합하여 서울 진공 작전을 전개하였다. → 정미의병
- 고종의 해산 권고 조칙에 따라 해산하였다. → 을미의병
- 양주에 집결하여 서울 진공 작전을 전개하였다. → 13도 창의군
- 태극 서관과 자기 회사를 운영하였다. → 신민회
- 일본의 황무지 개간권 요구를 저지하였다. → 보안회
- 고종의 강제 퇴위 반대 운동을 전개하였다. → 대한 자강회

01

다음 방송에서 소개하는 인물에 대한 설명으로 옳은 것은? [2점]

① 국문 연구소의 위원으로서 국문 연구에 힘썼다.
② 대성 학교를 설립하여 민족 교육을 실시하였다.
③ 도쿄에서 일왕이 탄 마차를 향해 폭탄을 던졌다.
④ 한국독립운동지혈사에서 독립 투쟁을 서술하였다.
⑤ 13도 창의군을 이끌고 서울 진공 작전을 전개하였다.

02

다음 자료에 나타난 사건 이후의 사실로 옳은 것은? [2점]

> 해산 결의 이틀 전 오전에 군부 대신과 하세가와 대장이 통감부에 모여 현재 한국 군대를 해산하기로 결정한 결과로, 같은 날 오후 9시 40분에 총리와 법부 대신이 황제에게 아뢴 후에 조칙을 반포하였더라.
>
> – 대한매일신보 –

① 민영환, 조병세 등이 자결로써 항거하였다.
② 13도 창의군이 서울 진공 작전을 전개하였다.
③ 메가타가 주도한 화폐 정리 사업이 시작되었다.
④ 고종이 헤이그 만국 평화 회의에 특사를 파견하였다.
⑤ 구식 군대가 난을 일으켜 일본 공사관을 습격하였다.

03

(가) 단체의 활동으로 옳은 것은? [2점]

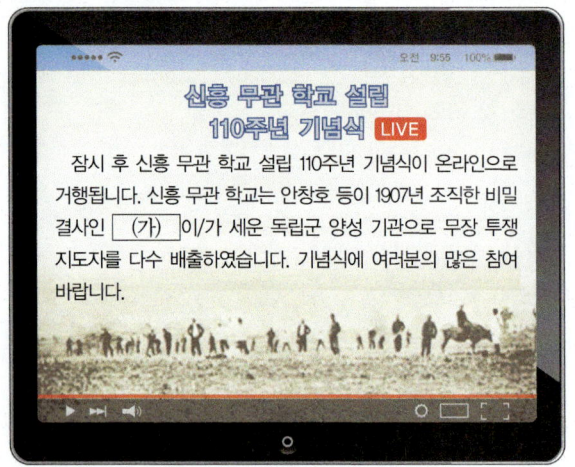

① 한글 맞춤법 통일안을 제정하였다.
② 조선 혁명 선언을 활동 지침으로 하였다.
③ 농촌 계몽을 위한 브나로드 운동을 전개하였다.
④ 독립운동 자금을 마련하기 위해 독립 공채를 발행하였다.
⑤ 대성 학교와 오산 학교를 설립하여 민족 교육을 실시하였다.

04

다음 상황이 나타난 시기를 연표에서 옳게 고른 것은? [2점]

□□신보
제△△호   ○○○○년 ○○월 ○○일
한국 창의병대가 일본 원정대를 몰살하다

지금 서울 근처 각 지방에 의병이 많이 모여 서울을 치고자 하는 모양인데, 수효는 얼마나 되는지 알 수 없으나 한 곳에는 800명 정도 된다고 한다. 해산된 한국 군인들이 선봉이 되어 기동하는데 곳곳의 철로와 전선을 끊고 일본 순검이나 철로와 전보국의 사무원을 만나는 대로 죽인다 하며 …… 녹도 땅에 의병을 치러 갔던 일본 원정대는 처참하게 몰살되었다고 한다.

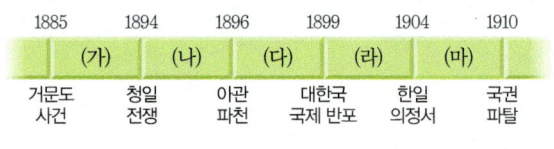

① (가) ② (나) ③ (다) ④ (라) ⑤ (마)

05

다음 자료를 활용한 탐구 활동으로 가장 적절한 것은? [1점]

○ 신(臣) 등이 들은 말에 의하면 일전에 외부(外部)에서 산림과 원야(原野)와 진황지(陳荒地)를 50년 기한으로 일본인에게 빌려주는 일을 정부에 청의(請議)하여 도하(都下)의 인심이 매우 술렁거리고 있습니다.
— 『해학유서』 —

○ 종로에서 송수만, 심상진 씨 등이 각 부(府)·부(部)·원(院)·청(廳)과 각 대관가(大官家)에 알리노라. 지금 산림과 하천 및 못, 원야, 황무지를 일본인이 청구하니, 국가의 존망과 인민의 생사가 경각에 달려 있노라.
— 황성신문 —

① 105인 사건의 영향을 조사한다.
② 보안회의 활동 내용을 파악한다.
③ 독립문이 건립된 과정을 살펴본다.
④ 조선 형평사의 설립 목적을 검색한다.
⑤ 황국 중앙 총상회의 활동을 파악한다.

06

밑줄 그은 '이 단체'에 대한 설명으로 옳은 것은? [2점]

① 일제가 조작한 105인 사건으로 와해되었다.
② 파리 강화 회의에 독립 청원서를 제출하였다.
③ 만민 공동회를 열어 민권 신장을 추구하였다.
④ 독립운동 자금 마련을 위해 독립 공채를 발행하였다.
⑤ 어린이 등의 잡지를 발간하여 소년 운동을 주도하였다.

07

(가) 단체에 대한 설명으로 옳은 것을 <보기>에서 고른 것은? [3점]

이것은 평양에 있던 대성 학교의 교직원과 학생들을 촬영한 사진입니다. 이 학교는 안창호, 양기탁 등이 조직한 (가) 이/가 설립하였습니다.

보 기

ㄱ. 태극 서관을 운영하였다.
ㄴ. 105인 사건으로 와해되었다.
ㄷ. 이륭양행에 교통국을 설치하였다.
ㄹ. 입헌 군주제 수립을 목표로 하였다.

① ㄱ, ㄴ
② ㄱ, ㄷ
③ ㄴ, ㄷ
④ ㄴ, ㄹ
⑤ ㄷ, ㄹ

08

(가)~(다) 학생이 발표한 내용을 일어난 순서대로 옳게 나열한 것은? [2점]

주제: 항일 의병 운동의 전개

(가) 을사늑약 체결에 반대하여 최익현, 신돌석 등이 의병을 일으켰어요.
(나) 을미사변과 단발령 시행에 반발하여 유인석, 이소응 등 유생들의 주도하에 일어났어요.
(다) 13도 창의군이 결성되어 서울 진공 작전을 펼쳤어요.

① (가) - (나) - (다)
② (가) - (다) - (나)
③ (나) - (가) - (다)
④ (나) - (다) - (가)
⑤ (다) - (나) - (가)

09

밑줄 그은 '의병'에 대한 설명으로 옳은 것은? [1점]

이곳은 의암 유인석의 위패가 모셔져 있는 충청북도 제천의 자양영당입니다. 이곳에서 유인석은 국모의 원수를 갚고 전통을 보전한다는 복수보형(復讐保形)을 기치로 8도의 유림을 모아 의병을 일으키려는 비밀 회의를 열었습니다.

① 단발령의 시행에 반발하여 봉기하였다.
② 민종식이 이끈 부대가 홍주성을 점령하였다.
③ 국제법상 교전 단체로 승인해 줄 것을 요구하였다.
④ 의병 부대가 연합하여 서울 진공 작전을 전개하였다.
⑤ 조선 총독부에 국권 반환 요구서를 제출하고자 하였다.

10

다음 취지서를 발표한 단체의 활동으로 옳은 것은? [2점]

나라의 독립은 오직 자강(自强)의 여하에 달려 있을 뿐이다. 우리나라가 예전부터 자강할 방법을 배우지 않아 인민이 저절로 우매해지고 국력이 쇠퇴의 길로 나아가, 마침내 오늘날의 어려운 처지에 이르러 끝내는 다른 나라의 보호를 받게 되었다. 이는 모두 자강할 방법에 뜻을 두지 않았기 때문이다. 이러함에도 불구하고 완고함과 게으름으로 말미암아 자강의 방도에 힘쓸 생각을 하지 않으면 끝내는 멸망에 다다를 뿐이니 ······

① 고종의 강제 퇴위 반대 운동을 전개하였다.
② 중추원 개편을 통한 의회 설립을 추진하였다.
③ 가갸날을 제정하고 기관지인 한글을 발행하였다.
④ 일본의 토지 약탈을 막고자 농광 회사를 설립하였다.
⑤ 대성 학교와 오산 학교를 세워 민족 교육을 실시하였다.

기출테마 37 열강의 이권 침탈과 경제 구국 운동

외우는 핵심 키워드

열강의 이권 침탈
- 러시아 : 경원·종성 광산 채굴권, 압록강·울릉도 산림 채벌권, 조·러 은행 설치권
- 일본 : 경인선 철도 부설권(미국으로부터 인수), 경부선·경원선 철도 부설권, 직산 금광 채굴권
- 미국 : 서울 시내 전차 부설권, 서울 시내 전기·수도 시설권, 운산 금광 채굴권
- 프랑스 : 경의선 철도 부설권(일본에 양도), 창성 금광 채굴권, 평양 무연탄 채굴권
- 영국 : 은산 금광 채굴권
- 독일 : 당현 금광 채굴권
- 청 : 황해도·평안도 연안 어획권, 인천–한성–의주 전선 가설권, 서울–부산 전선 가설권

상권 수호 운동(1898)
- 시전 상인 : 황국 중앙 총상회 설립, 서울 상권 수호
- 경강상인 : 증기선 도입, 운송권 회복 노력
- 관리, 객주, 보부상 : 대동상회, 장통상회

국채 보상 운동(1907)
- 재정 악화 : 일본의 차관 강요
- 경제 구국 운동 : 정부의 외채를 국민의 힘으로 상환
- 발의 : 대구 국민 대회에서 서상돈, 김광제 발의
- 국채 보상 기성회 : 금주·금연을 통한 차관 갚기 운동 전개
- 후원 : 대한매일신보
- 결과 : 통감부의 방해로 실패

외우는 빈출 선지

- 당현 금광 채굴권 → 독일
- 경부선 철도 부설권 → 일본
- 운산 금광 채굴권 → 미국
- 경인선 철도 부설권 → 일본
- 한성과 의주를 연결하는 전신 가설권 → 청
- 압록강, 두만강, 울릉도의 삼림 채벌권 → 러시아
- 황국 중앙 총상회의 주도로 전개되었다. → 상권 수호 운동
- 대한매일신보 등 당시 언론이 적극적으로 참여하였다. → 국채 보상 운동
- 대동 상회, 장통 상회를 설립하였다. → 관리·객주·보부상
- 금주·금연을 통한 차관 갚기 운동을 전개하였다. → 국채 보상 기성회
- 상권 수호를 위해 황국 중앙 총상회가 조직되었다. → 서울
- 김광제 등의 발의로 국채 보상 운동이 일어났다. → 대구
- 서상돈, 김광제 등의 발의로 본격화되었다. → 국채 보상 운동
- 일본이 차관을 강요하여 대한 제국의 재정을 악화시켰다. → 국채 보상 운동
- 상권 수호를 위해 황국 중앙 총상회를 조직하였다. → 시전 상인

01

(가)에 들어갈 민족 운동에 대한 설명으로 옳은 것은? [2점]

일본에서 도입한 차관을 갚기 위해 전개된 (가) 당시 15전부터 10원까지 성금을 보낸 50여 명의 명단을 보도한 대한매일신보 기사

① 회사령 폐지에 영향을 받았다.
② 김광제 등의 발의로 시작되었다.
③ 색동회가 주도적인 역할을 하였다.
④ 민족주의 계열과 사회주의 계열이 함께 준비하였다.
⑤ 중국, 프랑스 등의 노동 단체로부터 격려 전문을 받았다.

02

(가)~(마)에 들어갈 내용으로 옳지 않은 것은? [2점]

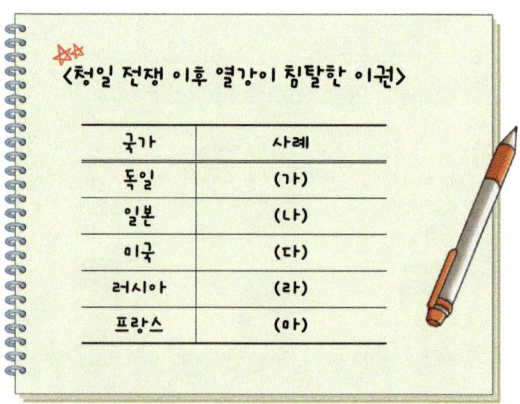

〈청일 전쟁 이후 열강이 침탈한 이권〉

국가	사례
독일	(가)
일본	(나)
미국	(다)
러시아	(라)
프랑스	(마)

① (가) – 당현 금광 채굴권
② (나) – 경부선 철도 부설권
③ (다) – 운산 금광 채굴권
④ (라) – 울릉도 삼림 채벌권
⑤ (마) – 경인선 철도 부설권

03

밑줄 그은 '이 운동'에 대한 설명으로 옳은 것은? [2점]

이것은 일제로부터 도입한 차관을 갚기 위해 일어난 이 운동을 기념하여 대구에 세운 조형물입니다. 개화 지식인, 상인, 여성이 엽전을 떠받치고 있는 모습으로 형상화되었습니다.

① 황국 중앙 총상회의 주도로 전개되었다.
② 러시아의 절영도 조차 요구에 반대하였다.
③ 조선 총독부의 방해와 탄압으로 실패하였다.
④ 대한매일신보 등 당시 언론이 적극적으로 참여하였다.
⑤ 일본, 프랑스 등의 노동 단체로부터 격려 전문을 받았다.

04

(가)~(라)에 들어갈 내용으로 옳은 것을 〈보기〉에서 고른 것은? [2점]

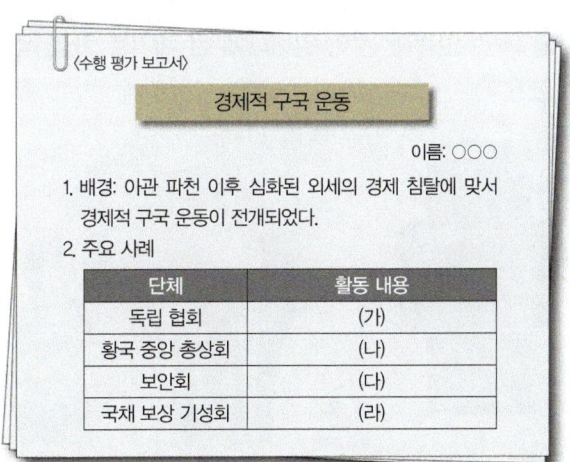

〈수행 평가 보고서〉

경제적 구국 운동

이름: ○○○

1. 배경: 아관 파천 이후 심화된 외세의 경제 침탈에 맞서 경제적 구국 운동이 전개되었다.
2. 주요 사례

단체	활동 내용
독립 협회	(가)
황국 중앙 총상회	(나)
보안회	(다)
국채 보상 기성회	(라)

〈보 기〉

ㄱ. (가) - 대동 상회, 장통 상회를 설립하였다.
ㄴ. (나) - 러시아의 절영도 조차 요구를 저지하였다.
ㄷ. (다) - 일제의 황무지 개간권 요구를 철회시켰다.
ㄹ. (라) - 금주·금연을 통한 차관 갚기 운동을 전개하였다.

① ㄱ, ㄴ ② ㄱ, ㄷ ③ ㄴ, ㄷ
④ ㄴ, ㄹ ⑤ ㄷ, ㄹ

05

(가)~(마) 지역에 있었던 사실로 옳은 것은? [2점]

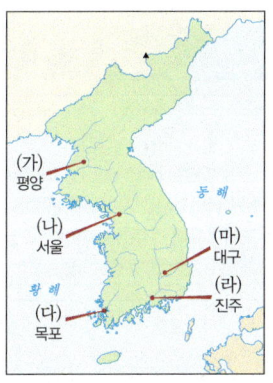

(가) 평양
(나) 서울
(다) 목포
(라) 진주
(마) 대구

① (가) - 지주 문재철의 횡포에 맞선 소작 쟁의가 발생하였다.
② (나) - 상권 수호를 위해 황국 중앙 총상회가 조직되었다.
③ (다) - 김광제 등의 발의로 국채 보상 운동이 일어났다.
④ (라) - 토산품 애용을 위한 조선 물산 장려회가 발족되었다.
⑤ (마) - 백정에 대한 차별 철폐를 위해 조선 형평사가 창립되었다.

06

(가)에 들어갈 민족 운동에 대한 설명으로 옳은 것은? [1점]

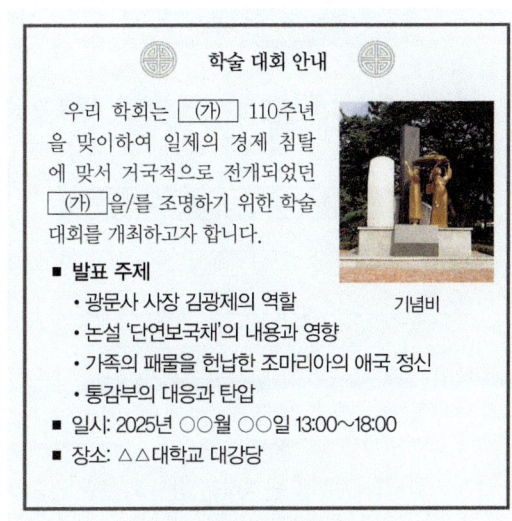

학술 대회 안내

우리 학회는 (가) 110주년을 맞이하여 일제의 경제 침탈에 맞서 거국적으로 전개되었던 (가) 을/를 조명하기 위한 학술 대회를 개최하고자 합니다.

■ 발표 주제
• 광문사 사장 김광제의 역할
• 논설 '단연보국채'의 내용과 영향
• 가족의 패물을 헌납한 조마리아의 애국 정신
• 통감부의 대응과 탄압
■ 일시: 2025년 ○○월 ○○일 13:00~18:00
■ 장소: △△대학교 대강당

기념비

① 평양에서 시작되어 전국으로 확산되었다.
② '조선 사람 조선 것' 등의 구호를 내세웠다.
③ 자작회, 토산 애용 부인회 등의 단체가 활동하였다.
④ 민족주의 진영과 사회주의 진영이 함께 준비하였다.
⑤ 대한매일신보 등 당시 언론이 적극적으로 참여하였다.

07

(가)에 대한 설명으로 옳은 것은? [2점]

지금까지 (가) 에게 한성부 관할 구역의 난전을 단속할 수 있도록 허용했던 금난전권을 폐지한다. 다만, 이번 조치에서 육의전은 제외한다.

① 청과의 후시 무역을 주도하였다.
② 전국에 송방이라는 지점을 설치하였다.
③ 주로 왜관을 중심으로 무역 활동을 하였다.
④ 포구에서의 중개·금융·숙박업에 주력하였다.
⑤ 상권 수호를 위해 황국 중앙 총상회를 조직하였다.

08

(가)~(라)에 들어갈 내용으로 적절한 것을 〈보기〉에서 고른 것은? [2점]

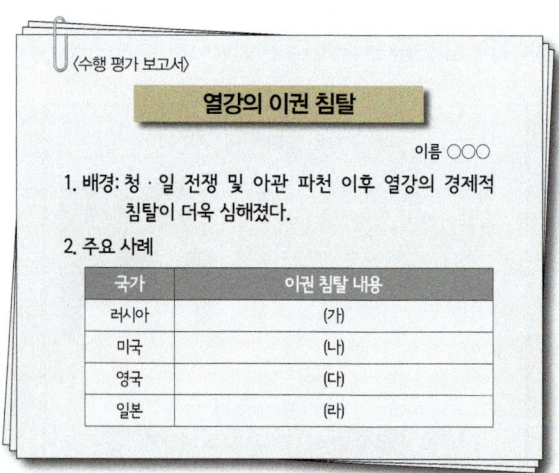

〈수행 평가 보고서〉
열강의 이권 침탈
이름 ○○○
1. 배경: 청·일 전쟁 및 아관 파천 이후 열강의 경제적 침탈이 더욱 심해졌다.
2. 주요 사례

국가	이권 침탈 내용
러시아	(가)
미국	(나)
영국	(다)
일본	(라)

〈보기〉
ㄱ. (가) - 한성과 의주를 연결하는 전신 가설권
ㄴ. (나) - 운산 금광 채굴권
ㄷ. (다) - 두만강 유역과 울릉도의 삼림 채벌권
ㄹ. (라) - 경부선 철도 부설권

① ㄱ, ㄴ   ② ㄱ, ㄷ   ③ ㄴ, ㄷ
④ ㄴ, ㄹ   ⑤ ㄷ, ㄹ

09

다음 자료에 해당하는 민족 운동에 대한 설명으로 옳은 것은? [2점]

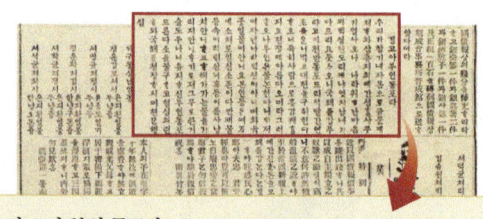

경고 아 부인 동포라

우리가 함께 여자의 몸으로 규문에 처하와 삼종지의에 간섭할 사무가 없사오나, 나라 위하는 마음과 백성 된 도리에야 어찌 남녀가 다르리오. 들사오니 국채를 갚으려고 이천만 동포들이 석 달간 연초를 아니 먹고 대전을 구취한다 하오니, 족히 사람으로 흥감케 할지요 진정에 아름다움이라 ······.

① 근우회의 주도로 전개되었다.
② 평양에서 시작되어 전국으로 확산되었다.
③ 조선 사람 조선 것 등의 구호를 내세웠다.
④ 러시아의 절영도 조차 요구를 저지시켰다.
⑤ 서상돈, 김광제 등의 발의로 본격화되었다.

10

밑줄 그은 '민족 운동'이 일어나게 된 계기로 가장 적절한 것은? [1점]

① 미국이 운산 금광 채굴권을 가져갔다.
② 프랑스가 경의선 철도 부설권을 획득하였다.
③ 일본이 차관을 강요하여 대한 제국의 재정을 악화시켰다.
④ 러시아가 압록강, 두만강, 울릉도의 삼림 채벌권을 차지하였다.
⑤ 중국이 조·청 상민 수륙 무역 장정으로 내지 통상권을 얻어냈다.

기출테마 38 근대 문물의 수용 및 발전

외우는 핵심 키워드

근대 시설

연도	내용
1883	• 기기창 : 근대식 무기 제조 • 박문국 : 근대식 인쇄 시설 • 전환국 : 근대식 화폐 발행
1884	• 우정총국 : 우편 업무
1885	• 광혜원(제중원) : 최초의 근대식 병원 • 서울–인천, 서울–의주 전선 가설 • 한성 전보 총국 : 전신 업무 시작
1887	• 한성 전기 회사 설립 • 경복궁에 전등 가설
1898	• 경운궁에 전화 설치
1899	• 서대문–청량리 전차 운행 • 경인선 개통 : 최초의 철도
1904	• 세브란스 병원 개원
1905	• 경부선과 경의선 개통

근대 신문

신문	내용	신문	내용
한성순보 (1883)	• 박문국 발간 최초의 신문 • 관보 성격의 순한문 신문 • 10일 주기 발간	대한매일신보 (1904)	• 영국인 베델과 양기탁 공동 창간 • 국한문판, 한글판, 영문판 간행 • 신민회 기관지 • 국채 보상 운동 후원
한성주보 (1886)	• 박문국 재설치 후 한성순보 속간 • 최초의 국한문 혼용 신문 • 최초의 상업광고 게재	만세보 (1906)	• 오세창 창간, 천도교 기관지 • 이인직의 혈의 누 연재
독립신문 (1896)	• 서재필 발행, 독립 협회 기관지 • 최초의 민간 신문 • 띄어쓰기 실시 • 순한글판과 영문판 간행	경향신문 (1906)	• 가톨릭 교회 기관지, 주간지 • 민족성 강조
매일신문 (1898)	• 최초의 순한글 일간지 • 독립 협회 해산으로 폐간	대한민보 (1909)	• 대한협회 기관지 • 일진회 기관지인 국민신보에 대항
황성신문 (1898)	• 남궁억, 유근 등 개신유학자들 발간 • 국한문 혼용 • 보안회 지원 • 민족주의적 성격의 항일 신문 • 장지연의 '시일야방성대곡' 게재 • 을사조약 폭로로 80일간 정간	해조신문 (1908)	• 최봉준이 연해주에서 창간 • 해외에서 발행된 한인 최초의 한글 신문 • 러시아 한인 동포 계몽
제국신문 (1898)	• 이종일 발행, 순한글 계몽 일간지 • 일반 대중과 부녀자 중심	경남일보 (1909)	• 최초의 지방 신문

근대 교육

학교	내용	학교	내용	학교	내용
동문학 (1883)	• 정부 설립 영어 교육 기관 • 외국어 통역관 양성 목적 • 통리교섭통상사무아문 부속 기관	배재 학당 (1885)	• 미국의 개신교 선교사 아펜젤러가 설립 • 선교 목적으로 한양에 설립 • 신학문 보급 기여	이화 학당 (1886)	• 미국인 선교사 스크랜튼 부인 설립 • 최초의 여성 교육 기관
원산 학사 (1883)	• 함경도 덕원부사 정현석과 주민들 설립 • 최초의 근대적 사립학교 • 외국어와 자연 과학 등 근대 학문과 무술 교육	육영 공원 (1886)	• 정부가 보빙사 민영익의 건의로 설립 • 최초의 근대식 관립 학교 • 길모어, 헐버트 등 미국인 교사 초빙 • 상류층의 자제에게 근대 학문 교육	한성 사범 학교 (1895)	• 2차 갑오개혁 때 고종이 교육 입국 조서 반포 후 설립 • 교원 양성 목적
서전 서숙 (1906)	• 이상설이 북간도에서 설립 • 최초의 신문학 민족 교육 기관	대성 학교 (1908)	• 안창호, 평양 설립 • 신민회의 민족 교육 기관		
오산 학교 (1907)	• 이승훈, 정주 설립 • 신민회의 민족 교육 기관	명동 학교 (1908)	• 김약연이 북만주 명동촌에 설립 • 간도 지역의 민족 교육 • 근대적 민족 교육 기관		

외우는 빈출 선지

- 최초로 상업 광고를 실었다. → 한성주보
- 천도교의 기관지로 발행되었다. → 만세보
- 우리나라 최초의 민간 신문이었다. → 독립신문
- 일장기를 삭제한 손기정 사진을 게재하였다. → 동아일보
- 배재 학당에 입학하는 학생 → 1885년
- 알렌의 건의로 광혜원이 세워졌다. → 1885년
- 박문국에서 한성순보가 발행되었다. → 1883년
- 무기 제조 공장인 기기창이 설립되었다. → 1883년
- 정부가 외국어 교육 기관인 동문학을 세웠다. → 1883년
- 노량진에서 제물포를 잇는 경인선이 개통되었다. → 1899년
- 육영 공원에서 학생들에게 영어를 가르쳤다. → 헐버트
- 최초의 서양식 병원인 광혜원 설립을 주관하였다. → 알렌
- 중국 안동에서 무역 회사인 이륭양행을 운영하였다. → 조지 루이스 쇼
- 이화 학당을 설립하여 근대적 여성 교육에 기여하였다. → 스크랜튼

- 박문국에서 발간하였다. → 한성순보
- 을사늑약의 부당성을 주장하였다. → 대한매일신보
- 교육 입국 조서에 근거하여 세워졌다. → 한성 사범 학교
- 교원 양성을 목적으로 한 사범학교이다. → 한성 사범 학교
- 헐버트, 길모어 등 외국인이 교사로 초빙되었다. → 육영 공원
- 간도에 만들어진 민족 교육 기관이다. → 서전서숙
- 덕원 지방의 관민들이 합심하여 설립하였다. → 원산 학사
- 개신교 선교사가 선교 목적으로 세웠다. → 배재 학당
- 의병 운동을 호의적으로 보도하였다. → 대한매일신보
- 시일야방성대곡이라는 논설을 실었다. → 황성신문
- 국채 보상 운동을 적극적으로 후원하였다. → 대한매일신보
- 정부의 지원을 받았으며 영문으로도 발행되었다. → 독립신문
- 순 한문 신문으로 열흘마다 발행하는 것이 원칙이었다. → 한성순보

01

(가)에 해당하는 신문으로 옳은 것은? [1점]

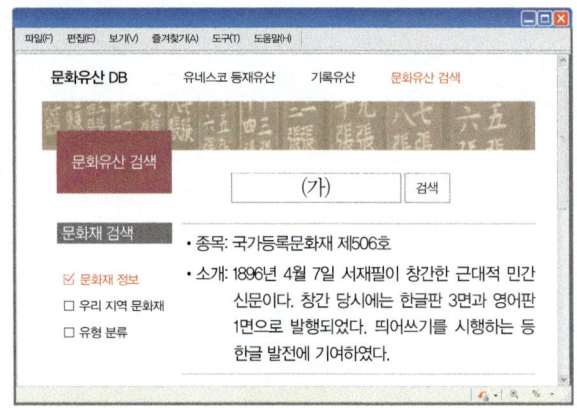

해조신문

제국신문

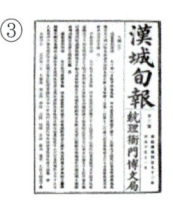
한성순보

독립신문

황성신문

02

(가) 신문에 대한 설명으로 옳은 것은? [1점]

① 최초로 상업 광고를 실었다.
② 천도교의 기관지로 발행되었다.
③ 우리나라 최초의 민간 신문이었다.
④ 국채 보상 운동의 확산에 기여하였다.
⑤ 일장기를 삭제한 손기정 사진을 게재하였다.

03

밑줄 그은 '이곳'이 운영되던 시기에 볼 수 있는 모습으로 가장 적절한 것은? [3점]

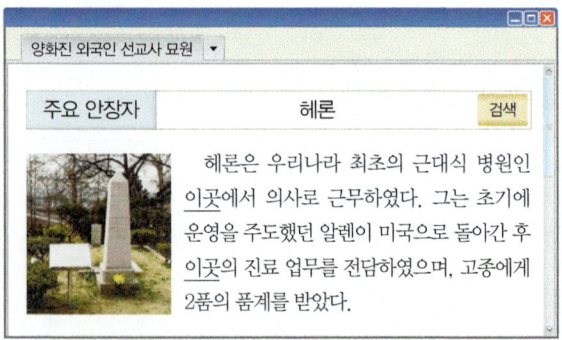

① 배재 학당에 입학하는 학생
② 영선사 일행으로 청에 가는 생도
③ 우정총국 개국 축하연에 참석하는 외교관
④ 연무당에서 일본과 조약을 체결하는 관리
⑤ 제너럴 셔먼호의 통상 요구를 거부하는 평양 관민

04

밑줄 그은 ㉠ 사건 이후의 사실로 옳은 것은? [3점]

> 이 문서는 에디슨이 설립한 전기 회사가 프레이저를 자사의 조선 총대리인으로 위촉한다는 내용을 담고 있다. 이 회사는 총대리인을 통해 경복궁 내의 전등 가설 공사를 수주하였다. 이에 따라 경복궁 내에 발전 설비를 마련하고, ㉠ 건청궁에 조선 최초의 전등을 가설하였다.

① 알렌의 건의로 광혜원이 세워졌다.
② 박문국에서 한성순보가 발행되었다.
③ 무기 제조 공장인 기기창이 설립되었다.
④ 정부가 외국어 교육 기관인 동문학을 세웠다.
⑤ 노량진에서 제물포를 잇는 경인선이 개통되었다.

05

교사의 질문에 대한 학생의 답변으로 옳은 것은? [2점]

이것은 한성 전기 회사가 공급하는 전기를 사용하여 서대문과 청량리 사이를 운행하던 전차입니다. 전차가 개통된 이후에 도입된 근대 문물에 대해 말해 볼까요?

① 박문국이 세워졌어요.
② 경부선이 완공되었어요.
③ 기기창이 설치되었어요.
④ 한성주보가 발행되었어요.
⑤ 육영 공원이 설립되었어요.

06

다음 퀴즈의 정답으로 옳은 것은? [1점]

덕원부의 관민이 힘을 합쳐 설립한 우리나라 최초의 근대 학교로, 외국어 교육 등을 실시한 이 교육 기관은 무엇일까요?

① 동문학
② 명동 학교
③ 원산 학사
④ 서전서숙
⑤ 배재 학당

07

(가) 신문에 대한 설명으로 옳은 것은? [1점]

독립 유공자의 명패를 부착하는 행사가 해외에서는 처음으로 영국에 있는 베델의 손녀 집에서 열렸습니다. 베델은 양기탁과 함께 (가) 을/를 창간하여 항일 언론 활동을 전개하였습니다.

① 박문국에서 발간하였다.
② 최초로 상업 광고를 실었다.
③ 을사늑약의 부당성을 주장하였다.
④ 우리나라 최초의 민간 신문이었다.
⑤ 일장기를 삭제한 손기정 사진을 게재하였다.

08

(가) 교육 기관에 대한 설명으로 옳은 것은? [2점]

> **역사신문**
> 제△△호 1886년 ○○월 ○○일
>
> **정부 차원의 신식 학교 건립 예정**
>
> 정부는 좌원(左院)과 우원(右院)으로 구성된 신식 학교인 (가) 을/를 건립할 예정이다. 관계자의 말에 따르면, 좌원에서는 양반 출신의 젊고 유능한 관리들을 특별히 선발하여 가르치고, 우원에서는 재주가 있고 똑똑한 인재들을 뽑아 공부시키기로 방침이 정해졌다고 한다. '영재를 기른다.'라는 의미의 교명이 붙여진 이 학교는 신학문을 가르치는 곳인 만큼 여러 사람들의 기대가 크다.

① 교육 입국 조서에 근거하여 세워졌다.
② 교원 양성을 목적으로 한 사범학교이다.
③ 전국의 부·목·군·현에 하나씩 설치되었다.
④ 미국인 헐버트, 길모어 등을 교사로 초빙하였다.
⑤ 장학 기금을 마련하기 위해 양현고를 설립하였다.

09

(가) 신문에 대한 설명으로 옳은 것은? [3점]

> (가) 창간사
>
> 그러므로 우리 조정에서도 박문국을 설치하고 관리를 두어 외국 소식을 폭넓게 번역하고 아울러 국내 일까지 실어, 나라 안에 알리는 동시에 여러 나라에 파분(派分)하기로 했다. …… 독자들의 견문을 넓히고 여러 가지 의문점을 풀어 주며 상리(商利)에도 도움을 주고자 한다. 중국과 서양의 관보, 신보를 우편으로 교신하는 것도 이런 뜻이다.

① 의병 운동을 호의적으로 보도하였다.
② 시일야방성대곡이라는 논설을 실었다.
③ 국채 보상 운동을 적극적으로 후원하였다.
④ 정부의 지원을 받았으며 영문으로도 발행되었다.
⑤ 순 한문 신문으로 열흘마다 발행하는 것이 원칙이었다.

10

(가)~(마)에 대한 설명으로 옳은 것은? [2점]

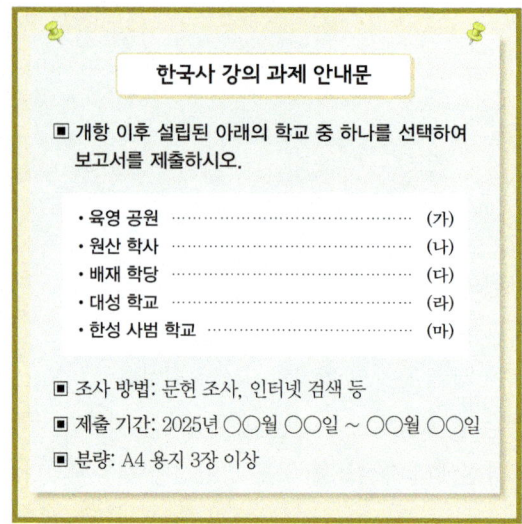

① (가) – 헐버트, 길모어 등 외국인이 교사로 초빙되었다.
② (나) – 교육 입국 조서 반포를 계기로 설립되었다.
③ (다) – 간도에 만들어진 민족 교육 기관이다.
④ (라) – 덕원 지방의 관민들이 합심하여 설립하였다.
⑤ (마) – 개신교 선교사가 선교 목적으로 세웠다.

| 문제편 |

PART 5
일제 강점기 독립 운동

기출테마 **39** 일제의 국권 침탈

기출테마 **40** 일제의 식민 통치

기출테마 **41** 1910년대 민족 운동

기출테마 **42** 3·1 운동과 대한민국 임시 정부

기출테마 **43** 항일 운동과 의열 투쟁

기출테마 **44** 1920~1940년대 무장 독립 전쟁

기출테마 **45** 실력 양성 및 사회적 민족 운동

기출테마 **46** 사회주의 운동과 민족 문화 수호 운동

기출테마 39 일제의 국권 침탈

외우는 핵심 키워드

일제의 국권 침탈

한 · 일 의정서 (1904. 2)	• 일본군의 전략상 필요 지역 마음대로 사용(독도 강제 편입) • 일본의 동의 없이 제3국과 조약 체결 금지(외교권 제한)
제1차 한 · 일 협약 (1904. 8)	• 고문 정치 실시 • 외교 고문 스티븐스 • 재정 고문 메가타 → 화폐 정리 사업
제2차 한 · 일 협약 [을사늑약] (1905.11)	• 통감부 설치 • 외교권 박탈 • 초대 통감 : 이토 히로부미 • 헤이그 특사 파견(이상설, 이준, 이위종) → 고종 강제 퇴위
한 · 일 신협약 [정미 7조약] (1907. 7)	• 황제(순종)의 동의 없이 강제 체결 • 차관 정치 실시 • 모든 통치권이 통감부로 이관 • 대한제국 군대 해산 → 정미의병
기유각서 (1909. 7)	• 사법권, 경찰권 박탈 • 감옥 사무권 박탈
한 · 일 병합 조약 (1910. 8)	• 초대 총독 : 데라우치 • 대한제국의 국권 강탈 • 일본의 식민 통치 시작

을사늑약에 대한 저항

- 헤이그 특사 파견 : 이준, 이상설, 이위종
- 을사의병 : 최익현, 민종식, 신돌석
- 5적 암살단 : 나철, 오기호
- 상소 운동 : 이상설(매국노 처단 상소), 조병세(조약 파기 상소)
- 항일 언론 : 장지연의 시일야방성대곡(황성신문)
- 자결 : 민영환, 조병세 등

외우는 빈출 선지

- 통감부가 설치되고 초대 통감이 부임하였다. → 을사늑약
- 대한 제국의 군대 해산을 규정하였다. → 한 · 일 신협약(정미 7조약)
- 재정 고문으로 메가타가 임명되었다. → 제1차 한 · 일 협약
- 외교권이 박탈되고 통감부가 설치되었다. → 을사늑약
- 제물포에서 러시아 함대가 일본 해군에게 격침되었다. → 러 · 일 전쟁
- 고종이 강제로 퇴위당하였다. → 헤이그 특사 파견 결과
- 일본과 미국이 가쓰라 · 태프트 밀약을 체결하였다. → 러 · 일 전쟁
- 일본이 독도를 불법적으로 편입하였다. → 러 · 일 전쟁
- 민영환, 조병세 등이 자결로써 항거하였다. → 을사늑약
- 이상설이 매국노 처단을 요구하는 상소를 올렸다. → 을사늑약
- 고종이 헤이그 만국 평화 회의에 특사를 파견하였다. → 을사늑약
- 나철, 오기호 등이 5적 처단을 위해 자신회를 조직하였다. → 을사늑약

01

다음 상황이 전개된 배경으로 옳은 것은? [2점]

백동화를 제일 은행권으로 바꾸려고 교환소에 갔더니, 터무니없이 낮게 평가해 바꿔 주더군.

백동화는 곧 사용할 수 없을 테니 손해를 보더라도 교환할 수밖에 없지 않겠나.

① 금속류 회수령이 공포되었다.
② 국채 보상 운동이 전개되었다.
③ 산미 증식 계획이 실시되었다.
④ 조선 물산 장려회가 조직되었다.
⑤ 재정 고문으로 메가타가 임명되었다.

02

다음 조약이 체결된 이후의 사실로 옳은 것은? [3점]

> 제1조 한국 정부는 시정 개선에 관해 통감의 지도를 받을 것.
>
> 제2조 한국 정부의 법령 제정 및 중요한 행정상 처분은 미리 통감의 승인을 거칠 것.
>
>   ⋮
>
> 제5조 한국 정부는 통감이 추천하는 일본인을 한국 관리에 임명할 것.

① 이만손 등이 영남 만인소를 올렸다.
② 최익현이 태인에서 의병을 일으켰다.
③ 독립 협회가 만민 공동회를 개최하였다.
④ 민영환이 조약 체결에 항거하여 순국하였다.
⑤ 13도 연합 의병이 서울 진공 작전을 전개하였다.

03

(가), (나) 조약 사이의 시기에 있었던 사실로 옳은 것은? [2점]

> (가) 제2조 일본국 정부는 한국과 타국 사이에 현존하는 조약의 실행을 완수하는 책임을 지며 한국 정부는 금후 일본국 정부의 중개를 거치지 않고서는 국제적 성질을 가진 어떤 조약이나 약속을 맺지 않을 것을 약속한다.
> 제3조 일본국 정부는 그 대표자로서 한국 황제 폐하의 아래에 1명의 통감을 두되, 통감은 오로지 외교에 관한 사항을 관리하기 위하여 서울에 주재하고 직접 한국 황제 폐하를 궁중에서 알현할 권리를 가진다.
>
> (나) 제2조 한국 정부의 법령 제정 및 중요한 행정상의 처분은 미리 통감의 승인을 거친다.
> 제4조 한국 고등 관리를 임명하고 해임시키는 것은 통감의 동의에 의하여 집행한다.
> 제5조 한국 정부는 통감이 추천한 일본인을 한국 관리로 임명한다.

① 13도 창의군이 서울 진공 작전을 전개하였다.
② 관민 공동회가 개최되어 헌의 6조를 결의하였다.
③ 동학 농민군이 우금치에서 관군 및 일본군에 맞서 싸웠다.
④ 영국이 러시아를 견제하기 위해 거문도를 불법 점령하였다.
⑤ 고종이 헤이그에서 열린 만국 평화 회의에 특사를 파견하였다.

04

다음 상소가 올려진 이후의 사실로 옳은 것은? [3점]

> 일본이 러시아에 선전 포고한 이후 우리의 독립과 영토를 보전한다고 몇 번이나 말하였지만, 그것은 우리나라의 이익을 빼앗아 차지하려는 것이었습니다. …… 지금 저들이 황실을 보전하겠다는 말을 폐하께서는 과연 믿으십니까? 지금까지 군주의 지위가 아직 바뀌지 않았고 백성도 아직 죽지 않았으며 각국 공사도 아직 돌아가지 않았습니다. 그리고 조약서가 다행히 폐하의 인준과 참정의 인가를 받은 것이 아니니, 저들이 가지고 있는 것은 역적들이 억지로 만든 헛된 조약에 불과합니다.

① 제1차 영일 동맹이 체결되었다.
② 일본이 경인선 부설권을 인수하였다.
③ 묄렌도르프가 외교 고문으로 파견되었다.
④ 통감부가 설치되고 초대 통감이 부임하였다.
⑤ 러시아가 용암포를 점령하고 조차를 요구하였다.

05

다음 사건이 전개된 결과로 옳은 것은? [2점]

> **사건 일지**
> 11월 10일 이토, 고종에게 일왕의 친서 전달
> 11월 15일 이토, 고종을 접견하고 협상 초안 제출
> 11월 16일 이토, 대한 제국 대신들에게 조약 체결 강요
> 11월 17일 일본군을 동원한 강압적 분위기 속에서 조약 체결 진행
> 11월 18일 이토, 외부인(外部印)을 탈취하여 고종의 윤허 없이 조인

① 대한국 국제가 반포되었다.
② 별기군 교관으로 일본인이 임명되었다.
③ 외교권이 박탈되고 통감부가 설치되었다.
④ 고종이 러시아 공사관으로 거처를 옮겼다.
⑤ 제물포에서 러시아 함대가 일본 해군에게 격침되었다.

06

다음 상황 이후에 일어난 사실로 옳은 것은? [2점]

> 대한 제국이 여러 국가와 외교 관계를 단절한 것은 우리의 의사가 아니라 일본의 폭력에 의해 이루어진 것이다. 우리가 만국 평화 회의에 참석하여 이를 폭로할 수 있도록 귀국 총통 및 대표의 호의적인 중재를 부탁한다.

① 고종이 강제로 퇴위당하였다.
② 영국이 거문도를 불법으로 점령하였다.
③ 구식 군인들이 일본 공사관을 습격하였다.
④ 우정총국 개국 축하연에서 정변이 일어났다.
⑤ 일본과 미국이 가쓰라·태프트 밀약을 체결하였다.

07

(가), (나) 조약 사이의 시기에 있었던 사실로 옳은 것은? [2점]

> (가) 제4조 …… 대한 제국 정부는 대일본 제국 정부의 행동이 용이하도록 충분한 편의를 제공한다. 대일본 제국 정부는 …… 군사 전략상 필요한 지점을 수시로 사용할 수 있다.
>
> (나) 제2조 한국 정부의 법령 제정 및 중요한 행정상 처분은 미리 통감의 승인을 거칠 것
> ⋮
> 제5조 한국 정부는 통감이 추천하는 일본인을 한국 관리에 임명할 것.

① 안중근이 하얼빈에서 이토 히로부미를 사살하였다.
② 의병 진압을 위한 '남한 대토벌' 작전이 전개되었다.
③ 일본이 경복궁을 점령하고 내정 개혁을 요구하였다.
④ 헤이그에서 열린 만국 평화 회의에 특사가 파견되었다.
⑤ 영국군이 러시아를 견제하기 위해 거문도를 불법 점령하였다.

08

다음 조약이 체결된 이후의 사실로 옳은 것은? [3점]

> 제2조 러시아 제국 정부는 일본국이 한국에서 정치·군사·경제상의 탁월한 이익을 갖는다는 것을 인정하고 일본 제국 정부가 한국에서 필요하다고 인정하는 지도·보호·감리의 조처를 함에 있어 이를 방해하거나 간섭하지 않을 것을 약정한다.

① 영국이 거문도를 불법 점거하였다.
② 헤이그 만국 평화 회의에 특사가 파견되었다.
③ 상권 수호를 위해 황국 중앙 총상회가 조직되었다.
④ 유생 출신 유인석이 이끄는 의병이 충주성을 점령하였다.
⑤ 일본 군함이 관세 문제로 두모포에서 무력 시위를 벌였다.

09

(가)~(다)를 체결된 순서대로 옳게 나열한 것은? [2점]

> (가)
> • 대한 정부는 대일본 정부가 추천한 외국인 1명을 외교 고문으로 삼아 외부(外部)에 용빙하여 외교에 관한 주요 사무는 일체 그의 의견을 물어서 시행해야 한다.
> • 대한 정부는 외국과 조약을 체결하거나 기타 중요한 외교 안건 즉 외국인에 대한 특권 양여와 계약 등의 문제 처리에 관해서는 미리 대일본 정부와 상의해야 한다.

> (나) 제2조 러시아 제국 정부는 일본국이 한국에서 정치상, 군사상 및 경제상의 탁절(卓絶)한 이익을 갖는다는 것을 승인하고, 일본 제국 정부가 한국에서 필요하다고 인정하는 지도, 보호 및 감리의 조치를 취함에 있어 이를 방해하거나 간섭하지 않을 것을 약정한다.

> (다) 제4조 제3국의 침해나 혹은 내란으로 인하여 대한 제국 황실의 안녕과 영토 보전에 위험이 있을 경우에 대일본 제국 정부는 …… 군사 전략상 필요한 지점을 정황에 따라 차지하여 이용할 수 있다.

① (가) – (나) – (다)
② (가) – (다) – (나)
③ (나) – (가) – (다)
④ (나) – (다) – (가)
⑤ (다) – (가) – (나)

10

밑줄 그은 '이 조약'의 체결에 대한 저항으로 옳지 않은 것은? [2점]

> 우리 대황제 폐하께서 강경하신 성의(聖意)로 거절하기를 그치지 않으셨으니, 이 조약이 성립되지 않는다는 것은, 생각하건대 이토 후작 스스로도 알고 간파하였을 것이다. 아, 저 개돼지만도 못한 소위 우리 정부의 대신이란 자들은 자기 일신의 영달과 이득이나 바라고 거짓 위협에 겁먹어 머뭇대거나 벌벌 떨며 나라를 팔아먹는 역적이 되는 것을 달갑게 여겨서 사천 년의 강토와 오백 년의 종묘사직을 남에게 들어 바치고, 이천만 백성을 남의 노예가 되도록 하였도다.

① 민영환, 조병세 등이 자결로써 항거하였다.
② 이상설이 매국노 처단을 요구하는 상소를 올렸다.
③ 고종이 헤이그 만국 평화 회의에 특사를 파견하였다.
④ 유생 출신 유인석이 이끄는 의병이 충주성을 점령하였다.
⑤ 나철, 오기호 등이 5적 처단을 위해 자신회를 조직하였다.

기출테마 40 일제의 식민 통치

외우는 핵심 키워드

무단 통치기(1910년대)
- 조선 총독부 설치
- 조선 태형령 시행
- 회사령 공포, 회사 설립 허가제
- 산림령, 어업령, 광업령, 임야조사령
- 헌병 경찰제
- 토지 조사 사업
- 범죄 즉결례

문화 통치기(1920년대)
- 3·1 운동 계기, 국제 여론 악화
- 조선·동아일보 발간
- 치안 유지법 제정
- 회사령 철폐, 회사 설립 신고제, 관세 철폐
- 보통 경찰제
- 도 평의회 및 부·면 협의회 설치
- 산미 증식 계획

민족 말살 통치기(1930년대 이후)
- 우리 말, 우리 역사 교육 금지
- 신사 참배, 궁성 요배 강요
- 조선 사상범 보호 관찰령
- 조선 농지령 제정, 농촌 진흥 운동
- 창씨개명
- 조선·동아일보 폐간
- 조선 사상범 예비 구금령
- 남면북양 정책
- 황국 신민 서사 암송
- 소학교 명칭을 국민학교로 개칭
- 병참 기지화 정책
- 국가 총동원법(징용령, 징병제, 지원병제, 학도 지원병제, 여자 정신 근로령, 금속 공출제, 미곡 공출제, 식량 배급제 등)

외우는 빈출 선지

- 태형을 집행하는 헌병 경찰 → 무단 통치기
- 원산 총파업에 동참하는 노동자 → 문화 통치기
- 회사령을 공포하는 총독부 관리 → 무단 통치기
- 신사 참배에 강제 동원되는 학생 → 민족 말살 통치기
- 암태도 소작 쟁의에 참여하는 농민 → 문화 통치기
- 국민 징용령이 제정되었다. → 민족 말살 통치기
- 경성 제국 대학이 설립되었다. → 문화 통치기
- 황국 신민 서사의 암송이 강요되었다. → 민족 말살 통치기
- 국민학교에서 공부하는 학생 → 민족 말살 통치기
- 징병제를 찬양하는 친일 지식인 → 민족 말살 통치기
- 만주 군벌과 일제가 미쓰야 협정을 체결하였다. → 문화 통치기
- 조선어 학회 사건으로 탄압받는 한글 학자 → 민족 말살 통치기
- 조선 민립 대학 기성회 창립 총회에 참석하는 교사 → 문화 통치기
- 학도병 출전 권고 연설을 하는 친일파 인사 → 민족 말살 통치기
- 공출한 놋그릇, 수저를 정리하는 면사무소 관리 → 민족 말살 통치기
- 여자 정신 근로령을 공포하였다. → 민족 말살 통치기
- 육군 특별 지원병제를 실시하였다. → 민족 말살 통치기
- 식량 배급 및 미곡 공출 제도를 시행하였다. → 민족 말살 통치기
- 조선 사상범 예방 구금령을 통해 독립운동을 탄압하였다. → 민족 말살 통치기
- 기한 내에 소유지를 신고하게 하는 토지 조사령을 제정하였다. → 문화 통치기

01

다음 법령이 시행된 시기에 있었던 사실로 옳은 것은? [2점]

> 제2조 즉결은 정식 재판을 하지 않으며 피고인의 진술을 듣고 증빙을 취조한 후 곧바로 언도해야 한다.
> 제11조 제8조, 제9조에 의한 유치 일수는 구류의 형기에 산입하고, 태형의 언도를 받은 자에 대하여는 1일을 태 5로 절산하여 태 수에 산입하며, 벌금 또는 과료의 언도를 받은 자에 대해여는 1일을 1원으로 절산하여 그 금액에 산입한다.

① 박문국을 설치하여 한성순보를 발행하였다.
② 황국 중앙 총상회가 상권 수호 운동을 주도하였다.
③ 근대적 개혁 추진을 위해 군국기무처가 설치되었다.
④ 강압적 통치를 목적으로 헌병 경찰제가 실시되었다.
⑤ 일본에 진 빚을 갚자는 국채 보상 운동이 전개되었다.

02

다음 법령이 시행된 시기에 볼 수 있는 모습으로 적절한 것은? [1점]

> 제1조 조선 주차(駐箚) 헌병은 치안 유지에 관한 경찰 및 군사 경찰을 담당한다.
> 제5조 헌병은 직무에 관해 정당한 직권을 가진 사람의 요구가 있을 때에는 즉시 응해야 한다.
> 제18조 헌병의 복무 및 헌병 보조원에 관한 규정은 조선 총독이 정한다.

① 경성 제국 대학에 다니는 학생
② 원산 총파업에 동참하는 노동자
③ 조선어 학회에서 활동하는 교사
④ 암태도 소작 쟁의에 참여하는 농민
⑤ 조선 태형령을 관보에 게재하는 관리

03

다음 자료를 활용한 탐구 활동으로 가장 적절한 것은? [2점]

○ 내지(內地)는 심각한 식량 부족을 보여 매년 300만 석에서 500만 석의 외국 쌀을 수입하였다. …… 내지에서는 쌀의 증산에 많은 기대를 걸 수 없었다. 반면 조선은 관개 설비가 잘 갖춰지지 않아서 대부분의 논이 빗물에 의존하는 상태였기에, 토지 개량 사업을 시작한다면 천혜의 쌀 생산지가 될 수 있었다.

○ 대개 조선인들이 생산한 쌀을 내지로 반출할 때, 결코 자신들이 충분히 소비하고 남은 것을 수출하는 것이 아니다. 생계가 곤란하여 먹을 것을 먹지 못하고 파는 것이다. …… 만주산 잡곡의 수입이 증가하는 사실은 조선인의 생활난이 점점 심각해지고 있음을 실증하는 것이다.

① 산미 증식 계획의 실상을 파악한다.
② 화폐 정리 사업의 결과를 분석한다.
③ 보안회의 경제적 구국 운동을 조사한다.
④ 방곡령이 선포된 지역의 분포를 알아본다.
⑤ 동양 척식 주식회사의 설립 과정을 살펴본다.

04

(가)~(다)를 공포된 순서대로 옳게 나열한 것은? [2점]

(가) 총독은 문무관 어느 쪽이라도 임용될 수 있는 길을 열 것이며, 헌병에 의한 경찰 제도를 고쳐 보통 경찰관에 의한 경찰 제도로 대신할 것이다. 또한 복제를 개정하여 일반 관리와 교원의 제복과 대검(帶劍)을 폐지하고, 조선인의 임용과 대우 등도 고려한다.

(나) 제1조 경찰서장 또는 그 직무를 취급하는 자는 그 관할 구역 안의 다음 각호의 범죄를 즉결할 수 있다.
……
제2조 즉결은 정식 재판을 하지 않으며 피고인의 진술을 듣고 증빙을 취조한 후 즉시 언도해야 한다.

(다) 제1조 치안 유지법의 죄를 범한 자에 대해 형의 집행 유예 언도가 있었을 경우 또는 소추를 필요로 하지 않기 때문에 공소를 제기하지 않은 경우에는 보호 관찰 심사회의 결의에 따라 보호 관찰에 부칠 수 있다. 형의 집행을 마치거나 또는 가출옥을 허락받았을 경우도 역시 같다.

① (가) - (나) - (다) ② (가) - (다) - (나)
③ (나) - (가) - (다) ④ (나) - (다) - (가)
⑤ (다) - (가) - (나)

05

밑줄 그은 '시기'에 볼 수 있는 모습으로 적절하지 않은 것은? [1점]

송탄유(松炭油) 자재 공출 명령서
일제가 태평양 전쟁으로 물자 부족에 시달리던 시기에 송탄유와 목탄의 할당량 공출을 명령한 문서

① 국민학교에서 공부하는 학생
② 징병제를 찬양하는 친일 지식인
③ 국민 징용령에 의해 끌려가는 청년
④ 황국 신민 서사를 암송하는 어린이
⑤ 조선 태형령을 관보에 게재하는 총독부 관리

06

밑줄 그은 '시기'에 있었던 사실로 옳은 것은? [1점]

난징 리지샹 위안소 구지(舊址) 진열관에 있는 '만삭의 위안부' 동상은 고(故) 박영심 할머니를 모델로 조성되었습니다. 중일 전쟁을 일으킨 일제가 침략 전쟁을 확대하던 시기에 운영된 이 위안소는 박영심 할머니의 피해 증언 등에 힘입어 기념관으로 거듭나게 되었습니다.

① 만주 군벌과 일제가 미쓰야 협정을 체결하였다.
② 한국인에 한해 적용되는 조선 태형령이 공포되었다.
③ 내선일체를 강조한 황국 신민 서사의 암송이 강요되었다.
④ 강압적인 통치를 목적으로 헌병 경찰 제도가 실시되었다.
⑤ 평양 등지에서 반중 폭동을 초래한 만보산 사건이 일어났다.

07
밑줄 그은 '시기'에 볼 수 있는 모습으로 옳은 것은? [2점]

> 사진 속 만삭의 임산부가 바로 저입니다. 일제는 중일 전쟁 이후 침략 전쟁을 확대하던 시기에 많은 여성을 전쟁터로 끌고 가 일본군 '위안부'로 삼았습니다. 저는 가까스로 연합군에 의해 구출되었지만 그곳에서 죽임을 당한 여성도 참 많았지요.

고(故) 박영심 할머니 생전 인터뷰

① 태형을 집행하는 헌병 경찰
② 원산 총파업에 동참하는 노동자
③ 회사령을 공포하는 총독부 관리
④ 신사 참배에 강제 동원되는 학생
⑤ 암태도 소작 쟁의에 참여하는 농민

08
(가), (나) 발표 사이의 시기에 있었던 사실로 옳은 것은? [1점]

> (가) • 조선에 총독부를 설치한다.
> • 조선 총독부에 조선 총독을 두고 위임 범위 내에서 육해군을 통솔하고 일체의 정무를 통할하도록 한다.
> • 통감부 및 그 소속 관서는 당분간 그대로 두고 조선 총독의 직무는 통감이 행하도록 한다.

> (나) 총독 임용의 범위를 확장하고 경찰 제도를 개정하며, 또한 일반 관리나 교원 등의 복제를 폐지함으로써 시대의 흐름에 순응하고 …… 조선인의 임용과 대우 등에 관해 더욱 고려하여 …… 정치·사회상의 대우에서도 내지인과 동일한 취급을 할 궁극의 목적을 달성하고자 하는 바이다.

① 미곡 공출제가 실시되었다.
② 조선 태형령이 시행되었다.
③ 국민 징용령이 제정되었다.
④ 경성 제국 대학이 설립되었다.
⑤ 황국 신민 서사의 암송이 강요되었다.

09
밑줄 그은 '시기'의 일제의 통치 정책으로 옳은 것은? [1점]

> 이 그림은 국민 총력 조선 연맹이 발행한 애국반 회보에 실린 것입니다. 일제가 중일 전쟁 이후 침략 전쟁을 확대하던 시기에 사회를 통제하던 모습을 잘 보여 줍니다.

- 여행 갈 때는 반드시 각반과 몸뻬를 잊지 말자
- 출정 군인의 유가족에게 힘이 되자

① 미쓰야 협정을 체결하였다.
② 토지 조사 사업을 실시하였다.
③ 경성 제국 대학을 설립하였다.
④ 헌병 경찰 제도를 시행하였다.
⑤ 조선 사상범 예방 구금령을 공포하였다.

10
다음 문서가 작성된 당시에 실시된 일제의 정책으로 옳은 것은? [2점]

> 안으로는 세계적 불안의 여파를 받아서 우리 조선 내부의 민심도 안정되지 못하였다. …… 다른 한편으로는 지방 자치를 실시하여 민의 창달의 길을 강구하고, 교육 제도를 개정하여 교화 보급의 신기원을 이루었고, 게다가 위생적 시설의 개선을 촉진하였다. …… 일본인과 조선인 사이의 차별 대우를 철폐하고 동시에 조선인 소장층 중 유력자를 발탁하는 방법을 강구하여, 군수·학교장 등에 발탁된 자가 적지 않다.
> - 사이토 마코토, 「조선 통치에 대하여」-

① 노동력 동원을 위해 국민 징용령을 시행하였다.
② 한국인에 한해 적용되는 조선 태형령을 공포하였다.
③ 쌀 수탈을 목적으로 하는 산미 증식 계획을 실시하였다.
④ 독립운동 탄압을 위한 조선 사상범 보호 관찰령을 공포하였다.
⑤ 회사 설립 시 총독의 허가를 받도록 하는 회사령을 제정하였다.

기출테마 41 1910년대 민족 운동

외우는 핵심 키워드

국내 항일 비밀 결사

독립 의군부 (1912)	• 임병찬이 고종의 밀지를 받아 조직 • 고종 복위 및 대한 제국 재건 목표(복벽주의) • 국권 반환 요구서 제출 계획
대한 광복회 (1915)	• 박상진(총사령), 김좌진(부사령) • 군대식 조직 단체 • 공화 정체 국가 건설 지향 • 군자금 모금 • 만주에 독립 사관학교 설립

국외 독립운동 기지

만주	서간도 (남만주)	• 신민회 : 삼원보 경학사 → 부민단 • 신흥 강습소 → 신흥 무관학교 → 서로 군정서
	북간도	• 대종교 : 중광단 → 북로 군정서 • 서전서숙(이상설), 명동학교(김약연)
	북만주	밀산부 한흥동 → 대한 독립군단
연해주		• 러시아 블라디보스토크 신한촌 건설 • 권업회(최재형) 조직, 권업신문 발행 • 대한 광복군 정부(이상설, 이동휘)
상해		• 동제사(신규식, 박은식, 조소앙) : 중국 혁명 세력과 교류, 박달학원 설립 • 신한 청년당(김규식, 여운형) : 파리 강화 회의에 김규식 파견, 독립 청원서 제출 • 신한 혁명당(박은식, 신규식) : 대동 단결 선언 발표
미주		• 대한인 국민회(안창호, 박용만, 이승만) → 미주 지역 • 흥사단(안창호) → 미국 샌프란시스코 • 대조선 국민군단(박용만) → 하와이 • 숭무 학교(이근영) → 멕시코

외우는 빈출 선지

- 한인 비행 학교를 세워 독립군 비행사를 육성하였다. → 미국 캘리포니아
- 숭무 학교를 세워 독립군을 양성하였다. → 멕시코
- 권업회를 창립하여 항일 신문을 발행하였다. → 연해주
- 서전서숙을 설립하여 민족 교육을 실시하였다. → 북간도
- 임병찬이 주도하여 독립 의군부를 조직하였다. → 전라도
- 유학생들이 중심이 되어 2·8 독립 선언서를 작성하였다. → 도쿄
- 북로 군정서가 조직되어 무장 투쟁을 실시하였다. → 북간도
- 주권 재민을 천명한 대동 단결 선언서가 작성되었다. → 상하이
- 독립군 양성을 위해 신흥 강습소를 세웠다. → 서간도
- 대조선 국민군단을 조직하여 무장 투쟁을 준비하였다. → 하와이
- 안중근의 하얼빈 의거를 지원하였다. → 최재형
- 숭무 학교를 설립하여 독립군을 양성하였다. → 이근영
- 대조선 국민군단을 조직하여 무장 투쟁을 준비하였다. → 박용만
- 신한 청년당을 결성하고 파리 강화 회의에 참석하였다. → 김규식
- 대한 광복군 정부 수립을 주도하였다. → 이상설
- 해조신문을 발간하여 국권 회복에 힘썼다. → 연해주
- 대한인 국민회를 조직하여 외교 활동을 펼쳤다. → 미국
- 중광단을 결성하여 항일 투쟁을 전개하였다. → 만주
- 조선 독립 동맹을 창립하여 대일 항전을 준비하였다. → 중국 화북 지방
- 국권 반환 요구서를 조선 총독에게 제출할 것을 계획하였다. → 독립 의군부
- 공화 정체의 국가 건설을 지향하였다. → 대한 광복회
- 동제사를 통한 한중 교류 상황을 살펴본다. → 상하이

01
(가) 지역에서 있었던 민족 운동으로 옳은 것은? [2점]

사진은 제물포에서 [(가)] (으)로 수차례에 걸쳐 이민자를 수송한 갤릭호와 이민자의 여권입니다. 1902년 사탕수수 농장에 노동자로 첫 이민자 백여 명이 떠난 이후 3년간 약 7천 명이 넘는 한국인이 [(가)] 에 이주하였습니다.

① 일왕이 탄 마차에 폭탄을 투척하였다.
② 한인 자치 단체인 권업회를 조직하였다.
③ 민족 교육을 위해 서전서숙을 설립하였다.
④ 독립군 양성을 위해 신흥 강습소를 세웠다.
⑤ 대조선 국민군단을 조직하여 무장 투쟁을 준비하였다.

02
(가) 인물에 대한 설명으로 옳은 것은? [2점]

연해주 우수리스크에 있는 [(가)] 의 유허비를 관리하기 위해 현지 교민들이 나섰습니다. 이 비에는 헤이그 특사로 파견되었던 [(가)] 이/가 연해주에서 성명회와 권업회를 조직하여 독립운동을 이끈 사실 등이 기록되어 있습니다.

① 대한 광복군 정부 수립을 주도하였다.
② 이토 히로부미를 하얼빈에서 사살하였다.
③ 의열단을 조직하여 단장으로 활동하였다.
④ 숭무 학교를 설립하여 독립군을 양성하였다.
⑤ 일본의 침략 과정을 서술한 한국통사를 저술하였다.

03

(가)에 들어갈 내용으로 옳은 것은? [3점]

① 독립군 양성을 위해 신흥 강습소를 세웠어요.
② 권업회를 조직하여 권업신문을 발행하였어요.
③ 숭무 학교를 설립하여 무장 투쟁을 준비하였어요.
④ 한인 비행 학교를 세워 독립군 비행사를 육성하였어요.
⑤ 대일 항전을 준비하기 위해 조선 독립 동맹을 결성하였어요.

04

(가) 인물의 활동으로 옳은 것은? [2점]

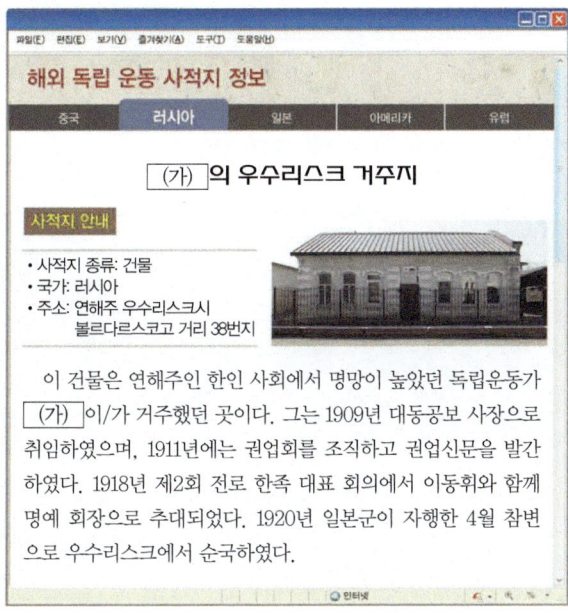

① 안중근의 하얼빈 의거를 지원하였다.
② 숭무 학교를 설립하여 독립군을 양성하였다.
③ 의열단의 활동 지침인 조선 혁명 선언을 작성하였다.
④ 대조선 국민군단을 조직하여 무장 투쟁을 준비하였다.
⑤ 신한 청년당을 결성하고 파리 강화 회의에 참석하였다.

05

(가) 지역에서 있었던 민족 운동으로 옳은 것은? [2점]

① 권업회의 기관지로 권업신문이 발간되었다.
② 독립군 양성을 위한 숭무 학교가 설립되었다.
③ 북로 군정서가 조직되어 무장 투쟁을 실시하였다.
④ 주권 재민을 천명한 대동 단결 선언서가 작성되었다.
⑤ 유학생들이 중심이 되어 2·8 독립 선언서를 발표하였다.

06

(가) 지역에서 전개된 민족 운동에 대한 설명으로 옳은 것은? [2점]

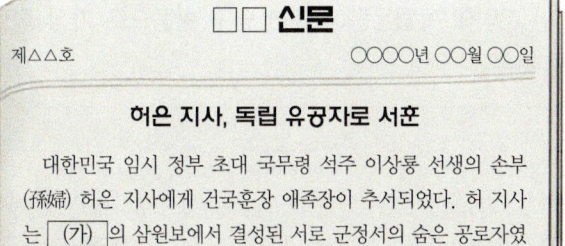

① 해조신문을 발간하여 국권 회복에 힘썼다.
② 신흥 강습소를 설립하여 독립군을 양성하였다.
③ 대한인 국민회를 조직하여 외교 활동을 펼쳤다.
④ 대조선 국민 군단을 창설하여 군사 훈련을 하였다.
⑤ 유학생들이 중심이 되어 2·8 독립 선언서를 발표하였다.

07

(가) 지역에서 전개된 민족 운동에 대한 설명으로 옳은 것은? [2점]

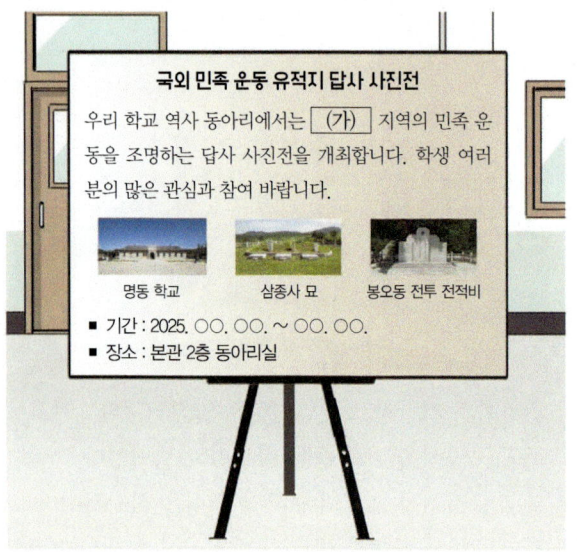

국외 민족 운동 유적지 답사 사진전

우리 학교 역사 동아리에서는 (가) 지역의 민족 운동을 조명하는 답사 사진전을 개최합니다. 학생 여러분의 많은 관심과 참여 바랍니다.

명동 학교 　 삼종사 묘 　 봉오동 전투 전적비

■ 기간: 2025. ○○. ○○. ~ ○○. ○○.
■ 장소: 본관 2층 동아리실

① 권업회를 조직하여 기관지를 발행하였다.
② 중광단을 결성하여 항일 투쟁을 전개하였다.
③ 숭무 학교를 설립하여 독립군을 양성하였다.
④ 조선 독립 동맹을 창립하여 대일 항전을 준비하였다.
⑤ 조선 청년 독립단을 결성하여 2·8 독립 선언서를 배포하였다.

08

(가) 지역의 독립운동에 대한 탐구 활동으로 가장 적절한 것은? [2점]

참정 김규홍이 아뢰기를, " (가) 은/는 우리나라와 청의 경계 지대인데 지금까지 수백 년 동안 비어 있었습니다. 수십 년 전부터 북쪽 변경의 백성들로서 그 지역에 이주하여 경작하며 살고 있는 사람이 이제는 수만 호에 십여만 명이나 됩니다. 그런데 청인들의 괴롭힘을 심하게 받고 있습니다. 그래서 지난해 신의 부서에서 시찰관 이범윤을 파견하여 황제의 교화를 선포하고 호구를 조사하게 하였습니다. …… 그들의 생명과 재산을 보호하고자 하는 조정의 뜻을 보여 주는 것이 어떻겠습니까?" 하니, 윤허하였다.

① 숭무 학교의 설립 목적을 파악한다.
② 대조선 국민군단의 활동 내용을 분석한다.
③ 동제사를 통한 한중 교류 상황을 살펴본다.
④ 중광단이 북로 군정서로 개편된 과정을 조사한다.
⑤ 유학생들이 2·8 독립 선언서를 발표한 장소를 확인한다.

09

(가) 단체에 대한 설명으로 옳은 것은? [3점]

이것은 총사령 박상진이 이끌었던 (가) 소속의 김한종 의사 순국 기념비입니다. 김한종 의사는 이 단체의 충청도 지부장으로, 군자금 모금을 방해한 아산의 도고 면장인 박용하 처단을 주도하였습니다. 일제 경찰에 체포되어 박상진과 함께 대구 형무소에서 순국하였습니다. 1963년 건국 훈장 독립장이 추서되었습니다.

① 공화 정체의 국가 건설을 지향하였다.
② 대한민국 임시 정부의 주도로 결성되었다.
③ 봉오동에서 일본군을 상대로 승리를 거두었다.
④ 구미 위원부를 설치하여 외교 활동을 전개하였다.
⑤ 중국군과 함께 영릉가 전투에서 큰 전과를 올렸다.

10

(가) 단체에 대한 설명으로 옳은 것은? [2점]

이것은 임병찬의 순지비(殉趾碑)입니다. 임병찬은 스승인 최익현과 함께 의병을 일으켰다가 체포되어 쓰시마 섬으로 끌려갔습니다. 유배에서 돌아와 의병 봉기를 도모하던 중 고종의 밀지를 받아 (가) 을/를 조직하였습니다.

① 정우회 선언의 영향으로 결성되었다.
② 일제가 꾸며낸 105인 사건으로 해체되었다.
③ 일제가 치안 유지법을 적용하여 탄압하였다.
④ 백산 상회를 통해 독립운동 자금을 마련하였다.
⑤ 국권 반환 요구서를 조선 총독에게 제출할 것을 계획하였다.

기출테마 42 3·1 운동과 대한민국 임시 정부

외우는 핵심 키워드

3·1 운동

- **배경**
  - 미국 : 윌슨의 민족 자결주의
  - 일본 : 2·8 독립 선언
  - 국내 : 대동단결 선언, 대한 독립 선언
- **전개**
  - 고종의 인산일 계기
  - 태화관에서 민족 대표 33인의 독립 선언
  - 만세 시위 운동 확산
  - 유관순 만세 시위(천안 아우내 장터)
  - 제암리 학살 사건
- **영향**
  - 무단 통치 → 문화 통치
  - 대한민국 임시 정부 수립 계기
  - 중국의 5·4 운동에 영향

대한민국 임시 정부 시대 구분

- 제1기(상해 시대) : 1919~1932
- 제2기(이동 시대) : 1932~1940
- 제3기(충칭 시대) : 1940~1945

국민 대표 회의 소집

- 이승만의 위임 통치 청원서 사건
- 창조파(신채호·박용만)와 개조파(안창호·이동휘)의 대립
- 이승만 탄핵 → 박은식 2대 대통령 추대

대한민국 임시 정부 활동사항

- **군자금 조달**
  - 독립 공채 발행, 국민 의연금 모금
  - 연통제와 교통국 통해 전달
  - 만주 이륭 양행, 부산 백산 상회
- **외교 활동**
  - 파리 강화 회의에 김규식 파견, 독립 청원서 제출
  - 구미 위원부 설치
- **문화 활동**
  - 기관지 : 독립신문
  - 사료 편찬소 : 한·일 관계 사료집
- **군사 활동**
  - 육군 무관 학교 설립
  - 군무부, 직할 부대 설립
  - 한국 광복군 창설

충칭 임시 정부 활동

- 한국 독립당 결성
- 건국 강령 : 조소앙의 삼균주의
- 김구 중심의 단일 주석 체제
- 한국 광복군 창설(지청천 총사령), 대일 선전 포고

외우는 빈출 선지

- 민족 대표 33인 명의의 독립 선언서가 발표되었다. → **3·1 운동**
- 삼균주의를 기초로 하는 건국 강령을 선포하였다. → **충칭 임시 정부**
- 충칭에서 한국 광복군을 창설하였다. → **충칭 임시 정부**
- 국내 비밀 행정 조직으로 연통제를 두었다. → **상해 임시 정부**
- 파리 강화 회의에 독립 청원서를 제출하였다. → **상해 임시 정부**
- 의거 활동을 위해 한인 애국단을 조직하였다. → **상해 임시 정부**
- 미군과 연계하여 국내 진공 작전을 추진하였다. → **충칭 임시 정부**
- 독립운동 자금 마련을 위해 독립 공채를 발행하였다. → **대한민국 임시 정부**
- 대한민국 임시 정부가 대일 선전 성명서를 공표하였다. → **충칭 임시 정부**
- 독립운동의 방략을 논의하기 위하여 국민 대표 회의가 개최되었다. → **상해 임시 정부**
- 전개 과정에서 일제가 제암리 학살 등을 자행하였다. → **3·1 운동**
- 대한민국 임시 정부 수립의 계기가 되었다. → **3·1 운동**

01
(가) 단체의 활동으로 옳은 것은? [1점]

이 책은 (가) 이/가 국제 연맹에 한국 독립의 당위성을 호소하기 위해 편찬한 것입니다. 여기에는 삼국 시대 이후의 한일 관계사가 기록되어 있으며, 특히 일제의 잔혹한 식민통치 방식과 3·1 운동의 전개 과정이 잘 정리되어 있습니다.

한일 관계 사료집

① 조선 혁명 간부 학교를 설립하였다.
② 한글 맞춤법 통일안과 표준어를 제정하였다.
③ 태극 서관을 운영하며 계몽 서적을 보급하였다.
④ 독립운동 자금 마련을 위해 독립 공채를 발행하였다.
⑤ 진상 조사단을 파견하여 광주 학생 항일 운동을 지원하였다.

02
다음 자료가 발표된 이후의 사실로 옳은 것은? [2점]

> 조선 청년 독립단은 우리 2천만 민족을 대표하여 정의와 자유를 쟁취한 세계 모든 나라 앞에 독립을 성취할 것을 선언한다. …… 우리 민족은 정당한 방법으로 우리 민족의 자유를 추구할 것이나, 만일 이번에 성공하지 못하면 우리 민족은 생존의 권리를 위하여 온갖 자유행동을 취하여 최후의 일인까지 자유를 위해 뜨거운 피를 흘릴 것이니, …… 일본이 만일 우리 민족의 정당한 요구에 불응한다면 우리는 일본에 대하여 영원의 혈전을 선포하노라.
>
> – 재일본 동경 조선 청년 독립단 대표 11인 –

① 박상진 등이 대한 광복회를 결성하였다.
② 황성신문에 시일야방성대곡이 게재되었다.
③ 독립 협회가 중심이 되어 독립문을 건립하였다.
④ 고종의 밀지를 받아 독립 의군부가 조직되었다.
⑤ 민족 대표 33인 명의의 독립 선언서가 발표되었다.

03

밑줄 그은 '회의'가 개최된 시기를 연표에서 옳게 고른 것은? [2점]

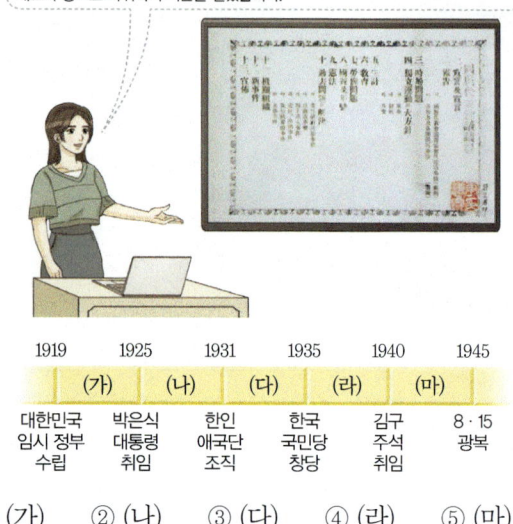

이 자료는 대한민국 임시 정부가 침체에 빠지자 독립운동의 새로운 활로와 방향을 모색하기 위해 상하이에서 개최된 회의의 의사일정입니다. 국내외 각지에서 온 대표들은 대한민국 임시 정부에 대한 처리를 둘러싸고 창조파와 개조파 등으로 나뉘어져 격론을 벌였습니다.

1919	1925	1931	1935	1940	1945
	(가)	(나)	(다)	(라)	(마)
대한민국 임시 정부 수립	박은식 대통령 취임	한인 애국단 조직	한국 국민당 창당	김구 주석 취임	8·15 광복

① (가) ② (나) ③ (다) ④ (라) ⑤ (마)

04

다음 성명서를 발표한 이후 대한민국 임시 정부의 활동으로 옳은 것은? [2점]

> 우리는 삼천만의 한국인 및 정부를 대표하여 중국, 영국, 미국, …… 기타 국가들이 일본에 대해 전쟁을 선포한 것을 삼가 축하한다. 이것은 일본을 격패(擊敗)시키고 동아시아를 재건하는 가장 유효한 수단이다. 이에 특별히 다음과 같이 성명한다.
> 1. 한국 전체 인민은 현재 이미 반침략 전선에 참여한 상태이며 하나의 전투 단위로서 추축국에 전쟁을 선포한다.
> 2. 1910년의 합병 조약 및 일체 불평등 조약이 무효임을 재차 선포한다. 아울러 반침략 국가가 한국에 지닌 합리적 기득 권익을 존중한다.
> 3. 왜구를 한국, 중국 및 서태평양에서 완전히 축출하기 위하여 혈전으로 최후의 승리를 거둔다.

① 충칭에서 한국 광복군을 창설하였다.
② 국내 비밀 행정 조직으로 연통제를 두었다.
③ 파리 강화 회의에 독립 청원서를 제출하였다.
④ 의거 활동을 위해 한인 애국단을 조직하였다.
⑤ 미군과 연계하여 국내 진공 작전을 추진하였다.

05

(가) 민족 운동에 대한 설명으로 옳은 것은? [1점]

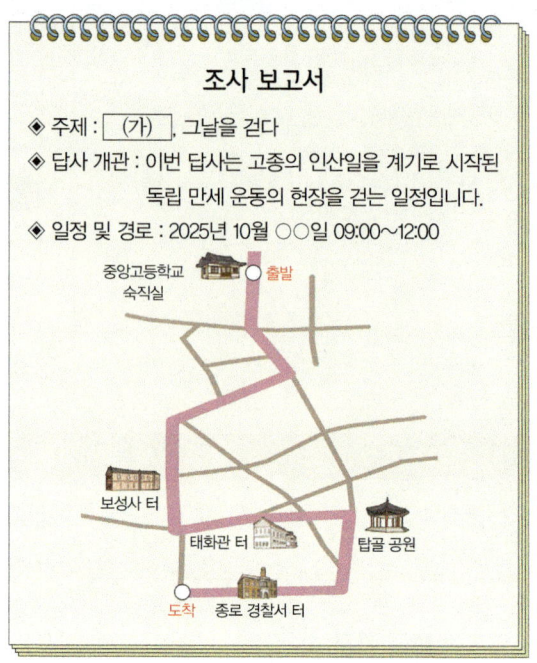

조사 보고서
◆ 주제: (가), 그날을 걷다
◆ 답사 개관: 이번 답사는 고종의 인산일을 계기로 시작된 독립 만세 운동의 현장을 걷는 일정입니다.
◆ 일정 및 경로: 2025년 10월 ○○일 09:00~12:00

① 통감부의 방해와 탄압으로 중단되었다.
② 러시아의 절영도 조차 요구를 저지하였다.
③ 민족 대표 33인 명의의 독립 선언서가 발표되었다.
④ 대한매일신보의 후원을 받아 전국으로 확산되었다.
⑤ 한국인 학생과 일본인 학생 간의 충돌에서 비롯되었다.

06

(가) 단체의 활동으로 옳은 것은? [2점]

접견 기록
■ 날짜 및 장소
  1943년 7월 26일, 중국 군사 위원회 접견실
■ 참석 인물
  · (가): 주석 김구, 외무부장 조소앙 등
  · 중국: 위원장 장제스 등
■ 주요 내용
  · 장제스: 한국의 완전한 독립을 실현하는 과정은 쉽지 않을 것입니다. 그러나 한국 혁명 동지들이 진심으로 단결하고 협조하여 함께 노력한다면 광복의 뜻을 이룰 수 있을 것입니다.
  · 김구·조소앙: 우리의 독립 주장이 이루어질 수 있도록 귀국이 지지해 주기를 희망합니다.

① 좌우 합작 7원칙을 발표하였다.
② 개벽, 신여성 등의 잡지를 간행하였다.
③ 조선 혁명 선언을 활동 지침으로 삼았다.
④ 한글 맞춤법 통일안과 표준어를 제정하였다.
⑤ 삼균주의를 기초로 하는 건국 강령을 선포하였다.

07

(가), (나) 사이의 시기에 있었던 사실로 옳은 것은? [2점]

① 신규식 등이 대동 단결 선언을 발표하였다.
② 대한민국 임시 정부가 대일 선전 성명서를 공표하였다.
③ 김구, 이시영 등이 항저우에서 한국 국민당을 창당하였다.
④ 충칭에서 지청천을 총사령관으로 하는 한국 광복군이 창설되었다.
⑤ 독립운동의 방략을 논의하기 위하여 국민 대표 회의가 개최되었다.

08

다음 자료에 나타난 민족 운동에 대한 설명으로 옳은 것은? [1점]

> 그날 오후 2시 10분 파고다 공원에 모였던 수백 명의 학생들이 10여 년간 억눌려 온 감정을 터뜨려 '만세, 독립 만세'를 외치자 뇌성벽력 같은 소리에 공원 근처에 살던 시민들도 크게 놀랐다. 공원 문을 쏟아져 나온 학생들은 종로 거리를 달리며 몸에 숨겼던 선언서들을 길가에 뿌리며 거리를 누볐다. 월슨 대통령이 주장한 약소민족의 자결권이 실현되는 신세계가 시작된 것이다. 시위 학생들은 덕수궁 문 앞에 당도하자 붕어하신 고종에게 조의를 표하고 잠시 묵었다.
> — 스코필드 기고문 —

① 조선 형평사의 주도로 전개되었다.
② 신간회에서 진상 조사단을 파견하였다.
③ 조선 혁명 선언을 활동 지침으로 삼았다.
④ 전개 과정에서 일제가 제암리 학살 등을 자행하였다.
⑤ 성진회와 각 학교 독서회에 의해 전국적으로 확산되었다.

09

다음 자료에 나타난 민족 운동에 대한 설명으로 옳은 것은? [2점]

> 문 : 오늘 종로 1가 사거리 큰 길에서 모인 동기를 진술하라.
> 답 : 나는 어제 오후 5시 무렵 경성부 남대문로에 있었는데, 자동차에서 뿌린 독립 선언서를 습득하였다. 나는 그 선언서를 읽고 우리 조선국이 독립되었다고 생각하고 기쁨을 참지 못하였다. 그래서 오늘 오후 1시 무렵 종로 1가 사거리 큰 길 중앙에서 독립 만세를 큰 소리로 계속 외쳤더니 5백 명 가량의 군중이 내 주위에 모여들었고, 함께 모자를 흔들면서 만세를 계속 부르며 행진하였다.
> 문 : 그 선언서의 내용을 진술하라.
> 답 : 우리 조선이 독립국임과 조선인이 자주민인 것을 선언함 등의 내용이었다. 그리고 조선 민족 대표자 33인의 성명을 기재하고 있었다.
> — ○○○신문조서 —

① 사회주의 세력의 주도 아래 계획되었다.
② 대한민국 임시 정부 수립의 계기가 되었다.
③ 일제가 105인 사건을 조작하여 탄압하였다.
④ 한국인 학생과 일본인 학생 간의 충돌에서 비롯되었다.
⑤ 배우자 가르치자 다 함께 브나로드 등의 구호를 내세웠다.

10

다음 선언문 발표 이후 일어난 사실로 옳은 것은? [3점]

> 한국 국민당, 조선 혁명당, 한국 독립당은 각각 자기 당을 해소(解消)하고 새로 한국 독립당을 창립하였음을 중외(中外) 각계에 정중히 선언한다.
> 동지 동포들! 우리 3당이 1당을 조직하게 된 최대 이유는 다음과 같다. 첫째, 원래 3당의 당의(黨義), 당강(黨綱), 당책(黨策)으로든지 독립운동의 의식으로든지 역사적 혁명 노선으로든지 3당 서로가 1당을 세울 만한 통일적 가능성을 충족하게 내포하였던 것이다. 둘째, 수 3년 내로 3당 통일의 예비 행동이 점차로 성숙되었던 것이다. …… 마침내 우리 민족 해방 운동의 역사적 임무를 달성하려면 각계각층의 협력 합작을 통하여 비로소 총동원될 것은 누구도 부인하지 못할 명확한 결론이므로, 가까운 장래에 각방(各方)의 정성 단결이 확립되어야 우리의 광복 대업이 속히 이루어질 것으로 믿는다.

① 김규식이 파리 강화 회의에 대표로 파견되었다.
② 참의부, 신민부, 정의부가 만주 지역에 성립되었다.
③ 윤봉길이 상하이 훙커우 공원에서 의거를 일으켰다.
④ 삼균주의에 입각한 대한민국 건국 강령이 발표되었다.
⑤ 독립 운동의 방략을 논의하기 위한 국민 대표 회의가 개최되었다.

기출테마 43 항일 운동과 의열 투쟁

외우는 핵심 키워드

항일 운동

6·10 만세 운동 (1926)	• 순종(융희)의 인산일 계기 • 민족주의 계열(천도교)과 사회주의 계열 연대 • 민족 유일당 운동 시작 → 신간회 결성
광주 학생 항일 운동 (1929)	• 한·일 학생 간 충돌의 편파적 처리 • 신간회 중앙 본부의 진상 조사단 파견 • 전국 각지에서 일어난 동맹 휴학의 도화선 • 3·1 운동 이후 최대 규모의 항일 민족 운동

의열 투쟁

의열단 (1919)	• 김원봉 : 만주에서 조직 • 신채호 : 조선 혁명 선언, 의열단 활동 지침, 민중의 직접 혁명 • 박재혁 : 부산 경찰서 폭탄 투척(1920) • 김익상 : 조선 총독부 폭탄 투척(1921) • 김상옥 : 종로 경찰서 폭탄 투척(1923) • 김지섭 : 일본 황궁 침입 시도(1923) • 나석주 : 조선 식산 은행, 동양 척식 주식회사 폭탄 투척(1926) • 황포 군관 학교 입학 → 조선 혁명 간부 학교 설립 → 민족 혁명당 결성
한인 애국단 (1931)	• 김구 : 상하이에서 조직 • 이봉창 : 도쿄에서 일왕의 행렬에 폭탄 투척(1932) • 윤봉길 : 상하이 훙커우 공원 의거(1932) • 중국 국민당(장개석) 정부의 임시 정부 지원 계기 → 한국 광복군 창설
기타	• 장인환, 전명운 : 친일 인사 스티븐스 사살(1908) • 안중근 : 이토 히로부미 사살, 동양 평화론 집필 (1909) • 이재명 : 명동 성당 앞에서 이완용 습격(1909) • 강우규 : 사이토 총독에게 폭탄 투척(1920)

외우는 빈출 선지

- 동양 평화론을 저술하였다. → 안중근
- 친일 인사인 스티븐스를 사살하였다. → 장인환, 전명운
- 명동 성당 앞에서 이완용을 습격하였다. → 이재명
- 동양 척식 주식회사에 폭탄을 투척하였다. → 나석주
- 도쿄에서 일어난 이봉창 의거를 계획하였다. → 한인 애국단
- 순종의 인산일을 기회로 삼아 추진되었다. → 6·10 만세 운동
- 국내에서 민족 유일당 운동이 시작되는 계기가 되었다. → 6·10 만세 운동
- 신간회 중앙 본부가 진상 조사단을 파견하여 지원하였다. → 광주 학생 항일 운동
- 하얼빈역에서 이토 히로부미를 사살하였다. → 안중근
- 한일 학생 간 충돌이 발단이 되어 일어났다. → 광주 학생 항일 운동
- 민족 협동 전선인 신간회 결성에 영향을 미쳤다. → 6·10 만세 운동
- 신채호의 조선 혁명 선언을 활동 지침으로 삼았다. → 의열단
- 김구를 단장으로 하여 활발한 의열 활동을 펼쳤다. → 한인 애국단
- 조선 총독을 저격한 강우규가 단원으로 활동하였다. → 대한 노인단
- 민족주의 진영과 사회주의 진영이 함께 준비하였다. → 6·10 만세 운동
- 전국 각지에서 일어난 동맹 휴학의 도화선이 되었다. → 광주 학생 항일 운동

01

밑줄 그은 '이 운동'에 대한 설명으로 옳은 것은? [1점]

이것은 '학생의 날' 기념우표이다. 학생의 날은 1929년 한일 학생 간 충돌을 계기로 광주에서 일어나 전국으로 확산된 이 운동을 기리기 위해 1953년에 제정되었다. 우표는 이 운동의 기념탑과 당시 학생들의 울분을 함께 형상화하여 도안되었다. 학생의 날은 2006년부터 '학생 독립운동 기념일'로 명칭이 변경되었다.

① 조선 형평사를 중심으로 전개되었다.
② 순종의 인산일을 기회로 삼아 추진되었다.
③ 대한민국 임시 정부 수립에 영향을 주었다.
④ 국내에서 민족 유일당 운동이 시작되는 계기가 되었다.
⑤ 신간회 중앙 본부가 진상 조사단을 파견하여 지원하였다.

02

밑줄 그은 '그'에 대한 설명으로 옳은 것은? [1점]

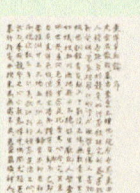

이 자료는 1910년 그가 옥중에서 저술한 동양 평화론으로, 원래 5편으로 구상되었으나 사형 집행이 앞당겨져 서문과 전감(前鑑)만 집필되었다. 일제의 한국 침략에 대한 비판과 진정한 동양 평화를 위한 한중일 삼국의 대등한 연합이 주된 내용을 이룬다. 국내에서 삼흥 학교 등을 세워 인재 양성에 힘쓰던 그는 망명하여 연해주 의병의 우영장으로 국내 진공 작전을 전개하였다. 1910년 뤼순 감옥에서 순국하였다.

① 봉오동 전투에서 일본군을 격파하였다.
② 베델과 함께 대한매일신보를 발간하였다.
③ 하얼빈역에서 이토 히로부미를 사살하였다.
④ 서전서숙을 설립하여 민족 교육을 실시하였다.
⑤ 고종의 밀지를 받아 독립 의군부를 조직하였다.

03

(가) 인물에 대한 설명으로 옳은 것은? [2점]

이곳은 최근 다시 개관한 하얼빈의 (가) 기념관입니다. (가) 동상 위의 시계는 9시 30분에 멈춰 있습니다. 이토 히로부미를 저격한 바로 그 시각입니다.

① 동양 평화론을 저술하였다.
② 친일 인사인 스티븐스를 사살하였다.
③ 5적 처단을 위해 자신회를 조직하였다.
④ 명동 성당 앞에서 이완용을 습격하였다.
⑤ 동양 척식 주식회사에 폭탄을 투척하였다.

04

(가) 단체에 대한 설명으로 옳은 것은? [2점]

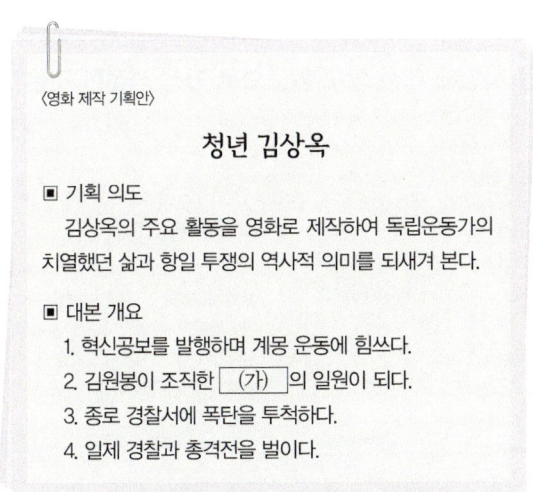

〈영화 제작 기획안〉

청년 김상옥

■ 기획 의도
김상옥의 주요 활동을 영화로 제작하여 독립운동가의 치열했던 삶과 항일 투쟁의 역사적 의미를 되새겨 본다.

■ 대본 개요
1. 혁신공보를 발행하며 계몽 운동에 힘쓰다.
2. 김원봉이 조직한 (가) 의 일원이 되다.
3. 종로 경찰서에 폭탄을 투척하다.
4. 일제 경찰과 총격전을 벌이다.

① 조선 혁명 선언을 행동 강령으로 삼았다.
② 비밀 행정 조직으로 연통제를 실시하였다.
③ 고종의 밀지를 받아 결성된 비밀 단체이다.
④ 도쿄에서 일어난 이봉창 의거를 계획하였다.
⑤ 신흥 무관 학교를 세워 무장 투쟁을 준비하였다.

05

다음 대화에 나타난 민족 운동에 대한 설명으로 옳은 것은? [2점]

얼마 전 종로 일대에서 일어난 만세 시위 소식을 들었는가? 이날 체포된 학생들에 대한 공판이 곧 열린다더군.

융희 황제의 인산일에 학생들이 격문을 뿌리고 만세를 외친 그 사건 말씀이시죠? 사전에 권오설 선생 등이 경찰에게 체포되어 걱정이었는데, 학생들 덕분에 시위가 가능했지요.

① 원산 총파업의 노동자들과 연대하였다.
② 치안 유지법이 제정되는 결과를 가져왔다.
③ 국민 대표 회의가 개최되는 계기가 되었다.
④ 한일 학생 간 충돌이 발단이 되어 일어났다.
⑤ 민족 협동 전선인 신간회 결성에 영향을 미쳤다.

06

밑줄 그은 '의거'를 일으킨 단체에 대한 설명으로 옳은 것은? [1점]

이 사진은 1945년 9월 2일 일왕을 대신하여 일본의 외무 대신이 연합군 앞에서 항복 문서에 서명하는 장면입니다.

서명하는 인물은 시게미쓰 마모루인데, 그는 윤봉길의 상하이 훙커우 공원 의거 당시 폭탄에 맞아 다리를 다쳤습니다.

① 신채호의 조선 혁명 선언을 활동 지침으로 삼았다.
② 김구를 단장으로 하여 활발한 의열 활동을 펼쳤다.
③ 조선 총독을 저격한 강우규가 단원으로 활동하였다.
④ 이상재 등의 주도로 민립 대학 설립 운동을 전개하였다.
⑤ 진상 조사단을 파견하여 광주 학생 항일 운동을 지원하였다.

07
(가) 민족 운동에 대한 설명으로 옳은 것은? [2점]

이것은 순종의 인산일에 일어난 (가) 당시 장례 행렬에 모인 사람들에게 뿌려진 격문의 일부입니다.

- 대한 독립운동가여 단결하라!
- 일체 납세를 거부하자!
- 일본 물자를 배척하자!
- 언론·출판·집회의 자유를!
- 보통 교육은 의무 교육으로!
- 교육 용어는 조선어로!

① 대구에서 시작되어 전국으로 확산되었다.
② 대한민국 임시 정부 수립에 영향을 주었다.
③ 민족주의 진영과 사회주의 진영이 함께 준비하였다.
④ 일제가 이른바 문화 통치를 실시하는 배경이 되었다.
⑤ 신간회 중앙 본부가 진상 조사단을 파견하여 지원하였다.

08
(가), (나) 사이의 시기에 있었던 사실로 옳은 것은? [3점]

(가) 동북 3성의 군벌 장작림(張作霖)과 일본과의 협정이 성립되어 독립운동하는 한국인은 잡히는 대로 왜에게 넘겨졌다. 심지어 중국 백성들은 한국인 한 명의 머리를 베어 왜놈 영사관에 가서 몇 십 원 내지 3, 4원씩 받고 팔기도 했다.

(나) 나와 공근은 상해의 프랑스 조계를 떠나 기차역으로 가서 그 날로 가흥(嘉興)으로 피신하였다. 그곳은 박찬익 형이 은주부와 저보성 제씨(諸氏)에게 주선하여 며칠 전에 엄항섭 군의 가족과 김의한 일가, 석오 이동녕 선생이 벌써 이사하였던 곳이다.
― 『백범일지』 ―

① 일본군의 보복으로 간도 참변이 발생하였다.
② 한국 광복군이 국내 진공 작전을 준비하였다.
③ 한인 애국단이 조직되어 의거 활동을 전개하였다.
④ 일본의 토지 침탈을 막고자 농광 회사가 설립되었다.
⑤ 삼균주의에 입각한 대한민국 건국 강령이 발표되었다.

09
다음 기사에 보도된 사건에 대한 설명으로 옳은 것은? [2점]

□□일보
제△△호　　　　　　　　　　○○○○년 ○○월 ○○일

광주고보, 중학생 충돌 사건
쌍방 기세 의연 험악

지난 3일 광주역 부근 일대에서는 광주 공립 고등 보통학교 학생과 광주 일본인 중학교 학생 각 300여 명이 다투어 쌍방에 수십 명의 부상자를 내었다. 이후 고등 보통학교 학생들은 막대를 총과 같이 어깨에 메고 시내에서 시위를 벌였다. 두 학교에서는 극도로 감정이 격앙된 학생들을 진정시키기 위해 6일까지 사흘 동안 임시 휴교를 하였다는데 쌍방 학생의 기세는 아직도 험악하다고 하더라.

① 순종의 인산일을 계기로 일어났다.
② 일제의 무단 통치를 완화시키는 배경이 되었다.
③ 대한민국 임시 정부가 수립되는 계기가 되었다.
④ 대한매일신보의 후원 속에 전국적으로 확산되었다.
⑤ 전국 각지에서 일어난 동맹 휴학의 도화선이 되었다.

10
다음 사건에 대한 탐구 활동으로 가장 적절한 것은? [2점]

4월 29일, 새벽에 윤군과 같이 김해산의 집에 가서 마지막으로 식탁을 같이하여 아침밥을 먹었다. …… 마침내 오후 한 시쯤이 되자 곳곳에서 허다한 중국 사람들이 술렁거리는 소리가 들려왔지만, 전하는 말이 달라 정확한 상황을 확인할 수 없었다. ……

오후 두세 시경에 다음과 같은 신문 호외가 터져 나왔다.
"홍커우 공원 일본인의 경축대 위에서 대량의 폭탄이 폭발하여 거류민단장 가와바다는 즉사하고, 시라카와 대장, 시게미츠 주중 공사, 우에다 중장, 노무라 중장 등 문무 대관이 모두 중상 ……."

① 자유시 참변이 일어난 원인을 조사한다.
② 신흥 무관 학교의 설립 배경을 파악한다.
③ 복벽주의를 내세운 단체의 활동을 정리한다.
④ 김구가 조직한 한인 애국단의 활동을 살펴본다.
⑤ 중광단을 중심으로 북로 군정서가 조직된 과정을 알아본다.

기출테마 44 1920~1940년대 무장 독립 전쟁

외우는 핵심 키워드

1920년대

봉오동 전투 (1920. 6)	홍범도의 대한 독립군과 군무 도독부군, 국민회군 등의 연합
청산리 대첩 (1920. 10)	• 훈춘사건의 불령선인 • 김좌진의 북로 군정서군과 홍범도의 대한 독립군 연합 • 간도 청산리의 어랑촌, 백운평, 천수평 등에서 격전
간도 참변 (1920. 10)	• 봉오동·청산리 전투에서의 패배에 대한 일제의 보복 • 독립군과 만주 한인촌에 대한 무차별 학살, 방화
대한 독립 군단 (1920. 12)	• 간도 참변 후 밀산부에서 대한 독립 군단 조직 • 소련령 자유시로 이동
자유시 참변 (1921. 6)	대한 독립 군단이 적색군의 무장 해제 요구에 저항하다 참변
3부 성립 (1923~1925)	• 자유시 참변 후 만주로 탈출하여 3부 구성 • 참의부(1923), 정의부(1925), 신민부(1925)
미쓰야 협정 (1925)	• 총독부 경무국장 미쓰야와 만주 군벌 사이에 맺어진 조약 • 독립군 체포 및 일본 인계 조약

1930년대

한·중 연합 작전	• 한국 독립군(지청천) + 중국 호로군 : 쌍성보 전투(1932), 사도하자 전투(1933), 대전자령 전투(1933) • 조선 혁명군(양세봉) + 중국 의용군 : 영릉가 전투(1932), 흥경성 전투(1933)
만주 항일 유격 투쟁	• 동북 인민 혁명군 → 동북 항일 연군 → 조국 광복회 • 보천보 전투 : 동북 항일 연군 + 조국 광복회 연합 유격전
민족 혁명당 (1935)	• 5개 정당이 난징에서 결성 • 김원봉 주도, 조소앙·지청천 이탈 • 조선 민족 전선 연맹 결성
조선 의용대 (1937)	• 김원봉이 중·일 전쟁 발발 직후 중국 국민당 정부의 지원을 받아 조직 • 조선 민족 전선 연맹 산하 부대로 한커우에서 창설 • 중국 관내에 결성된 최초의 한인 무장 부대 • 포로 심문, 요인 사살, 첩보 작전 수행 • 중국 팔로군과 호가장 전투 활약

1940년대

한국 광복군 (1940)	• 김구의 충칭 임시 정부 산하 부대 • 총사령 지청천 • 김원봉의 조선 의용대 일부 흡수 • 대일 선전 포고 • 연합군의 일원으로 태평양 전쟁 참여 • 영국군과 연합하여 인도·미얀마 전선 투입 • 미국 전략 정보국(OSS)과 국내 진공 작전 추진
조선 의용군 (1942)	• 조선 독립 동맹의 조선 의용대 개편 • 중국 팔로군에 편제되어 항일 전선 참여

외우는 빈출 선지

- 중국 팔로군에 편제되어 항일 전선에 참여하였다. → 조선 의용군
- 영국군의 요청으로 인도·미얀마 전선에서 활동하였다. → 한국 광복군
- 북만주 지역에서 활동한 한국 독립당의 산하 부대였다. → 한국 독립군
- 중국 국민당과 협력하여 조선 의용대를 창설하였다. → 김원봉
- 자유시 참변 이후 3부가 조직되었다. → 1923~1925년
- 일본군의 보복으로 간도 참변이 발생하였다. → 1920년
- 독립군 연합 부대가 청산리에서 큰 승리를 거두었다. → 1920년
- 일제가 독립군을 탄압하고자 미쓰야 협정을 체결하였다. → 1925년
- 쌍성보 전투에서 한중 연합 작전을 전개하였다. → 한국 독립군
- 중국 팔로군과 함께 호가장 전투에서 활약하였다. → 조선 의용대
- 국내 정진군을 조직하여 국내 진공 작전을 추진하였다. → 한국 광복군
- 중국 관내에서 결성된 최초의 한인 무장 부대였다. → 조선 의용대
- 미국 전략 정보국(OSS)의 지원을 받았다. → 한국 광복군
- 조국 광복회의 지원 아래 유격전으로 전개되었다. → 동북 항일 연군
- 대한 독립군, 대한 국민군 등이 연합하여 참여하였다. → 청산리 대첩
- 쌍성보, 대전자령 전투에서 일본군을 격파하였다. → 지청천
- 일본군의 공세를 피해 자유시로 이동하였다. → 대한 독립 군단
- 중국 의용군과 연합하여 흥경성 전투를 이끌었다. → 조선 혁명군
- 영릉가 전투에서 승리하였다. → 조선 혁명군
- 자유시 참변 이후 세력이 약화되었다. → 대한 독립 군단
- 봉오동 전투에서 일본군을 상대로 승리를 거두었다. → 홍범도

01

(가)~(다) 학생이 발표한 내용을 일어난 순서대로 옳게 나열한 것은? [3점]

① (가) - (나) - (다) ② (가) - (다) - (나)
③ (나) - (가) - (다) ④ (나) - (다) - (가)
⑤ (다) - (나) - (가)

02

(가) 단체에 대한 설명으로 옳은 것은? [2점]

> (가) 의 총사령 양세봉, 참모장 김학규 등은 일부 병력을 이끌고 중국 의용군 부대와 합세하였다. 일본군과 만주군이 신빈현성의 고지대를 거점으로 삼아 먼저 공격했으나 아군이 응전하여 이를 탈취하였다. 아군은 승세를 몰아 적들을 추격한 끝에 당일 오후 3시경 영릉가성을 점령하였다. 5일간의 격렬한 전투에서 한중 연합군은 신빈현 일대 여러 곳을 점령하는 등 커다란 수확을 거두었다.

① 흥경성 전투에서 승리하였다.
② 자유시 참변 이후 세력이 약화되었다.
③ 중국 팔로군에 편제되어 항일 전선에 참여하였다.
④ 영국군의 요청으로 인도·미얀마 전선에서 활동하였다.
⑤ 북만주 지역에서 활동한 한국 독립당의 산하 부대였다.

03

밑줄 그은 '그'의 활동으로 옳은 것은? [2점]

① 연해주에서 대한 광복군 정부를 수립하였다.
② 대한 광복회의 총사령으로 친일파를 처단하였다.
③ 중국 국민당과 협력하여 조선 의용대를 창설하였다.
④ 만주 사변 이후 대전자령 전투에서 일본군을 격퇴하였다.
⑤ 민중의 직접 혁명을 주장하는 조선 혁명 선언을 집필하였다.

04

(가) 군대에 대한 설명으로 옳은 것은? [1점]

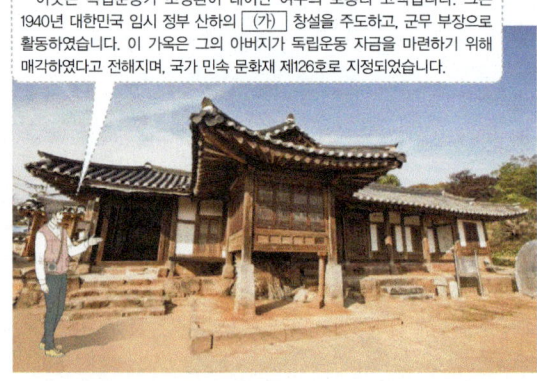

① 숭무 학교를 설립하여 독립군을 양성하였다.
② 쌍성보 전투에서 한중 연합 작전을 전개하였다.
③ 중국 팔로군과 함께 호가장 전투에서 활약하였다.
④ 국내 정진군을 조직하여 국내 진공 작전을 추진하였다.
⑤ 중국 관내(關內)에서 결성된 최초의 한인 무장 부대였다.

05

(가), (나) 사이의 시기에 있었던 사실로 옳지 <u>않은</u> 것은? [2점]

> (가) 북간도에 주둔한 아군 7백 명은 북로 사령부 소재지인 봉오동을 향해 행군하다가 적군 3백 명을 발견하였다. 아군을 지휘하는 홍범도, 최진동 두 장군은 즉시 적을 공격하여 120여 명을 살상하고 도주하는 적을 추격하였다.
> — 『독립신문』 —
>
> (나) 조선 혁명군 총사령 양세봉, 참모장 김학규 등은 병력을 이끌고 중국 의용군과 합세하였다. …… 아군은 승세를 몰아 적들을 30여 리 정도 추격한 끝에 영릉가성을 점령하였다.
> — 『광복』 —

① 자유시 참변 이후 3부가 조직되었다.
② 일본군의 보복으로 간도 참변이 발생하였다.
③ 독립군 연합 부대가 청산리에서 큰 승리를 거두었다.
④ 일제가 독립군을 탄압하고자 미쓰야 협정을 체결하였다.
⑤ 스탈린에 의해 많은 한인이 중앙아시아로 강제 이주되었다.

06

(가) 전투에 대한 설명으로 옳은 것은? [2점]

이곳은 부산 해운대에 있는 '애국지사 강근호 길'입니다. 그는 1920년 10월 백운평, 어랑촌, 고동하 등지에서 일본군에 맞서 싸운 (가) 당시 북로 군정서 중대장으로 활약하였습니다.

① 중국 호로군과 협력하여 진행되었다.
② 미국 전략 정보국(OSS)의 지원을 받았다.
③ 대한민국 임시 정부 수립에 영향을 주었다.
④ 조국 광복회의 지원 아래 유격전으로 전개되었다.
⑤ 대한 독립군, 대한 국민군 등이 연합하여 참여하였다.

07

(가) 부대에 대한 설명으로 옳은 것은? [2점]

> 30여 년이나 비밀리에 행동한 조선 혁명 청년은 지금도 중국 항일전에서 혁명 행동의 기회를 얻어, …… (가) 은/는 10월 10일 한구(漢口)에서 성립, 중앙군의 이동에 따라 계림(桂林)으로 왔다. 대장 진빈 선생[김원봉]은 금년 41세로서, 1919년 조선의 3월 운동 및 조선 총독부 파괴의 의열단 사건 등도 그들에 의한 것이다.
> — 『국민공론』 —

① 청산리에서 일본군과 교전하였다.
② 대전자령 전투에서 일본군을 격퇴하였다.
③ 일본군의 공세를 피해 자유시로 이동하였다.
④ 중국 의용군과 연합하여 흥경성 전투를 이끌었다.
⑤ 중국 관내(關內)에서 결성된 최초의 한인 무장 부대였다.

08

다음 인물의 활동으로 옳은 것은? [2점]

【이달의 독립운동가】

한국 광복군 창설의 주역
○○○ 장군

- 생몰: 1888년~1957년
- 주요 활동
  - 정의부 총사령관 역임
  - 한국 독립당 창당에 참여
  - 한국 광복군 총사령관 역임
- 서훈 내용
  건국 훈장 대통령장 추서

① 동양 척식 주식회사에 폭탄을 투척하였다.
② 대한 광복회를 조직하여 친일파를 처단하였다.
③ 쌍성보, 대전자령 전투에서 일본군을 격파하였다.
④ 대한 국민회군과 연합하여 봉오동 전투에서 승리하였다.
⑤ 민중의 직접 혁명을 주장하는 조선 혁명 선언을 집필하였다.

09

(가) 독립군 부대에 대한 설명으로 옳은 것은? [2점]

이곳은 국립현충원 애국지사 묘역에 있는 양세봉의 묘입니다. 그의 묘는 북한 애국열사릉에도 있어 그가 남북 모두로부터 추앙받는 인물임을 알 수 있습니다. 그는 남만주 일대에서 조직된 (가) 의 총사령으로 중국 의용군과 함께 항일 투쟁을 전개하였습니다.

① 영릉가 전투에서 승리하였다.
② 중광단을 중심으로 조직되었다.
③ 자유시 참변 이후 세력이 약화되었다.
④ 조선 혁명 간부 학교를 세워 군사력을 강화하였다.
⑤ 영국군의 요청으로 인도, 미얀마 전선에 투입되었다.

10

(가) 인물에 대한 설명으로 옳은 것은? [2점]

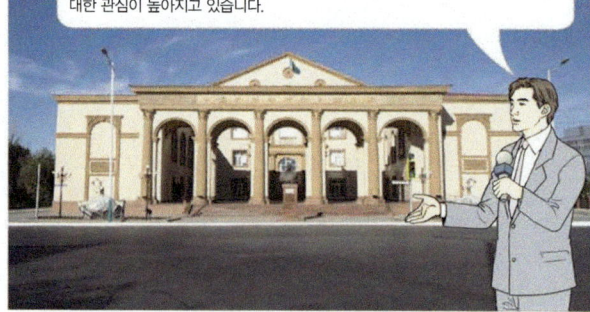

저는 지금 카자흐스탄 크즐오르다에 있습니다. 이곳은 (가) 이/가 근무하였던 옛 고려 극장 건물입니다. 대한 독립군 총사령관이었던 그는 1937년 옛 소련의 강제 이주 정책에 의해 연해주에서 중앙아시아 지역으로 이주하였습니다. 최근 그의 유해 봉환 문제가 제기되면서 국내외 독립운동가의 예우와 선양 사업에 대한 관심이 높아지고 있습니다.

① 양기탁 등과 함께 신민회를 조직하였다.
② 광복에 대비하여 조선 건국 동맹을 결성하였다.
③ 봉오동 전투에서 일본군을 상대로 승리를 거두었다.
④ 독립군을 양성하기 위하여 신흥 강습소를 설립하였다.
⑤ 독립 투쟁 과정을 정리한 한국독립운동지혈사를 저술하였다.

기출테마 45 실력 양성 및 사회적 민족 운동

외우는 핵심 키워드

실력 양성 운동

물산 장려 운동	• 배경 : 회사령 철폐, 관세 철폐 • 발족 : 조만식이 조선 물산 장려회 평양 개최(1920) • 구호 : '내 살림 내 것으로', '조선 사람 조선 것' • 전개 : 근검 절약, 생활 개선, 금주·금연 운동 • 결과 : 일제 탄압과 사회주의 계열 방해
민립 대학 설립 운동	• 배경 : 총독부의 대학 설립 요구 묵살 • 발족 : 이상재가 조선 민립 대학 기성회 조직(1922) • 구호 : '한민족 1천만이 한 사람 1원씩' • 전개 : 조선 민립 대학 기성회 중심 모금 운동 전개 • 결과 : 일제의 경성 제국 대학 설립으로 무마
문맹 퇴치 운동	• 문자 보급 운동 : 조선일보 주도, '아는 것이 힘, 배워야 산다' • 브나로드 운동 : 동아일보사 주도, '배우자 가르치자 다 함께 브나로드'

사회적 민족 운동

농민 운동	• 전남 신안군 암태도 소작쟁의(1923) • 조선 농민 총동맹 결성(1927)
노동 운동	• 조선 노동 공제회 조직(1920) • 부산 부두 노동자 파업(1921) • 서울 고무 공장 여자 노동자 파업(1923) • 조선 노동 총동맹 결성(1927) • 원산 총파업(1929) : 1920년대 최대의 파업투쟁, 라이징 선 석유 회사의 조선인 구타 사건, 국외 노동 단체의 격려 전문 • 평양 고무 공장 파업(1931) : 강주룡의 을밀대 고공 농성 • 동방 광산 광부 투쟁(1941)
여성 운동	• 조직 : 근우회(1927), 신간회 자매 단체 • 의의 : 김활란 중심의 여성계 민족 유일당 조직 • 활동 : 여성 노동자의 권익 옹호와 생활 개선
소년 운동	• 조직 : 방정환의 천도교 소년회(1921) • 활동 : '어린이'라는 말을 만듦, 어린이날 제정, 잡지 어린이 발행
형평 운동	• 목적 : 백정에 대한 사회적 차별 철폐 • 조직 : 이학찬이 진주에서 조선 형평사 창립(1923)

외우는 빈출 선지

- 조선 여성의 단결과 지위 향상을 목표로 하였다. → 근우회
- 이상재 등이 모금 활동을 주도하였다. → 민립 대학 설립 운동
- 여성 교육의 중요성을 강조한 여권통문을 발표하였다. → 여권 운동
- 어린이날을 제정하고 소년 운동을 추진하였다. → 천도교 소년회
- 조선 형평사를 조직하여 사회적 차별에 맞섰다. → 형평 운동
- 라이징 전 석유 회사의 조선인 구타 사건을 계기로 시작되었다. → 원산 총파업
- 조선 노동 총동맹을 중심으로 전개되었다. → 노동 운동
- 근우회의 주도로 여성의 권익을 옹호하였다. → 여성 운동
- 백정에 대한 사회적 차별 철폐를 목표로 하였다. → 형평 운동
- 자작회, 토산 애용 부인회 등의 단체가 활동하였다. → 물산 장려 운동
- 평양에서 시작하여 전국으로 확산되었다. → 물산 장려 운동

- 조선 노동 총동맹과 조선 농민 총동맹이 성립되었다. → 1927년
- 경성 고무 여자 직공 조합이 아사 동맹을 결성하였다. → 1923년
- 노동자 강주룡이 을밀대 지붕에서 고공 농성을 전개하였다. → 1931년
- 전국 단위의 노동 운동 단체인 조선 노동 공제회가 조직되었다. → 1920년
- 전시 징용 정책에 반대하여 동방 광산 광부들이 투쟁하였다. → 1941년
- 조선 사람 조선 것으로 → 물산 장려 운동
- 잘살려면 어린이를 위하라 → 소년 운동
- 한민족 1천만이 한 사람이 1원씩 → 민립 대학 설립 운동
- 배우자 가르치자 다 함께 브나로드 → 브나로드 운동
- 천차만별의 천시(賤視)를 철폐하자 → 형평 운동

01

(가) 종교 단체의 활동으로 옳은 것은? [2점]

① 박중빈을 중심으로 새생활 운동을 펼쳤다.
② 중광단을 조직하여 무장 투쟁을 전개하였다.
③ 배재 학당을 세워 신학문 보급에 기여하였다.
④ 어린이날을 제정하고 소년 운동을 추진하였다.
⑤ 경향신문을 발행하여 민중 계몽을 위해 노력하였다.

02

밑줄 그은 '이 운동'의 표어로 적절한 것은? [1점]

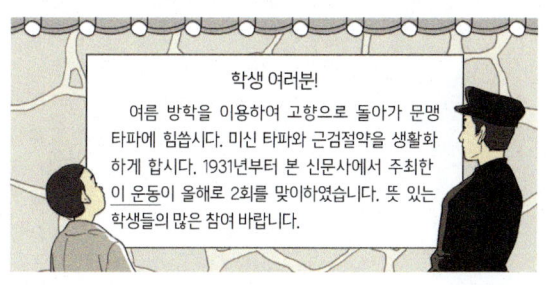

① 조선 사람 조선 것으로
② 잘살려면 어린이를 위하라
③ 한민족 1천만이 한 사람이 1원씩
④ 배우자 가르치자 다 함께 브나로드
⑤ 천차만별의 천시(賤視)를 철폐하자

03

다음 기사가 보도된 이후의 사실로 옳은 것은? [2점]

역사 신문

제△△호　　　　　　　　　○○○○년 ○○월 ○○일

조선 관세령 폐지되다

오늘 총독부가 조선 관세령 폐지를 발표하였다. 당국은 일선융화를 위해 내린 조처라 말하지만, 앞으로 조선인들의 부담이 늘어날 것은 뻔한 이치이다. 일본산 상품이 조선에 물밀 듯 밀려와 시장을 독점하여 자본과 기술에서 열세에 놓여 있는 조선의 공업을 흔적도 없게 만들 우려가 크기 때문이다. 이번 조치로 인해 조선의 제조업자들이 심각한 타격을 받을 것으로 예상된다.

① 동양 척식 주식회사가 설립되었다.
② 물산 장려 운동이 전국으로 확산되었다.
③ 메가타의 주도로 화폐 정리 사업이 실시되었다.
④ 회사 설립을 허가제로 하는 회사령이 공포되었다.
⑤ 황국 중앙 총상회의 상권 수호 운동이 전개되었다.

04

(가) 단체에 대한 설명으로 옳은 것은? [2점]

【이달의 독립운동가】

민족 독립과 여성 해방을 꿈꾼
박차정(朴次貞)
(1910~1944)

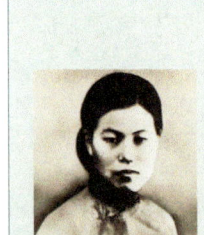

부산 동래 출신. 1927년 신간회의 자매 단체로 결성된 (가) 의 중앙 집행 위원으로 활동하였다. 광주 학생 항일 운동에 동조하여 서울에서 시위를 주도하였다가 불구속으로 나온 후 중국으로 망명하였다. 1938년 조선 의용대의 부녀 복무 단장이 되어 남편 김원봉과 함께 무장 투쟁을 활발히 전개하였다. 이듬해 쿤룬산 전투에서 부상을 당해 후유증으로 순국하였다.

① 상하이에서 대동 단결 선언을 발표하였다.
② 일제의 황무지 개간권 요구를 저지하였다.
③ 여성 교육을 위해 배화 학당을 설립하였다.
④ 조선 여성의 단결과 지위 향상을 목표로 하였다.
⑤ 어린이 등의 잡지를 발간하여 소년 운동을 주도하였다.

05

밑줄 그은 '이 운동'에 대한 설명으로 옳은 것은? [1점]

진주에 있는 이곳은 독립운동가 강상호 선생의 묘입니다. 그는 '공평은 사회의 근본이요, 애정은 인류의 본령'이라는 취지 아래 백정에 대한 권익 보호를 목적으로 전개된 이 운동에 앞장섰습니다.

① 어린이날을 정하고 잡지 어린이를 발간하였다.
② 조선 형평사를 조직하여 사회적 차별에 맞섰다.
③ 계몽 서적의 보급을 위해 태극 서관을 설립하였다.
④ 일제가 이른바 문화 통치를 실시하는 결과를 가져왔다.
⑤ 라이징 전 석유 회사의 조선인 구타 사건을 계기로 시작되었다.

06

밑줄 그은 '이 사건' 이후의 사실로 옳은 것은? [3점]

이 사진은 을밀대 지붕 위에서 고공 농성을 벌이는 강주룡의 모습입니다. 그녀는 대공황 이후 열악해진 식민지 노동 환경에서 임금 삭감 등에 반대하며 평원 고무 공장 쟁의를 주도하였습니다. 이 사건은 자본가와 일제에 맞선 반제국주의 항일 투쟁이라는 점에서 의미가 있습니다.

① 조선 노동 총동맹과 조선 농민 총동맹이 창립되었다.
② 전국 단위의 조직인 조선 노동 공제회가 조직되었다.
③ 전시 징용 정책에 반대하여 동방 광산 광부들이 투쟁하였다.
④ 회사 설립 시 총독의 허가를 받도록 하는 회사령이 제정되었다.
⑤ 일본인 감독의 한국인 구타 사건을 계기로 원산 총파업이 일어났다.

07

밑줄 그은 '투쟁' 이후의 사실로 옳은 것은? [2점]

최근 개통된 천사대교를 건너면 일제 강점기 대표적인 소작 쟁의가 전개된 암태도를 만날 수 있습니다. 당시 암태도의 농민들은 고율의 소작료를 징수하는 지주 문재철에 맞서 목포까지 나가 단식을 벌이는 등 약 1년에 걸친 <u>투쟁</u>으로 소작료를 낮추는 성과를 거두었습니다.

① 회사령이 제정되었다.
② 농광 회사가 설립되었다.
③ 토지 조사 사업이 실시되었다.
④ 조선 농민 총동맹이 결성되었다.
⑤ 함경도에서 방곡령이 선포되었다.

08

다음 자료에 나타난 민족 운동에 대한 설명으로 옳은 것은? [1점]

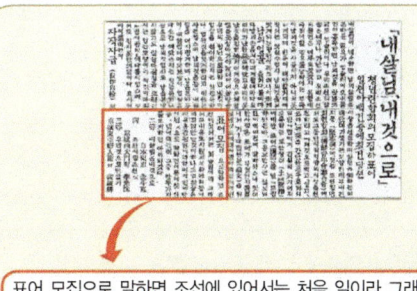

표어 모집으로 말하면 조선에 있어서는 처음 일이라 그래서 그 내용도 시원치 못하여 일등이라고 할 만한 것이 하나도 없었음은 매우 유감된 일이라 하며 이번에 당선된 것으로 말하면 이등이 셋, 삼등 넷이라는데 그중 한두 가지를 소개하면 아래와 같다.
2등 내 살림은 내 것으로
2등 조선 사람 조선 것
3등 우리 것으로만 살기

① 조선 노동 총동맹을 중심으로 전개되었다.
② 근우회의 주도로 여성의 권익을 옹호하였다.
③ 백정에 대한 사회적 차별 철폐를 목표로 하였다.
④ 자작회, 토산 애용 부인회 등의 단체가 활동하였다.
⑤ 국문 연구소를 세워 한글을 체계적으로 연구하였다.

09

다음 성명서가 발표된 이후의 사실로 옳은 것은? [3점]

금반 우리의 노동 정지는 다만 국제 통상 주식회사 원산 지점이 계약을 무시하고 부두 노동 조합 제1구에 대하여 노동을 정지시킨 것으로 인하여 각 세포 단체가 동정을 표한 것뿐이다. 그러므로 결코 동맹 파업을 행한 것은 아니다. 그럼에도 불구하고 재향 군인회, 소방대가 출동한다 하여 온 도시를 경동케 함은 실로 이해할 수 없는 현상이니 …… 또한 원산 상업 회의소가 우리 연합회 회원과 그 가족 만여 명을 비(非) 시민과 같이 보는 행동을 감행하고 있는 것이 사실임으로 …… 상업 회의소에 대하여 입회 연설회를 개최할 것을 요구하였다.
— 동아일보 —

① 조선 노동 총동맹과 조선 농민 총동맹이 성립되었다.
② 경성 고무 여자 직공 조합이 아사 동맹을 결성하였다.
③ 노동자 강주룡이 을밀대 지붕에서 고공 농성을 전개하였다.
④ 전국 단위의 노동 운동 단체인 조선 노동 공제회가 조직되었다.
⑤ 백정에 대한 차별 철폐를 요구하는 조선 형평사가 창립되었다.

10

다음 기사에 보도된 민족 운동에 대한 설명으로 옳은 것은? [2점]

역사 신문
제△△호 ○○○○년 ○○월 ○○일

민대총회(民大總會) 개최, 460여 명의 대표 참석

▲ 조선 민립 대학 기성회 발기 총회

조선 민립 대학 기성회 발기 총회(민대총회)가 오후 1시부터 종로 중앙청년회관에서 열렸다. 총회에서는 사업 계획을 확정하고 '이제 우리 조선인도 생존을 위해서는 대학의 설립을 빼고는 다른 길이 없도다. 만천하 동포에게 민립 대학의 설립을 제창하노니, 자매형제는 모두 와서 성원하라.'라는 요지의 발기 취지서를 발표하였다.

① 중국의 5 · 4 운동에 영향을 주었다.
② 사립 학교령 공포의 계기가 되었다.
③ 이상재 등이 모금 활동을 주도하였다.
④ 통감부의 방해와 탄압으로 실패하였다.
⑤ 여성 교육의 중요성을 강조한 여권통문을 발표하였다.

기출테마 46 사회주의 운동과 민족 문화 수호 운동

외우는 핵심 키워드

신간회
- 회장 : 이상재
- 방향 : 민족 유일당 운동의 일환
- 결성 : 조선 민흥회(비타협적 민족주의) + 정우회(사회주의) 연합
- 활동 : 광주 학생 항일 운동 때 진상 조사단 파견
- 강령 : 민족의 단결, 정치·경제적 각성 촉진, 기회주의자 배격

한글 연구

조선어 연구회 (1921)	• 최현배, 이윤재가 국문 연구소(주시경) 계승 • 한글 보급 운동 : 잡지 한글 간행, 가갸날 제정, 조선어 강습회 개최
조선어 학회 (1931)	• 최현배, 이윤재 주도로 조선어 연구회 개편 • 한글 맞춤법 통일안과 표준어 제정 • 우리말 큰 사전 편찬 시도 • 조선어 학회 사건(1942)으로 해산

문예 활동

문학	1910년대	• 이광수의 무정 • 최남선의 해에게서 소년에게
	1920년대	• 창조, 폐허, 백조 등 잡지 간행 • 카프(KAPF)의 신경향파 문학 대두
	1930년대 이후	• 친일 문학 : 이광수, 최남선 • 저항 문학 : 한용운, 이육사, 윤동주
예술	미술	이중섭 : 한국 근대 서양 화가, 소 그림
	연극	토월회(1923) : 신극 운동
	영화	• 이인직의 원각사(1908) : 최초의 서양식 극장, 은세계·치악산 등 신극 공연 • 나운규의 아리랑(1926) : 단성사 개봉

한국사 연구

민족주의 사학	• 박은식 : 국혼 강조, 대한민국 임시 정부 2대 대통령, 한국통사, 한국독립운동지혈사, 유교구신론 • 신채호 : 낭가 사상 강조, 조선상고사, 조선사연구초, 독사신론, 이순신전, 을지문덕전 • 정인보, 안재홍, 문일평 : 조선학 운동, 여유당전서 간행
사회·경제 사학	백남운 : 식민 사학의 정체성론 비판, 조선사회경제사, 조선봉건사회경제사
실증 사학	이병도, 손진태 : 진단 학회 조직, 한국사의 실증적 연구

종교 활동

천도교	• 잡지 개벽, 신여성 등 간행 • 천도교 소년회의 소년 운동 • 기관지 만세보 발간
개신교	• 배재 학당, 이화 학당 설립 • 신사 참배 거부 운동(1930)
천주교	• 잡지 경향, 기관지 경향신문 발행 • 만주에서 의민단 조직
대종교	• 나철 창시, 단군 숭배 • 중광단 조직 → 북로 군정서 개편 → 청산리 대첩 참여 • 천도교와 더불어 양대 민족 종교 형성
불교	• 사찰령 폐지 운동 • 조선 불교 유신회 조직 • 한용운의 월간지 유심 발행
원불교	• 박중빈 창시(1916) • 불교의 현대화·생활화 주창 • 민족 역량 배양과 남녀평등 • 허례허식의 폐지 등 생활 개선 및 새생활 운동

외우는 빈출 선지

- 우리말 큰사전 편찬 사업을 추진하였다. → 최현배, 이윤재
- 유교 개혁을 주장하는 유교 구신론을 제창하였다. → 박은식
- 월간지 유심을 발간하여 불교 개혁 운동에 힘썼다. → 한용운
- 진단 학회를 설립하여 실증주의 사학을 발전시켰다. → 이병도, 손진태
- 독사신론을 저술하여 민족주의 사학의 기반을 마련하였다. → 신채호
- 여유당전서를 간행하고 조선학 운동을 전개하였다. → 정인보, 안재홍, 문일평
- 사찰령 폐지 운동을 추진하였다. → 불교
- 개벽, 신여성 등의 잡지를 발행하였다. → 천도교
- 중광단을 결성하여 무장 투쟁을 전개하였다. → 대종교
- 배재 학당을 세워 신학문 보급에 기여하였다. → 개신교
- 박중빈을 중심으로 새생활 운동을 추진하였다. → 원불교
- 저항시 광야, 절정 등을 발표하였다. → 이육사
- 조선 국혼을 강조하는 한국통사를 저술하였다. → 박은식
- 광주 학생 항일 운동에 진상 조사단을 파견하였다. → 신간회
- 단성사에서 개봉된 영화 아리랑을 제작하였다. → 나운규

- 고대사 연구를 바탕으로 조선상고사를 저술하였다. → 신채호
- 주시경을 중심으로 국문을 정리하고 철자법을 연구하였다. → 국문 연구소
- 민족의 얼을 강조하고 조선학 운동을 추진하였다. → 정인보
- 잡지 한글의 간행을 주도하였다. → 최현배, 이윤재
- 한글 맞춤법 통일안 제정에 참여하였다. → 최현배, 이윤재
- 애국심 고취를 위해 을지문덕전을 집필하였다. → 신채호
- 조선사회경제사에서 식민 사학의 정체성론을 반박하였다. → 백남운
- 사회주의 세력의 활동 방향을 밝힌 정우회 선언이 발표되었다. → 민족 유일당 운동
- 여유당전서 간행 사업을 계기로 조직되었다. → 조선학 운동
- 한글 맞춤법 통일안과 표준어를 제정하였다. → 조선어 학회
- 카프(KAPF)에서 활동하는 신경향파 작가 → 1925년
- 원각사에서 은세계 공연을 관람하는 학생 → 1908년
- 손기정 선수의 올림픽 우승 소식을 보도하는 기자 → 1936년
- 한국독립운동지혈사에서 독립 투쟁 과정을 서술하였다. → 박은식

01

(가) 인물에 대한 설명으로 옳은 것은? [2점]

이곳 심우장은 (가) 이/가 조선 총독부를 마주하지 않겠다며 북향으로 지었다고 합니다. 님의 침묵 등을 지은 (가) 은/는 일제의 탄압에도 굴하지 않다가 광복 직전 이곳에서 돌아가셨습니다.

① 우리말 큰사전 편찬 사업을 추진하였다.
② 유교 개혁을 주장하는 유교 구신론을 제창하였다.
③ 월간지 유심을 발간하여 불교 개혁 운동에 힘썼다.
④ 진단 학회를 설립하여 실증주의 사학을 발전시켰다.
⑤ 독사신론을 저술하여 민족주의 사학의 기반을 마련하였다.

02

(가) 종교에 대한 설명으로 옳은 것은? [2점]

> 공의 이름은 인영(寅永)인데, 뒤에 철(喆)로 고쳤다. …… 보호 조약이 체결된 뒤에 동지와 함께 오적(五賊)의 처단을 모의하였는데, 1907년에 계획이 새어 나가 일을 그르쳤다. 뒤에 (가) 을/를 제창하고 교주를 자임하였는데, 이를 바탕으로 국민을 진흥하려고 하였다. 일찍이 북간도에 가서 그의 무리와 함께 발전을 도모하였다. …… 그의 문인(門人)들은 그를 숭상하여 오백 년 이래 다시 없는 대종사로 여겼다.
> — 『유방집』 —

① 사찰령 폐지 운동을 추진하였다.
② 개벽, 신여성 등의 잡지를 발행하였다.
③ 중광단을 결성하여 무장 투쟁을 전개하였다.
④ 배재 학당을 세워 신학문 보급에 기여하였다.
⑤ 박중빈을 중심으로 새생활 운동을 추진하였다.

03

(가) 단체의 활동으로 옳은 것은? [1점]

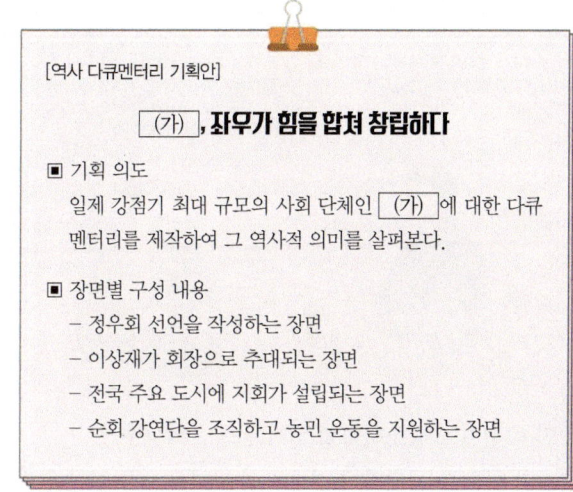

[역사 다큐멘터리 기획안]

(가), 좌우가 힘을 합쳐 창립하다

■ 기획 의도
  일제 강점기 최대 규모의 사회 단체인 (가) 에 대한 다큐멘터리를 제작하여 그 역사적 의미를 살펴본다.

■ 장면별 구성 내용
  - 정우회 선언을 작성하는 장면
  - 이상재가 회장으로 추대되는 장면
  - 전국 주요 도시에 지회가 설립되는 장면
  - 순회 강연단을 조직하고 농민 운동을 지원하는 장면

① 평양에 자기 회사를 설립하였다.
② 2·8 독립 선언서를 작성하여 발표하였다.
③ 제국신문을 발행하여 민중 계몽에 힘썼다.
④ 어린이날을 제정하고 잡지 어린이를 간행하였다.
⑤ 광주 학생 항일 운동에 진상 조사단을 파견하였다.

04

(가) 단체에 대한 설명으로 옳은 것은? [2점]

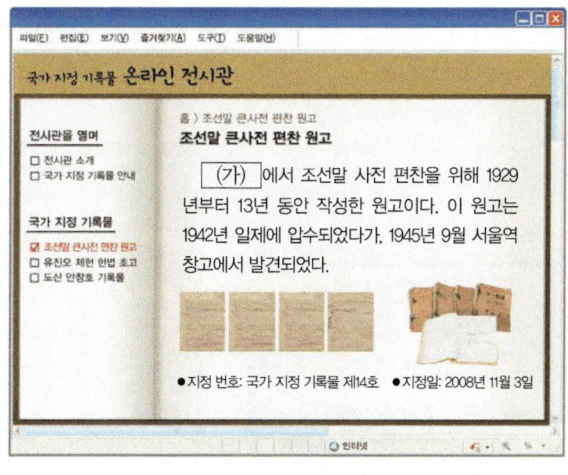

국가 지정 기록물 온라인 전시관

조선말 큰사전 편찬 원고

(가) 에서 조선말 사전 편찬을 위해 1929년부터 13년 동안 작성한 원고이다. 이 원고는 1942년 일제에 압수되었다가, 1945년 9월 서울역 창고에서 발견되었다.

●지정 번호: 국가 지정 기록물 제14호 ●지정일: 2008년 11월 3일

① 국어 문법서인 대한문전을 편찬하였다.
② 한글 맞춤법 통일안과 표준어를 제정하였다.
③ 우리말 음운 연구서인 언문지를 저술하였다.
④ 한글 연구를 목적으로 학부 아래에 설립되었다.
⑤ 주시경을 중심으로 국문을 정리하고 철자법을 연구하였다.

05

다음 가상 인터뷰의 주인공에 대한 설명으로 옳은 것은?

[2점]

① 민족의 얼을 강조하고 조선학 운동을 추진하였다.
② 진단 학회를 설립하여 실증주의 사학을 발전시켰다.
③ 조선사 편수회에 들어가 조선사 편찬에 참여하였다.
④ 유물 사관을 바탕으로 조선사회경제사를 저술하였다.
⑤ 한국통사를 저술하고 민족주의 사학의 기초를 닦았다.

06 [기출 43회 44번]

다음 영화가 개봉되었던 당시에 볼 수 있는 모습으로 가장 적절한 것은?

[3점]

① 카프(KAPF)에서 활동하는 신경향파 작가
② 원각사에서 은세계 공연을 관람하는 학생
③ 육영 공원에서 영어를 가르치는 미국인 교사
④ 전차 개통식에 참여하는 한성 전기 회사 직원
⑤ 손기정 선수의 올림픽 우승 소식을 보도하는 기자

07

(가)~(마)에 들어갈 내용으로 옳은 것은?

[2점]

〈수행 평가 보고서〉

1. **주제** : 민족 문화 수호를 위한 노력
2. **내용** : 일제의 역사 왜곡과 동화(同化) 정책에 맞서 우리의 말과 역사를 지키고자 헌신한 인물들의 활동에 대하여 조사하였다.

인물	활동
신채호	(가)
백남운	(나)
정인보	(다)
이윤재	(라)
최현배	(마)

① (가) – 잡지 한글의 간행을 주도하였다.
② (나) – 한글 맞춤법 통일안 제정에 참여하였다.
③ (다) – 민족의 얼을 강조하고 조선학 운동을 추진하였다.
④ (라) – 애국심 고취를 위해 을지문덕전을 집필하였다.
⑤ (마) – 조선사회경제사에서 식민 사학의 정체성론을 반박하였다.

08

(가) 단체의 활동으로 옳은 것은? [1점]

> **예심 종결 결정문**
>
> **주문(主文)**
> 피고 이극로, 최현배 외 10명은 함흥 지방 법원 공판에 부친다.
> 피고 장지영 외 1명은 면소(免訴)한다.
>
> **이유(理由)**
> 본 건(件) (가) 은/는 1919년 만세 소요 사건의 실례에 비추어 조선의 독립을 장래에 기약하는 데는 문화 운동에 의하여 민족정신의 환기와 실력 양성을 급무로 삼아서, 피고인 이극로를 중심으로 하여 문화 운동 중 그 기초적 중심이 되는 어문 운동의 방법을 취하여 그 이념으로써 지도 이념을 삼아 겉으로 문화 운동의 가면을 쓰고, 조선 독립을 목적한 실력 배양 단체로서 본 건이 검거되기까지 10여 년이나 오랫동안 조선 민족에 대하여 조선의 어문 운동을 전개해 왔다. ……

① 여유당전서 간행 사업을 계기로 조직되었다.
② 한글 맞춤법 통일안과 표준어를 제정하였다.
③ 국어의 이해 체계 확립을 위해 국문 연구소를 세웠다.
④ 개벽, 신여성 등의 잡지를 간행하여 민족의식을 높였다.
⑤ 인재 육성의 일환으로 민립 대학 설립 운동을 전개하였다.

09

다음 글을 쓴 인물의 활동으로 옳은 것은? [2점]

> 우리 조선의 역사적 발전의 전 과정은 …… 외관상의 이른바 특수성이 다른 문화 민족의 역사적 발전 법칙과 구별될 만큼 독자적인 것은 아니며, 세계사적인 일원론적 역사 법칙에 의해 다른 여러 민족과 거의 같은 궤도의 발전 과정을 거쳐 왔던 것이다. …… 여기에서 조선사 연구의 법칙성이 가능하게 되며, 그리고 세계사적 방법론 아래서만 과거의 민족 생활 발전사를 내면적으로 이해함과 동시에 현실의 위압적인 특수성에 대해 절망을 모르는 적극적인 해결책을 발견할 수 있을 것이다.

① 조선사 편수회에 들어가 조선사 편찬에 참여하였다.
② 실증주의 사학의 연구를 위해 진단 학회를 창립하였다.
③ 한국독립운동지혈사에서 독립 투쟁 과정을 서술하였다.
④ 임시 사료 편찬회에서 한·일 관계 사료집을 편찬하였다.
⑤ 식민 사학을 반박하는 조선봉건사회경제사를 저술하였다.

10 [기출 37회 41번]

(가) 인물에 대한 설명으로 옳은 것은? [3점]

① 여유당전서를 간행하고 조선학 운동을 전개하였다.
② 서유견문을 집필하여 서양 근대 문명을 소개하였다.
③ 한국독립운동지혈사에서 독립 투쟁 과정을 서술하였다.
④ 독사신론을 발표하여 민족을 역사 서술의 중심에 두었다.
⑤ 조선사회경제사에서 식민 사학의 정체성 이론을 반박하였다.

| 문제편 |

PART 6
현대 사회의 발전

기출테마 **47** 대한민국 정부 수립과 6·25 전쟁

기출테마 **48** 민주화 운동과 항쟁

기출테마 **49** 이승만 정부 ~ 전두환 정부

기출테마 **50** 노태우 정부 ~ 현 정부

기출테마 47 대한민국 정부 수립과 6·25 전쟁

외우는 핵심 키워드

대한민국 정부 수립 과정

조선 건국 준비 위원회 (1945. 8)	• 여운형, 안재홍 중심의 좌우 연합 • 건국 치안대 조직, 식량 대책 위원회 설치, 전국 지부 확장 • 조선 인민 공화국 선포(1945. 9)
남북 분단	카이로 회담(1943. 11) → 얄타 회담(1945. 2) → 포츠담 선언(1945. 7)
모스크바 3국 외상 회의 (1945. 12)	• 미·소 공동 위원회 설치 협의 • 최고 5년 동안 4개국의 신탁 통치 결정 • 좌·우 세력의 대립, 반탁 운동 확산
제1차 미·소 공동 위원회 (1946. 3)	• 서울(덕수궁 석조전) 개최 • 참여 단체 놓고 대립 후 결렬
이승만의 정읍 발언 (1946. 6)	남한만의 단독 정부 수립 주장
좌우 합작 운동 (1946~1947)	• 여운형, 김규식이 좌우 합작 위원회 결성 • 좌우 합작 7원칙 발표(1946. 10)
유엔 총회 상정	제2차 미·소 공동 위원회 결렬 → 유엔 총회의 인구 비례에 따른 총선거 실시 결의(1947. 11) → 유엔 한국 임시 위원단 내한(1948. 1) → 소련의 위원단 입북 거부 → 유엔 소총회의 남한 총선거 실시 결정(1948. 2)
남북 협상 (1948. 4)	• 김구·김규식 주도, 평양에서 개최된 남북 대표자 연석 회의 참석 • 단독 정부 수립 반대와 통일 정부 구성 협의
대한민국 정부 수립 (1948. 8)	5·10 총선거 실시(1948. 5) → 헌법 제정·공포(1948. 7) → 대한민국 정부 수립

건국 전후의 사회적 혼란

제주도 4·3 사건 (1948~1954)	• 제주도에서 무장대와 토벌대 간의 무력 충돌 • 남한만의 단독 선거 반대 • 진압 과정에서 무고한 주민 희생 • 제주 4·3 사건 특별법 제정(2000)
여수·순천 10·19 사건 (1948)	여수 주둔 군인들이 제주 4·3 사건 진압을 거부하고 순천까지 무력 점거

6·25 전쟁

배경	• 남한에서 미군 철수 • 미국의 애치슨 선언(1950. 1)
경과	전쟁 발발(1950. 6. 25) → 서울 함락(1950. 6. 28) → 한강 대교 폭파(1950. 6. 28) → 낙동강 전선 후퇴(1950. 7) → 인천 상륙 작전(1950. 9. 15) → 서울 수복(1950. 9. 28) → 중공군 개입(1950. 10. 25) → 압록강 초산까지 전진(1950. 10. 26) → 흥남 철수(1950. 12) → 서울 철수(1951. 1. 4) → 서울 재수복(1951. 3. 14) → 정전 회담(1951. 6. 23) → 정전 협정 체결(1953. 7. 27)

외우는 빈출 선지

- 제1차 미소 공동 위원회가 결렬되었다. → 1946년
- 모스크바 삼국 외상 회의가 개최되었다. → 1945. 12
- 좌우 합작 위원회에서 좌우 합작 7원칙이 발표되었다. → 1946. 10
- 우리나라 최초의 보통 선거인 5·10 총선거가 실시되었다. → 1948. 5
- 국군이 다부동 전투에서 북한군의 공세를 방어하였다. → 1950. 8
- 분단을 막기 위해 남북 협상에 참석하였다. → 김구, 김규식
- 정읍에서 남한만의 단독 정부 수립을 주장하였다. → 이승만
- 대법원장으로 재임하면서 사법 제도의 기초를 다졌다. → 김병로
- 일제 패망과 광복에 대비하여 조선 건국 동맹을 결성하였다. → 여운형
- 희생자들의 명예 회복을 위해 특별법이 제정되었다. → 제주 4·3 사건
- 유엔 소총회에서 남한만의 단독 총선거가 결의되었다. → 1948. 2
- 애치슨 선언이 발표되었다. → 1950. 1
- 흥남 철수 작전이 전개되었다. → 1950. 12
- 여수·순천 10·19 사건이 일어났다. → 1948. 10
- 판문점에서 6·25 전쟁 정전 협정이 조인되었다. → 1953. 7
- 유엔 한국 임시 위원단이 설치되었다. → 1948. 1
- 남한만의 단독 정부 수립을 주장한 정읍 발언이 제기되었다. → 1946. 6
- 유엔 총회에서 인구 비례에 의한 남북 총선거가 의결되었다. → 1947. 11
- 여운형이 중심이 되어 조선 건국 준비 위원회를 조직하였다. → 1945. 8

01

(가), (나) 발표 사이의 시기에 있었던 사실로 옳은 것은?
[2점]

> (가) 우리는 다음 달에 입국할 유엔 한국 임시 위원단을 환영하는 동시에, 그들로 하여금 우리가 원하는 자주 독립의 통일 정부를 수립하는 임무를 완수하도록 최선을 다하여야 할 것이다. 우리는 어떠한 경우든지 단독 정부는 절대 반대할 것이다.
>
> (나) 올해 10월 19일 제주도 사건 진압 차 출동하려던 여수 제14연대 소속 3명의 장교 및 40여 명의 하사관들은 각 대대장의 결사적 제지에도 불구하고 남로당 계열 분자 지도하에 반란을 일으켰다. 동월 20일 8시 여수를 점령하는 한편, 좌익 단체 및 학생들을 인민군으로 편성하여 동일 8시 순천을 점령하였다.

① 제1차 미소 공동 위원회가 결렬되었다.
② 모스크바 삼국 외상 회의가 개최되었다.
③ 좌우 합작 위원회에서 좌우 합작 7원칙이 발표되었다.
④ 유상 매수, 유상 분배 원칙의 농지 개혁법이 시행되었다.
⑤ 우리나라 최초의 보통 선거인 5·10 총선거가 실시되었다.

02

다음 인물에 대한 설명으로 옳은 것은? [3점]

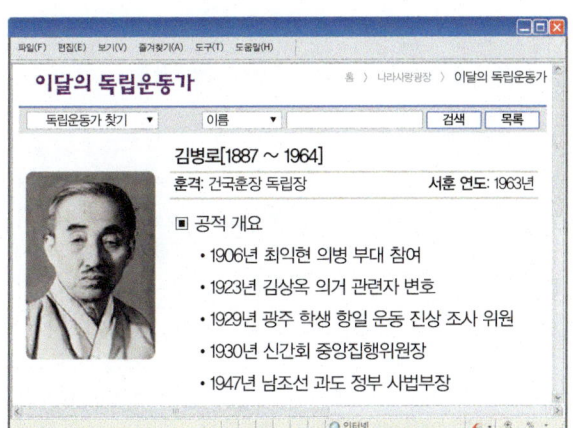

① 분단을 막기 위해 남북 협상에 참석하였다.
② 정읍에서 남한만의 단독 정부 수립을 주장하였다.
③ 삼균주의를 바탕으로 한 건국 강령을 작성하였다.
④ 대법원장으로 재임하면서 사법 제도의 기초를 다졌다.
⑤ 일제 패망과 광복에 대비하여 조선 건국 동맹을 결성하였다.

03

교사의 질문에 대한 학생의 답변으로 옳은 것을 〈보기〉에서 고른 것은? [2점]

― 보 기 ―
ㄱ. 애치슨 선언이 발표됐어요.
ㄴ. 흥남 철수 작전이 전개됐어요.
ㄷ. 소련의 제안으로 정전 회담이 개최됐어요.
ㄹ. 국군이 다부동 전투에서 북한군의 공세를 방어했어요.

① ㄱ, ㄴ
② ㄱ, ㄷ
③ ㄴ, ㄷ
④ ㄴ, ㄹ
⑤ ㄷ, ㄹ

04

(가) 사건에 대한 설명으로 옳은 것은? [2점]

제주도에서 발생한 (가) 당시 토벌대는 남한만의 단독 선거에 반대하는 세력을 진압한다는 명분으로 초토화 작전을 벌였고, 이 과정에서 무고한 사람들이 희생되었습니다. 법원은 오늘 이 사건으로 억울한 옥살이를 했던 피해자 335명에 대해서, 재심을 통해 무죄 판결을 내렸습니다.

(가), 옥살이 335명, 70여 년 만에 재심에서 무죄

① 허정 과도 내각이 성립되는 배경이 되었다.
② 전개 과정에서 3·1 민주 구국 선언이 발표되었다.
③ 희생자들의 명예 회복을 위해 특별법이 제정되었다.
④ 귀속 재산 처리를 위한 신한 공사 설립의 계기가 되었다.
⑤ 관련 기록물이 유네스코 세계 기록 유산으로 등재되었다.

05

다음 기자 회견의 배경으로 가장 적절한 것은? [2점]

> 군정 장관 아놀드 소장은 12월 29일 오전 10시 30분 군정청 제1회의실에서 신문 기자단과 회견하고 신탁 통치에 관한 질문에 대략 다음과 같은 견해를 표명하고 일문일답을 하였다. "…… 신탁 통치는 조선 임시 민주 정부를 수립코자 함이 목적일 것이다. 우선 조선인이 당면한 경제 산업에 있어 유의하여 신탁 관리 문제로 모든 기관이 중지 상태로 들어가지 않기를 요망한다. 현 단계에 이르러 진실한 냉정이 필요할 것이다. 4개국을 믿고 있는 중에 직무에 충실하여야 한다."

① 좌우 합작 7원칙이 발표되었다.
② 제1차 미소 공동위원회가 결렬되었다.
③ 모스크바 삼국 외상 회의가 개최되었다.
④ 반민족 행위 특별 조사 위원회가 구성되었다.
⑤ 유엔 소총회에서 남한만의 단독 총선거가 결의되었다.

06

(가), (나) 사이의 시기에 있었던 사실로 옳은 것은? [2점]

> (가) 북한군의 공격에 밀려 낙동강 방어선으로 후퇴한 제1사단은 다부동 일대에서 북한국 제2군단의 공세에 맞서 8월 3일부터 9월 2일까지 치열한 전투를 벌였다. 이 전투에서 제1사단 12연대는 특공대를 편성, 적 전차 4대를 파괴하는 등 중요한 역할을 수행하며 전투를 승리로 이끌었다.
>
> (나) 개성에서 열린 첫 정전 회담에서 UN군 대표단은 어떠한 정치적 또는 경제적 문제의 논의를 단호히 거부하는 동시에 침략 재발의 방지를 보장하는 화평만이 전쟁을 종식시킬 수 있다고 공산군 대표단에게 경고하였다.

① 애치슨 선언이 발표되었다.
② 흥남 철수 작전이 전개되었다.
③ 여수·순천 10·19 사건이 일어났다.
④ 한미 상호 방위 조약이 체결되었다.
⑤ 부산에서 발췌 개헌안이 통과되었다.

07

(가), (나) 사이의 시기에 있었던 사실로 옳은 것은? [2점]

> (가) 제31조 입법권은 국회가 행한다. 국회는 민의원과 참의원으로써 구성한다.
> 제53조 대통령과 부통령은 국민의 보통, 평등, 직접, 비밀 투표에 의하여 각각 선거한다. ……
> 제55조 대통령과 부통령의 임기는 4년으로 한다. 단, 재선에 의하여 1차 중임할 수 있다. ……
>
> (나) 제7조의2 대한민국의 주권의 제약 또는 영토의 변경을 가져올 국가 안위에 관한 중대 사항은 국회의 가결을 거친 후에 국민 투표에 부하여 민의원 의원 선거권자 3분지 2 이상의 투표와 유효 투표 3분지 2 이상의 찬성을 얻어야 한다.
> 제55조 대통령과 부통령의 임기는 4년으로 한다. 단, 재선에 의하여 1차 중임할 수 있다. ……
> 부칙 …… 이 헌법 공포 당시의 대통령에 대하여는 제55조 제1항 단서의 제한을 적용하지 아니한다.

① 중화 인민 공화국과 국교를 수립하였다.
② 경제 협력 개발 기구(OECD)에 가입하였다.
③ 미국의 요청에 따라 베트남 파병이 시작되었다.
④ 판문점에서 6·25 전쟁 정전 협정이 조인되었다.
⑤ 미국과 한·미 상호 방위 원조 협정이 체결되었다.

08

다음 성명이 발표된 이후에 있었던 사실로 옳지 않은 것은? [3점]

> 북위 38도 이남의 조선에는 오직 한 정부가 있을 뿐이다. …… 자천자임(自薦自任)한 관리라든가 경찰이라든가 국민 전체를 대표하였노라는 대소 회합이라든가 조선 인민 공화국이라든지 조선 인민 공화국 내각은 권위와 세력과 실재가 전혀 없는 것이다.
> – 미군정 장관 육군 소장 아놀드 –

① 조선 건국 동맹이 결성되었다.
② 좌우 합작 7원칙이 발표되었다.
③ 유엔 한국 임시 위원단이 설치되었다.
④ 반민족 행위 특별 조사 위원회가 출범하였다.
⑤ 귀속 재산 처리를 위해 신한 공사가 설립되었다.

09

(가), (나) 사이의 시기에 있었던 사실로 옳은 것은? [2점]

> (가) 모스크바 삼상 회의에서 결정한 조선에 관한 제3조 제2항에 의거하여 구성된 ㉠ 이/가 3천만의 큰 희망 속에 20일 드디어 덕수궁 석조전에서 출범하였다. 조선의 진로를 좌우하는 중대한 관건을 쥐고 있는 만큼 그 추이는 자못 3천만 민중의 주목을 받고 있다.
> (나) 조선인이 다 아는 것과 같이 ㉠ 이/가 난관에 봉착함으로 인하여 미국 측은 조선의 독립과 통일 문제를 유엔 총회에 제출하였다. 그리고 대다수의 세계 각국은 41대 6으로 이 문제를 유엔 총회에 상정시키기로 가결하였다. …… 조선인에게 권고하고 싶은 것은 이 중요한 시간에 유엔 총회가 조선 문제를 해결할 수 있다는 믿음을 가지고 평화를 애호하는 세계의 모든 국가가 모인 유엔 총회의 결정을 전적으로 지지하여야 할 것이다.

① 김구, 김규식 등이 남북 협상에 참석하였다.
② 반민족 행위 특별 조사 위원회가 구성되었다.
③ 좌우 합작 위원회에서 좌우 합작 7원칙을 발표하였다.
④ 유상 매수, 유상 분배 원칙의 농지 개혁법이 제정되었다.
⑤ 우리나라 최초의 보통 선거인 5·10 총선거가 실시되었다.

10

(가), (나) 사이의 시기에 있었던 사실로 옳은 것은? [3점]

> (가) 1. 조선의 민주 독립을 보장한 3상 회의 결정에 의하여 남북을 통한 좌우 합작으로 민주주의 임시 정부를 수립할 것.
> 3. 토지 개혁에 있어 몰수, 유조건 몰수, 체감 매상 등으로 토지를 농민에게 무상으로 나누어 주며 시가지의 기지와 큰 건물을 적정 처리하며 중요 산업을 국유화하며 …… 민주주의 건국 과업 완수에 매진할 것.
> (나) 3. 외국 군대가 철퇴한 이후 하기(下記) 제 정당·단체들의 공동 명의로써 전 조선 정치 회의를 소집하여 조선 인민의 각층 각계를 대표하는 민주주의 임시 정부가 즉시 수립될 것이며 국가의 일체 정권은 정치, 경제, 문화생활의 일체 책임을 갖게 될 것이다.

① 유상 매수, 유상 분배 원칙의 농지 개혁법이 제정되었다.
② 남한만의 단독 정부 수립을 주장한 정읍 발언이 제기되었다.
③ 유엔 총회에서 인구 비례에 의한 남북 총선거가 의결되었다.
④ 여운형이 중심이 되어 조선 건국 준비 위원회를 조직하였다.
⑤ 국가보안법 개정안을 통과시킨 이른바 보안법 파동이 발생하였다.

기출테마 48 민주화 운동과 항쟁

외우는 핵심 키워드

이승만 정부 : 4 · 19 혁명(1960)

- **전개** : 자유당 정권의 3 · 15 부정 선거(3. 15) → 마산 의거 유혈 진압(3. 15) → 김주열 학생 시신 발견(4. 11) → 대규모 시위, 비상계엄 선포(4. 19) → 대학 교수단 시국 선언문 발표(4. 25) → 이승만 대통령 하야(4. 26)
- **수습** : 허정 과도 정부 수립 → 제3차 개헌(내각 책임제 + 양원제) → 장면 내각 수립

박정희 정부 : 유신 체제 항거

3 · 1 민주 구국 선언 (1976)	• 재야 정치인들과 가톨릭 신부, 개신교 목사, 대학 교수 등이 발표 • 긴급 조치 철폐 요구
부 · 마 민주 항쟁 (1979)	YH 무역 사건 → 야당 총재 김영삼 국회의원직 제명 → 부마 민주 항쟁(유신 철폐, 독재 타도) → 10 · 26 사태(박정희 대통령 서거)

신군부 : 5 · 18 민주화 운동(1980)

- **전개** : 신군부의 12 · 12 군사반란(1979) → 신군부의 비상계엄 확대(5. 17) → 계엄군의 무차별 진압과 시민군의 저항(5. 18)
- **결과** : 국가 보위 비상 대책 위원회 구성(1980. 5) → 전두환 정부 성립(1980. 8)
- 유네스코 세계 기록 유산 등재(2011)

전두환 정부 : 6월 민주 항쟁(1987)

- **전개** : 대통령 직선제 요구 → 박종철 고문 치사(1. 14) → 4 · 13 호헌 조치(직선제 개헌 거부) → 이한열 사망(6. 9) → 6 · 10 국민 대회 및 민주 항쟁(호헌 철폐, 독재 타도)
- **결과** : 노태우의 6 · 29 민주화 선언 → 제9차 개헌(5년 단임, 대통령 직선제)

외우는 빈출 선지

- 3 · 15 부정 선거에 항의하는 시위가 전국으로 확산되었다. → **4 · 19 혁명**
- 유신 체제에 저항하여 부산, 마산 등지에서 시위가 일어났다. → **부마 민주 항쟁**
- 호헌 철폐와 독재 타도 등의 구호를 내세웠다. → **6월 민주 항쟁**
- 야당 총재의 국회의원직 제명으로 촉발되었다. → **부마 민주 항쟁**
- 시위 과정에서 시민군이 자발적으로 조직되었다. → **5 · 18 민주화 운동**
- 경무대로 향하던 시위대가 경찰의 총격을 받았다. → **4 · 19 혁명**
- 박종철 고문 치사 사건의 진상 규명을 요구하였다. → **6월 민주 항쟁**
- 국가 보위 비상 대책 위원회가 설치되었다. → **5 · 18 민주화 운동 직후**
- 의원 내각제를 골자로 하는 개헌이 이루어졌다. → **4 · 19 혁명 결과**
- 유신 체제가 붕괴되는 계기가 되었다. → **부마 민주 항쟁**
- 양원제 국회가 출현하는 결과를 가져왔다. → **4 · 19 혁명**
- 신군부의 비상 계엄 확대가 원인이 되었다. → **5 · 18 민주화 운동**
- 허정을 수반으로 하는 과도 정부가 수립되었다. → **4 · 19 혁명 결과**
- 부마 민주 항쟁이 일어났다. → **YH 무역 사건**
- 3 · 1 민주 구국 선언이 발표되었다. → **유신 반대 운동**
- 4 · 13 호헌 조치 철폐를 요구하였다. → **6월 민주 항쟁**
- 장면 내각이 출범하는 계기가 되었다. → **4 · 19 혁명 결과**
- 시위 도중 대학생 이한열이 희생되었다. → **6월 민주 항쟁**
- 대학 교수단이 대통령 퇴진을 요구하며 시위 행진을 벌였다. → **4 · 19 혁명**
- 5년 단임의 대통령 직선제 개헌이 이루어지는 계기가 되었다. → **6월 민주 항쟁**
- 관련 기록물이 유네스코 세계 기록 유산으로 등재되었다. → **5 · 18 민주화 운동**

01

(가), (나) 헌법이 제정된 시기 사이에 있었던 사실로 옳은 것은? [3점]

(가)	제39조	① 대통령은 대통령 선거인단에서 무기명 투표로 선거한다.
	제40조	① 대통령 선거인단은 국민의 보통·평등·직접·비밀 선거에 의하여 선출된 대통령 선거인으로 구성한다.
	제45조	대통령의 임기는 7년으로 하며, 중임할 수 없다.
(나)	제67조	① 대통령은 국민의 보통·평등·직접·비밀 선거에 의하여 선출한다.
		② 제1항의 선거에 있어서 최고 득표자가 2인 이상인 때에는 국회의 재적 의원 과반수가 출석한 공개 회의에서 다수표를 얻은 자를 당선자로 한다.
	제70조	대통령의 임기는 5년으로 하며, 중임할 수 없다.

① 국가 재건 최고 회의를 기반으로 군정이 실시되었다.
② 조봉암이 혁신 세력을 규합하여 진보당을 창당하였다.
③ 3·15 부정 선거에 항의하는 시위가 전국으로 확산되었다.
④ 유신 체제에 저항하여 부산, 마산 등지에서 시위가 일어났다.
⑤ 호헌 철폐, 독재 타도를 요구하는 6·10 국민 대회가 개최되었다.

02

다음 자료에 나타난 민주화 운동에 대한 설명으로 옳은 것은? [1점]

> **껍데기 정부와 계엄 당국을 규탄한다**
> 껍데기 과도 정부와 계엄 당국은 민주의 피맺힌 소리를 들으라! …… 모든 시민과 학생들은 처음부터 평화적이고 질서정연한 투쟁을 전개하려고 노력해 왔다. 그러나 계엄 당국이 진지하고도 순수한 데모 대열에 무차별한 사격을 가하여 남녀노소를 불문하고 수많은 사망자가 발생하였고, 부상자 및 연행자는 추계가 불가능한 실정이다. …… 계엄 당국과 정부는 광주 시민과 전 국민의 민주 염원을 묵살함은 물론 민주 투사들을 난동자·폭도로 몰아 무력으로 진압하려고 하고 있다.

① 호헌 철폐와 독재 타도 등의 구호를 내세웠다.
② 야당 총재의 국회의원직 제명으로 촉발되었다.
③ 시위 과정에서 시민군이 자발적으로 조직되었다.
④ 경무대로 향하던 시위대가 경찰의 총격을 받았다.
⑤ 박종철 고문 치사 사건의 진상 규명을 요구하였다.

03

(가), (나) 발표 사이의 시기에 있었던 사실로 옳은 것은? [2점]

> (가) 첫째는 국민이 원한다면 대통령직을 사임할 것이며, 둘째는 지난번 정·부통령 선거에 많은 부정이 있었다고 하니, 선거를 다시 하도록 지시하였고, 셋째는 선거로 인연한 모든 불미스러운 것을 없애게 하기 위해서, 이미 이기붕 의장이 공직에서 완전히 물러나겠다고 결정한 것이다.
>
> (나) 1. 반공을 국시의 제일 의(義)로 삼고 지금까지 형식적이고 구호에만 그친 반공 태세를 재정비 강화한다.
> 2. 유엔 헌장을 준수하고 국제 협약을 충실히 이행할 것이며 미국을 위시한 자유 우방과의 유대를 더욱 공고히 한다.
> ……
> 6. 이와 같은 우리의 과업이 성취되면 참신하고 양심적인 정치인들에게 언제든지 정권을 이양하고 우리들 본연의 임무에 복귀할 준비를 갖춘다.

① 조봉암을 중심으로 진보당이 창당되었다.
② 국가 보위 비상 대책 위원회가 설치되었다.
③ 의원 내각제를 골자로 하는 개헌이 이루어졌다.
④ 유상 매수, 유상 분배를 규정한 농지 개혁법이 제정되었다.
⑤ 긴급 조치 철폐를 요구하는 3·1 민주 구국 선언이 발표되었다.

04

(가) 민주화 운동에 대한 설명으로 옳은 것은? [1점]

① 유신 체제가 붕괴되는 계기가 되었다.
② 굴욕적인 한일 국교 정상화에 반대하였다.
③ 양원제 국회가 출현하는 결과를 가져왔다.
④ 신군부의 비상 계엄 확대가 원인이 되었다.
⑤ 호헌 철폐와 독재 타도 등의 구호를 내세웠다.

05

다음 사건 이후의 사실로 옳은 것은? [3점]

① 부마 민주 항쟁이 일어났다.
② 3·1 민주 구국 선언이 발표되었다.
③ 민의원과 참의원의 양원제 국회가 출범하였다.
④ 6·3 시위가 전개되고 비상 계엄령이 선포되었다.
⑤ 전태일이 근로 기준법 준수를 외치며 분신하였다.

06

(가) 민주화 운동에 대한 설명으로 옳은 것은? [2점]

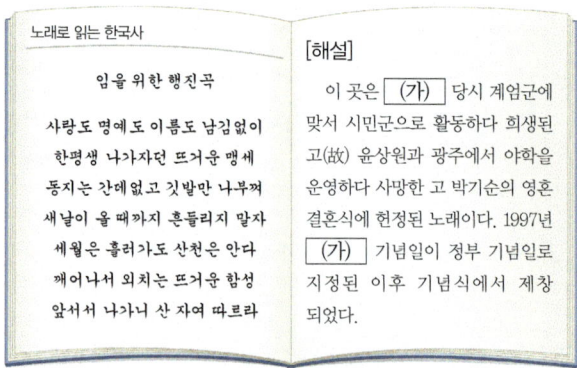

① 3·1 민주 구국 선언이 발표되었다.
② 4·13 호헌 조치 철폐를 요구하였다.
③ 장면 내각이 출범하는 계기가 되었다.
④ 시위 도중 대학생 이한열이 희생되었다.
⑤ 신군부의 비상계엄 확대와 무력 진압에 저항하였다.

07

(가) 민주화 운동에 대한 설명으로 옳은 것은? [2점]

이것은 대전 지역의 고등학생들이 장면 부통령 후보 유세를 기회로 삼아 시작한 3·8 민주 의거를 기리는 탑입니다. 3·8 민주 의거는 대구의 2·28 민주 운동, 마산의 3·15 의거와 더불어 (가) 이/가 전국적으로 확산되는 계기가 되었습니다.

① 한·일 국교 정상화에 반대하여 일어났다.
② 호헌 철폐와 독재 타도 등의 구호를 내세웠다.
③ 대학 교수단이 대통령 퇴진을 요구하며 시위 행진을 벌였다.
④ 3·1 민주 구국 선언을 통해 긴급 조치 철폐 등을 요구하였다.
⑤ 5년 단임의 대통령 직선제 개헌이 이루어지는 계기가 되었다.

08

다음 기사에 보도된 민주화 운동의 결과로 옳은 것은? [2점]

□□신문
제△△호   ○○○○년 ○○월 ○○일

민주 헌법 쟁취를 위한 국민 대회 열려

경찰이 사상 최대 규모인 5만 8천여 명의 병력을 동원하여 전국 집회장을 원천 봉쇄한다는 방침을 밝힌 가운데 서울을 비롯한 전국 20여 개 도시에서 국민 대회가 열렸다.
민주 헌법 쟁취 국민운동 본부는 "국민 합의를 배신한 4·13 호헌 조치는 무효임을 전 국민의 이름으로 선언한다."라고 발표하면서 민주 헌법 쟁취를 통한 민주 정부 수립 의지를 밝혔다.

① 국가 보위 비상 대책 위원회가 설치되었다.
② 신군부가 비상계엄을 전국으로 확대하였다.
③ 5년 단임의 대통령 직선제 개헌이 이루어졌다.
④ 허정을 수반으로 하는 과도 정부가 수립되었다.
⑤ 조봉암이 혁신 세력을 규합하여 진보당을 창당하였다.

09

(가) 민주화 운동에 대한 설명으로 옳은 것은? [1점]

□□신문
제△△호   ○○○○년 ○○월 ○○일

경찰관 부당 징계 취소

경찰청은 (가) 40주기를 맞아 신군부의 명령을 거부하고 시민들을 보호했다는 이유 등으로 부당하게 징계를 받은 퇴직 경찰관 21명의 징계 처분을 직권 취소했다고 밝혔다. 당시 경찰관에 대한 징계는 국가 보위 비상 대책 위원회의 문책 지시에 따라 이루어졌다.
경찰청은 징계 처분이 재량권을 남용한 하자가 있는 행정 처분이라고 판단하였고, 중앙 징계 위원회를 개최하여 심의·의결을 거쳐 징계 처분을 직권 취소하게 되었다.

① 박종철과 이한열의 희생으로 확산되었다.
② 호헌 철폐와 독재 타도 등의 구호를 내세웠다.
③ 관련 기록물이 유네스코 세계 기록 유산으로 등재되었다.
④ 대통령 중심제에서 의원 내각제로 바뀌는 계기가 되었다.
⑤ 대통령 하야를 요구하며 대학 교수단이 시위행진을 벌였다.

10

(가) 민주화 운동에 대한 설명으로 옳은 것은? [2점]

이것은 부산과 마산 지역의 시민과 학생들이 일으킨 (가) 을/를 기념하는 탑입니다. 야당 총재의 국회의원직 제명으로 촉발된 (가) 은/는 민주화에 기여한 점을 인정받아 2019년에 국가 기념일로 지정되었습니다.

① 유신 체제가 붕괴되는 배경이 되었다.
② 시민군을 조직하여 계엄군에 대항하였다.
③ 허정 과도 정부가 구성되는 결과를 가져왔다.
④ 관련 기록물이 유네스코 세계 기록 유산으로 등재되었다.
⑤ 대통령 하야를 요구하는 대학 교수단의 시위 행진이 있었다.

기출테마 49 이승만 정부~노태우 정부

외우는 핵심 키워드

이승만 정부

정치
- 국회 프락치 사건(1949)
- 반민 특위 습격 사건(1949)
- 발췌 개헌(1952)
- 사사오입 개헌(1954)
- 진보당 사건(1958)
- 보안법 파동(1958)
- 경향신문 폐간(1959)
- 4·19 혁명(1960)

경제
- 한·미 원조 협정 체결(1948)
- 삼백 산업(제분·제당·면방직) 발달
- 농지 개혁법(1949)
- 귀속 재산 처리법 제정(1949)

교육
- 초등학교 의무 교육 실시
- 문맹국민 완전퇴치 5개년 계획 수립
- 미 6-3-3 학제 교육법 제정

박정희 정부

정치
- 5·16 군사 정변(1961)
- 한·일 회담(1962) → 6·3 시위(1964) → 한·일 협정(1965)
- 서독에 광부 파견(1963)
- 베트남 파병(1964~1973) → 브라운 각서
- 대통령 연임 3선 개헌(1969)
- 유신 선포 및 유신 헌법 제정(1972)
- 긴급 조치 9호 발동(1974)
- 민청학련 사건(1974)
- YH 무역 사건 → 부마 민주 항쟁(1979)
- 10·26 사태로 대통령 시해(1979)

경제
- 경제 개발 5개년 계획 수립
- 새마을 운동 시작(1970)
- 경부 고속 도로 개통(1970)
- 포항 제철소 1기 설비 준공(1973)
- 수출 100억 달러 달성(1977)
- 제1·2차 석유 파동

교육
- 국민 교육 헌장 선포(1968)
- 중학교 입시제도 폐지 및 무시험 추첨제 실시(1969)
- 고교 평준화 제도(1974)

통일 정책
- 8·15 선언(1970)
- 남북 적십자 회담(1971)
- 7·4 남북 공동 성명 발표(1972) → 남북 조절 위원회 설치
- 6·23 평화 통일 외교 정책 선언(1973)
- 상호 불가침 협정 체결(1974)

전두환 정부

정치
- 12·12 군사 반란(1979)
- 비상 계엄령 확대 → 5·18 민주화 운동(1980)
- 김대중 내란 음모 사건(1980)
- 삼청 교육대 설치(1980)
- 언론 통폐합 및 언론 기본법 제정(1980)
- 6월 민주 항쟁(1987) → 6·29 민주화 선언(노태우)

경제
- 3저 호황(저유가, 저달러, 저금리)으로 물가 안정, 수출 증가
- 최저 임금법 제정(1986)

사회·교육
- 통행금지 해제, 교복 자율화
- 해외여행 자유화
- 프로 야구 6개 구단 출범
- 과외 전면 금지 및 본고사 폐지
- 대학 졸업 정원제
- 중학교 의무 교육 최초 실시

통일 정책
- 최초의 남북 이산가족 고향 방문(1985)

노태우 정부(1988~1993)

- 3당 합당, 5공 청문회 개최
- 88 서울 올림픽 대회 개최
- **북방 외교** : 소련, 중국 등 공산국가와 수교
- 남북한 유엔 동시 가입
- 7·7 선언, 한민족 공동체 통일 방안
- 한반도 비핵화 공동 선언
- 남북 기본 합의서 채택
- 경실련 창립, 남녀 고용 평등법 제정

외우는 빈출 선지

- 남북한이 유엔에 동시 가입하였다. → **노태우 정부**
- 교육의 지표를 제시한 국민 교육 헌장을 선포하였다. → **박정희 정부**
- 언론의 통폐합이 단행되고 언론 기본법을 제정하였다. → **전두환 정부**
- 삼청 교육대 설치 → **전두환 정부**
- 새마을 운동 추진 → **박정희 정부**
- 정부 형태가 내각 책임제로 바뀌었다. → **장면 내각**
- 평화 통일을 주장한 진보당의 조봉암이 처형되었다. → **이승만 정부**
- 한일 국교 정상화에 반대하는 6·3 시위가 전개되었다. → **박정희 정부**
- 국회 해산과 헌법의 일부 효력 정지를 담은 유신이 선포되었다. → **박정희 정부**
- 인민 혁명당 재건위 사건을 조작해 관련자를 탄압하였다. → **박정희 정부**
- 정부에 비판적인 경향신문을 폐간하는 등 언론을 통제하였다. → **이승만 정부**
- 반민 특위를 이끌던 국회의원들에게 간첩 혐의를 씌워 체포하였다. → **이승만 정부**
- 포항 제철소 1기 설비가 준공되었다. → **박정희 정부**
- 3저 호황으로 물가가 안정되고 수출이 증가하였다. → **전두환 정부**
- 7·4 남북 공동 성명 발표를 취재하는 기자 → **박정희 정부**
- 최초의 이산가족 상봉 행사에 참여하는 남북 고향 방문단 → **전두환 정부**
- 경부 고속 도로가 개통되었다. → **박정희 정부**
- 귀속 재산 처리법이 제정되었다. → **이승만 정부**
- 남북 조절 위원회를 설치하여 통일 방안을 논의하였다. → **박정희 정부**
- 장기 집권을 위한 3선 개헌안이 통과되었다. → **박정희 정부**
- 제2차 석유 파동으로 경제 불황이 심화되었다. → **박정희 정부**
- 베트남 파병에 관한 브라운 각서가 체결되었다. → **박정희 정부**
- 긴급 조치 9호가 발동되었다. → **박정희 정부**
- 프로 야구가 6개 구단으로 출범되었다. → **전두환 정부**
- 과외 전면 금지와 대학 졸업 정원제를 시행하였다. → **전두환 정부**
- 문맹국민 완전퇴치 5개년 계획을 수립하여 추진하였다. → **이승만 정부**
- 미국에서 시행되고 있던 6–3–3 학제를 처음 도입하였다. → **이승만 정부**
- 중학교 입시 제도를 폐지하고 무시험 추첨제를 실시하였다. → **박정희 정부**
- YH 무역 노동자들의 농성을 강경 진압하였다. → **박정희 정부**
- 한반도 비핵화 공동 선언을 채택하였다. → **노태우 정부**
- 남북한 기본 합의서를 채택하였다. → **노태우 정부**

01

다음 뉴스가 보도된 정부 시기의 통일 노력으로 옳은 것은? [2점]

① 남북 조절위원회가 구성되었다.
② 남북한이 유엔에 동시 가입하였다.
③ 금강산 해로 관광 사업이 시작되었다.
④ 개성에 남북 경제 협력 협의 사무소가 설치되었다.
⑤ 최초로 남북 이산가족 고향 방문단 교환이 이루어졌다.

02

교사의 질문에 대한 학생의 답변으로 옳은 것은? [1점]

① 포항 제철소 1기 설비가 준공됐어요.
② 미국과 자유 무역 협정(FTA)을 체결했어요.
③ 3저 호황으로 물가가 안정되고 수출이 증가했어요.
④ 대통령의 긴급 명령으로 금융 실명제를 실시했어요.
⑤ 대통령 직속 자문 기구로 노사정 위원회가 구성됐어요.

03

다음 뉴스가 보도된 정부 시기의 사실로 옳지 않은 것은? [3점]

① 평화 통일론을 주장한 진보당의 조봉암을 제거하였다.
② 인민 혁명당 재건위 사건을 조작해 관련자를 탄압하였다.
③ 정부에 비판적인 경향신문을 폐간하는 등 언론을 통제하였다.
④ 여당 부통령 후보 당선을 위해 3·15 부정 선거를 자행하였다.
⑤ 반민 특위를 이끌던 국회 의원들에게 간첩 혐의를 씌워 체포하였다.

04

(가) 정부 시기에 볼 수 있는 모습으로 적절한 것은? [2점]

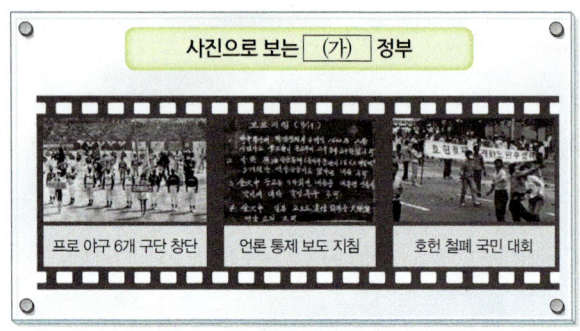

① 7·4 남북 공동 성명 발표를 취재하는 기자
② 개성 공단 착공식에 참석하고 있는 정부 관료
③ 금강호를 타고 금강산 관광을 떠나는 단체 여행객
④ 한반도 비핵화 공동 선언문을 발표하는 외교부 당국자
⑤ 최초의 이산가족 상봉 행사에 참여하는 남북 고향 방문단

05

교사의 질문에 대한 학생의 답변으로 옳은 것은? [2점]

① 경부 고속 도로가 개통되었어요.
② 귀속 재산 처리법이 제정되었어요.
③ 경제 협력 개발 기구(OECD)에 가입하였어요.
④ 미국과 자유 무역 협정(FTA)을 체결하였어요.
⑤ 대통령의 긴급 명령으로 금융 실명제가 실시되었어요.

06

다음 기사의 사건이 일어난 시기의 통일 정책으로 옳은 것은? [2점]

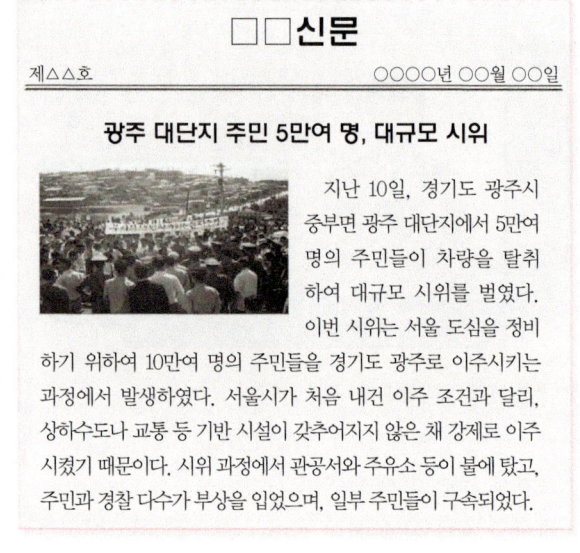

① 남북한이 유엔에 동시 가입하였다.
② 10·4 남북 공동 선언을 발표하였다.
③ 남북한이 한반도 비핵화 공동 선언에 서명하였다.
④ 남북 조절 위원회를 설치하여 통일 방안을 논의하였다.
⑤ 남북한의 교류 협력을 위한 개성 공업 지구 건설에 착수하였다.

07

(가), (나) 사이의 시기에 있었던 사실로 옳은 것을 <보기>에서 고른 것은? [2점]

(가) 국군 장교가 위원으로 선출되었으며, 3권을 장악하고 국회의 권한을 행사하는 최고 통치 기구인 국가 재건 최고 회의가 출범하였다.
(나) 국민의 직접 선거로 대의원이 선출되었으며, 통일 정책을 최종 결정하고 대통령 선거권 등을 행사하는 통일 주체 국민 회의가 발족하였다.

보 기

ㄱ. 장기 집권을 위한 3선 개헌안이 통과되었다.
ㄴ. 제2차 석유 파동으로 경제 불황이 심화되었다.
ㄷ. 베트남 파병에 관한 브라운 각서가 체결되었다.
ㄹ. 대통령 긴급 명령으로 금융 실명제가 실시되었다.

① ㄱ, ㄴ   ② ㄱ, ㄷ   ③ ㄴ, ㄷ
④ ㄴ, ㄹ   ⑤ ㄷ, ㄹ

08

다음 헌법이 시행된 시기의 사실로 옳은 것은? [2점]

제39조 ① 대통령은 대통령 선거인단에서 무기명 투표로 선거한다.
② 대통령에 입후보하려는 자는 정당의 추천 또는 법률이 정하는 수의 대통령 선거인의 추천을 받아야 한다.
③ 대통령 선거인단에서 재적 대통령 선거인 과반수의 찬성을 얻은 자를 대통령 당선자로 한다.
⋮
제45조 대통령의 임기는 7년으로 하며, 중임할 수 없다.

① 긴급 조치 9호가 발동되었다.
② 국민 교육 헌장이 공포되었다.
③ 지방 자치제가 전면 시행되었다.
④ 프로 야구가 6개 구단으로 출범되었다.
⑤ 한미 자유 무역 협정(FTA)이 체결되었다.

09

(가) 정부의 통일 노력으로 옳은 것은? [3점]

□□ 신문

제△△호   ○○○○년 ○○월 ○○일

대한민국 대통령, 중국 최초 방문

9월 27일부터 30일까지 (가) 대통령이 대한민국 대통령으로서는 최초로 중국을 공식 방문하였다. 베이징에서 진행된 회담에서 양국 정상은 지난달 성사된 한중 수교의 의의를 높이 평가하면서 우호 협력 관계를 발전시키자고 하였다. 또한 양국 정상은 한반도의 긴장 완화가 한국 국민의 이익에 부합될 뿐 아니라 동북아시아 평화와 안정에 유익하며, 이와 같은 추세가 계속 발전해 나가야 한다는 데 합의하였다.

① 남북 기본 합의서를 채택하였다.
② 7·4 남북 공동 성명을 발표하였다.
③ 남북 정상 회담을 처음으로 성사시켰다.
④ 이산가족 고향 방문을 최초로 실현하였다.
⑤ 경제 협력을 위한 개성 공단 건설을 추진하였다.

10

다음 연설이 있었던 정부 시기의 통일 노력으로 옳은 것은? [2점]

> 나는 3년 전 이 자리에서 서울 올림픽의 감명을 전했습니다. …… 며칠 전 남북한이 다른 의석으로 유엔에 가입한 것은 가슴 아픈 일이지만 통일을 위해 거쳐야 할 중간 단계입니다. 남북한의 두 의석이 하나로 되는 데는 오랜 시간이 걸리지 않을 것으로 믿습니다.

① 남북 정상 회담을 처음으로 개최하였다.
② 한반도 비핵화 공동 선언을 채택하였다.
③ 개성 공단 조성 사업을 추진하기로 하였다.
④ 남북 조절 위원회를 운영하기로 합의하였다.
⑤ 남북 간 이산가족 상봉을 최초로 실현하였다.

기출테마 50 김영삼 정부~현 정부

외우는 핵심 키워드

김영삼 정부(1993~1998)
- 경제 협력 개발 기구(OECD) 가입
- 금융 실명제 실시
- 외환 위기로 국제 통화 기금(IMF) 지원 요청
- 지방 자치제 전면 실시
- 역사 바로 세우기 운동
- 민노총 창립
- 민족 공동체 통일 방안, 제네바 합의

김대중 정부(1998~2003)
- 금 모으기 운동 → 외환 위기 극복 → 국제 통화 기금(IMF) 채무 조기 상환
- 2002 한·일 월드컵 대회 개최
- 노사정 위원회 구성
- 국민 기초 생활 보장법 제정
- 베를린 선언, 햇볕 정책
- 소 떼 방북(정주영), 금강산 해로 관광 사업
- 남북 정상 회담 최초 개최 → 6·15 남북 공동 선언
- 개성 공단 건설 및 경의선 복원 사업 합의
- 금강산 육로 관광 추진

노무현 정부(2003~2008)
- 행정 수도 이전 시작
- 경부 고속 철도(KTX) 개통
- 한·미 자유 무역 협정(FTA) 체결
- 한·칠레 자유 무역 협정(FTA) 체결
- 호주제 폐지, 가족 관계 등록부 마련
- 진실·화해를 위한 과거사 정리 위원회 출범
- 노인 장기 요양 보험법 제정
- 개성 공단 착공, 금강산 육로 관광 시작
- 제2차 남북 정상 회담 → 10·4 남북 공동 선언

이명박 정부(2008~2013)
- 한·미 자유 무역 협정(FTA) 발효
- G20 서울 정상 회의 개최
- 다문화 가족 지원법 시행

문재인 정부(2017~2022)
- 제23회 평창 동계 올림픽 개최
- 판문점 남북 정상 회담
- 공직자 재산 등록 의무화

외우는 빈출 선지

- 사회 통합을 위한 다문화 가족 지원법을 시행하였다. → 이명박 정부
- 공직자 윤리법을 개정하여 재산 등록을 의무화하였다. → 문재인 정부
- 경제 협력 개발 기구(OECD)에 가입하였다. → 김영삼 정부
- 미국과 자유 무역 협정(FTA)을 체결하였다. → 노무현 정부
- 남북 정상 회담을 처음으로 개최하였다. → 김대중 정부
- 판문점에서 남북 정상 회담을 개최하였다. → 문재인 정부
- 개성 공단 조성 사업을 추진하기로 하였다. → 김대중 정부
- G20 서울 정상 회의가 개최되었다. → 이명박 정부
- 금융 실명제가 대통령 긴급 명령으로 실시되었다. → 김영삼 정부
- 남북 경제 교류 증진을 위한 경의선 복원 공사가 시작되었다. → 김대중 정부
- 양성평등의 실현을 위해 호주제가 폐지되었다. → 노무현 정부
- 국제 통화 기금(IMF)의 채무를 조기 상환하였다. → 김대중 정부
- 진실·화해를 위한 과거사 정리 위원회가 처음으로 출범하였다. → 노무현 정부
- 대통령 직속 자문 기구인 노사정 위원회가 구성되었다. → 김대중 정부
- 노인 장기 요양 보험법이 제정되었다. → 노무현 정부
- 국민 기초 생활 보장법이 실시되었다. → 김대중 정부
- 금강산 관광 사업을 시작하였다. → 김대중 정부
- 평창 동계 올림픽이 개최되었다. → 문재인 정부
- 10·4 남북 공동 선언을 발표하였다. → 노무현 정부

01
밑줄 그은 '정부' 시기의 사실로 옳은 것은? [3점]

대통령은 신년사에서 월드컵과 부산 아시안 게임 개최로 국운 융성의 한 해를 만들자고 강조하며, 공명한 대통령 선거와 지방 자치 선거에 최선을 다하겠다고 밝혔습니다. 아울러 정부도 경제적 정의 실현과 사회 안전망을 강화하여 중산층과 서민 생활 안정에 노력하겠다고 발표했습니다.

대통령, 공명 선거와 사회 정책 방향 제시

① 호주제가 폐지되었다.
② 대학 졸업 정원제가 시행되었다.
③ 노인 장기 요양 보험법이 제정되었다.
④ 국민 기초 생활 보장법이 실시되었다.
⑤ 중학교 무시험 진학 제도가 시작되었다.

02
(가)에 들어갈 내용으로 옳은 것은? [2점]

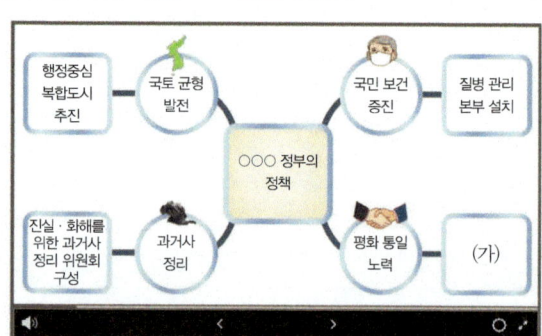

① 남북 기본 합의서 서명
② 남북 조절 위원회 구성
③ 10·4 남북 정상 선언 발표
④ 한반도 비핵화 공동 선언 채택
⑤ 이산가족 고향 방문 최초 성사

03

다음 뉴스가 보도된 정부 시기에 있었던 사실로 옳은 것은? [2점]

① 경제 협력 개발 기구(OECD)에 가입하였다.
② 칠레와 자유 무역 협정(FTA)을 체결하였다.
③ 양성평등의 실현을 위해 호주제가 폐지되었다.
④ 5년 단임의 대통령 직선제 개헌안이 통과되었다.
⑤ 굴욕적인 대일 외교에 반대하는 6·3 시위가 일어났다.

04

(가) 정부 시기에 있었던 사실로 옳은 것은? [3점]

① 전국 민주 노동조합 총연맹이 창립되었다.
② 국제 통화 기금(IMF)의 채무를 조기 상환하였다.
③ 경제 정의 실천 시민 연합 창립 대회가 개최되었다.
④ 중학교 입시 제도를 폐지하고 무시험 추첨제를 실시하였다.
⑤ 진실·화해를 위한 과거사 정리 위원회가 처음으로 출범하였다.

05

(가)에 들어갈 내용으로 옳은 것은? [2점]

① 남북한 유엔 동시 가입
② 7·4 남북 공동 성명 발표
③ 한반도 비핵화 공동 선언 서명
④ 최초의 이산가족 고향 방문 실현
⑤ 남북한 교류 협력을 위한 개성 공단 조성 합의

06

다음 문서가 작성된 이후의 사실로 옳은 것은? [2점]

> 미셸 캉드쉬 총재 귀하
>
> 1. 첨부된 경제 계획 각서에는 향후 3년 이상 한국이 실행할 정책이 요약되어 있습니다. 이 정책은 현재의 재정적 어려움을 초래한 근본 원인을 해결하여 시장의 신뢰를 회복하며, 한국 경제를 강력하고 지속 가능한 성장의 길로 이끌 수 있을 것입니다. 이 경제 계획을 지원하기 위해 한국 정부는 향후 3년간 특별 인출권(SDR) 155억 달러 규모의 국제 통화 기금(IMF) 대기성 차관을 요청합니다.
>
> ⋮

① 전국 민주 노동조합 총연맹이 창립되었다.
② 저유가, 저금리, 저달러의 3저 호황이 있었다.
③ 제2차 석유 파동으로 경제 불황이 심화되었다.
④ 대통령 긴급 명령으로 금융 실명제가 실시되었다.
⑤ 대통령 직속 자문 기구인 노사정 위원회가 구성되었다.

07

(가)~(다) 학생이 발표한 내용을 일어난 순서대로 옳게 나열한 것은? [1점]

① (가) – (나) – (다)
② (가) – (다) – (나)
③ (나) – (가) – (다)
④ (나) – (다) – (가)
⑤ (다) – (가) – (나)

08

(가), (나) 사이의 시기에 있었던 사실로 옳은 것은? [3점]

> (가) 1. 남과 북은 6·15 공동 선언을 고수하고 적극 구현해 나간다.
>   ⋮
>   3. 남과 북은 군사적 적대 관계를 종식하고 한반도에서 긴장 완화와 평화를 보장하기 위해 긴밀히 협력하기로 하였다.
>   – 「10·4 남북 정상 선언」 –

> (나) 1. 남과 북은 남북 관계의 전면적이며 획기적인 개선과 발전을 이룩하여 공동 번영과 자주 통일의 미래를 앞당겨 나갈 것이다.
>   ⋮
>   3. 남과 북은 항구적이며 공고한 평화 체제를 구축하기 위해 적극 협력해 나갈 것이다.
>   – 「한반도의 평화와 번영, 통일을 위한 판문점 선언」 –

① 7·4 남북공동 성명이 발표되었다.
② 개성 공업 지구 조성이 합의되었다.
③ 남북한이 국제 연합(UN)에 동시 가입하였다.
④ 남북 이산가족 고향 방문단의 교환이 최초로 실현되었다.
⑤ 평창 동계 올림픽 개막식에서 남북 선수단이 공동 입장하였다.

09

다음 연설문을 발표한 정부 시기의 통일 노력으로 옳은 것은? [2점]

> 6·15 공동 선언은 한반도의 운명을 바꾸어 놓은 역사적 전환점이었습니다. …… 남북 당국 간 회담이 100여 차례 이상 열리고, 인적·물적 교류도 크게 늘어났습니다. …… 참여 정부는 햇볕 정책과 6·15 정신을 계승, 발전시킨 '평화번영 정책'을 추진해 나가고 있습니다. 이대로 가면 한반도에 화해와 협력의 질서가 구축되고, 평화와 번영의 새로운 동북아 시대가 열리게 될 것입니다. 무엇보다 중요한 것은 남북 간 신뢰 구축입니다. 각 분야의 교류와 협력을 활성화시키고, 북핵 문제를 평화적으로 해결해 나가야 합니다.

① 판문점에서 남북 정상 회담을 개최하였다.
② 남북한이 국제 연합(UN)에 동시 가입하였다.
③ 남북 이산가족의 고향 방문을 최초로 성사시켰다.
④ 평화통일 외교 정책에 관한 6·23 특별 성명을 발표하였다.
⑤ 남북 간 경제 교류 활성화를 위한 개성 공단 착공식을 열었다.

10

다음 연설문을 발표한 정부 시기에 있었던 사실로 옳은 것은? [2점]

> 지난 5년 동안 우리 국민은 세계가 놀라워하는 업적을 이룩해 냈습니다. 외환 위기를 맞이하여 우리 국민은 '금 모으기'를 전개하여 전 세계를 감동시켰습니다. …… 금융, 기업, 공공, 노사의 4대 개혁을 고통과 희생을 감내하면서 지지하고 적극 협력함으로써 우리 경제는 3년을 앞당겨 IMF 관리 체제에서 벗어날 수 있었습니다. …… 고용 보험, 산재 보험, 건강 보험, 국민연금 등 4대 보험의 틀을 갖추고 국민 기초 생활 보장법을 시행한 것을 비롯해 선진국 수준의 복지 체제를 완비했습니다.

① G20 서울 정상 회의가 개최되었다.
② 미국과의 자유 무역 협정(FTA)이 체결되었다.
③ 금융 실명제가 대통령 긴급 명령으로 실시되었다.
④ 8·3 조치로 사채 동결 등의 특혜가 기업에게 제공되었다.
⑤ 남북 경제 교류 증진을 위한 경의선 복원 공사가 시작되었다.

| 해설편 |

한국사능력검정시험
기출유형 500제
(심화대비)

PART 1   고대의 성립과 발전

PART 2   중세의 성립과 발전

PART 3   근세의 성립과 발전

PART 4   근대의 변화와 흐름

PART 5   일제 강점기 독립 운동

PART 6   현대 사회의 발전

PART 1 고대의 성립과 발전

기출테마 01 선사 시대의 생활 모습

01	⑤	02	③	03	①	04	⑤
05	⑤	06	①	07	②	08	②
09	④	10	①

01 구석기 시대의 생활 모습

암기박사 동굴, 막집 거주 ⇒ 구석기 시대

정답 ⑤

정답 해설

연천 전곡리는 대표적인 구석기 시대의 유적지로 주먹도끼를 비롯한 찍개, 찌르개 등의 유물이 출토되었다. 구석기 시대에는 주로 동굴이나 강가의 막집에 거주하면서 도구를 사용하여 사냥을 하거나 어로, 채집 생활을 하였다.

오답 해설

① 민무늬 토기 → 청동기 시대
  청동기 시대에는 벼농사가 시작되었고 민무늬 토기에 식량을 저장하였다.
② 가락바퀴 → 신석기 시대
  신석기 시대에는 가락바퀴를 이용하여 실을 뽑고 뼈바늘로 옷을 만들기 시작하였다.
③ 명도전, 반량전 → 철기 시대 ← BC 3세기 무렵 진에서 사용한 청동 화폐
  철기 시대에는 명도전, 반량전, 등의 중국 화폐를 사용하여 중국과 활발하게 교역하였다. ← 중국 춘추 전국 시대에 연과 제에서 사용한 청동 화폐
④ 철제 농기구 → 철기 시대
  철기 시대에는 기존의 석기나 목기 외에 쟁기, 쇠스랑 등의 철제 농기구를 사용하여 농사를 지었다.

02 신석기 시대의 생활 모습

암기박사 신석기 혁명 : 농경과 목축 ⇒ 신석기 시대

정답 ③

정답 해설

서울 암사동 유적에서 발견된 빗살무늬 토기와 갈돌, 갈판은 신석기 시대의 대표적인 유물이다. 신석기 시대에는 신석기 혁명이라 할 수 있는 농경과 목축을 통해 식량을 생산하였다.

오답 해설

① 목책과 환호 → 청동기 시대
  청동기 시대에는 말뚝을 박아 만든 울타리인 목책과 마을을 감싸는 도랑인 환호 등 방어 시설을 갖추었다.
② 깊이갈이 → 고려 시대
  고려 시대에는 소를 이용하여 이랑과 고랑의 높이 차이를 크게 하는 깊이갈이가 일반화되었다.
④ 고인돌 축조 → 청동기 시대
  청동기 시대에는 많은 인력을 동원하여 지배층의 무덤인 고인돌을 축조하였다.
⑤ 세형 동검 제작 → 철기 시대
  철기 시대에는 거푸집을 이용하여 한국식 동검인 세형 동검을 제작하였다.

핵심노트 ▶ 신석기 시대의 경제 생활

- 농경과 목축의 시작 : 신석기 시대 중기까지는 사냥·채집·어로 생활이 중심이었고, 후기부터 농경과 목축이 시작됨
- 유물 및 유적 : 봉산 지탑리와 평양 남경 유적의 탄화된 좁쌀은 신석기 후기의 잡곡류(조·피·수수) 경작을 반영함
- 주요 농기구 : 돌괭이(석초), 돌보습, 돌삽, 돌낫, 맷돌(연석) 등
- 농경 형태 : 집 근처의 조그만 텃밭을 이용하거나 강가의 퇴적지를 소규모로 경작
- 사냥·채집·어로 : 주로 활이나 돌창, 돌도끼 등으로 사슴류와 멧돼지 등을 사냥하거나 다양한 크기의 그물, 작살, 뼈낚시 등을 이용하여 고기를 잡음
- 원시 수공업 : 가락바퀴(방추차)나 뼈바늘(골침)로 옷, 그물, 농기구 등을 제작

03 신석기 시대의 생활 모습

암기박사 가락바퀴 ⇒ 신석기 시대

정답 ①

정답 해설

경기도 김포시 신안리 유적에서 발굴된 빗살무늬 토기, 갈돌, 갈판 등은 신석기 시대의 유물이다. 신석기 시대에는 정착 생활과 농경이 시작되었으며, 가락바퀴를 이용하여 실을 뽑고 뼈바늘로 옷을 지어 입었다. ↳방추차 ↳골침

오답 해설

② 명도전 : 중국과 교류 → 철기 시대 ← 중국 춘추 전국 시대에 연과 제에서 사용한 청동 화폐
  철기 시대에는 중국 화폐인 명도전을 사용하여 중국과 교류하였다.
③ 의례 도구 : 청동 방울 → 청동기 시대
  청동기 시대에는 의식을 행하기 위한 의례 도구로 청동 거울과 방울 등을 사용하였다. ↳동령, 쌍두령, 팔주령 등
④ 거푸집 : 세형 동검 제작 → 철기 시대
  철기 시대에는 거푸집을 이용하여 세형 동검을 제작하였는데, 세형 동검은 청동기 시대의 비파형 동검이 한국식 동검으로 발전한 것이다.
⑤ 고인돌 : 지배자의 무덤 → 청동기 시대
  청동기 시대에는 많은 인력을 동원하여 지배자(족장)의 무덤인 고인돌을 축조하였다.

핵심노트 ▶ 신석기 시대의 경제 생활

- **농경과 목축의 시작** : 신석기 시대 중기까지는 사냥·채집·어로 생활이 중심이었고, 후기부터 농경과 목축이 시작됨
- **유물 및 유적** : 봉산 지탑리와 평양 남경 유적의 탄화된 좁쌀은 신석기 후기의 잡곡류(조·피·수수) 경작을 반영함 →쌀이나 콩, 보리 등은 청동기 시대부터 경작됨
- **주요 농기구** : 돌괭이(석초), 돌보습, 돌삽, 돌낫, 맷돌(연석) 등 →나무로 된 농기구도 존재했을 것으로 짐작됨
- **농경 형태** : 집 근처의 조그만 텃밭을 이용하거나 강가의 퇴적지를 소규모로 경작
- **사냥·채집·어로** : 주로 활이나 돌창, 돌도끼 등으로 사슴류와 멧돼지 등을 사냥하거나 다양한 크기의 그물, 작살, 뼈낚시 등을 이용하여 고기를 잡음
- **원시 수공업** : 가락바퀴(방추차)나 뼈바늘(골침)로 옷, 그물, 농기구 등을 제작

04 구석기 시대의 생활 모습

정답 ⑤

암기박사 동굴, 막집 거주 ⇒ 구석기 시대

정답 해설

찍개, 찌르개 등의 뗀석기와 연천 전곡리에서 출토된 주먹도끼는 대표적인 구석기 시대의 유물이다. 이 시대에는 주로 동굴이나 강가의 막집에 거주하면서 사냥과 채집 생활을 하였다.

오답 해설

① 가락바퀴 : 실을 뽑는 도구 → 신석기 시대
신석기 시대에는 가락바퀴(방추차)를 이용하여 실을 뽑고 뼈바늘(골침)로 옷을 지어 입었다.

② 반달 돌칼 : 벼 수확 → 청동기 시대
청동기 시대에는 벼농사가 시작되어 반달 돌칼을 사용하여 벼를 수확하였다.

③ 고인돌 : 지배자의 무덤 → 청동기 시대
청동기 시대에는 많은 인력을 동원하여 지배자(족장)의 무덤인 고인돌을 축조하였다.

④ 거푸집 : 세형 동검 제작 → 철기 시대
철기(청동기 후기) 시대에는 청동 제품을 제작하던 틀인 거푸집(용범)을 이용하여 세형 동검을 제작하였다. → 초기의 비파형 동검(요령식 동검)이 한국식 동검인 세형 동검으로 발전

핵심노트 ▶ 구석기 시대의 생활 모습

- **이동 생활** : 사냥이나 어로, 채집 생활을 영위 →농경은 시작되지 않음
- **도구의 사용** : 처음에는 찍개 같은 도구를 여러 용도로 사용했으나 뗀석기 제작 기술이 발달함에 따라 용도가 나누어짐
- **무리 사회** : 구석기인은 가족 단위를 토대로 무리를 이루어 공동체 생활을 영위하였으며, 언어를 사용하였고 시신을 매장하는 풍습이 발생함
- **평등 사회** : 무리 중 경험이 많고 지혜로운 사람이 지도자가 되었으나, 권력을 갖지는 못해 모든 사람이 평등 →구석기 시대와 신석기 시대는 계급이 없는 평등 사회
- **주거 생활** : 대부분 자연 동굴에 거주하였으며, 바위 그늘이나 강가에 막집을 짓고 거주하기도 함 →단양 상시리 →공주 석장리

05 청동기 시대의 생활 모습

정답 ⑤

암기박사 의례 도구 : 청동 거울과 방울 ⇒ 청동기 시대

정답 해설

부여 송국리는 청동기 시대의 대표적인 유적지로 민무늬 토기와 비파형 동검 등이 출토되었다. 청동기 시대에는 의식을 행하기 위한 의례 도구로 청동 거울과 청동 방울 등을 제작하였다.

오답 해설

① 동굴, 막집 → 구석기 시대
구석기 시대에는 주로 동굴이나 강가의 막집에서 살면서 도구를 사용하여 사냥을 하거나 어로, 채집 생활을 하였다.

② 평등한 공동체 생활 → 청동기 시대 이전
계급이 없는 평등한 공동체 생활을 한 것은 청동기 시대 이전이며, 청동기 시대부터 사유 재산 제도와 계급이 발생하였다.

③ 오수전, 화천 → 철기 시대
오수전(五銖錢), 화천(貨泉) 등의 중국 화폐로 교역한 시기는 철기 시대이다. 오수전은 중국 한(漢) 무제 때 사용된 화폐로 창원 다호리 등에서 출토되었고, 화천은 중국 왕망대에 제조된 동전 중의 하나이다. →30여 종의 왕망전(王莽錢) 중의 하나

④ 가락바퀴 → 신석기 시대
실을 뽑기 위해 가락바퀴(방추차)를 처음 사용한 시기는 신석기 시대로, 뼈바늘(골침)과 함께 옷을 지어 입는데 사용하였다.

핵심노트 ▶ 청동기 시대의 대표 유적지

평북 의주 미송리, 평북 강계 공귀리, 여주 흔암리, 함북 회령 오동리, 함북 나진 초도, 평양 금탄리와 남경, 충남 부여 송국리, 충북 제천 황석리, 경기 여주 흔암리, 전남 순천 대곡리, 울산 검단리

06 신석기 시대의 생활 모습

정답 ①

암기박사 농경과 정책 생활 : 갈돌과 갈판, 가락바퀴 ⇒ 신석기 시대

정답 해설

농경과 정책 생활이 시작된 시기는 신석기 시대로, 갈판 위에 곡식을 올려놓고 갈돌로 갈아서 음식을 만들어 먹었다. 또한 신석기 시대에는 가락바퀴를 이용하여 실을 뽑고 뼈바늘로 옷을 지어 입었다. →방추차 →골침

오답 해설

② 동굴, 막집 → 구석기 시대
구석기 시대에는 주로 동굴이나 강가의 막집에서 살면서 도구를 사용하여 사냥을 하거나 어로, 채집 생활을 하였다.

③ 고인돌 축조 → 청동기 시대
청동기 시대에는 지배층(족장)의 무덤으로 고인돌을 축조하여 당시 계급의 분화 및 지배층의 권력을 반영하였다.

④ 거푸집 : 세형 동검 제작 → 철기 시대
철기 시대에는 청동 제품을 제작하던 틀인 거푸집을 이용하여 세형 동검을 제작하였다. → 초기의 비파형 동검(요령식 동검)이 한국식 동검인 세형 동검으로 발전

⑤ 쟁기, 쇠스랑 : 철제 농기구 → 철기 시대
철기 시대에는 기존의 석기나 목기 외에 쟁기, 쇠스랑 등의 철제 농기구를 사용하여 농사를 지었다.

핵심노트 ▶ 신석기 혁명

농경과 목축의 시작을 신석기 혁명이라 한다. 즉, 신석기 혁명은 식량 채집 단계로부터 식량 생산 단계로의 변화를 낳은 농업혁명을 의미한다. 이전의 시대에는 먹을 것을 찾아 이동 생활을 하였으나 농사를 짓게 되면서 적당한 곳에 정착 생활을 하게 되었는데, 이는 문명을 발전시키는 계기가 되었다.

07 구석기 시대의 생활 모습

암기박사 동굴, 막집 거주 ⇒ 구석기 시대

정답 ②

정답 해설

공주 석장리는 구석기 시대의 대표적인 유적지로 찍개, 주먹도끼 등의 뗀석기가 출토되었다. 이 시대에는 주로 동굴이나 막집에 거주하면서 사냥과 채집 생활을 하였다.

오답 해설

① 반달 돌칼 : 벼 수확 → 청동기 시대
   청동기 시대에는 벼농사가 시작되어 반달 돌칼을 이용하여 곡식을 수확하였다.
③ 거푸집 : 청동 무기 제작 → 청동기 시대
   청동기 시대에는 청동 제품을 제작하던 틀인 거푸집을 이용하여 청동 무기를 제작하였다.
④ 빗살무늬 토기 : 식량 저장 → 신석기 시대
   신석기 시대에는 빗살무늬 토기를 제작하여 식량을 조리하거나 저장하는 용도로 사용하였다.
⑤ 가락바퀴, 뼈바늘 → 신석기 시대
   신석기 시대에는 가락바퀴를 이용하여 실을 뽑고 뼈바늘로 옷을 지어 입었다. →방추차 →골침

핵심노트 ▶ 구석기 시대의 주요 유적지

단양 도담리 금굴, 단양 상시리 바위 그늘, 공주 석장리, 평남 상원 검은모루 동굴, 연천 전곡리, 제천 점말 동굴, 함북 웅기 굴포리, 충원 두루봉 동굴(흥수굴), 평남 덕천 승리산 동굴, 평양 만달리 동굴, 함북 종성 동관진, 단양 수양개, 제주 어음리 빌레못

08 청동기 시대의 생활 모습

암기박사 고인돌 축조 : 지배층의 무덤 ⇒ 청동기 시대

정답 ②

정답 해설

비파형 동검, 거푸집, 민무늬 토기는 모두 청동기 시대의 대표적인 유물이다. 청동기 시대에는 지배층의 무덤으로 고인돌을 축조하여 당시 계급의 분화 및 지배층의 정치 권력과 경제력을 반영하였다.

오답 해설

① 동굴, 막집 → 구석기 시대
   구석기 시대에는 주로 동굴이나 강가의 막집에서 살면서 도구를 사용하여 사냥을 하거나 어로, 채집 생활을 하였다.
③ 농경과 목축 → 신석기 시대
   농경과 목축을 시작하여 식량을 생산한 시기는 신석기 시대로, 신석기 혁명을 통해 식량 채집 단계에서 식량 생산 단계로 진입하였다.
④ 쟁기, 쇠스랑 → 철기 시대
   철기 시대에는 기존의 석기나 목기 외에 쟁기, 쇠스랑 등의 철제 농기구를 사용하여 농사를 지었다.
⑤ 주먹도끼, 찍개 → 구석기 시대
   주먹도끼, 돌팔매, 찍개, 찌르개, 슴베찌르개 등의 도구를 사용하여 사냥을 하거나 어로, 채집 생활을 영위한 시기는 구석기 시대이다.

핵심노트 ▶ 고인돌(지석묘)

- 우리나라 전역에 분포하는 청동기 시대의 대표적인 무덤으로, 지배층(족장)의 무덤
- 북방식(탁자식)과 남방식(기반식·바둑판식)이 있는데, 굄돌을 세우고 그 위에 거대하고 평평한 덮개돌을 얹은 북방식이 일반적인 형태
- 건립에 막대한 노동력이 필요하다는 점에서 당시 계급의 분화 및 지배층의 정치 권력·경제력을 반영

09 신석기 시대의 생활 모습

암기박사 빗살무늬 토기 : 식량 저장 ⇒ 신석기 시대

정답 ④

정답 해설

농경과 정착 생활이 시작된 것은 신석기 시대로, 가락바퀴를 이용하여 실을 뽑았으며 갈판 위에 곡식을 올려놓고 갈돌로 갈아서 음식을 만들어 먹었다. 또한 신석기 시대에는 빗살무늬 토기를 만들어 식량을 저장하였다.

오답 해설

① 동굴, 막집 → 구석기 시대
   구석기 시대에는 주로 동굴이나 강가의 막집에서 살면서 도구를 사용하여 사냥을 하거나 어로, 채집 생활을 하였다.
② 고인돌 축조 → 청동기 시대
   청동기 시대에는 지배층(족장)의 무덤으로 고인돌을 축조하여 당시 계급의 분화 및 지배층의 권력을 반영하였다.
③ 거푸집 : 세형 동검 제작 → 철기 시대
   철기 시대에는 청동 제품을 제작하던 틀인 거푸집을 이용하여 세형 동검을 제작하였다. 초기의 비파형 동검(요령식 동검)이 한국식인 세형 동검으로 발전
⑤ 쟁기, 쇠스랑 : 철제 농기구 → 철기 시대
   철기 시대에는 기존의 석기나 목기 외에 쟁기, 쇠스랑 등의 철제 농기구를 사용하여 농사를 지었다.

핵심노트 ▶ 신석기 시대 토기의 종류 및 특징

구분	토기	특징
전기	이른 민무늬 토기 (원시무문토기)	한반도에 처음 나타난 토기
	덧무늬 토기 (융기문 토기)	토기 몸체에 덧무늬를 붙인 토기
중기	빗살무늬 토기, 줄문토기, 기하문토기, 어골문토기	• 빗살문·기하문 등 어골문이 새겨진 회색의 V자형 토기 → 일본의 조몽 토기로 연결 • 대부분 해안이나 강가에서 발견되어, 수변·어로 생활을 반영
후기	변형즐문토기, 평저즐문토기, 번개무늬토기, 물결무늬토기	밑바닥이 평평한 U자형 토기로, 농경 및 정착 생활을 반영

10 구석기 시대의 사회 모습

정답 ①

암기박사 단양 수양개 유적 : 슴베찌르개 ⇒ 구석기 시대

정답 해설

단양 수양개 유적은 대표적인 구석기 시대의 유적지로, 이 시대에는 주로 동굴이나 강가의 막집에서 거주하면서 슴베찌르개, 주먹도끼 등의 도구를 사용하여 사냥을 하거나 어로 및 채집 생활을 영위하였다.

→ 슴베는 '자루'를 의미하여 주로 창날이나 화살촉으로 사용

오답 해설

② 가락바퀴 : 실을 뽑는 도구 → 신석기 시대
　신석기 시대에는 농경과 정착 생활이 시작되었으며, 가락바퀴를 이용하여 실을 뽑고 뼈바늘로 옷을 지어 입었다. →방추차

③ 명도전 : 중국과 교역 → 철기 시대 →끝칩
　명도전은 중국 춘추 전국 시대에 연과 제에서 사용된 청동 화폐로, 중국과 활발한 경제적 교역이 있었음을 확인할 수 있다.

④ 철제 농기구 : 농사 → 철기 시대
　철기 시대에는 주로 철제 농기구를 사용하여 농사를 지었다.

⑤ 의례 도구 : 청동 방울 → 청동기 시대
　청동기 시대에는 의식을 행하기 위한 의례 도구로 청동 거울과 방울 등을 제작하였다.
→ 동령, 쌍두령, 팔주령 등

핵심노트 ▶ 구석기 도구의 용도별 구분

- 사냥 도구 : 주먹도끼, 돌팔매, 찍개, 찌르개, 슴베찌르개
- 조리 도구 : 긁개, 밀개, 자르개
- 공구용 도구 : 뚜르개, 새기개

PART 1 고대의 성립과 발전

기출테마 02
고조선과 초기 국가의 형성

01	②	02	⑤	03	⑤	04	②
05	③	06	①	07	①	08	③
09	③	10	①				

01 위만 조선

정답 ②

암기박사 진번과 임둔 복속 ⇒ 위만

정답 해설

제시된 사료에서 동쪽으로 패수를 건너 준왕에게 항복한 후 점차 세력을 키워 준왕을 공격한 인물은 위만이다. 우세한 무력을 바탕으로 위만은 진번과 임둔을 복속하여 영토와 세력을 확장하였다.

오답 해설

① 한(漢) 무제의 침략 → 고조선 우거왕
　고조선의 세력이 강해지자 한나라 무제가 사신 섭하의 살해를 빌미로 군대를 보내 왕검성을 공격하였고, 우거왕은 한 무제가 파견한 군대와 맞서 싸웠다. → 위만 조선의 마지막 왕

③ 진대법 실시 → 고구려 고국천왕
　고구려의 고국천왕은 을파소의 건의로 빈민을 구제하기 위해 진대법을 실시하였다.

④ 욕살, 처려근지 → 고구려 지방관
　고구려는 각 지방의 성이 군사적 요지로 개별적 방위망을 형성하였고 욕살, 처려근지 등의 지방관을 두어 병권을 행사하였다.

⑤ 연나라 진개의 공격 → 고조선 부왕
　고조선은 부왕 때 연의 장수 진개의 공격을 받아 영토를 빼앗기고 만번한을 경계로 삼았다.

핵심노트 ▶ 위만 조선의 발전

- 청동기 문화에서 벗어나지 못한 토착 세력과 연맹을 맺으면서 철기 문화를 본격적으로 수용
- 철기의 사용으로 농업과 무기 생산을 중심으로 한 수공업, 상업, 무역이 발달
- 우세한 무력을 바탕으로 활발한 정복 사업을 전개하여 넓은 영토를 차지 →예진번·임둔 등을 편입하고 옥저·동예를 복속
- 사회와 경제의 발전을 기반으로 중앙 정치 조직을 갖춘 강력한 국가로 성장
- 지리적인 이점을 이용하여 동방의 예나 남방의 진이 직접 중국의 한과 교역하는 것을 막고 중계 무역의 이익을 독점하려 함 → 한과의 갈등이 싹틈

02 고조선의 역사

암기박사 상, 대부, 장군 등의 관직 ⇒ 고조선

정답 ⑤

정답 해설

단군왕검이 세운 우리 역사상 최초의 국가는 고조선이다. 고조선은 왕 아래 상, 대부, 장군 등의 관직을 두었으며, 사회 질서를 유지하기 위한 범금 8조가 있었다.

오답 해설

① 가(加) : 사출도 주관 → 부여
부여는 왕 아래에 가축의 이름을 딴 여러 가(加)들이 별도로 사출도를 다스렸다. → 행정 구역 → 마가·우가·저가·구가 등

② 동맹 : 제천 행사 → 고구려
고구려는 매년 10월에 동맹이라는 제천 행사를 열어 하늘에 제사를 지냈다.

③ 민며느리제 : 혼인 풍습 → 옥저
옥저에는 혼인 풍습으로 장차 며느리로 삼기 위해 어린 소녀를 데려다 키운 뒤 아들과 혼인시켜 며느리로 삼는 민며느리제가 있었다.

④ 책화 : 읍락 간의 경계 중시 → 동예
동예에는 읍락 간의 경계를 중시하는 책화가 있어서, 다른 부족의 생활권을 침범하면 노비와 소·말로 변상하였다.

03 고조선의 역사

암기박사 진번과 임둔 복속, 범금 8조 ⇒ 고조선

정답 ⑤

정답 해설

제시된 사료는 고조선의 마지막 왕인 우거가 한(漢)의 침략으로 멸망한 내용이다.
ㄷ. 고조선의 위만은 진번과 임둔을 복속하는 등 우세한 무력을 바탕으로 영토와 세력을 확장하였다.
ㄹ. 고조선에는 살인, 절도 등의 죄를 다스리는 범금 8조가 있었는데, 현재 8개조 중 3개 조목의 내용만이 반고의 한서지리지에 전해지고 있다.

오답 해설

ㄱ. 22담로 : 왕족 파견 → 백제
백제 무령왕은 지방 통제를 강화하기 위해 지방의 주요 지점에 22담로를 설치하고 왕족을 파견하였다.

ㄴ. 진대법 : 빈민 구제 → 고구려
고구려는 고국천왕 때 을파소의 건의로 빈민을 구제하기 위한 진대법을 실시하였다.

 핵심노트 ▶ 한(漢) 무제에 맞선 우거왕의 항전

- 1차 접전(패수)에서 고조선은 대승을 거두었고 위만의 손자인 우거왕이 1년간 항전
- 2차 침입에 대신 성기가 항전하였으나, 고조선의 내분(주전파·주화파의 분열)으로 우거왕이 암살되고, 주화파의 항복으로 왕검성(평양성)이 함락됨(BC 108)

04 옥저와 삼한

암기박사 (가) 지배자 : 삼로 ⇒ 옥저
(나) 지배자 : 신지, 읍차 ⇒ 삼한

정답 ②

정답 해설

(가) 옥저 : 혼인을 약속한 여자 아이를 데려다 키워서 며느리로 삼는 민며느리제가 있었던 나라는 옥저이다. 옥저에는 왕이 없고 삼로라 불린 우두머리가 읍락을 다스렸다.

(나) 삼한 : 대군장인 신지와 소군장인 읍차 등의 지배자가 있었던 나라는 삼한이다. 삼한 중에 변한은 철이 많이 생산되어 예(濊)와 왜(倭) 등에 수출하였다.

오답 해설

① 소도 : 신성 지역 → 삼한
삼한에는 신성 지역인 소도가 존재하였으며, 군장의 세력이 미치지 못하여 죄인이 이곳으로 도망치면 잡아가지 못하였다.

③ 가(加) : 사출도 주관 → 부여 → 마가, 우가, 저가, 구가
부여는 여러 가(加)들이 별도로 사출도를 주관하였으며, 왕이 직접 통치하는 중앙과 합쳐 5부를 구성하였다. → 4가(加)의 행정 구획

④ 특산물 : 단궁, 과하마, 반어피 → 동예
동예는 토지가 비옥하고 해산물이 풍부하여 농경·어로 등 경제 생활이 윤택하였으며 단궁, 과하마, 반어피 등의 특산물이 유명하였다.

⑤ 한 무제의 공격으로 멸망 → 고조선
고조선은 한 무제가 파견한 군대의 공격으로 왕검성(평양성)이 함락되고 우거왕이 피살되어 멸망하였다. → 위만 조선의 마지막 왕

핵심노트 ▶ 옥저의 생활 모습

- 왕이 없고 각 읍락에는 읍군·삼로라는 군장이 있어서 자기 부족을 통치하였으나, 큰 정치 세력을 형성하지는 못함
- 소금과 어물 등 해산물이 풍부하였으며, 이를 고구려에 공납으로 바침
- 토지가 비옥하여 농사가 잘 되어 오곡이 풍부
- 고구려와 같은 부여족 계통으로, 주거·의복·예절 등에 있어 고구려와 유사 → 혼인풍속 등에서는 차이도 존재
- 매매혼의 일종인 민며느리제(예부제)가 존재
- 가족의 시체를 가매장하였다가 나중에 그 뼈를 추려 가족 공동묘인 커다란 목곽에 안치 → 세골장제, 두벌 묻기
- 가족 공동묘의 목곽 입구에는 죽은 자의 양식으로 쌀을 담은 항아리를 매달아 놓기도 함

05 동예의 풍속

암기박사 책화 : 읍락 간 경계 중시 ⇒ 동예

정답 ③

정답 해설

대군장 없이 후·읍군·삼로가 통치하고, 10월에 무천이라는 제천 행사가 열렸으며, 단궁·과하마·반어피가 특산물로 유명한 나라는 동예이다. 동예에는 읍락 간의 경계를 중시하는 책화가 있어 부족의 영역을 엄격히 구분하였다.

오답 해설

① 소도 : 신성 지역 → 삼한
   삼한에는 신성 지역인 소도가 존재하였으며, 군장의 세력이 미치지 못하여 죄인이 이곳으로 도망치면 잡아가지 못하였다.

② 민며느리제 : 혼인 풍습 → 옥저
   옥저에는 혼인 풍습으로 민며느리제가 있었는데, 장래에 혼인할 것을 약속한 여자가 어렸을 때 남자의 집에 가서 지내다가 성장한 후에 남자가 예물을 치르고 혼인을 하는 일종의 매매혼이다.

④ 제가 회의 : 중대사 결정 → 고구려
   고구려는 귀족 회의체인 제가 회의에서 나라의 중대사를 결정하였다.

⑤ 가(加) : 사출도 주관 → 부여
   부여는 왕 아래 가축의 이름을 딴 여러 가(加)들이 별도로 사출도를 주관하였다.

핵심노트 ▶ 동예의 풍속

- 엄격한 족외혼으로 동성불혼 유지 → 씨족 사회의 유습
- 각 부족의 영역을 엄격히 구분하여 다른 부족의 생활권을 침범하면 노비와 소·말로 변상하게 하는 책화가 존재 → 씨족 사회의 유습
- 별자리를 관찰해서 농사의 풍흉 예측 → 점성술의 발달
- 제천 행사 : 10월의 무천
- 농경과 수렵의 수호신을 숭배하여 제사를 지내는 풍습이 존재 → 호랑이 토템 존재

06 삼한의 사회 모습

암기박사 신지 : 대군장, 읍차 : 소군장 ⇒ 삼한

정답 ①

정답 해설

한반도 남부에 위치했던 삼한은 신성 지역인 소도에서 의례를 주관하는 천군이라는 제사장이 존재하였으며, 5월과 10월에는 하늘에 제사를 지내는 풍습이 있었다. 또한 삼한에는 대군장인 신지와 소군장인 읍차 등의 지배자가 있었다.

오답 해설

② 서옥제 : 혼인 풍습 → 고구려
   고구려에는 혼인을 정한 뒤 신랑이 신부 집의 뒤꼍에 조그만 집(서옥)을 짓고 거기서 자식을 낳아 기르는 서옥제라는 혼인 풍습이 존재하였다.

③ 가(加) : 사출도 주관 → 부여
   부여는 왕 아래 가축의 이름을 딴 여러 가(加)들이 별도로 사출도를 주관하였다.

④ 1책 12법 → 부여와 고구려
   부여와 고구려에는 남의 물건을 훔쳤을 때 도둑질한 자에게 물건 값의 12배를 변상하게 하는 1책 12법이 존재하였다.

⑤ 책화 : 부족 간의 경계 중시 → 동예
   동예에는 부족 간의 경계를 중시하는 책화라는 풍속이 있어서 부족의 영역을 엄격히 구분하였다.

핵심노트 ▶ 삼한의 주도 세력

- 삼한 중에서 세력이 가장 컸던 마한의 소국 중 하나인 목지국의 지배자가 마한왕 또는 진왕으로 추대되어 삼한 전체의 주도 세력(총연맹장)이 됨
- 삼한의 지배자 중 세력이 큰 대군장은 신지·견지 등으로, 세력이 이보다 작은 소군장은 부례·읍차 등으로 불림

07 부여의 풍속

암기박사 제천 행사 : 영고 ⇒ 부여

정답 ①

정답 해설

여러 가(加)들이 별도로 관할하는 사출도가 있었으며, 사람을 죽여 순장하는 풍습이 행해진 나라는 부여이다. 부여는 12월에 영고라는 제천 행사를 열어 하늘에 제사를 지내고 노래와 춤을 즐겼다.

오답 해설

② 지배자 : 신지, 읍차 → 삼한
   삼한에는 대군장인 신지와 소군장인 읍차 등의 지배자가 있었다.

③ 제사장 : 천군, 신성 지역 : 소도 → 삼한
   삼한에는 신성 지역인 소도에서 의례를 주관하는 천군이라는 제사장이 존재하였다.

④ 관리 : 사자, 조의, 선인 → 고구려
   고구려는 5부족 연맹체로 왕 아래 상가, 대로, 패자, 고추가 등의 대가들이 존재하였으며, 대가들은 각기 사자, 조의, 선인 등의 관리를 거느렸다.

⑤ 다른 부족의 영역 침범 : 소·말로 변상 → 동예
   동예에는 읍락 간의 경계를 중시하는 책화가 있어 부족의 영역을 엄격히 구분하여 다른 부족의 영역을 침범하면 소나 말로 변상하였다.

핵심노트 ▶ 초기 국가의 제천 행사

- 부여 : 12월의 영고
- 고구려 : 10월의 동맹
- 동예 : 10월의 무천
- 삼한 : 5월의 수릿날, 10월의 계절제

08 동예의 사회와 경제

암기박사 지배자 : 읍군, 삼로 ⇒ 동예

정답 ③

정답 해설

읍락 간의 경계를 중시하는 책화가 있었고 단궁, 과하마, 반어피 등의 특산물이 유명한 나라는 동예이다. 동예에는 왕이 없고 각 읍락에는 읍군이나 삼로라는 지배자가 자기 부족을 통치하였다.

오답 해설

① 소도 : 신성 지역 → 삼한
　삼한에는 신성 지역인 소도가 존재하여 천군이 의례를 주관하고 제사를 지냈다.
② 정사암 : 재상 선출 → 백제
　정사암은 귀족들이 모여 국가의 중대사를 결정했던 백제의 귀족 회의체로 재상을 선출하였다.
④ 영고 : 제천 행사 → 부여
　부여는 매년 음력 12월에 영고라는 제천 행사를 열어 하늘에 제사를 지내고 노래와 춤을 즐겼다.
⑤ 1책 12법 → 부여와 고구려
　부여와 고구려에는 남의 물건을 훔쳤을 때 도둑질한 자에게 물건 값의 12배를 변상하게 하는 1책 12법이 존재하였다.

09 삼한의 사회 모습

암기박사 제사장 : 천군, 신성 지역 : 소도 ⇒ 삼한　　**정답** ③

정답 해설

신지, 읍차 등의 지배자가 있었고, 벼농사가 발달하여 씨뿌리기가 끝난 5월과 추수를 마친 10월에 제천 행사를 개최한 나라는 삼한이다. 삼한에는 제사장인 천군과 신성 지역인 소도가 있어 제정이 분리된 사회였다.

오답 해설

① 혼인 풍습 : 민며느리제 → 옥저
　옥저에는 혼인 풍습으로 민며느리제가 있었는데, 장래에 혼인할 것을 약속한 여자가 어렸을 때 남자의 집에 가서 지내다가 성장한 후에 남자가 예물을 치르고 혼인을 하는 일종의 매매혼이다.
② 관리 : 사자, 조의, 선인 → 고구려
　고구려는 5부족 연맹체로 왕 아래 상가, 대로, 패자, 고추가 등의 대가들이 존재하였으며, 대가들은 각기 사자·조의·선인 등의 관리를 거느렸다.
④ 형률 : 1책 12법 → 부여, 고구려
　부여와 고구려에는 남의 물건을 훔쳤을 때 도둑질한 자에게 물건 값의 12배를 변상하게 하는 1책 12법이 존재하였다.
⑤ 특산물 : 단궁, 과하마, 반어피 → 동예
　동예는 토지가 비옥하고 해산물이 풍부하여 농경·어로 등 경제 생활이 윤택하였으며, 특산물로 단궁, 과하마, 반어피가 있었다.

핵심노트 ▶ 삼한의 제정 분리

- 정치적 지배자의 권력·지배력이 강화되면서, 이와 분리하여 제사장인 천군이 따로 존재 → 고조선이나 부여 등의 제정 일치 사회보다 진화
- 국읍의 천군은 제천의식을, 별읍의 천군은 농경과 종교적 의례를 주관
- 별읍의 신성 지역인 소도는 천군이 의례를 주관하고 제사를 지내는 곳으로, 제정 분리에 따라 군장(법률)의 세력이 미치지 못하며 죄인이 이곳으로 도망을 하여도 잡아가지 못함 → 신성 지역은 솟대를 세워 표시함

10 고구려의 생활 모습

암기박사 부경 : 창고 ⇒ 고구려　　**정답** ①

정답 해설

고구려는 왕 아래 상가·대로·패자·고추가 등의 대가들이 존재하였으며, 대가들은 각기 사자·조의·선인 등의 관리를 거느리고 자치권을 유지하였다. 고구려의 대가들과 지배층인 형(兄)은 농사를 짓지 않는 좌식 계층으로 집집마다 부경이라는 창고가 있었다.

오답 해설

② 영고 : 제천 행사 → 부여
　부여는 매년 음력 12월에 영고라는 제천 행사를 열어 하늘에 제사를 지내고 노래와 춤을 즐겼으며 죄수를 풀어 주기도 하였다.
③ 민며느리제 : 혼인 풍습 → 옥저
　옥저에는 혼인 풍습으로 민며느리제가 있었는데, 장래에 혼인할 것을 약속한 여자가 어렸을 때 남자의 집에 가서 지내다가 성장한 후에 남자가 예물을 치르고 혼인을 하는 일종의 매매혼이다.
④ 책화 : 읍락 간의 경계 중시 → 동예
　동예에는 읍락 간의 경계를 중시하는 책화가 있어서 부족의 영역을 엄격히 구분하며, 다른 부족의 생활권을 침범하면 노비와 소·말로 변상하게 하였다.
⑤ 제사장 : 천군, 신성 지역 : 소도 → 삼한
　삼한에서는 제정이 분리되어 제사장인 천군이 따로 존재하였으며, 신성 지역인 소도에서 의례를 주관하고 제사를 지냈다.

핵심노트 ▶ 고구려의 정치

- 계루부, 소노부, 절노부, 순노부, 관노부의 5부족 연맹체
- 왕 아래 상가, 대로, 패자, 고추가 등의 대가들이 존재
- 처음에는 소노부에서 왕이 나오다 태조왕 때부터 계루부에서 왕이 나와 주도권을 행사
- 왕족인 계루부와 전 왕족인 소노부의 적통대인, 왕비족인 절노부의 대인을 고추가(고추대가)라 하여 왕권에 버금가는 세력으로 대우
- 대가들은 각기 사자·조의·선인 등의 관리를 거느리고 자치권을 유지

PART 1 고대의 성립과 발전

기출테마 03 삼국의 성립과 발전

01	②	02	⑤	03	③	04	②
05	②	06	②	07	⑤	08	①
09	④	10	③				

01 고구려의 경제 상황

암기박사 부경 : 창고 ⇒ 고구려

정답 ②

정답 해설

여러 큰 성에 욕살, 처려근지 등의 지방관을 둔 나라는 고구려이다. 고구려의 대가들과 지배층인 형(兄)은 농사를 짓지 않는 좌식 계층으로, 집집마다 부경이라는 창고가 있었다.

오답 해설

① 동시전 : 시장 감독 → 신라
  신라 지증왕 때 시장을 감독하는 관청인 동시전이 수도 경주에 설치되었다.
③ 건원중보 주조 → 고려
  고려 성종 때 우리나라 최초의 금속 화폐인 건원중보가 주조되었다.
④ 솔빈부의 특산물 : 말 → 발해
  솔빈부는 발해의 지방 행정 구역인 15부 중의 하나로, 그 지역의 특산물인 말이 주요 수출품으로 유명하였다.
⑤ 좌관대식기 : 행정 문서 → 백제
  좌관대식기는 백제 관청이 곡물을 대여하고 이자를 받은 내용을 목간에 기록한 행정 문서이다.

핵심노트 ▶ 고구려의 경제 상황

- 큰 산과 계곡으로 된 산악 지역에 위치하여 토지가 척박하고 농토가 부족
- 양식이 부족하여 약탈 경제 체제와 절약적 경제 생활이 주를 이룸
- 특산물로는 소수맥에서 생산한 맥궁(활)이 있음
- 대가들과 지배층인 형(兄)은 농사를 짓지 않는 좌식 계층으로 집마다 창고인 부경을 둠
- 생산 계급인 하호들은 생산을 담당할 뿐 아니라, 멀리서 어염(물고기와 소금)을 가져와 좌식 계층에 공급
- 가옥 : 본채는 초가지붕과 온돌을 설치하였고, 대옥과 소옥이라는 별채를 둠
  제사를 지내는 사당 ↙   ↘ 사위가 거처하는 서실

02 백제의 역사

암기박사 부여씨와 8성 귀족 ⇒ 백제

정답 ⑤

정답 해설

능산리 고분군은 부여에 있는 백제의 사비 시대 고분이며, 송산리 고분군은 공주에 있는 백제의 웅진 시대 고분이다. 백제는 왕족인 부여 씨와 왕비족인 진씨·해씨 그리고 8성의 귀족이 지배층을 이루었다.

오답 해설

① 관등 : 일길찬, 사찬 → 신라
  신라는 골품에 따라 관등을 17등급으로 나누었는데, 7등급인 일길찬과 8등급인 사찬 등의 관등이 있었다.
② 지방관 : 욕살, 처려근지 → 고구려
  고구려는 지방의 여러 성에 욕살, 처려근지 등의 지방관을 두어 병권을 행사하였고, 각 지방의 성이 군사적 요지로 개별적 방위망을 형성하였다.
③ 특산물 : 단궁, 과하마, 반어피 → 동예
  동예는 토지가 비옥하고 해산물이 풍부하여 농경·어로 등 경제 생활이 윤택하였으며, 특산물로 단궁, 과하마, 반어피가 유명하였다.
④ 범금 8조 : 사회 질서 유지 → 고조선
  고조선은 사회 질서를 유지하기 위해 만민법인 범금 8조를 두었다.

03 신라 법흥왕의 업적

암기박사 이차돈 순교 : 불교 공인 ⇒ 신라 법흥왕

정답 ③

정답 해설

병부를 설치하고 율령을 반포한 신라의 왕은 제23대 법흥왕이다. 법흥왕은 이차돈의 순교를 계기로 불교를 공인하였다(527).

오답 해설

① 이사부 : 우산국 복속 → 지증왕
  신라 지증왕은 이사부를 파견하여 우산국(울릉도)을 복속하였다(512).
② 녹읍 폐지 : 관료전 지급 → 신문왕
  통일 신라의 신문왕은 관료전을 지급하고 귀족의 경제 기반이었던 녹읍을 폐지하였다(687).
④ 독서삼품과 : 인재 등용 → 원성왕
  통일 신라의 원성왕은 인재 등용을 위해 유교 경전의 이해 수준에 따라 3등급으로 구분한 독서삼품과를 시행하였다(788).
⑤ 거칠부 : 국사 편찬 → 진흥왕   상품·중품·하품
  신라 진흥왕은 거칠부로 하여금 국사를 편찬하게 하였으나 현재 전하지는 않는다(545).

핵심노트 ▶ 신라 법흥왕의 업적

- 제도 정비 : 병부 설치(517), 상대등 제도 마련, 율령 반포, 공복 제정(530) 등을 통하여 통치 질서를 확립하였으며, 각 부의 하급 관료 조직을 흡수하여 17관등제를 완비
- 불교 공인 : 불교식 왕명 사용, 골품제를 정비하고 불교를 공인(527)하여 새롭게 성장하는 세력들을 포섭
- 연호 사용 : 건원(建元)이라는 연호를 사용함으로써 자주 국가로서의 위상을 높임
- 영토 확장 : 대가야와 결혼 동맹을 체결하고(522), 금관가야를 정복하여 낙동강까지 영토를 확장(532)

04 백제 무령왕의 업적

암기박사 중국 남조의 양(梁)과 교류 ⇒ 백제 무령왕

정답 ②

정답 해설

피장자와 축조 연대가 확인된 유일한 백제 왕릉은 제25대 왕인 무령왕의 무덤이다. 무령왕은 백간의 난을 평정하고 지방 통제를 강화하기 위해 22담로에 왕족을 파견하였으며, 중국 남조의 양(梁)과 교류하였다.

오답 해설

① 익산 미륵사 창건 → 백제 무왕
 서동 설화의 주인공으로 알려진 백제 무왕은 삼국시대의 절 가운데 최대 규모인 미륵사를 익산에 창건하였다(601).

③ 고흥 : 서기 편찬 → 백제 근초고왕
 백제의 전성기를 이끈 근초고왕은 고흥으로 하여금 백제의 역사서인 서기를 편찬하게 하였다(375).

④ 동진의 마라난타 : 불교 수용 → 백제 침류왕
 백제의 침류왕은 동진에서 온 마라난타를 통해 불교를 수용하였다(384).

⑤ 사비 천도 → 백제 성왕
 백제 성왕은 웅진에서 사비로 천도하고 국호를 남부여로 변경하는 등 행정 조직을 재정비하였다(538).

핵심노트 ▶ 백제 무령왕릉

무령왕릉은 충남 공주시 금성동에 위치하며 송산리 고분군에 포함되어 있다. 무령왕릉은 당시 중국 양(梁)나라 지배계층 무덤의 형식을 그대로 모방하여 축조한 벽돌무덤 양식이다. 무덤 안에서 무덤의 주인공을 알려주는 묘지석이 발견됨으로써 백제 제25대 무령왕(501~523)의 무덤이라는 사실이 밝혀졌다.

05 신라 지증왕의 업적

암기박사 이사부 : 우산국 복속 ⇒ 신라 지증왕

정답 ②

정답 해설

제시된 사료에서 나라 이름을 신라로 정하고, 왕이라는 칭호를 사용한 왕은 지증왕이다. 지증왕은 이사부를 보내 우산국(울릉도)을 정벌하고 그 부속 도서(독도)를 복속시켰다(512).

오답 해설

① 병부 설치, 율령 반포 → 신라 법흥왕
 신라의 법흥왕은 병부를 설치하여 군사력을 강화하고, 율령을 반포하여 통치 질서를 확립하였다.

③ 대가야 병합 → 신라 진흥왕
 신라의 진흥왕은 고령의 대가야를 병합하여 낙동강 유역까지 영토를 확장하였다.

④ 국학 설립 → 통일 신라 신문왕
 통일 신라의 신문왕은 국학을 설립하여 유학 교육을 진흥시키고 유교 이념을 확립하였다.

⑤ 황룡사 구층 목탑 건립 → 신라 선덕여왕
 신라의 선덕여왕은 당에서 귀국한 자장의 건의로 경주에 황룡사 구층 목탑을 건립하였다.

핵심노트 ▶ 신라 지증왕의 업적

- 국호를 사로국에서 신라로, 왕의 칭호를 마립간에서 왕으로 고침(503)
- 행정 구역을 개편하여 중국식 군현제를 도입하고, 소경제를 설치 → 지방에 주군을 설치하고 주에 군주를 파견
- 권농책으로 우경을 시작하고(502), 시장 관리기관으로 동시전을 설치(509)
- 이사부를 파견하여 우산국(울릉도)을 복속(512)
- 순장을 금지하고 상복을 입도록 함 → 상복법 제정

06 을지문덕의 살수대첩

암기박사 한성 전투(475) ⇒ 살수 대첩(612) ⇒ 안시성 전투(645)

정답 ②

정답 해설

(가) 한성 전투(475) : 고구려왕 거련(→장수왕)이 백제의 수도 한성을 함락하고 백제의 개로왕을 전사시켰다.

- 살수 대첩(612) : 고구려 영양왕 때 수 문제와 양제가 잇따라 대규모 병력을 이끌고 고구려를 침략하였는데, 을지문덕은 수 양제의 113만 대군을 살수에서 전멸시켰다.

(나) 안시성 전투(645) : 당 태종이 연개소문의 정변을 빌미로 고구려에 침입하자 양만춘이 안시성 전투에서 당의 군대를 격퇴하였다.

오답 해설

① 서안평 점령 → 고구려 미천왕
 고구려 미천왕은 서안평을 점령하여 고조선의 옛 땅을 회복하였다(311).

③ 백제 근초고왕 : 평양성 공격 → 고구려 고국원왕 전사
 백제의 전성기를 이끈 근초고왕의 평양성 공격으로 고구려의 고국원왕이 전사하였다(371).

④ 위(魏)의 관구검 침략 → 고구려 동천왕
 고구려 동천왕 때 관구검이 이끄는 위(魏)의 군대가 고구려를 침략하였으나 밀우·유유의 결사 항전으로 극복하였다(246).

⑤ 신라에 침입한 왜 격퇴 → 고구려 광개토 대왕
 고구려의 광개토 대왕은 신라에 침입한 왜를 낙동강 유역에서 격퇴시킴으로써 한반도 남부에까지 영향력을 행사하였다(400).

07 신라와 백제의 동맹

암기박사 결혼 동맹 ⇒ 한강 유역 수복 ⇒ 관산성 전투

정답 ⑤

정답 해설

(가) 결혼 동맹 체결(493) : 고구려 장수왕의 남진정책을 견제하기 위해 백제왕 모대(동성왕)가 신라에 혼인을 청하자 신라왕(소지왕)은 이벌찬 비지의 딸을 보내 결혼 동맹을 맺었다.

- 한강 유역 수복(551) : 백제의 성왕은 나·제 동맹으로 맺어진 신라의 진흥왕과 연합하여 고구려로부터 한강 유역을 수복하였다.

(나) 관산성 전투(554) : 신라 진흥왕이 백제가 차지한 지역을 점령하자 나·제 동맹은 결렬되고, 이에 분노한 백제 성왕이 신라를 공격하다 관산성 전투에서 전사하였다.

오답 해설

① 낙랑군 축출 → 고구려 미천왕
 고구려 미천왕은 낙랑군과 대방군을 축출하여 서로는 요하, 남으

로는 한강에 이르는 영토를 확장하였다(313~314).
② 동진의 마라난타 : 불교 수용 → 백제 침류왕
백제의 침류왕은 동진의 마라난타를 통해 불교를 수용하였다(384).
③ 고구려 광개토 대왕 : 왜 격퇴 → 신라 내물왕
신라 내물왕은 고구려 광개토 대왕의 도움으로 신라에 침입한 왜를 낙동강 유역에서 격퇴하였다(400).
④ 동옥저 정복 → 고구려 태조왕
고구려 태조왕은 활발한 정복 활동을 전개하여 동옥저를 정복하는 등 영토를 확장하였다(56).

08 진흥왕 재위 시기의 사실

정답 ①

암기박사 거칠부 : 국사 편찬 ⇒ 신라 진흥왕

정답 해설
제시된 사료에서 화랑 국선의 시초와 대가야 정복은 신라 진흥왕 때의 일이다. 이 시기에 진흥왕은 거칠부로 하여금 국사를 편찬하게 하였으나 현재 전하지는 않는다.

오답 해설
② 김헌창의 난 → 헌덕왕
헌덕왕 때 웅천주(공주) 도독 김헌창이 아버지가 왕위 쟁탈전에서 패한 것에 대해 불만을 품고 반란을 일으켰다.
③ 이차돈 순교 : 불교 공인 → 법흥왕
법흥왕 때 이차돈의 순교를 계기로 불교가 공인되었다.
④ 왕의 칭호 : 마립간 → 내물왕
내물왕 때 김씨에 의한 왕위 계승권이 확립되고(형제 상속), 최고 지배자의 칭호도 대군장을 뜻하는 마립간으로 바뀌었다.
⑤ 자장 건의 : 황룡사 9층 목탑 건립 → 선덕여왕
선덕여왕 때 자장의 건의로 황룡사 9층 목탑이 경주에 건립되었으나 몽골의 침입으로 소실되었다.

핵심노트 ▶ 신라 진흥왕의 업적

- 남한강 상류 지역인 단양 적성을 점령하여 단양 적성비를 설치(551)
- 백제 성왕과 연합하여 고구려가 점유하던 한강 상류 지역을 차지(551)
- 백제가 점유하던 한강 하류 지역 차지(553)
- 북한산비 설치(561)
- 고령의 대가야를 정복하는 등 낙동강 유역을 확보 → 창녕비, 561
- 원산만과 함흥평야 등을 점령하여 함경남도 진출 → 황초령비·마운령비, 568
- 화랑도를 공인(제도화)하고, 거칠부로 하여금 국사를 편찬하게 함 → 전하지 않음
- 황룡사·흥륜사를 건립하여 불교를 부흥하고, 불교 교단을 정비하여 주통·승통·군통제를 시행 → 신라 최고의 행정기관인 집사부의 전신
- 최고 정무기관으로 품주를 설치하여 국가기무와 재정을 담당하게 함

09 백제 성왕의 업적

정답 ④

암기박사 사비 천도 : 국호 남부여 ⇒ 백제 성왕

정답 해설
백제 무령왕의 아들인 성왕은 웅진에서 사비로 천도하고 국호를 남부여로 변경하였다. 이후 나·제 동맹을 깨고 신라 진흥왕이 백제가 차지한 한강 하류 지역을 점령하자 이에 분노한 백제 성왕이 신라를 공격하다 관산성 전투에서 전사하였다.

오답 해설
① 익산 미륵사 창건 → 백제 무왕
서동 설화의 주인공으로 알려진 백제 무왕은 삼국시대의 절 가운데 최대 규모인 익산 미륵사를 창건하였다(601).
② 동진의 마라난타 : 불교 수용 → 백제 침류왕
백제의 침류왕은 동진의 마라난타를 통해 불교를 수용하였다(384).
③ 신라 대야성 점령 → 백제 의자왕
백제의 의자왕은 신라를 공격하여 대야성을 함락시키고 40여 개의 성을 빼앗았다(642).
⑤ 고흥 : 서기 편찬 → 백제 근초고왕
백제의 전성기를 이끈 근초고왕은 평양성을 공격하여 고국원왕을 전사시켰고, 고흥으로 하여금 서기를 편찬하게 하였다(375).

핵심노트 ▶ 백제 성왕의 업적

- 사비(부여)로 도읍을 옮기고(538), 국호를 남부여로 고침
- 중앙 관청을 22부로 확대하고, 행정 조직을 5부(수도) 5방(지방)으로 정비
- 겸익을 등용하여 불교 진흥, 노리사치계를 통해 일본에 불교 전파(552)
- 중국의 남조와 활발하게 교류 및 문물 수입
- 신라 진흥왕과 연합하여 한강 일부 지역 수복
- 나·제 동맹 결렬 후 신라를 공격하다 관산성 전투에서 전사(554)

10 고구려 광개토 대왕

정답 ③

암기박사 신라에 원병 : 왜 격퇴 ⇒ 고구려 : 광개토 대왕

정답 해설
고구려 광개토 대왕은 신라 내물왕의 요청을 받아 신라에 침입한 왜를 낙동강 유역에서 토벌하였으며(400), 이때 고구려군의 공격으로 김해의 금관가야가 몰락하면서 가야 연맹이 고령의 대가야를 중심으로 재편되었다. → 백제·왜·가야 연합군을 격파한 내용이 광개토 대왕릉비에 기록

오답 해설
① 옥저 복속 → 고구려 : 태조왕
고구려 태조왕은 중앙 집권 체제를 확립하고 활발한 정복 전쟁으로 부전 고원을 넘어 옥저를 복속시켰다(1C).
② 고구려 평양성 공격 → 백제 : 근초고왕
백제 근초고왕은 고구려의 평양성을 공격하여 고구려의 고국원왕을 전사시켰다(4C).
④ 신라 초기의 왕호 : 차차웅 → 신라 : 남해왕
차차웅은 신라 초기의 왕호로 신라 지배자의 칭호가 차차웅으로 바뀐 것은 제2대 남해왕 때이다(1C).
⑤ 대방군 축출 → 고구려 : 미천왕
고구려 미천왕은 낙랑군과 대방군을 축출하여 서로는 요하, 남으로는 한강에 이르는 영토를 확장하였다(4C).

핵심노트 ▶ 고구려 광개토 대왕의 업적

- 소수림왕 때의 내정 개혁을 바탕으로 북으로 숙신(여진)·비려(거란)를 정복하는 등 만주에 대한 대규모의 정복 사업 단행으로 지배권 확대
- 남쪽으로 백제의 위례성을 공격하여 임진강·한강선까지 진출 → 64성 1,400촌 점령
- 서쪽으로 선비족의 후연(모용씨)을 격파하여 요동 지역 확보 → 요동을 포함한 만주 지역 지배권 확보
- 신라에 침입한 왜를 낙동강 유역에서 토벌(400)함으로써 한반도 남부까지 영향력 행사
- 우리나라 최초로 '영락'이라는 독자적 연호를 사용하여 중국과 대등함을 과시

PART 1 고대의 성립과 발전
기출테마 04 삼국의 문화유산

01	①	02	⑤	03	⑤	04	④
05	⑤	06	②	07	①	08	⑤
09	③	10	②				

01 백제의 문화유산

암기박사 산수무늬 벽돌 ⇒ 백제 문화유산

정답 ①

정답 해설
부여의 능산리 절터에서 발견된 금동대향로는 백제의 문화유산으로, 불교와 도교 요소가 복합적으로 표현된 걸작이다. 부여의 사비시대 절터에서 출토된 산수무늬 벽돌 또한 신선 사상을 기반으로 불로장생을 추구하는 도교와 관련된 백제의 문화유산이다.

오답 해설
② 금관총 금관 → 신라 문화유산
  금관총 금관은 신라 금관의 전형적 형태이며 미학적으로 가장 아름다워 신라 금관의 백미로 평가된다.
③ 광개토 대왕명 호우 → 신라 문화유산
  일명 호우명 그릇이라 불리는 광개토 대왕명 호우는 경주 호우총에서 발견되었는데, 그릇 밑바닥에 신라가 광개토대왕을 기리는 내용의 "을묘년국강상광개토지호태왕(乙卯年國岡上廣開土地好太王)"이라는 글씨가 새겨져 있어 당시에 신라와 고구려의 관계를 유추해볼 수 있다.
④ 철제 판갑옷 → 가야 문화유산
  철제 판갑옷은 대표적인 가야의 문화유산으로, 당시 가야가 철의 나라라고 할 정도로 철이 많이 생산되었음을 알 수 있다.
⑤ 이불병좌상 → 발해 문화유산
  발해의 수도였던 동경 용원부 유적지에서 발굴된 이불병좌상은 고구려의 양식을 계승하였다. 흙을 구워 만든 것으로, 두 부처가 나란히 앉아 있는 모습을 나타낸다.

02 호우명 그릇

암기박사 호우명 그릇 ⇒ 광개토 대왕명 호우

정답 ⑤

정답 해설
'영락'이라는 연호를 사용한 왕의 능비는 고구려 광개토 대왕릉비이다. 그의 시호가 새겨진 문화유산은 일명 호우명 그릇이라 불리는 광개토 대왕명 호우로 경주 호우총에서 발견되었다. 그릇 밑바닥에 신라가 광개토대왕을 기리는 내용의 "을묘년국강상광개토지호태왕(乙卯年國岡上廣開土地好太王)"이라는 글씨가 새겨져 있어 당시에 신라와 고구려의 정치적 관계를 유추해볼 수 있다.

오답 해설
① 포항 중성리 신라비 → 신라 문화유산
  포항 중성리에서 발견된 현존 최고의 신라비로, 재산 분쟁에 관한 판결을 담고 있다.
② 석수 → 백제 문화유산 *(무덤 수호를 목적으로 한 짐승 모양의 석상)*
  백제의 무령왕릉에서 출토된 석수는 무덤을 수호하는 진묘수의 역할을 한 것으로 추정된다.
③ 판갑옷 → 가야 문화유산
  판갑옷은 대표적인 가야의 문화유산으로, 당시 가야가 철의 나라라고 할 정도로 철이 많이 생산되었음을 알 수 있다.
④ 농경문 청동기 → 청동기 문화유산
  밭을 가는 모습이 새겨져 있는 청동기 시대의 의기로, 당시의 농경이 따비나 괭이를 사용해 밭을 가는 단계에 이르렀음을 보여준다.

03 고구려 벽화

암기박사 밀양 박익 벽화묘 ⇒ 조선 전기 벽화

정답 ⑤

정답 해설
박익 벽화묘는 경남 밀양시 청도면 고법리에 있는 조선 전기의 벽화 무덤으로, 내부 석실의 사방에 벽화가 그려져 있어 조선 전기의 생활 풍속에 관한 자료로 가치가 높다.
(송은 박익 : 고려 말 문신)

오답 해설
① 수산리 고분 교예도 → 고구려 벽화
  교예도는 평남 강서 수산리 고분에 있는 고구려 시대의 벽화로, 나무다리 위에서 춤추기, 바퀴 굴리기, 공던지기 등의 교예를 하고 있는 모습을 그린 벽화이다.
② 무용총 접객도 → 고구려 벽화
  접객도는 중국 길림성 집안현의 무용총에 있는 고구려 시대의 벽화로, 무덤 주인이 서역에서 온 듯한 손님을 접대하는 모습이 그려져 있어 당시 고구려가 서역과 교류했음을 알 수 있다.
③ 강서대묘 사신도 → 고구려 벽화
  강서대묘의 사신도는 도교의 영향을 받은 고구려 벽화로, 무덤의 사방을 수호하는 영물인 청룡·백호·주작·현무를 그린 고분벽화이다.
④ 각저총 씨름도 → 고구려 벽화
  씨름도는 중국 길림성 집안현의 각저총에 있는 고구려 벽화로, 고구려인과 서역인으로 보이는 두 사람이 장례행사의 의례적 행위로 씨름을 하는 모습이 그려져 있다.

04 서산 용현리 마애여래삼존상

정답 ④

암기박사 '백제의 미소' ⇒ 서산 용현리 마애여래삼존상

정답 해설

서산 용현리 마애여래삼존상은 충남 서산시 운산면 용현리에 있는 백제 시대의 불상으로 흔히 '백제의 미소'로 널리 알려져 있다. 이 마애불은 부처를 중심으로 좌우에 보살입상과 반가사유상이 배치된 특이한 삼존형식이다.

오답 해설

① 안동 이천동 마애여래 입상 → 고려 시대
  경북 안동시 이천동에 있는 고려 시대의 불상으로, 원래 연미사가 있었다고 전해지는 곳에 위치하며 근래에 제비원이라는 암자가 새로 들어와 '제비원 석불'이라고도 불린다.

② 경주 남산 칠불암 마애불상군 → 통일 신라
  경북 경주시 남산동에 위치한 통일 신라의 불상으로, 병풍 바위에 새긴 삼존불과 사각 돌기둥에 새긴 사면석불상을 합쳐 모두 칠불이다.

③ 영암 월출산 마애여래좌상 → 통일 신라 후기 ~ 고려 초기
  전남 영암군 영암읍 회문리에 있는 통일 신라 후기에서 고려 초기의 불상으로, 신체 각 부분의 불균형한 비례와 경직된 표현 등이 고려 시대 거불들의 양식을 따르고 있다.

⑤ 파주 용미리 마애이불입상 → 고려 시대
  파주 용미리 마애이불입상은 경기도 파주시 광탄면 용미리에 있는 고려 시대의 불상으로, 천연암벽을 몸체로 삼아 그 위에 목, 머리, 갓 등을 따로 만들어 얹어놓은 2구의 거불이다.

05 백제 문화유산

정답 ⑤

암기박사 익산 미륵사지 석탑 ⇒ 금제 사리봉영기 발견

정답 해설

미륵사지에서는 현존하는 삼국 시대 석탑 중 가장 규모가 큰 익산 미륵사지 석탑이 발굴되었다. 목탑 양식을 반영하여 건립되었고, 석탑의 해체 과정에서 금제 사리봉영기가 발견되었다.

오답 해설

① 금동 대향로 출토 → 부여 능산리 절터
  국보로 지정된 금동 대향로가 출토된 곳은 부여의 능산리 절터로, 백제의 금속 공예 기술이 중국을 능가할 정도로 매우 뛰어났음을 보여 주는 걸작품이다.

② 온조의 백제 건국 → 하남 위례성
  고구려 주몽의 아들 온조가 남하하여 하남 위례성을 도읍으로 삼아 백제를 건국하였다.

③ 천정대 → 부여군 규암면 호암사
  백제 때 재상을 선출하던 천정대가 있었던 곳은 충남 부여군 규암면에 있는 호암사이다. → 정사암

④ 무령왕릉 → 공주 송산리 고분군
  백제 무령왕과 왕비의 무덤이 발굴된 공주 송산리 고분군은 중국 남조의 영향을 받은 벽돌 무덤 양식으로, 무덤의 주인을 알 수 있는 묘지석이 출토되었다.

06 연가 7년명 금동 여래 입상

정답 ②

암기박사 연가 7년명 금동 여래 입상 ⇒ 고구려

정답 해설

경상남도 의령에서 출토된 국보 제119호는 연가 7년명 금동 여래 입상으로 고구려의 문화유산이다. 두꺼운 의상과 긴 얼굴 모습에서 북조 양식을 따르고 있으나, 강인한 인상과 은은한 미소에는 고구려의 독창성이 보인다.

오답 해설

① 금동 관음보살 좌상 → 고려말 ~ 조선초
  윤왕좌의 관음보살상은 중국의 송·원대에 크게 유행하였으나, 우리나라에서는 고려말~조선초의 불화(佛畵)에서 확인할 수 있으며 조각으로 남아 있는 예는 드물다.

③ 이불 병좌상 → 발해
  발해의 수도였던 동경 용원부 유적지에서 발굴된 이불병좌상은 고구려의 양식을 계승하였다. 흙을 구워 만든 것으로, 두 부처가 나란히 앉아 있는 모습을 나타낸다.

④ 경주 구황동 금제 여래 좌상 → 통일 신라
  경북 경주시 구황동 삼층석탑에서 발견된 불상으로, 두광과 신광이 합쳐진 투각의 광배, 당당한 신체의 불신, 연화대좌로 이루어져 있다.

⑤ 금동 미륵보살 반가사유상 → 삼국 시대
  풍부한 조형성과 함께 뛰어난 주조기술을 선보여 동양 조각사에 있어 걸작으로 평가되는 삼국 시대의 대표적인 금동 불상이다.

07 백제 금동 대향로

정답 ①

암기박사 금동 대향로 ⇒ 백제 문화유산

정답 해설

국보 제287호로 부여 능산리 절터에서 출토된 유물은 백제의 문화유산인 금동 대향로이다. 백제 왕실의 의례에 사용한 것으로 추정되는 금동 대향로는 도교와 불교의 요소가 복합적으로 표현된 걸작이다.

오답 해설

② 도기 기마인물형 뿔잔 → 가야 문화유산
  경남 김해시 대동면 덕산리에서 출토된 가야 시대의 토기이다(국보 제275호).

③ 석수 → 백제 문화유산
  백제의 무령왕릉에서 출토된 석수는 무덤을 수호하는 진묘수의 역할을 한 것으로 추정된다. → 무덤 수호를 목적으로 한 짐승 모양의 신상

④ 돌사자상 → 발해 문화유산
  발해의 돌사자상은 정혜공주 무덤에서 출토된 두 개의 화강암 사자상이 대표적인데, 당나라의 돌사자상보다 크기가 작지만 강한 힘을 표현한 조각 수법이 돋보인다.

⑤ 금관 → 신라 문화유산
  신라의 돌무지덧널무덤에서 출토된 금제 관으로, 원형대륜 전면에는 세 줄기의 출(出)자형 입식이, 후면에는 두 줄기의 사슴뿔 모양 장식이 세워져 있다.

08 백제 무령왕릉

> **암기박사** 벽돌무덤 양식, 중국 남조의 영향 ⇒ 백제 무령왕릉

정답 ⑤

정답 해설
백제의 고분 중 피장자와 축조 연대가 확인되는 유일한 무덤은 무령왕릉이다. 무령왕릉은 중국 남조의 영향을 받아 벽돌로 축조되었으며, 무덤을 수호하는 진묘수가 발굴되었다.
→ 무덤 수호를 목적으로 한 짐승 모양의 신상

오답 해설
① 석촌동 고분군 → 돌무지무덤
서울 석촌동 고분군은 고구려 장군총과 유사한 돌무지무덤으로 백제의 건국 세력이 고구려계임을 짐작하게 한다.

② 신라 무덤 양식 → 돌무지덧널무덤
나무로 곽을 짜고 그 위에 돌을 쌓은 무덤은 신라의 무덤 양식인 돌무지덧널무덤으로 천마총이 이에 해당된다.

③ 금동 대향로 출토 → 부여 능산리 절터
국보로 지정된 금동 대향로가 출토된 곳은 부여의 능산리 절터로, 백제의 금속 공예 기술이 중국을 능가할 정도로 매우 뛰어났음을 보여 주는 걸작품이다.

④ 김유신 묘 : 12지 신상 → 굴식돌방무덤
무덤의 둘레돌에 12지 신상을 조각한 것은 김유신 묘로, 신라의 무덤 양식인 굴식돌방무덤이다.
→ 호석

09 익산 미륵사지 석탑

> **암기박사** 익산 : 미륵사지 석탑 ⇒ 백제

정답 ③

정답 해설
현존하는 삼국 시대 석탑 중 가장 규모가 크며, 목탑 양식을 반영하여 건립된 석탑은 백제의 익산 미륵사지 석탑이다. 석탑의 보수 과정에서 금제 사리 봉안기가 발견되었다.

오답 해설
① 부여 : 정림사지 5층 석탑 → 백제
충남 부여의 정림사지에 있는 5층 석탑은 목탑의 구조와 비슷하지만 돌의 특성을 살려 전체적인 형태가 매우 우아하고 아름답다. 당나라 장수 소정방이 백제를 정복한 후 '백제를 정벌한 기념탑'이라는 글귀가 새겨져 있다.

② 경주 : 불국사 다보탑 → 통일 신라
경북 경주의 불국사에 있는 다보탑은 신라 경덕왕 때 김대성이 건립한 석탑으로 다보여래의 사리를 모셔 두고 있다. 한국의 석탑 중 일반형을 따르지 않고 특이한 형태를 가진 걸작이다.

④ 장백 : 영광탑 → 발해
중국 길림성 장백진 북서쪽 탑산에 있는 발해 시대의 누각식 전탑으로 장방형, 규형, 다각형의 벽돌로 쌓은 5층의 벽돌탑이다.

⑤ 익산 : 왕궁리 5층 석탑 → 백제
왕궁리 5층 석탑은 백제 왕궁이 있었을 것으로 추측되는 궁궐터에서 발견된 석탑으로, 건립 시기가 고려 초기로 추정되며 백제의 양식을 계승하였다.

10 신라 문화유산

> **암기박사** 자장의 건의로 건립 ⇒ 황룡사 9층 목탑

정답 ②

정답 해설
첨성대는 신라 선덕 여왕 때 건축된 천체 관측 기구로 국보 제31호로 지정되어 있다. 자장의 건의로 건립된 것은 황룡사 9층 목탑으로 선덕여왕 때 일본·중국·말갈 등 9개국의 침략을 막고 삼국을 통일하자는 호국 사상을 반영하여 건립되었다.

오답 해설
① (가) 천마총 → 천마도 출토
천마총은 신라의 무덤 양식인 돌무지 덧널 무덤으로 벽화가 없는 것이 특징이다. 천마총에서 출토된 천마도는 마구에 그린 그림으로 신라의 힘찬 화풍을 보여준다.

③ (다) 동궁과 월지 → 나무 주사위 출토
안압지로 불리우는 경주 동궁과 월지에서 나무로 만든 14면체 주사위가 출토되었는데, 신라의 왕실과 귀족을 비롯한 상류층의 오락문화를 알 수 있게 해주는 유물이다.

④ (라) 분황사지 → 모전 석탑
→ 현재 남아 있는 신라의 석탑 중 가장 오래된 석탑으로, 현재 3층까지만 남아 있음
분황사지는 경북 경주에 있는 신라 시대의 절터로, 돌을 벽돌 모양으로 다듬어 쌓아 올린 모전 석탑이 남아 있다.

⑤ (마) 불국사 → 삼층 석탑 : 무구정광대다라니경
불국사는 경주 토함산에 있는 통일 신라의 사찰로, 경내의 삼층 석탑을 보수하는 과정에서 현존하는 세계 최고(最古)의 목판 인쇄물인 무구정광대다라니경이 발견되었다.

정답 및 해설

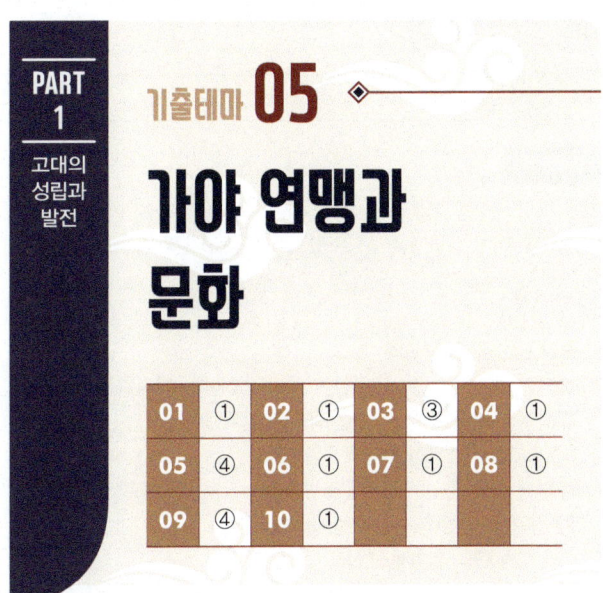

PART 1 고대의 성립과 발전

기출테마 05 가야 연맹과 문화

01	①	02	①	03	③	04	①
05	④	06	①	07	①	08	①
09	④	10	①

01 대가야의 역사

암기박사 진흥왕 : 신라에 복속 ⇒ 고령 대가야

정답 ①

정답 해설

경상북도 고령군은 대가야의 중심지로 궁성지, 지산동 고분군, 방어 성인 주산성 등의 대가야 문화유산이 보전되어 있다. 이진아시왕을 시조로 후기 가야 연맹을 주도한 대가야는 신라 진흥왕의 공격으로 신라에 복속되었다.

오답 해설

② 광평성 : 정치 기구 → 후고구려
후고구려의 궁예는 국정을 총괄하는 광평성을 비롯한 각종 정치 기구를 마련하였다.

③ 화백 회의 : 국정 운영 → 신라
신라는 만장일치제인 화백 회의를 통해 국가의 중대사를 논의하 고 국정을 운영하였다.

④ 관리 : 사자, 조의, 선인 → 고구려
고구려는 5부족 연맹체로 왕 아래 대가들이 존재하였으며, 대가 들은 각기 사자, 조의, 선인 등의 관리를 거느렸다.

⑤ 박, 석, 김의 3성 : 왕위 계승 → 신라
진한의 소국 중 하나인 사로국에서 출발한 신라는 동해안으로 들 어온 석탈해 집단이 등장하면서 박·석·김의 3성이 교대로 왕위 를 계승하였다.

02 금관가야의 역사

암기박사 김수로 : 금관가야 ⇒ 신라 법흥왕 때 복속

정답 ①

정답 해설

수로왕이 건국한 나라는 금관가야이다. 금관가야는 법흥왕 때 신라 에 복속되고 일부 왕족이 진골로 편입되었다.

오답 해설

② 서옥제 : 혼인 풍습 → 고구려 ← 데릴사위제
고구려에는 혼인 풍습으로 서옥제가 있었는데, 혼인을 정한 뒤 신 랑이 신부 집의 뒤꼍에 조그만 집(서옥)을 짓고 거기서 자식을 낳 아 길렀다.

③ 6좌평 : 중요 국사 논의 → 백제
백제 고이왕은 내신좌평, 위사좌평 등 6좌평의 관제를 마련하여 중요한 국사를 논의하게 하였다. → 내신좌평, 내두좌평, 내법좌평, 병관좌평, 위사좌평, 조정좌평

④ 화백 회의 : 만장일치제 → 신라
신라는 만장일치제인 화백 회의를 통해 국가의 중대사를 논의하 였다.

⑤ 22담로 : 왕족 파견 → 백제
백제 무령왕은 지방 통제를 강화하기 위해 지방의 주요 지점에 22 담로를 두어 왕족을 파견하였다.

핵심노트 ▶ 가야 연맹

- **전기 가야 연맹** : 김수로왕의 금관가야 → 신라 법흥왕 때 멸망(532년) → 김해 대 성동 고분군
- **후기 가야 연맹** : 이진아시왕의 대가야 → 신라 진흥왕 때 멸망(562년) → 고령 지 산동 고분군

03 금관가야의 문화유산

암기박사 판갑옷 ⇒ 금관가야의 문화유산

정답 ③

정답 해설

김해 대성동 고분군은 김수로왕에 의해 건국된 금관가야의 무덤이 다. 판갑옷은 대표적인 금관가야의 문화유산으로, 당시 금관가야가 철의 나라라고 할 정도로 철이 많이 생산되었음을 알 수 있다.

오답 해설

① 산수 무늬 벽돌 → 백제 문화유산
충남 부여의 사비시대 절터에서 출토된 벽돌로, 불교적 요소와 도 교적 요소를 함께 갖추고 있다. 산수 무늬의 화려한 장식은 당시 백제인들의 문화 수준과 이상적인 정신세계를 반영한다.

② 칠지도 → 백제 문화유산
칠지도는 백제 근초고왕이 왜왕에게 친선 외교의 목적으로 하사 한 칼로서, 일본서기에 칠지도라 기록되어 있다.

④ 석수 → 백제 문화유산
백제의 무령왕릉에서 출토된 석수는 무덤을 수호하는 진묘수의 역할을 한 것으로 추정된다. → 무덤 수호를 목적으로 한 짐승 모양의 신상

⑤ 돌사자상 → 발해 문화유산
발해의 돌사자상은 정혜공주 무덤에서 출토된 두 개의 화강암 사 자상이 대표적인데, 당나라의 돌사자상보다 크기가 작지만 강한 힘을 표현한 조각 수법이 돋보인다.

04 고령 대가야

암기박사 고령 : 지산동 고분 ⇒ 대가야 : 신라 진흥왕에 복속

정답 ①

정답 해설

이진아시왕을 시조로 하는 고령의 대가야는 후기 가야 연맹으로, 신라 진흥왕의 공격으로 멸망하였다. 고령 지산동 고분군에서 발견된 순장 돌덧널을 통해 대가야에서도 부여, 고구려, 신라와 마찬가지로 순장이 행해졌음을 확인할 수 있다.

오답 해설

② 나·당 연합군 → 고구려·백제 멸망
 신라와 당나라가 연합한 나·당 연합군이 황산벌 전투에서 백제를 멸망시켰고, 이후 고구려의 평양성을 공격하여 고구려를 멸망시켰다.
③ 사자, 조의, 선인 → 고구려 : 관리
 고구려는 왕 아래 대가들이 존재하였으며, 대가들은 각기 사자·조의·선인 등의 관리를 거느리고 자치권을 유지하였다.
④ 진대법 : 빈민 구제 → 고구려 *상가, 대로, 패자, 고추가 등*
 고구려는 고국천왕 때 을파소의 건의로 빈민을 구제하기 위해 진대법을 시행하였다.
⑤ 박, 석, 김의 3성 : 왕위 계승 → 신라
 진한의 소국 중 하나인 사로국에서 출발한 신라는 동해안으로 들어온 석탈해 집단이 등장하면서 박·석·김의 3성이 교대로 왕위를 계승하였다.

05 금관가야

암기박사 삼국유사 : 김수로왕 설화 ⇒ 금관가야

정답 ④

정답 해설

제시된 사료의 내용은 신라 법흥왕 때 멸망한 금관가야에 대한 설명이다. 금관가야는 김해를 중심으로 한 낙동강 유역 일대에서 김수로에 의해 건국되었는데, 시조 김수로왕의 설화가 삼국유사에 전해진다.

오답 해설

① 화백 회의 : 만장일치제 → 신라
 신라는 국가의 중요 결정들을 만장일치인 화백 회의를 통해 국정을 운영하였다.
② 진대법 : 빈민 구제 → 고구려
 고구려는 고국천왕 때 을파소의 건의로 빈민을 구제하기 위한 진대법을 실시하였다.
③ 박, 석, 김의 3성 : 왕위 계승 → 신라
 진한의 소국 중 하나인 사로국에서 출발한 신라는 동해안으로 들어온 석탈해 집단이 등장하면서 박, 석, 김의 3성이 번갈아 왕위를 차지하였다.
⑤ 오경박사, 의박사, 역박사 일본 파견 → 백제
 백제는 오경박사, 의박사, 역박사 등을 일본에 파견하여 백제의 선진 문물을 전파하고 일본의 문화 발전에 기여하였다.

06 고령 대가야

암기박사 후기 가야 연맹 ⇒ 고령 대가야

정답 ①

정답 해설

경북 고령 지산동 고분군은 대가야의 왕릉급 무덤으로, 이진아시왕을 시조로 후기 가야 연맹을 주도하였으며 신라 진흥왕 때 멸망하였다.

오답 해설

② 중앙군 : 2군 6위 → 고려
 고려는 중앙군으로 2군 6위를 설치하였는데, 지휘관은 상장군과 대장군(부지휘관)이며 2군은 국왕의 친위대이다.
③ 9주 5소경 : 지방 행정 제도 → 통일 신라
 통일 신라는 통일 전 5주 2소경을 9주 5소경 체제로 정비하여 중앙 집권 및 지방 통제력을 강화하였다.
④ 화백 회의 : 귀족 합의제 → 신라
 신라는 국가의 중요 사항들을 귀족 합의제인 화백 회의를 통해 만장일치제로 결정하였다.
⑤ 부여씨와 8성의 귀족 → 백제
 백제는 왕족인 부여씨와 왕비족인 진씨·해씨 그리고 8성의 귀족이 지배층을 이루었다.

07 금관가야

암기박사 철이 많이 생산되어 왜에 수출 ⇒ 김수로왕 : 금관 가야

정답 ①

정답 해설

제시된 사료에서 호계사의 파사석탑은 금관 가야 김수로왕의 왕비로 알려진 허황옥이 서역 아유타국에서 싣고 온 것이다. 김수로왕을 시조로 한 금관 가야는 철이 많이 생산되어 왜 등에 수출하였다.

오답 해설

② 화백 회의 : 만장일치제 → 신라
 신라는 만장일치제로 운영된 화백 회의에서 국가의 중요 사항들을 결정하였다.
③ 진대법 : 빈민 구제 → 고구려
 고구려는 고국천왕 때 을파소의 건의로 빈민을 구제하기 위한 진대법을 실시하였다.
④ 22담로 : 지방 통제 → 백제
 백제 무령왕은 지방 통제를 강화하기 위해 지방의 주요 지점에 22담로를 설치하고 왕자·왕족을 파견하였다.
⑤ 박, 석, 김의 3성이 왕위 계승 → 신라
 진한의 소국 중 하나인 사로국에서 출발한 신라는 동해안으로 들어온 석탈해 집단이 등장하면서 박·석·김의 3성이 교대로 왕위를 계승하였다.

08 가야의 문화유산

정답 ①

암기박사 시조 : 이진아시왕, 멸망 : 신라 진흥왕 ⇒ 대가야

정답 해설

이진아시왕을 시조로 하는 고령의 대가야는 후기 가야 연맹으로, 신라 진흥왕의 공격으로 멸망하였다. 고령 지산동 고분군에서 발견된 가야 금동관은 띠모양의 관테에 세움장식을 부착한 대표적인 가야의 문화유산이다.

오답 해설

② 창왕명 석조 사리감 → 백제 문화유산
  능산리 절터의 중앙부에 자리한 목탑에서 발견된 백제 시대의 사리 보관용 용기이다.
③ 천마도 → 신라 문화유산
  경주 천마총에서 출토된 천마도는 마구에 그린 그림으로 신라의 힘찬 화풍을 보여 준다.
④ 연가 7년명 금동 여래 입상 → 고구려 문화유산
  두꺼운 의상과 긴 얼굴 모습에서 북조 양식을 따르고 있으나, 강인한 인상과 은은한 미소에는 고구려의 독창성이 보인다.
⑤ 돌사자상 → 발해 문화유산
  발해의 돌사자상은 정혜공주 무덤에서 출토된 두 개의 화강암 사자상이 대표적인데, 당나라의 돌사자상보다 크기가 작지만 강한 힘을 표현한 조각 수법이 돋보인다.

09 금관가야

정답 ④

암기박사 낙랑과 왜 : 중계 무역 ⇒ 금관가야

정답 해설

대성동 고분군에서 출토된 청동 솥과 대동면 덕산리에서 출토된 도기 기마인물형 뿔잔은 모두 금관가야의 문화유산이다. 금관가야는 김해를 중심으로 한 낙동강 유역 일대에서 김수로에 의해 건국되었는데, 신라 법흥왕 때 멸망하였고 낙랑과 왜를 연결하는 중계 무역으로 번성하였다.

오답 해설

① 책화 : 읍락 간의 경계 중시 → 동예
  동예에는 읍락 간의 경계를 중시하는 책화가 있어서 부족의 영역을 엄격히 구분하며, 다른 부족의 생활권을 침범하면 노비와 소·말로 변상하게 하였다.
② 백강 전투 : 나·당 연합군 vs 왜군 → 백제 부흥군
  백제 부흥군은 왜에 원군을 요청하였으나 나·당 연합군의 공격에 왜의 수군이 백강 전투에서 패배하여 백제 부흥 운동은 실패로 돌아갔다(663).
③ 욕살, 처려근지 : 지방관 → 고구려
  고구려에서는 각 지방의 성(城)이 군사적 요지로 개별적 방위망을 형성하였고, 욕살·처려근지 등의 지방관이 병권을 행사하였다.
⑤ 화백 회의 : 만장일치제 → 신라
  신라는 국가의 중요 결정들을 만장일치제인 화백 회의를 통해 국정을 운영하였다.

10 금관가야

정답 ①

암기박사 덩이쇠 : 화폐처럼 사용 ⇒ 금관가야

정답 해설

기원 후 42년에 김해를 중심으로 한 낙동강 유역 일대에서 금관가야(본가야)가 김수로에 의해 건국되었는데, 금관가야에서는 우수한 철기문화를 토대로 덩이쇠를 화폐처럼 사용하였다.

오답 해설

② 제천 행사 : 영고 → 부여
  영고는 부여의 제천 행사로 매년 음력 12월에 열렸다.
③ 제가 회의 : 귀족 회의체 → 고구려
  제가 회의는 고구려의 귀족 회의체로, 국가의 중대사를 각 부의 귀족들로 구성된 회의체에서 결정하였다.
④ 박, 석, 김의 3성 : 왕위 계승 → 신라
  진한의 소국 중 하나인 사로국에서 출발한 신라는 동해안으로 들어온 석탈해 집단이 등장하면서 박·석·김의 3성이 왕위를 교대로 차지하였다.
⑤ 고이왕 : 목지국 공격 → 백제
  백제는 고이왕 때 마한의 목지국을 공격하여 대부분의 한강 유역을 차지함으로써 지역의 맹주로 발돋움하였다.

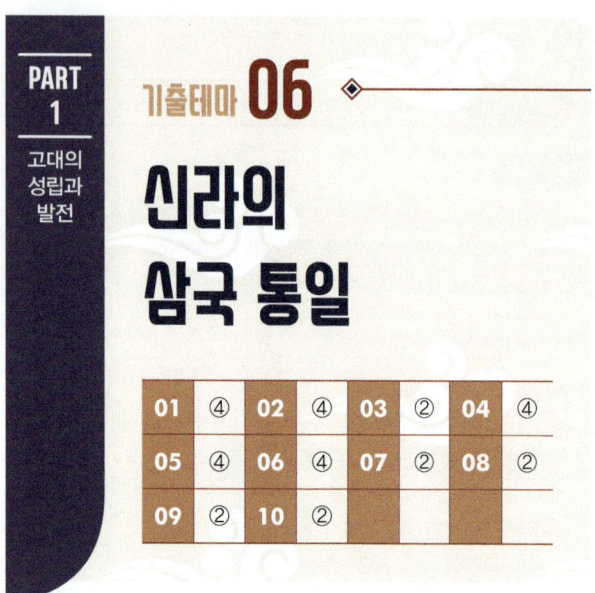

기출테마 06 신라의 삼국 통일

01	④	02	④	03	②	04	④
05	④	06	④	07	②	08	②
09	②	10	②				

01 삼국 통일의 과정

 암기박사 연개소문의 정변 ⇒ 군사 동맹 체결 ⇒ 고구려 부흥 운동

정답 해설

- (가) **연개소문의 정변**(642) : 연개소문이 정변을 일으켜 영류왕을 시해하고 보장왕을 옹립하여 권력을 장악한 후 스스로 막리지가 되었다.
- **군사 동맹 체결**(648) : 신라의 김춘추가 백제 의자왕의 공격으로 고구려에 원병을 요청하였으나 거절당하자 당으로 건너가 군사 동맹을 체결하였다.
- (나) **고구려 부흥 운동**(670~674) : 고구려가 멸망한 후 검모잠이 보장왕의 서자 안승을 왕으로 추대하고 고구려 부흥 운동을 전개하였다.

오답 해설

① **살수 대첩(612) → (가) 이전**
  고구려 영양왕 때 을지문덕 장군이 수나라 우중문의 30만 별동대를 살수로 유인하여 대승을 거두었다.
② **기벌포 전투(676) → (나) 이후**
  신라 문무왕 때 사찬 시득이 이끄는 신라군이 금강 하구의 기벌포에서 설인귀가 이끄는 당군을 격파하였다.
③ **환도성 함락(246) → (가) 이전**
  고구려 동천왕 때 위(魏)의 유주자사 관구검이 이끄는 군대가 고구려 환도성을 함락하였다.
⑤ **당의 등주 공격(732) → (나) 이후**
  발해 무왕(대무예) 때 장문휴가 자사 위준이 관할하는 당의 등주를 공격하여 요서 지역에서 당과 격돌하였다.

02 삼국 통일의 과정

암기박사 백제 부흥 운동 ⇒ 고구려 부흥 운동 ⇒ 기벌포 전투   정답 ④

정답 해설

- (나) **백제 부흥 운동**(660~663) : 백제가 멸망한 후 흑치상지가 임존성에서 군사를 일으켰고, 복신과 도침이 부여풍을 왕으로 추대하고 주류성(한산)에서 백제 부흥 운동을 전개하였다.
- (다) **고구려 부흥 운동**(670~674) : 고구려가 멸망한 후 검모잠이 보장왕의 서자 안승을 왕으로 추대하고 고구려 부흥 운동을 전개하였으나, 안승이 검모잠을 죽이고 신라로 망명하였다.
- (가) **기벌포 전투**(676) : 신라 문무왕 때 사찬 시득이 이끄는 신라군이 금강 하구의 기벌포에서 설인귀가 이끄는 당의 대군을 격파하고 나·당 전쟁에서 승리하였다.

03 나·당 군사 동맹 체결

암기박사 고구려의 원병 요청 거부(642) ⇒ 나·당 군사 동맹 체결(648) ⇒ 황산벌 전투(660)   정답 ②

정답 해설

- (가) **고구려의 원병 요청 거부**(642) : 백제 의자왕의 공격으로 대야성이 점령당하자 신라의 김춘추는 고구려를 직접 찾아가 원병을 요청하였으나 감금당하였다.
- **나·당 군사 동맹 체결**(648) : 김춘추는 중국으로 건너가 당과 군사 동맹을 체결하고 삼국 통일의 초석을 마련하였다.
- (나) **황산벌 전투**(660) : 김유신이 지휘한 신라군은 탄현을 공격하고 황산벌에서 계백이 이끈 백제의 결사대를 격파한 뒤 사비성으로 진출하여 백제를 멸망에 이르게 하였다.

오답 해설

① **보덕국 왕 임명 → (나) 이후**
  안승이 검모잠을 죽이고 신라로 망명하여 금마저(익산)에서 보덕국 왕으로 임명되었다(674).
③ **관산성 전투 → (가) 이전**
  신라 진흥왕이 백제가 차지한 지역을 점령하자 백제 성왕이 신라를 공격하다 관산성 전투에서 피살되었다(554).
④ **임존성 전투 → (나) 이후**
  백제 부흥 운동 때 흑치상지가 임존성에서 군사를 일으켜 소정방이 이끄는 당군을 격퇴하였다(660).
⑤ **백강 전투 → (나) 이후**
  백제 부흥 운동 당시 왜에 원군을 요청한 부여풍이 백강에서 왜군과 함께 당군에 맞서 싸웠다(663).

04 연개소문의 정변

정답 ④

암기박사: 연개소문 정변(642) ⇒ 백제 부흥 운동(660) ⇒ 연개소문 사망(665)

정답 해설

(가) **연개소문 정변(642)**: 연개소문이 정변을 일으켜 영류왕을 죽이고 보장왕을 옹립하여 권력을 장악한 후 스스로 막리지가 되었다.
- **백제 부흥 운동(660)**: 백제가 멸망한 후 복신과 도침 등이 왕자 부여풍을 왕으로 추대하여 주류성(한산)에서 백제 부흥 운동을 전개하였다.

(나) **연개소문 사망(665)**: 고구려는 연개소문이 죽은 뒤 지배층의 권력 쟁탈전으로 국론이 분열되었다.

오답 해설

① **살수대첩(612) → (가) 이전**
수 양제가 113만 대군을 이끌고 고구려를 침입하자 을지문덕이 이끄는 고구려 군이 살수에서 대승을 거두었다.

② **안동도호부 설치(668) → (나) 이후**
나·당 연합군이 고구려를 멸망시킨 후 당나라는 한반도의 지배 야욕을 보이며 평양에 안동도호부를 설치하였다.

③ **매소성 전투(675) → (나) 이후**
나·당 전쟁 중 신라군이 매소성에서 20만의 당군을 격파하여 당나라 세력을 몰아내는 데 결정적인 계기를 마련하였다.

⑤ **안승의 보덕국왕 임명(674) → (나) 이후**
고구려가 멸망한 뒤 신라의 문무왕은 당의 세력을 축출하기 위해 안승을 금마저(익산)에서 보덕국왕으로 임명하였다.

핵심노트 ▶ 연개소문의 정변(642)

연개소문은 고구려 말기의 장군이자 재상이다. 그는 천리장성을 축조하면서 세력을 키웠는데, 그에 두려움을 느낀 사람들이 영류왕과 상의하여 그를 죽이려 하였다. 그것을 안 연개소문은 거짓으로 열병식을 꾸며 대신들을 초대한 뒤 모두 죽였다. 그리고 궁궐로 가 영류왕을 죽이고 그 동생인 장(보장왕)을 옹립하였다.

05 고구려 부흥 운동

정답 ④

암기박사: 평양성 함락 ⇒ 고구려 부흥 운동 ⇒ 매소성 전투

정답 해설

- **평양성 함락(668)**: 고구려의 마지막 왕인 보장왕 때 당의 장수 계필하력이 이끄는 나·당 연합군이 고구려의 평양성을 함락하고 고구려를 멸망시켰다.
- **고구려 부흥 운동(674)**: 나·당 연합군에 의해 고구려가 멸망한 후 신라의 지원을 받은 검모잠이 보장왕의 서자 안승을 왕으로 추대하여 고구려 부흥 운동을 전개하였으나, 안승이 검모잠을 죽이고 신라로 망명하였다.
- **매소성 전투(675)**: 나·당 전쟁 중 신라가 당나라의 20만 대군을 물리쳐 당나라 세력을 몰아내는 데 결정적인 계기를 마련하였다.

06 연개소문의 정변

정답 ④

암기박사: 영류왕 시해 : 보장왕 옹립 ⇒ 연개소문의 정변(642)

정답 해설

(가) **살수대첩(612)**: 고구려 영양왕 때 수 문제와 양제가 잇따라 대규모 병력을 이끌고 고구려를 침략하였는데, 을지문덕은 수 양제의 113만 대군을 살수에서 전멸시켰다.
- **연개소문 정변(642)**: 연개소문이 정변을 일으켜 영류왕을 죽이고 보장왕을 옹립하여 권력을 장악한 후 스스로 막리지가 되었다.

(나) **고구려 멸망(668)**: 고구려의 마지막 왕인 보장왕 때 나·당 연합군이 고구려의 평양성을 공격하여 고구려를 멸망시켰다.

오답 해설

① **안승 : 보덕국왕 → (나) 이후**
고구려가 멸망한 뒤 신라의 문무왕은 당의 세력을 축출하기 위해 안승을 금마저(익산)에서 보덕국왕으로 임명하였다(674).

② **미천왕 : 서안평 공격 → (가) 이전**
고구려 미천왕은 서안평을 공격하고 영토를 확장하여 고조선의 옛 땅을 회복하였다(311).

③ **광개토 대왕 : 신라에 침입한 왜 격퇴 → (가) 이전**
고구려의 광개토 대왕은 신라에 침입한 왜를 낙동강 유역에서 격퇴시킴으로써 한반도 남부에까지 영향력을 행사하였다(400).

⑤ **장수왕 : 백제 한성 함락 → (가) 이전**
고구려 장수왕은 수도를 평양으로 천도한 후 백제의 수도 한성을 공격하여 함락하고 개로왕을 전사시켰다(475).

07 나·당 연합

정답 ②

암기박사: 나·당 연합 ⇒ 황산벌 전투 : 백제 멸망

정답 해설

신라 김춘추의 원병 요청에 고구려가 거절하자 김춘추는 중국으로 건너가 당과 군사 동맹을 체결하고 나·당 연합군을 결성하였다(648). 이후 소정방이 이끄는 당군이 백강(금강) 하구로 침입하였고, 김유신이 지휘한 신라군은 계백이 이끈 백제의 결사대를 황산벌에서 격파한 뒤 사비성으로 진출하여 백제를 멸망에 이르게 하였다(660).

08 백제의 멸망

정답 ②

암기박사: 백제의 멸망 ⇒ 대야성 함락(642) → 나·당 동맹(648) → 황산벌 전투(660년)

정답 해설

(가) **대야성 함락(642)**: 백제의 의자왕이 신라를 공격하여 대야성을 점령하고 40여 개의 성을 빼앗자 신라의 김춘추는 고구려를 직접 찾아가 원병을 요청하였다.
- **나·당 연합(648)**: 신라 김춘추의 원병 요청에 고구려가 거절하자 김춘추는 중국으로 건너가 당과 군사 동맹을 체결하고 나·당 연합군을 결성하였다.

(나) **황산벌 전투(660)**: 김유신이 지휘한 신라군은 탄현을 공격하고 황산벌에서 계백이 이끈 백제의 결사대를 격파한 뒤 사비성으로 진출하여 백제를 멸망에 이르게 하였다.

오답 해설

① **안승 : 보덕국왕 → (나) 이후**
고구려가 멸망한 뒤 신라의 문무왕은 당의 세력을 축출하기 위해 안승을 금마저(익산)에서 보덕국왕으로 임명하였다(674).

③ **을지문덕 : 살수대첩 → (가) 이전**
고구려 영양왕 때 수 양제가 113만 대군을 이끌고 고구려를 침입했으나 을지문덕이 이끄는 고구려 군이 살수에서 대승을 거두었다(612).

④ **기벌포 전투 → (나) 이후**
신라 문무왕 때 신라군은 금강 하구의 기벌포에서 당의 대군을 격파하고 나·당 전쟁에서 승리하였다(676).

⑤ **백제 부흥 운동 → (나) 이후**
백제가 멸망한 후 복신과 도침이 왕자 부여풍을 왕으로 추대하여 주류성(한산)에서 백제 부흥 운동을 전개하였다(660).

09 의자왕 재위 시기의 사건

정답 ②

암기박사 신라 대야성 점령 ⇒ 백제 의자왕

정답 해설

백제의 의자왕이 신라를 공격하여 대야성을 점령하고 40여 개의 성을 빼앗자(642) 신라의 김춘추는 고구려를 직접 찾아가 원병을 요청하였으나 거절당하고 당나라와 나·당 동맹을 체결하였다(648). 이후 소정방이 이끄는 당군이 백강(금강) 하구로 침입하여 백제를 정복하였다(660).

오답 해설

① **사비 천도 → 백제 성왕**
백제 성왕은 웅진에서 사비로 천도하고 국호를 남부여로 변경하였다(538).

③ **낙랑군 축출 → 고구려 미천왕**
고구려 미천왕은 낙랑군을 축출하고 고조선의 옛 땅인 대동강 유역을 회복하였다(313).

④ **매소성 전투 → 신라 문무왕**
신라 문무왕은 매소성(매초성) 전투와 기벌포 해전에서 당의 대군을 섬멸하고 나·당 전쟁에서 승리하였다(675).

⑤ **안승 : 보덕국왕 → 신라 문무왕**
고구려가 멸망한 뒤 신라의 문무왕은 당의 세력을 축출하기 위해 안승을 금마저(익산)에서 보덕국왕으로 임명하였다(674).

10 신라의 삼국 통일

정답 ②

암기박사 나·당 연합(648) ⇒ 백강 전투(663) ⇒ 평양성 전투(668)

정답 해설

- (가) **나·당 연합(648)** : 신라 무열왕 김춘추는 당으로 건너가 군사 동맹을 체결하고 나·당 연합군을 결성하여 삼국 통일의 초석을 마련하였다.
- **백강 전투(663)** : 백제가 멸망한 후 백제 부흥군은 왜에 원군을 요청하였으나 나·당 연합군이 백강에서 왜군을 물리쳐 백제 부흥 운동은 실패로 돌아갔다.

- (나) **평양성 전투(668)** : 고구려의 마지막 왕 보장왕 때 당의 장수 계필하력이 이끄는 나·당 연합군이 고구려의 평양성을 공격하여 고구려를 멸망시켰다.

오답 해설

①·③ **매소성 전투, 안동도호부 축출 → (나) 이후**
신라 문무왕은 매소성(매초성) 전투와 기벌포 해전에서 당의 대군을 섬멸하고 나·당 전쟁에서 승리한 후 당의 안동도호부를 요동으로 몰아내고 삼국 통일을 이룩하였다(676).

④ **안승 : 보덕국왕 → (나) 이후**
고구려가 멸망한 뒤 신라의 문무왕은 당의 세력을 축출하기 위해 안승을 금마저(익산)에서 보덕국왕으로 임명하였다(674).

⑤ **연개소문 : 천리장성 축조 → (가) 이전**
고구려 영류왕 때 연개소문은 대당 강경책을 추진하고, 당의 침입에 대비해 부여성에서 비사성에 이르는 천리장성을 축조하였다(647).

핵심노트 ▶ 신라의 삼국 통일

- 당은 한반도 전체를 장악하고자 신라와 연합한 것으로, 백제의 옛 땅에 웅진도독부를, 고구려의 옛 땅에 안동도호부를 두어 지배 야욕을 보임
- 신라의 경주에도 계림도독부를 두고 문무왕을 계림 도독으로 칭하였으며, 신라 귀족의 분열을 획책함
- 고구려 부흥 운동 세력을 후원하고 백제 땅의 웅진 도독부를 탈환하여 소부리주를 설치(671)
- 마전·적성에서 당군을 물리치고, 이어 당의 대군을 매소성(매초성)에서 격파(675)
- 금강 하구의 기벌포에서 당의 수군을 섬멸(676)하고, 안동도호부를 요동성으로 밀어내는 데 성공함으로써 삼국 통일을 달성(676)

정답 및 해설

PART 1 고대의 성립과 발전

기출테마 07 통일 신라의 체제

01	②	02	②	03	④	04	④
05	②	06	④	07	⑤	08	④
09	④	10	②				

01 통일 신라 신문왕

암기박사 관료전 지급 / 녹읍 폐지 ⇒ 통일 신라 신문왕

정답 ②

정답 해설

국학을 설치하고 전국을 9주로 나누었으며, 고구려·백제·말갈인을 포함하는 9서당의 군사 조직을 만든 왕은 통일 신라의 신문왕이다. 신문왕은 관료전을 지급하고 귀족의 경제 기반이었던 녹읍을 폐지하였다.

오답 해설

① 병부 설치, 율령 반포 → 신라 법흥왕
  신라 법흥왕은 병부와 상대등을 설치하여 관등을 정비하고 율령 반포와 공복을 제정하여 통치 질서를 확립하였다.

③ 화랑도 개편 → 신라 진흥왕
  화랑도는 씨족 공동체의 전통을 가진 원화(源花)가 발전한 원시 청소년 집단으로, 진흥왕 때 국가적인 조직으로 개편되었다.

④ 독서삼품과 시행 → 통일 신라 원성왕
  통일 신라의 원성왕은 관리 선발을 위해 유교 경전의 이해 수준에 따라 3등급으로 구분한 독서삼품과를 시행하였다.

⑤ 국호 마진, 철원 천도 → 후고구려 궁예
  후고구려의 궁예는 국호를 마진으로 고치고 철원으로 천도한 후 다시 국호를 태봉으로 바꾸었다.

핵심노트 ▶ 신문왕(681~692)의 업적

- 김흠돌의 난을 계기로 귀족 세력을 숙청하면서 전제 왕권 강화 → 6두품을 조언자로 등용
- 중앙 정치 기구를 정비(6전 제도 완성, 예작부 설치)하고 군사 조직(9서당)과 지방 행정 조직(9주 5소경)을 완비
- 관리에게 관료전을 지급하고 귀족의 경제 기반이었던 녹읍을 폐지
- 유학 교육을 위하여 국학을 설립하고 유교 이념을 확립

02 석탑의 제작 시기

암기박사 분황사 모전 석탑(신라 상대) ⇒ 불국사 3층 석탑(신라 중대) ⇒ 쌍봉사 철감선사탑(신라 하대)

정답 ②

정답 해설

(가) 경주 : 분황사 모전 석탑 → 신라 상대
  경북 경주의 분황사에 있는 모전 석탑은 석재를 벽돌 모양으로 만들어 쌓은 탑으로, 현존하는 신라 석탑 중 가장 오래된 석탑이다.

(다) 경주 : 불국사 3층 석탑 → 신라 중대
  경북 경주의 불국사에 있는 통일신라의 석탑으로 석가탑 또는 무영탑으로 불리는데, 신라의 전형적인 석탑 양식을 대표한다. 현존하는 세계 최고(最古)의 목판 인쇄물인 무구정광대다라니경이 발견된 석탑이기도 하다.

(나) 화순 : 쌍봉사 철감선사탑 → 신라 하대
  전라남도 화순군의 쌍봉사에 있는 통일 신라의 승탑으로, 철감선사 도윤의 사리가 봉인되어 있다. 8각 원당형에 속하는 통일 신라 시대의 부도 중에서 조식이 화려한 걸작품으로 신라 하대 선종의 유행과 깊은 관련이 있다.

03 혜초의 활동

암기박사 왕오천축국전 저술 ⇒ 혜초

정답 ④

정답 해설

혜초는 신라 시대의 승려로 인도와 중앙아시아 일대를 여행하고 이를 바탕으로 구법 순례기인 왕오천축국전을 저술하였다.

오답 해설

① 삼대목 : 향가 모음집 → 위홍과 대구화상
  신라 진성여왕 때 위홍과 대구화상이 향가 모음집인 삼대목을 편찬하였으나 전하지 않는다.

② 세속 5계 : 화랑도의 규범 → 원광
  원광은 화랑도의 규범으로 사군이충, 사친이효, 교우이신, 임전무퇴, 살생유택의 세속 5계를 제시하였다.

③ 무애가 : 불교 대중화 → 원효
  원효는 일심과 화쟁 사상을 중심으로 몸소 아미타 신앙을 전개하고 무애가를 지어 불교 대중화에 기여하였다.

⑤ 화엄일승법계도 : 화엄 사상 정리 → 의상
  의상은 해동 화엄사의 시조로서 화엄일승법계도를 지어 화엄 사상을 정리하였다.

핵심노트 ▶ 왕오천축국전

혜초가 인도를 여행하고 쓴 기행문으로, 프랑스 학자 펠리오(Pelliot)가 간쑤성 둔황의 석굴에서 발견하였다. 현재 프랑스 국립 도서관에 소장되어 있다.

04 장보고의 해상 활동

암기박사 청해진 : 해상 무역 ⇒ 통일 신라 : 장보고

정답 ④

정답 해설

산둥반도의 적산 법화원은 통일 신라 때 항해의 안전을 기원하기 위해 장보고가 건립한 사찰이다. 장보고는 청해진을 중심으로 해상 무역을 전개하였다.
→ 신라원 : 신라방에 세워진 사원

오답 해설

① 활구(은병) 유통 → 고려 숙종 → 은 1근으로 만든 병 모양의 은화
고려 숙종 때에는 입구가 넓어 활구라고 불리는 은병이 유통되었다.

② 농상집요 소개 → 고려 충정왕
고려 충정왕 때 이암이 목화 재배와 양잠 등 중국 화북 지방의 농법을 소개한 농상집요를 소개하였다.

③ 상품 작물 재배 → 조선 후기
조선 후기에는 상업의 발달로 시장에서 매매하기 위한 면화, 고추 등이 상품 작물로 재배되었다.

⑤ 경시서 : 시전 감독 → 고려 시대
고려 시대에는 시전을 감독하기 위해 수도 개성에 경시서가 설치되었다.
→ 관허 상설 상점 : 관수품 조달, 국고 잉여품 처분

05 최치원의 활동

암기박사 시무책 10여 조 건의 ⇒ 최치원

정답 ②

정답 해설

최치원은 6두품 출신으로 당에 유학하여 빈공과에 급제하였고, 황소의 난이 일어나자 격황소서를 지어 이름을 떨쳤다. 저서로는 계원필경, 제왕연대력 등이 있으며, 귀국 후 진성 여왕에게 시무책 10여 조를 올렸으나 수용되지 않았다.

오답 해설

① 당과 군사 동맹 체결 → 김춘추
신라 김춘추는 원병 요청에 고구려가 거절하자 중국으로 건너가 당과 군사 동맹을 체결하고 나·당 연합군을 결성하였다.

③ 청방인문표 저술 → 강수
6두품 출신의 강수는 외교 문서 작성에 능하여 당나라에 갇혀 있는 김인문을 석방해 줄 것을 요청한 청방인문표를 지었다.

④ 화랑세기, 고승전 저술 → 김대문
진골 귀족 출신의 김대문은 성덕왕 때 주로 활약한 통일 신라의 대표적 문장가로 화랑세기, 고승전 등을 저술하였다.

⑤ 이두 정리 → 설총
원효의 아들인 설총은 한자의 음훈을 빌려 우리말을 표기한 이두를 체계적으로 정리하였다.

핵심노트 ▶ 최치원

6두품 출신으로 당의 빈공과에 급제하고 귀국 후 진성여왕에게 개혁안 10여 조를 건의하였으나 수용되지 않았다. 골품제의 한계를 자각하고 과거 제도를 주장하였으며, 신라 하대에 반신라적 사상을 견지하여 고려 건국에 큰 영향을 끼쳤다. 작품으로 계원필경, 제왕연대력, 법장화상전, 4산 비명이 전한다.

06 의상의 활동

암기박사 화엄일승법계도 : 화엄 사상 정리 ⇒ 의상

정답 ④

정답 해설

부석사를 창건한 대사는 의상으로, 그는 당에 유학하여 화엄종을 연구하고 화엄일승법계도를 지어 화엄 사상을 정리하였다.

오답 해설

① 삼대목 : 향가 모음집 → 위홍, 대구화상
신라 진성여왕 때 위홍과 대구화상이 향가 모음집인 삼대목을 편찬하였으나 전하지 않는다.

② 무애가 : 불교 대중화 → 원효 → 모든 논쟁을 화합으로 바꾸려는 불교 사상
원효는 일심과 화쟁 사상을 중심으로 몸소 아미타 신앙을 전개하고 무애가를 지어 불교 대중화에 힘썼다.

③ 화랑도의 규범 : 세속 5계 → 원광
원광은 화랑도의 규범으로 사군이충, 사친이효, 교우이신, 임전무퇴, 살생유택의 세속 5계를 제시하였다.

⑤ 왕오천축국전 저술 → 혜초
혜초는 인도와 중앙아시아를 다녀와서 그 나라의 풍물을 기록한 왕오천축국전을 남겼다.

핵심노트 ▶ 의상(625~702)

- 당에 유학하여 중국 화엄종의 제2조인 지엄의 문하에서 화엄종을 연구
- 화엄일승법계도 저술 → 해동 화엄의 시조로서, 고려 균여에게 영향을 미침
- 화엄의 근본 도량이 된 부석사를 창건하고, 화엄 사상을 바탕으로 교단을 형성
- 모든 사상을 보다 높은 차원에서 하나로 조화시키는 원융 사상을 설파하여 통일 후 갈등 해소와 왕권 전제화에 공헌
- 아미타 신앙과 함께 현세에서 고난을 구제받고자 하는 관음 신앙을 설파

07 통일 신라 신문왕의 업적

암기박사 김흠돌의 난 ⇒ 통일 신라 신문왕

정답 ⑤

정답 해설

제시된 사료에서 만파식적은 해룡이 된 문무왕과 천신이 된 김유신이 합심하여 대나무로 만들어 신문왕에게 보냈다는 피리이다. 신문왕은 장인인 김흠돌의 난을 계기로 진골 귀족 세력을 숙청하면서 전제 왕권을 강화하였다.

오답 해설

① 병부와 상대등 설치 → 법흥왕
신라 법흥왕은 병부와 상대등을 설치하여 관등을 정비하고 율령 반포와 공복을 제정하여 통치 질서를 확립하였다.

② 이사부 : 우산국 복속 → 지증왕
신라 지증왕은 이사부를 보내 우산국(울릉도)을 복속하였다.

③ 왕의 칭호 : 마립간 → 내물왕
신라 내물왕 때 김씨에 의한 왕위 계승권이 확립되고(형제 상속), 최고 지배자의 칭호도 대군장을 뜻하는 마립간으로 바뀌었다.

④ 나·당 전쟁 : 매소성 전투 → 문무왕
신라 문무왕은 매소성(매초성) 전투와 기벌포 해전에서 당의 군대를 격파하고 나·당 전쟁에서 승리하였다.

핵심노트 ▶ 신문왕의 업적

- 김흠돌의 난을 계기로 귀족 세력을 숙청하면서 전제 왕권 강화 → 6두품을 조언자로 등용
- 중앙 정치 기구를 정비(6전 제도 완성, 예작부 설치)하고 군사 조직(9서당)과 지방 행정 조직(9주 5소경)을 완비
- 관리에게 관료전을 지급(687)하고 귀족의 경제 기반이었던 녹읍을 폐지(689)
- 유학 교육을 위하여 국학을 설립하고 유교 이념을 확립

08 통일 신라의 경제 상황

정답 ④

암기박사 무역항 : 울산항, 당항성 ⇒ 통일 신라

정답 해설

서원경 부근 4개 촌락의 인구 수, 토지 종류와 면적, 소와 말의 수 등을 기록한 문서는 통일 신라의 민정 문서(신라장적)이다. 통일 신라 시대에는 대당 무역이 발달하여 울산항, 당항성 등이 국제 무역항으로 번성하였다.

오답 해설

① 화폐 : 은병 → 고려 시대
  고려 시대에는 은 1근을 사용하여 우리나라의 지형을 본 떠 만든 은병이 화폐로 제작되었다.
② 부경 : 창고 → 고구려
  고구려의 대가들과 지배층인 형(兄)은 농사를 짓지 않는 좌식 계층으로, 집집마다 부경이라는 창고가 있었다.
③ 목화, 담배 : 상품 작물 → 조선 후기
  조선 후기에는 상업의 발달로 시장에서 매매하기 위한 목화, 담배 등의 상품 작물 재배가 활발히 이루어졌다.
⑤ 직전법 실시 → 조선 세조
  조선 세조는 과전이 부족해지자 현직 관리를 대상으로 직전법을 실시하여 수조권을 지급하였다.
  → 토지로부터 조세를 거둘 수 있는 권리

핵심노트 ▶ 시대별 대표적 무역항

- 삼국 시대 : 당항성
- 통일 신라 : 당항성, 영암, 울산항
- 고려 시대 : 벽란도(국제 무역항), 금주(김해)
- 조선 초기 : 3포(부산포 · 염포 · 제포)
- 조선 후기 : 부산포

09 통일 신라의 통치 제도

정답 ④

암기박사 사정부 : 관리 감찰 ⇒ 통일 신라

정답 해설

제시된 지도의 지방 행정 구역은 통일 신라의 9주 5소경이다. 통일 신라는 통일 전 5주 2소경을 9주 5소경 체제로 정비하여 중앙 집권 및 지방 통제력을 강화하였고, 관리 감찰을 위해 감찰 · 탄핵 기구인 사정부를 두었다.

오답 해설

① 중앙군 : 2군 6위 → 고려
  고려는 중앙군으로 2군 6위를 설치하였는데, 지휘관은 상장군과 대장군(부지휘관)이며 2군은 국왕의 친위대이다.

② 지방관 : 안찰사 → 고려
  고려는 전국을 5도 양계의 행정 구역으로 나누고 각 도에 지방관으로 안찰사를 파견하여 지방 행정을 감찰하였다.
③ 중앙 관제 : 3성 6부 → 발해
  발해는 3성 6부의 중앙 관제 체제를 실시하였는데, 정당성 · 선조성 · 중대성의 3성과 충 · 인 · 의 · 지 · 예 · 신의 6부로 구성되어 있다.
⑤ 유학 교육 기관 : 주자감 → 발해
  주자감은 문왕(대흠무) 때 설립된 발해의 최고 교육 기관(국립대학)으로, 왕족과 귀족을 대상으로 유교 경전을 교육하였다.

핵심노트 ▶ 감찰 · 탄핵 기구

- 통일 신라 : 사정부
- 발해 : 중정대
- 고려 : 어사대
- 조선 : 사헌부

10 통일 신라의 통치 제도

정답 ②

암기박사 9서당 10정, 상수리 제도 ⇒ 통일 신라

정답 해설

제시된 지도의 지방 행정 구역은 통일 신라의 9주 5소경이다. 통일 신라는 통일 전 5주 2소경을 9주 5소경 체제로 정비하여 중앙 집권 및 지방 통제력을 강화하였다.

ㄱ. 9서당 10정 : 통일 신라의 신문왕은 중앙군으로 9서당, 지방군으로 10정의 군사 조직을 운영하였다.
ㄷ. 상수리 제도 : 통일 신라는 각 주 향리의 자제를 일정 기간 금성(경주)에서 볼모로 거주하게 하는 상수리 제도를 실시하여 지방 세력을 견제하였다.

오답 해설

ㄴ. 지방관 : 욕살, 처려근지 → 고구려
  고구려는 각 지방의 성이 군사적 요지로 개별적 방위망을 형성하였고 욕살, 처려근지 등의 지방관을 두어 병권을 행사하였다.
ㄹ. 북계 : 병마사 파견 → 고려
  고려는 북방 국경 지대의 중심지인 북계에 병마사를 파견하여 적의 침입에 대비하였다.

핵심노트 ▶ 통일 신라의 지방 통치 체제

- 통일 전 5주 2소경을 9주 5소경 체제로 정비 → 중앙 집권 및 지방 통제력 강화
- 말단 행정 단위인 촌은 토착 세력인 촌주가 지방관의 통제를 받으며 다스림
- 향 · 부곡의 특수 행정 구역 존재 → 향과 부곡인은 농업에 종사하는 하층 양인
- 지방관의 감찰을 위하여 주 · 군에 감찰 기관인 외사정(감찰관)을 파견
- 지방 세력을 견제하기 위하여 상수리 제도를 실시

기출테마 08 발해의 건국과 발전

01	⑤	02	③	03	④	04	④
05	③	06	③	07	②	08	①
09	③	10	③				

01 발해의 무덤 양식

암기박사 고구려 + 당 : 벽돌무덤 ⇒ 발해

정답 ⑤

정답 해설

거란도, 영주도, 신라도, 일본도 등의 교통로를 통해 거란, 당, 신라, 일본 등과 교역한 국가는 발해이다. 발해는 정혜 공주 무덤 등에서 볼 수 있는 것처럼 고구려와 당의 양식이 혼합된 벽돌무덤을 만들었다.

오답 해설

① 평양 : 서경 중시 → 고려 태조
  고려 태조는 평양을 서경으로 삼아 중시하고 북진 정책의 전진 기지로 삼았다.
② 후연 격파, 백제 공격 → 고구려 광개토 대왕
  고구려 광개토 대왕은 서쪽으로 선비족의 후연을 격파하여 요동 지역을 확보하였으며, 백제의 위례성을 공격하여 임진강·한강선까지 진출하였다.
③ 22담로 : 왕족 파견 → 백제 무령왕
  백제 무령왕은 지방 통제를 강화하기 위해 지방의 주요 지점에 22담로를 설치하고 왕족을 파견하였다.
④ 완도 : 청해진 설치 → 통일 신라 장보고
  통일 신라의 장보고는 완도에 청해진을 설치해 해상 무역을 장악하였으며, 국제 무역의 거점으로 번성하였다.

핵심노트 ▶ 발해의 고구려 계승 근거

- 건국 주도 세력과 지배층, 사신의 대부분이 고구려인
- 일본과의 외교 문서에서 고려 및 고려국왕이라는 명칭 사용
- **고구려 문화의 계승** : 발해 성터, 수도 5경, 궁전의 온돌 장치, 천장의 모줄임 구조, 사원의 불상 양식, 와당의 연화문, 이불병좌상(법화 신앙), 정혜공주 무덤 양식 등

02 발해의 통치 체재

암기박사 지방 행정 제도 : 5경 15부 62주 ⇒ 발해

정답 ③

정답 해설

왕자 대봉예는 남북국시대 때 하정사로 당나라에 방문했다가 신라 사신과 발해 사신의 자리 다툼인 쟁장사건에 연루된 발해의 왕족이다. 발해는 선왕(대인수) 때 최대의 영토를 형성하고 중흥기를 이루어 해동성국이라 불렸으며, 5경 15부 62주의 지방 행정 제도를 갖추었다.

오답 해설

① 역사서 : 유기와 신집 → 고구려
  고구려 영양왕 때 이문진이 국초에 지어진 유기를 간추려 신집 5권을 편찬하였다. → 고구려 초기에 지어진 작자 미상의 역사책
② 관제 : 6좌평 → 백제
  백제 고이왕은 내신좌평, 내두좌평 등 6좌평의 관제를 마련하여 중요한 국사를 논의하게 하였다. → 내신좌평, 내두좌평, 내법좌평, 병관좌평, 위사좌평, 조정좌평
④ 도병마사 : 군사 문제 논의 → 고려
  고려는 국방 문제를 담당하는 임시 기구인 도병마사에서 변경의 군사 문제 등을 논의하였다.
⑤ 골품 : 관등 승진 제한 → 신라
  신라의 골품제는 혈연에 따라 사회적 제약이 가해지는 폐쇄적 신분 제도로 골품에 따라 관등 승진, 일상생활 등을 엄격히 제한하였다.

03 발해의 지방 관제

암기박사 지방 행정 제도 : 5경 15부 62주 ⇒ 발해 선왕

정답 ④

정답 해설

해동성국이라 불렸던 국가는 발해이다. 발해의 선왕(대인수)은 발해 최대의 영토를 형성하고 중흥기를 이루어 해동성국이라 불렸으며, 5경 15부 62주의 지방 행정 제도를 갖추었다.

오답 해설

① 광군 창설 : 거란 침입 대비 → 고려 정종
  고려 정종은 거란의 침입에 대비하기 위하여 상비군인 광군을 창설하고 청천강에 배치하였다.
② 9서당 10정 : 군사 조직 → 통일 신라 신문왕
  통일 신라의 신문왕은 중앙군으로 9서당, 지방군으로 10정의 군사 조직을 운영하였다.
③ 연호 : 광덕, 준풍 → 고려 광종
  고려 광종은 국왕을 황제라 칭하고 광덕, 준풍 등의 독자적 연호를 사용하였으며 개경을 황도라 하였다.
⑤ 외사정 파견 : 지방관 감찰 → 통일 신라 문무왕
  통일 신라 문무왕은 지방관을 감찰하기 위해 주·군에 외사정을 파견하였다.

핵심노트 ▶ 발해의 지방 관제(5경 15부 62주)

- **5경**(상경·중경·남경·동경·서경) : 군사 행정의 중심, 고구려 5부의 전통에 신라의 5소경과 당의 5경제를 모방
- **15부** : 지방 행정의 중심인 15부에는 도독을 둠
- **62주** : 주에는 자사를 파견하고 주 밑의 현에는 현승을 파견해 통치를 맡김 → 지방관은 고구려인을 임명

04 발해의 경제

암기박사 특산물 : 솔빈부의 말 / 무역로 : 거란도, 영주도 ⇒ 발해

정답 ④

정답 해설
굴식 돌방 무덤인 정혜 공주 무덤, 장문휴의 등주 공격, 인안·대흥 등의 연호 사용은 모두 발해의 역사이다.
ㄴ. 솔빈부는 발해의 지방 행정 구역인 15부 중의 하나로, 그 지역의 특산물인 말이 주요 수출품으로 거래되었다.
ㄹ. 발해는 무역로인 거란도, 영주도 등을 통해 주변국과 교류하였다.

오답 해설
ㄱ. 건원중보 발행 → 고려 성종
   고려 성종 때 우리나라 최초로 철전인 건원중보가 발행되어 금속 화폐의 통용이 추진되었다.
ㄷ. 외사정 파견 : 지방관 감찰 → 통일 신라 문무왕
   통일 신라 문무왕 때 지방관 감찰을 목적으로 주·군에 외사정을 파견하였다.

핵심노트 ▶ 발해의 경제
- 무역로 : 거란도, 영주도, 신라도, 일본도
- 특산물 : 솔빈부의 말

05 발해의 무역로

암기박사 신라도 : 신라와 교류 ⇒ 발해

정답 ③

정답 해설
두 부처가 나란히 앉아 있는 모습을 나타낸 이불병좌상이 발견된 것은 발해의 수도였던 동경 용원부 유적지이다. 발해는 신라도를 통하여 신라와 교류하였을 뿐만 아니라 거란도, 영주도, 일본도 등을 통해 주변 국가와 교류하였다.

오답 해설
① 왜에 칠지도 하사 → 백제 ←일본서기에 칠지도라 기록되어 있음
   칠지도는 백제 근초고왕이 왜왕에게 친선 외교의 목적으로 하사한 칼로 금으로 상감한 글씨가 새겨져 있다.
② 중앙군 : 2군 6위 → 고려
   고려는 중앙군으로 2군 6위의 군사 조직을 운영하였는데, 국왕의 친위대인 2군과 수도의 방비를 담당하는 6위로 구성되어 있다.
④ 광평성 : 국정 총괄 → 후고구려
   후고구려의 궁예는 국정을 총괄하는 광평성을 비롯한 각종 정치 기구를 마련하였다.
⑤ 지방 행정 제도 : 9주 5소경 → 통일 신라
   통일 신라는 통일 전 5주 2소경에서 통일 후 9주 5소경 체제로 지방 행정 제도를 갖추었다.

핵심노트 ▶ 발해의 무역로

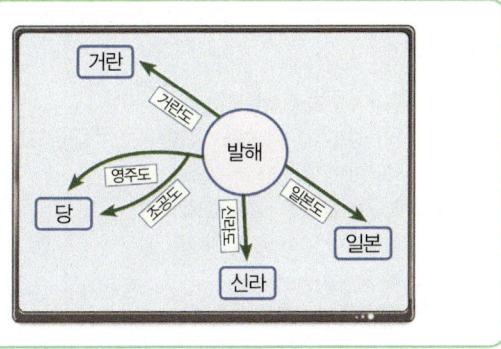

06 발해 선왕의 업적

암기박사 지방 행정 제도 : 5경 15부 62주 ⇒ 발해 선왕

정답 ③

정답 해설
제시문에서 해동성국이라 불렸던 국가는 발해이다. 발해의 선왕(대인수)은 발해 최대의 영토를 형성하고 중흥기를 이루어 해동성국이라 불렸으며, 5경 15부 62주의 지방 행정 제도를 갖추었다.

오답 해설
① 9서당 10정 : 군사 조직 → 통일 신라
   통일 신라의 신문왕은 중앙군으로 9서당, 지방군으로 10정의 군사 조직을 운영하였다.
② 성균관 : 유교 경전 교육 → 조선
   조선 시대에는 최고의 국립대학인 성균관을 설치하여 유교 경전을 교육하였다.
④ 상수리 제도 : 지방 세력 견제 → 통일 신라
   통일 신라는 각 주 향리의 자제를 일정 기간 금성(경주)에서 볼모로 거주하게 하는 상수리 제도를 실시하여 지방 세력을 견제하였다.
⑤ 6좌평 → 백제
   백제는 삼국 중 가장 먼저 조직을 정비하여 내신좌평, 위사좌평 등 6좌평 관제를 마련하였으며, 상좌평인 내신좌평이 국정을 총괄하였다. → 내신좌평, 내두좌평, 내법좌평, 병관좌평, 위사좌평, 조정좌평

핵심노트 ▶ 발해 선왕(대인수, 818~830)
- 문왕 이후 지배층의 내분으로 국력이 약화되었다가 9세기 초 선왕 때 중흥기를 이룸
- 대부분의 말갈족을 복속시키고 요동 지역을 지배했으며, 남쪽으로는 신라와 국경을 접하여 발해 최대의 영토를 형성 → 중국은 당대의 발해를 해동성국이라 부름
- 5경 15부 62주의 지방 제도 정비
- 당의 빈공과에서 신라 다음으로 많은 급제자를 배출

07 발해의 중앙 관제

암기박사 국정 총괄 : 정당성의 대내상 ⇒ 발해

정답 ②

정답 해설
건국 당시 동모산에 도읍을 정하였으며 당의 등주를 공격하고 일본에 국서를 보내 고려 국왕이라 칭한 나라는 발해이다. 남국의 통일 신라에 대비된 북국의 발해는 정당성의 장관인 대내상이 수상으로

국정을 총괄하였고 그 아래의 좌사정이 충·인·의부를, 우사정이 지·예·신부를 각각 관할하였다.

오답 해설

① 9서당 10정 : 군사 조직 → 통일 신라
통일 신라의 신문왕은 중앙군으로 9서당, 지방군으로 10정을 설치하여 9서당 10정의 군사 조직을 갖추었다.

③ 외사정 파견 : 지방관 감찰 → 통일 신라
통일 신라 때 주·군에 감찰 기관인 외사정(감찰관)을 파견하여 지방관을 감찰하였다.

④ 13부 : 중앙 행정 조직 → 통일 신라
통일 신라는 집사부 아래 관리 인사와 관등의 업무를 맡던 위화부를 비롯하여 13부를 두고 행정 업무를 분담하였다.

⑤ 국호 : 마진, 연호 : 무태 → 후고구려
후고구려를 건국한 궁예는 국호를 마진으로 고치고 무태라는 연호를 사용하였다.

핵심노트 ▶ 발해의 중앙 관제

- 3성 6부
  - 왕(가독부) 아래 최고 권력 기구이자 귀족 합의 기구인 정당성을 둠
  - 정당성은 왕명을 반포하는 선조성(좌상)과 왕명을 작성하는 중대성(우상)과 함께 3성을 구성, 충·인·의·지·예·신부의 6부를 두어 업무 분장
  - 정당성의 장관인 대내상이 수상으로 국정 총괄, 그 아래의 좌사정이 충·인·의부를, 우사정이 지·예·신부를 각각 분장 → 2원적 통치 체제
- 특별 기관
  - 중정대 : 관리들의 비위를 감찰하는 감찰 기관
  - 문적원 : 서적의 관리 담당(도서관)
  - 주자감 : 중앙의 최고 교육 기관(국립대학)으로 귀족의 자제 교육

08 발해의 정치 제도

암기박사 중정대 : 관리 감찰 ⇒ 발해

정답 ①

정답 해설

일본이 '고려'라는 명칭을 사용해 고구려를 계승한 것으로 인식한 나라는 발해이다. 발해는 3성 6부의 중앙 관제를 갖추었으며, 중정대를 두어 관리들의 비위를 감찰하였다.

오답 해설

② 연호 : 건원 → 신라
신라 법흥왕은 건원이라는 독자적인 연호를 사용하여 자주 국가로서의 위상을 높였다.

③ 9서당 10정 → 신라
통일 신라의 신문왕은 중앙군으로 9서당, 지방군으로 10정을 설치하였다.

④ 골품 : 관등 승진 제한 → 신라
신라의 골품제는 혈연에 따라 사회적 제약이 가해지는 폐쇄적 신분 제도로, 골품에 따라 관등 승진에 제한을 두었다.

⑤ 상수리 제도 → 신라
신라는 각 주 향리의 자제를 일정 기간 금성(경주)에서 볼모로 거주하게 하는 상수리 제도를 시행하여 지방 세력을 견제하였다.

09 발해 문화유산

암기박사 장백 : 영광탑 ⇒ 발해 문화유산

정답 ③

정답 해설

장백 영광탑은 중국 길림성 장백진 북서쪽 탑산에 있는 발해 시대의 누각식 전탑으로 장방형, 규형, 다각형의 벽돌로 쌓은 5층의 벽돌탑이다.

오답 해설

① 부여 : 정림사지 5층 석탑 → 백제 문화유산
충남 부여의 정림사지에 있는 5층 석탑은 목탑의 구조와 비슷하지만 돌의 특성을 살려 전체적인 형태가 매우 우아하고 아름다운 백제의 탑이다. → 당나라 장수 소정방이 백제를 정복한 후 백제를 정벌한 기념탑'이라는 글귀가 새겨져 있음

② 경주 : 불국사 다보탑 → 신라 문화유산
경북 경주의 불국사에 있는 다보탑은 신라 경덕왕 때 김대성이 건립한 석탑으로, 한국의 석탑 중 일반형을 따르지 않고 특이한 형태를 가진 걸작이다.

④ 개성 : 경천사지 10층 석탑 → 고려 문화유산
고려 후기 충목왕 때 개성의 경천사지에 조성된 석탑으로 원의 영향을 받아 기존의 신라계 석탑과는 양식을 달리하는 가장 특이하고 정련한 기교를 보이는 탑이다.

⑤ 서울 : 원각사지 10층 석탑 → 조선 문화유산
서울 탑골공원에 있는 원각사지 10층 석탑은 조선 전기의 석탑으로, 원나라 탑 양식의 영향을 받아 화려한 조각이 돋보이는 석탑이다.

10 발해 문왕의 업적

암기박사 천도 : 중경 현덕부 → 상경 용천부 ⇒ 발해 문왕(대흠무)

정답 ③

정답 해설

발해 문왕(대흠무)은 '대흥'이라는 독자적인 연호를 사용하였으며, 수도를 중경 현덕부에서 상경 용천부로 옮겨 지배 체제를 정비하였다.
→ 당의 수도인 장안성을 모방

오답 해설

① 연호 : 인안 → 발해 무왕(대무예)
고왕(대조영)에 이어 왕위에 오른 무왕(대무예)은 인안이라는 독자적인 연호를 사용하였고, 부자 상속제로 왕권을 강화하였다.

② 장문휴 : 당의 등주 공격 → 발해 무왕(대무예)
발해 무왕(대무예)은 장문휴의 수군으로 등주(산동 지방)를 공격하여 요서 지역에서 당과 격돌하였다.

④ 대문예 : 흑수 말갈 정벌 → 발해 무왕(대무예)
발해 무왕(대무예)은 동생 대문예로 하여금 흑수 말갈을 정벌하게 하였다.

⑤ 발해 건국 → 발해 고왕(대조영)
발해는 고구려 출신 대조영이 고구려 유민과 말갈 집단들을 규합하여 지린 성의 동모산 기슭에서 건국하였다.

핵심노트 ▶ 발해 문왕(대흠무, 737~793)

- 당과 친선 관계를 맺고 독립 국가로 인정받음 → 당은 발해군왕을 발해국왕으로 승격
- 당의 관제를 모방하여 3성 6부의 중앙 관제를 정비
- 당의 문물을 수용하고 장안성을 모방하여 주작대로를 건설하였으며, 유학생을 파견
- 신라와 상설 교통로(신라도)를 개설하고 친교에 노력 → 신라는 사신을 파견(790)
- 수도를 중경 현덕부에서 상경 용천부로 천도하여 지배 체제를 정비
- 대흥이라는 독자적 연호 사용, 주자감(국립대학) 설립

PART 1 고대의 성립과 발전

기출테마 09 신라 하대와 후삼국 성립

01	②	02	②	03	④	04	⑤
05	①	06	③	07	②	08	②
09	④	10	⑤

01 신라 하대의 난

암기박사 김지정의 난 ⇒ 김헌창의 난 ⇒ 원종과 애노의 난

정답 ②

정답 해설

- 김지정의 난(780) : 신라 중대 혜공왕 때 이찬 김지정이 일으킨 난으로, 궁궐을 포위해 혜공왕과 왕비를 살해하였으나 김양상과 김경신의 반격으로 진압되었다.
- (가) 김헌창의 난(822) : 신라 하대 헌덕왕 때 웅천주(공주) 도독 김헌창이 아버지가 왕위 쟁탈전에서 패한 것에 대해 불만을 품고 반란을 일으켰다.
- 원종과 애노의 난(889) : 신라 하대 진성여왕 때 원종과 애노가 가혹한 세금 수탈에 반발하여 사벌주(상주)에서 반란을 일으켰다.

오답 해설

① **비담과 염종의 난(647) → 김지정의 난 이전**
신라 선덕여왕 때 김유신은 진덕여왕으로의 왕위 계승에 불만을 품은 비담과 염종의 난을 진압하였다.

③ **연개소문의 정변(642) → 김지정의 난 이전**
연개소문이 정변을 일으켜 영류왕을 시해하고 보장왕을 옹립하여 권력을 장악한 후 스스로 막리지가 되었다.

④ **만적의 난(1198) → 원종과 애노의 난 이후**
고려 무신 집권기 때 개경에서 최충헌의 사노 만적을 비롯한 노비들이 신분 해방을 외치며 반란을 모의하였다.

⑤ **나·당 동맹(648) → 김지정의 난 이전**
신라의 김춘추는 백제 의자왕의 공격으로 고구려에 원병을 요청하였으나 거절당하자 당으로 건너가 군사적 지원을 요청하였다.

02 신라 하대 선종의 유행

암기박사 참선과 수행을 통한 깨달음 ⇒ 선종

정답 ②

정답 해설

9산문 중 가지산문은 도의 선사가 개창한 대표적인 선종 사원이다. 선종은 기존의 사상 체계에 의존하지 않고 참선과 수행을 통한 깨달음을 강조하였다. → 수미산문, 사굴산문, 사자산문, 성주산문, 희양산문, 동리산문, 가지산문, 실상산문, 봉림산문

오답 해설

① · ④ **신선 사상, 초제 거행 → 도교**
도교는 신선 사상과 결합하여 불로장생을 추구하였으며, 궁중에서는 하늘에 제사 지내는 초제를 거행하였다.

③ **시경, 서경, 역경 → 유교**
유교는 시경, 서경, 역경 외에 춘추, 예기를 합해 5경이라 하여 주요 경전으로 삼았다.

⑤ **인내천 사상 → 동학**
최제우가 창시한 동학은 인내천 사상을 내세워 인간의 평등을 주장하였고, 유·불·선을 바탕으로 민간 신앙의 요소까지 포함하였다.

핵심노트 ▶ 선종(禪宗)의 전래 및 발전

- 화엄 사상을 공부하던 승려들이 중국에 유학하여 선종을 공부하고 들어옴
- 신라 말기에 귀족 사회의 분열과 지방 세력의 비호에 맞추어 기반 확대
- 6두품 출신의 개창과 호족의 후원 등으로 발전
- 최초 본산은 도의의 가지산파, 최후 본산은 이엄의 수미산파
- 개인적 정신세계를 찾는 경향이 강하여 좌선을 중시
- 불교 의식과 권위를 배격, 종파 불교가 본격적으로 전개됨
- 쌍봉사 철감선사 승탑, 4산비명 등의 승탑과 탑비의 유행
- 9개의 대표적인 선종 사원을 9산 선문이라고 함

03 신라 하대의 역사

암기박사 김헌창의 난(822) ⇒ 장보고의 난(839) ⇒ 적고적의 난(896)

정답 ④

정답 해설

- (나) 김헌창의 난(822) : 신라 하대 헌덕왕 때 웅천주(공주) 도독 김헌창이 아버지가 왕위 쟁탈전에서 패한 것에 대해 불만을 품고 반란을 일으켰다.
- (다) 장보고의 난(839) : 왕위 계승 다툼에서 밀려난 김우징이 해상왕 장보고와 함께 반란을 일으켜 민애왕을 죽이고 신무왕으로 등극하였다.
- (가) 적고적의 난(896) : 신라 하대 진성여왕 때 서남쪽에서 봉기한 도적들로, 붉은 바지를 입어 적고적이라 불렸다.

핵심노트 ▶ 신라 하대의 정치적 변동

- **왕위 쟁탈전의 전개** : 진골 귀족들은 경제 기반을 확대하여 사병을 거느렸으며, 이러한 군사력과 경제력을 토대로 왕위 쟁탈전 전개 → 진골 귀족 내부의 분열을 의미하며, 이로 인해 신라 하대 155년 간 20명의 왕이 교체됨
- **왕권의 약화** : 왕권이 약화되고 귀족 연합적인 정치가 운영되었으며, 집사부 시중보다 상대등의 권력이 다시 강대해짐 → 상대등 중심의 족당 정치 전개
- **지방 통제력의 약화** : 김헌창의 난(822)은 중앙 정부의 지방 통제력이 더욱 약화되는 계기로 작용
- **새로운 세력의 성장** : 골품제로 정치적 출세가 제한된 6두품 세력과 반독립적 지방 호족 세력이 결탁하여 성장함

04 후백제의 견훤

암기박사 오월에 사신 파견 ⇒ 후백제 : 견훤

정답 ⑤

정답 해설

신검은 후백제를 세운 견훤의 장남으로, 넷째 아들 금강에게 왕위를 물려주려하자 반란을 일으켜 견훤을 금산사에 유폐시켰다. 견훤은 중국의 오월에 사신을 보내 조공하였고, 이에 대한 답례로 오월왕의 사신으로부터 검교태보의 직을 받았다.

오답 해설

① 사림원 설치 → 고려 충선왕
고려 충선왕은 왕명 출납과 인사 행정을 관장하는 사림원을 설치하여 개혁을 단행하였다.

② 국호 마진, 철원 천도 → 후고구려 궁예
양길을 몰아내고 송악에서 후고구려를 건국한 궁예는 국호를 마진으로 바꾸고 철원으로 천도하였다.

③ 김흠돌의 반란 진압 → 통일 신라 신문왕
통일 신라의 신문왕은 장인인 김흠돌이 반란을 일으키자 이를 진압하고 진골 세력을 숙청하였다.

④ 정계와 계백료서 → 고려 태조
고려 태조 왕건은 정계와 계백료서를 지어 신하의 임금에 대한 도리를 강조하고 관리의 규범을 제시하였다.

핵심노트 ▶ 견훤의 후백제

- 건국 : 전라도 지방의 군사력과 호족 세력을 중심으로 완산주(전주)에서 견훤이 건국
- 영토 확장 : 차령 이남의 충청도와 전라도 지역을 차지하여 우수한 경제력과 군사적 우위를 확보
- 외교 관계 : 중국 오월·후당과 통교하였고, 거란과 외교 관계를 추구하였으며, 일본과 교류하였으나 일본의 소극적 태도로 큰 진전을 이루지 못함
- 한계 : 확실한 세력 기반이 없었고 신라의 군사 조직을 흡수하지 못하였으며, 당시의 상황 변화에 적응하지 못함

05 신라 하대의 역사

암기박사 신라 진성여왕 : 적고적의 난(896) ⇒ 후고구려 궁예 : 태봉(911)

정답 ①

정답 해설

신라 하대에는 중앙 정부의 기강이 극도로 문란해져 적고적의 난 등 민란이 끊이질 않았다(896). 또한 송악에서는 궁예가 후고구려를 건국하였고, 철원으로 천도 후 국호를 태봉으로 바꾸었다(911).

오답 해설

② 독서삼품과 실시(788)
통일 신라 원성왕 때 인재를 등용하기 위해 독서삼품과가 처음으로 실시되었다. ◀ 유교 경전의 이해 수준에 따라 상품·중품·하품의 3등급으로 구분

③ 김흠돌의 반란(681)
통일 신라 신문왕 때 왕의 장인인 김흠돌이 파진찬 흥원과 대아찬 진공 등과 함께 반란을 일으켰으나 이를 진압하였다.

④ 무열왕 직계 자손 왕위 세습(654)
무열왕은 최초의 진골 출신 왕으로서 통일 전쟁을 치르는 과정에서 왕권을 강화하였고, 이후 태종 무열왕의 직계 자손이 왕위를 세습하였다.

⑤ 혜공왕 피살(780)
혜공왕이 귀족 세력에게 피살되고 상대등 김양상이 선덕왕으로 즉위하여 신라 하대가 시작되었다.

핵심노트 ▶ 적고적의 난(896)

진성여왕 10년, 도적들이 나라의 수도 서남쪽 방면에서 일어나 붉은색 바지를 입어 스스로 달리 해해, 사람들이 적고적이라고 불렀다. 그들은 신라의 주와 현을 무찌르고 금성(경주)의 서쪽 모량리에 이르러 민가를 약탈하였다.

06 궁예의 활동

암기박사 광평성 : 국정 총괄 ⇒ 후고구려 : 궁예

정답 ③

정답 해설

스스로 왕이라 칭하고 미륵불을 자칭해 전제 정치를 펼친 인물은 후고구려의 궁예이다. 궁예는 국정을 총괄하는 광평성을 비롯한 여러 관서를 설치하고 9관등제를 실시하였다.

오답 해설

① 임존성 전투 → 흑치상지와 지수신
백제 부흥 운동을 주도한 흑치상지와 지수신은 임존성(대흥)에서 소정방이 이끄는 당군을 격퇴하였다.

② 일리천 전투 → 왕건
태조 왕건의 고려군이 일리천 전투에서 신검의 후백제군에게 승리하여 후백제는 멸망하였다.

④ 청해진 설치 → 장보고
통일 신라의 장보고는 완도에 청해진을 설치하여 해상 무역을 전개하였으며, 국제 무역의 거점으로 번성하였다.

⑤ 오월에 사신 파견 → 견훤
후백제를 세운 견훤은 중국의 오월에 사신을 보내 조공하였고, 이에 대한 답례로 오월왕의 사신으로부터 검교태보의 직을 받았다.

07 신라 하대의 역사

암기박사 김헌창의 난(822) ⇒ 원종과 애노의 난(889) ⇒ 최치원의 시무 10조(894)

정답 ②

정답 해설

- 김헌창의 난(822) : 신라 하대 헌덕왕 때 웅천주(공주) 도독 김헌창이 아버지가 왕위 쟁탈전에서 패한 것에 대해 불만을 품고 반란을 일으켰다.
- (가) 원종과 애노의 난(889) : 신라 하대 진성여왕 때 중앙 정부의 기강이 극도로 문란해졌고 사벌주(상주)에서 원종과 애노의 난을 시작으로 농민 항쟁이 전국적으로 확산되었다.
- 최치원의 시무 10조(894) : 신라 하대 진성 여왕 때 6두품 출신으로 당의 빈공과에 급제하고 귀국한 최치원은 시무 10여 조를 건의하였으나 수용되지 않았다.

오답 해설

① 이차돈 순교 : 불교 공인 → 신라 상대 : 법흥왕
법흥왕 때 이차돈의 순교를 계기로 불교가 공인되었다.

③ 녹읍 폐지 → 신라 중대 : 신문왕
신문왕 때 관리에게 관료전을 지급하고 귀족의 경제 기반이었던 녹읍을 폐지하였다.

④ 거칠부 : 국사 편찬 → 신라 상대 : 진흥왕
진흥왕 때 거칠부가 왕명을 받들어 국사를 편찬하였으나 현재 전하지는 않는다.

⑤ 왕의 칭호 : 마립간 → 신라 상대 : 내물왕
내물왕 때 김씨에 의한 왕위 계승권이 확립되고(형제 상속), 최고 지배자의 칭호도 대군장을 뜻하는 마립간으로 바뀌었다.

08 후백제의 견훤

정답 ②

암기박사 후당, 오월에 사신 파견 / 신라 경애왕 자결 ⇒ 후백제 견훤

정답 해설

전라도 지방의 군사력과 호족 세력을 중심으로 완산주에 도읍을 정하고 후백제를 건국한 인물은 견훤이다.
→ 지금의 전주
ㄱ. 견훤은 중국의 후당과 오월에 사신을 파견하였고, 거란과도 외교 관계를 형성하였다.
ㄷ. 견훤은 후백제를 건국한 후 신라의 수도인 금성을 습격하여 경애왕을 자결시켰다.

오답 해설

ㄴ. 광평성 : 국정 총괄 → 후고구려 궁예
후고구려의 궁예는 국정을 총괄하는 광평성을 비롯한 각종 정치 기구를 마련하였다.

ㄹ. 정계와 계백료서 : 관리의 규범 → 고려 태조
고려 태조 왕건은 정계와 계백료서를 지어 임금에 대한 신하의 도리와 관리의 규범을 제시하였다.

09 신라 하대 진성 여왕

정답 ④

암기박사 최치원 : 시무 10여 조 건의 ⇒ 신라 하대 : 진성 여왕

정답 해설

위홍과 대구화상이 삼대목을 편찬하고, 사벌주(상주)에서 원종과 애노가 난을 일으키고, 붉은색 바지를 입어 적고적이라고 불리는 도적이 일어난 것은 신라 하대인 진성 여왕 때이다. 이 시기에 6두품 출신으로 당의 빈공과에 급제하고 귀국한 최치원은 진성 여왕에게 시무 10여 조를 건의하였으나 수용되지 않았다.

오답 해설

① 김흠돌의 반란 → 통일 신라 신문왕
신문왕의 장인인 김흠돌이 파진찬 흥원과 대아찬 진공 등과 함께 반란을 일으키자 신문왕은 이를 진압하였다.

② 강조의 정변 → 고려 목종
고려 목종 때 강조가 정변을 일으켜 김치양을 제거한 후 목종까지 폐하고 대량군(현종)을 즉위시켰다.

③ 거칠부 : 국사 편찬 → 신라 진흥왕
신라 진흥왕 때 거칠부가 왕명을 받들어 국사를 편찬하였으나 현재 전하지는 않는다.

⑤ 복신, 도침 : 부여풍을 왕으로 추대 → 백제 부흥 운동
백제가 멸망한 후 복신과 도침 등이 왕자 부여풍을 왕으로 추대하여 주류성(한산)에서 백제 부흥 운동을 전개하였다.

핵심노트 ▶ 원종과 애노의 난

9세기 말 진성 여왕 때에는 중앙 정부의 기강이 극도로 문란해졌으며, 지방의 조세 납부 거부로 국가 재정이 바닥이 드러냈다. 그리하여 한층 더 강압적으로 조세를 징수하자 상주의 원종과 애노의 난을 시작으로 농민의 항쟁이 전국적으로 확산되었다.

10 후고구려의 궁예

정답 ⑤

암기박사 후고구려 : 궁예 ⇒ 국호 : 마진, 연호 : 무태

정답 해설

신라 왕족의 후예로 송악을 도읍으로 후고구려를 세운 인물은 궁예이다. 궁예는 국정을 총괄하는 광평성 등 여러 정치 기구를 마련하였으나 미륵불을 자칭하며 폭정을 일삼다 왕건에 의해 축출 당하였다. 국호를 후고구려에서 마진으로 고치고 무태라는 연호를 사용하였다.

오답 해설

① 후당, 오월에 사신 파견 → 후백제 : 견훤
후백제를 세운 견훤은 중국의 후당과 오월에 사신을 파견하였고, 거란과도 외교 관계를 형성하였다.

② 고려 왕건에게 귀부 → 후백제 : 견훤
→ 스스로 와서 복종함
견훤은 왕위 계승 문제로 반란을 일으킨 장남 신검에 의해 금산사에 유폐된 후 탈출하여 왕건에게 귀부하였다.

③ 외사정 파견 : 지방관 감찰 → 통일 신라 : 문무왕
문무왕은 당을 축출하여 통일을 완수한 후 지방관을 감찰하기 위해 처음으로 외사정을 지방에 파견하였다.

④ 완도 : 청해진 → 통일 신라 : 장보고
통일 신라 때 장보고가 완도에 청해진을 설치하여 해상 무역을 전개하였으며 국제 무역의 거점으로 번성하였다.

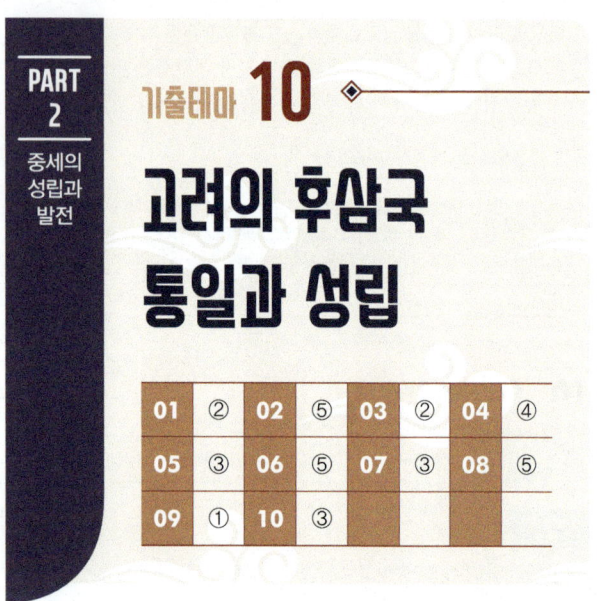

PART 2 중세의 성립과 발전

기출테마 10 고려의 후삼국 통일과 성립

01	②	02	⑤	03	②	04	④
05	③	06	⑤	07	③	08	⑤
09	①	10	③				

01 후삼국의 통일 과정

암기박사 견훤 : 고려에 귀부(935) ⇒ 왕건 : 일리천 전투 승리(936)

정답 ②

정답 해설

견훤은 왕위 계승 문제로 반란을 일으킨 장남 신검에 의해 금산사에 유폐된 후 탈출하여 왕건에게 귀부하였다. *스스로 와서 복종함* 이후 신검의 후백제 군이 왕건이 이끄는 고려군에 패배하여 후백제가 멸망하였다.

오답 해설

① 공산 전투(927) → 견훤 귀부 이전
후백제의 견훤이 신라를 공격하자 고려의 신숭겸이 견훤군을 공격하였으나 공산 전투에서 전사하였다.

③ 나주성 공격(903) → 견훤 귀부 이전
후고구려의 궁예가 후백제의 배후인 나주성을 공격하고 나주 일대를 점령하였다.

④ 고창 전투(930) → 견훤 귀부 이전
김선평, 권행 등의 고려군이 고창 전투에서 견훤의 후백제군과 싸워 승리하였다.

⑤ 경애왕 자결(927) → 견훤 귀부 이전
견훤의 후백제군이 신라의 왕경인 수도 금성을 습격하여 경애왕을 자결시켰다.

02 고려 성종의 업적

암기박사 최승로 : 시무 28조 ⇒ 고려 성종

정답 ⑤

정답 해설

처음으로 12목을 설치하고 지방관에 이어 경학박사와 의학박사를 파견한 왕은 고려 성종이다. 그는 최승로의 시무 28조를 받아들여 통치 체제를 정비하였다.

오답 해설

① 연호 : 광덕, 준풍 → 고려 광종
고려 광종은 국왕을 황제라 칭하고 광덕, 준풍 등의 독자적 연호를 사용하였으며 개경을 황도라 하였다.

② 신돈 : 전민변정도감 → 고려 공민왕
고려 공민왕 때 신돈이 전민변정도감의 판사로 임명되어 권문세족을 견제하고 전민변정 사업을 추진하였다.

③ 청연각·보문각 : 학문 연구 → 고려 예종
고려 예종 때 관학을 진흥하기 위해 궁중에 학술 연구 기구로 청연각과 보문각을 두어 학문 연구를 장려하였다.

④ 정계와 계백료서 → 고려 태조
고려 태조 왕건은 정계와 계백료서를 지어 신하의 임금에 대한 도리를 강조하고 관리의 규범을 제시하였다.

핵심노트 ▶ 고려 성종의 업적

- 최승로의 시무 28조 수용
- 2성 6부 체제 확립
- 중추원, 삼사 설치
- 도병마사, 식목도감 설치
- 12목 설치, 지방관 파견
- 향리 제도 확립
- 국자감 개칭, 향교 설치
- 의창, 상평창 설치
- 건원중보 주조

03 고려 시대의 역사

암기박사 왕규의 난(혜종) ⇒ 과거제 시행(광종) ⇒ 12목 설치(성종)

정답 ②

정답 해설

(가) 왕규의 난(945) : 고려 혜종 때 왕위 계승을 둘러싸고 왕실의 외척인 왕규가 자신의 손자인 광주원군을 왕위에 옹립하기 위해 난을 일으켰다.
(다) 과거제 시행(958) : 고려 광종 때 인재를 등용하기 위해 한림학사 쌍기를 지공거로 임명하고 과거 제도를 시행하였다. *과거를 관장하는 시험관*
(나) 12목 설치(983) : 고려 성종은 시무 28조에 따라 전국의 주요 지역에 12목을 설치하고 지방관을 파견하였다.

04 후삼국의 통일 과정

암기박사 고려 건국(918) ⇒ 공산 전투(927) ⇒ 견훤 투항(935)

정답 ④

정답 해설

(가) 고려 건국(918) : 송악의 호족 출신인 왕건이 폭정을 일삼던 후고구려의 궁예를 축출하고 고려를 건국하였다.
• 공산 전투(927) : 후백제의 견훤이 신라를 공격하자 경애왕의 요청으로 태조 왕건은 신숭겸을 보내 견훤군을 공격하였으나 공산 전투에서 전사하였다. *견훤의 장남*
(나) 견훤 투항(935) : 왕위 계승 문제로 반란을 일으킨 신검이 견훤을 금산사에 유폐하였으나 견훤은 식솔들과 탈출하여 고려 왕건에게 투항하였다(935).

오답 해설

① **후백제 건국 → (가) 이전**
상주 지방의 호족인 견훤이 전라도 지역의 군사력과 호족 세력을 중심으로 완산주(전주)에서 후백제를 건국하였다(900).

② **김흠돌의 반란 → (가) 이전**
신문왕의 장인인 김흠돌이 파진찬 흥원과 대아찬 진공 등과 함께 반란을 일으켰으나, 신문왕은 이를 진압하고 귀족 세력을 숙청하여 전제 왕권을 강화하였다(681).

③ **청해진 설치 → (가) 이전**
통일 신라 때 장보고가 완도의 청해진을 중심으로 해상 무역을 전개하고 국제 무역의 거점으로 번성하였다(828).

⑤ **일리천 전투 → (나) 이후**
견훤의 장남인 신검이 일리천에서 고려군에게 패하여 후백제는 멸망하게 되었다(936).

05 고려 광종 재위 기간의 사실

정답 ③

암기박사 노비안검법 : 왕권 강화 ⇒ 고려 광종

정답 해설

광덕이라는 독자적 연호를 사용하였으며 지배층의 위계질서 확립을 목적으로 백관의 공복을 제정한 왕은 고려 광종이다. 광종은 호족·공신 세력을 약화시키고 왕권을 강화하기 위해 노비안검법을 실시하였다.
→ 관원이 조정에 나아갈 때 입는 관복
→ 양인이었다가 불법으로 노비가 된 자를 조사하여 해방시킴

오답 해설

① **12목 설치 : 관리 파견 → 고려 성종**
고려 성종은 최승로의 시무 28조에 따라 전국에 12목을 설치하고 관리를 파견하였다.

② **주전도감 : 해동통보 발행 → 고려 숙종**
고려 숙종은 화폐 유통의 촉진을 도모하기 위해 주전도감을 설치하고 해동통보를 발행하였으나 널리 사용되지는 못하였다.

④ **나성 축조 : 거란 침입 대비 → 고려 현종**
고려 현종 때 거란의 3차 침입에 맞서 강감찬은 귀주에서 대승을 거둔 후 개경에 나성을 축조하였다.

⑤ **국자감 : 서적포 설치 → 고려 숙종**
고려 숙종은 국자감에 목판 인쇄 기관인 서적포를 두어 출판을 담당하게 하였다.

핵심노트 ▶ 고려 광종의 업적

- **개혁 주도 세력 강화** : 개국 공신 계열의 훈신 등을 숙청하고 군소 호족과 신진 관료 중용
- **군사 기반 마련** : 내군을 장위부로 개편하여 시위군을 강화
- **칭제 건원** : 국왕을 황제라 칭하고 광덕·준풍 등 독자적 연호를 사용, 개경을 황도라 함
- **노비안검법 실시(광종 7, 956)** : 양인이었다가 불법으로 노비가 된 자를 조사하여 해방시켜 줌으로써, 호족·공신 세력을 약화시키고 국가 재정 수입 기반을 확대
- **과거 제도의 실시(958)** : 후주인 쌍기의 건의로 실시, 유학을 익힌 신진 인사를 등용해 호족 세력을 누르고 신구 세력의 교체를 도모
- **백관의 공복 제정(960)** : 지배층의 위계질서 확립을 목적으로 제정, 4등급으로 구분
- **주현공부법** : 국가 수입 증대와 지방 호족 통제를 위해 주현 단위로 공물과 부역의 양을 정함
→ 혜거를 최초의 국사로, 탄문을 왕사로 임명
- **불교의 장려** : 왕사·국사 제도 제정(963), 불교 통합 정책

06 고려 어사대

정답 ⑤

암기박사 낭사와 함께 서경권 행사 ⇒ 고려 : 어사대

정답 해설

시정을 논박하고 풍속을 교정하며 규찰과 탄핵업무를 담당한 고려 시대 기구는 어사대이다. 어사대의 소속 관원은 낭사와 함께 서경권을 행사하였으며 대간으로 불렸다.
→ 인사 이동이나 법률 제정 등에서 대간의 서명을 받는 제도 : 왕권 견제
→ 간쟁·봉박을 통해 정치를 비판·견제

오답 해설

① **국정 총괄 → 고려 : 중서문하성** → 수상 : 문하시중
고려 시대의 중서문하성은 국정을 총괄하는 최고 중앙 관서로 국가의 중요한 정책을 결정하였다.

② **무신 집권기 최고 권력 기구 → 고려 : 교정도감**
무신 집권기 최고 권력 기구인 교정도감은 인재 천거, 조세 징수, 감찰, 재판 등 최고 집정부 역할을 수행하였다.

③ **사헌부, 사간원, 홍문관 → 조선 : 삼사**
조선 시대 감찰 탄핵 기구인 사헌부는 사간원, 홍문관과 함께 삼사로 불렸다.

④ **도평의사사로 개칭 → 고려 : 도병마사**
도병마사는 원 간섭기에 도평의사사(도당)로 개칭되면서 구성원이 확대되고 국정 전반의 중요 사항을 합의·집행하는 최고 상설 기구로 발전하였다.

핵심노트 ▶ 시대별 감찰·탄핵 기구

- 통일 신라 : 사정부
- 발해 : 중정대
- 고려 : 어사대
- 조선 : 사헌부

07 고려의 군사 제도

정답 ③

암기박사 도병마사 : 고관들의 합좌 기구 ⇒ 도병마사

정답 해설

2군 6위의 중앙군과 무신들의 회의 기구인 중방을 설치한 국가는 고려이다. 고려는 고관들의 합좌 기구인 도병마사를 설치하였는데, 원 간섭기에는 도평의사사(도당)로 개편되어 구성원이 확대되고 국정 전반의 중요 사항을 합의·집행하는 최고 상설 정무 기구로 발전하였다.

오답 해설

① **중정대 : 관리 감찰 → 발해**
발해는 중정대를 두어 관리들의 비위를 감찰하였다.

② **9주 5소경 : 지방 행정 제도 → 통일 신라**
통일 신라는 통일 전 5주 2소경을 정비한 9주 5소경의 지방 행정 제도를 운영하였다.

④ **독서삼품과 시행 → 통일 신라**
통일 신라의 원성왕은 인재를 등용하기 위하여 유교 경전의 이해 수준에 따라 3등급으로 구분한 독서삼품과를 시행하였다.
→ 상품·중품·하품

⑤ **부여씨와 8성의 귀족 → 백제**
백제는 왕족인 부여씨와 왕비족인 진씨·해씨 그리고 8성의 귀족이 지배층을 이루었다.

핵심노트 ▶ 도병마사

- 국방 문제를 담당하는 임시 기구로, 고려 성종 때 처음 시행
- 무신정변 후 중추원(추신)과 중서문하성(재신)이 참여하여 국방 문제를 심의하는 재추 합의 기구(군정 기구)로 발전
- 고려 후기 원 간섭기(충렬왕)에 도평의사사(도당)로 개편되면서 구성원이 확대되고 국정 전반의 중요 사항을 합의·집행하는 최고 상설 정무 기구로 발전 → 조선 정종 때 혁파

08 고려 성종의 업적

암기박사 최승로 : 시무 28조 ⇒ 고려 성종

정답 ⑤

정답 해설

전국에 12목을 설치하고 지방관을 파견한 왕은 고려 성종이다. 고려 성종은 최승로의 시무 28조를 받아들여 통치 체제를 정비하고 유교 정치 이념을 확립하였다.

오답 해설

① 연호 : 천수 → 고려 태조
  궁예를 몰아내고 고려를 건국한 고려 태조 왕건은 천수라는 독자적인 연호를 사용하였다.
② 관학 진흥 : 양현고 설치 → 고려 예종
  고려 예종은 국립 교육 기관인 국자감 내에 관학을 진흥하고자 교육 장학 재단인 양현고를 설치하였다.
③ 독서삼품과 실시 : 관리 채용 → 통일 신라 원성왕
  통일 신라의 원성왕은 독서삼품과를 실시하여 유교 경전의 이해 수준에 따라 3등급으로 구분해 관리를 채용하였다.
④ 쌍성총관부 공격 : 철령 이북 수복 → 고려 공민왕
  고려 공민왕 때 유인우, 이자춘 등이 쌍성총관부를 공격하여 원에 빼앗긴 철령 이북의 땅을 수복하였다.

09 고려 태조의 정책

암기박사 흑창 설치 : 빈민 구제 ⇒ 고려 태조

정답 ①

정답 해설

고려 태조는 왕권 유지를 위한 호족 세력의 포섭책으로 신라의 마지막 왕인 경순왕 김부를 경주의 사심관으로 임명하였다. 또한 고구려의 진대법을 계승한 춘대추납의 흑창을 설치하여 빈민을 구제하였다.

오답 해설

② 양현고 설치 : 장학 기금 마련 → 고려 예종
  고려 예종은 국립 교육 기관인 국자감 내에 장학 기금 마련을 위해 양현고를 두어 관학의 재정 기반을 강화하였다.
③ 노비안검법 실시 : 재정 확충 → 고려 광종
  고려 광종은 노비안검법을 시행하여 양인이었다가 불법으로 노비가 된 자를 해방시켜 줌으로써 재정을 확충하였다.
④ 12목 설치 : 지방관 파견 → 고려 성종
  고려 성종은 시무 28조에 따라 전국의 주요 지역에 12목을 설치하고 지방관(목사)을 파견하였다.
⑤ 전시과 제도 : 관리에게 토지 지급 → 고려 경종
  고려 경종은 (시정) 전시과 제도를 마련하여 모든 전·현직 관리에게 등급에 따라 토지를 차등 지급하였다.

10 고려 왕들의 업적

암기박사 고려 태조 : 훈요 10조 ⇒ 고려 광종 : 노비안검법 ⇒ 고려 성종 : 시무 28조

정답 ③

정답 해설

(가) 훈요 10조(942) : 고려 태조 왕건은 훈요 10조에서 자신의 사후 후대 왕들이 지켜야 할 정책 방향을 제시하였다.
- 노비안검법(956) : 고려 광종은 노비안검법을 실시하여 양인이었다가 불법으로 노비가 된 자를 조사하여 해방시켜 줌으로써, 호족·공신 세력을 약화시키고 왕권을 강화하였다.
(나) 시무 28조(982) : 고려 성종 때 최승로가 시무 28조를 올려 통치 체제를 정비하고 유교 정치 이념을 확립하였다.

오답 해설

① 정방 설치 : 인사권 장악 → 고려 최우
  최우는 자신의 집에 정방을 설치하였는데, 이는 교정도감에서 인사 행정 기능을 분리한 것으로 문무 관직에 대한 인사권을 장악하였다(1225).
② 윤관 : 별무반 편성 → 고려 숙종
  고려 숙종 때 윤관의 건의로 여진 정벌을 위해 별무반이 편성되었다(1104).
④ 독서삼품과 시행 → 통일 신라 원성왕
  통일 신라의 원성왕은 독서삼품과를 실시하여 유교 경전의 이해 수준에 따라 3등급으로 구분해 인재를 등용하였다(788).
⑤ 정동행성 이문소 폐지 → 고려 공민왕
  공민왕은 원의 연호를 폐지하고 격하된 관제를 복구하였으며, 내정을 간섭하던 정동행성 이문소를 폐지하고 기철을 비롯한 친원 세력을 숙청하였다(1356).

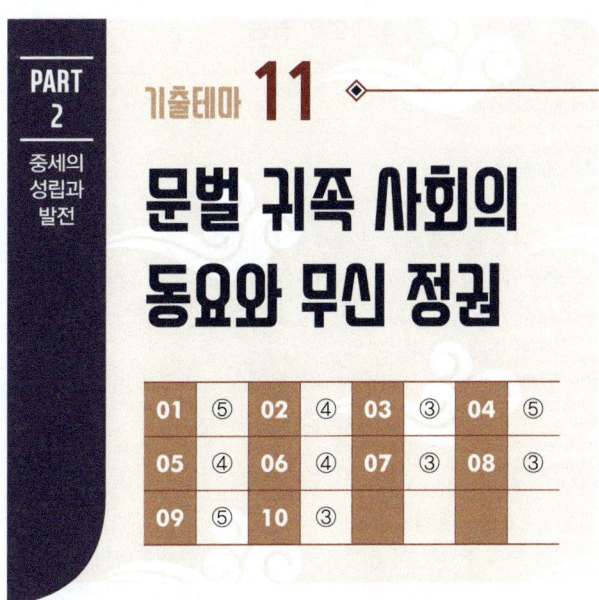

PART 2 중세의 성립과 발전

기출테마 11 문벌 귀족 사회의 동요와 무신 정권

01	⑤	02	④	03	③	04	⑤
05	④	06	④	07	③	08	③
09	⑤	10	③				

01 고려 무신 집권기의 사회 모습

암기박사 특수 행정 구역인 소에 대한 차별 ⇒ 고려 무신 집권기

정답 ⑤

정답 해설

망이·망소이의 난은 고려 무신 집권기 때 특수 행정 구역인 소의 주민들이 차별을 받아 일으킨 난이다(1176). 망이·망소이의 난이 일어난 명학소는 특수 행정 구역인 소(所)의 한 지역으로 이후 충순현으로 승격되었다.
→ '명학'은 마을 이름

오답 해설

① 서얼 : 통청 운동 → 조선 후기 → 서자: 양인 첩의 자식, 얼자: 천인 첩의 자식
  조선 후기에 서얼은 청요직 진출을 요구하는 집단 상소를 올려 통청 운동을 전개하였다. → 조선 시대 관리가 선망하는 홍문관·사간원·사헌부 등의 관직

② 원종과 애노의 난 → 신라 하대
  신라 하대 진성여왕 때 중앙 정부의 기강이 극도로 문란해져 원종과 애노가 사벌주(상주)에서 봉기하였다.

③ 적장자 위주의 상속 제도 → 조선 후기
  조선 후기에는 성리학이 통치 이념으로 자리 잡으면서 부계와 적장자 위주의 상속 제도가 확립되었다.

④ 책화 : 읍락 간의 경계 중시 → 동예
  동예에는 읍락 간의 경계를 중시하는 책화가 있어서 부족의 영역을 엄격히 구분하며, 다른 부족의 생활권을 침범하면 노비와 소·말로 변상하게 하였다.

02 고려 무신 집권기의 난

암기박사 망이·망소이의 난 ⇒ 고려 무신 집권기의 난

정답 ④

정답 해설

망이·망소이의 난은 고려 무신 집권기 때 가혹한 수탈과 차별에 저항하여 공주 명학소에서 일어난 반란이다(1176). 명학소는 특수 행정 구역인 소(所)의 한 지역으로 망이·망소이의 난 이후 충순현으로 승격되었다.
→ '명학'은 마을 이름

핵심노트 ▶ 무신 집권기 대표적 민란

- 망이·망소이의 난(1176) : 공주 명학소의 망이·망소이가 주동이 되어 일으킨 반란
- 전주 관노의 난(1182) : 경대승 집권기에 있었던 관노들의 난으로 전주를 점령
- 김사미·효심의 난(1193) : 운문(청도)에서 김사미, 초전(울산)에서 효심이 신분 해방 및 신라 부흥을 기치로 내걸고 일으킨 최대 규모의 농민 봉기
- 만적의 난(1198) : 개경에서 최충헌의 사노 만적이 신분 해방을 외치며 반란
- 진주 노비의 난(1200) : 진주 공·사노비의 반란군이 합주의 부곡 반란군과 연합

03 서경 천도 운동

암기박사 묘청 : 서경 천도 운동 ⇒ 김부식 진압

정답 ③

정답 해설

서경 천도와 금국 정벌을 주장하고, 연호를 천개로 하는 대위국이 선포된 것은 묘청의 서경 천도 운동이다. 신채호는 서경 천도 운동을 '조선 역사상 일천년래 제일 대사건'으로 평가하였다. 묘청의 서경 천도 운동은 김부식 등이 이끈 관군에 의해 진압되었다(1135).

오답 해설

① 현종 : 나주 피란 → 거란의 2차 침입
  강조의 정변을 구실로 강동 6주를 넘겨줄 것을 요구하며 거란이 2차 침입을 시도하여 개경이 함락되고 현종은 거란의 침략을 피해 나주까지 피란하였다.

② 초조 대장경 간행 → 거란의 침입
  고려 현종 때 거란의 침입을 받은 고려가 대구 부인사에서 국난을 극복하고자 초조 대장경을 간행하였다.

④ 이성계 : 정권 장악 → 위화도 회군
  고려 우왕 때 이성계가 요동 정벌을 위해 파견되었으나 위화도에서 회군하여 최영을 제거하고 정권을 장악하였다.

⑤ 윤관 : 별무반 → 여진 정벌
  여진족의 세력이 커져 고려의 국경 지역을 자주 위협하자 고려 숙종 때 여진 정벌을 위해 윤관의 건의로 별무반을 편성하였다.

핵심노트 ▶ 묘청의 서경 천도 운동(1135)

- 이자겸의 난 이후 칭제 건원, 금국 정벌, 서경 천도 등을 두고 보수와 개혁 세력 간 대립 발생
- 서경 천도를 추진하여 서경에 대화궁을 건축, 칭제 건원과 금국 정벌 주장
- 서경에서 국호를 대위국, 연호를 천개, 군대를 천견충의군이라 하며 난을 일으킴
- 김부식이 이끈 관군의 공격으로 약 1년 만에 진압
- 서경의 분사 제도 및 삼경제 폐지
- 문신 우대·무신 멸시 풍조, 귀족 사회의 보수화 등 문벌 귀족 사회의 모순 심화 → 무신정변

04 고려 무신 집권기

암기박사 최충헌 : 만적의 난(1198) ⇒ 최우 : 정방 설치(1225)

정답 ⑤

정답 해설

제시된 사료의 사건은 개경에서 신분 해방을 도모하며 반란을 일으킨 최충헌의 사노 만적의 난(1198)으로 고려 최씨 무신 집권기에 일어났다. 최충헌 이후 집권한 최우는 자신의 집에 교정도감에서 인사 행정 기능을 분리한 정방을 설치하여 문무 관직에 대한 인사권을 장악하였다(1225).

오답 해설

① 묘청 : 서경 천도 운동 → 고려 인종
  고려 인종 때 묘청이 풍수지리설에 근거하여 서경 천도를 주장하며 난을 일으켰다(1135). → 지금의 평양
② 쌍기 : 과거 제도 → 고려 광종
  고려 광종 때 인재를 등용하기 위해 후주인 쌍기가 과거제의 시행을 건의하였다(958).
③ 이자겸의 난 → 고려 인종
  고려 인종 때 이자겸이 척준경과 함께 난을 일으켜 궁궐을 불태우고 왕의 측근 세력들을 제거한 후 왕을 감금하였다(1126).
④ 정중부 : 무신 정변 → 고려 의종
  고려 의종이 문신들만 우대하고 무신들을 천대하자 정중부 등의 무신들이 반란을 일으켜 권력을 차지하였다(1170).

핵심노트 ▶ 최우의 집권(1219~1249)

- 교정도감을 통하여 정치 권력 행사, 진양후로 봉작됨
- 정방 설치(1225) : 문무 관직에 대한 인사권 장악
- 서방 설치(1227) : 문신 숙위 기구, 문학적 소양과 행정 실무 능력을 갖춘 문신들을 등용하여 정치 고문의 역할을 수행하게 함
- 삼별초 조직 : 야별초에서 비롯하여 좌별초·우별초·신의별초(신의군)로 확대 구성

05 무신 집권기 최충헌의 활동

암기박사 이의민 제거, 봉사 10조, 교정별감 ⇒ 최충헌
정답 ④

정답 해설

이의민을 제거하고 무신 간의 권력 쟁탈전을 수습하여 강력한 독재 정권을 이룩한 최충헌은 사회 개혁책인 봉사 10조를 제시하였으며, 교정별감이 되어 인사, 재정 등 국정 전반을 장악하였다. → 교정도감의 수장

오답 해설

① 서경 천도 운동 → 묘청
  고려 인종 때 묘청이 풍수지리설에 근거하여 서경 천도를 주장하며 난을 일으키고 국호를 대위로 하였다.
② 화통도감 설치 → 최무선
  고려 우왕 때 최무선은 화약과 화포 제작을 위해 화통도감의 설치를 건의하였고, 화포를 사용하여 진포(금강 하구)에서 왜구를 격퇴하였다.
③ 삼별초 : 대몽 항쟁 → 배중손
  강화도에 반몽정권을 수립한 배중손은 삼별초를 이끌고 진도로 이동하여 대몽 항쟁을 펼쳤다.
⑤ 전민변정도감 설치 → 신돈
  고려 공민왕 때 신돈은 전민변정도감의 책임자로 임명되어 권문세족을 견제하였다.

핵심노트 ▶ 최충헌의 집권(1196~1219)

- 정권 획득 : 조위총의 난을 진압하고 실력으로 집권, 2왕을 폐하고 4왕을 옹립
- 사회 개혁책 제시 : 봉사 10조
- 권력 기반의 마련 : 교정도감 설치, 교정별감 세습, 흥녕부를 사저에 설치, 재추 회의 소집
- 경제 기반 마련 : 대규모 농장과 노비를 차지, 진주 지방을 식읍으로 받고 진강후로 봉작됨
- 도방 확대 : 많은 사병을 양성하고, 사병 기관인 도방을 확대하여 신변을 경호
- 선종 계통의 조계종 후원(교종 탄압), 신분 해방 운동 진압

06 무신 집권기 최충헌의 활동

암기박사 김보당의 난 ⇒ 최충헌의 봉사 10조 ⇒ 만적의 난
정답 ④

정답 해설

(가) 김보당의 난(1173) : 동북면 병마사 김보당이 무신정변에 반대하여 의종 복위를 꾀한 문신 세력의 난이다.
- 최충헌의 봉사 10조(1196) : 이의민을 제거하고 무신 간의 권력 쟁탈전을 수습하여 강력한 독재 정권을 이룩한 최충헌은 봉사 10조를 올려 시정 개혁을 건의하였다.
(나) 만적의 난(1198) : 개경에서 최충헌의 사노 만적을 비롯한 노비들이 신분 해방을 도모하며 반란을 일으켰다.

오답 해설

① 웅천주 도독 : 김헌창의 반란 → 신라 하대
  신라 하대 헌덕왕 때 웅천주(공주) 도독 김헌창이 아버지가 왕위 쟁탈전에서 패한 것에 대해 불만을 품고 반란을 일으켰다(822).
② 정방 설치 : 인사 행정 담당 기구 → 최우
  최우는 자신의 집에 교정도감에서 인사 행정 기능을 분리한 정방을 설치하여 문무 관직에 대한 인사권을 장악하였다(1225).
③ 이자겸의 난 → 고려 인종
  고려 인종 때 이자겸이 척준경과 함께 반란을 일으켜 궁궐을 불태우고 왕의 측근 세력들을 제거한 후 왕을 감금하였다(1126).
⑤ 김부식 : 묘청의 난 진압 → 고려 인종 → 지금의 평양
  고려 인종 때 묘청이 풍수지리설에 근거하여 서경 천도를 주장하며 난을 일으키자 김부식이 서경의 반란군을 진압하기 위해 출정하였다(1135).

07 이자겸의 난

암기박사 금의 사대 요구 수용 ⇒ 이자겸의 난
정답 ③

정답 해설

제시된 사료는 고려 인종 때 금의 사대 요구를 둘러싼 조정의 대립 과정으로, '권신(權臣)'은 금의 사대 요구 수용을 주장하며 난을 일으킨 이자겸이다(1126). 윤관의 별무반이 축조한 동북 9성 환부 후 더욱 강성해진 여진은 만주 일대를 장악하고 금을 건국하였으며, 거란을 멸망시키고 송의 수도를 공격한 후 고려에 군신 관계를 요구하였다.

핵심노트 ▶ 금의 건국과 사대 외교

- 건국 : 9성 환부 후 더욱 강성해진 여진은 만주 일대를 장악하고 금을 건국(1115)
- 군신 관계 요구 : 거란을 멸망시키고(1125) 송의 수도를 공격한 후 고려에 군신 관계를 요구
- 사대 외교 : 금의 사대 요구를 둘러싸고 분쟁을 겪기도 했지만, 문신 귀족들은 자신들의 권력 유지와 무력 충돌의 부담을 고려하여 금의 사대 요구를 수용(1126)
- 결과 : 금과 군사적 충돌은 없었으나, 북진 정책은 사실상 좌절됨
- 귀족 사회의 모순 격화 : 이자겸의 난과 묘청의 서경 천도 운동을 야기하는 배경으로 작용

08 묘청의 서경 천도 운동

암기박사 이자겸의 난, 묘청의 서경 천도 운동 ⇒ 고려 인종
정답 ③

정답 해설

제시된 대화에서 서경 임원역의 지세가 대화세(大華(勢))인 길지(吉地)에 해당하므로 임금에게 궁궐을 옮길 것을 권하고 있는 인물은 묘청이다. 고려 인종을 왕위에 올리면서 왕실의 외척인 이자겸이 난을 일으켜 권력을 독점했으나 인종은 이를 평정한 후 왕권 회복과 민생 안정을 위한 정치 개혁을 추진하였고, 이 과정에서 묘청 등이 칭제 건원, 금국 정벌, 서경 천도 등을 주장하며 김부식의 개경파와 대립하였다(1135). → 군주를 황제라 칭하고, 독자적인 연호를 사용하자는 주장

09 고려 인종 때의 사건

암기박사 이자겸의 난, 묘청의 서경 천도론 ⇒ 고려 인종

정답 ⑤

정답 해설

인종을 왕위에 올리면서 왕실 외척인 이자겸이 금의 사대 요구를 주장하며 난을 일으켰으나 실패하였다. 이자겸의 난 이후 인종은 왕권 회복과 민생 안정을 위한 정치 개혁을 추진했는데, 이 과정에서 묘청 등이 칭제 건원, 금국 정벌과 수도를 서경으로 옮길 것을 주장하였다(1135). → 군주를 황제라 칭하고, 독자적인 연호를 사용하자는 주장

오답 해설

① **최충헌 : 봉사10조 → 고려 명종**
이의민을 제거하고 무신 간의 권력 쟁탈전을 수습하여 강력한 독재 정권을 이룩한 최충헌은 사회 개혁책인 봉사 10조를 올려 시정 개혁을 제안하였다(1196).

② **망이·망소이의 난 → 고려 명종**
무신 정변 이후 가혹한 수탈에 저항하여 공주 명학소의 망이·망소이가 봉기하였다(1176). → 행정구역인 소(所)의 한 지역, '명학'은 마을 이름

③ **최무선 : 화통도감 설치 → 고려 우왕**
고려 우왕 때 화약과 화포 제작을 위해 최무선의 건의로 화통도감이 설치되었다(1377).

④ **강조의 정변 : 김치양 제거 → 고려 목종**
고려 목종 때 강조가 정변을 일으켜 김치양과 천추태후 일당을 제거한 후 목종까지 폐하고 대량군(현종)을 즉위시켰다(1009).

10 고려 시대의 난

암기박사 고려 시대의 난 ⇒ 이자겸의 난(1126) → 묘청의 난(1135) → 무신정변(1170) → 망이·망소이의 난(1176)

정답 ③

정답 해설

(나) **이자겸의 난(1126)**
이자겸이 척준경과 더불어 반란을 일으켜 궁궐을 불태우고, 왕의 측근 세력들을 제거한 후 왕을 감금하였다.

(가) **묘청의 난(1135)**
금국을 정벌하자고 주장하던 묘청이 서경 천도가 어려워지자 국호를 대위, 연호를 천개라 하며 서경에서 난을 일으켰다.

(다) **무신정변(1170)**
왕이 보현원에 행차하였을 때, 정중부와 이의방을 비롯한 무신들이 다수의 문신을 제거하고 권력을 장악하였다.

(라) **망이·망소이의 난(1176)**
공주의 명학소에서 망이, 망소이가 가혹한 수탈에 저항하여 무리를 모아 봉기하였다.

PART 2 중세의 성립과 발전

기출테마 12
고려의 대외 관계

01	③	02	①	03	④	04	③
05	①	06	⑤	07	①	08	⑤
09	①	10	②				

01 거란의 침입

암기박사 강조의 정변 ⇒ 거란의 2차 침입

정답 ③

정답 해설

(가) **거란의 1차 침입(993)** : 고려 성종 때 거란이 침입하자 고려는 청천강에서 거란의 침략을 저지하는 한편, 서희가 거란의 소손녕과 협상하여 강동 6주를 획득하였다.

• **거란의 2차 침입(1010)** : 고려 현종 때 강조가 정변을 일으켜 목종을 폐위시키자 이를 구실로 거란이 강동 6주를 넘겨줄 것을 요구하며 2차 침입을 시도하였다.

(나) **거란의 3차 침입(1018)** : 거란의 3차 침입에 맞서 강감찬은 귀주에서 대승을 거두었고, 이후 강감찬의 건의와 왕가도의 감독으로 개경에 나성을 축조하였다.

오답 해설

① **몽골 사신 저고여 피살 → 고려 무신 집권기**
고려 무신 집권기 때 몽골 사신 저고여가 귀국길에 피살되어 몽골군이 침입하는 빌미가 되었다(1225).

② **화통도감 설치 → 고려 말**
고려 말 우왕 때 최무선의 건의로 화통도감이 설치되어 화약과 화포를 제작하였다(1377).

④ **나세, 심덕부 : 진포 대첩 → 고려 말**
고려 말 우왕 때 나세, 심덕부 등이 최무선이 만든 화약과 화포를 실전에서 처음으로 사용하여 진포에서 왜구를 물리쳤다(1380).

⑤ **망이·망소이의 난 → 고려 무신 집권기**
고려 시대 무신 집권기 때 망이·망소이가 가혹한 수탈에 저항하여 공주 명학소에서 난을 일으켰다(1176).

02 고려 시대 거란과의 항쟁

암기박사 거란 ⇒ 고려 정종 : 광군 조직

정답 ①

221

정답 해설

강조의 정변을 구실로 고려를 침입한 국가는 거란이다. 고려 정종은 거란의 침입에 대비하여 상비군(30만)인 광군을 조직하고 청천강에 배치하였는데, 후에 지방군(주현군·주진군)으로 편입되었다.

오답 해설

② 여진 → 고려 예종 : 동북 9성 개척
고려 예종은 여진을 정벌하기 위해 윤관의 별무반을 보내 동북 9성을 개척하였다.

③ 왜 → 고려 우왕 : 화통도감
고려 우왕 때 최무선은 화약과 화포 제작을 위해 화통도감의 설치를 건의하였고, 화포를 사용하여 진포(금강 하구)에서 왜구를 격퇴하였다.

④ 몽골 → 고려 최우 : 강화도 천도
몽골의 무리한 조공 요구와 내정 간섭에 반발한 최우는 다루가치를 사살하고 강화도로 도읍을 옮겨 장기 항전을 준비하였다.

⑤ 원나라 → 고려 공민왕 : 쌍성총관부 공격
고려 공민왕 때 유인우, 이자춘 등이 쌍성총관부를 공격하여 원에 빼앗긴 철령 이북의 땅을 수복하였다.

핵심노트 ▶ 고려 시대 특수군

- **광군** : 정종 때 거란에 대비해 청천강에 배치한 상비군(30만)으로, 귀족의 사병을 징발, 관장 기관은 광군사 → 뒤에 지방군(주현군·주진군)으로 편입
- **별무반** : 숙종 때 여진 정벌을 위해 윤관의 건의로 조직 → 윤관은 여진 정벌 후 9성 설치
- **도방** : 무신 정권의 사적 무력 기반
- **삼별초** : 수도의 치안 유지를 담당하던 야별초(좌·우별초)에 신의군(귀환 포로)을 합쳐 편성 → 실제로는 최씨 정권의 사병 집단의 성격이 강했음
- **연호군** : 농한기 농민과 노비로 구성된 지방 방위군으로, 여말 왜구 침입에 대비해 설치

03 거란의 침입

정답 ④

암기박사 광군 창설 ⇒ 서희의 외교 담판(1차 침입) ⇒ 양규의 흥화진 전투(2차 침입) ⇒ 강감찬의 귀주대첩(3차 침입)

정답 해설

(나) **광군 창설**(정종, 947) : 고려 정종은 거란의 침입에 대비하기 위하여 상비군인 광군을 창설하고 청천강에 배치하였다.

(다) **서희의 외교 담판**(성종, 993) : 거란의 1차 침입 때 서희가 거란의 소손녕과 외교 담판을 벌여 강동 6주를 확보하였다.

(가) **양규의 흥화진 전투**(현종, 1010) : 강조의 정변을 구실로 강동 6주를 넘겨줄 것을 요구하며 거란이 2차 침입을 시도하자 양규가 흥화진 전투에서 항전하였다.

(라) **강감찬의 귀주대첩**(현종, 1019) : 강동 6주의 반환을 요구하며 3차 침략한 소배압의 10만 대군에 맞서 고려의 강감찬은 귀주에서 거란군을 격퇴하였다.

핵심노트 ▶ 거란의 침입

구분	원인	결과
1차 침입 (성종 993)	송과의 단절 요구, 정안국의 존재	서희의 외교 담판 → 강동 6주 획득
2차 침입 (현종 1010)	강조의 정변	양규의 흥화진 전투
3차 침입 (현종 1018)	현종의 입조 및 강동 6주 반환 거부	강감찬의 흥화진 전투 & 귀주대첩

04 윤관의 별무반

정답 ③

암기박사 여진 정벌 : 동북 9성 축조 ⇒ 윤관 : 별무반

정답 해설

신기군(기병), 신보군(보병), 항마군(승병)으로 편성된 부대는 별무반이다. 별무반은 고려 숙종 때 여진 정벌을 위해 윤관의 건의로 조직된 특수 부대로, 고려 예종 때 윤관이 별무반을 이끌고 여진을 정벌하여 동북 9성을 축조하였다. → 영주성, 공험진, 길주성, 웅주성, 진양진, 복주성, 숭녕진, 함주성, 통태진

오답 해설

① 4군 6진 개척 → 최윤덕, 김종서
조선 세종 때 여진족을 몰아내고 최윤덕은 압록강 유역에 4군을, 김종서는 두만강 유역에 6진을 설치하여 영토를 확장하였다.

② 원의 요청 : 일본 원정 → 정동행성
고려 충렬왕 때 원의 요청에 따라 일본 원정에 참여하기 위해 정동행성이 설치되었다.

④ 처인성 전투 → 김윤후
몽골의 2차 침입 때 김윤후가 이끄는 민병과 승병이 처인성에서 몽골 장수 살리타를 사살하였다.

⑤ 최씨 무신 정권 : 군사적 기반 → 삼별초 → 좌·우별초 → 귀환 포로
수도의 치안 유지를 담당하던 야별초에 신의군을 합쳐 편성한 삼별초는 최씨 무신 정권의 군사적 기반 역할을 하였다.

핵심노트 ▶ 별무반

- 숙종 때 여진 정벌을 위해 윤관의 건의로 조직된 특수 부대로, 기병인 신기군, 보병인 신보군, 승병인 항마군으로 편성
- 예종 2년(1107) 윤관은 별무반을 이끌고 천리장성을 넘어 동북 지방 일대에 9성 축조
- 여진족의 계속된 침입과 조공 약속, 방비의 곤란 등으로 1년 만에 9성을 환부(1109)

05 고려 현종 재위 기간의 사실

정답 ①

암기박사 강감찬 : 귀주대첩 ⇒ 고려 현종

정답 해설

강조가 김치양 일파를 제거하고 옹립한 왕은 고려 현종으로, 거란의 침입을 받아 나주로 피란을 가는 한편 대구 부인사에서 초조대장경 조판을 시작하였다. 현종 때에는 강동 6주 반환을 요구하며 침략한 거란의 10만 대군에 맞서 강감찬이 귀주에서 대승을 거두었다.

오답 해설

② 사신 저고여 피살 → 고려 고종
고려 무신집권기인 고종 때에 몽골 사신 저고여가 귀국길에 피살되자 이를 구실로 몽골군이 여섯 차례에 걸쳐 고려를 침입하였다.

③ 별무반 창설 → 고려 숙종
고려 숙종 때 윤관의 건의로 별무반을 창설하여 군사력을 강화하였다.

④ 만부교 사건 → 고려 태조
고려 태조가 거란을 배척하여 거란이 선물로 보낸 낙타를 만부교에 묶어 아사하도록 한 만부교 사건이 일어났다.

⑤ 서희의 외교 담판 → 고려 성종
고려 성종 때 거란이 침입하자 서희가 거란의 소손녕과 외교 담판을 벌여 강동 6주를 확보하였다.

06 고려의 여진 정벌

암기박사 별무반 : 신기군, 신보군, 항마군 ⇒ 고려 vs 여진

정답 ⑤

정답 해설

고려 예종 때 윤관이 동북 9성을 설치한 것은 여진족을 정벌하고 나서이다. 고려 숙종 때 여진 정벌을 위해 윤관의 건의로 신기군, 신보군, 항마군 등으로 구성된 별무반을 조직하였다.

오답 해설

① 화통도감 : 화포 제작 → 고려 vs 왜구
고려 우왕 때 왜구가 자주 침범하자 최무선의 건의로 화통도감을 두어 화포를 제작하였다.

② 박위 : 대마도 정벌 → 고려 vs 왜구
고려 창왕 때 박위를 파견하여 왜구의 근거지인 대마도를 토벌하였다.

③ 연개소문 : 천리장성 축조 → 고구려 vs 당나라
고구려 영류왕은 당의 침입에 대비해 연개소문을 보내어 천리장성을 축조하였다. ← 부여성~비사성

④ 대장도감 : 팔만대장경 간행 → 고려 vs 몽골
몽골의 침입으로 초조대장경이 소실된 후 부처의 힘으로 이를 극복하고자 고종 때 강화도에 대장도감을 설치하여 팔만대장경을 간행하였다.

> **핵심노트 ▶ 별무반의 여진 정벌과 동북 9성**
>
> 고려는 여진에게 패배한 원인을 첫째, 여진이 기병 중심인 데 반해 고려는 보병 중심인 점, 둘째, 6위가 약화되었다는 점에서 찾았다. 이에 윤관은 숙종에게 신기군(기병), 신보군(보병), 항마군(승병)으로 구성된 별무반을 건의하였다. 예종 2년, 윤관은 별무반을 이끌고 출전하여 갈라전 일대를 점령하고 동북 9성을 축조하였다. 그러나 이어진 여진의 무력 항쟁으로 불리해진 고려는 9성을 환부하고 여진과 회친을 맺었다. 여기에는 장기간 계속된 전쟁 준비로 물자 및 인명 피해가 컸다는 점과, 개경과 9성 사이의 거리가 너무 멀다는 점, 지형 조건상 9성을 지키기 어려웠다는 점도 작용하였다.

07 고려의 대외 항쟁

암기박사 고려의 대외 항쟁 ⇒ 거란 → 여진 → 몽골

정답 ①

정답 해설

(가) 거란 → 양규 : 흥화진 전투(1010)
고려 현종 때 강조의 정변을 구실로 강동 6주를 넘겨줄 것을 요구하며 거란이 2차 침입을 시도하자 양규가 흥화진 전투에서 항전하였다.

(나) 여진 → 윤관 : 동북 9성 축조(1107)
고려 예종 때 윤관은 별무반을 이끌고 여진을 정벌하여 동북 지방 일대에 9성을 축조하였다.

(다) 몽골 → 박서 : 귀주성 전투(1231)
몽골의 1차 침입 때 의주를 점령한 몽골군은 귀주성에서 박서가 이끄는 고려군의 저항에 부딪히자 길을 돌렸다.

08 고려의 대몽 항쟁

암기박사 대몽 항쟁 ⇒ 대장도감 : 팔만대장경 간행

정답 ⑤

정답 해설

사신 저고요의 피살을 빌미로 침입한 국가는 몽골이다. 몽골의 침입으로 초조대장경이 소실된 후 부처의 힘으로 이를 극복하고자 고종 때 강화도에 대장도감을 설치하여 팔만대장경을 간행하였다.

오답 해설

① 왜 → 고려 우왕 : 화통도감
고려 우왕 때 최무선은 화약과 화포 제작을 위해 화통도감의 설치를 건의하였고, 화포를 사용하여 진포(금강 하구)에서 왜구를 격퇴하였다.

② 외적(外敵) → 조선 세조 : 진관 체제
진관 체제는 변방 중심의 방어 체제를 전국적인 지역 중심의 방어 체제로 전환한 것으로, 조선 세조 때 실시하여 외적의 침입에 대비하였다.

③ 여진 → 고려 예종 : 별무반
고려 예종 때 윤관은 별무반을 이끌고 여진을 정벌하여 동북 지방 일대에 9성을 축조하였다.

④ 왜 → 조선 선조 : 훈련도감
임진왜란 당시 조선 선조는 왜군의 조총에 대응하고 국방력을 강화하기 위해 포수, 살수, 사수의 삼수병으로 구성된 훈련도감을 설치하였다.

09 삼별초의 대몽 항쟁

암기박사 최씨 무신 정권의 군사적 기반 ⇒ 삼별초

정답 ①

정답 해설

몽골과의 강화가 성립된 후 고려 정부의 개경 환도에 반발하여 봉기한 군사 조직은 삼별초이다. 삼별초는 고려 최씨 무신 정권의 군사적 기반으로, 강화도와 진도에서는 배중손을 중심으로, 제주도에서는 김통정을 중심으로 몽골에 항쟁하였다.

오답 해설

② 거란의 침입 대비 → 광군
고려 광종 때 거란의 침입에 대비하여 상비군(30만)인 광군(光軍)이 창설되었다.

③ 신기군, 신보군, 항마군 편성 → 별무반
별무반은 고려 숙종 때 여진 정벌을 위해 윤관의 건의로 조직된 특수 부대로, 기병인 신기군, 보병인 신보군, 승병인 항마군으로 편성되었다. → 승려 출신 병사

④ 유사시 향토 방위 예비군 → 잡색군
조선 시대의 잡색군은 평상시에는 본업에 종사하면서 일정한 기간 동안 군사 훈련을 받고 유사시에는 향토 방위를 맡는 예비군이었다.

⑤ 옷깃 색 기준 9개 부대 → 9서당
통일 신라의 중앙군인 9서당은 옷깃 색을 기준으로 9개의 부대로 편성되었다.

핵심노트 ▶ 삼별초의 대몽 항쟁 지역
- 강화도 : 배중손이 왕족 승화후 온을 추대하여 반몽 정권 수립(1270)
- 진도 : 장기 항전을 계획하고 진도로 옮겨 용장성을 쌓고 저항했으나 여·몽 연합군의 공격으로 함락(1271)
- 제주도 : 김통정의 지휘 아래 계속 항쟁하였으나 여·몽 연합군에 진압(1273)

10 거란의 침입

정답 ②

암기박사 개경 : 나성 축조 ⇒ 거란의 침입

정답 해설

제시된 사료는 거란의 1차 침입 때 서희가 소손녕과 외교 담판을 벌이고 있는 내용이다. 이후 고려는 강감찬의 건의와 왕가도의 감독으로 개경에 나성을 쌓아 거란의 침입에 대비하였다.

오답 해설

① 윤관 : 별무반 → 여진
고려 예종 때 윤관은 별무반을 이끌고 여진을 정벌하고 동북 9성을 축조하였다.

③ 최영 : 요동 정벌 → 명나라
고려 우왕의 친원 정책에 명이 쌍성총관부가 있던 철령 이북의 땅에 철령위 설치를 통보하자 최영을 중심으로 요동 정벌을 추진하였다.

④ 최무선 : 화통도감 → 왜구
고려 우왕 때 최무선은 화약과 화포 제작을 위해 화통도감을 설치하고 화포를 사용하여 진포(금강 하구)에서 왜구를 격퇴하였다.

⑤ 유인우, 이자춘 : 쌍성총관부 수복 → 원나라
고려 공민왕 때 유인우, 이자춘 등이 쌍성총관부를 공격하여 원에 빼앗긴 철령 이북의 땅을 수복하였다.

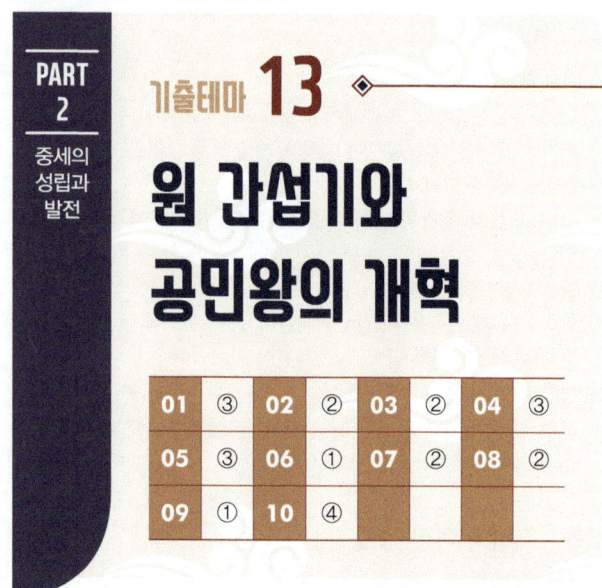

PART 2 중세의 성립과 발전

기출테마 13 원 간섭기와 공민왕의 개혁

01	③	02	②	03	②	04	③
05	③	06	①	07	②	08	②
09	①	10	④

01 원 간섭기의 사회 모습

정답 ③

암기박사 매 사육 기관 : 응방 설치 ⇒ 원 간섭기

정답 해설

겁령구는 고려의 왕비가 된 원 나라 공주를 따라온 시녀를 의미한다. 따라서 원 간섭기에 해당하며, 이 시기에는 원 나라에 조공할 매를 기르고 훈련시키는 응방이 설치되었다.

오답 해설

① 쌍기 : 과거제 도입 → 고려 광종
고려 광종은 인재를 등용하기 위해 후주인 쌍기의 건의를 수용하여 과거제를 도입하였다.

② 흑창 설립 → 고려 태조
고려 태조는 빈민을 구제하기 위해 고구려의 진대법을 계승한 흑창을 설립하였다.

④ 의천 : 천태종 개창 → 고려 숙종
고려 숙종 때 대각국사 의천이 불교 교단을 통합하기 위해 국청사를 중심으로 해동 천태종을 개창하였다.

⑤ 망이·망소이의 난 → 고려 명종
고려 무신 집권기인 명종 때 망이·망소이가 가혹한 수탈에 저항하여 공주 명학소에서 봉기하였다.

02 고려 공민왕 재위 시기의 사실

정답 ②

암기박사 신돈 : 전민변정 사업 ⇒ 고려 공민왕

정답 해설

기철 등 친원 세력을 숙청하고 쌍성총관부를 수복했던 왕은 고려 공민왕이다. 고려 공민왕 때 신돈을 중심으로 전민변정 사업이 추진되어 권문세족을 견제하고 개혁을 이끌었다.

오답 해설

① **의천 : 천태종 개창 → 고려 숙종**
고려 숙종 때 대각국사 의천이 불교 교단을 통합하기 위해 국청사에서 해동 천태종을 개창하였다.

③ **만적의 난 → 고려 신종**
고려 신종 때 최충헌의 사노 만적이 개경에서 노비를 모아 신분해방을 외치며 반란을 모의하였다.

④ **최충 : 문헌공도 설립 → 고려 문종**
고려 문종 때 최충이 사학 12도 중의 하나인 문헌공도를 설립하여 유학 교육에 힘썼다. → 9재 학당

⑤ **이규보 : 동명왕편 저술 → 고려 명종**
고려 명종 때 이규보는 고구려의 건국 시조인 동명왕의 일대기를 서사시 형태로 표현한 동명왕편을 지어 고구려 계승 의식을 강조하였다.

03 공민왕의 개혁 정치

암기박사 신돈 : 전민변정도감 운영 ⇒ 고려 공민왕
정답 ②

정답 해설

노국 대장 공주는 원나라와의 정략 결혼으로 혼인하게 된 공민왕의 왕비이다. 공민왕은 반원 자주 정책으로 기철 등 친원 세력을 숙청하고 정동행성 이문소를 폐지하였다. 또한 권문 세족을 견제하기 위해 신돈을 등용하여 전민변정도감을 운영하였다.

오답 해설

① **만권당 : 원의 학자들과 교유 → 고려 충선왕**
고려 충선왕은 원의 연경에 독서당인 만권당을 설치하였고, 이제현은 만권당에서 원의 학자들과 교유하였다.

③ **과거제 : 후주인 쌍기의 건의 → 고려 광종**
고려 광종은 인재를 등용하기 위해 후주 출신 쌍기의 건의를 받아들여 과거제를 실시하였다.

④ **정계와 계백료서 저술 → 고려 태조**
고려 태조는 정계와 계백료서를 지어 신하의 임금에 대한 도리를 강조하고 관리의 규범을 제시하였다.

⑤ **최승로 : 시무 28조 → 고려 성종**
고려 성종은 최승로의 시무 28조를 받아들여 전국에 12목을 설치하고 통치 체제를 정비하였다.

핵심노트 ▶ 전민변정도감

고려 후기 권세가에게 빼앗긴 토지를 원래 주인에게 되찾아 주고 노비로 전락한 양인을 바로잡기 위해 설치된 임시 개혁 기관이다. 궁극적인 목적은 국가 재정의 궁핍을 초래한 농장의 확대를 억제하고 부정과 폐단을 개혁하는 데 있었다. 공민왕 때 신돈은 전민변정도감을 통해 의욕적으로 개혁을 추진하였으며, 민중으로부터도 큰 지지를 받았다. 그러나 개혁이 지나치게 과격하다는 점, 그리고 당시 권력자들과 이해가 상충했다는 점 등이 원인이 되어 신돈은 실각하였으며, 개혁 사업 역시 실패로 돌아갔다.

04 원 간섭기

암기박사 이제현 : 만권당 설립 ⇒ 고려 충선왕 : 원 간섭기
정답 ③

정답 해설

제시된 사료는 고려 고종 때 몽골과 강화가 체결되어 원 간섭기가 시작되는 장면을 나타내고 있다(1259). 이 시기 이후 충선왕 때 이제현이 만권당에서 유학자들과 교류하여 성리학 전파에 이바지하였다(1314). → 원의 연경에 세운 독서당

오답 해설

① **과거제 : 쌍기의 건의 → 고려 광종**
고려 광종 때 인재를 등용하기 위해 후주 출신 쌍기의 건의로 과거제가 도입되었다(958).

② **김보당의 난 → 고려 무신 집권기**
고려 무신 집권기 때 동북면 병마사 김보당이 무신정변에 반대하여 의종의 복위를 꾀하며 난을 일으켰다(1173).

④ **묘청 : 서경 천도 운동 → 고려 인종**
고려 인종 때 풍수지리설에 근거하여 묘청 등이 중심이 되어 서경 천도를 주장하였다(1135). → 지금의 평양

⑤ **최충헌 : 봉사 10조 → 고려 무신 집권기**
고려 무신 집권기 때 최충헌이 사회 개혁책인 봉사 10조를 올려 시정 개혁을 건의하였다(1196).

핵심노트 ▶ 만권당

고려 말 충선왕이 원의 연경에 세운 독서당을 일컫는다. 정치 개혁에 실패한 충선왕은 아들 충숙왕에게 왕위를 선양하고 충숙왕 1년(1314) 만권당을 세웠다. 그곳에서 중국의 고전 및 성리학을 연구하였고, 고려와 원 간 문화 교류의 중심지로서 학술·예술 등의 발전에 큰 영향을 미쳤다.

05 원 간섭기

암기박사 중서문하성 + 상서성 = 첨의부 ⇒ 원 간섭기
정답 ③

정답 해설

개경 환도 이후 몽골의 간섭이 본격화된 시기는 원 간섭기로, 이 시기에 중서문하성과 상서성이 통합되어 첨의부로 개편되었다.

오답 해설

① **훈련도감 : 삼수병 구성 → 조선 선조**
임진왜란 당시 조선 선조는 왜군의 조총에 대응하고 국방력을 강화하기 위해 포수, 살수, 사수의 삼수병으로 구성된 훈련도감을 창설하였다.

② **삼군부 부활 : 군국 기무 전담 → 흥선 대원군**
흥선 대원군은 왕권 강화의 일환으로 비변사를 혁파하고 삼군부를 부활시켜 군국 기무를 전담하게 하였다.

④ **초계문신제 : 인재 양성 → 조선 정조**
조선 정조는 신진 인물이나 중·하급(당하관 이하) 관리 가운데 젊고 유능한 인재를 양성하기 위해 초계문신제를 시행하였다.

⑤ **비변사 : 국방 문제 논의 → 조선 중종**
조선 중종 때 삼포왜란을 계기로 국방 문제를 논의하기 위해 임시 기구인 비변사가 처음 설치되었다.

핵심노트 ▶ 원 간섭기에 격하된 관제 및 왕실 용어

- 왕의 호칭에 조와 종을 사용하지 못하고 왕을 사용
- 원으로부터 충성을 강요받으면서 왕의 호칭에 충이 사용됨
- 짐 → 고, 폐하 → 전하, 태자 → 세자
- 중서문하성 + 상서성 → 첨의부, 6부 → 4사, 중추원 → 밀직사

06 고려 공민왕의 업적

정답 ①

암기박사 중서문하성과 상서성 복구 ⇒ 공민왕

정답 해설

기철 등의 친원 세력을 처단한 왕은 고려 말기의 공민왕이다. 원 간섭기에는 중서문하성과 상서성이 통합되어 첨의부로 격하되었는데, 공민왕은 2성 6부의 관제인 중서문하성과 상서성을 복구하였다.

오답 해설

② 정동행성 설치 : 일본 원정 → 고려 충렬왕
  고려 충렬왕 때 원의 요청에 따라 일본 원정에 참여하기 위해 정동행성이 설치되었다.
③ 과전법 제정 : 조준의 건의 → 고려 공양왕
  고려 공양왕 때 조준 등의 건의로 과전법이 제정되어 신진 사대부들의 경제적 기반을 확대하고 농민의 지지를 확보하였다.
④ 이인임 축출 : 최영, 이성계 → 고려 우왕
  고려 우왕 때 최영과 이성계는 친원 정책을 펼친 이인임 일파를 축출하고 왕권을 회복하였다.
⑤ 과거 제도 : 쌍기의 건의 → 고려 광종
  고려 광종은 인재를 등용하기 위해 후주인 쌍기의 건의를 받아들여 과거제를 실시하였다.

핵심노트 ▶ 공민왕의 개혁 정치

반원 자주 정책	대내적 개혁 정책
• 원의 연호 폐지 • 친원파 숙청 • 정동행성 이문소 폐지 • 원의 관제 폐지 • 쌍성총관부 공격으로 철령 이북 땅 수복 • 동녕부 요양 정벌 • 원(나하추)의 침입 격퇴 • 친명 정책 전개 • 몽골풍의 폐지	• 정방 혁파 • 신돈의 등용 • 전민변정도감 운영 • 국자감 → 성균관으로 개칭 • 유학 교육 강화 • 과거 제도 정비

07 원 간섭기

정답 ②

암기박사 권문세족 : 도평의사사 장악 ⇒ 원 간섭기

정답 해설 → 고려 시대 공민왕이 그린 것으로 추정되는 수렵도

천산대렵도에 그려진 변발과 호복을 한 무사의 그림으로 보아 원 간섭기에 해당된다. 이 시기에는 도병마사가 도평의사사(도당)로 개편되어 최고 상설 정무 기구로 발전하였고, 친원 세력이 권문세족으로 성장하면서 도평의사사를 장악하였다.

오답 해설

① 윤관 : 동북 9성 축조 → 고려 예종
  고려 예종 때 윤관은 별무반을 이끌고 여진을 정벌하여 동북 지방 일대에 9성을 쌓았다.
③ 정중부 : 무신 정변 → 고려 의종
  고려 의종이 문신들만 우대하고 무신들을 천대하자 정중부 등의 무신들이 정변을 일으켜 권력을 차지하였다.
④ 초조대장경 제작 → 고려 현종
  고려 현종 때 거란의 침입을 받은 고려가 대구 부인사에서 초조대장경을 만들어 국난 극복을 기원하였다.
⑤ 만적의 난 → 무신집권기
  개경에서 최충헌의 사노 만적을 비롯한 노비들이 신분 해방을 도모하며 반란을 일으켰다.

08 원 간섭기

정답 ②

암기박사 몽골풍 : 변발과 호복 확산 ⇒ 원 간섭기

정답 해설

제시된 사료는 원 나라에 의해 고려가 일본 원정에 동원된 내용으로, 원 간섭기에는 지배층을 중심으로 몽골풍의 변발과 호복이 확산되었다.

오답 해설

① 정감록 : 왕조 교체 예언 → 조선 후기
  조선 후기에는 비기·도참과 같은 예언 사상이 유행하였고, 왕조 교체를 예언하는 정감록이 유포되었다.
③ 교정도감 : 국정 총괄 기구로 부상 → 고려 무신 집권기
  교정도감은 고려 무신 집권기 때 국정을 총괄하는 기구로 부상하여 인재 천거, 조세 징수, 감찰, 재판 등 최고 집정부 역할을 수행하였다.
④ 이자겸의 난 → 고려 인종
  왕실 외척인 이자겸이 금의 사대 요구를 수용하는 등 권력을 독점하자 인종이 이자겸을 제거하려 하였고, 이에 이자겸은 난을 일으켰다.
⑤ 김사미·효심의 난 → 고려 무신 집권기   → 울산
  김사미·효심의 난은 운문에서 김사미가 그리고 초전에서 효심이 일으킨 무신 집권기 최대 규모의 농민 봉기이다.
       → 청도

핵심노트 ▶ 원 간섭기의 사회 변화

신분 상승의 증가	• 역관·향리·평민·부곡민·노비·환관으로서 전공을 세운 자, 몽골 귀족과 혼인한 자, 몽골어에 능숙한 자 등 • 친원 세력이 권문세족으로 성장
활발한 문물 교류	• 몽골풍의 유행: 체두변발, 몽골식 복장, 몽골어 • 고려양: 고려의 의복·그릇·음식 등의 풍습이 몽골에 전해짐
공녀의 공출	• 원의 공녀 요구는 심각한 사회 문제를 초래 • 결혼도감을 설치해 공녀를 공출

09 공민왕의 반원 자주 정책

정답 ①

암기박사 유인우, 이자춘 : 쌍성총관부 수복 ⇒ 고려 공민왕

정답 해설

노국 대장 공주는 원나라와의 정략 결혼으로 혼인하게 된 공민왕의 왕비로, 이 시기에 유인우, 이자춘 등이 쌍성총관부를 수복하여 원에 빼앗긴 철령 이북의 땅을 되찾았다.

오답 해설

② 진포 대첩 : 왜구 격퇴 → 고려 우왕
　고려 우왕 때 나세, 심덕부 등은 최무선이 만든 화약과 화포를 실전에서 처음으로 사용하여 진포에서 왜구를 격퇴하였다.

③ 삼별초 조직 → 최우
　좌·우별초와 신의군으로 조직된 삼별초는 고려 최씨 무신 정권 때의 특수 군대로, 최우의 집권시 설치하여 몽골의 침입 때 항쟁하였다.

④ 서희의 담판 : 강동 6주 획득 → 고려 성종
　고려 성종 때 거란이 침입하자 고려는 청천강에서 거란의 침략을 저지하는 한편, 서희가 거란의 소손녕과 협상하여 강동 6주를 획득하였다.

⑤ 명 : 철령위 설치 → 고려 우왕
　고려 우왕의 친원 정책에 명이 쌍성총관부가 있던 철령 이북의 땅에 철령위 설치를 통보하자 요동 정벌이 추진되었다.

10 원 간섭기의 사회 모습

정답 ④

암기박사 변발과 호복 유행 ⇒ 원 간섭기

정답 해설

고려 원 간섭기에는 왕이 원의 공주와 결혼하여 원의 부마국으로 전락하였는데, 제국 대장 공주는 충렬왕의 왕비이다. 이 시기에는 중서문하성과 상서성이 통합되어 첨의부로 격하되었으며, 변발과 호복이 지배층을 중심으로 유행하였다.

오답 해설

① 서얼 : 통청 운동 → 조선 후기
　조선 후기 서얼은 청요직 진출을 요구하는 집단 상소를 올려 통청 운동을 전개하였다. → 조선 시대 관리들이 선망하는 홍문관·사간원·사헌부 등의 관직

② 웅천주 도독 : 김헌창의 반란 → 신라 하대
　신라 하대 헌덕왕 때 웅천주(공주) 도독 김헌창이 아버지가 왕위 쟁탈전에서 패한 것에 대해 불만을 품고 반란을 일으켰다.

③ 만적의 난 : 노비 해방 운동 → 최씨 무신 집권기
　개경에서 최충헌의 사노 만적을 비롯한 노비들이 신분 해방을 도모하였다.

⑤ 망이·망소이의 난 → 최씨 무신 집권기
　무신 정변 이후 공주 명학소의 망이·망소이가 가혹한 수탈에 저항하여 봉기하였다. → 행정구역인 소(所)의 한 지역, '명학'은 마을 이름

PART 2 중세의 성립과 발전

기출테마 14 고려의 경제와 사회 모습

01	⑤	02	④	03	④	04	②
05	⑤	06	②	07	④	08	④
09	①	10	④

01 고려의 경제 상황

암기박사 주전도감 : 해동통보 발행 ⇒ 고려 **정답 ⑤**

정답 해설

송, 일본뿐만 아니라 동남아시아, 아라비아 상인들과도 교역을 한 국가는 고려이다. 고려 숙종은 화폐 유통의 촉진을 도모하기 위해 주전도감을 설치하고 해동통보를 발행하였으나 널리 사용되지는 못하였다.

오답 해설

① 내상 : 초량 왜관 → 조선
조선 후기에는 부산의 초량 왜관을 통해 내상이 일본과 무역하였다.
② 덕대 : 광산 경영 → 조선
조선 후기에는 덕대가 상인 물주에게 자금을 조달받아 채굴 노동자를 고용하는 등 광산을 전문적으로 경영하였다.
③ 국제 무역항 : 당항성, 영암 → 통일 신라
통일 신라 시대에는 대당 무역이 발달하여 당항성, 영암 등이 국제 무역항으로 번성하였다.
④ 거란도, 영주도 → 발해
발해는 신라도를 통하여 신라와 교류하였을 뿐만 아니라 거란도, 영주도 등을 통해 주변 국가와 교역하였다.

02 고려 시대의 사회 모습

암기박사 혜민국 설치 ⇒ 고려 시대 **정답 ④**

정답 해설

7재가 운영된 것은 고려 예종 때로, 관학 진흥을 위해 국자감에 전문 강좌인 7재가 개설되어 운영되었다. 또한 고려 예종 때 병자에게 약을 지급하는 혜민국이 설치되어 백성에게 약을 무료로 나눠주었다.
→ 여택재, 대빙재, 경덕재, 구인재, 복응재, 양정재, 강예재

오답 해설

① 서얼 : 통청 운동 → 조선 후기
조선 후기에 서얼은 청요직 진출을 요구하는 집단 상소를 올려 통청 운동을 전개하였다.
→ 조선 시대 관리들이 선망하는 홍문관·사간원·사헌부 등의 관직
② 흥선 대원군 : 사창제 시행 → 조선 후기
조선 후기 흥선 대원군은 호조에서 정한 사창절목에 따라 사창제를 시행하여 농민 부담을 경감하고 재정 수입을 확보하였다.
③ 정감록 : 왕조 교체 예언 → 조선 후기
조선 후기에는 비기·도참과 같은 예언 사상이 유행하였고, 왕조 교체를 예언하는 정감록 등이 유포되었다.
⑤ 향약집성방 편찬 → 조선 전기
조선 전기 세종 때 국산 약재와 치료 방법을 정리한 향약집성방이 간행되었다.

03 고려의 경제 상황

암기박사 삼한통보, 해동통보 발행 ⇒ 고려 숙종 **정답 ④**

정답 해설
→ 땔감을 얻을 수 있는 임야
→ 농작물을 수확할 수 있는 논이나 밭

인품을 배제하고 관직과 위계의 높고 낮음을 기준으로 전지와 시지를 지급한 토지 제도는 고려 목종 때 시행된 개정 전시과이다. 고려 숙종 때에는 화폐 유통의 촉진을 도모하기 위해 국가 주도로 삼한통보, 해동통보가 발행되었으나 널리 유통되지는 못하였다.

오답 해설

① 내상 : 초량 왜관 → 조선 후기
조선 후기 부산의 초량 왜관에서 내상이 일본과 무역하였다.
② 도고 : 독점적 도매상인 → 조선 후기
조선 후기에는 독점적 도매상인인 도고가 대규모 자본을 동원하여 상품을 매점매석함으로써 이윤을 추구하였다.
③ 동시전 : 시장 감독 → 신라 지증왕
신라 지증왕 때 시장을 감독하는 관청인 동시전이 수도 경주에 설치되었다.
⑤ 설점수세제 : 민간 광산 개발 허용 → 조선 후기
조선 후기에는 민간의 광산 개발을 허용하는 설점수세제를 시행하였고, 정부에서는 별장을 파견하여 수세를 독점하였다.

핵심노트 ▶ 고려 시대의 화폐 주조

- 성종 : 건원중보
- 숙종 : 삼한통보, 해동통보, 해동중보, 동국통보, 활구(은병)
- 충렬왕 : 쇄은
- 충혜왕 : 소은병
- 공양왕 : 저화

04 고려의 토지 제도

암기박사 (가) 전지와 시지 지급 ⇒ 경종 : 전시과 제도
(나) 경기 지역에 한정 ⇒ 공양왕 : 과전법 **정답 ②**

정답 해설
→ 농작물을 수확할 수 있는 논이나 밭
→ 땔감을 얻을 수 있는 임야

ㄱ. 고려 경종 때 처음으로 직관·산관 각 품의 전시과를 제정하였으며, 전지와 시지를 지급하여 수취의 권리를 행사하게 하였다.

ㄷ. 과전법은 고려 말 공양왕 때 실시된 토지 정책으로, 지급 대상 토지를 원칙적으로 경기 지역에 한정하였다.

오답 해설

ㄴ. 수신전 · 휼양전 → 과전법
   → 관료 사망 후 그의 처에게 세습되는 과전
   → 관료 사망 후 그의 자녀가 고아일 때 세습되는 과전
   과전법은 원칙적으로 세습이 불가하나 관리의 사망 시 유가족에게 수신전과 휼양전을 지급하였다.

ㄹ. 인품과 공복 기준 → 시정 전시과
   경종 때 시행된 시정 전시과는 관리의 인품과 공복을 기준으로 하여 토지를 지급하였다.

핵심노트 ▶ 고려 시대 토지 제도의 변천

- 역분전(태조, 940) : 후삼국 통일 과정에서 공을 세운 사람들에게 인품(공로)에 따라 지급한 토지
- 시정 전시과(경종, 976) : 모든 전 · 현직 관리를 대상으로 공품과 인품 · 세력을 반영하여 토지(전지와 시지)를 지급 → 공복 제도와 역분전 제도를 토대로 만듦
- 개정 전시과(목종, 998) : 관직만을 고려하여 19품 관등에 따라 170~17결을 차등 지급 → 토지 분급에 따른 관료 체제 확립
- 경정 전시과(문종, 1076) : 토지가 부족하게 되어 현직 관료에게만 지급(170~15결)
- 과전법(공양왕, 1391) : 관리들에게 토지에 대한 소유권이 아니라 수조권을 지급. 신진 사대부의 경제적 기반이 됨 → 세습 불가가 원칙이나 수신전, 휼양전, 공신전 등은 예외

05 고려의 경제 상황

암기박사 벽란도 : 국제 무역항 ⇒ 고려 시대

정답 ⑤

정답 해설

지도와 같이 13곳의 조창에 조세를 모았다가 개경의 경창 등으로 조운하였던 시기는 고려 시대이다. 고려 시대에는 예성강 하구의 벽란도가 국제 무역항으로 번성하였다.

오답 해설

① 녹읍 폐지 : 관료전 지급 → 통일 신라
   통일 신라 신문왕 때 관리에게 관료전을 지급하고 귀족의 경제 기반이었던 녹읍을 폐지하였다.

② 덕대 : 광산 경영 → 조선 후기
   조선 후기에는 덕대가 상인 물주에게 자본을 조달받고 채굴업자와 채굴 노동자 등을 고용하여 광산을 전문적으로 경영하였다.

③ 구황 작물 : 고구마, 감자 재배 → 조선 후기
   조선 후기에는 일본에서 들여 온 고구마와 청에서 들여 온 감자 등의 구황 작물을 재배하였다.

④ 계해약조 체결 → 조선 전기
   → 기후가 불순한 흉년에도 비교적 안전한 수확을 얻을 수 있는 작물
   조선 전기 세종 때 쓰시마 도주의 간청으로 부산포 · 제포 · 염포의 3포를 개항한 후, 제한된 범위의 무역을 허용한 계해약조를 체결하였다.

핵심노트 ▶ 시대별 대표적 무역항

- 삼국 시대 : 당항성
- 통일 신라 : 당항성, 영암, 울산항
- 고려 시대 : 벽란도(국제 무역항), 금주(김해)
- 조선 초기 : 3포(부산포 · 염포 · 제포)
- 조선 후기 : 부산포

06 고려의 경제 상황

암기박사 해동통보, 활구 ⇒ 고려 숙종

정답 ②

정답 해설

강화도는 고려 시대 반몽정권의 수도였으며, 교정별감은 고려 무신 집권기 때 국정을 총괄하는 교정도감의 수장이다. 고려 숙종 때에는 주전도감을 설치하여 해동통보, 활구 등의 화폐를 발행하였으나 널리 유통되지는 못하였다. → 고려 숙종 때 사용된 병 모양의 은화인 은병의 속칭

오답 해설

① 동시전 : 시장 감독 → 신라 지증왕
   신라 지증왕 때 수도 경주에 동시전을 설치하여 시장을 감독하였다.

③ 감자, 고구마 : 구황 작물 재배 → 조선 후기
   조선 후기에는 일본에서 들여 온 고구마와 청에서 들여 온 감자 등의 구황 작물이 널리 재배되었다.

④ 장보고 : 청해진 → 통일 신라
   → 기후가 불순한 흉년에도 비교적 안전한 수확을 얻을 수 있는 작물
   통일 신라 때 장보고가 완도의 청해진을 중심으로 해상 무역을 전개하고 국제 무역의 거점으로 번성하였다.

⑤ 계해약조 체결 → 조선 세종
   조선 전기 세종 때 쓰시마 도주의 간청으로 부산포 · 제포 · 염포의 3포를 개항한 후, 제한된 범위의 무역을 허용한 계해약조가 체결되었다.

핵심노트 ▶ 고려의 화폐 발행

화폐를 발행하면 그 이익금을 재정에 보탤 수 있고 경제 활동을 장악할 수 있으므로, 상업 활동이 활발해지는 것과 함께 화폐 발행이 논의되었다. 그리하여 성종 때 건원중보가 제작되었으나 널리 유통되지는 못했다. 이후 숙종 때 삼한통보, 해동통보, 해동중보 등의 동전과 활구(은병)가 제작되었으나 당시의 자급자족적 경제 상황에서는 불필요였으므로 주로 다점이나 주점에서 사용되었을 뿐이며, 일반적인 거래에 있어서는 곡식이나 베가 사용되었다.

07 고려의 경제 상황

암기박사 건원중보 : 우리나라 최초의 화폐 ⇒ 고려 시대

정답 ④

정답 해설

첫 번째 내용은 고려 경종 때 시행된 시정 전시과에 대한 내용이고, 두 번째는 고려 문종 때 시행된 경정 전시과에 대한 내용이다. 고려 성종 때에는 우리나라 최초의 화폐인 건원중보가 발행되어 금속 화폐의 통용이 추진되었다.

오답 해설

① 특산물 : 솔빈부의 말 → 발해
   솔빈부는 발해의 지방 행정 구역인 15부 중의 하나로, 그 지역의 특산물인 말이 주요 수출품으로 거래되었다.

② 장보고 : 청해진 → 통일 신라
   통일신라 때 장보고는 완도에 청해진을 설치하여 해상 무역을 전개하고 국제 무역의 거점으로 번성하였다.

③ 동시전 : 시장 감독 → 신라
   신라 지증왕 때 시장을 감독하는 관청인 동시전이 수도 경주에 설치되었다.

⑤ 설점수세제 : 민간 광산 개발 허용 → 조선 후기

조선 후기에 설점수세제를 시행하여 민간의 광산 개발이 허용되었고, 정부에서는 별장을 파견하여 수세를 독점하였다.

⑤ 대동법 : 공납의 폐단 시정 → 조선 후기

조선 후기에는 공납의 폐단을 시정하기 위해 대동법이 시행되었고 관청에서 필요한 물품을 납부하는 공인이 등장하였다.

08 고려의 사회 정책

암기박사 동서 대비원, 제위보 ⇒ 고려 시대

정답 ④

정답 해설

전염병 퇴치, 병자 치료 등의 임무 수행을 위해 임시 기구인 구제도감이 설치된 것은 고려 시대이다. 이 시기에 개경에 국립 의료기관인 동서 대비원을 설치하였고 기금을 모아 그 이자로 빈민을 구휼하는 제위보를 운영하였다.

오답 해설

ㄱ. 구황촬요 발간 → 조선 전기

조선 전기 때 기근에 대비하기 위해 구황촬요가 간행되었는데, 잡곡, 도토리, 나무껍질 등을 먹을 수 있도록 가공하는 방법이 제시되어 있다.

ㄷ. 사창제 실시 → 조선 후기

조선 후기 때 호조에서 정한 사창절목에 따라 사창제를 시행하여 농민 부담을 경감하고 재정 수입을 확보하였다.

핵심노트 ▶ 고려 시대 사회 제도

- **의창(성종)** : 평시에 곡물을 비치하였다가 흉년에 빈민을 구제하는 춘대추납 기관
- **상평창(성종)** : 물가 조절을 위해 개경과 서경 및 각 12목에 설치
- **대비원(정종)** : 개경에 동·서 대비원을 설치하여 환자 진료 및 빈민 구휼을 담당
- **혜민국(예종)** : 의약을 전담하기 위해 예종 때 설치, 빈민에게 약을 조제해 줌
- **구제도감·구급도감** : 재해 발생 시 구제도감(예종)이나 구급도감을 임시 기관으로 설치
- **제위보(광종)** : 기금을 마련한 뒤 이자로 빈민을 구제

09 고려의 경제 모습

암기박사 벽란정, 활구(은병) ⇒ 고려 시대

정답 ①

정답 해설

제시된 사료에서 벽란정은 고려 시대 예성강 하류에 있었던 항구인 벽란도에서 외국 사신들을 접대했던 관사를 말한다. 고려 시대에는 활구라고 불리는 은병이 유통되었는데 은병의 입구가 넓어 활구라고 불렸으며, 은 1근을 사용하여 우리나라의 지형을 본 떠 만들었다.
〈고려 숙종 때 사용된 병 모양의 은화인 은병의 속칭〉

오답 해설

② 상품 작물의 재배 → 조선 후기

조선 후기에는 인삼, 담배, 약재, 면화, 삼 등 시장에서 매매하기 위한 상품 작물의 재배가 활발해졌다.

③ 내상, 만상 → 조선 후기

조선 후기에는 왜관을 중심으로 한 동래의 내상과 청과의 후시 무역을 주도한 의주의 만상이 국제 무역을 통해 부를 축적하였다.

④ 덕대 : 광산 경영 → 조선 후기

조선 후기에는 덕대가 상인 물주에게 자본을 조달받고 채굴업자와 채굴 노동자 등을 고용하여 광산을 전문적으로 경영하였다.

10 고려의 사회 제도

암기박사 향약집성방 간행 ⇒ 조선 세종

정답 ④

정답 해설

감염병 확산 등에 대처하기 위해 임시 관청인 구제도감이 설치된 것은 고려 시대이다.
국산 약재와 치료 방법을 정리한 향약집성방이 간행된 것은 조선 세종 때이다. 향약집성방은 우리 풍토에 알맞은 약재 개발과 1천여 종의 병명 및 치료 방법을 개발·정리하여 간행되었다.

오답 해설

① 상평창 : 물가 조절 기관 → 고려 성종

고려 성종 때 물가 조절을 위해 개경과 서경 및 각 12목에 물가 조절 기관인 상평창이 설치되었다.

② 혜민국 : 의약품 제공 → 고려 예종

고려 예종 때 병자에게 의약품을 제공하는 혜민국이 설치되어 전염병이 퍼지는 것을 막고 백성에게 약을 무료로 나눠주었다.

③ 동·서 대비원 : 환자 치료 및 빈민 구제 → 고려 정종

고려 정종 때 환자 치료와 빈민 구제를 위해 개경의 동쪽과 서쪽에 동·서 대비원을 두었다.

⑤ 제위보 : 빈민 구제 기관 → 고려 광종

고려 광종 때에는 기금을 모아 그 이자로 빈민을 구제하는 제위보를 운영하였다.

PART 2 중세의 성립과 발전

기출테마 15 고려의 학문과 사상

01	④	02	②	03	④	04	④
05	③	06	③	07	①	08	②
09	⑤	10	④

01 고려의 과학 기술

정답 ④

암기박사 직지심체요절 간행 ⇒ 고려 시대

정답 해설

수시력 도입, 화통도감 설치, 고려 청자 제작은 모두 고려 시대의 과학 기술이다. 고려 시대에는 청주 흥덕사에서 현존하는 세계 최고(最古)의 금속 활자본인 직지심체요절이 간행되었다.

오답 해설

① 향약집성방 편찬 → 조선 전기
조선 전기 세종 때 국산 약재와 치료 방법을 정리한 향약집성방이 편찬되었다.

② 동국지도 : 100리 척의 축척 → 조선 후기
조선 후기 영조 때 정상기는 최초로 100리 척의 축척 개념을 사용하여 동국지도를 제작하였다.

③ 석굴암 축조 → 통일신라
석굴암은 통일 신라 경덕왕 때 인공으로 축조한 석굴 사원으로, 정밀한 기하학적 원리를 응용한 배치와 조화미를 추구하고 있다.

⑤ 임원경제지 저술 → 조선 후기
조선 후기 서유구는 농업 기술의 혁신 방안을 제시한 임원경제지를 저술하였다.

02 보조국사 지눌

정답 ②

암기박사 돈오점수 ⇒ 보조국사 지눌

정답 해설

시호가 '불일보조국사'이며 정혜결사를 조직하고 「권수정혜결사문」을 지은 인물은 보조국사 지눌이다. 그는 돈오점수를 바탕으로 꾸준한 수행을 강조하였다.

→ 인간의 마음이 곧 부처의 마음임을 깨닫고(돈오) 그 뒤에 깨달음을 꾸준히 실천하는 것(점수)

오답 해설

① 백련 결사 제창 → 요세
원묘국사 요세는 강진 만덕사(백련사)에서 법화 신앙에 중점을 둔 백련 결사를 제창하고 불교 정화 운동을 전개하였다.

③ 해동고승전 저술 → 각훈
화엄종의 대가인 각훈은 삼국 시대 승려 33명의 전기를 기록한 해동고승전을 저술하였다.

④ 선문염송집 편찬 → 혜심
진각국사 혜심은 선문염송집을 편찬하고 유불 일치설을 주장하여 심성의 도야를 강조하였다.

⑤ 성상융회 강조 → 균여
→ 공(空)을 뜻하는 성(性)과 색(色)을 뜻하는 상(相)을 원만하게 융합시키는 사상

균여는 화엄 사상을 중심으로 법상종을 융합시키는 성상융회를 제창하여 교종 내 대립을 해소하고자 하였다.

핵심노트 ▶ 보조국사 지눌(1158~1210)

- **선·교 일치 사상의 완성** : 조계종을 창시해 선종을 중심으로 교종을 포용하여 선·교 일치 사상의 완성을 추구
- **정혜쌍수** : 선정과 지혜를 같이 닦아야 한다는 것으로, 선과 교학이 근본에 있어 둘이 아니라는 사상 체계를 말함
- **돈오점수** : 인간의 마음이 곧 부처의 마음임을 깨닫고(돈오) 그 뒤에 깨달음을 꾸준히 실천하는 것(점수)을 말함
- **수선사 결사 운동** : 명리에 집착하는 무신 집권기 당시 불교계의 타락상을 비판하고 승려 본연의 자세로 돌아가 독경과 선 수행 등에 고루 힘쓰자는 개혁 운동. 송광사를 중심으로 전개

03 김부식의 삼국사기

정답 ④

암기박사 김부식 : 삼국사기 ⇒ 기전체 형식

정답 해설

서경 천도를 주장하며 일으킨 묘청의 난을 진압한 인물은 김부식이다. 고려 인종 때 김부식 등이 왕명을 받아 편찬한 삼국사기는 현존하는 우리나라 최고의 역사서로 본기, 열전 등 기전체 형식으로 서술되었다.

오답 해설

① 남북국이라는 용어 최초 사용 → 유득공 : 발해고
발해고는 조선 후기 실학자 유득공이 저술한 역사서로 발해를 북국, 신라를 남국으로 칭하며 남북국이라는 용어를 처음 사용하였다.

② 사초, 시정기 바탕 → 조선왕조실록
→ 조선 시대 춘추관에서 각 관서들의 업무 기록을 종합하여 편찬한 국정 기록물

조선왕조실록은 왕의 사후 사초와 시정기 등을 바탕으로 춘추관에서 편찬되었다.
→ 사관이 매일 기록한 역사 편찬의 자료

③ 단군의 고조선 건국 이야기 수록 → 삼국유사, 제왕운기
고려 충렬왕 때 지은 일연의 삼국유사와 이승휴의 제왕운기에는 단군의 고조선 건국 이야기가 수록되어 있다.

⑤ 고구려 건국 시조의 일대기 → 이규보 : 동명왕편
이규보의 동명왕편은 고구려의 건국 시조인 동명왕의 일대기를 서사시 형태로 표현하였다.

🖕 핵심노트 ▶ 삼국사기(인종, 1145)

- 시기 : 인종 때 김부식 등이 왕명을 받아 편찬
- 의의 : 현존하는 우리나라 최고의 역사서
- 사관 : 유교적 합리주의 사관에 기초하여 신라를 중심으로 서술
- 체제 : 본기·열전·지·연표 등으로 구분되어 서술된 기전체 사서
- 구성 : 총 50권으로 구성

04 이승휴의 제왕운기

암기박사 단군~충렬왕의 역사 ⇒ 제왕운기   정답 ④

정답 해설

제왕운기는 고려 충렬왕 때 이승휴가 우리나라와 중국의 역사를 시로 표현한 역사서로, 단군부터 충렬왕까지의 역사를 서사시 형태로 서술하였다.

오답 해설

① 고대 민간 설화 수록 → 일연 : 삼국유사
일연의 삼국유사에는 단군부터 고려 말까지의 불교사를 중심으로 고대의 민간 설화 등이 수록되어 있다.

② 사초, 시정기 바탕 → 실록청 : 조선왕조실록 ← 조선 시대 춘추관에서 각 관서들의 업무 기록을 종합하여 편찬한 국정 기록물
조선왕조실록은 왕의 사후 사초, 시정기 등을 바탕으로 춘추관에 설치된 실록청에서 편찬되었다. ← 사관이 매일 기록한 역사 편찬의 자료

③ 유교 사관 : 기전체 형식 → 김부식 : 삼국사기
삼국사기는 고려 인종 때 김부식 등이 왕명을 받아 편찬한 현존하는 우리나라 최고의 역사서로, 유교 사관에 입각하여 기전체 형식으로 구성되어 있다.

⑤ 강목체 : 고려 역사 → 안정복 : 동사강목
안정복은 강목체로 고조선부터 고려 말까지의 역사를 정리한 동사강목을 저술하였다. ← 역사를 연·월·일순에 따라 강과 목으로 기록하는 체제

🖕 핵심노트 ▶ 제왕운기(충렬왕, 1287)

- 시기 : 충렬왕 때 이승휴가 저술
- 의의 : 우리나라와 중국의 역사를 시로 적은 역사 서사시로 우리 역사를 중국사와 대등하게 파악
- 사관 : 합리주의적 인식을 바탕으로 하여 유교를 중심으로 다루면서도 불교·도교 문화까지 포괄하여 서술
- 상권 : 중국의 반고부터 금에 이르기까지 역대 사적을 264구의 7언시로 읊음
- 하권 : 한국의 역사를 다시 1·2부로 나누어 시로 읊고 주기를 붙임

05 보조국사 지눌

암기박사 정혜결사 : 불교 개혁 ⇒ 보조국사 지눌   정답 ③

정답 해설

'불일보조국사'라는 시호를 받은 인물은 고려의 승려 지눌로 화두를 바탕으로 수행하는 참선법을 강조하고 돈오점수를 주장하였다. 또한 불교의 수행에 있어 정(定)과 혜(慧)를 함께 수행하여야 한다는 정혜결사를 통해 불교 개혁에 앞장섰다. ← 인간의 마음이 곧 부처의 마음임을 깨닫고(돈오) 그 뒤에 깨달음을 꾸준히 실천하는 것(점수)

오답 해설

① 화왕계 저술 → 설총
설총은 원효의 아들로 신문왕에게 향락을 배격하고 경계로 삼도록 화왕계를 지어 올렸다.

② 천태종 개창 → 의천
대각국사 의천은 해동 천태종을 개창하여 불교 통합에 힘썼고, 교관겸수를 내세워 이론 연마와 실천을 함께 중시하였다.

④ 유불 일치설 제창 → 진각국사 혜심
진각국사 혜심은 심성의 도야를 강조한 유불 일치설을 제창하였다. ← 유교와 불교의 사상이 서로 대치되는 것이 아니라 뜻이 일치한다는 이론

⑤ 삼국유사 저술 → 일연
일연은 단군부터 고려 말까지의 불교 관련 설화를 중심으로 기사본말체 형식의 사서인 삼국유사를 저술하였다.

🖕 핵심노트 ▶ 보조국사 지눌(1158~1210)

- 선·교 일치 사상의 완성 : 조계종을 창시해 선종을 중심으로 교종을 포용하여 선·교 일치 사상의 완성을 추구 → 최씨 무신 정권의 후원으로 조계종 발달
- 정혜쌍수 : 선정과 지혜를 같이 닦아야 한다는 것으로, 선과 교학이 근본에 있어 둘이 아니라는 사상 체계를 말함 → 철저한 수행을 선도
- 돈오점수 : 인간의 마음이 곧 부처의 마음임을 깨닫고(돈오) 그 뒤에 깨달음을 꾸준히 실천하는 것(점수)을 말함 → 꾸준한 수행으로 깨달음의 확인을 아울러 강조
- 수선사 결사 운동 : 명리에 집착하는 무신 집권기 당시 불교계의 타락상을 비판하고 승려 본연의 자세로 돌아가 독경과 선 수행 등에 고루 힘쓰자는 개혁 운동, 송광사를 중심으로 전개

06 이승휴의 제왕운기

암기박사 이승휴 : 제왕운기 ⇒ 단군의 고조선 건국 이야기 수록   정답 ③

정답 해설

고려 충렬왕 때 이승휴가 지은 제왕운기의 상권에는 중국의 역사가, 하권에는 우리나라의 역사가 서술되어 있다. 중국과 구별되는 역사의 독자성을 강조했다는 평가를 받고 있는 제왕운기에는 단군의 고조선 건국 이야기가 수록되어 있다(1287).

오답 해설

① 남북국이라는 용어 처음 사용 → 유득공 : 발해고
발해고는 조선 후기 실학자 유득공이 저술한 역사서로 발해를 북국, 신라를 남국으로 칭하며 남북국이라는 용어를 처음 사용하였다.

② 사초, 시정기 바탕 → 조선왕조실록
왕의 사후 사초, 시정기 등을 바탕으로 춘추관에 설치된 실록청에서 편찬된 것은 조선왕조실록이다.

④ 현존 최고(最古)의 금속 활자본 → 직지심체요절
직지심체요절은 현존하는 세계 최고(最古)의 금속 활자본으로 청주 흥덕사에서 간행되었다.

⑤ 유교 사관에 입각한 기전체 형식 → 김부식 : 삼국사기
고려 인종 때 김부식 등이 왕명을 받아 편찬한 삼국사기는 현존하는 우리나라 최고의 역사서로, 유교 사관에 입각하여 기전체 형식으로 서술하였다.

07 일연의 삼국유사

암기박사 단군의 건국 이야기 ⇒ 일연 : 삼국유사   정답 ①

정답 및 해설

정답 해설

일연의 삼국유사는 단군부터 고려 말까지의 불교사를 중심으로 서술한 기사본말체 형식의 사서로 단군왕검의 건국 이야기가 수록되어 있다. → 사건별로 나누어 기록하는 역사 서술 방식

오답 해설

② 사초, 시정기 바탕 → 춘추관 : 조선왕조실록 → 조선 시대 춘추관에서 각 관서들의 업무 기록을 종합하여 편찬한 국정 기록물
 조선왕조실록은 왕의 사후 사초와 시정기 등을 바탕으로 춘추관에서 편찬되었다. → 사관이 매일 기록한 역사 편찬의 자료

③ 고승들의 전기 기록 → 각훈 : 해동고승전
 각훈의 해동고승전은 삼국 시대의 승려 33명의 전기를 수록한 우리나라 최고(最古)의 승전으로 왕명에 의해 편찬되었다.

④ 본기, 열전 : 기전체 형식 → 김부식 : 삼국사기
 김부식의 삼국사기는 현존하는 우리나라 최고의 역사서로 본기, 열전 등 기전체 형식으로 서술되었다.

⑤ 서사시 : 고구려 계승 의식 반영 → 이규보 : 동명왕편
 이규보의 동명왕편은 동명왕의 업적을 칭송한 영웅 서사시로 고구려의 계승 의식을 반영하고 있다.

핵심노트 ▶ 삼국유사(충렬왕, 1285)

- 원 간섭기인 충렬왕 11년에 일연이 저술
- 불교적 · 자주적 · 신이적
- 기사본말체, 총 9권
- 단군~고려 말 충렬왕 때까지 기록, 신라 관계 기록이 다수 수록됨
- 단군 조선과 가야 등의 기록, 수많은 민간 전승과 불교 설화 및 향가 등 수록

---

08 고려의 관학 진흥책

암기박사 고려 시대 : 관학 진흥책 ⇒ 서적포, 7재

정답 ②

정답 해설

고려 중기 최충의 문헌공도를 비롯한 사학 12도의 융성으로 관학 교육이 위축되자 숙종 때에는 국자감에 목판 인쇄 기관으로 서적포를 설치하였고, 예종 때에는 국자감에 전문 강좌인 7재를 개설하였다.
→ 여택재, 대빙재, 경덕재, 구인재, 복응재, 양정재, 강예재

오답 해설

① 숙위유학생 : 당에 파견 → 신라
 신라 시대에는 국비 유학생인 숙위유학생(宿衛留學生)을 당에 파견하여 최치원, 최승우 등이 당의 빈공과에 급제하였다.

③ 사액 서원 : 서적과 노비 지급받음 → 조선
 사액 서원은 조선 시대 풍기 군수 주세붕이 안향의 봉사를 위해 설립한 백운동 서원이 시초이며, 왕으로부터 현판과 함께 서적과 노비를 지급받았다.

④ 경당 : 글과 활쏘기 교육 → 고구려
 고구려의 경당은 장수왕 때 지방 청소년의 무예 · 한학 교육을 위해 설치된 지방 교육 기관으로 청소년에게 글과 활쏘기를 가르쳤다. → 우리나라 최초의 사학(私學)

⑤ 독서삼품과 : 관리 채용 → 신라
 통일 신라의 원성왕은 관리 채용을 위해 독서삼품과를 시행하여 유교 경전의 이해 수준에 따라 3등급으로 구분해 인재를 등용하였다. → 상품·중품·하품

핵심노트 ▶ 고려의 관학 진흥책

숙종 (1096~1105)	목판 인쇄(출판) 기관으로 서적포 설치, 기자 사당의 설치
예종 (1105~1122)	• 국자감(관학)을 재정비하여 전문 강좌인 7재(七齋)를 설치 • 교육 장학 재단인 양현고를 두어 관학의 재정 기반을 강화 • 궁중에 도서관 겸 학문 연구소인 청연각 · 보문각을 두어 유학을 진흥 • 국자감에서 3년 이상 수학한 자에게 예부시 응시 자격을 부여하여 국자감 위상을 정립
인종 (1122~1146)	• 경사 6학(유학부와 기술학부) 정비, 문치주의와 문신 귀족주의를 부각시킴 → 유학을 기술보다 우위에 둠, 서민 자제의 입학이 가능했으나 학부에 따른 입학 자격의 신분별 제한 규정을 둠 • 향교를 널리 보급하고, 이를 중심으로 지방 교육을 강화

---

09 대각국사 의천

암기박사 국청사 : 천태종 개창 ⇒ 대각국사 의천

정답 ⑤

정답 해설

문종의 아들로 국청사를 중심으로 천태종을 개창한 인물은 대각국사 의천이다. 그는 이론 연마와 수행을 함께 강조하는 교관겸수를 주장하고 지관을 강조하였다.
→ 지(止)는 정신을 집중하여 마음이 작정해진 상태이며, 관(觀)은 있는 그대로의 진리인 실상을 관찰하는 것

오답 해설

① 보현십원가 저술 → 균여
 보현십원가는 고려 광종 때 균여대사가 지은 11수의 향가로, 불교의 교리를 전파하기 위해 지은 것이다.

② 수선사 결사 조직 → 지눌
 조계종을 창시한 보조국사 지눌은 불교 개혁을 주장하며 수선사 결사를 조직하였고, 돈오점수를 바탕으로 한 수행 방법으로 정혜쌍수를 내세웠다.

③ 선문염송집 편찬 → 혜심
 진각국사 혜심은 선문염송집을 편찬하고 유불 일치설을 주장하여 심성의 도야를 강조하였다.

④ 삼국유사 저술 → 일연
 일연은 단군부터 고려 말까지의 불교 관련 설화를 중심으로 삼국유사를 저술하였다.

핵심노트 ▶ 대각국사 의천

해동 천태종의 개조로 문종의 넷째 아들이다. 문종과 어머니 인예왕후의 반대를 무릅쓰고 몰래 송으로 건너가 불법을 공부한 뒤 귀국하여 흥왕사의 주지가 되었다. 그는 그곳에 교장도감을 두고 송 · 요 · 일본 등지에서 수집해 온 불경 등을 교정 · 간행하였다. 교선일치를 주장하면서, 교종과 선종으로 갈라져 대립하던 고려의 불교를 융합하고자 하였다.

---

10 이규보의 동국이상국집

암기박사 동명왕편 수록 ⇒ 이규보 : 동국이상국집

정답 ④

정답 해설

이규보의 문집으로 전집 41권, 후집 12권으로 구성된 책은 동국이상국집이다. 동국이상국집에는 고구려의 건국 서사시인 동명왕편이 실

려 있는데, 고구려의 건국 시조인 동명왕의 일대기를 서사시 형태로 서술하였다.

오답 해설

① 신라와 발해 : 남북국 → 유득공 : 발해고
조선 후기 실학자 유득공은 발해고를 저술하여 발해를 북국, 신라를 남국으로 칭하며 한반도 중심의 협소한 사관을 극복하였다.

② 단군 : 우리 역사의 기원 → 삼국유사 / 제왕운기
일연의 삼국유사와 이승휴의 제왕운기 등은 고조선의 건국 이야기를 수록하여 단군을 우리 역사의 기원으로 기록하고 있다.

③ 이규보 : 동국이상국집 → 편년체(X)
이규보의 동국이상국집은 시, 가전체 소설 등 다양한 작품이 실려 있는 책으로 연대순으로 기록하는 편년체 서술 방식이 아니다.

⑤ 역대 왕의 계보 수록 → 이승휴 : 제왕운기
제왕운기는 고려 충렬왕 때 이승휴가 우리나라와 중국의 역사를 시로 적은 역사 서사시로, 중국과 우리나라의 역대 왕의 계보가 수록되어 있다.

핵심노트 ▶ 동국이상국집(1251)

이규보가 저술한 전 53권 13책의 시문집으로, 한문 서사시 동명왕편을 비롯하여 국선생전, 청강사자현부전, 백운거사전 등을 수록하고 있다. 이규보가 생전에 미처 완성하지 못한 것을, 1251년 진주분사대장도감에서 고종의 칙명으로 다시 간행하였다.

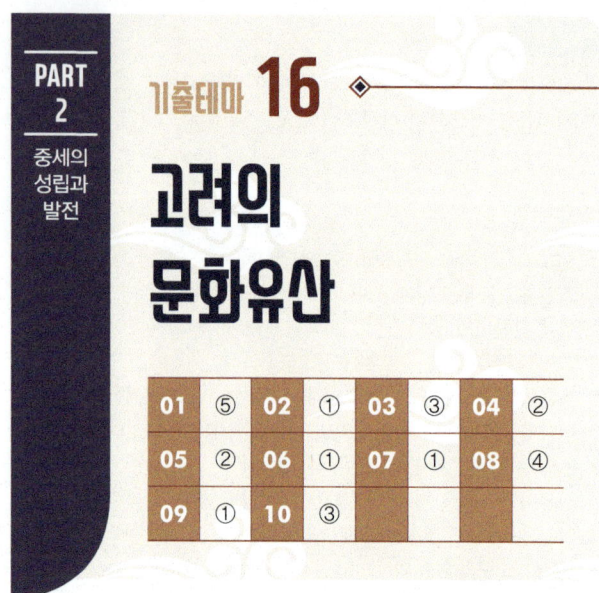

PART 2 중세의 성립과 발전

기출테마 16 고려의 문화유산

01	⑤	02	①	03	③	04	②
05	②	06	①	07	①	08	④
09	①	10	③				

01 경천사지 십층 석탑

정답 ⑤

암기박사 원의 영향을 받은 대리석 석탑 ⇒ 경천사지 십층 석탑

정답 해설

원의 영향을 받아 대리석으로 만든 석탑은 개성 경천사지 십층 석탑으로 고려 후기 충목왕 때 건립되었다. 기존의 신라계 석탑과 양식을 달리하는 특이한 형태의 탑으로, 조선 세조 때 건립된 원각사지 십층 석탑에 영향을 주었다.

오답 해설

① 경주 불국사 삼층 석탑 → 통일 신라
경북 경주의 불국사에 있는 통일 신라의 석탑으로, 내부에서 현존하는 세계 최고(最古)의 목판 인쇄물인 무구정광대다라니경이 발견되었다.

② 구례 화엄사 사사자 삼층 석탑 → 통일 신라
전남 구례의 화엄사에 있는 통일 신라의 석탑으로 기단 모서리에 사자를 넣어 사자좌 위에 탑이 서 있는 독특한 형태의 석탑이다.

③ 양양 진전사지 삼층 석탑 → 통일 신라
강원도 양양 진전사지에 있는 통일 신라의 석탑으로, 기단에 비천상과 팔부신중을 조각하고 1층 몸돌에는 사방불을 조각하였다.

④ 평창 월정사 팔각 구층 석탑 → 고려
강원도 평창의 월정사 대웅전 앞뜰에 있는 고려 전기의 석탑으로, 당시 불교문화 특유의 화려하고 귀족적인 면모가 잘 나타난 다각 다층 석탑이다.

02 파주 용미리 마애이불입상

정답 ①

암기박사 2구의 거불 불상 ⇒ 파주 용미리 마애이불입상

정답 해설

천연 암벽을 이용하여 몸체를 만들고 머리는 따로 만들어 올린 불상은 경기도 파주시 광탄면에 있는 파주 용미리 마애이불입상이다. 고

려 시대의 불상으로 눈, 코, 입 등을 크게 만들어 거대한 느낌을 주는 2구의 거불이다.

오답 해설

② 경산 팔공산 관봉 석조여래좌상 → 갓 바위 불상
경산 팔공산 관봉 석조여래좌상은 경북 경산시 와촌면에 있는 통일 신라 시대의 불상으로, 불상의 머리 윗부분에 갓 모양의 모자가 얹혀 있다고 하여 갓바위 불상이라고 한다. 원래 있던 바위를 깎아서 환조 기법으로 조성한 것이 특징이다.

③ 안동 이천동 마애여래 입상 → 제비원 석불
경북 안동시 이천동에 있는 고려 시대의 불상으로, 원래 연미사가 있었다고 전해지는 곳에 위치하며 근래에 제비원이라는 암자가 새로 들어서 '제비원 석불'이라고도 불린다.

④ 논산 관촉사 석조 미륵보살입상 → 고려 최대의 석불입상
충남 논산에 있는 고려 시대 최대의 석불입상으로 은진미륵이라고도 불리며 규모가 거대하고 인체 비례가 불균형하다.

⑤ 충주 미륵리 석조여래입상 → 6개의 돌을 쌓아 올린 거불
충북 충주시 수안보면 미륵리에 있는 고려 시대의 불상으로 갓까지 합해 모두 6개의 돌을 쌓아 올린 거불이다. 장승처럼 표현된 신체, 경직된 얼굴 묘사, 정확하지 않은 형태는 고려 전기에 유행했던 지방 석불의 특징을 보여준다.

03 직지심체요절

암기박사 직지심체요절 ⇒ 유네스코 세계 기록 유산

정답 ③

정답 해설

청주 흥덕사에서 금속 활자로 간행된 직지심체요절은 현재 프랑스 국립 도서관에 소장되어 있다. 현존하는 세계 최고(最古)의 금속 활자본인 직지심체요절은 유네스코 세계 기록 유산으로 등재되었다.

오답 해설

① 군주의 도 : 도식 설명 → 성학십도
퇴계 이황은 성학십도를 선조에게 올려 군주의 도에 관한 학문의 요체를 도식으로 설명하였다.

② 세금 수취 : 3년마다 작성 → 민정문서
민정문서는 매년 자연촌을 단위로 변동사항을 조사하던 촌락에 대한 기록 문서로, 세금 수취를 위해 3년마다 작성되었다.

④ 거란의 침략 → 초조대장경 *신라장적*
고려 현종 때 대구 부인사에서 거란의 침략을 물리치기 위해 초조대장경을 제작하였다.

⑤ 윤리서 → 삼강행실도
조선 세종 때 모범적인 충신, 효자, 열녀를 알리기 위해 윤리서인 삼강행실도를 간행하였다.

04 부석사 무량수전

암기박사 소조 여래 좌상 봉안 ⇒ 영주 부석사 무량수전

정답 ②

정답 해설 *공포(拱包)가 기둥 위에만 있는 양식*

고려 시대 목조 건물로 배흘림 기둥에 주심포 양식으로 축조되었으며, 건물 내부에 소조 여래 좌상이 봉안되어 있는 문화유산은 국보 제18호인 영주 부석사 무량수전이다. 신라 문무왕 때 의상대사가 창건하였으며 신라 양식을 계승한 고려 최고의 목조 건축물이다.

오답 해설

① 공주 마곡사 대웅보전 → 조선 후기의 중층 불전
충남 공주시 마곡사에 있는 조선 후기의 불전으로, 중층 건물이면서 하층 모서리칸을 모두 장방형으로 구성한 점과 고주를 생략하고 기둥을 배열한 결과 상하층의 평면과 기둥열이 다른 점이 특징이다.

③ 예산 수덕사 대웅전 → 모란과 들국화 벽화
예산 수덕사의 대웅전은 고려 시대 주심포 양식의 건물로, 모란이나 들국화를 그린 벽화가 유명하다.

④ 구례 화엄사 각황전 → 현존 중층 불전 중 가장 큼
구례 화엄사의 각황전은 조선 숙종 때 계파대사가 중건한 중층의 대불전으로 현존하는 중층의 불전 중 규모가 가장 크다.

⑤ 안동 봉정사 극락전 → 현존 최고(最古)의 목조 건축물
안동 봉정사 극락전은 고려 시대 주심포 양식의 건물로, 현존하는 가장 오래된 목조 건축물이다.

05 고려 시대의 불상

암기박사 경주 석굴암 본존불상 ⇒ 통일 신라

정답 ②

정답 해설

충남 논산의 관촉사에 있는 석조 미륵보살입상은 고려 시대 최대의 석불입상으로, 은진미륵이라고도 불리며 규모가 거대하고 인체 비례가 불균형하다. 한편, 경주 석굴암 본존불상은 통일 신라 시대에 건립된 불상으로 균형미가 뛰어나고 조각의 최고 경지를 보여 준다.

오답 해설

① 하남 하사창동 철조 석가여래 좌상 → 고려 시대
경기도 하남시 하사창동에 있는 고려 전기의 폐사지인 천왕사지에서 출토된 철불이다.

③ 안동 이천동 마애여래 입상 → 고려 시대
경북 안동시 이천동에 있는 고려 시대의 불상으로, 원래 연미사가 있었다고 전해지는 곳에 위치하며 근래에 제비원이라는 암자가 새로 들어서 '제비원 석불'이라고도 불린다.

④ 영주 부석사 소조 여래 좌상 → 고려 시대
경북 영주시의 부석사 무량수전에 봉안되어 있던 고려 시대의 불상으로, 우리나라에 남아 있는 소조 불상 중 가장 크고 오래된 것이다.

⑤ 하남 교산동 마애약사여래좌상 → 고려 시대
경기도 하남시 교산동 선법사에 있는 고려 전기의 불상으로 질병에서 모든 중생을 구제해 준다는 약사불을 부조로 조각한 불상이다.

06 월정사 팔각 구층 석탑

암기박사 고려 전기 : 다각 다층 석탑 ⇒ 월정사 팔각 구층 석탑

정답 ①

정답 해설

월정사 팔각 구층 석탑은 강원도 평창의 월정사 대웅전 앞뜰에 있는 고려 전기의 석탑으로, 당시 불교문화 특유의 화려하고 귀족적인 면모가 잘 나타난 다각 다층 석탑이다.

오답 해설

② **경천사지 10층 석탑 → 고려 후기**
고려 후기 충목왕 때 개성의 경천사지에 조성된 석탑으로 원의 영향을 받아 기존의 신라계 석탑과는 양식을 달리하는 가장 특이하고 세련된 기교를 보이는 탑이다.

③ **불국사 다보탑 → 통일 신라**
경북 경주의 불국사에 있는 다보탑은 신라 경덕왕 때 김대성이 건립한 석탑으로 다보여래의 사리를 모셔 두고 있다. 한국의 석탑 중 일반형을 따르지 않고 특이한 형태를 가진 걸작이다.

④ **정림사지 5층 석탑 → 백제**
충남 부여의 정림사지에 있는 5층 석탑은 목탑의 구조와 비슷하지만 돌의 특성을 살려 전체적인 형태가 매우 우아하고 아름답다. 당나라 장수 소정방이 백제를 정복한 후 '백제를 정벌한 기념탑'이라는 글귀가 새겨져 있다.

⑤ **법흥사지 7층 전탑 → 통일 신라**
경북 안동시 법흥사지에 있는 통일 신라 시대의 전탑으로 우리나라에서 가장 큰 전탑이다.

핵심노트 ▶ 고려의 대표적 석탑

고려 전기	• 불일사 오층 석탑(개성) • 무량사 오층 석탑(부여) • 오대산 월정사 팔각 구층 석탑 → 송대 석탑의 영향을 받은 다각 다층 석탑으로 고구려 전통을 계승
고려 후기	경천사 십층 석탑 → 목조 건축 양식의 석탑, 화려한 조각, 원의 석탑을 본뜬 것으로 조선 시대 원각사 10층 석탑으로 이어짐

07 관촉사 석조 미륵보살입상

정답 ①

암기박사 관촉사 석조 미륵보살입상 ⇒ 은진 미륵

정답 해설

충남 논산의 관촉사에 있는 석조 미륵보살입상은 고려 시대 최대의 석불입상으로, 은진미륵이라고도 불리며 규모가 거대하고 인체 비례가 불균형하다. 고려 광종 때 제작되었으며, 파격적이고 대범한 미적 감각을 담고 있는 국보 제323호이다.

오답 해설

② **경산 팔공산 관봉 석조여래좌상 → 갓 바위 불상**
경산 팔공산 관봉 석조여래좌상은 경북 경산시 와촌면에 있는 통일 신라 시대의 불상으로, 불상의 머리 윗부분에 갓 모양의 모자가 얹혀 있다고 하여 갓바위 불상이라고 한다. 원래 있던 바위를 깎아서 환조 기법으로 조성한 것이 특징이다.

③ **안동 이천동 마애여래 입상 → 제비원 석불**
경북 안동시 이천동에 있는 고려 시대의 불상으로, 원래 연미사가 있었다고 전해지는 곳에 위치하며 근래에 제비원이라는 암자가 새로 들어와 '제비원 석불'이라고도 불린다.

④ **서산 용현리 마애여래삼존상 → 백제의 미소**
서산 용현리 마애여래삼존상은 충남 서산시 운산면 용현리에 있는 백제 시대의 불상으로 흔히 '백제의 미소'로 널리 알려져 있다. 이 마애불은 부처를 중심으로 좌우에 보살입상과 반가사유상이 배치된 특이한 삼존형식이다.

⑤ **파주 용미리 마애이불입상 → 고려 시대 2구의 거불 불상**
파주 용미리 마애이불입상은 경기도 파주시 광탄면 용미리에 있는 고려 시대의 불상으로, 천연암벽을 몸체로 삼아 그 위에 목, 머리, 갓 등을 따로 만들어 얹어놓은 2구의 거불이다.

08 고려 상감 청자

정답 ④

암기박사 청자 상감 운학문 매병 ⇒ 고려 상감 청자

정답 해설

제시된 사료의 설명은 고려 청자의 상감 기법에 대한 내용이다. 고려의 상감 청자는 12세기 중엽에 독창적 기법인 상감법이 개발되어 13세기 중엽까지 주류를 이루다 원 간섭기 이후 퇴조하였다. 청자 상감 운학문 매병은 상감기법으로 표현한 대표적인 고려 상감 청자이다.

오답 해설

① **백자 달항아리 → 조선 후기 : 백자**
온화한 순백색과 부드러운 곡선, 넉넉하고 꾸밈없는 형태를 고루 갖춘 조선 후기의 백자 항아리로, 몸통의 접합부가 비교적 완전하고 전체적인 비례에 안정감이 있다.

② **청자 참외 모양 병 → 고려 초기 : 순수 청자**
참외 모양을 본뜬 고려 시대의 청자 병으로 맑고 투명한 비취색 자기이다.

③ **백자 철화매죽문대호 → 조선 전기 : 백자**
산화 철로 매화와 대나무 무늬를 그려 넣은 조선 백자 항아리로, 조선 전기의 분청사기와 비슷하나 백자 특유의 정돈된 품위와 격조 그리고 당당한 양감을 갖추고 있다.

⑤ **백자 청화매죽문 항아리 → 조선 전기 : 청화 백자**
조선 전기에 제작된 청화 백자 항아리로 문양의 표현과 기법, 색·형태 면에서 아름다운 항아리이며 구도와 소재면에서 중국 명나라 청화 백자의 영향을 받았다.

핵심노트 ▶ 고려청자의 특징

• 비색의 아름다움
• 상감법의 발달
• 귀족적 예술성
• 다양한 종류와 형태

09 고려의 불교 문화

정답 ①

암기박사 현존 유일의 조선 시대 목탑 ⇒ 법주사 팔상전
현존 최고(最古)의 목조 건축물 ⇒ 봉정사 극락전

정답 해설

팔상전은 현존하는 유일한 조선 시대 목탑으로 충북 보은군 법주사에 있으며, 석가모니의 일생을 여덟 폭의 그림으로 나누어 그린 팔상도가 있어 팔상전이라 한다. → 공포(栱包)가 기둥 위에만 있는 양식
안동 봉정사에는 고려 시대 주심포 양식의 건축물인 극락전이 있으며, 현존하는 가장 오래된 목조 건축물이다.

오답 해설

② **석조 미륵보살 입상 → 논산 관촉사**
논산 관촉사에 있는 석조 미륵보살 입상은 고려 시대 최대의 석불

입상으로, 은진미륵이라고도 불리며 규모가 거대하고 인체 비례가 불균형하다.
③ 지눌 : 수선사 결사 운동 → 순천 송광사
보조국사 지눌은 순천 송광사를 중심으로 명리에 집착하는 불교계의 타락상을 비판하고, 승려 본연의 자세로 돌아가 독경과 선 수행 등에 힘쓰자는 수선사 결사 운동을 전개하였다.
④ 팔만대장경 → 합천 해인사
몽골의 침입 때 부처의 힘으로 외적을 방어한다는 호국 불교 사상에 기초하여 간행된 것으로 현재 합천 해인사에 보관되어 있다.
⑤ 요세 : 신앙 결사 운동 → 강진 백련사
원묘국사 요세는 강진 백련사에서 법화 신앙을 바탕으로 백련결사를 조직하고 신앙 결사 운동을 전개하였다.

10 고려 시대의 문화유산

정답 ③

암기박사 원각사지 십층 석탑 ⇒ 조선 세조

정답 해설

국보 제2호인 원각사지 십층 석탑은 조선 세조 때 건립된 석탑으로, 원나라 탑 양식의 영향을 받아 화려한 조각이 돋보이는 석탑이다. 대리석으로 만들어졌고 형태 및 세부 구조 등이 경천사지 십층 석탑과 유사하다.

오답 해설

① 논산 개태사 → 고려 시대
논산 개태사는 태조 왕건이 후백제를 평정하고 세운 국립 개국 사찰로, 철확은 이곳 주방에서 사용했다고 전해지는 철로 만든 대형 솥이다.
② 수덕사 대웅전 → 고려 시대
충남 예산군 수덕사에 있는 대웅전은 고려 시대 주심포 양식의 건물로, 모란이나 들국화를 그린 벽화가 유명하다.
④ 안동 이천동 마애여래 입상 → 고려 시대
경북 안동시 이천동에 있는 고려 시대의 불상으로, 원래 연미사가 있었다고 전해지는 곳에 위치하며 근래에 제비원이라는 암자가 새로 들어와 '제비원 석불'이라고도 불린다.
⑤ 청주 흥덕사 : 직지심체요절 → 고려 시대
직지심체요절은 현존하는 세계 최고(最古)의 금속 활자본으로, 고려 시대 때 충북 청주의 흥덕사에서 간행되었다.

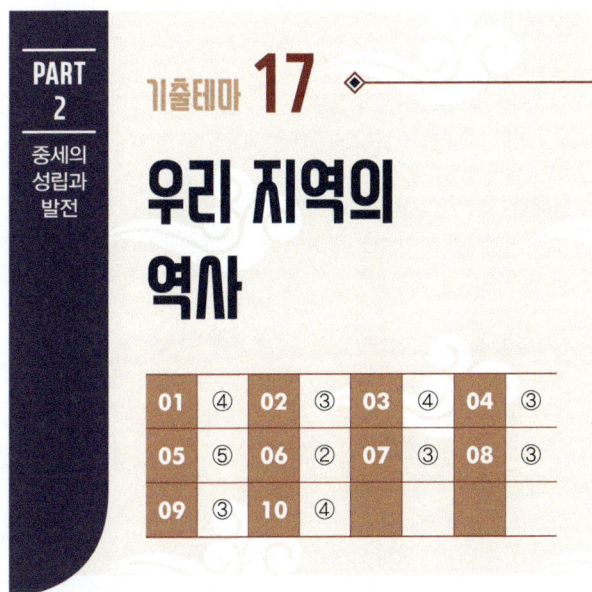

PART 2 중세의 성립과 발전

기출테마 17
우리 지역의 역사

01	④	02	③	03	④	04	③
05	⑤	06	②	07	③	08	⑤
09	③	10	④				

01 제주 지역의 역사

정답 ④

암기박사 김만덕 : 빈민 구제 활동 ⇒ 제주도

정답 해설

너븐숭이 4·3 기념관과 알뜨르 비행장이 있는 곳은 제주도이다. 조선 정조 때 제주도 거상 김만덕이 재산을 기부하여 흉년에 굶주린 백성들을 구제하였다.

오답 해설

① 원종과 애노의 난 → 상주
신라 하대 진성여왕 때 원종과 애노가 가혹한 세금 수탈에 반발하여 사벌주에서 봉기하였다. → 지금의 상주
② 외규장각 도서 약탈 → 강화도
프랑스는 병인박해 때의 프랑스 신부 처형을 구실로 강화도를 공격하여 병인양요를 일으켰고, 철군 시 외규장각 도서를 약탈하였다.
③ 강주룡 : 을밀대 고공 시위 → 평양
노동자 강주룡이 평양 을밀대 지붕에서 임금 삭감에 저항하며 고공 시위를 전개하였다.
⑤ 영국군의 불법 점령 → 거문도
갑신정변 이후 조·러 수호 통상 조약이 체결되자 영국군이 러시아를 견제하기 위해 거문도를 불법으로 점령하였다.

02 창녕 지역의 역사

정답 ③

암기박사 우포늪 ⇒ 경남 창녕

정답 해설

천연 보호구역인 우포늪이 있는 지역은 경남 창녕이다. 창녕에는 교동과 송현동 고분군, 신라 진흥왕 척경비, 동 삼층 석탑 등의 유적이 있다.

오답 해설

① **탄금대 전투, 충주 고구려비 → 충주**
임진왜란 때 신립 장군이 결사 항전한 탄금대 전투가 벌어진 곳은 충주이다. 충주에는 남한 지역에서 유일하게 발견된 충주 고구려비가 위치해 있다.

② **하회마을, 봉정사, 도산서원, 고창 전투 → 안동**
안동 지역에는 하회마을, 봉정사, 도산서원이 위치하고 있고, 고려 태조 왕건이 고창 전투에서 견훤의 후백제군과 싸워 승리한 곳이기도 하다.

④ **전라 감영, 풍패지관, 경기전, 성황사, 전주 화약 → 전주**
전라 감영, 풍패지관, 경기전, 성황사 등이 있는 곳은 전주이다. 동학 농민 운동의 봉기로 청·일군이 개입하자 전주에서 동학 농민군과 정부 사이에 화약이 체결되었다.

⑤ **고인돌, 참성단, 광성보 전투, 고려 임시 수도 → 강화**
청동기 시대의 대표적인 무덤 고인돌, 단군왕검의 제사를 지내는 참성단, 신미양요 당시 어재연 부대가 항전한 광성보는 모두 강화도에 위치해 있다. 강화도는 대몽 항쟁기에 배중손의 삼별초가 반몽정권을 수립한 고려의 임시 수도였다.

03 부산 지역의 역사

정답 ④

암기박사 박재혁 의거 ⇒ 부산

정답 해설

동삼동 패총 전시관, 정공단, 임시 수도 기념관, 백산 기념관은 모두 부산에 위치하고 있다. 의열단 소속의 박재혁이 고서상으로 위장하여 경찰서에서 폭탄을 투척하는 의거를 일으킨 곳도 부산이다.

오답 해설

① **2·28 민주 운동 → 대구**
정부 당국이 야당의 선거 유세장에 가지 못하도록 일요일에 등교 조치한 것에 대해, 대구 시내 고등학생들이 시위를 벌인 2·28 민주 운동은 4·19 혁명의 도화선이 되었다.

② **제2차 미소 공동 위원회 개최 → 서울**
임시 민주 정부 수립을 위해 서울의 덕수궁 석조전에서 제2차 미소 공동 위원회가 개최되었다.

③ **을밀대 고공 농성 → 평양**
노동자 강주룡이 평양 을밀대 지붕에서 임금 삭감에 저항하여 고공 농성을 전개하였다.

⑤ **암태도 소작 쟁의 → 목포**
전남 신안군 암태도에서 지주 문재철의 횡포에 맞서 농민들이 소작료 인상률 저지를 위한 소작 쟁의를 벌였다.

04 청주 지역의 역사적 사실

정답 ③

암기박사 직지심체요절 간행 ⇒ 청주 흥덕사

정답 해설

정북동 토성, 상당산성, 흥덕사지, 용두사지 철당간, 청남대가 위치한 지역은 충북 청주이다. 현존 최고(最古)의 금속 활자본인 직지심체요절도 충북 청주의 흥덕사에서 간행되었다.

오답 해설

① **유형원 : 반계수록 저술 → 부안**
조선의 실학자 유형원은 사회 개혁을 뒷받침할 학문 연구를 위해 전북 부안에 내려가 반계수록을 저술하였다.

② **안승 : 보덕국 → 익산**
안승이 검모잠을 죽이고 신라로 망명하여 금마저(익산)에서 보덕국왕으로 임명되었다.

④ **황산벌 전투 → 논산**
백제와 신라 사이에 황산벌 전투가 벌어졌던 곳은 충남 논산시 연산면 일대이다.

⑤ **전태일 분신 사건 → 서울**
서울 동대문 평화시장에서 피복공장 재단사로 일하던 노동운동가 전태일이 근로 기준법 준수를 외치며 분신하였다.

05 강화도 지역의 역사

정답 ⑤

암기박사 영국군 불법 점령 ⇒ 거문도 사건

정답 해설

갑신정변 이후 조·러 수호 통상 조약이 체결되자 영국군이 러시아를 견제하기 위해 거문도를 불법 점령하였다(1885).

오답 해설

① **병인양요 : 의궤 약탈 → 강화도 : 외규장각**
프랑스는 병인박해 때의 프랑스 신부 처형을 구실로 병인양요를 일으켰고, 철군 시 문화재에 불을 지르고 외규장각 의궤를 약탈하였다(1866).

② **조일 수호 조규 → 강화도 ; 연무당**
운요호 사건이 있은 후 일본의 강압에 의해 불평등 조약인 조일 수호 조규(강화도 조약)가 강화도 연무당에서 체결되었다(1876).

③ **신미양요 : 어재연 항전 → 강화도 : 광성보**
미국이 제너럴셔먼호 사건을 구실로 강화도를 공격하여 신미양요가 발발하자 어재연 부대가 광성보에서 결사 항전하였다(1871).

④ **병인양요 : 양헌수 항전 → 강화도 : 정족산성**
병인양요 때 프랑스가 7척의 군함을 파병하자 양헌수 부대가 강화도 정족산성에서 프랑스 군을 격퇴하였다(1866).

06 부여 지역의 역사

정답 ②

암기박사 백제 성왕 : 천도 ⇒ 사비(부여)

정답 해설

부소산성, 관북리 유적, 정림사지, 나성, 능산리 고분군은 모두 부여 지역의 역사 유적이다. 부여는 백제 성왕이 새롭게 천도한 수도로, 성왕은 웅진(공주)에서 사비(부여)로 천도하고 국호를 남부여로 변경하였다(538).

오답 해설

① **장용영 : 외영 → 수원 화성**
조선 정조 때 왕권 강화를 위해 국왕의 친위 부대인 장용영이 설치되어 서울에는 내영, 수원 화성에는 외영이 설치되었다.

③ **배중손 : 삼별초 → 강화도**

삼별초는 개경환도에 반대하여 배중손을 중심으로 강화도에서 반몽 정권을 수립한 후 몽골군에 저항하였다.

④ 병인양요 : 한성근 부대 → 강화도 : 문수산성
병인양요가 발발하자 한성근 부대가 프랑스 군대에 맞서 강화도 문수산성에서 항전하였다.

⑤ 김대중 : 남북한 경제 협력 사업 → 개성
김대중 정부 때에 남북 정상회담이 최초로 개최되고, 남북 경제 협력 사업으로 개성 공단이 건설되었다.

핵심노트 ▶ 백제 성왕의 천도

백제 성왕이 웅진(공주)에서 사비(부여)로 천도하고 국호를 남부여로 고친 후 신라와 나·제 동맹을 맺고 고구려에 대항하여 한강 유역을 수복하였다. 그러나 나·제 동맹을 깨고 신라 진흥왕이 백제가 차지한 한강 하류 지역을 점령하자 이에 분노한 백제 성왕이 신라를 공격하다 관산성 전투에서 전사하였다.

07 충주 지역의 역사

정답 ③

암기박사 중원 고구려비, 탄금대 ⇒ 충주

정답 해설

중원 고구려비는 고구려 장수왕이 아버지인 광개토 대왕의 치적을 칭송하기 위해 세운 비로 충주에 있다. 탄금대는 임진왜란 때 부산에 상륙한 왜군이 파죽지세로 쳐들어오자 도순변사 신립이 배수의 진을 치고 왜군에 항전한 곳으로 또한 충주에 있다.

오답 해설

① 직지심체요절 → 청주
직지심체요절은 현존하는 세계 최고(最古)의 금속 활자본으로 충북 청주의 흥덕사에서 간행되었다.

② 오페르트 도굴 사건 → 덕산
독일 상인 오페르트가 통상을 거부당하자 충남 덕산에 있는 남연군 묘의 도굴을 시도하였다. 〔흥선 대원군의 아버지〕

④ 만동묘 → 괴산
임진왜란 때 조선을 도와준 데 대한 보답으로 명의 신종을 제사 지내기 위해 충북 괴산군 청천면 화양동에 만동묘가 건립되었다.

⑤ 만적의 난 → 개경
개경에서 최충헌의 사노 만적을 비롯한 노비들이 신분 해방을 도모하며 반란을 일으켰다.

08 거문도 지역의 역사

정답 ③

암기박사 영국군 묘지, 임병찬 순지비 ⇒ 거문도

정답 해설

• 영국군 묘지 : 갑신정변 이후 조·러 수호 통상 조약이 체결되자 영국은 러시아의 남하를 견제하기 위해 거문도를 불법으로 점령하였고, 이 때 폭발 사고로 죽은 영국군의 묘지이다.
• 임병찬 순지비 : 고종의 밀지를 받아 독립 의군부를 조직한 독립운동가 임병찬이 유배되어 순국한 것을 기리기 위해 거문도에 세운 비이다.

09 천안 지역의 역사

정답 ③

암기박사 아우내 장터 만세 운동 ⇒ 천안

정답 해설

독립 기념관과 유관순 열사 사적지가 있는 곳은 충남 천안이다. 천안시 동남구 병천면에 있는 아우내 장터에서 유관순 열사가 태극기를 나누어주며 독립 만세 운동을 전개하였다.

오답 해설

① 4·3 사건 → 제주도
제주 4·3 사건으로 발생한 무력 충돌과 진압 과정에서 많은 무고한 제주 주민이 희생되었다.

② 오페르트 도굴 사건 → 덕산
독일 상인 오페르트가 통상을 거부당하자 충남 덕산에 있는 남연군 묘 도굴을 시도하였다. 〔흥선 대원군의 아버지〕

④ 강우규 의거 → 서울
강우규는 서울에서 제3대 총독으로 부임하는 사이토 총독 일행에게 폭탄을 투척하였으나 체포되어 사형을 당했다.

⑤ 암태도 소작 쟁의 → 신안
전남 신안군 암태도에서 지주 문재철의 횡포에 맞서 소작 쟁의가 발생하였다.

10 대구 지역의 역사

정답 ④

암기박사 김광제 : 국채 보상 운동 ⇒ 대구

정답 해설

정부의 외채를 국민의 힘으로 상환하여 국권을 회복하고자 대구에서 개최한 국민 대회에서 김광제 등의 발의로 국채 보상 운동이 일어났다(1907).

오답 해설

① 병자호란 : 인조 피신 → 남한산성
조선 인조 때 청이 군신 관계를 요구하며 병자호란을 일으키자 인조는 남한산성으로 피난하였지만 결국 삼전도에서 굴욕적인 강화를 맺는다(1636).

② 오페르트 도굴사건 → 덕산
독일 상인 오페르트가 통상을 거부당하자 충청남도 덕산에 있는 남연군의 묘를 도굴하다가 발각되었다(1868). 〔흥선 대원군의 아버지〕

③ 정약용 : 경세유표 저술 → 강진
정약용이 신유박해 때 전라도 강진에서 유배 중 중앙의 정치 조직과 행정 개혁에 관한 경세유표를 저술하였다.

⑤ 강주룡 : 고공 농성 → 평양
평양 고무 농장 파업이 일어나 노동자 강주룡이 을밀대 지붕에서 고공 농성을 벌였다(1931).

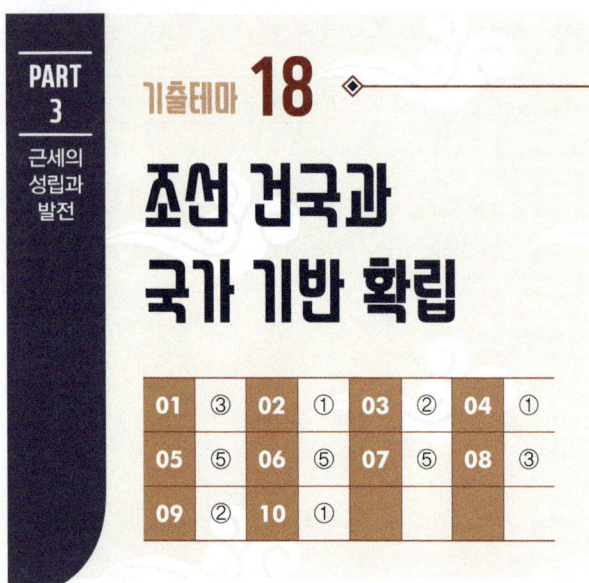

PART 3 근세의 성립과 발전

기출테마 18 조선 건국과 국가 기반 확립

01	③	02	①	03	②	04	①
05	⑤	06	⑤	07	⑤	08	③
09	②	10	①

01 이성계의 활동

🏷️ **암기박사** 위화도 회군 : 최영 제거 ⇒ 이성계 **정답** ③

정답 해설

고려군을 이끌고 전라도 황산에서 적장 아지발도를 사살하는 등 왜구를 크게 물리친 것은 고려 우왕 때 일어난 이성계의 황산대첩이다 (1380). 이후 요동 정벌을 위해 파견된 이성계는 위화도에서 회군하여 최영을 제거하고 정권을 장악하였다(1388).

오답 해설

① **4군 6진 설치 → 최윤덕, 김종서**
조선 세종 때 여진족을 몰아내고 최윤덕은 압록강 유역에 4군을, 김종서는 두만강 유역에 6진을 설치하였다.

② **의종 복위 시도 → 김보당**
동북면 병마사 김보당이 무신정변에 반대하고 의종 복위를 도모하여 군사를 일으켰다.

④ **동북 9성 축조 → 윤관**
고려 예종 때 윤관은 별무반을 이끌고 여진을 정벌한 후 동북 9성을 축조하였다.

⑤ **삼별초 조직 → 최우**
고려 무신 집권기 때 최우는 좌·우별초와 신의군으로 삼별초를 조직하여 몽골의 침입에 대비하였다.

👆 **핵심노트** ▶ 위화도 회군(1388)

- 최영과 이성계 등은 개혁의 방향을 둘러싸고 갈등
- 우왕의 친원 정책에 명이 쌍성총관부가 있던 철령 이북의 땅에 철령위 설치를 통보
- 요동 정벌을 둘러싸고 최영 측과 이성계 측이 대립
- 이성계는 위화도에서 회군하여 최영을 제거하고 군사적·정치적 실권을 장악

02 조선 세조의 업적

🏷️ **암기박사** 육조 직계제 부활 ⇒ 조선 세조 **정답** ①

정답 해설

과전을 혁파하고 직전법을 실시하여 현직 관원들에게만 수조권을 지급한 왕은 조선 세조이다. 세조는 왕권 강화를 위해 육조 직계제를 부활하였다. ← 토지로부터 조세를 거둘 수 있는 권리

오답 해설

② **임꺽정의 난 → 조선 명종**
명종이 즉위한 후 문정왕후가 수렴청정을 하고 왕실 외척인 윤원형이 권력을 독점하자 임꺽정이 지배층의 횡포에 저항하였다.

③ **동몽선습 저술 → 조선 중종**
동몽선습은 조선 중종 때 박세무가 지은 아동용 교과서로, 조선 시대의 사립 교육 기관인 서당에서 학생들을 가르치는 데 사용되었다.

④ **허준 : 동의보감 → 조선 광해군**
광해군 때에 허준이 우리나라와 중국의 의서를 망라한 동의보감을 간행하여 의료 지식을 민간에 보급하였다.

⑤ **상품 작물 재배 → 조선 후기**
조선 후기에는 담배를 비롯한 약재, 면화, 삼 등 시장에서 매매하기 위한 상품 작물의 재배가 활발해졌다.

👆 **핵심노트** ▶ 세조의 왕권 강화 정책

- 육조 직계의 통치 체제로 환원, 공신·언관의 견제를 위해 집현전을 폐지, 종친 등용
- 호적 사업을 강화하여 보법을 실시
- 직전법 실시 → 과전의 부족에 따라 현직 관원에게 토지를 지급
- 경국대전 편찬에 착수해 호조전, 형조전을 완성 → 성종 때 전체 완수
- 전제 왕권 강화와 부국강병을 위해 유교를 억압하고, 민족종교와 도교, 법가의 이념을 절충

03 조선 성종의 업적

🏷️ **암기박사** 경국대전 반포 ⇒ 조선 성종 **정답** ②

정답 해설

예악 정비 사업의 일환으로 국조오례의와 악학궤범이 편찬된 것은 조선 성종 재위 기간의 일이다. 이 시기에 법령을 정비하여 조선의 기본 법전인 경국대전을 반포하였다.
→ 세조 때 편찬에 착수하여 성종 때 완성·반포

오답 해설

① **상평통보 : 법화 → 조선 숙종** → 조선 시대의 유일한 법화로서 조선 말까지 사용된 전근대적 화폐
조선 숙종 때 상평통보를 발행하여 전국적인 법화로 사용하였다.

③ **구황촬요 : 기근 대비 → 조선 명종**
조선 명종 때 기근에 대비하기 위해 구황촬요가 발간되었는데, 잡곡, 도토리, 나무껍질 등을 먹을 수 있도록 가공하는 방법이 제시되어 있다.

④ **초계문신제 : 문신 재교육 → 조선 정조**
조선 정조는 초계문신제를 시행하여 문신들을 재교육시키고 시험을 통해 승진시켰다.

⑤ 동국문헌비고 : 역대 문물 정리 → 조선 영조

조선 영조 때 홍봉한 등이 한국학 백과사전인 동국문헌비고를 편찬하여 역대 문물을 정리하였다.

핵심노트 ▶ 조선 성종의 업적

- **사림 등용** : 김숙자 · 김종직 등의 사림을 등용하여 의정부의 대신들을 견제 → 훈구와 사림의 균형을 추구
- **홍문관(옥당) 설치** : 학술 · 언론 기관(집현전 계승), 경서 및 사적관리, 문한의 처리 및 왕의 정치적 고문 역할
- **경연 중시** : 단순히 왕의 학문 연마를 위한 자리가 아니라 신하(정승, 관리)가 함께 모여 정책을 토론하고 심의
- **독서당(호당) 운영** : 관료의 학문 재충전을 위해 운영한 제도, 성종 때 마포의 남호 독서당, 중종 때 두모포에 동호 독서당이 대표적
- **관학의 진흥** : 성균관과 향교에 학전과 서적을 지급하고 관학을 진흥 → 교육 기관의 경비에 충당하기 위해 지급된 토지
- **유향소의 부활(1488)** : 유향소는 세조 때 이시애의 난으로 폐지(1488)되었으나 성종 때 사림 세력의 정치적 영향력 확대에 따라 부활됨
- **경국대전 반포(1485)** : 세조 때 착수해 성종 때 완성 · 반포
- **토지 제도** : 직전법 하에서 관수관급제를 실시해 양반관료의 토지 겸병과 세습, 수탈 방지
- **숭유억불책** : 도첩제 폐지 → 승려가 되는 길을 없앤 완전한 억불책
- **문물 정비 및 편찬 사업** : 건국 이후 문물제도의 정비를 마무리하고, 경국대전, 삼국사절요, 고려사절요, 악학궤범, 동국통감, 동국여지승람, 동문선, 국조오례의 등을 편찬

04 계유정난과 단종 복위 운동

정답 ①

암기박사 수양대군 : 계유정난 ⇒ 성삼문 : 단종 복위 운동

정답 해설

수양대군(세조)은 정인지 · 권람 · 한명회 등과 함께 계유정난을 일으켜 정권을 장악하고 김종서 · 황보인 등의 중신과 안평대군을 축출하였다. 이후 성삼문 등의 사육신이 세조의 왕위 찬탈에 저항하여 노산군(단종)의 복위를 꾀하다 처형되었다. → 성삼문, 이개, 박팽년, 하위지, 유성원, 유응부

오답 해설

② **예송 논쟁 → 조선 현종**
조선 현종 때에는 자의 대비의 복상 문제를 둘러싸고 서인과 남인 사이에 두 차례에 걸쳐 예송이 전개되었다. → 기해예송, 갑인예송

③ **호락논쟁 → 조선 후기**
조선 후기에는 인물성동론을 주장한 호론과 인물성이론을 주장한 낙론 사이에 호락논쟁이 전개되었다. → 사람과 사물의 본성은 같다. → 사람과 사물의 본성은 다르다.

④ **기축옥사 → 조선 선조**
조선 선조 때 정여립 모반 사건이 계기가 되어 권력을 잡은 서인은 동인에 대한 기축옥사를 주도하였다.

⑤ **기사환국 → 조선 숙종**
조선 숙종 때 희빈 장씨 소생의 원자 책봉 문제로 기사환국이 발생하여 인현 왕후가 폐위되고 남인이 권력을 장악하였다.

핵심노트 ▶ 계유정난

1453년 수양 대군(후에 세조)이 단종을 몰아내고 왕이 되는 사건. 세종의 큰아들 문종은 병약하여 단명하고 문종의 어린 아들 단종이 왕위를 계승하였다. 수양 대군은 김종서 등 반대 세력을 제거하고 동생인 안평 대군도 죽인 뒤 단종을 영월로 귀양 보낸 후 사약을 내려 죽이고 왕이 되었다. 단종을 복위시키려는 사육신 등을 처형하고 정난에 공이 큰 한명회, 신숙주, 권람, 홍달손 등을 공신에 책봉하였다. 성리학적 명분론을 신봉하는 사림인 김종직은 조의제문(초나라 왕인 의제의 죽음을 슬퍼하는 글)을 지어 이 사건을 비난함으로써 무오사화가 일어났다.

05 조선 태종의 업적

정답 ⑤

암기박사 문하부 폐지 : 사간원 독립 ⇒ 조선 태종

정답 해설
→ 간쟁 · 봉박을 통해 정치를 비판 · 견제

하륜의 건의로 육조 직계제를 시행하여 의정부의 권한을 약화시키고 왕권을 강화한 왕은 조선 태종이다. 태종은 문하부를 폐지하고 낭사를 언론 기관인 사간원으로 독립시켜 대신들을 견제하였다.

오답 해설

① **주자소 : 갑인자 제작 → 조선 세종**
조선 세종 때 주자소에서 금속 활자인 갑인자를 제작하여 활자 인쇄술을 발전시켰다.

② **훈련도감 : 삼수병 구성 → 조선 선조**
조선 선조는 임진왜란 당시 왜군의 조총에 대응하고 국방력을 강화하기 위해 포수, 살수, 사수의 삼수병으로 구성된 훈련도감을 창설하였다.

③ **초계문신제 : 인재 양성 → 조선 정조**
조선 정조는 신진 인물이나 중 · 하급(당하관 이하) 관리 가운데 젊고 유능한 인재를 양성하기 위해 초계문신제를 시행하였다.

④ **경국대전 완성 → 조선 성종**
성종은 세조 때 편찬을 착수한 경국대전을 완성하여 통치 체제를 정비하였다. → 조선 사회의 통치 방향과 이념을 제시한 조선의 기본 법전

핵심노트 ▶ 조선 태종의 업적

- **국왕 중심의 통치 체제 정비** : 의정부 권한의 약화, 육조 직계제 채택, 사병 혁파, 언론 · 언관의 억제, 외척과 종친 견제
- **경제 기반의 안정** : 호패법 실시, 양전 사업 실시, 유향소 폐지, 노비변정도감 설치
- **억불숭유** : 사원 정리, 사원전 몰수, 서얼 차대법, 삼가 금지법
- **기타 업적** : 신문고 설치, 주자소 설치, 아악서 설치, 사섬서 설치, 5부 학당 설치 → 계미자 등 동활자 주조 → 저화인 저화 발행

06 조선 세조 재위 기간의 사실

정답 ⑤

암기박사 직전법 : 현직 관리에게만 수조지 지급 ⇒ 세조

정답 해설

계유정난으로 권력을 장악하고 즉위한 왕은 세조(수양대군)이다. 왕위에 오른 후 세조는 과전이 부족해지자 현직 관리에게만 수조지를 지급하는 직전법을 시행하였다. → 세를 거둘 수 있는 땅

오답 해설

① **주자소 : 계미자 주조 → 태종**
태종 때 활자 주조를 담당하던 관청인 주자소가 설치되어 금속 활자인 계미자가 주조되었다.

② **무오사화 : 조의제문 발단 → 연산군** → 항우에게 왕위를 빼앗기고 죽은 초나라 의제를 기리는 내용을 통해 단종에게서 왕위를 빼앗은 세조를 비난한 것
연산군 때 김종직이 지은 조의제문을 김일손이 사초에 올린 일이 발단이 되어 무오사화가 일어났다.

③ **대전회통 : 통치 체제 정비 → 흥선 대원군**
흥선 대원군 때 통치 체제를 정비하기 위해 경국대전, 속대전, 대전통편 등을 보완한 대전회통이 편찬되었다.

④ **계해약조 : 제한된 범위의 무역 → 세종**
세종 때 쓰시마 도주의 간청으로 부산포 · 제포 · 염포의 3포를 개항한 후, 제한된 범위의 무역을 허용한 계해약조가 체결되었다.

07 삼봉 정도전

암기박사 불씨잡변, 조선경국전 ⇒ 삼봉 정도전

정답 ⑤

정답 해설

제시된 사료는 불교를 비판하고 성리학을 통치 이념으로 확립한 불씨잡변의 내용이며, '삼봉'은 정도전의 호이다. 정도전은 조선 초기의 개국공신으로 재상 중심의 정치를 주장하였으며, 조선경국전을 저술하여 통치 제도 정비에 기여하였다.

오답 해설

① 계유정난으로 축출 → 김종서, 황보인, 안평대군
  수양대군(세조)이 정인지·권람·한명회 등과 계유정난을 일으켜 김종서·황보인 등의 중신과 안평대군을 축출하고 정치적 실권을 장악하였다.
② 해동제국기 편찬 → 신숙주
  신숙주는 계해약조 당시 일본에 다녀와서 일본의 지세와 국정 등을 기록한 해동제국기를 편찬하였다.
③ 기축봉사 : 명에 대한 의리 → 송시열
  송시열은 효종에게 장문의 상소인 기축봉사를 올려 명에 대한 의리와 북벌론을 주장하였다.
④ 성학십도 : 군주의 도 → 이황
  이황은 성학십도를 선조에게 올려 군주의 도(道)에 관한 학문의 요체를 도식으로 설명하였다.

핵심노트 ▶ 정도전의 업적

- 건국 초창기의 문물제도 형성에 크게 공헌
- 재상 중심의 정치를 강조하고 민본적 통치 규범을 마련
- 불씨잡변을 통하여 불교를 비판하고 성리학을 통치 이념으로 확립
- 주요 저서 : 조선경국전(→왕조 정치 조규, 신권 정치와 민본 정치 강조), 경제문감, 경제육전(→조례의 수집 편찬), 불씨잡변·심기리편(→불교 배척, 도교 비판), 고려국사 등
- 제1차 왕자의 난(1398)으로 제거됨

08 조선 세조와 관련된 역사적 사실

암기박사 단종 복위 운동, 이시애의 난 ⇒ 조선 세조

정답 ③

정답 해설

→ 성삼문, 이개, 박팽년, 하위지, 유성원, 유응부

제시된 사료는 성삼문 등의 사육신이 세조의 왕위 찬탈에 저항하여 단종 복위를 꾀하다 처형된 내용이다. 세조는 함길도 토착 세력이 일으킨 이시애의 난을 진압하고, 당시 유향소의 일부가 가담한 사실이 드러나자 전국의 유향소를 폐지하였다.

오답 해설

① 남이장군 처형 → 예종
  예종은 역모를 꾀했다는 유자광의 고변을 계기로 남이 장군을 처형하였다.
② 나선 정벌 : 변급, 신류 파견 → 효종
  효종은 러시아의 남하로 청과 러시아 간 국경 충돌이 발생하자 청의 원병 요청으로 변급, 신류 등을 파견하여 나선 정벌을 단행하였다.
④ 서인 : 인조반정 → 광해군
  광해군은 인목 대비 유폐와 영창 대군 사사를 명분으로 서인의 인

조반정 때 폐위되었다.
⑤ 초계문신제 : 인재 양성 → 정조
  정조는 신진 인물이나 중·하급(당하관 이하) 관리 가운데 젊고 유능한 인재를 양성하기 위해 초계문신제를 시행하였다.

핵심노트 ▶ 단종 복위 운동과 사육신·생육신

사육신은 세조의 왕위 찬탈에 저항하여 단종 복위를 꾀하다 죽은 사람을, 생육신은 벼슬을 버리고 절개를 지킨 사람을 말한다. 사육신으로는 성삼문, 이개, 박팽년, 하위지, 유성원, 유응부, 생육신으로는 김시습, 이맹전, 성담수, 조려, 원호, 남효온(또는 권절) 등이 있다.

핵심노트 ▶ 이시애의 난

함경도의 호족으로 회령 부사를 지내다가 상을 당하여 관직에서 물러난 이시애는 유향소의 불만 및 백성들의 지역감정을 틈타 세조 13년(1467. 5) 난을 일으켰다. 세조가 토벌군을 보내자 이시애는 여진을 끌어들여 대항하였으나 난을 일으킨 지 3개월만인 8월에 토벌되었다.

09 왕자의 난

암기박사 방원(태종) : 정도전 등 제거 ⇒ 왕자의 난

정답 ②

정답 해설

→ 정안군
태조 이성계가 방석을 세자로 책봉하고 정도전 등으로 보필하게 하자, 방원(태종)이 난을 일으켜 정도전, 남은, 심효생 등을 제거하고 왕위를 방과(정종)에게 양위하였다(1398).
→ 영안군

핵심노트 ▶ 왕자의 난

- 제1차 왕자의 난(무인정사, 방원의 난, 정도전의 난, 1398) : 태조가 방석을 세자로 책봉하고 정도전 등으로 보필하게 하자, 방원(태종)이 난을 일으켜 정도전을 제거 → 왕위를 방과(정종)에게 양위
- 제2차 왕자의 난(방간의 난, 박포의 난, 1400) : 방간이 박포와 연합하여 방원에게 대항하였는데, 방원은 이를 제압하고 정종으로부터 왕위를 물려받아 즉위

10 세종대왕의 업적

암기박사 사민 정책, 6진 개척 ⇒ 세종대왕

정답 ①

정답 해설

세종대왕은 사민 정책을 실시하여 삼남 지방의 주민을 북방으로 이주시켰으며, 김종서로 하여금 두만강 일대의 6진을 개척하여 영토를 확장하였다. 또한 집현전 학자들과 독창적인 문자인 훈민정음을 창제하였다.

오답 해설

② 경국대전 반포 → 성종
  조선의 기본 법전인 경국대전은 세조 때 편찬을 착수하여 성종 때 완성·반포하였다.
③ 악학궤범 편찬 → 성종
  성종 때 성현은 음악의 원리와 역사·악기·무용·의상 및 소도구까지 망라하여 궁중 음악을 집대성한 악학궤범을 편찬하였다.
④ 균역법 실시 → 영조
  영조 때 종전의 군적수포제에서 군포 2필을 부담하던 것을 1년에

군포 1필로 경감하는 균역법을 실시하여 군역의 부담을 줄이고자 하였다.

⑤ 직전법 실시 → 세조

세조 때에는 과전이 부족하여 현직 관리에게만 수조권을 지급하는 직전법을 실시하였다.

핵심노트 ▶ 4군 6진 개척(세종)
- 4군(압록강 유역) : 최윤덕 → 여연 · 우예 · 자성 · 무창
- 6진(두만강 유역) : 김종서 → 온성 · 종성 · 경원 · 부령 · 회령 · 경흥

PART 3 근세의 성립과 발전

기출테마 19 조선 전기 통치 체제 정비

01	②	02	④	03	③	04	②
05	②	06	①	07	④	08	④
09	⑤	10	②

01 홍문관의 기능

정답 ②

암기박사 사헌부, 사간원과 함께 3사 구성 ⇒ 홍문관(옥당)

정답 해설

홍문관은 조선 성종 때 집현전을 계승하여 설치된 학술 · 언론 기관으로 '옥당, 옥서'라는 별칭이 있다. 대제학, 부제학 등의 관직을 두었으며 사헌부, 사간원과 함께 3사로 불렸다.

오답 해설

① 수도의 행정과 치안 담당 → 한성부
   한성부는 수도의 행정과 치안을 담당하였으며 토지 및 가옥 소송도 관여하였다.
③ 을묘왜변 : 상설 기구화 → 비변사
   비변사는 왜구와 여진족을 대비한 임시 기구였으나, 명종 때 을묘왜변을 계기로 상설 기구화 되었다.
④ 왕의 비서 기관 : 왕명 출납 → 승정원
   승정원은 은대라고도 불렸으며, 왕의 비서 기관으로 왕명의 출납을 담당하였다.
⑤ 국왕 직속의 사법 기구 → 의금부
   의금부는 국가의 큰 죄인을 다스리는 국왕 직속의 사법 기관으로 반역죄, 강상죄 등을 처결하였다.

02 향교의 기능

정답 ④

암기박사 중앙에서 교수나 훈도 파견 ⇒ 조선 : 향교

정답 해설

제향 공간인 대성전, 강학 공간인 명륜당, 기숙사인 동재와 서재 등으로 구성된 조선 시대의 지방 교육 기관은 향교이다. 향교는 지방의 부 · 목 · 군 · 현에 하나씩 설립되었으며, 중앙에서 교수나 훈도를 파견하여 지방 관리와 서민의 자제들을 교육하였다. → 기술학부는 없고 유학만 교육

오답 해설

① **전문 강좌 7재 운영 → 고려 : 국자감**
고려 예종 때 관학 진흥을 위해 국자감에 전문 강좌인 7재를 운영하였다. ← 여택재, 대빙재, 경덕재, 구인재, 복응재, 양정재, 강예재

② **주세붕 최초 설립 → 조선 : 서원**
조선 중종 때 풍기 군수 주세붕이 안향의 봉사를 위해 최초의 서원인 백운동 서원을 설립하였다.

③ **입학 자격 : 생원, 진사 → 조선 : 성균관**
조선 시대의 국립대학인 성균관은 소과 합격자인 생원과 진사에게 입학 자격을 부여하였다.

⑤ **유학, 율학, 서학, 산학 교육 → 고려 : 국자감**
고려 시대 유학 교육을 위해 설립된 국립대학인 국자감에서는 유학을 비롯하여 율학, 서학, 산학을 교육하였다.

03 사간원의 기능

암기박사 사헌부, 홍문관과 함께 3사 구성 ⇒ 사간원

정답 ③

정답 해설

'미원'은 사간원의 별칭으로 간쟁과 논박을 담당하였다. 사간원은 사헌부, 홍문관과 함께 3사로 불렸으며, 5품 이하의 관원에 대해 서경권을 행사하였다. ← 인사 이동이나 법률 제정 등에서 대간의 서명을 받는 제도

오답 해설

① **왕명 출납 → 승정원**
승정원은 왕의 비서 기관으로 왕명의 출납을 관장하였으며, 은대라고도 불렸다.

② **수도의 행정과 치안 담당 → 한성부**
한성부는 수도의 행정과 치안을 담당하였으며 토지 및 가옥 소송도 관여하였다.

④ **실록 보관 및 관리 → 춘추관**
춘추관은 역사서를 편찬하고 실록을 보관 및 관리하는 업무를 맡았다.

⑤ **반역죄, 강상죄 처결 → 의금부**
의금부는 국왕 직속의 사법 기관으로 반역죄, 강상죄 등을 범한 중죄인을 다스렸다.

핵심노트 ▶ 조선의 중앙 관제

의정부	최고 관부, 삼정승이 국정 총괄
승정원	왕명을 출납하는 비서 기관
의금부	국가의 큰 죄인을 다스리는 기관
사헌부	감찰 탄핵 기관
사간원	언관으로서 왕에 대한 간쟁
홍문관	경연 관장, 문필·학술 기관, 고문 역할
한성부	수도의 행정과 치안 담당
춘추관	역사서 편찬과 보관 담당
예문관	국왕의 교서 관리
성균관	최고 교육 기관(국립대학)

04 승정원일기

암기박사 국왕의 비서 기관에서 작성 ⇒ 승정원일기

정답 ②

정답 해설

조선 시대 왕명의 출납, 행정 사무, 의례 등에 관해 기록한 일기는 승정원일기로 세계 기록 유산에 등재되어 있다. 승정원일기는 국왕의 비서 기관인 승정원에서 매일 취급한 문서와 사건 등을 작성하였다.

오답 해설

① **비국 등록 → 비변사 등록**
비변사 등록은 조선 중기 이후 비변사에서 논의·결정된 사항을 날마다 기록한 책으로 비국 등록이라고도 불렸다.

③ **세가, 지, 열전 등으로 구성 → 삼국사기, 고려사**
삼국사기, 고려사와 같은 기전체 역사서는 세가, 지, 열전 등으로 구성되어 있다.

④ **우리나라 최고(最古)의 역사서 → 삼국사기**
삼국사기는 고려 인종 때 김부식 등이 왕명을 받아 편찬한 현존하는 우리나라 최고(最古)의 역사서이다.

⑤ **정조가 세손 시절부터 쓴 일기 → 일성록**
조선의 역대 임금의 동정과 국정을 기록한 일기인 일성록은 조선 영조 때부터 기록되기 시작하였으며, 정조가 세손 시절부터 쓴 일기에서 유래하였다.

05 서원의 기능

암기박사 선현 제사, 유학 교육 ⇒ 서원

정답 ②

정답 해설

조선 중종 때 풍기 군수 주세붕이 처음 건립한 조선의 교육 기관은 서원으로, 흥선 대원군 때 정리되어 47곳만 남았다. 서원에서는 선현에 대한 제사와 유학 교육을 담당함으로써 향촌 사회를 교화하였다. ← 백운동 서원 : 최초의 사액 서원

오답 해설

①·④ **전국 군현에 모두 설치 : 교수·훈도 파견 → 향교**
향교는 조선 시대 지방의 국립 중등교육기관으로 전국의 모든 군현에 하나씩 설치되었으며, 중앙에서 교수나 훈도를 교관으로 파견하였다.

③ **전문 강좌 7재 운영 → 국자감**
고려 예종 때 관학 진흥을 위해 국자감에 전문 강좌인 7재가 설치되어 운영되었다. ← 여택재, 대빙재, 경덕재, 구인재, 복응재, 양정재, 강예재

⑤ **입학 자격 : 소과 합격자 → 성균관**
조선 시대 최고의 국립대학인 성균관은 소과에 합격한 생원, 진사에게 입학 자격이 부여되었다.

핵심노트 ▶ 조선 시대의 교육 기관

관학 국립 교육 기관	• 고등 교육 기관 : 국립대학인 성균관 • 중등 교육 기관 : 중앙의 4부 학당(4학)과 지방의 향교
사학 사립 교육 기관	• 서원 : 향음주례, 향촌 교화 • 서당 : 초등 교육을 담당한 사립 교육 기관

06 유향소

암기박사 좌수와 별감 운영 ⇒ 유향소

정답 ①

정답 해설

제시된 사료에서 지방의 수령을 보좌하여 교활한 아전을 억제시키고 향촌의 풍속을 유지시킨 기구는 유향소이다. 조선 시대의 유향소는 좌수와 별감을 선발하여 운영하던 향촌 자치 기구이다.

오답 해설

② 지방의 행정·사법·군사권 행사 → 수령
조선 시대의 지방관인 수령은 8도의 부, 목, 군, 현에 파견되어 지방의 행정·사법·군사권을 행사하였다.

③ 대간 : 사헌부, 사간원 → 서경권
대간(사헌부, 사간원)의 관리들은 5품 이하의 관원에 대한 서경권을 가졌다. → 인사 이동이나 법률 제정 등에서 대간의 서명을 받는 제도 : 왕권 견제

④ 사림의 건의로 혁파 → 소격서
소격서는 국가적 제사를 주관하기 위해 설치된 도교 기관으로, 중종 때 조광조를 비롯한 사림의 건의로 혁파되었다.

⑤ 중앙에서 교수와 훈도 파견 → 향교
향교는 조선 시대 지방의 국립 중등교육기관으로 지방의 부·목·군·현에 하나씩 설립되었으며, 중앙에서 교관인 교수나 훈도가 파견되었다.

핵심노트 ▶ 유향소

고려 말 ~ 조선 시대에 걸쳐 지방의 수령을 보좌하던 자문 기관이다. 고려 시대의 사심관에서 유래되었다. 조선 시대의 유향소는 자의적으로 만들어져 지방의 풍기를 단속하고 향리의 폐단을 막는 등 지방 자치의 면모를 보였는데, 태종 초에 지방 수령과 대립하여 중앙 집권을 저해하였으므로 태종 6년(1406)에 폐지되었다. 그러나 좀처럼 없어지지 않아 유향소를 폐지할 수 없게 되자 세종 10년(1428)에 재설치하면서, 이를 감독하기 위해 경재소를 강화하였다. 세조 13년(1467) 이시애의 난 당시 유향소의 일부가 가담했음이 드러나면서 다시 폐지되었지만 성종 19년(1488)에 부활하였다.

07 관찰사의 직무

암기박사 감사, 도백 : 수령 감독 ⇒ 관찰사

정답 ④

정답 해설 → 종2품, 외직의 장

조선 시대에는 각 도에 감사 또는 도백으로도 불리는 관찰사를 파견하였다. 관찰사는 관내 군현의 수령을 감독하고 근무 성적을 평가하였다.

오답 해설

① 간관 : 간쟁, 봉박 담당 → 사간원, 사헌부
사간원과 사헌부의 관원은 간관으로서 국왕에 대한 간쟁과 봉박을 담당하였다.

② 6조 직계제 실시 → 의정부 권한 약화
조선 태종은 6조 직계제를 처음 실시하여 의정부의 권한을 약화시키고 왕권을 강화하였다.

③ 호장, 기관, 장교, 통인 등으로 분류 → 향리
조선 시대의 향리는 우두머리인 호장, 지방 관청의 아전인 기관, 하급 군관인 장교, 지방 관청의 실무를 담당하던 통인 등으로 분류되었다.

⑤ 경재소 관장 및 유향소 품관 감독 → 정부 고관
정부의 고관들은 자기 출신지의 경재소를 관장하고 유향소 품관을 임명 및 감독하였다.

08 성균관의 입학 자격

암기박사 입학 자격 : 생원시, 진사시 합격자 ⇒ 성균관

정답 ④

정답 해설 → 유학의 강의실

대성전과 명륜당을 중심으로 구성되어 있는 조선 시대 교육 기관은 성균관이다. 성균관은 조선 시대 최고의 국립대학으로 생원시나 진사시의 합격자에게 입학 자격이 부여되었다.
→ 공자의 위패를 모시는 전각

오답 해설

① 전문 강좌 7재 운영 → 국자감
고려 예종 때 관학 진흥을 위해 국자감에 전문 강좌인 7재가 운영되었다. → 여택재, 대빙재, 경덕재, 구인재, 복응재, 양정재, 강예재

②·③ 부·목·군·현에 하나씩 설립 : 교수·훈도 파견 → 향교
향교는 조선 시대 지방의 국립 중등 교육 기관으로 전국의 부·목·군·현에 하나씩 설립되었으며, 중앙에서 교관인 교수나 훈도가 파견되어 지방 관리와 서민의 자제들을 지도하였다.

⑤ 외국어 교육 → 사역원
사역원은 외국에 가는 사신의 통역을 위해 한어, 왜어, 여진어 등 외국어 교육을 담당하였다.

09 사헌부의 역할

암기박사 수장 대사헌, 서경권 행사 ⇒ 사헌부

정답 ⑤

정답 해설

상대별곡의 '상대'는 관리를 감찰하고 풍속을 바로잡는 임무를 맡은 사헌부를 말한다. 사헌부의 수장은 대사헌으로 5품 이하의 관리 임명 과정에서 서경권을 행사하였다.
→ 인사 이동이나 법률 제정 등에서 대간의 서명을 받는 제도 : 왕권 견제

오답 해설

① 왕의 비서 기관 : 은대 → 승정원
조선 태종 때 독립된 기구로 개편된 승정원은 왕명의 출납을 맡은 왕의 비서 기관으로, 은대라고도 불렸다.

② 집현전 계승 : 옥당 → 홍문관
조선 성종 때 집현전의 학문 연구 기능을 계승하여 설치된 홍문관은 학술·언론 기관으로 옥당이라는 별칭이 있다.

③ 서얼 출신 : 검서관 등용 → 규장각
조선 정조 때 박제가, 이덕무, 유득공 등의 서얼 출신 학자들이 규장각 검서관에 등용되었다. → 규장각 각신의 보좌, 문서 필사 등의 업무를 맡은 관리

④ 임진왜란 : 국정 최고 기구 → 비변사
조선 중종 때 외적에 대비하기 위해 비변사가 처음으로 설치되었으며, 임진왜란을 거치면서 국정 전반을 총괄하는 국정 최고 기구로 성장하였다.

245

10 조선 시대 지방관

암기박사
(가) 지방의 행정·사법·군사권 행사 ⇒ 수령
(나) 지방 관아의 행정 실무 담당 ⇒ 향리

정답 ②

정답 해설

- (가) **수령** : 조선 시대의 지방관인 수령은 8도의 부, 목, 군, 현에 파견되어 지방의 행정·사법·군사권을 행사하였으며, 임기는 1,800일(5년)이고 원칙적으로 상피제의 적용을 받았다. → 자기 출신지로의 부임 금지

- (나) **향리** : 지방 관아의 행정 실무를 담당한 조선 시대의 향리는 수령을 보좌하는 세습적 아전으로 격하되어 외역전도 지급받지 못하고 직무를 수행하였다. → 고려 시대 향리에게 지급되었던 토지

오답 해설

① 단안에 등재 → 향리
   군현에서 향리를 임용할 때에는 이족 명부인 단안의 등재자 중에서 임명하였다. → 벼슬아치의 이름, 생년월일, 출신 등을 기록한 책

③ 감사, 도백 : 수령 감찰 → 관찰사
   조선 시대에는 각 도에 감사 또는 도백으로도 불리는 관찰사를 보내 관할 고을의 수령을 감독하였다. → 종2품, 외직의 장

④ 장례원에서 관리 → 노비
   장례원은 노비 문서 및 노비 범죄를 관장하는 기관으로, 이를 통해 노비가 국가의 관리를 받았다.

⑤ 문과 → 귀족, 향리 / 잡과 → 농민
   문과(제술과·명경과)에는 주로 귀족과 향리의 자제가 응시하였고, 잡과에는 주로 농민이 응시하였다. → 법률·회계·지리·의약 등 실용 기술학을 시행하여 기술관 선발

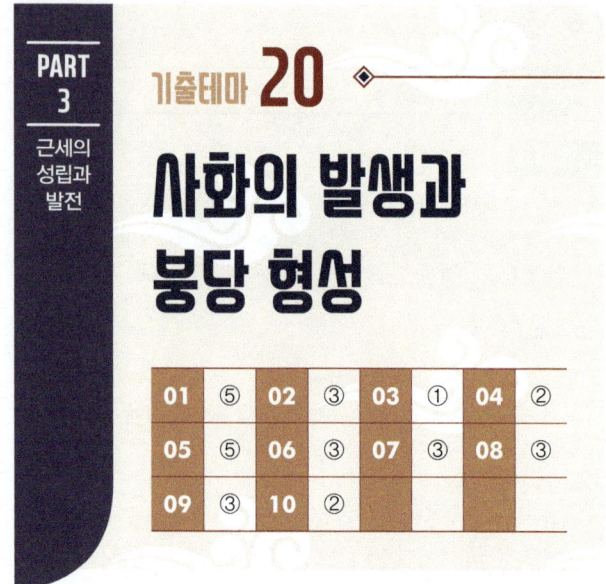

PART 3 근세의 성립과 발전
기출테마 20
사화의 발생과 붕당 형성

01	⑤	02	③	03	①	04	②
05	⑤	06	③	07	③	08	③
09	③	10	②				

01 조선 연산군 재위 시기의 사실

암기박사 김종직 : 조의제문 ⇒ 연산군 : 무오사화

정답 ⑤

정답 해설

폐비 윤씨 사사 사건을 빌미로 신하들을 숙청하는 등 폭정을 자행하다 반정으로 폐위된 왕은 조선 연산군이다. 연산군 때 김종직이 지은 조의제문을 김일손이 사초에 올린 일이 발단이 되어 무오사화가 일어났고 김일손 등이 피해를 입었다. → 항우에게 왕위를 빼앗기고 죽은 초나라 의제를 기리는 내용을 통해 단종에게서 왕위를 빼앗은 세조를 비난한 글

오답 해설

① 남이 장군 처형 → 조선 예종
   조선 예종 때 역모를 꾀했다는 유자광의 고변을 계기로 남이 장군이 처형되었다.

② 송시열 사사 → 조선 숙종
   조선 숙종 때 희빈 장씨 소생의 원자 책봉 문제로 기사환국이 발생하여 송시열이 관직을 삭탈당하고 유배된 후 사사되었다.

③ 윤임 제거 → 조선 명종
   조선 명종 때 외척 간의 권력 다툼으로 인종의 외척 세력인 대윤파 윤임이 명종을 옹립한 소윤파에 의해 제거되었다.

④ 조광조 축출 → 조선 중종
   조선 중종 때 위훈 삭제 등 조광조의 급격한 개혁에 훈구 세력이 주초위왕의 모략을 꾸민 기묘사화로 인해 조광조 일파를 축출하였다.

02 조선 시대 붕당 정치

암기박사 이언적과 이황의 제자들 ⇒ 남인

정답 ③

정답 해설
→ 왕세자를 세우는 일

선조 때 정철이 왕세자 책봉 문제에 관한 건저 상소 사건으로 실각하자, 동인 내부에서 정철의 처리를 놓고 이를 온건하게 처리하려는 남인과 강경하게 처리하려는 북인으로 나뉘었다. 당시 남인의 주도 세

력이었던 류성룡이 서울의 남산 부근에 살았고 영남 출신이었기 때문에 남인이라 불렸으며, 이언적과 이황의 제자들이 주류를 이루었다.

오답 해설

① 광해군 : 국정 주도 → 북인
광해군 때에 북인은 적극적 사회·경제 정책을 펴고 광해군의 중립 외교를 지지하였으며, 서인과 남인을 배제하고 국정을 이끌었다.

② 경신환국 : 남인 숙청 → 서인
허적의 서자 허견 등이 역모를 꾀했다 고발하여 남인을 대거 숙청한 서인이 경신환국으로 정권을 장악하였다.

④ 기해예송 : 기년복 주장 → 서인
효종 사망 시 자의대비의 복제를 두고 서인과 남인 간에 벌어진 기해예송에서 서인은 자의대비의 기년복을 주장하였다.

⑤ 기축옥사 주도 → 서인
선조 때 정여립 모반 사건이 계기가 되어 권력을 잡은 서인은 동인에 대한 기축옥사를 주도하였다.
→ 동인은 온건파인 남인과 급진파인 북인으로 분당

핵심노트 ▶ 학파의 형성과 분화

- 학파의 형성 : 서경덕 학파, 이황 학파, 조식 학파가 동인을 형성하고 이이 학파, 성혼 학파가 서인을 형성
- 동인은 정여립 모반 사건 등을 계기로 이황 학파의 남인과, 서경덕 학파와 조식 학파의 북인으로 분화
- 서인은 송시열, 이이 등의 노론과 윤증, 성혼 등의 소론으로 분화

03 을사사화

암기박사 위훈삭제(중종) ⇒ 을사사화(명종) ⇒ 붕당정치(선조)

정답 ①

정답 해설

(가) 조광조 : 위훈삭제 → 중종
조광조는 중종 반정의 공신 대다수가 거짓 공훈으로 공신에 올랐다고 위훈 삭제를 주장하며 그들의 관직을 박탈하려 하였다. → 훈구 세력의 불만을 야기해 기묘사화 발생

- 을사사화 : 윤임 제거 → 명종
명종을 옹립한 소윤파 윤원로·윤원형 형제가 인종의 외척 세력인 대윤파 윤임 등을 축출하면서 외척 간의 권력 다툼인 을사사화가 발생하였다.

(나) 사림의 붕당 → 선조
선조 때 언론 삼사 요직의 인사권과 추천권을 가진 이조 전랑 임명권을 둘러싸고 동인인 김효원과 서인인 심의겸의 대립으로 사림이 동인과 서인으로 나뉘며 붕당 정치가 시작되었다.

오답 해설

② 무오사화 → 연산군 → 항우에게 왕위를 빼앗기고 죽은 초나라 의제를 기리는 내용을 통해 단종에게서 왕위를 빼앗은 세조를 비난한 글
연산군 때에 김종직이 지은 조의제문을 김일손이 사초에 올린 일이 발단이 되어 김일손 등이 화를 입었다.

③ 탕평비 건립 → 영조
영조 때에 붕당의 폐해를 경계하기 위한 탕평비가 성균관 입구에 건립되었다.

④ 기사환국 → 숙종
숙종 때에 희빈 장씨 소생의 원자 책봉 문제로 기사환국이 발생하여 서인을 유배·사사하고 인현왕후를 폐비시켰다. → 남인 재집권

⑤ 갑자사화 → 연산군
연산군의 친모인 폐비 윤씨 사사 사건의 전말이 알려져 김굉필 등이 처형되는 갑자사화가 발생하였다.

핵심노트 ▶ 4대 사화

무오사화 (연산군, 1498)	사초에 올린 김종직의 조의제문이 발단 → 김일손 등의 사림파 몰락
갑자사화 (연산군, 1504)	연산군이 친모 윤씨의 폐비사건을 보복 → 일부 훈구파와 사림파의 피해
기묘사화 (중종, 1519)	위훈 삭제 등 조광조의 급격한 개혁에 대한 반발 → 주초위왕의 모략으로 조광조 등 사림파 몰락
을사사화 (명종, 1545)	명종을 옹립한 유원형의 소윤파와 인종의 외척 세력인 윤임의 대윤파간 대립 → 윤임의 대윤파가 축출됨

04 인조반정

암기박사 계축옥사 ⇒ 인조반정 ⇒ 이괄의 난

정답 ②

정답 해설 → 반역, 살인 따위의 크고 중대한 범죄를 다스림, 또는 그 사건

(가) 계축옥사(1613) : 광해군 때 대북파가 영창대군을 왕으로 옹립하려는 반란을 꾀했다는 구실로 반대파 세력을 제거하기 위해 벌인 옥사이다.

- 인조반정(1623) : 인목대비를 유폐하고 영창대군을 살해하는 광해군의 폐모살제 사건을 계기로 서인이 반정을 일으켜 정권을 장악하였다.

(나) 이괄의 난(1624) : 인조반정을 주도한 서인은 광해군을 축출하고 정권을 장악하였으나, 이때 공신 책봉에 불만을 품은 이괄의 반란 세력이 도성을 장악하였다.

오답 해설

① 장용영 : 국왕의 친위 부대 → 정조
조선 정조 때 국왕의 친위 부대인 장용영이 조직되어 한양에는 내영, 수원 화성에는 외영을 두었다.

③ 정여립 모반 사건 : 기축옥사 → 선조
조선 선조 때 정여립 모반 사건이 계기가 되어 권력을 잡은 서인에 의해 동인에 대한 기축옥사가 발생하였다.

④ 경신환국 : 남인 축출 → 숙종 → 동인은 온건파인 남인과 급진파인 북인으로 분당
숙종 때 서인이 허적의 서자 허견 등이 역모를 꾀했다 고발하여 허적과 윤휴 등 남인들이 대거 축출되고 서인이 집권하였다.

⑤ 예송 논쟁 : 자의 대비의 복상 문제 → 현종
현종 때에는 자의 대비의 복상 문제를 둘러싸고 서인과 남인 사이에 두 차례에 걸쳐 예송이 전개되었다. → 기해예송, 갑인예송

핵심노트 ▶ 광해군의 정치와 인조반정

- 중립 외교 : 명과 후금 사이에서 중립 외교 전개, 전후 복구 사업 추진
- 북인의 독점 : 광해군의 지지 세력인 북인은 서인과 남인 등을 배제
- 인조반정(1623) : 폐모살제 사건, 재정 악화, 민심 이탈 등을 계기로 발발한 인조 반정으로 몰락 → 인목대비 유폐, 영창대군 살해

247

05 기묘사화의 원인

암기박사 조광조 : 위훈 삭제 ⇒ 기묘사화

정답 ⑤

정답 해설

소격서 폐지와 현량과 실시를 추진한 인물은 정암 조광조이다. 조선 중종 때 중종반정의 공신 대다수가 거짓 공훈으로 공신에 올랐다 하여 그들의 관직을 박탈하려 한 조광조의 위훈 삭제는 훈구 세력의 반발을 샀고, 주초위왕의 모략을 꾸며 조광조 일파가 축출되는 기묘사화가 일어났다. → 주(走)와 초(肖)를 합치면 조(趙)가 되므로, 조씨 성을 가진 사람이 왕이 된다는 뜻

오답 해설

① 김종직 : 조의제문 → 무오사화 → 항우에게 왕위를 빼앗기고 죽은 초나라 의제를 기리는 내용을 통해 단종에게서 왕위를 빼앗은 세조를 비난한 글
   연산군 때에 김종직이 지은 조의제문을 김일손이 사초에 올린 일이 발단이 되어 김일손 등이 처형되었다.

② 서인의 정권 장악 → 인조반정
   인목대비를 유폐하고 영창대군을 살해하는 광해군의 폐모살제 사건을 계기로 서인이 반정을 일으켜 정권을 장악하는 계기가 되었다.

③ 윤임 일파 제거 → 을사사화
   외척 간의 세력 다툼인 을사사화는 명종을 옹립한 소윤파 윤원로·윤원형 형제에 의해 인종의 외척 세력인 윤임 일파가 제거되는 결과를 가져왔다.

④ 성삼문 : 사육신 → 단종 복위 운동
   성삼문 등의 사육신이 세조의 왕위 찬탈에 저항하여 단종 복위를 꾀하다 처형되었다. → 성삼문, 이개, 박팽년, 하위지, 유성원, 유응부

06 4대 사화

암기박사 무오사화 ⇒ 갑자사화 ⇒ 기묘사화 ⇒ 을사사화

정답 ③

정답 해설 → 항우에게 왕위를 빼앗기고 죽은 초나라 의제를 기리는 내용을 통해 단종에게서 왕위를 빼앗은 세조를 비난한 글

(나) 무오사화(연산군, 1498) : 연산군 때에 김종직이 지은 조의제문을 김일손이 사초에 올린 일이 발단이 되어 김일손 등이 처형되었다.

(가) 갑자사화(연산군, 1504) : 연산군의 친모인 폐비 윤씨 사사 사건의 전말이 알려져 김굉필 등이 처형되는 등 관련자들이 화를 입었다.

(라) 기묘사화(중종, 1519) : 중종 때 위훈 삭제 등 조광조의 급격한 개혁은 공신(훈구 세력 등)의 반발을 샀는데, 남곤·심정 등의 훈구파는 주초위왕의 모략을 꾸며 조광조·김정·김식·정구·김안국 등 사림파 대부분을 제거하였다. → 주(走)와 초(肖)를 합치면 조(趙)가 되므로, 조씨 성을 가진 사람이 왕이 된다는 뜻

(다) 을사사화(명종, 1545) : 명종을 옹립한 소윤파 윤원로·윤원형 형제가 인종의 외척 세력인 대윤파 윤임 등을 축출하면서 외척 간의 권력 다툼이 발생하였다.

07 중종반정

암기박사 무오사화 ⇒ 중종반정 ⇒ 기묘사화

정답 ③

정답 해설 → 항우에게 왕위를 빼앗기고 죽은 초나라 의제를 기리는 내용을 통해 단종에게서 왕위를 빼앗은 세조를 비난한 글

(가) 무오사화(1498) : 연산군 때에 김종직이 지은 조의제문을 김일손이 사초(史草)에 올린 일이 발단이 되어 김일손 등이 처형되는 무오사화가 발생하였다.

• 중종반정(1506) : 두 차례의 사화와 폭정으로 중종반정이 일어나 연산군이 폐위되고 중종이 왕위에 올랐다.

(나) 기묘사화(1519) : 중종 때 위훈 삭제 등 조광조의 급격한 개혁은 공신(훈구 세력 등)의 반발을 샀는데, 남곤·심정 등의 훈구파는 주초위왕의 모략을 꾸며 조광조·김정·김식·정구·김안국 등 사림파 대부분을 재거하였다. → 주(走)와 초(肖)를 합치면 조(趙)가 되므로, 조씨 성을 가진 사람이 왕이 된다는 뜻

오답 해설

① 양재역 벽서 사건 → 명종
   명종 때 소윤인 윤원형 일파가 대윤인 윤임 일파의 남은 세력을 없애기 위해 벽서를 조작한 양재역 벽서 사건으로 이언적 등이 화를 입었다.

② 사림의 붕당 → 선조
   선조 때 언론 삼사 요직의 인사권과 추천권을 가진 이조 전랑 임명권을 둘러싼 대립으로 사림이 동인과 서인으로 나뉘며 붕당 정치가 시작되었다.

④ 단종 복위 운동 → 세조 → 성삼문, 이개, 박팽년, 하위지, 유성원, 유응부
   세조 때 성삼문 등의 사육신이 세조의 왕위 찬탈에 저항하여 상왕인 단종 복위를 꾀하다 처형되었다.

⑤ 이괄의 난 → 인조
   인조반정을 주도한 서인은 광해군을 축출하고 정권을 장악하였으나, 이때 공신 책봉에 불만을 품고 이괄이 반란을 일으켰다.

08 조광조의 개혁 정치

암기박사 갑자사화(연산군) ⇒ 현량과 시행(중종) ⇒ 을사사화 (명종)

정답 ③

정답 해설

(가) 갑자사화(1504) : 연산군의 친모인 폐비 윤씨 사사 사건의 전말이 알려져 김굉필 등이 처형되는 등 관련자들이 화를 입었다.

• 현량과 시행(1519) : 조선 중종 때 조광조는 신진 인사를 등용하기 위해 천거제의 일종인 현량과를 시행하였다.

(나) 을사사화(1545) : 명종을 옹립한 소윤파 윤원로·윤원형 형제가 인종의 외척 세력인 대윤파 윤임 등을 축출하면서 외척 간의 권력 다툼이 발생하였다.

오답 해설

① 숙종 : 경신환국 → (나) 이후
   숙종 때 서인이 허적의 서자 허견 등이 역모를 꾀했다 고발하여 허적과 윤휴 등 남인들이 대거 축출되었다(1680).

② 선조 : 기축옥사 → (나) 이후
   조선 선조 때 정여립 모반 사건으로 권력을 잡은 서인은 동인에 대한 기축옥사를 주도하였다(1589).

④ 연산군 : 무오사화 → (가) 이전 → 항우에게 왕위를 빼앗기고 죽은 초나라 의제를 기리는 내용을 통해 단종에게서 왕위를 빼앗은 세조를 비난한 글
   연산군 때에 김종직이 지은 조의제문을 사초에 올린 일이 발단이 되어 김일손 등이 처형되었다(1498).

⑤ 영조 : 탕평비 건립 → (나) 이후
   조선 영조 때 붕당의 폐해를 경계하기 위해 성균관 입구에 탕평비가 건립되었다(1742).

핵심노트 ▶ 조광조의 개혁 정치

- **현량과(천거과) 실시** : 천거제의 일종인 현량과를 통해 사림을 대거 등용
- **위훈 삭제** : 중종반정의 공신 대다수가 거짓 공훈으로 공신에 올랐다 하여 그들의 관직을 박탈하려 함 → 훈구 세력의 불만을 야기해 기묘사화 발생
- **이조 전랑권 형성** : 이조 · 병조의 전랑에게 인사권과 후임자 추천권 부여
- 도학 정치를 위한 성학군주론 주장 → 경연 및 언론 활성화를 주장
- 공납제의 폐단을 지적하고 대공수미법 주장
- 균전론을 내세워 토지소유의 조정(분배)과 1/10세를 제시
- 향촌 자치를 위해 향약의 전국적 시행을 추진
- **불교 · 도교 행사 금지** : 승과제도 및 소격서 폐지
- 주자가례를 장려하고 유교 윤리 · 의례의 보급을 추진
- 소학의 교육과 보급운동을 전개 → 이를 통해 유교적 가치를 강조하고 지주전호제를 옹호
- 언문청을 설치하여 한글 보급
- 유향소 철폐를 주장

09 조선 시대 문신 김종직

정답 ③

암기박사 무오사화의 발단 : 조의제문 ⇒ 김종직

정답 해설

연산군 때에 김종직이 지은 조의제문을 김일손이 사초에 올린 일을 문제 삼아 유자광 · 윤필상 등의 훈구파가 김일손 · 김굉필 등의 사림파를 제거하는 무오사화가 발생하였다.

오답 해설

① **갑술환국 → 남인 축출**
  조선 숙종 때 폐비 민씨의 복위 운동을 저지하려던 남인이 축출되고 서인의 노론과 소론이 정국을 주도하는 갑술환국이 전개되었다.
② **위훈 삭제 주장 → 조광조**
  조선 중종 때 조광조는 반정 공신의 위훈 삭제를 주장하다 주초위왕 사건으로 축출되었다. → 주(走)와 초(肖)를 합치면 조(趙)가 되므로, 조씨 성을 가진 사람이 왕이 된다는 뜻
④ **색경 : 농사 해설서 → 박세당**
  박세당은 농사 전반에 걸친 해설서로, 농가집성을 비판 · 보완한 색경을 저술하여 농업 기술 발전에 이바지하였다.
⑤ **양명학 연구 : 강화 학파 형성 → 정제두**
  정제두는 성리학을 비판하고 지행합일의 실천성을 강조하는 양명학을 연구하여 강화 학파 형성의 기초를 마련하였다.

핵심노트 ▶ 조의제문

김종직이 항우에게 왕위를 빼앗기고 죽은 초나라 의제를 기리는 내용을 통해 단종에게서 왕위를 빼앗은 세조를 비난한 글

10 조광조의 위훈 삭제

정답 ②

암기박사 조광조 : 위훈 삭제 ⇒ 기묘사화

정답 해설

제시된 사료는 조선 중종 때 중종 반정의 공신 대다수가 거짓 공훈으로 공신에 올랐다 하여 그들의 관직을 박탈하려 한 조광조의 위훈 삭제의 내용이다. 이러한 조광조의 급격한 개혁은 공신들의 반발을 샀고, 주초위왕의 모략을 꾸민 남곤 등의 고변으로 조광조 일파가 축출되는 기묘사화가 일어났다. → 주(走)와 초(肖)를 합치면 조(趙)가 되므로, 조씨 성을 가진 사람이 왕이 된다는 뜻

오답 해설

① **정여립 모반 사건 → 기축옥사**
  선조 때 정여립 모반 사건이 계기가 되어 권력을 잡은 서인은 동인에 대한 기축옥사를 주도하였다.
③ **이언적 유배 → 양재역 벽서사건** → 동인은 온건파인 남인과 급진파인 북인으로 분당
  명종 때 소윤인 윤원형 일파가 대윤인 윤임 일파의 남은 세력을 없애기 위해 벽서를 조작한 양재역 벽서 사건으로 이언적 등이 화를 입었다.
④ **조의제문이 발단 → 무오사화** → 항우에게 왕위를 빼앗기고 죽은 초나라 의제를 기리는 내용을 통해 단종에게서 왕위를 빼앗은 세조를 비난한 글
  연산군 때에 김종직이 지은 조의제문을 김일손이 사초에 올린 일이 발단이 되어 김일손 등이 처형되는 무오사화가 발생하였다.
⑤ **인조반정 : 공신 책봉에 불만 → 이괄의 난**
  인조반정을 주도한 서인은 광해군을 축출하고 정권을 장악하였으나, 이때 공신 책봉에 불만을 품고 이괄이 반란을 일으켰다.

PART 3 근세의 성립과 발전

기출테마 21 조선 전기의 대외 관계

01	③	02	①	03	④	04	①
05	①	06	①	07	④	08	③
09	③	10	④				

01 정묘호란의 발발

🏷️ **암기박사** 중립외교 ⇒ 정묘호란 ⇒ 삼전도 굴욕   정답 ③

정답 해설

- **중립외교(1619)** : 광해군 때에 명의 요청에 따라 강홍립이 이끄는 부대가 파병되었으나, 광해군은 명과 후금 사이에서 중립 외교 정책을 추진하여 강홍립을 후금에 투항하도록 하였다(1619).
- **(가) 정묘호란(1627)** : 인조 때 후금이 침입하여 정묘호란이 발발하자 정봉수와 이립이 의병을 이끌고 용골산성에서 항전하였다.
- **삼전도 굴욕(1637)** : 조선 인조 때 청이 군신 관계를 요구하며 침입하자 인조는 남한산성으로 피난하였지만 결국 삼전도(지금의 송파)에서 굴욕적인 강화를 맺는다.

오답 해설

① **나선 정벌 : 조총 부대 동원 → 조선 효종**
조선 효종 때 청과 러시아 간 국경 충돌로 청이 원병을 요청하자 나선 정벌에 조총 부대가 동원되었다.

② **권율 : 행주대첩 → 조선 선조**
조선 선조 때 발발한 임진왜란 당시 조·명 연합군의 공격으로 평양성을 뺏기고 한양으로 퇴각하던 왜군을 권율이 행주산성에서 격퇴하였다.

④ **청의 인질 : 소현 세자, 봉림 대군 → 조선 인조**
병자호란 후 인조는 결국 삼전도에서 굴욕적인 강화를 맺었고 소현 세자와 봉림 대군 등이 청에 인질로 끌려갔다.

⑤ **삼포왜란 : 비변사 설치 → 조선 중종**
조선 중종 때 삼포왜란을 계기로 외적의 침입에 대비하고자 임시 기구인 비변사가 처음 설치되었다.

👉 **핵심노트** ▶ 정묘호란(인조 5, 1627)

- **원인** : 이괄의 난(1624)으로 난의 주모자 한명련이 처형되자 그 아들이 후금으로 도망하여 인조 즉위의 부당성과 친명배금에 대한 조선 정벌을 요청
- **후금의 침략** : 평안도 의주를 거쳐 황해도 평산에 이름, 인조는 강화도로 피난
- **의병의 항쟁** : 철산 용골산성의 정봉수와 의주의 이립 등이 기병하여 관군과 합세

- **강화** : 후금의 군대는 보급로가 끊어지자 강화를 제의 → 후금의 목표는 대륙의 장악에 있었으므로 쉽게 화의
- **정묘약조 체결** : 형제의 맹약, 군대 철수, 조공의 약속 등 → 명과의 계속적인 외교는 허용됨

02 효종의 나선정벌

🏷️ **암기박사** 나선 정벌 : 조총 부대 파견 ⇒ 효종   정답 ①

정답 해설

청에 볼모로 끌려갔다 돌아온 왕자는 봉림 대군(효종)으로, 왕위에 오른 후 청을 정벌하자는 북벌 운동을 추진하였으나 큰 성과를 거두지는 못하였다. 효종은 러시아의 남하로 청과 러시아 간 국경 충돌이 발생하자 청의 원병 요청으로 나선 정벌에 조총 부대를 파견하였다.

오답 해설

② **장용영 설치 → 정조**
정조는 왕의 친위 부대인 장용영을 설치하여 한양에는 내영, 수원 화성에는 외영을 두었다.

③ **백두산정계비 건립 → 숙종**
숙종은 청의 요구로 조선과 청의 경계를 정한 백두산정계비를 세워, 동쪽으로 토문강과 서쪽으로 압록강을 경계로 삼았다.

④ **동국문헌비고 편찬 → 영조**
영조 때 홍봉한 등이 역대 문물을 정리한 한국학 백과사전인 동국문헌비고를 편찬하였다.

⑤ **수신전 · 휼양전 폐지 → 세조** → 관료 사망 후 그의 자녀가 어려서 때 세습되는 과전
세조 때 수조권이 세습되던 수신전과 휼양전을 폐지하고 직전법을 시행하여 현직 관리에게만 과전을 지급하였다.
→ 토지로부터 조세를 거둘 수 있는 권리   → 관료 사망 후 그의 처에게 세습되는 과전

👉 **핵심노트** ▶ 나선 정벌

- **배경** : 러시아의 남하로 청과 러시아 간 국경 충돌이 발생하자 청이 원병을 요청
- **제1차 나선 정벌(효종 5, 1654)** : 헤이룽강(흑룡강) 유역에 침입한 러시아군을 변급이 격퇴
- **제2차 나선 정벌(효종 9, 1658)** : 헤이룽강 유역에서 신유가 조총군을 이끌고 러시아군을 격퇴

03 임진왜란의 전개 과정

🏷️ **암기박사** 송상현 : 동래성 전투 ⇒ 신립 : 탄금대 전투   정답 ④

정답 해설

임진왜란 초기 송상현 부사가 동래성 전투에서 항전하였으나 부산 일대가 왜구에 의해 함락되었다. 이후 왜군이 파죽지세로 쳐들어오자 도순변사 신립이 충주 탄금대에서 배수의 진을 치고 항전하였다(1592. 4).

오답 해설

① **김시민 → 진주 대첩(1592. 10)**
진주 목사인 김시민과 3,800명의 조선군이 약 2만에 달하는 왜군에 맞서 진주성을 지켜낸 싸움이다. 이 싸움에서의 승리로 조선은 경상도 지역을 보존할 수 있었고 왜군은 호남을 넘보지 못하게 되었다.

② **조·명 연합군 → 평양성 탈환(1593. 1)**
임진왜란 때 명나라는 일본의 정명가도에 대한 자위책으로 참전

하였고, 조·명 연합군이 평양성을 탈환하였다.
③ 이순신 → 한산도 대첩(1592. 7)
이순신의 한산도 대첩은 왜군의 수륙 병진 정책을 좌절시킨 싸움으로, 지형적 특징과 학익진을 이용하여 왜군을 섬멸하였다.
⑤ 권율 → 행주 대첩(1593. 2)
벽제관에서의 승리로 사기가 충천해 있던 왜군에 대항하여 권율이 행주산성을 지켜낸 싸움으로, 부녀자들까지 동원되어 돌을 날랐다는 이야기로 유명하다.

핵심노트 ▶ 임진왜란의 주요 전투

충주 탄금대 전투(1592. 4) → 한산도 대첩(1592. 7) → 진주 대첩 (1592. 10) → 평양성 탈환(1593. 1) → 행주 대첩(1593. 2) → 명량 대첩(1597. 9) → 노량해전(1598. 11)

04 조선 시대 대일 정책

암기박사 통신사 파견, 동평관 설치 ⇒ 대일 정책

정답 ①

정답 해설

ㄱ. 통신사 파견 : 임진왜란 이후 에도 막부의 국교 재개 요청으로 조선은 19세기 초까지 12회에 걸쳐 통신사를 파견하여 조선의 선진 문물을 일본에 전파하였다.
ㄴ. 동평관 설치 : 조선 태종은 일본 사신이 와서 머물던 숙소인 동평관을 한성에 설치하고 일본과의 무역을 허용하였다.

오답 해설 → 정월 초하루에 보내는 사신
　　　　　　　→ 황제의 탄신일에 보내는 사신

ㄷ. 하정사, 성절사, 동지사 → 명·청에 보낸 사절단
조선은 건국 직후부터 명·청에 매년 정기적 또는 부정기적으로 하정사, 성절사, 동지사 등으로 불리는 사절단을 파견하였다.
ㄹ. 어윤중 : 서북 경략사 → 청　　　→ 동지에 보내는 사신
고종은 어윤중을 서북 경략사로 임명하여 청과의 국경, 무역, 국방에 관한 사무를 관장토록 하였다.

핵심노트 ▶ 조선 시대 일본과의 관계

1419 (세종 1)	쓰시마 섬 정벌	이종무
1426 (세종 8)	3포 개항	• 부산포(동래), 제포(진해), 염포(울산) • 개항장에 왜관 설치, 제한된 범위의 교역 허가
1443 (세종 25)	계해약조	제한된 조공 무역 허락 → 세견선 50척, 세사미두 200석, 거류인 60명
1510 (중종 5)	3포 왜란, 임시 관청으로 비변사 설치	임신약조 체결(1512) → 제포만 개항, 계해약조와 비교했을 때 절반의 조건으로 무역 허락
1544 (중종 39)	사량진 왜변	무역 단절, 일본인 왕래 금지
1547 (명종 2)	정미약조	세견선 25척, 인원 제한 위반 시 벌칙 규정의 강화
1555 (명종 10)	을묘왜변	국교 단절, 제승방략 체제로 전환, 비변사의 상설 기구화
1592 (선조 25)	임진왜란, 정유재란(1597)	비변사의 최고 기구화 → 왕권 약화 및 의정부·육조의 유명무실화 초래
1607~1811	통신사 파견 (12회)	국교 재개(1607), 조선의 선진 문화를 일본에 전파
1609 (광해군 2)	기유약조	국교 회복, 부산포에 왜관 설치 → 세견선 20척, 세사미두 100석

05 임진왜란

암기박사 임경업 : 백마산성 항전 ⇒ 병자호란

정답 ①

정답 해설

김시민이 진주성 전투에서 대승을 거두어 왜군의 보급로를 끊은 것은 임진왜란 때의 일이다. 한편, 임경업 장군이 청나라 군사의 침입을 막기 위해 민병대를 훈련시키고 백마산성에서 항전한 것은 병자호란 때이다.

오답 해설

② 조·명 연합군 : 평양성 탈환 → 임진왜란
임진왜란 때 명나라는 일본의 정명가도에 대한 자위책으로 참전하였고, 조·명 연합군이 평양성을 탈환하였다.
③ 권율 : 행주대첩 → 임진왜란
임진왜란 당시 조·명 연합군의 공격으로 평양성을 뺏기고 한양으로 퇴각하던 왜군을 권율이 행주산성에서 격퇴하였다.
④ 조헌 : 금산 전투 → 임진왜란
임진왜란 때 조헌은 전라도로 향하는 왜군을 막기 위해 금산에서 의병을 이끌고 활약하였다.
⑤ 이순신 : 한산도 대첩 → 임진왜란
임진왜란 때 이순신이 한산도 앞바다에서 지형적 특성과 학익진을 이용하여 왜군을 섬멸하였다.

06 임진왜란 이후의 정세

암기박사 임진왜란 ⇒ 쇄환사 : 사명대사 유정 파견

정답 ①

정답 해설

조선 선조 때 임진왜란이 발발하자 홍의 장군 곽재우가 경상도 의령에서 최초로 의병을 일으켰고, 조헌은 전라도로 향하는 왜군을 막기 위해 금산에서 의병을 일으켰다(1592). 임진왜란 이후 포로 송환을 위하여 사명대사 유정이 일본에 회답 겸 쇄환사로 파견되었다(1607). → 임진왜란 때 일본에 포로로 잡혀 간 동포를 데려오기 위해 파견되었던 사신

오답 해설

② 나세, 심부덕 : 진포 대첩 → 임진왜란 이전
고려 우왕 때 나세, 심덕부 등이 최무선이 만든 화약과 화포를 실전에서 처음으로 사용하여 진포에서 왜구를 격퇴하였다(1380).
③ 신숙주 : 해동제국기 저술 → 임진왜란 이전
조선 성종 때 신숙주는 통신사로 일본에 다녀와 일본의 지세와 국정 등을 기록한 해동제국기를 저술하였다(1471).
④·⑤ 삼포왜란 : 비변사 설치 → 임진왜란 이전
조선 중종 때 조선 정부의 통제에 반발하여 삼포왜란이 일어났고, 이를 계기로 외침에 대비하기 위한 임시 기구인 비변사가 설치되었다(1510).

07 훈련도감

암기박사 삼수병 : 포수, 사수, 살수 ⇒ 훈련도감

정답 ④

정답 해설

5군영 중 가장 먼저 설치된 군영은 훈련도감이다. 훈련도감은 유성룡의 건의로 임진왜란 중 왜군의 조총에 대응하고 국방력을 강화하기 위해 설치되었다. 훈련도감의 군인은 급료를 받는 직업군인으로 포수, 사수, 살수의 삼수병으로 편제되었다(1594).
→ 훈련도감 → 총융청 → 수어청 → 어영청 → 금위영

오답 해설

① 수원 화성 : 외영 → 장용영
  장용영은 조선 정조 때 설치된 왕의 친위 부대로 한양에는 내영, 수원 화성에는 외영을 두었다.
② 고려 2군 6위의 하나 → 응양군
  고려 시대의 중앙군은 2군 6위로, 2군 중 응양군은 용호군과 함께 궁성을 호위하는 국왕의 친위 부대였다.
③ 후금의 침입 대비 → 총융청, 수어청, 어영청
  후금과의 항쟁 과정에서 북한산성의 수비 군대인 총융청, 남한산성의 수비 군대인 수어청, 그리고 수도 방어 및 북벌의 본영인 어영청이 창설되었다.
⑤ 일본인 교관 초빙 → 별기군
  강화도 조약 체결 이후 개화 정책의 일환으로 무위영 아래 별도로 신식 군대인 별기군이 창설되었고, 일본인 교관을 초빙하여 군사 훈련을 받았다.

핵심노트 ▶ 훈련도감(1594)

- 설치 : 임진왜란 중 왜군의 조총에 대응하고 국방력을 강화하기 위해 유성룡의 건의에 따라 용병제를 토대로 설치 → 조선 후기 군제의 근간이 됨
- 편제 : 삼수병(포수·사수·살수)으로 편성
- 성격 : 장기간 근무하며 일정 급료를 받는 장번급료병, 직업 군인의 성격(상비군)
- 폐지 : 1881년에 별기군이 창설되어 신식 군대 체제가 이루어지자 그 다음해 폐지됨

08 조선 초 대명 정책

암기박사 정도전 : 요동 정벌 ⇒ 명나라

정답 ③

정답 해설

만력제(신종)는 명나라의 황제이고, 의주에 있는 의순관은 명나라 사신을 맞이하기 위한 역관이다. 조선 초기에 정도전은 명을 공략하기 위해 군사를 훈련시키고 군량미를 비축하는 등 요동 정벌을 추진하였다.

오답 해설

① 고려 정종 : 광군 조직 → 거란
  고려 정종은 거란의 침입에 대비하기 위하여 상비군인 광군을 창설하고 청천강에 배치하였다.
② 조선 태종 : 동평관 설치 → 일본
  조선 태종은 일본 사신이 와서 머물던 숙소인 동평관을 한성에 설치하고 일본과의 무역을 허용하였다.
④ 조선 광해군 : 기유 약조 → 일본
  임진왜란 이후 광해군 때 에도막부의 국교 재개 요청으로 기유약조를 체결하고 부산에 왜관을 설치하였다.
⑤ 조선 선조 : 쇄환사 파견 → 일본
  조선 선조는 임진왜란 때 포로 송환을 위하여 유정을 회답 겸 쇄환사로 일본에 파견하였다.

핵심노트 ▶ 조선 초 대명 정책

조선은 건국 초기에 영토 확장을 추진하였는데, 특히 정도전은 명을 공략하기 위해 군사를 훈련시키고 군량미를 비축하였다. 그러나 그가 이방원에게 살해되고 태조가 왕위에서 물러나면서 대명 정벌 계획은 좌절되었으며, 이후 조선과 명은 친선 관계를 유지하였다.

09 병자호란

암기박사 김준룡 : 광교산 전투 ⇒ 병자호란

정답 ③

정답 해설

조선 인조 때 청이 군신 관계를 요구하며 병자호란을 일으키자 인조는 결국 삼전도에서 굴욕적인 강화를 맺고 소현 세자와 봉림 대군 등을 청에 인질로 보냈다. 병자호란 당시 김준룡이 남한산성에 고립된 인조를 구하기 위해 근왕병을 이끌고 광교산에서 항전하였다.

오답 해설

① 이괄의 난 → 병자호란 이전
  인조반정을 주도한 서인은 광해군을 축출하고 정권을 장악하였으나, 이때 공신 책봉에 불만을 품은 이괄의 반란 세력이 도성을 장악하였다.
② 의병장 곽재우, 고경명 → 임진왜란
  임진왜란 당시 경상도 의령에서 곽재우가, 전라도 장흥에서 고경명 등이 거병하여 의병장으로 활약하였다.
④ 비변사 설치 → 삼포왜란
  조선 중종 때 삼포왜란을 계기로 외적의 침입에 대응하기 위해 임시 기구인 비변사가 처음 설치되었다.
⑤ 훈련도감 신설 → 임진왜란
  임진왜란으로 왜군의 조총에 대응하고 국방력을 강화하기 위해 포수, 살수, 사수의 삼수병으로 편제된 훈련도감이 신설되었다.

핵심노트 ▶ 병자호란(인조 14, 1636)

- 후금은 세력을 계속 확장하여 국호를 청으로 바꾸고 심양을 수도로 건국
- 인조의 계속적인 반청 정책 → 최명길, 이귀 : 외교적 교섭
- 청의 군신 관계 요구에 대해 주화론과 주전론이 대립 → 김상헌, 윤집, 오달제, 홍익한 : 청과 전쟁 불사
- 대세가 주전론으로 기울자 청은 다시 대군을 이끌고 침입
- 인조는 남한산성으로 피난, 45일간 항전하다 주화파 최명길 등과 함께 삼전도에서 굴욕적인 강화를 맺음
- 조선은 청과 군신 관계를 맺고, 명과의 외교를 단절
- 두 왕자와 강경 척화론자(김상헌, 홍익한·윤집·오달제의 삼학사)들이 인질로 잡혀감

10 임진왜란의 이해

암기박사 김시민 : 진주대첩 ⇒ 임진왜란

정답 ④

정답 해설

불랑기포라는 무기가 조·명 연합군이 일본군으로부터 평양성을 탈환하는 데 기여하였다고 설명하고 있으므로 임진왜란 때의 일이다.

임진왜란 당시 진주 목사 김시민이 왜군에 맞서 진주성에서 적군을 크게 물리쳤다.

오답 해설

① 김상용 순절 → 병자호란

김상용은 병자호란 때 봉림대군과 인평대군을 수행해 강화도에 피난을 하였으나 청에 의해 강화성이 함락되자 남문루에서 순절하였다.

② 정봉수 : 용골산성 항전 → 정묘호란

인조 때 후금이 침입하여 정묘호란이 발발하자 정봉수가 의병을 이끌고 용골산성에서 항전하였다.

③ 최영 : 왜구 토벌 → 홍산 전투

고려 우왕 때 왜구가 충남 내륙 지방까지 쳐들어오자 최영 장군이 군대를 이끌고 홍산 전투에서 큰 승리를 거두었다. ▶지금의 충남 부여 지역

⑤ 이종무 : 왜구 정벌 → 쓰시마 정벌

조선 세종 때 대일 강경책의 일환으로 이종무가 왜구의 근거지인 쓰시마(대마도)를 정벌하였다.

 핵심노트 ▶ 임진왜란의 3대첩

- **이순신의 한산도 대첩**(1592) : 왜군의 수륙 병진 정책을 좌절시킨 싸움이다. 지형적 특징과 학익진을 이용하여 왜군을 섬멸하였다.
- **김시민의 진주 대첩**(1592) : 진주 목사인 김시민과 3,800명의 조선군이 약 2만에 달하는 왜군에 맞서 진주성을 지켜낸 싸움이다. 이 싸움에서의 승리로 조선은 경상도 지역을 보존할 수 있었고 왜군은 호남을 넘보지 못하게 되었다.
- **권율의 행주 대첩**(1593) : 벽제관에서의 승리로 사기가 충천해 있던 왜군에 대항하여 행주산성을 지켜낸 싸움이다. 부녀자들까지 동원되어 돌을 날랐다는 이야기로 유명하다.

PART 3 근세의 성립과 발전

기출테마 22
조선 전기의 문화와 과학 기술

01	④	02	①	03	④	04	②
05	③	06	③	07	⑤	08	③
09	④	10	⑤				

01 조선 세종 재위 시기의 사실

암기박사 삼강행실도 편찬 ⇒ 세종   **정답** ④

정답 해설

박연이 궁중 음악인 아악을 정비한 것은 조선 세종 때의 일이다. 이 시기에 모범적인 충신, 효자, 열녀를 알리고 유교 윤리의 보급을 위해 삼강행실도가 편찬되었다.

오답 해설

① 이덕무 : 무예도보통지 → 조선 정조

조선 정조 때 이덕무, 박제가, 백동수 등이 왕명으로 훈련 교범인 무예도보통지를 간행하였다.

② 허준 : 동의보감 → 조선 광해군

조선 광해군 때 허준이 전통 한의학을 정리한 동의보감을 간행하여 의료 지식을 민간에 보급하였다.

③ 성현 : 악학궤범 → 조선 성종

조선 성종 때 성현이 궁중의 음악 이론 등을 집대성한 악학궤범을 완성하였다.

⑤ 서영보 : 만기요람 → 조선 순조

조선 순조 때 서영보, 심상규 등이 왕명으로 조선 후기의 군정, 재정의 내용을 정리한 만기요람을 편찬하였다.

핵심노트 ▶ 세종(1418~1450)의 문화 발전

- **활자 주조** : 경자자, 갑인자, 병진자, 경오자
- **한글 서적** : 용비어천가, 동국정운, 석보상절, 월인천강지곡
- 고려사, 육전등록, 치평요람, 역대병요, 팔도지리지, 효행록, 삼강행실도, 농사직설, 칠정산 내외편, 사시찬요, 총통등록, 의방유취, 향약집성방, 향약채취월령, 태산요록
- **관습도감 설치** : 박연으로 하여금 아악 · 당악 · 향악을 정리하게 함
- **불교 정책** : 5교 양종을 선교 양종으로 통합, 궁중에 내불당 건립
- **역법 개정** : 원의 수시력과 명의 대통력을 참고로 하여 칠정산 내편을 만들고 아라비아 회회력을 참조하여 칠정산 외편을 만듦
- **과학 기구 발명** : 측우기, 자격루(물시계), 앙부일구(해시계), 혼천의(천체 운행 측정기)

02 조선 전기의 과학 기술

암기박사 기기도설 : 거중기 설계 ⇒ 조선 후기

정답 ①

정답 해설

조선 후기 정조 때 다산 정약용은 기기도설을 참고하여 거중기를 설계하였고 수원 화성 축조 시 활용하였다.

오답 해설

② 향약집성방 간행 → 조선 전기
　조선 전기 세종 때 국산 약재와 치료법을 소개한 향약집성방이 간행되었다.

③ 칠정산 내편 편찬 → 조선 전기
　조선 전기 세종 때 중국의 수시력과 아라비아의 회회력을 참고로, 한양을 기준으로 한 역법서인 칠정산 내편이 편찬되었다.

④ 계미자, 갑인자 → 조선 전기
　계미자는 조선 전기 태종 때, 갑인자는 조선 전기 세종 때 주조된 금속 활자로 활판 인쇄술의 발달을 가져왔다.

⑤ 농사직설 편찬 → 조선 전기
　조선 전기 세종 때 정초 등이 우리나라 실정에 맞는 농법을 소개한 농사직설을 편찬하였다. *(우리나라 최초의 농서)*

03 분청사기

암기박사 분청사기 음각어문 편병 ⇒ 조선 전기 : 분청사기

정답 ④

정답 해설

회색의 태토 위에 맑게 거른 백토로 표면을 분장한 뒤 유약을 씌워 구운 도자기는 분청사기로 조선 전기에 많이 제작되었다. 음각어문 편병은 음각기법을 통해 물고기 무늬를 새긴 분청사기로, 국보 제178호로 지정되어 있다.

오답 해설

① 청자 상감운학문 매병 → 고려 상감 청자
　학과 구름을 상감기법으로 새겨 넣은 대표적인 고려 시대 상감 청자 매병이다.

② 백자 청화매죽문 항아리 → 조선 전기 : 청화 백자
　조선 전기에 제작된 청화 백자 항아리로 문양의 표현과 기법, 색·형태 면에서 아름다운 항아리이며 구도와 소재면에서 중국 명나라 청화 백자의 영향을 받았다.

③ 청자 참외 모양 병 → 고려 초기 : 순수 청자
　참외 모양을 본뜬 고려 시대의 청자 병으로 맑고 투명한 비취색 자기이다.

⑤ 삼채 향로 → 발해 *(납으로 만든 유약에 철·구리 등을 섞어 초록·노랑·갈색 등 세 가지 색깔이 함께 나오는 기법)*
　전이 달린 넓적한 화로 모양으로, 뚜껑에는 연기 구멍이 뚫려 있고 발받침은 세 마리 사자로 되어 있는 발해의 삼채 기법 향로이다.

> **핵심노트 ▶ 분청사기**
> - **제작 방식** : 청자에 백토의 분을 칠한 것으로 백색의 분과 안료로 무늬를 만들어 장식
> - **특징** : 안정된 모양과 소박하고 천진스러운 무늬가 어우러져 구김살 없는 우리의 멋을 잘 표현
> - **침체** : 16세기부터 세련된 백자가 본격적으로 생산되면서 생산이 감소

04 고려사

암기박사 세가, 열전, 지, 연표 등의 체제로 구성 ⇒ 고려사

정답 ②

정답 해설

고려 시대를 다룬 역사서로 조선 초부터 편찬하기 시작해 문종 대에 김종서, 정인지 등이 완성한 책은 고려사이다. 사마천이 저술한 사기의 범례를 본받아 편찬되었고 세가, 열전, 지, 연표 등의 체제로 구성되어 있다.

오답 해설

① 남북국이라는 용어 처음 사용 → 유득공 : 발해고
　유득공의 발해고는 발해를 북국, 신라를 남국으로 칭하며 남북국이라는 용어를 처음 사용하였다.

③ 고구려 건국 시조의 일대기 → 이규보 : 동명왕편
　이규보의 동명왕편은 고구려의 건국 시조인 동명왕의 일대기를 서사시 형태로 표현하였다.

④ 불교사 중심의 민간 설화 수록 → 일연 : 삼국유사
　일연의 삼국유사에는 단군부터 고려 말까지의 불교사를 중심으로 고대의 민간 설화 등이 수록되어 있다.

⑤ 단군 조선에서 고려까지의 역사 정리 → 서거정 : 동국통감
　동국통감은 단군 조선부터 고려 말까지의 역사를 다룬 통사로, 세조 때 편찬에 착수하였다가 완성하지 못한 것을 성종 때 서거정이 왕명으로 편찬하였다.

05 조선 성종 재위 기간의 사실

암기박사 성현 : 악학궤범 ⇒ 조선 성종

정답 ③

정답 해설

조선 성종 때 서거정을 비롯한 노사신, 양성지 등이 팔도지리지를 보완하여 각 지방의 산천, 인물, 풍속 등이 수록된 동국여지승람을 편찬하였다. 또한 이 시기에 성현은 음악의 원리와 역사 · 악기 · 무용 · 의상 및 소도구까지 망라하여 음악 이론을 집대성한 악학궤범을 간행하였다.

오답 해설

① 동의보감 완성 → 광해군
　광해군 때에 허준이 전통 한의학을 체계적으로 정리한 동의보감을 완성하여 의료 지식을 민간에 보급하였다.

② 동국문헌비고 편찬 → 영조
　영조 때 홍봉한 등은 한국학 백과사전인 동국문헌비고를 간행하여 역대 문물을 정리하였다.

④ 혼일강리역대국도지도 제작 → 태종
　태종 때 권근 · 김사형 · 이회 등에 의해 현존하는 동양 최고(最古)의 세계 지도인 혼일강리역대국도지도가 제작되었다.

⑤ 칠정산 내편 제작 → 세종
　세종 때 중국의 수시력과 아라비아의 회회력을 참고로, 한양을 기준으로 한 역법서인 칠정산 내편이 편찬되었다.

핵심노트 ▶ 조선 성종(1469~1494)

- **사림 등용** : 김숙자 · 김종직 등의 사림을 등용하여 의정부의 대신들을 견제 → 훈구와 사림의 균형을 추구
- **홍문관(옥당) 설치** : 학술 · 언론 기관(집현전 계승), 경서 및 사적관리, 문한의 처리 및 왕의 정치적 고문 역할
- **경연 중시** : 단순히 왕의 학문 연마를 위한 자리가 아니라 신하(정승, 관리)가 함께 모여 정책을 토론하고 심의
- **독서당(호당) 운영** : 관료의 학문 재충전을 위해 운영한 제도, 성종 때 마포의 남호 독서당, 중종 때 두모포에 동호 독서당이 대표적 → 교육 기관의 경비에 충당하기 위해 지급된 토지
- **관학의 진흥** : 성균관과 향교에 학전과 서적을 지급하고 관학을 진흥

- **유향소의 부활(1488)** : 유향소는 세조 때 이시애의 난으로 폐지(1488)되었으나 성종 때 사림 세력의 정치적 영향력 확대에 따라 부활됨
- **경국대전 반포(1485)** : 세조 때 착수해 성종 때 완성 · 반포
- **토지 제도** : 직전법 하에서 관수관급제를 실시해 양반관료의 토지 겸병과 세습, 수탈 방지
- **숭유억불책** : 도첩제 폐지 → 승려가 되는 길을 없앤 완전한 억불책
- **문물 정비와 편찬 사업** : 건국 이후 문물제도의 정비를 마무리하고, 경국대전, 삼국사절요, 고려사절요, 악학궤범, 동국통감, 동국여지승람, 동문선, 국조오례의 등을 편찬

06 퇴계 이황

암기박사 예안 향약 : 향촌 교화 ⇒ 퇴계 이황

정답 ③

정답 해설

성학십도를 지어 선조에게 바친 인물은 퇴계 이황으로 군주가 스스로 인격과 학문을 수양하기 위해 노력해야 함을 강조하였다. 그는 또한 경북 안동 예안 지방에 중국 여씨 향약을 모체로 한 예안 향약을 시행하여 향촌 교화를 위해 노력하였다.

오답 해설

① **양명학 연구 : 강화 학파 형성 → 정제두**
정제두는 성리학을 비판하고 지행합일의 실천성을 강조하는 양명학을 연구하여 강화 학파를 형성하였다.

② **해동제국기 편찬 → 신숙주**
신숙주는 계해약조 당시 일본에 다녀와서 일본의 지세와 국정 등을 기록한 해동제국기를 편찬하였다.

④ **사변록 저술 → 박세당** ← 성리학에서 교리를 어지럽히고 사상에 어긋나는 언행을 하는 사람을 이르는 말
박세당은 유학 경전을 주자와 달리 해석한 사변록을 저술하여 사문난적으로 몰려 학계에서 배척되었다.

⑤ **가례집람 저술 → 김장생**
김장생은 주자가례의 본문을 기본으로 고례(古禮)와 여러 학자의 관련 예설을 주석으로 붙인 가례집람을 저술하여 예학을 조선 현실에 맞게 정리하였다.

핵심노트 ▶ 퇴계 이황(1501~1570)

- **성향** : 도덕적 행위의 근거로서 인간의 심성을 중시, 근본적 · 이상주의적인 성격, 주리 철학을 확립, 16세기 정통 사림의 사상적 연원
- **저서** : 주자서절요, 성학십도, 전습록변 등
- **학파** : 김성일 · 유성룡 등의 제자에 의해 영남학파 형성
- **영향** : 위정척사론에 영향, 임진왜란 이후 일본 성리학 발전에 영향 → 제자 강항이 활약

07 율곡 이이

암기박사 동호문답 : 다양한 개혁 방안 제시 ⇒ 율곡 이이

정답 ⑤

정답 해설

군주가 수양해야 할 덕목과 지식을 담은 성학집요를 집필하고, 해주 향약 등을 시행한 인물은 율곡 이이이다. 그는 왕도정치의 이상을 문답형식으로 서술하고 다양한 개혁 방안을 담은 동호문답을 저술하였다.

오답 해설

① **불씨잡변 : 불교 비판 → 정도전**
조선 건국 이후 정도전은 불씨잡변을 지어 불교를 비판하고 성리학을 통치 이념으로 확립하였다.

② **노론의 영수, 북벌론 → 송시열**
송시열은 노론의 영수(우두머리)로써 조선을 도운 명에 대한 의리를 내세우며 청에 대한 북벌론을 주장하였다.

③ **양명학 연구 : 강화 학파 형성 → 정제두**
정제두는 성리학을 비판하고 지행합일의 실천성을 강조하는 양명학을 연구하여 강화 학파를 형성하였다.

④ **북한산비가 진흥왕 순수비임을 고증 → 김정희**
추사 김정희는 북한산비가 진흥왕 순수비임을 고증하고 금석과안록을 저술하였다.

핵심노트 ▶ 율곡 이이(1536~1584)

- **성향** : 개혁적 · 현실적 성격(기의 역할을 강조), 일원론적 이기이원론
- **저서** : 동호문답, 성학집요, 경연일기, 만언봉사 등
- **변법경장론** : 경세가로서 현실 문제의 개혁 방안을 제시
  - 대공수미법 : 공납의 폐단을 해결하기 위해 공물을 쌀로 걷자는 수미법을 주장
  - 10만 양병설 : 왜구의 침공에 대비해 10만 대군을 양성할 것을 주장

08 농사직설의 이해

암기박사 우리나라 최초의 농서 ⇒ 정초, 변효문 : 농사직설

정답 ③

정답 해설

농사직설은 세종 때 정초, 변효문 등이 우리 풍토에 맞는 농법을 종합하여 편찬한 우리나라 최초의 농서로, 중국의 농업 기술을 수용하면서 우리의 실정에 맞는 독자적인 농법을 정리하였다.

오답 해설

① **농상집요 소개 → 이암**
고려 충정왕 때 이암이 목화 재배와 양잠 등 중국 화북 지방의 농법을 소개한 농상집요를 소개 · 보급하였다.

② **산림경제 저술 → 홍만선**
조선 숙종 때 실학자 홍만선은 인삼, 고추 등의 상품 작물 재배법과 원예 기술을 수록한 산림경제를 저술하였다.

④ **임원경제지 저술 → 서유구**
조선 후기 서유구는 농촌 생활을 위한 백과사전으로 임원경제지를 저술하였다.

⑤ **금양잡록 저술 → 강희맹**
조선 성종 때 강희맹이 손수 농사를 지은 경험과 금양(안양) 지방

농민들의 견문을 종합하여 금양잡록을 저술하였다. → 농사직설에 없는 내
용만을 수록하는 것을 원칙으로 함

> **핵심노트** ▶ 농사직설
> - 세종 때 정초가 편찬
> - 중국 농업 기술 수용, 우리 실정 참고
> - 우리나라의 풍토에 맞는 농사기술 정리
> - 씨앗의 저장법, 토질의 개량법, 모내기법 등

09 이순지의 업적

암기박사 칠정산 외편 편찬 ⇒ 이순지 **정답** ④

정답 해설

조선 세종 때 갑인자와 천문의상을 제작하여 15세기 조선의 과학 기술 발전에 기여한 인물은 이순지이다. 이순지는 아라비아 회회력을 참조하여 역법서인 칠정산 외편을 편찬하였다.

오답 해설

① 종두법 소개 → 정약용 → 홍역
  정약용은 마진에 대한 연구를 종합하여 편찬한 마과회통에서 종두법을 처음으로 소개하였다.
② 거중기 설계 → 정약용
  조선 정조 때 정약용은 기기도설을 참고하여 거중기를 설계하였고, 수원 화성 축조 시 거중기와 활차를 이용한 서양식 건축 기술을 도입하였다.
③ 동의보감 완성 → 허준
  조선 광해군 때 허준이 전통 한의학을 집대성한 동의보감을 완성하여 의료 지식의 민간 보급에 기여하였다.
⑤ 대동여지도 제작 → 김정호
  대동여지도는 조선 철종 때 김정호가 제작한 우리나라 대축척 지도로, 산맥·하천·포구·도로망의 표시가 정밀해지고 거리를 알수 있도록 10리마다 눈금을 표시하였다.

10 조선 세종 재위 시기의 모습

암기박사 최무선 : 화통도감 ⇒ 고려 : 우왕 **정답** ⑤

정답 해설

대화 내용 중 장영실이 물시계인 자격루를 발명한 것은 조선 세종 재위 시기의 일이다. 화통도감은 조선 세종 때가 아니라 고려 말 우왕 때 최무선이 화약과 화포 제작을 위해 설치한 기관이다.

오답 해설

① 집현전 설치 → 세종
  세종 때 학문 연구 기관인 집현전이 설치되어 인재를 육성하고 편찬 사업을 추진하였다.
② 농사직설 편찬 → 세종
  조선 세종 때 정초 등이 우리 풍토에 맞는 농법을 소개한 농사직설을 편찬하였다.
③ 칠정산 내·외편 편찬 → 세종
  조선 세종 때 원의 수시력과 명의 대통력을 참고로 하여 칠정산

내편을 만들고, 아라비아 회회력을 참조하여 칠정산 외편을 만들었다.

④ 주자소 : 갑인자 주조 → 세종
  조선 세종 때 주자소에서 금속 활자인 갑인자를 주조하여 활자 인쇄술을 발전시켰다.

> **핵심노트** ▶ 세종(1418~1450)의 문화 발전
> - **활자 주조** : 경자자, 갑인자, 병진자, 경오자
> - **한글 서적** : 용비어천가, 동국정운 → 음운서, 석보상절 → 불경 언해서, 월인천강지곡 → 불교 찬가
> - **고려사, 육전등록, 치평요람, 역대병요, 팔도지리지, 효행록, 삼강행실도, 농사직설, 칠정산 내외편, 사시찬요, 총통등록, 의방유취, 향약집성방, 향약채취월령, 태산요록**
> - **관습도감 설치** : 박연으로 하여금 아악·당악·향악을 정리하게 함
> - **불교 정책** : 5교 양종을 선교 양종으로 통합, 궁중에 내불당 건립
> - **역법 개정** : 원의 수시력과 명의 대통력을 참고로 하여 칠정산 내편을 만들고 아라비아 회회력을 참조하여 칠정산 외편을 만듦 → 독자성
> - **과학 기구 발명** : 측우기, 자격루(물시계), 앙부일구(해시계), 혼천의(천체 운행 측정기)

PART 3 근세의 성립과 발전

기출테마 23 붕당 정치의 변질

01	①	02	⑤	03	②	04	⑤
05	⑤	06	②	07	②	08	③
09	④	10	②				

01 갑술환국

정답 ①

암기박사 소론과 노론이 정국 주도 ⇒ 갑술환국(숙종, 1694)

정답 해설

원자 명호를 정한 것에 반대하여 사사된 송시열의 관직이 회복된 것은 갑술환국 때이다. 갑술환국으로 폐비 민씨의 복위 운동을 저지하려던 남인이 축출되고 서인의 소론과 노론이 정국을 주도하였다.

오답 해설

② 외척 간의 권력 다툼 → 을사사화(명종, 1545)
  명종을 옹립한 소윤파의 윤원로·윤원형 형제가 인종의 외척 세력인 대윤파 윤임 등을 축출하면서 외척 간의 권력 다툼인 을사사화가 발생하였다.

③ 남인들이 대거 축출 → 경신환국(숙종, 1680)
  서인이 허적의 서자 허견 등이 역모를 꾀했다 고발하여 허적과 윤휴 등 남인들이 대거 축출되고 서인이 집권하였다.

④ 북인이 권력 장악 → 광해군(1608~1623)
  광해군 때에 북인은 적극적 사회·경제 정책을 펴고 광해군의 중립 외교를 지지하여 서인과 남인을 배제하고 권력을 장악하였다.

⑤ 정여립 모반 사건 → 기축옥사(선조, 1589)
  선조 때 정여립 모반 사건이 계기가 되어 권력을 잡은 서인은 동인에 대한 기축옥사를 주도하였다. → 동인은 온건파인 남인과 급진파인 북인으로 분당

02 기사환국의 경과

정답 ⑤

암기박사 인현 왕후 폐위, 희빈 장씨 왕비 책봉 ⇒ 기사환국(숙종, 1689)

정답 해설

조선 숙종 때 희빈 장씨 소생의 원자 명호 문제로 기사환국이 발생하여 송시열을 비롯한 서인들이 유배·사사되었다. 또한 인현왕후가 폐위되고 희빈 장씨가 왕비로 책봉되어 남인이 권력을 장악하였다. → 이름과 호

오답 해설

① 공신 책봉 문제 → 이괄의 난(인조, 1624)
  인조반정을 주도한 서인은 광해군을 축출하고 정권을 장악하였으나, 이때 공신 책봉에 불만을 품은 이괄이 난을 일으켜 한양이 점령되자 인조는 도성을 떠나 공산성으로 피란하였다.

② 정여립 모반 사건 → 기축옥사(선조, 1589)
  선조 때 정여립 모반 사건이 계기가 되어 권력을 잡은 서인은 동인에 대한 기축옥사를 주도하였다. → 동인은 온건파인 남인과 급진파인 북인으로 분당

③ 남인들이 대거 축출 → 경신환국(숙종, 1680)
  서인이 허적의 서자 허견 등이 역모를 꾀했다 고발하여 허적과 윤휴 등 남인들이 대거 축출되고 서인이 집권하였다.

④ 북인의 권력 장악 → 중립 외교(광해군, 1608~1623)
  광해군 때에 북인은 적극적 사회·경제 정책을 펴고 광해군의 중립 외교를 지지하여 서인과 남인을 배제하고 권력을 장악하였다.

03 예송 논쟁

정답 ②

암기박사 자의대비의 복제 문제 : 서인과 남인 ⇒ 예송 논쟁

정답 해설

예송 논쟁은 조선 현종 때 효종의 사망 시 → 기해예송 그리고 효종 비의 사망 시 → 갑인예송 인조의 계비인 자의대비의 복제를 두고 서인과 남인 사이에 발생한 전례 문제이다.

오답 해설

① 사림과 훈구의 갈등 → 사화
  사회적, 경제적 이해관계의 대립 그리고 정치적, 학문적 관점의 차이로 인해 사림과 훈구 세력 간에 사화가 발생하였다.

③ 북인이 정국 주도 → 광해군 : 중립 외교 → 무오사화, 갑자사화, 기묘사화, 을사사화
  광해군 때에 북인은 적극적 사회·경제 정책을 펴고 광해군의 중립 외교를 지지하여 서인과 남인을 누르고 정국을 주도하였다.

④ 외척 세력 : 소윤과 대윤의 대립 → 을사사화
  명종을 옹립한 소윤파 윤원로·윤원형 형제가 인종의 외척 세력인 대윤파 윤임 등을 축출하면서 외척 간의 권력 다툼인 을사사화가 발생하였다.

⑤ 정철 : 건저상소 사건 → 동인 : 남인과 북인으로 분화
  선조 때 정철이 왕세자 책봉 문제에 관한 건저상소 사건으로 실각하자, 동인 내부에서 정철의 처리를 놓고 이를 온건하게 처리하려는 남인과 강경하게 처리하려는 북인으로 나뉘었다. → 왕세자를 세우는 일

핵심노트 ▶ 예송 논쟁의 전개

- 제1차 예송 논쟁(기해예송, 1659) : 효종 사망 시 자의대비의 복제를 두고 송시열·송준길 등 서인은 왕사동례의 1년설을, 윤휴·허목·허적 등 남인은 왕사부동례의 3년설을 주장 → 서인의 주장 수용
- 제2차 예송 논쟁(갑인예송, 1674) : 효종 비의 사망 시 서인은 9개월을, 남인은 1년을 주장 → 남인의 주장 수용

04 조선 숙종의 환국 정치

정답 ⑤

암기박사 숙종의 환국 정치 ⇒ 경신환국 → 기사환국 → 갑술환국

정답 해설

제시된 사료는 서인이 허적의 서자 허견 등이 역모를 꾀했다 고발하여 허적과 윤휴 등 남인들이 대거 축출되고 서인이 집권한 경신환국이다(1680). 이후 희빈 장씨 소생의 원자 책봉 문제로 기사환국이 발생하여 인현왕후가 폐위되고 남인이 재집권하였다(1689).

오답 해설

① 예송 논쟁 → 현종 *기해예송, 갑인예송*
현종 때에는 자의 대비의 복상 문제로 서인과 남인 사이에 두 차례 예송이 전개되었다(1659, 1674).
② 정여립 모반 사건 → 선조 *예절에 관한 논란*
선조 때 정여립 모반 사건이 계기가 되어 권력을 잡은 서인이 정국을 주도하였다(1589)
③ 이괄의 난 → 인조
인조반정을 주도한 서인은 광해군을 축출하고 정권을 장악하였으나, 공신 책봉 문제로 인한 이괄의 난이 일어나 반란군이 도성을 장악하였다(1624).
④ 북인이 권력 장악 → 광해군
광해군 때에 북인은 적극적 사회·경제 정책을 펴고 광해군의 중립 외교를 지지하여 서인과 남인을 배제한 채 정국을 독점하였다(1608~1623).

05 기사환국의 경과

암기박사 기사환국 : 남인 주도, 희빈 장씨 왕비 책봉 ⇒ 숙종

정답 ⑤

정답 해설
이름과 호
조선 숙종 때 희빈 장씨 소생의 원자 명호 문제로 기사환국이 발생하여 송시열을 비롯한 서인들이 유배·사사되었고 인현왕후는 폐위되었다. 이로 인해 남인이 권력을 장악하고 희빈 장씨가 왕비로 책봉되었다. 이후 폐비 민씨의 복위 운동을 저지하려던 남인이 실권하고 서인이 재집권하는 갑술환국이 전개되었으며, 이 때 송시열도 복권되었다.

오답 해설
기해예송, 갑인예송
① 예송 논쟁 : 자의 대비의 복상 문제 → 현종
현종 때에는 자의 대비의 복상 문제를 둘러싸고 서인과 남인 사이에 두 차례에 걸쳐 예송이 전개되었다.
② 이괄의 난 : 공신 책봉 문제 → 인조
인조반정을 주도한 서인은 광해군을 축출하고 정권을 장악하였으나, 이때 공신 책봉에 불만을 품은 이괄이 난을 일으켜 한양이 점령되자 인조는 도성을 떠나 공산성으로 피란하였다.
③ 정여립 모반 사건 : 기축옥사 → 선조
선조 때 정여립 모반 사건이 계기가 되어 권력을 잡은 서인은 동인에 대한 기축옥사를 주도하였다.
④ 탕평비 건립 : 붕당의 폐해 경계 → 영조 *동인은 온건파인 남인과 급진파인 북인으로 분당*
영조 때 붕당 정치의 폐해를 경계하기 위해 성균관 입구에 탕평비가 건립되었다.

핵심노트 ▶ 조선 숙종의 환국 정치

경신환국 (1680)	서인이 허적(남인)의 서자 허견 등이 역모를 꾀했다 고발하여 남인을 대거 숙청 → *서인집권*
기사환국 (1689)	숙종이 희빈 장씨 소생인 연령군(경종)의 세자 책봉에 반대하는 서인을 유배·사사하고, 인현왕후를 폐비시킴 → *남인 재집권*
갑술환국 (1694)	폐비 민씨 복위 운동을 저지하려던 남인이 실권하고 서인이 집권 → *서인 재집권*

06 조선 숙종의 환국 정치

암기박사 조선 숙종의 환국 정치 ⇒ 경신환국, 기사환국, 갑술환국

정답 ②

정답 해설

조선 숙종은 서인과 남인의 대립으로 인한 3차례 환국(경신환국, 기사환국, 갑술환국) 정치를 통해 왕권을 강화하였다.
• 경신환국(숙종, 1680) : 서인이 남인 숙청
• 기사환국(숙종, 1689) : 남인이 서인 숙청
• 갑술환국(숙종, 1694) : 남인 축출, 소론 득세

오답 해설

① 이조 전랑 임명권 → 붕당 정치(선조, 1575)
사림이 언론 삼사 요직의 인사권과 추천권을 가진 이조 전랑 임명권을 둘러싼 대립으로 동인과 서인으로 나뉘며 붕당 정치가 시작되었다.
③ 자의대비의 복상 문제 → 기해예송(현종, 1659)
효종 사망 시 자의대비의 복제를 두고 서인과 남인 사이에 기해예송이 촉발되었다.
④ 사도 세자의 추숭 → 시파와 벽파의 갈등
사도 세자의 죽음을 둘러싼 추숭 문제로 정조에게 동의한 무리를 시파(남인), 반대한 무리를 벽파(노론)라고 한다.
⑤ 외척 간의 권력 다툼 → 을사사화(명종, 1545)
명종을 옹립한 소윤파의 윤원로·윤원형 형제가 인종의 외척 세력인 대윤파 윤임 등을 축출하면서 외척 간의 권력 다툼인 을사사화가 발생하였다.

07 조선 숙종의 환국 정치

암기박사 환국 정치 : 경신환국, 기사환국, 갑술환국 ⇒ 숙종

정답 ②

정답 해설

조선 숙종은 경신환국, 기사환국, 갑술환국의 3차례 환국 정치를 통해 왕권을 강화하였다. 숙종 때 청의 요구로 조선과 청의 경계를 정한 백두산정계비가 건립되었다. → *나중에 토문강의 위치에 대한 해석상의 차이 때문에 간도 귀속 문제 발생*

오답 해설

① 나선 정벌 : 조총 부대 파견 → 효종
효종 때 러시아의 남하로 청과 러시아 간 국경 충돌이 발생하자 청의 원병 요청으로 신유가 이끄는 조총 부대를 파견하여 러시아군을 격퇴하였다.

③ 초계문신제 : 문신 재교육 → 정조
정조는 신진 인물이나 중·하급(당하관 이하) 관리 가운데 능력 있는 자들을 재교육시키고 시험을 통해 승진시키는 초계문신제를 시행하였다.

④ 신해통공 : 금난전권 폐지 → 정조
금난전권은 시전 상인이 왕실이나 관청에 물품을 공급하는 대신 부여받은 독점 판매권인데, 정조의 신해통공 실시로 육의전을 제외한 금난전권은 폐지되었다.

⑤ 탕평비 건립 : 붕당의 폐해 경계 → 영조
영조는 붕당 정치의 폐해를 경계하기 위해 성균관 입구에 탕평비를 건립하였다.

08 기해예송으로 인한 붕당

암기박사 서인과 남인의 자의대비 복상 문제 ⇒ 기해예송

정답 ③

정답 해설

효종 사망 시 자의대비의 복제를 두고 송시열·송준길 등 서인은 1년설을, 윤휴·허목·허적 등 남인은 3년설을 주장하였다(기해예송, 1659).
(가) 남인 / (나) 서인
ㄴ. 주로 이황의 학통을 계승하였다. → 남인
ㄷ. 노론과 소론으로 갈라졌다. → 서인

오답 해설

ㄱ. 인현 왕후의 복위 주장 → 서인
서인들은 갑술환국 때 인현 왕후의 복위를 주장하였다.

ㄹ. 광해군의 중립 외교 지지 → 북인
광해군 때의 북인은 적극적 사회·경제 정책을 펴고 광해군의 중립 외교를 지지하였다.

핵심노트 ▶ 기해예송의 붕당

- 서인 : 효종이 적장자가 아님을 들어 왕과 사대부에게 동일한 예가 적용되어야 한다는 입장에서 1년설을 주장 → 왕사동례
- 남인 : 왕에게는 일반 사대부와 다른 예가 적용되어야 한다는 입장에서 3년설을 주장 → 왕사부동례
- 실권을 장악하고 있던 서인의 주장(1년설)이 수용되어 서인 집권이 지속됨 → 남인은 군사적 기반을 강화하여 점차 세력을 확대

09 우암 송시열

암기박사 기축봉사, 기해예송, 기사환국 ⇒ 송시열

정답 ④

정답 해설

노론의 영수인 송시열은 효종에게 장문의 상소인 기축봉사를 올려 명에 대한 의리와 북벌론을 주장하였고(1649), 기해예송에서 효종의 사망에 따른 자의대비의 복상 문제에 대해 기년설을 주장하였다(1659). 숙종의 기사환국 때 희빈 장씨의 소생을 원자로 정한 것을 비판하다 사사되었다(1689).

오답 해설

① 집현전 : 학술 및 정책 연구 기관 → 세종
세종은 왕실의 학술 및 정책 연구 기관인 집현전을 설치하여 인재를 육성하고 유교 정치의 활성화를 꾀하였다.

② 소격서 폐지 → 조광조
소격서는 국가적 제사를 주관하기 위해 설치된 도교 기관으로, 중종 때 조광조를 비롯한 사림의 건의로 혁파되었다.

③ 인물성동론 : 낙론 → 이간
이간을 중심으로 한 낙론자들은 호락논쟁에서 사람과 사물의 본성이 같다는 인물성동론을 주장하였다. → 호론은 사람과 사물의 본성이 다르다는 인물성이론을 주장

⑤ 성호사설 : 한전론 제시 → 이익
이익은 성호사설을 저술하여 자영농 육성을 위해 영업전 설정 및 매매 금지를 주장하는 한전론을 제시하였다. → 기본적인 생활 유지에 필요한 규모의 토지를 영업전으로 지정하여 법으로 매매를 금지하고 나머지 토지만 매매를 허용하여 점진적으로 토지 소유의 평등을 이룸

10 예송 논쟁

암기박사 자의대비의 복상 문제 ⇒ 예송 논쟁

정답 ②

정답 해설

ㄱ. 예송 논쟁은 효종과 효종 비의 사망 시 자의대비의 복제를 두고 두 차례에 걸쳐 남인과 서인 간에 발생한 전례 문제이다.
ㄷ. 예송 논쟁 당시 송시열·송준길 등 서인은 주자가례에 따라 기년설을 주장하였다. → 서인은 1년설을, 남인은 3년설을 주장

오답 해설

ㄴ. 광해군 → 북인 세력 정권 장악
임진왜란 때 척화 주장으로 집권 명분을 얻은 북인 세력은 광해군 때에 적극적 사회·경제 정책을 펴고 중립 외교를 취하였다.

ㄹ. 외척 세력인 대윤과 소윤 간의 대립 → 을사사화
명종을 옹립한 윤원형의 소윤파와 인종의 외척 세력인 윤임의 대윤파간 대립으로 을사사화가 일어났다.

PART 3 근세의 성립과 발전

기출테마 24 영조·정조의 탕평 정치

01	②	02	⑤	03	②	04	①
05	①	06	②	07	④	08	③
09	②	10	②				

01 조선 영조의 업적

정답 ②

암기박사 속대전 편찬 ⇒ 조선 영조

정답 해설

준천사를 설치하여 장마철 범람에 대비하고 신문고를 재설치하여 백성의 억울함을 듣고자 했던 조선의 왕은 영조이다. 영조는 경국대전 시행 이후에 공포된 법령 중에서 시행할 만한 법령을 추려 통치 규범을 재정비한 속대전을 편찬하였다.

오답 해설

① 나선 정벌 → 조선 효종
  조선 효종 때 러시아의 남하로 청과 러시아 간 국경 충돌이 발생하자, 청의 요청으로 두 차례에 걸쳐 나선 정벌에 조총 부대를 파견하였다.

③ 백두산정계비 건립 → 조선 숙종
  조선 숙종 때 청의 요구로 조선과 청의 경계를 정한 백두산정계비를 세워, 동쪽으로 토문강과 서쪽으로 압록강을 경계로 삼았다.

④ 초계문신제 시행 → 조선 정조
  조선 정조는 초계문신제를 시행하여 젊은 문신들을 재교육하고 시험을 통해 승진시켰다.

⑤ 총융청과 수어청 창설 → 조선 인조
  조선 인조는 이괄의 난을 진압한 후 한성 방어를 위해 총융청과 수어청을 창설하였다.

02 규장각

정답 ⑤

암기박사 초계문신제 주관 ⇒ 규장각

정답 해설

정조의 명에 의해 설치된 왕실 도서관이자 학술 연구 및 정책 자문 기관은 규장각이다. 규장각에서는 유능한 인재를 양성하기 위한 초계문신제를 주관하였다. 초계문신제는 신진 인물이나 중·하급(당하관 이하) 관리 가운데 능력 있는 자들을 재교육시키고 시험을 통해 승진시키는 제도이다.

오답 해설

① 을묘왜변 : 상설 기구화 → 비변사
  조선 중종 때 설치된 비변사는 왜란과 호란을 대비한 임시 기구였으나 을묘왜변을 계기로 상설 기구화 되었다.

② 은대, 후원 → 승정원
  조선 태종 때 독립된 기구로 개편된 승정원은 왕명의 출납을 맡은 왕의 비서 기관으로, 은대 또는 후원이라고도 불리었다.

③ 서경권 행사 ⇒ 사헌부, 사간원
  사헌부, 사간원의 양사 관리들은 5품 이하의 관리 임명에 서경권을 행사하였다. → 인사 이동이나 법률 제정 등에 대간의 서명을 받는 제도 : 왕권 견제

④ 대사성, 좨주, 직강 → 성균관
  조선 시대 최고의 국립대학인 성균관은 대사성을 중심으로 좨주, 직강 등의 관직을 두었다.
  → 성균관의 으뜸 벼슬인 정3품의 당상관직
  → 성균관의 정3품 관직
  → 성균관의 종3품 관직

핵심노트 ▶ 정조의 규장각 설치·강화

- 설치 : 본래 역대 왕의 글과 책을 수집·보관하기 위한 왕실 도서관의 기능
- 기능 강화 : 본래의 기능에 국왕 비서실, 문신 교육, 과거 시험 주관 등의 기능을 통합적으로 부여하여 권력과 정책을 뒷받침할 수 있는 강력한 정치 기구로 육성
- 서얼 등용 : 능력 있는 서얼을 등용하여 규장각 검서관 등으로 임명

03 조선 영조의 업적

정답 ②

암기박사 붕당의 폐해 경계 : 탕평비 건립 ⇒ 조선 영조

정답 해설

균역법을 제정하여 군역 부담을 줄여주는 등 민생 안정에 많은 노력을 기울인 왕은 조선 영조이다. 그는 붕당의 폐해를 경계하기 위한 탕평비를 성균관 입구에 건립하였다.

오답 해설

① 경국대전 완성 → 조선 성종
  조선 성종 때 통치 체제를 정비하기 위하여 조선의 기본 법전인 경국대전을 완성하였다.

③ 신해통공 실시 → 조선 정조
  조선 정조 때 시전 상인의 특권을 축소한 신해통공을 실시하여 육의전을 제외한 금난전권을 폐지하였다.

④ 영정법 제정 → 조선 인조
  조선 인조는 풍흉에 관계없이 전세를 1결당 4~6두로 고정하는 영정법을 제정하였다.

⑤ 공노비 해방 → 조선 순조
  조선 순조 때 내수사 및 각 궁방, 중앙 관서의 노비안을 소각하여 공노비 6만여 명을 양민으로 해방시켰다.

핵심노트 ▶ 조선 영조의 업적

- **완론 탕평** : 각 붕당의 타협적 인물들 등용
- **탕평파 육성** : 탕평파를 육성하고 탕평비를 건립
- **산림 부정, 서원 정리** : 붕당의 뿌리를 제거하기 위해 공론의 주재자로 인식되던 산림을 부정, 붕당의 본거지인 서원 대폭 정리
- **이조 전랑 권한 약화** : 붕당의 이익을 대변하던 이조 전랑의 권한을 약화
- **균역법** : 군역 부담 경감을 위해 군포를 2필에서 1필로 경감
- **가혹한 형벌 폐지** : 심한 고문, 형벌 등 폐지
- **서적 간행** : 속오례의, 속대전, 동국문헌비고 등
- **준천사 설치** : 서울 성내의 치산치수를 위해 설치

04 조선 영조의 업적

암기박사 준천사 신설 ⇒ 조선 영조 | **정답** ①

정답 해설

제시된 사료는 조선 영조 때 시행된 균역법에 대한 내용이다. 영조는 청계천 정비를 위해 준천사를 신설하고 홍수에 대비하였다.

오답 해설

② **동문휘고 간행 → 정조**
정조는 일본 및 청나라와의 대외 관계를 정리한 동문휘고를 간행하였다.

③ **전제상정소 설립 → 세종**
세종은 전제상정소를 설립하고 전세 인하를 추구하기 위해 전분 6등법을 제정하였다. → 공법의 제정과 실시를 위해 설치된 관서

④ **총융청·수어청 창설 → 인조**
인조반정 후 공신 책봉에 불만을 품은 이괄이 난을 일으키자 인조는 이를 진압한 후 총융청과 수어청을 설치하여 도성을 방비하였다.

⑤ **삼정이정청 설치 → 철종**
철종은 임술 농민 봉기가 발발하자 삼정의 문란을 해결하기 위해 안핵사 박규수의 건의로 삼정이정청을 두었다.

05 조선 정조의 업적

암기박사 초계문신제 : 문신 재교육 ⇒ 정조 | **정답** ①

정답 해설

정조는 신진 인물이나 중·하급(당하관 이하) 관리 가운데 능력 있는 자들을 재교육시키고 시험을 통해 승진시키는 초계문신제를 실시하였다. 한편, 경기도에 한해서 대동법을 실시한 것은 광해군으로, 이원익의 건의로 선혜청을 설치하고 실시하였다. → 대동법의 관리 : 운영과 재정 수입을 담당

오답 해설

② **장용영 설치 : 국왕의 친위 부대 → 정조**
장용영은 정조 때 설치된 왕의 친위 부대로 한양에는 내영, 수원 화성에는 외영을 두었다.

③ **서얼 출신 규장각 검서관 기용 → 정조**
정조 때 박제가, 이덕무, 유득공 등 서얼 출신의 학자들이 규장각 검서관에 기용되었다. → 규장각 각신의 보좌, 문서 필사 등의 업무를 맡은 관리

④ **대전통편 편찬 : 통치 체제 정비 → 정조**
정조 때 통치 체제를 정비하기 위해 경국대전을 원전으로 대전통편이 편찬되었다.

⑤ **신해통공 실시 : 금난전권 폐지 → 정조** → 시전 상인이 왕실이나 관청에 물품을 공급하는 대신 부여받은 독점 판매권으로, 난전을 단속할 수 있는 권한
정조는 육의전을 제외한 시전 상인의 금난전권을 폐지하는 신해통공을 실시하였다. → 명주, 종이, 어물, 모시와 베, 무명, 비단을 파는 점포

06 조선 정조의 업적

암기박사 수원 화성 건설 ⇒ 조선 정조 | **정답** ②

정답 해설

규장각을 설치하고 신해통공을 실시하였으며 초계문신제를 시행한 조선 제22대 국왕은 정조이다. 정조는 수원에 화성을 건설하여 정치적·군사적 기능을 부여하고 자신의 정치적 이상을 실현하는 상징적 도시로 육성하고자 하였다.

오답 해설

① **임진왜란 : 훈련도감 설치 → 선조**
조선 선조 때 임진왜란으로 왜군의 조총에 대응하고 국방력을 강화하기 위해 포수, 살수, 사수의 삼수병으로 구성된 훈련도감이 설치되었다.

③ **나선 정벌 : 조총 부대 파견 → 효종**
조선 효종 때 러시아의 남하로 청과 러시아 간 국경 충돌이 발생하자 청의 원병 요청으로 나선 정벌을 위해 조총 부대를 파견하였다.

④ **이범윤 : 간도 관리사 → 고종**
고종은 광무개혁의 일환으로 이범윤을 간도 관리사로 파견하여 간도에 거주하는 조선인의 생명과 재산을 보호하도록 하였다.

⑤ **이인좌의 난 → 영조**
조선 영조 때 이인좌를 비롯한 소론 강경파와 남인 일부가 경종의 죽음에 영조와 노론이 관계되어 있다고 주장하며 반란을 일으켰으나 진압되었다.

07 영조 재위 기간의 사건

암기박사 탕평비 건립 : 붕당의 폐해 경계 ⇒ 영조 | **정답** ④

정답 해설

이승원의 통정공 무신일기에 기록된 무신난은 이인좌, 정희량 등이 세제(世弟)였던 영조의 즉위 과정에 의혹을 제기하며 일으킨 반란이다. 영조는 붕당 정치의 폐해를 경계하기 위해 성균관 입구에 탕평비를 건립하였다.

오답 해설

① **경신환국 : 남인 축출 → 숙종**
숙종 때 서인이 허적의 서자 허견 등이 역모를 꾀했다 고발하여 허적과 윤휴 등 남인들이 대거 축출되고 서인이 집권하였다.

② **박규수 : 삼정이정청 설치 → 철종** → 중국 춘추 전국 시대에 연과 제에서 사용한 청동 화폐
철종 때 임술 농민 봉기가 발발하자 삼정의 문란을 해결하기 위해 안핵사 박규수의 건의로 삼정이정청이 설치되었다.

③ **예송 논쟁 : 자의 대비의 복상 문제 → 현종** → 기해예송, 갑인예송
현종 때에는 자의 대비의 복상 문제를 둘러싸고 서인과 남인 사이에 두 차례에 걸쳐 예송이 전개되었다.

⑤ **대전통편 편찬 : 통치 규범 재정비 → 정조**
정조 때에는 경국대전을 원전으로 왕조의 통치 규범을 재정비한 대전통편을 편찬하였다.

08 정조의 업적

암기박사 수원 화성 건립, 초계문신제 시행 ⇒ 정조

정답 ③

정답 해설

수원 화성은 정조 때 전통적 성곽 양식 위에 서양식 건축 기술을 도입하여 축조한 것이다. → 거중기·활차
정조는 초계문신제를 실시하여 문신들을 재교육하였고, 신진 인물이나 중·하급(당하관 이하) 관리 가운데 능력 있는 자들을 시험을 통해 승진시켰다.

오답 해설

① 집현전 계승 : 홍문관 설치 → 성종
  성종은 집현전을 계승한 홍문관을 설치하였는데, 사헌부, 사간원과 함께 삼사를 구성하였으며 학술 기관으로 왕의 자문과 경연을 관장하였다.
② 균역법 시행 : 군역의 경감 → 영조
  영조 때 군역의 부담을 줄이고자 균역법을 제정하여, 종전의 군적수포제에서 군포 2필을 부담하던 것을 1년에 군포 1필로 경감하였다.
④ 탕평비 건립 : 붕당의 폐해 경계 → 영조
  영조는 붕당 정치의 폐해를 경계하기 위해 성균관 입구에 탕평비를 건립하였다.
⑤ 삼정이정청 설치 : 삼정의 문란 해결 → 철종
  철종은 임술 농민 봉기가 발발하자 삼정의 문란을 해결하기 위해 안핵사 박규수의 건의로 삼정이정청을 설치하였다.

핵심노트 ▶ 수원 화성

> 흙으로 단순하게 쌓은 읍성을 조선 정조 때 성곽으로 축조하면서 화성이라고 불리게 되었다. 정약용의 이론을 설계 지침으로 삼아 축조된 과학적인 구조물이다. 돌과 벽돌을 과감하게 혼용하였다는 점, 거중기를 활용하였다는 점, 용재(건축이나 기구 등에 쓰는 나무)를 규격화하였다는 점, 화포를 주무기로 삼았다는 점 등을 특성으로 한다. 1997년에 유네스코 세계 문화 유산으로 등록되었다.

09 조선 영조의 업적

암기박사 기유약조 : 일본과 무역 재개 ⇒ 광해군

정답 ②

정답 해설

준천사를 설치해 청계천을 준설하고 신문고를 부활시켜 백성들의 억울함을 살핀 왕은 조선 영조이다.
한편, 기유약조를 체결하여 일본과의 무역을 재개한 것은 광해군 때의 일이다.

오답 해설

① 속대전 편찬 : 통치 체제 정비 → 영조
  영조는 경국대전 시행 이후에 공포된 법령 중에서 시행할 만한 법령을 추려 속대전을 편찬하여 통치 체제를 정비하였다.
③ 동국문헌비고 간행 → 영조 : 홍봉한
  영조 때 홍봉한 등은 한국학 백과사전인 동국문헌비고를 간행하여 역대 문물을 정리하였다.
④ 균역법 실시 : 군역 부담 경감 → 영조
  영조 때 종전의 군적수포제에서 군포 2필을 부담하던 것을 1년에 군포 1필로 경감하는 균역법을 실시하여 군역의 부담을 줄이고자 하였다.

⑤ 탕평비 건립 : 붕당의 폐해 경계 → 영조
  영조는 성균관 입구에 탕평비를 건립하여 붕당의 폐해를 경계하고자 하였다.

10 정조 재위 기간의 사실

암기박사 동문휘고 간행 : 대외 관계 정리 ⇒ 정조

정답 ②

정답 해설

제시문에서 영조의 왕세손이며 사도 세자의 아들은 정조이다. 정조의 재위 기간 중에 일본 및 청나라와의 대외 관계를 정리한 동문휘고가 간행되었다.

오답 해설

① 홍경래의 난 : 정주성 점령 → 순조
  순조 때 서북민(평안도민)에 대한 차별과 가혹한 수취에 반발하여 홍경래 등이 난을 일으켜 가산, 정주성 등을 점령하였다.
③ 신유박해 : 천주교 박해 → 순조
  순조 때 신유박해로 신부를 포함한 수많은 천주교도들이 처형되거나 유배되었다.
④ 붕당 정치 : 탕평비 건립 → 영조
  영조는 붕당 정치의 폐해를 극복하고자 성균관 입구에 탕평비를 건립하였다.
⑤ 칠정산 내편 편찬 → 세종
  세종 때 중국의 수시력과 아라비아의 회회력을 참고로, 한양을 기준으로 한 역법서인 칠정산 내편을 편찬하였다.

정답 및 해설

PART 3 근세의 성립과 발전

기출테마 25

세도 정치기의 사회 혼란

01	①	02	③	03	②	04	⑤
05	①	06	①	07	③	08	④
09	①	10	⑤				

01 세도 정치기의 사건

정답 ①

암기박사 홍경래의 난(1811) ⇒ 동학 창시(1860) ⇒ 임술 농민 봉기(1862)

정답 해설

(가) 홍경래의 난(1811) : 조선 순조 때 서북민에 대한 차별과 가혹한 수취에 반발하여 홍경래 등이 봉기하였으나 정주성에서 관군에게 진압되었다. →평안도민
- 최제우의 동학 창시(1860) : 조선 철종 때 세도 정치와 사회적 혼란, 서양의 통상 요구와 천주교(서학) 세력의 확대로 인한 위기의식에서 최제우가 동학을 창시하였다.

(나) 임술 농민 봉기(1862) : 조선 철종 때 삼정의 문란과 백낙신의 탐학으로 임술 농민 봉기가 일어나자 사건 수습을 위해 박규수가 안핵사로 파견되었다.

오답 해설

② 신유박해(1801) → (가) 이전
조선 순조 때 천주교에 대한 탄압으로 정약종 등이 희생된 신유박해가 일어났다.

③ 오페르트 도굴 사건(1868) → (나) 이후 →흥선 대원군의 아버지
독일 상인 오페르트가 통상을 거부당하자 충청남도 덕산에 있는 남연군 묘 도굴을 시도하였다.

④ 이괄의 난(1624) → (가) 이전
인조반정을 주도한 서인은 광해군을 축출하고 정권을 장악하였으나, 이때 공신 책봉에 불만을 품고 이괄이 반란을 일으켰다.

⑤ 이인좌의 난(1728) → (가) 이전
조선 영조 때 이인좌를 중심으로 소론 세력 등이 경종의 죽음에 영조와 노론이 관계되어 있다고 주장하며 난을 일으켰다.

02 세도 정치기의 사건

정답 ③

암기박사 신유박해(1801) ⇒ 홍경래의 난(1811) ⇒ 최제우 처형(1864)

정답 해설

- 신유박해(1801) : 조선 순조 때 천주교에 대한 탄압으로 이가환, 이승훈 등 3백여 명이 처형되고 정약용이 강진으로 유배되었다.

(가) 홍경래의 난(1811) : 조선 순조 때 서북민에 대한 차별에 반발하여 홍경래 등이 난을 일으켜 정주성을 점령하였다. →평안도민

- 최제우 처형(1864) : 동학을 창시한 교조 최제우는 사술로 백성들을 현혹시킨다고 하여 혹세무민의 죄로 처형당했다.

오답 해설

① 이괄의 난(1624)
인조반정 후 공신 책봉에 불만은 품은 이괄이 난을 일으켜 한양이 점령되자 인조는 도성을 떠나 공산성으로 피란하였다.

② 오페르트 도굴 사건(1868) →흥선 대원군의 아버지
독일 상인 오페르트가 통상을 거부당하자 충청남도 덕산에 있는 남연군 묘 도굴을 시도하였다.

④ 삼례 집회(1892)
동학의 창시자로 처형된 최제우의 억울함을 풀고 포교의 자유를 인정받고자 교조 신원을 요구하는 삼례 집회가 개최되었다.

⑤ 이인좌의 난(1728)
조선 영조 때 이인좌를 중심으로 소론 세력 등이 경종의 죽음에 영조와 노론이 관계되어 있다고 주장하며 난을 일으켰다.

핵심노트 ▶ 세도 정치기의 전개

- 순조(1800~1834) : 정순왕후의 수렴청정, 김조순의 안동 김씨 일파의 세도 정치 전개
- 헌종(1834~1849) : 헌종의 외척인 조만영·조인영 등의 풍양 조씨 가문이 득세
- 철종(1849~1863) : 김문근 등 안동 김씨 세력이 다시 권력 장악

03 임술 농민 봉기

정답 ②

암기박사 임술 농민 봉기 ⇒ 박규수 : 삼정이정청 설치

정답 해설

백낙신의 탐학이 발단이 되어 진주의 난민들이 임술 농민 봉기를 일으키자 사태 수습을 위해 박규수가 안핵사로 파견되고, 삼정의 폐단을 시정하기 위해 삼정이정청이 설치되었다. →조선 후기 지방에서 사건이 발생하였을 때 처리를 위해 파견한 임시 직책

오답 해설

① 청의 군대에 의해 진압 → 임오군란, 갑신정변
구식 군대의 차별로 일어난 임오군란은 명성황후 일파가 청에 군대 파견을 요청하여 진압되었고, 급진개혁파의 개화당 정부 수립을 위한 갑신정변은 청의 무력 개입으로 3일 만에 실패로 끝났다.

③ 서북민에 대한 차별 → 홍경래의 난 →평안도민
조선 순조 때 서북민에 대한 차별과 가혹한 수취에 반발하여 홍경래가 주도하여 봉기하였다.

④ 남접과 북접이 연합 → 동학 농민 운동
동학 농민 운동은 남접(전봉준)과 북접(손병희)이 연합하여 논산에서 집결한 후 서울로 북진하는 등 조직적으로 전개되었다.

263

⑤ 조·일 통상 장정 → 방곡령 선포

조선 양곡의 무제한 유출을 허용한 조·일 통상 장정으로 일본으로의 지나친 곡물 반출을 막기 위해 함경도 관찰사 조병식이 방곡령을 선포하였다.

핵심노트 ▶ 임술 농민 봉기(철종, 1862) → 진주 민란

- 삼남 일대에서 민란이 잇달아 촉발되어 농민 봉기의 전국적 확대 계기
- 진주 지역 포악한 관리(백낙신·홍병원 등)의 탐학
- 몰락 양반 유계춘의 지휘 하에 농민들이 진주성을 점령
- 정부는 박규수를 안핵사로 파견하여 탐관오리를 파직하고 난의 주동자를 처형
- 수습책으로 삼정의 폐단을 시정하기 위한 임시 관청인 삼정이정청이 설치되었지만 큰 효과는 거두지 못함

04 홍경래의 난

정답 ⑤

암기박사 세도 정치기의 수탈과 지역 차별 ⇒ 홍경래의 난

정답 해설

1811년 12월부터 1812년 4월까지 평안도 일대에서 발생한 농민 봉기는 홍경래의 난으로, 세도 정치기의 수탈과 서북민(평안도민)에 대한 지역 차별에 반발하여 일어났다. 몰락 양반인 홍경래의 지휘 하에 광산 노동자들이 중심이 되어 가산, 정주성 등을 점령하였으나 5개월 만에 평정되었다.

오답 해설

① 청의 군대에 의해 진압 → 임오군란, 갑신정변
구식 군대의 차별로 일어난 임오군란은 명성황후 일파가 청에 군대 파견을 요청하여 진압되었고, 급진개혁파의 개화당 정부 수립을 위한 갑신정변은 청의 무력 개입으로 3일 만에 실패로 끝났다.

② 척왜양창의 → 동학 농민 운동
척왜양창의는 일본과 서양 세력을 배척하여 의병을 일으킨다는 뜻으로 동학 교도들은 보은집회에서 척왜양창의를 기치로 내걸었다.

③ 선혜청, 일본 공사관 공격 → 임오군란
신식 군대인 별기군과의 차별에 반발하여 구식 군대가 선혜청과 일본 공사관을 공격하는 임오군란을 일으켰다.

④ 안핵사 : 박규수 파견 → 임술 농민 봉기
삼정의 문란과 백낙신의 탐학으로 임술 농민 봉기가 일어나자 사건 수습을 위해 박규수가 안핵사로 파견되었다.

핵심노트 ▶ 홍경래의 난(순조, 1811)

- 의의 : 세도 정치기 당시 농민 봉기의 선구
- 중심 세력 : 몰락 양반인 홍경래의 지휘 하에 광산 노동자들이 중심적으로 참여하였고, 영세 농민·중소 상인·유랑인·잔반 등 다양한 세력이 합세
- 원인
  - 서북인(평안도민)에 대한 차별 및 가혹한 수취
  - 서울 특권 상인 등의 이권 보호를 위해 평안도 지역 상공인과 광산 경영인을 탄압·차별하고 상공업 활동을 억압
  - 세도 정치로 인한 탐관 문란, 계속되는 가뭄·흉작으로 인한 민심 이반
- 경과 : 가산 다복동에서 발발하여 한때 청천강 이북의 7개 고을을 점령하였으나 5개월 만에 평정
- 영향 : 이후 각지의 농민 봉기 발생에 영향을 미침 → 관리들의 부정과 탐학은 시정되지 않음

05 천주교 박해

정답 ①

암기박사 신해박해(1791) ⇒ 신유박해(1801) ⇒ 병인박해(1866)

정답 해설

(가) 신해박해(1791) : 전라도 진산의 양반 윤지충 등이 신주를 불태우고 모친상을 천주교식으로 지내자 천주교에 대해 비교적 관대했던 정조도 이들을 사형에 처하였다.

(나) 신유박해(1801) : 벽파가 시파를 축출하기 위한 정치적 박해로 이승훈, 이가환, 정약종, 주문모 신부 등 3백여 명이 처형되었고 정약용, 정약전 등이 강진과 흑산도로 유배되었다.

(다) 병인박해(1866) : 천주교에 대한 최대의 박해로 흥선 대원군은 프랑스 신부와 남종삼 등 8천여 명을 처형하였다.

핵심노트 ▶ 천주교 박해 사건

- 추조 적발 사건(정조, 1785) : 이벽, 이승훈, 정약용 등이 김범우의 집에서 미사를 올리다 발각
- 반회 사건(정조, 1787) : 이승훈, 정약용, 이가환 등이 김석대의 집에서 성경 강습
- 신해박해(정조, 1791) : 전라도 진산의 양반 윤지충 등이 신주를 소각하고 모친상을 천주교식으로 지냄
- 신유박해(순조, 1801) : 벽파(노론 강경파)가 시파를 축출하기 위한 정치적 박해, 정약용·정약전 등이 강진과 흑산도로 유배, 황사영 백서 사건 발생
- 기해박해(헌종, 1839) : 안동 김씨와 풍양 조씨의 세도 쟁탈전 성격, 척사윤음 반포, 오가작통법을 이용하여 박해
- 병오박해(헌종, 1846) : 김대건 신부 처형
- 병인박해(고종, 1866) : 대왕대비교령으로 천주교 금압령, 최대의 박해, 프랑스 신부와 남종삼 등 8천여 명 처형, 병인양요 발생 원인

06 홍경래의 난

정답 ①

암기박사 평안도 지역에 대한 차별 ⇒ 홍경래의 난

정답 해설

가산 다복동에서 봉기하여 청천강 이북 지역을 점령했던 반란군이 정주성에서 관군에게 진압된 것은 홍경래의 난이다. 홍경래의 난은 평안도 지역에 대한 차별에 반발하여 홍경래, 우군칙 등이 주도하였다.

오답 해설

② 흥선 대원군 재집권 → 임오군란
신식 군대인 별기군과 차별을 받던 구식 군대가 임오군란을 일으켜 흥선 대원군이 재집권하였으나, 명성황후 일파가 청에 군대를 요청하여 군란을 진압하고 대원군을 압송하였다.

③ 청군의 출병 요청 → 임오군란, 동학 농민 운동
임오군란 때는 명성황후 일파가 청에 군대를 요청하여 군란을 진압하고 대원군을 압송하였으며, 동학 농민 운동 때는 조선 정부가 청에게 원군을 요청하여 전주화약이 체결되었다.

④ 안핵사 : 박규수 파견 → 임술 농민 봉기
삼정의 문란과 백낙신의 탐학으로 임술 농민 봉기가 일어나자 사건 수습을 위해 박규수가 안핵사로 파견되었다.

⑤ 집강소 : 폐정 개혁 12개조 → 동학 농민 운동
동학 농민 운동의 봉기로 전주 화약이 성립한 후, 농민군은 전라도 일대에 폐정 개혁안 12개조의 실천을 위한 집강소 설치를 요구하였다.

07 임술 농민 봉기

정답 ③

암기박사 유계춘 : 임술 농민 봉기 ⇒ 안핵사 박규수 파견

정답 해설

삼정의 문란과 백낙신의 탐학이 발단이 되어 진주 지역 농민들이 몰락 양반 유계춘의 지휘 아래 임술 농민 봉기를 일으켰다. 이를 계기로 농민 봉기가 삼남 지방으로 확산되었고 상황의 수습을 위해 박규수가 안핵사로 파견되었다(1862).

오답 해설

① 남접과 북접이 연합 → 동학 농민 운동
남접(전봉준)과 북접(손병희)이 연합하여 서울로 북진하다 공주 우금치에서 관군과 민보군, 일본군을 상대로 격전하였다(1894).

② 집강소 설치 → 동학 농민 운동
동학 농민 운동의 봉기로 청·일군이 개입하자 정부는 농민군에 휴전을 제의해 전주 화약이 성립하였으며, 농민군은 전라도 일대에 집강소를 설치하였다(1894).

④ 지역 차별 반발 → 홍경래의 난
서북민(평안도민)에 대한 지역 차별에 반발하여 홍경래가 주도하여 가산, 정주성 등을 장악하며 봉기하였다(1811).

⑤ 조·일 통상 장정 → 방곡령 선포
조선 양곡의 무제한 유출을 허용한 조·일 통상 장정으로 일본으로의 지나친 곡물 반출을 막기 위해 함경도 관찰사 조병식이 방곡령을 선포하였다(1889).

08 동학 사상

정답 ④

암기박사 시천주 : 마음속에서 한울님을 모심 ⇒ 동학

정답 해설

제시문에서 서양의 학문인 양학과 반대되는 개념은 동양의 학문인 동학이다. 최제우가 창시한 동학은 마음속에 한울님을 모시는 시천주를 강조하였고, 그 외 사인여천, 인내천 사상을 강조해 인간 평등을 반영하였다.
→ 하느님을 모시다
→ 사람이 곧 하늘
→ 사람을 하늘처럼 섬기다

오답 해설

① 배재 학당 설립 → 개신교
미국의 개신교 선교사 아펜젤러가 배재 학당을 세워 신학문 보급에 기여하였다.

② 새생활 운동 → 원불교
박중빈이 창시한 원불교는 현대화와 생활화를 주창하며 간척 사업과 새생활 운동을 추진하였다.

③ 사찰령 폐지 운동 → 불교
조선 불교의 자주성을 말살하기 위해 전국 사찰을 총독부에 직속시킨 일제의 통제에 맞서 불교계에서는 사찰령 폐지 운동을 펼쳤다.

⑤ 황사영 백서 사건 → 천주교
천주교에 대한 탄압으로 신유박해가 일어나자 황사영이 외국 군대의 출병을 요청하는 백서를 작성하였다.

핵심노트 ▶ 동학의 성격

- 성리학, 불교, 서학 등을 배척하면서도 교리에는 유·불·선의 주요 내용과 장점을 종합
- 샤머니즘, 주문과 부적 등 민간 신앙 요소도 결합되어 있으며, 현세구복적 성격
- 시천주, 사인여천, 인내천 사상을 강조해 인간 평등을 반영
- 운수 사상과 혁명 사상(조선 왕조를 부정)을 담고 있음
- 혁명적·반제국주의적 성격을 띠며, 사회 모순을 극복하고 외세의 침략을 막아내자는 주장을 전개
- 반봉건적 성격을 토대로 반상의 철폐, 노비 제도 폐지, 여성과 어린이의 인격 존중 등을 강조

09 세도 정치기의 사회상

정답 ①

암기박사 비변사 : 안동 김씨의 세력 기반 ⇒ 세도 정치기

정답 해설

안동 김씨 등 왕실의 외척을 비롯한 소수의 특정 가문이 비변사를 중심으로 권력을 독점한 시기는 조선 후기 세도 정치기이다. 외척 간의 세력 다툼인 을사사화가 발생한 것은 조선 명종 때의 일로 세도 정치기 이전의 일이다.

오답 해설

② 홍경래의 난 → 세도 정치기
순조 때 서북민(평안도민)에 대한 차별과 가혹한 수취에 반발하여 홍경래 등이 난을 일으켜 가산, 정주성 등을 점령하였다.

③ 삼정의 폐단 : 삼정이정청 설치 → 세도 정치기
세도 정치기에 삼정의 폐단을 시정하기 위한 임시 관청인 삼정이정청이 설치되었지만 큰 효과는 거두지 못하였다.

④ 최제우 : 동학 창시 → 세도 정치기
세도 정치와 사회적 혼란, 서양의 통상 요구와 천주교(서학) 세력의 확대로 인한 위기의식에서 최제우가 동학을 창시하였다.

⑤ 이양선 출몰 → 세도 정치기
세도 정치기에는 서양배인 이양선이 우리나라 연안에 자주 출몰하여 통상을 요구하였다.

10 비변사의 변천사

정답 ⑤

암기박사 어사대 관원 + 중서문하성 낭사 ⇒ 고려 시대 : 대간

정답 해설

조선 중종 때 설치된 비변사는 왜란과 호란을 대비한 임시 기구였으나 을묘왜변을 계기로 상설 기구화 되었다. 세도 정치기에는 외척 세력의 정치적 도구로 변질되었고 흥선 대원군 때 혁파되었다. 어사대의 관원과 중서문하성의 낭사로 구성된 것은 고려 시대의 대간으로, 간쟁·봉박권·서경권을 갖는다.

오답 해설

① 명종 : 을묘왜변 → 비변사의 상설 기구화
비변사는 왜구와 여진족을 대비한 임시 기구였으나, 명종 때 을묘왜변을 계기로 상설 기구화 되어 군사 문제를 처리하였다.

② 흥선 대원군 → 비변사 혁파
흥선 대원군은 왕권 강화의 일환으로 비변사를 혁파하고 의정부의 권한을 강화하였다.

265

③ **선조 : 임진왜란 → 비변사의 최고 기구화**
선조 때 임진왜란을 거치면서 조직과 기능이 확대되어 국정의 최고 기구가 되었으나, 그 영향으로 왕권이 약화되고 의정부와 육조 중심의 행정 체계도 유명무실해졌다.

④ **세도 정치기 → 비변사의 변질**
세도 정치기에는 비변사가 외척 세력의 권력 기반으로 변질되어 정치적 기능이 강화된 비변사를 거의 독점적으로 장악하였다.

핵심노트 ▶ 비변사의 변천

임시 기구(중종) → 상설 기구화(명종) → 최고 기구화(선조) → 변질(세도 정치기) → 혁파(흥선 대원군)

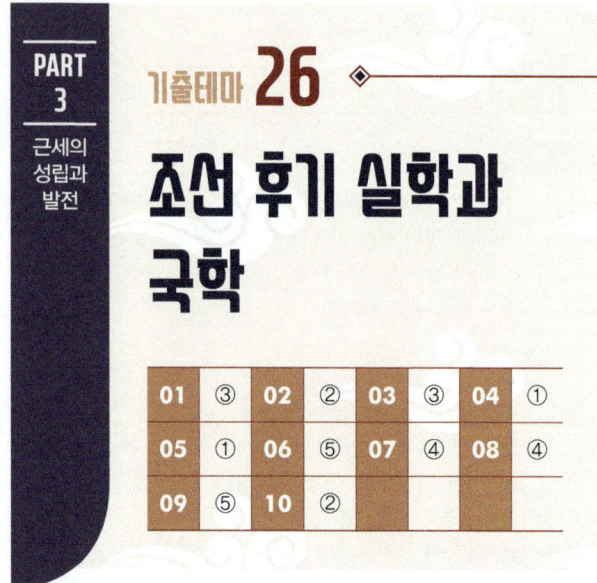

PART 3 근세의 성립과 발전

기출테마 26
조선 후기 실학과 국학

01	③	02	②	03	③	04	①
05	①	06	⑤	07	④	08	④
09	⑤	10	②				

01 조선 후기 사회 개혁론

정답 ③

암기박사 열하일기 : 수레와 선박의 필요성 강조 ⇒ 박지원

정답 해설

조선 후기의 실학자 연암 박지원은 연행사를 따라 청에 다녀온 후 열하일기를 저술하고 수레와 선박의 필요성을 강조하였다.

오답 해설

① **의산문답 : 중국 중심의 세계관 비판 → 홍대용**
홍대용은 의산문답을 통해 지전설과 무한 우주론을 주장하며 중국 중심의 세계관을 비판하였다.

② **목민심서 : 지방 행정의 개혁안 제시 → 정약용**
정약용은 목민심서에서 지방 행정의 개혁안을 제시하고 지방관(목민관)의 도리에 대해 서술하였다.

④ **성호사설 : 여섯 가지 좀 → 이익**
이익은 성호사설에서 양반 제도, 노비 제도, 과거 제도, 기교(사치와 미신), 승려, 게으름을 사회 폐단의 여섯 가지 좀으로 규정하였다.

⑤ **북학의 : 절약보다 적절한 소비 권장 → 박제가**
박제가는 북학의에서 재물을 우물에 비유하여 절약보다 적절한 소비를 권장하였다.

핵심노트 ▶ 연암 박지원

- 열하일기 : 청에 다녀와 문물을 소개하고 이를 수용할 것을 주장
- 농업 관련 저술 : 과농소초, 민명전 등에서 영농 방법의 혁신, 상업적 농업의 장려, 수리 시설의 확충 등을 통한 농업 생산력 증대에 관심
- 한전론의 중요성을 강조하면서 농업 생산력의 향상에 관심을 가짐
- 상공업의 진흥을 강조하면서 수레와 선박의 이용, 화폐 유통의 필요성 등을 주장
- 양반 문벌제도 비판 : 양반전, 허생전, 호질을 통해 양반 사회의 모순과 부조리·비생산성을 비판

02 완당 김정희

암기박사 추사체 창안 ⇒ 완당 김정희

정답 ②

정답 해설
북한산비가 진흥왕 순수비임을 고증한 인물은 완당 김정희이다. 그는 역대 명필을 연구하여 독자적인 필체인 추사체를 창안하였다.
(추사와 함께 김정희의 여러 호 중 하나)

오답 해설

① 담헌서 : 과거제 폐지 → 홍대용 (여론과 평판에 의해 인재를 등용하는 일종의 천거제)
조선 후기의 실학자 홍대용은 담헌서를 통해 과거제를 폐지하고 공거제의 시행을 주장하였다.

③ 북학의 : 수레와 배의 이용 권장 → 박제가
박제가는 청에 다녀온 후 북학의를 저술하고 수레와 배의 이용을 권장하였다.

④ 연려실기술 : 조선의 역사서 → 이긍익
연려실기술은 이긍익이 조선의 역사를 기사 본말체로 서술한 역사서로, 조선 왕조의 정치·문화사를 객관적·실증적 입장에서 정리하였다.

⑤ 구수략 : 수론 → 최석정
최석정이 주역을 바탕으로 수론을 전개한, 대표적인 조선 시대 수학책인 구수략을 저술하였다.

03 초정 박제가

암기박사 북학의 : 수레와 배의 이용 권장 ⇒ 박제가

정답 ③

정답 해설
조선 후기의 대표적인 실학자인 초정 박제가는 서얼 출신으로 규장각 검서관에 발탁되어 활동하였다. 박제가는 청에 다녀온 후 북학의를 저술하고 수레와 배의 이용을 권장하였으며, 재화를 우물물에 비유하며 소비의 촉진을 통한 생산력의 증대를 주장하였다.

오답 해설

① 기기도설 : 거중기 설계 → 정약용
정약용은 기기도설을 참고하여 거중기를 설계하였고, 조선 정조 때 수원 화성 축조 시 거중기와 활차를 이용한 서양식 건축 기술을 도입하였다.

② 양명학 연구 : 강화 학파 형성 → 정제두
정제두는 성리학을 비판하고 지행합일의 실천성을 강조하는 양명학을 연구하여 강화 학파를 형성하였다.

④ 열하일기 : 화폐 유통 강조 → 박지원
박지원은 청에 다녀와 작성한 기행문인 열하일기에서 화폐 유통의 필요성을 강조하였다.

⑤ 우서 : 사농공상의 직업적 평등 주장 → 유수원
유수원은 우서에서 사농공상의 직업적 평등과 전문화를 주장하였고, 중국과 우리 문물을 비교하면서 정치·경제·사회 전반의 개혁을 제시하였다.

핵심노트 ▶ 초정 박제가(1750~1805)

- 청에 다녀온 후 북학의 저술
- 상공업의 육성, 청과의 통상 강화, 세계 무역에의 참여, 서양 기술의 습득을 주장
- 선박과 수레의 이용 증가 및 벽돌 이용 등을 강조
- 소비의 권장, 생산과 소비와의 관계를 우물물에 비유하면서 생산을 자극하기 위해서는 절약보다 소비를 권장해야 한다고 주장
- 신분 차별 타파, 양반의 상업 종사 등을 주장

04 유수원의 활동상

암기박사 우서 : 사농공상의 직업적 평등 주장 ⇒ 유수원

정답 ①

정답 해설
유수원은 중국과 우리 문물을 비교하면서 정치·경제·사회 전반의 개혁을 제시하였는데, 우서에서 사농공상의 직업적 평등과 전문화를 주장하였다.

오답 해설

② 거중기 : 수원 화성 축조 → 정약용
정약용은 기기도설을 참고하여 거중기를 설계하였고, 수원 화성 축조 시 활용하였다.

③ 사상 의학 확립 → 이제마
이제마는 사람의 체질을 태양인, 태음인, 소양인, 소음인으로 구분하여 치료하는 사상 의학을 확립하였다.

④ 북학의 : 수레와 배의 이용 강조 → 박제가
박제가는 청에 다녀온 후 북학의를 저술하여 절약보다 소비를 권장하고 수레와 배의 이용을 강조하였다.

⑤ 혼천의 : 별자리 관측 기구 → 홍대용
홍대용은 천체의 운행과 위치를 측정하는 별자리 관측 기구인 혼천의를 제작하였다.

핵심노트 ▶ 유수원(1694~1755)의 개혁론

- 농업의 전문화·상업화, 기술 혁신을 통해 생산력 증강
- 농업에만 의존해서는 안 되며 상공업을 함께 진흥 → 상공업 진흥과 기술 혁신 강조
- 사·농·공·상의 직업적 평등과 전문화를 주장 → 신분 차별의 철폐
- 상인 간의 합자를 통한 경영 규모의 확대
- 상인이 생산자를 고용하여 생산·판매 주관 → 선대제 수공업 등
- 대상인의 지역 사회 개발 참여 및 학교 건립·교량 건설·방위 시설 구축 등에 대한 공헌
- 국가의 상업 활동 통제를 통한 물자 낭비·가격 조작 방지, 사상의 횡포 견제

05 담헌 홍대용

암기박사 의산문답 : 무한우주론 주장 ⇒ 홍대용

정답 ①

정답 해설
별자리 관측기구인 혼천의를 개량하고 담헌서를 저술한 인물은 조선 후기의 실학자 홍대용이다. 그는 의산문답에서 지전설과 무한 우주론을 주장하며 중국 중심의 세계관을 비판하였다.

오답 해설

② 거중기 설계 → 정약용

조선 정조 때 정약용은 기기도설을 참고하여 거중기를 설계하였고, 수원 화성 축조 시 거중기와 활차를 이용한 서양식 건축 기술을 도입하였다.

③ 자격루 제작 → 장영실

조선 세종 때 장영실은 자동 시보 장치를 갖춘 물시계인 자격루를 제작하였다.

④ 동의수세보원 편찬 → 이제마

이제마는 동의수세보원을 편찬하고 사람의 체질을 구분하여 치료하는 사상의학을 정립하였다.

⑤ 지구전요 저술 → 최한기

한말의 실학자 최한기가 서양의 과학 기술을 정리한 지구전요는 우주계의 천체·지상과 지구상의 자연 및 인문 지리를 담고 있다.

핵심노트 ▶ 담헌 홍대용(1731~1783)

- 저술 : 임하경륜, 의산문답, 연기 등이 담헌서에 전해짐, 수학 관계 저술로 주해수용이 있음 → 우리나라, 중국, 서양 수학의 연구 성과를 정리
- 농업(토지) 개혁론으로 균전론을 주장 → 결부제를 그대로 인정한 위에서, 1호당 평균 2결씩의 농지를 배분
- 임하경륜(부국론) : 기술의 혁신, 신분제 개혁 주장, 병농일치의 군대 조직, 교육 기회의 균등을 강조, 성리학의 극복이 부국강병의 근본이라 주장
- 의산문답 : 김석문의 지구 회전설을 계승해 지전설을 주장하여 화이관 비판 → 김석문, 홍대용, 이익, 정약용 등

06 박세당의 사변록

암기박사 색경, 사변록 저술 ⇒ 박세당

정답 ⑤

정답 해설

농사 전반에 걸친 해설서로 농가집성을 비판·보완한 색경을 편찬한 인물은 박세당이다. 박세당은 유학 경전을 주자와 달리 해석한 사변록을 저술하여 사문난적으로 몰려 학계에서 배척되었다. → 성리학에서 교리를 어지럽히고 사상에 어긋나는 언행을 하는 사람을 이르는 말

오답 해설

① 시헌력 도입 → 김육

조선 인조 때 김육은 청으로부터 시헌력 도입을 건의하였는데, 시헌력은 서양의 수치와 계산 방법이 채택된 숭정역법을 교정한 것이다.

② 거중기 설계 → 정약용

조선 정조 때 정약용은 기기도설을 참고하여 거중기를 설계하였고, 수원 화성 축조 시 거중기와 활차를 이용한 서양식 건축 기술을 도입하였다.

③ 조의제문 작성 → 김종직 → 항우에게 왕위를 빼앗기고 죽은 초나라 의제를 기리는 내용을 통해 단종에게서 왕위를 빼앗은 세조를 비난한 글

연산군 때에 김종직이 지은 조의제문을 김일손이 사초에 올린 일이 발단이 되어 김일손 등이 처형되는 무오사화가 발생하였다.

④ 혼천의 제작 → 장영실, 홍대용

천체의 운행과 위치를 측정하는 혼천의는 조선 세종 때 장영실이 제작한 이후 계속 만들어지고 개량되었는데, 조선 후기의 실학자 홍대용도 서구 문물의 영향을 받아 혼천의를 더 과학적으로 제작하였다.

핵심노트 ▶ 사변록

경(經)에 실린 말이 그 근본은 비록 하나이지마는 그 실마리는 천 갈래 만 갈래이니, 이것이 이른바 하나로 모이는 데 생각은 백이나 되고, 같이 돌아가는 데 길은 다르다는 것이다. 그러므로 비록 독창적인 지식과 깊은 조예가 있으면 오히려 그 귀추의 갈피를 다하여 미묘한 부분까지 놓침이 없을 수 없는 경우가 있다. 반드시 여러 장점을 널리 모으고 조그마한 선도 버리지 아니하여야만 대략적인 것도 유실되지 않고, 얕고 가까운 것도 누락되지 아니하여, 깊고 심원하고 정밀하고 구비한 체제가 비로소 완전하게 된다.

07 다산 정약용의 업적

암기박사 마과회통 : 홍역 연구 ⇒ 다산 정약용

정답 ④

정답 해설

조선 후기의 실학자 다산 정약용은 기기도설을 참고하여 거중기를 설계하였고, 수원 화성 축조 시 활용하였다. 또한 마과회통에서 홍역에 대한 의학 지식을 정리하고 종두법을 처음으로 소개하였다.

오답 해설

① 북학의 : 절약보다 소비 권장 → 박제가

박제가는 청에 다녀온 후 북학의를 저술하고 재물을 우물에 비유하여 절약보다 소비를 권장하였다.

② 의산문답 : 중국 중심의 세계관 비판 → 홍대용

홍대용은 의산문답을 통해 지전설과 무한 우주론을 주장하며 중국 중심의 세계관을 비판하였다.

③ 우서 : 사농공상의 직업적 평등 주장 → 유수원

유수원은 우서에서 사농공상의 직업적 평등과 전문화를 주장하였고, 중국과 우리 문물을 비교하면서 정치·경제·사회 전반의 개혁을 제시하였다.

⑤ 금석과안록 : 진흥왕 순수비 고증 → 김정희

추사 김정희는 금석과안록을 저술하여 북한산비가 진흥왕 순수비임을 고증하였다.

핵심노트 ▶ 다산 정약용(1762~1836)

- 이익의 실학사상을 계승하면서 실학을 집대성
- 정조 때 벼슬길에 올랐으나 신유박해 때에 전라도 강진에 유배
- 500여 권의 저술을 여유당전서로 남김
- 3부작(1표 2서) : 목민심서, 경세유표, 흠흠신서
- 3논설 : 전론, 원목, 탕론
- 기예론 : 농업 기술과 공업 기술을 논의
- 여전론 : 토지 제도의 개혁론으로 처음에는 여전론을, 후에 정전론을 주장

08 성호 이익의 업적

암기박사 성호사설 : 한전론 주장 ⇒ 이익

정답 ④

정답 해설

성호사설은 조선 후기의 실학자 이익이 지은 책으로 '성호'는 이익의 호이다. 이익은 토지 매매를 제한하는 한전론을 제시하였는데, 기본적인 생활 유지에 필요한 규모의 토지를 영업전으로 지정하여 법으로 매매를 금지하고 나머지 토지만 매매를 허용하여 점진적으로 토지 소유의 평등을 이루고자 하였다. → 한 가정이 생계를 유지할 수 있는 최소 규모의 토지

오답 해설

① **연행록 : 청나라 사행일기 → 김정중**
조선 정조 때 김정중이 청나라에 다녀온 뒤 사행 일기인 연행록을 남겼다.

② **양명학 연구 : 강화학파 → 정제두**
정제두는 성리학을 비판하고 지행합일의 실천성을 강조하는 양명학을 연구하여 강화학파를 형성하였다.

③ **금석과안록 : 진흥왕 순수비 고증 → 김정희**
추사 김정희는 금석과안록을 저술하여 북한산비가 진흥왕 순수비임을 고증하였다.

⑤ **북학의 : 절약보다 소비 권장 → 박제가**
박제가는 청에 다녀온 후 북학의를 저술하고 재물을 우물에 비유하여 절약보다 소비를 권장하였다.

핵심노트 ▶ 이익의 한전론

- 급진적·비현실적이라며 균전론을 비판
- 대안으로 한전론을 제시하여 토지 매매의 하한선을 정함
- 기본적인 생활 유지에 필요한 규모의 토지를 영업전으로 지정하여 법으로 매매를 금지하고 나머지 토지만 매매를 허용하여 점진적으로 토지 소유의 평등을 이룸

09 유형원의 반계수록

암기박사 반계수록 : 균전론 ⇒ 유형원

정답 ⑤

정답 해설

유형원은 반계수록에서 자영농 육성을 위해 신분에 따른 토지의 차등 분배를 주장한 균전론을 제안하였다.

오답 해설

① **규장각 검서관 → 박제가, 이덕무, 유득공** (규장각 각신의 보좌, 문서 필사 등의 업무를 맡은 관리)
박제가, 이덕무, 유득공 등은 서얼 출신으로 정조 때 규장각 검서관으로 활동하였다.

② **동국지리지 : 삼한의 위치 고증 → 한백겸**
한백겸은 역사와 지리에 밝아 동국지리지를 저술하고 삼한의 위치를 고증하였다.

③ **의산문답 : 중국 중심의 세계관 비판 → 홍대용**
홍대용은 의산문답을 통해 지전설과 무한 우주론을 주장하며 중국 중심의 세계관을 비판하였다.

④ **열하일기 : 청의 문물 소개 → 박지원**
연암 박지원은 연행사를 따라 청에 다녀온 후 열하일기를 집필하여 청의 문물을 소개하고 이를 수용할 것을 주장하였다.

핵심노트 ▶ 유형원의 균전론

- 주나라 정전법의 영향을 받아 자영농 육성을 위한 토지 제도의 개혁을 주장
- 관리·선비·농민에게 토지의 차등적 재분배를 주장
- 토지 국유제 원칙에서 토지 매매 금지와 대토지 소유 방지를 주장
- 자영농 육성을 통한 병농일치의 군사 제도, 사농일치의 교육 제도 확립을 주장

10 조선 시대 지도 및 지리서

암기박사 100리 척의 축척 ⇒ 정상기 : 동국지도

정답 ②

정답 해설

동국지도는 영조 때 정상기가 최초로 100리 척의 축척 개념을 사용하여 제작하였다.

오답 해설

① **팔도지리지 참고 → 서거정 : 동국여지승람**
성종 때 팔도지리지를 참고하여 완성한 책은 서거정의 동국여지승람으로 각 도의 지리, 풍속 등을 수록하였다.

③ **500여 종의 자료 참고 → 한치윤 : 해동역사**
한치윤이 500여 종의 자료를 참고하여 편찬한 책은 해동역사로 단군조선부터 고려시대까지의 역사를 담고 있다.

④ **복거총론 → 이중환 : 택리지** (오래 머물러 살만한 장소를 가려서 잡는 법)
복거총론에서 거주지의 이상적인 조건을 제시한 책은 이중환의 택리지로 30년간의 현지답사를 통해 각 지역의 지리와 사회·경제를 연구하고 자연 환경과 물산·풍속·인심 등을 서술하였다.

⑤ **10리마다 눈금 표시 → 김정호 : 대동여지도**
대동여지도는 조선 철종 때 김정호가 제작한 우리나라 대축척 지도로, 목판으로 인쇄되었으며 10리마다 눈금이 표시되어 있다.

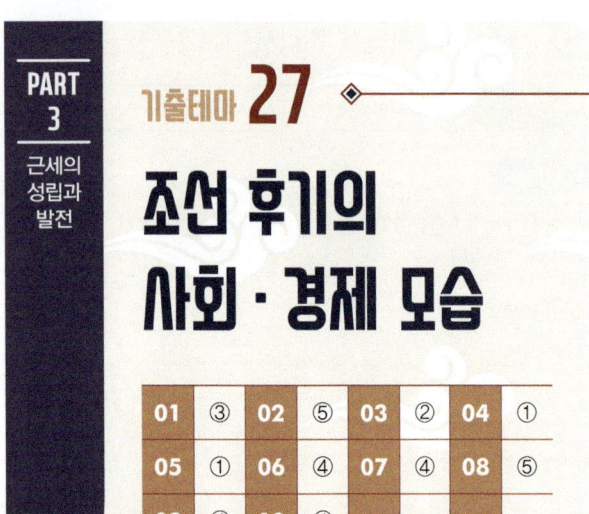

PART 3 근세의 성립과 발전

기출테마 27 조선 후기의 사회·경제 모습

01	③	02	⑤	03	②	04	①
05	①	06	④	07	④	08	⑤
09	④	10	④				

01 조선 후기의 사회 모습

암기박사 주자소 : 계미자 주조 ⇒ 조선 전기

정답 ③

정답 해설

조선 후기 순조 때 사학(邪學)에 대한 단속이 강화되어 이승훈과 정약종 등 천주교인들에 대한 신유박해가 단행되었다. 한편, 활자 주조를 담당하던 관청인 주자소에서 금속 활자인 계미자가 주조된 것은 조선 전기 태종 때의 일이다.

오답 해설

① 상평통보 유통 → 조선 후기
조선 후기에는 상평통보가 전국적인 화폐로 유통되어 객주가 상평통보로 물건을 거래하였다.
② 송상 : 인삼 무역 → 조선 후기
조선 후기에는 상업의 발달로 사상(私商)이 등장하였고, 송상이 청과의 인삼 무역으로 부를 축적하였다.
④ 상품 작물 : 고추, 담배 → 조선 후기
조선 후기에는 고추, 담배 등 시장에서 매매하기 위한 상품 작물의 재배가 활발해졌다.
⑤ 전기수 → 조선 후기
조선 후기에는 책 읽는 솜씨가 뛰어난 전기수가 저잣거리에서 홍길동전 등의 한글 소설을 읽어주었다.

02 균역법의 재정 보충 대책

암기박사 균역법 : 재정 부족 ⇒ 잡세 : 어장세, 염세, 선박세

정답 ⑤

정답 해설

양역의 폐단을 개선하고 군포를 1필로 줄이는 법은 조선 영조 때 실시한 균역법이다. 균역법의 실시로 세입이 감소되자 그 대책으로 어장세, 염세, 선박세 등의 잡세를 국가 재정으로 귀속하였다.

오답 해설

① 수신전·휼양전 폐지 → 직전법
조선 세조 때 직전법을 시행하여 현직 관리에게만 과전을 지급하고 수신전과 휼양전을 폐지하였다.
② 토지 1결당 미곡 12두 부과 → 대동법
조선 숙종 때 평안도와 함경도를 제외한 전국에 대동법을 실시하고, 토지 1결당 미곡 12두를 부과하였다.
③ 광무개혁 : 지계 발급 → 양전사업 ← 근대적 토지증서
대한 제국은 광무개혁 때 근대적 토지 소유제도의 마련을 위해 양지아문을 설치하여 양전사업을 실시하고, 지계아문에서 토지 소유자에게 지계를 발급하였다.
④ 풍흉에 따라 9등급 부과 → 연분 9등법
조선 세종 때 풍흉에 따라 전세를 9등급으로 차등 과세하는 연분9등법을 시행하였다.

03 조선 후기의 사회 모습

암기박사 염포 : 왜관 설치 ⇒ 조선 전기

정답 ②

정답 해설

번암집은 조선 정조 때의 문신 채제공이 지은 시문집으로 조선 후기에 서민 문화가 발달하였음을 알 수 있다. 한편, 조선 전기 세종 때 염포(울산)를 비롯한 부산포(동래)와 제포(진해) 등의 3포가 개항되고 왜관이 설치되어 일본과 교역하였다.

오답 해설

① 담배 : 상품 작물 → 조선 후기
조선 후기에는 담배를 비롯한 인삼, 약재, 면화, 삼 등 시장에서 매매하기 위한 상품 작물의 재배가 활발하였다.
③ 장시 : 탈춤 공연 → 조선 후기
조선 후기에는 장시가 발달하여 보부상들이 물품을 판매·유통하거나 광대들이 탈춤 공연을 벌였다.
④ 중인 : 시사 조직 → 조선 후기
조선 후기에는 중인들이 시사(詩社)를 조직하여 활발한 문예 활동을 전개하였다. ← 대표적인 시사 : 천수경의 옥계시사, 최경흠의 직하시사 등
⑤ 덕대 : 광산 경영 → 조선 후기
조선 후기에는 덕대가 상인 물주에게 자본을 조달받고 채굴업자와 채굴 노동자 등을 고용하여 광산을 전문적으로 경영하였다.

04 균역법의 재정 보충 대책

암기박사 균역법 : 재정 부족 ⇒ 선무군관포 징수

정답 ①

정답 해설

조선 영조 때 백성들의 군역 부담을 줄이기 위해 1년에 군포 2필을 부담하던 것을 1필로 경감한 것은 균역법이다. 균역법의 시행으로 재정이 부족해지자 일부 부유한 양민에게 선무군관이란 칭호를 주고 군포 1필을 부과하는 선무군관포를 징수하였다.

오답 해설

② 풍흉에 따라 9등급 차등 과세 → 연분 9등법
조선 세종 때 풍흉에 따라 전세를 9등급으로 차등 과세하는 연분9

등법을 시행하였다.

③ 곡식 대여 → 진대법
고구려의 고국천왕은 을파소의 건의로 백성들에게 곡식을 빌려주는 진대법을 시행하였다.

④ 수신전, 휼양전 폐지 → 직전법
조선 세조 때 직전법을 시행하여 현직 관리에게만 과전을 지급하고 수신전, 휼양전 등의 명목으로 세습되는 토지를 폐지하였다.

⑤ 이자로 빈민 구제 → 제위보
고려 광종 때 기금을 모아 그 이자로 빈민을 구제하는 제위보를 운영하였다.

핵심노트 ▶ 균역법의 재정 보충 대책

- 결작: 감소된 재정을 보충하기 위해 지주에게 결작을 부과 → 토지 1결당 미곡 2두
- 선무군관포: 일부 상층 양인에게 선무군관이란 칭호를 주고 군포 1필 부과
- 잡세: 어장세·염세·선박세 등

05 조선 후기의 경제 상황

암기박사 활구(은병) 주조 ⇒ 고려 숙종   **정답** ①

정답 해설

→ 명주, 종이, 어물, 모시와 베, 비단을 파는 점포
시전 상인의 특권을 축소하는 신해통공을 단행하여 육의전을 제외한 시전 상인의 금난전권을 폐지한 것은 조선 후기 정조 때의 일이다. 고액 화폐인 활구(은병)가 주조된 것은 고려 숙종 때의 일로, 은 1근을 사용하여 우리나라의 지형을 본 떠 만들었다.

→ 시전 상인이 왕실이나 관청에 물품을 공급하는 대신 부여받은 독점 판매권으로, 난전을 단속할 수 있는 권한

오답 해설 → 은 1근으로 만든 병 모양의 은화(銀貨)

② 상품 작물의 재배 → 조선 후기
조선 후기에는 인삼, 담배, 약재, 면화, 삼 등 시장에서 매매하기 위한 상품 작물이 재배되었다.

③ 공인: 관청에 물품 조달 → 조선 후기
조선 후기에는 대동법이 실시되면서 관청에 물품을 조달하는 공인이 활동하였다.

④ 송상, 만상: 대청 무역 → 조선 후기
조선 후기 상업의 발달로 사상(私商)이 등장하였고, 송상과 만상이 대청 무역으로 부를 축적하였다.

⑤ 덕대: 광산 경영 → 조선 후기
조선 후기에는 상인 물주에게 자본을 조달받고 채굴업자와 채굴 노동자 등을 고용하여 광산을 전문적으로 경영하는 덕대가 등장하였다.

핵심노트 ▶ 조선 후기의 경제

농업	• 이앙법(전국), 견종법 → 광작(경영형 부농, 몰락 농민) • 상품 작물의 재배(담배, 고추, 인삼 등) • 구황 작물의 재배(고구마, 감자) • 지대의 변화(타조법(관행) → 도조법(일부))
상업	• 사상의 활동(경강 상인, 송상 등) • 공인의 활동 → 도고의 출현 • 화폐의 차츰 유통 → 전황 형상 발생 • 공·사무역의 발달(개시, 후시)
수공업	• 납포장 증가 • 선대제 수공업: 17, 18세기의 보편적 양상
광업	7세기 설점수세제 → 18세기 자유로운 채굴 가능·불법적 잠채 성행

06 조선 인조의 정책

암기박사 영정법: 전세를 1결당 4~6두로 고정 ⇒ 인조   **정답** ④

정답 해설

제시문에서 이괄의 난은 인조반정 이후 공신 책봉에 불만을 품은 이괄이 일으킨 난이므로, 밑줄 그은 '왕'은 인조이다. 인조는 풍흉에 관계없이 전세를 1결당 4~6두로 고정하는 영정법을 제정하였다.

오답 해설

① 역분전: 공로와 인품 → 고려 태조
고려 태조가 후삼국 통일에 공을 세운 개국 공신에게 공로와 인품에 따라 역분전을 차등 지급하였다.

② 삼정이정청: 삼정의 문란 해결 → 조선 철종
조선 철종은 임술 농민 봉기가 발발하자 삼정의 문란을 해결하기 위해 안핵사 박규수의 건의로 삼정이정청을 설치하였다.

③ 신해통공: 금난전권 폐지 → 조선 정조   → 시전 상인이 왕실이나 관청에 물품을 공급하는 대신 부여받은 독점 판매권으로, 난전을 단속할 수 있는 권한
조선 정조는 시전 상인의 특권을 축소하는 신해통공을 단행하여 육의전을 제외한 시전 상인의 금난전권을 폐지하였다.

⑤ 균역법: 군포를 1필로 경감 → 조선 영조   → 명주, 종이, 어물, 모시와 베, 무명, 비단을 파는 점포
조선 영조는 군역의 부담을 줄이고자 1년에 2필씩 걷던 군포를 1필로 줄이는 균역법을 시행하였다.

07 조선 후기의 사회 모습

암기박사 염포: 왜관 설치 ⇒ 조선 전기   **정답** ④

정답 해설

제시된 사료처럼 독점적 도매상인인 도고가 대규모 자본을 동원하여 상품을 매점매석함으로써 이윤 극대화를 추구한 것은 조선 후기이다. 한편, 조선 전기 세종 때 염포(울산)를 비롯한 부산포(동래)와 제포(진해) 등의 3포가 개항되고 왜관이 설치되어 일본과 교역하였다.

오답 해설

① 서얼: 통청 운동 → 조선 후기
조선 후기 서얼은 청요직 진출을 요구하는 집단 상소를 올려 통청 운동을 전개하였다. → 조선 시대 관리들이 선망하는 홍문관·사간원·사헌부 등의 관직

② 한글 소설 유행 → 조선 후기
조선 후기에는 홍길동전, 춘향전 등 사회의 부조리를 비판하는 한글 소설이 부녀자 사이에서 널리 읽혔다.

③ 동국문헌비고 간행 → 조선 후기
조선 후기 영조 때 홍봉한 등은 한국학 백과사전인 동국문헌비고를 간행하여 역대 문물을 정리하였다.

⑤ 장시: 판소리 → 조선 후기
조선 후기에는 장시가 발달하였고 판소리, 탈춤과 같은 서민 문화가 크게 확대되었다.

08 대동법의 시행

암기박사 특산물 대신 쌀, 베, 동전으로 납부 ⇒ 대동법   **정답** ⑤

> 정답 해설

대동법은 광해군 때 경기도에서 처음 시행되었으며, 효종 때에는 김육이 충청도 지역까지 대동법의 확대 실시를 건의하였다. 공납의 폐단을 해결할 목적으로 시행한 대동법은 특산물 대신 쌀, 베, 동전 등으로 납부하게 하였다.

> 오답 해설

① 양반에게도 군포 부과 → 흥선 대원군 : 호포제
흥선 대원군은 군정의 문란을 개혁하기 위해 호포제를 실시하고 양반에게도 군포를 부과하였다.

② 1결당 쌀 4~6두 납부 → 인조 : 영정법
조선 인조 때 영정법을 실시하여 종전 연분 9등제 하에서 풍흉에 따라 최대 20에서 최하 4두를 납부하던 것을 풍흉에 관계없이 토지 1결당 미곡 4~6두로 전세를 고정하였다. → 전세의 정액화

③ 비옥도 : 6등급 → 세종 : 전분 6등법
조선 세종 때 전분 6등법을 시행하여 토지를 비옥도에 따라 6등급으로 나눈 후 전세를 차등 부과하였다

④ 선무군관포 → 영조 : 균역법 → 일부 상층 양인에게 선무군관이란 칭호를 주고 군포 1필 부과
조선 영조 때 균역법의 실시로 재정이 감소되자 부족한 재정의 보충을 위해 일부 상류층에게 선무군관포를 징수하였다.

> 핵심노트 ▶ 대동법의 시행 결과

- 농민 부담 경감 : 부과가 종전 가호 단위에서 전세(토지 결수) 단위로 바뀌어, 토지 1결당 미곡 12두만을 납부
- 공납의 전세화 : 공물 대신 토지 결수에 따라 쌀 차등 과세
- 조세의 금납화 : 종래 현물 징수에서 쌀(대동미)·베(대동포)·동전(대동전)으로 납부
- 국가 재정의 회복 : 과세 기준의 변경으로 지주 부담이 늘고, 대동법의 관리·운영과 재정 수입을 선혜청에서 담당하게 되면서 국가 재정은 어느 정도 회복됨
- 공인 : 대동법이 실시되면서 등장한 관허 상인으로 이들의 활발한 활동은 상품 화폐 경제의 발달을 촉진
- 상품 화폐 경제의 발달 : 상품 수요가 증가하고 시장이 활성화, 상품 구매력의 증가로 자급자족에서 유통 경제로 변화

09 조선 후기의 경제 모습

정답 ④

 암기박사 전황의 폐단 ⇒ 조선 후기

> 정답 해설

제시된 사료에서 지주나 대상인들이 화폐를 재산 축적의 수단으로 이용하여 돈이 유통되지 않는 전황의 폐단은 조선 후기의 경제 모습이다. 관리가 토지의 소유권이 아니라 과전법에 의해 토지의 수조권을 지급받은 것은 조선 전기의 모습이다. → 토지로부터 조세를 거둘 수 있는 권리

> 오답 해설

① 송상, 만상 : 대청 무역 → 조선 후기
조선 후기 상업의 발달로 사상이 등장하였고, 송상과 만상이 대청 무역으로 부를 축적하였다.

② 개시 무역, 후시 무역 → 조선 후기
조선 후기에는 왜관에서 공무역인 개시 무역과 사무역인 후시 무역이 이루어졌다.

③ 덕대 : 광산 경영 → 조선 후기
조선 후기에는 상인 물주에게 자본을 조달받아 채굴업자와 채굴 노동자 등을 고용하여 광산을 전문적으로 경영하는 덕대가 등장하였다.

⑤ 모내기법 확대 : 이모작 확산 → 조선 후기
조선 후기에는 직파법에서 이앙법으로 모내기법이 확대되면서 벼와 보리의 이모작이 확산되었다.

10 조선 후기의 사회 모습

정답 ④

암기박사 향전, 시사 조직, 상평통보 유통 ⇒ 조선 후기

> 정답 해설

제시된 사료는 신향과 구향이 향권의 주도권을 두고 벌인 조선 후기 향전의 내용이다. → 대표적인 시사 : 천수경의 옥계시사, 최경흥의 직하시사 등

ㄴ. 조선 후기에는 중인들이 시사를 조직해 활발한 문예 활동을 전개하였다.

ㄹ. 상평통보는 조선 후기 숙종 때 허적·권대운 등의 주장으로 다시 주조되어 서울과 서북 일대에서 유통되었으며 이후 전국적으로 확산되었다.

> 오답 해설

ㄱ. 염포 : 왜관 설치 → 조선 전기
조선 전기 세종 때 쓰시마 도주의 간청으로 염포(울산)를 비롯한 부산포(동래)와 제포(진해) 등의 3포가 개항되고 왜관이 설치되어 일본과 교역하였다.

ㄷ. 경시서 : 시전 감독 → 고려 시대
시전의 상행위를 감독하는 경시서가 설치된 것은 고려 시대로, 경시서에서는 물가를 조절하고 상품 종류를 통제하였다.
→ 관허 상설 상점 : 관수품 조달, 궁고 잉여품 처분

PART 3 근세의 성립과 발전

기출테마 28 조선 후기 문화의 새 경향

01	④	02	①	03	③	04	④
05	①	06	②	07	④	08	④
09	③	10	③				

01 김정희의 세한도

암기박사 세한도 : 문인화의 대표작 ⇒ 추사 김정희

정답 ④

정답 해설

세한도는 화가가 아닌 선비가 그린 문인화의 대표작으로, 조선 후기의 학자 추사 김정희가 제주도에서 유배 생활 중에 제자 이상적이 청에서 귀한 책들을 구해다 준 것에 대한 답례로 그려준 작품이다.

오답 해설

① 인왕제색도 → 정선
　인왕제색도는 조선 후기 진경산수화의 대가 겸재 정선의 작품으로, 비가 내린 뒤의 인왕산의 분위기를 적묵법으로 진하고 묵직하게 표현한 산수화이다.

② 영통골 입구도 → 강세황
　영통골 입구도는 조선 후기의 화가 강세황이 그린 작품으로, 원근법과 명암법 등 서양화 기법을 반영하여 더욱 실감나게 표현하였다.

③ 몽유도원도 → 안견
　몽유도원도는 조선 세종 때 안견이 안평대군의 꿈 이야기를 듣고 표현한 그림으로 자연스러운 현실 세계와 환상적인 이상 세계를 웅장하면서도 능숙하게 처리하였다.

⑤ 월하정인 → 신윤복
　월하정인은 조선 후기의 대표적인 풍속 화가 혜원 신윤복이 그린 작품으로, 늦은 밤 인적이 드문 뒷골목에서 남녀 간의 연애를 소재로 한 그림이다.

02 법주사 팔상전

암기박사 현존 유일의 조선 시대 목탑 ⇒ 법주사 팔상전

정답 ①

정답 해설

국보 제55호인 법주사 팔상전은 현존하는 유일한 조선 시대 목탑으로 정유재란으로 소실되었다가 인조 때 중건하였다. 충북 보은군 법주사에 있으며, 석가모니의 일생을 여덟 폭의 그림으로 나누어 그린 팔상도가 있어 팔상전이라고 한다.

오답 해설

② 구례 : 화엄사 각황전 → 현존하는 중층의 불전 중 가장 큰 규모
　구례 화엄사의 각황전은 조선 숙종 때 계파대사가 중건한 중층의 대불전으로 현존하는 중층의 불전 중 규모가 가장 크다. 정면 7칸, 측면 5칸의 팔작지붕으로 2층의 다포식 건물이며 내부가 통층으로 되어 웅장감을 준다.

③ 김제 : 금산사 미륵전 → 한국의 유일한 법당
　전북 김제시 금산사에 있는 조선 시대의 목조 건물로, 겉모양이 3층으로 된 한국의 유일한 법당이며 내부는 통층이다.

④ 부여 : 무량사 극락전 → 조선 중기의 중층 불전
　충남 부여군 무량사에 있는 조선 중기의 중층 불전 건축물로, 외관상으로 보면 중층이나 내부는 상하층의 구분 없이 하나로 통해 있다.

⑤ 공주 : 마곡사 대웅보전 → 조선 후기의 중층 불전
　충남 공주시 마곡사에 있는 조선 후기의 불전으로, 중층 건물이면서 하층 모서리칸을 모두 장방형으로 구성한 것과 고주를 생략하고 기둥을 배열한 결과 상하층의 평면과 기둥열이 다른 것이 특징이다.

03 창덕궁의 역사

암기박사 규장각 : 왕실 도서관 ⇒ 창덕궁

정답 ③

정답 해설

조선의 역대 왕들이 가장 많이 머문 궁궐은 창덕궁으로 왕실 도서관인 규장각이 설치된 곳이다. 조선 태종 때 한양 재천도를 위해 건립되었으며, 현재 유네스코 세계문화유산에 등재되어 있다.

오답 해설

① 서궐 → 경희궁
　경희궁은 유사시 왕이 본궁을 떠나 피난하는 이궁으로 지어졌으나, 여러 왕이 정사를 보았기 때문에 동궐인 창덕궁에 대해 서쪽에 있어 서궐이라 불렀다.

② 제1차 미·소 공동 위원회 개최 → 덕수궁
　덕수궁 석조전은 덕수궁 안에 지어진 최초의 서양식 석조 건물로, 르네상스식 건물로 지어졌으며 제1차 미·소 공동 위원회가 개최되었다.

④ 조선 물산 공진회 개최 → 경복궁
　조선 총독부가 경복궁에서 일부 건물을 훼손하거나 수축하여 전국의 물품을 수집·전시한 조선 물산 공진회를 개체하였다.

⑤ 인목 대비 유폐 → 덕수궁
　경운궁으로 불리다가 퇴위한 고종이 머무르면서 이름이 바뀐 덕수궁은 인목 대비가 광해군에 의해 유폐된 장소이다.

핵심노트 ▶ 한국의 고궁

- **경복궁** : 사적 제117호로 서울 종로구 세종로 1번지에 위치한다. 조선시대 궁궐 중 가장 중심이 되는 곳으로 태조 3년(1394) 한양으로 수도를 옮긴 후 세웠다.
- **창덕궁** : 조선시대 궁궐 가운데 하나로 태종 5년(1405)에 세워졌다. 당시 종묘·사직과 더불어 정궁인 경복궁이 있었으므로, 이 궁은 하나의 별궁으로 만들었다.
- **창경궁** : 조선시대 궁궐로 태종이 거처하던 수강궁터에 지어진 건물이다.

- **창경궁** : 조선시대 궁궐로 태종이 거처하던 수강궁터에 지어진 건물이다.
- **덕수궁** : 경운궁으로 불리다가, 고종황제가 1907년 왕위를 순종황제에게 물려준 뒤에 이곳에서 계속 머물게 되면서 고종황제의 장수를 빈다는 뜻의 덕수궁으로 고쳐 부르게 되었다.
- **경희궁** : 원종의 집터에 세워진 조선후기의 대표적인 이궁이다. 광해군 8년(1616)에 세워진 경희궁은 원래 경덕궁 이었으나 영조 36년(1760)에 이름이 바뀌었다.

04 혜원 신윤복

정답 ④

암기박사 월하정인 ⇒ 혜원 신윤복

정답 해설

월하정인은 조선 후기의 대표적인 풍속 화가 혜원 신윤복이 그린 작품으로, 늦은 밤 인적이 드문 뒷골목에서 남녀 간의 연애를 소재로 한 그림이다.

오답 해설

① 씨름도 → 김홍도
  씨름도는 조선 후기의 대표적인 풍속화가인 단원 김홍도가 그린 그림으로, 씨름을 하는 사람들을 중심으로 구경꾼들의 모습을 실감나게 묘사한 작품이다.

② 고사관수도 → 강희안
  고사관수도는 조선 전기의 사대부 화가 인재 강희안의 작품으로, 깎아지른 듯한 절벽을 배경으로 바위 위에 양팔을 모아 턱을 괸 채 수면을 바라보는 선비의 모습을 묘사하였다.

③ 파적도 → 김득신 → 궁정 화가
  파적도는 조선 후기의 관인 화가 김득신이 그린 풍속화로, 병아리를 물고 달아나는 고양이를 쫓는 농촌 부부의 모습을 재미있게 묘사하고 있다.

⑤ 영통골 입구도 → 강세황
  영통골 입구도는 조선 후기의 화가 강세황이 그린 작품으로, 원근법과 명암법 등 서양화 기법을 반영하여 더욱 실감나게 표현하였다.

핵심노트 ▶ 조선 후기 풍속화가 비교

- **김홍도** : 소탈하고 익살스럽고 정감 어린 필치의 풍속화로 유명 → 전원 화가
- **김득신** : 김홍도의 제자이며, 관인 화가로 풍속화에 능했음 → 궁정 화가
- **신윤복** : 간결하고 소탈한 김홍도에 비해 섬세하고 세련된 필치를 구사 → 도회지 화가

05 경복궁의 역사

정답 ①

암기박사 고종 : 아관파천 이후 환궁 ⇒ 덕수궁

정답 해설

고종이 아관파천 이후 러시아 공사관에서 환궁한 곳은 덕수궁이다. 덕수궁의 원래 명칭은 경운궁이었으나 순종이 즉위한 후 태상황이 된 고종이 머무르면서 궁호를 덕수궁으로 바꾸었다.

오답 해설

② 태조 : 한양 천도 → 경복궁
  경복궁은 태조 이성계가 조선을 건국한 후 수도를 한양으로 천도하면서 창건되었다.

③ 조선 물산 공진회 개최 → 경복궁
  조선 총독부가 경복궁에서 일부 건물을 훼손하거나 수축하여 전국의 물품을 수집·전시한 조선 물산 공진회를 개최하였다.

④ 을미사변 : 명성 황후 시해 → 경복궁
  을미사변 때 명성 황후가 일본 낭인들에 의해 시해된 장소는 경복궁이다.

⑤ 일제 : 조선 총독부 청사 건립 → 경복궁
  일제는 조선을 무력으로 통치하기 위해 최고의 식민지배 통치기구인 조선 총독부 청사를 경복궁 경내에 건립하였다.

06 겸재 정선

정답 ②

암기박사 인왕제색도 ⇒ 겸재 정선

정답 해설

우리나라의 산천을 사실적으로 표현한 진경산수화의 대표적인 화가는 겸재 정선으로 금강전도를 비롯한 뛰어난 작품을 남겼다. 인왕제색도는 비가 내린 뒤의 인왕산의 분위기를 적묵법으로 진하고 묵직하게 표현한 산수화이다.

오답 해설

① 총석정도 → 김홍도
  총석정도는 조선 후기 풍속화가로 유명한 김홍도가 그린 진경산수화로, 먹의 농담이 잘 드러난 온화하고 서정적 화풍의 그림이다.

③ 영통골 입구도 → 강세황
  영통골 입구도는 조선 후기의 화가 강세황이 그린 작품으로, 원근법과 명암법 등 서양화 기법을 반영하여 더욱 실감나게 표현하였다.

④ 세한도 → 김정희
  세한도는 화가가 아닌 선비가 그린 문인화의 대표작으로, 조선 후기의 학자 추사 김정희가 제주도에서 유배 생활 중에 제자 이상적이 청에서 귀한 책들을 구해다 준 것에 대한 답례로 그려준 작품이다.

⑤ 몽유도원도 → 안견
  몽유도원도는 조선 세종 때 안견이 안평대군의 꿈 이야기를 듣고 표현한 그림으로 자연스러운 현실 세계와 환상적인 이상 세계를 웅장하면서도 능숙하게 처리하였다.

핵심노트 ▶ 겸재 정선

- 18세기 진경산수화의 세계를 개척
- 서울 근교와 강원도의 명승지들을 두루 답사하여 사실적으로 그림
- 대표작 : 인왕제색도, 금강전도, 여산초당도, 입암도 등

07 금산사 미륵전

정답 ④

암기박사 후백제 견훤이 유폐되었던 사찰 ⇒ 김제 : 금산사 미륵전

정답 해설

금산사 미륵전은 전북 김제시 금산사에 있는 조선 시대의 목조 건물로, 겉모양이 3층으로 된 한국의 유일한 법당이며 내부는 통층이다. 금산사는 후백제의 왕권 다툼 중 장남 신검이 동생 금강을 죽이고 견훤을 유폐시켰던 사찰로 유명하다.

오답 해설

① 예산 : 수덕사 대웅전 → 모란과 들국화 벽화
　수덕사 대웅전은 충남 예산군 수덕사에 있는 고려 시대 주심포 양식의 건물로, 모란이나 들국화를 그린 벽화가 유명하다.

② 안동 : 봉정사 극락전 → 현존하는 가장 오래된 목조 건물
　봉정사 극락전은 경북 안동시 봉정사에 있는 고려 시대 주심포 양식의 건축물로, 현존하는 가장 오래된 목조 건물이다.

③ 보은 : 법주사 팔상전 → 현존하는 유일한 목탑
　법주사 팔상전은 충북 보은군 법주사에 있는 조선 시대의 목조 건물로, 현존하는 유일한 목탑이다. 석가모니의 일생을 여덟 폭의 그림으로 나누어 그린 팔상도가 있어 팔상전이라고 한다.

⑤ 영주 : 부석사 무량수전 → 의상대사가 창건, 고려 최고의 목조 건축물
　부석사 무량수전은 경북 영주시 부석사에 있는 고려 중기의 건물로 신라 문무왕 때 의상대사가 창건하였다. 주심포 양식과 배흘림 기둥의 신라 양식을 계승한 고려 최고의 목조 건축물이다.

08 조선 후기의 사회 모습

암기박사 김득신 : 파적도 ⇒ 조선 후기

정답 ④

정답 해설

조선 후기의 화가 김득신은 관인 화가(궁정 화가)로 풍속화에 능했으며, 대표작으로는 파적도·야묘도 등이 있다. 조선 전기 세조 때에는 과전이 부족하여 현직 관리에게만 수조권을 지급하는 직전법이 실시되었다.

오답 해설

① 상평통보 유통 → 조선 후기
　상평통보는 조선 후기 숙종 때 허적·권대운 등의 주장으로 다시 주조되어 서울과 서북 일대에서 유통되었으며 이후 전국적으로 확산되었다.

② 장시의 발달 → 조선 후기
　조선 후기에는 장시가 발달하여 보부상들이 물품을 판매·유통하거나 광대들이 탈춤 공연을 벌였다.

③ 중인 : 시사 조직 → 조선 후기　→ 대표적인 시사 : 천수경의 옥계시사, 최경흠의 직하시사 등
　조선 후기에는 중인들이 시사(詩社)를 조직해 활발한 문예 활동을 전개하였다.

⑤ 상품 작물의 재배 → 조선 후기
　조선 후기에는 인삼, 담배, 약재, 면화, 삼 등 시장에서 매매하기 위한 상품 작물의 재배가 활발해졌다.

09 조선 시대 문화유산

암기박사 현존하는 중층의 불전 중 가장 큰 규모 ⇒ 구례 화엄사 각황전

정답 ③

정답 해설

구례 화엄사의 각황전은 조선 숙종 때 계파대사가 중건한 중층의 대불전으로 현존하는 중층의 불전 중 규모가 가장 크다. 정면 7칸, 측면 5칸의 팔작지붕으로 2층의 다포식 건물이며 내부가 통층으로 되어 웅장감을 준다.

오답 해설

① 보은 : 법주사 팔상전 → 현존하는 유일한 목탑
　충북 보은군 법주사에 있는 조선 시대의 목조 건물로, 현존하는 유일한 목탑이다. 석가모니의 일생을 여덟 폭의 그림으로 나누어 그린 팔상도가 있어 팔상전이라고 한다.

② 김제 : 금산사 미륵전 → 한국의 유일한 법당
　전북 김제시 금산사에 있는 조선 시대의 목조 건물로, 겉모양이 3층으로 된 한국의 유일한 법당이며 내부는 통층이다.

④ 부여 : 무량사 극락전 → 조선 중기의 중층 불전
　충남 부여군 무량사에 있는 조선 중기의 중층 불전 건축물로, 외관상으로 보면 중층이나 내부는 상하층의 구분 없이 하나로 통해 있다.

⑤ 공주 : 마곡사 대웅보전 → 조선 후기의 중층 불전
　충남 공주시 마곡사에 있는 조선 후기의 불전으로, 중층 건물이면서 하층 모서리칸을 모두 장방형으로 구성한 것과 고주를 생략하고 기둥을 배열한 결과 상하층의 평면과 기둥열이 다른 것이 특징이다.

10 단원 김홍도

암기박사 옥순봉도, 자화상, 타작 ⇒ 단원 김홍도

정답 ③

정답 해설

타작은 조선 후기의 대표적인 풍속화가인 단원 김홍도의 작품으로, 곡식의 이삭을 떨어 알곡을 거두는 타작에 여념이 없는 일꾼들의 모습을 소탈하고 익살스러운 필치로 표현하였다.

오답 해설

① 파적도 → 김득신　→ 궁정 화가
　파적도는 조선 후기의 관인 화가 김득신이 그린 풍속화로, 병아리를 물고 달아나는 고양이를 쫓는 농촌 부부의 모습을 재미있게 묘사하고 있다.

② 초충도 → 신사임당
　초충도는 율곡 이이의 어머니인 신사임당이 그린 작품으로 풀과 벌레를 소재로 그렸다.

④ 인왕제색도 → 정선
　인왕제색도는 조선 후기 진경산수화의 대가 겸재 정선의 작품으로, 비가 내린 뒤의 인왕산의 분위기를 적묵법으로 진하고 묵직하게 표현한 산수화이다.

⑤ 세한도 → 김정희
　세한도는 조선 후기의 학자 추사 김정희가 그린 작품으로, 화가가 아닌 선비가 그린 문인화의 대표작이다.

핵심노트 ▶ 풍속화가 비교

- 김홍도 : 소탈하고 익살스럽고 정감 어린 필치의 풍속화로 유명 → 전원 화가
- 김득신 : 김홍도의 제자이며, 관인 화가로 풍속화에 능했음 → 궁정 화가
- 신윤복 : 간결하고 소탈한 김홍도에 비해 섬세하고 세련된 필치를 구사 → 도회지 화가

PART 4 근대의 변화와 흐름

기출테마 29 흥선 대원군의 정책

01	④	02	①	03	④	04	②
05	②	06	⑤	07	③	08	③
09	⑤	10	①

01 병인양요의 원인

암기박사 병인박해 : 병인양요 발발 ⇒ 양헌수 : 정족산성

정답 ④

정답 해설

양헌수 부대가 정족산성에서 프랑스 군을 격퇴한 것은 병인양요 때의 일이다(1866). 병인양요는 프랑스가 병인박해로 천주교 선교사와 신자들이 처형된 것을 구실로 강화도를 공격하면서 발발하였다.

오답 해설

① 신미양요 : 척화비 건립 → 병인양요 이후
  신미양요의 결과 흥선 대원군은 척화교서를 내리고 종로를 비롯한 전국 각지에 척화비를 건립하였다(1871).

② 오페르트 도굴 사건 → 병인양요 이후 ┌ 흥선 대원군의 아버지
  독일 상인 오페르트가 통상을 거부당하자 충청남도 덕산에 있는 남연군 묘 도굴을 시도하였다(1868).

③ 임오군란 : 위안스카이의 청 군대 주둔 → 병인양요 이후
  구식군대의 차별로 임오군란이 일어나자 명성황후 일파가 청에 군대를 요청하였고, 위안스카이가 이끄는 청나라 군대가 조선에 상륙하여 대원군을 압송하고 군란을 진압하였다(1882).

⑤ 김홍집 : 조선책략 유포 → 병인양요 이후
  김홍집은 2차 수신사로 일본에 갔다가 귀국할 때 황준헌이 쓴 조선책략을 국내에 처음으로 유포하였다(1880).

핵심노트 ▶ 병인양요(1866)

- 프랑스는 병인박해 때의 프랑스 신부 처형을 구실로 로즈 제독이 이끄는 7척의 군함을 파병하여 강화도 침략
- 대원군의 굳은 항전 의지와 양헌수·한성근 부대의 항전으로 문수산성과 정족산성에서 프랑스 군을 격퇴
- 프랑스는 철군 시 문화재에 불을 지르고 외규장각에 보관된 유물 3600여 점을 약탈, 이 중 도서 300여 권은 2011년에 반환됨

02 흥선 대원군의 개혁 정책

암기박사 서원 철폐, 척화비 건립 ⇒ 흥선 대원군

정답 ①

정답 해설

국가 재정을 좀먹고 백성을 수탈하며 붕당의 온상이던 서원을 47개 소만 남긴 채 모두 철폐한 인물은 흥선 대원군이다. 병인양요와 신미양요의 결과 흥선 대원군은 척화교서를 내리고 종로와 전국 각지에 척화비를 건립하였다(1871).

오답 해설

② 나선 정벌 : 조총 부대 파견 → 효종
  조선 효종 때 러시아의 남하로 청과 러시아 간 국경 충돌이 발생하자 청의 원병 요청으로 나선 정벌을 위해 조총 부대를 파견하였다.

③ 공노비 해방 → 순조
  조선 후기 순조 때 내수사 및 각 궁방, 중앙 관서의 노비안을 소각하여 공노비 6만여 명을 양민으로 해방시켰다.

④ 총융청 : 도성 방비 → 인조
  인조반정 후 공신 책봉에 불만을 품은 이괄이 난을 일으키자 인조는 이를 진압한 후 도성을 방비하기 위하여 총융청을 설치하였다.

⑤ 경국대전 완성 → 성종
  조선 성종은 통치 체제를 정비하기 위하여 세조 때 편찬에 착수한 경국대전을 완성하였다.

03 흥선 대원군

암기박사 척화비 건립 ⇒ 흥선 대원군

정답 ④

정답 해설

붕당의 온상이던 서원을 철폐하고, 임오군란 시 5군영의 군사 제도를 복구한 인물은 흥선 대원군이다. 병인양요와 신미양요의 결과 흥선 대원군은 척화교서를 내리고 종로를 비롯한 전국 각지에 척화비를 건립하였다(1871).

오답 해설

① 장용영 설치 : 왕의 친위 부대 → 조선 정조
  조선 정조는 왕의 친위 부대인 장용영을 설치하고 한양에는 내영, 수원 화성에는 외영을 두었다.

② 나선 정벌 : 조총 부대 파견 → 조선 효종
  조선 효종은 청과 러시아 간 국경 충돌로 청이 원병을 요청하자 나선 정벌을 위해 조총 부대를 파견하였다.

③ 속대전 편찬 : 통치 체제 정비 → 조선 영조
  조선 영조는 경국대전 시행 이후에 공포된 법령 중에서 시행할 만한 법령을 추려 속대전을 편찬하고 통치 체제를 정비하였다.

⑤ 독립협회 : 독립문 건립 → 서재필
  서재필을 중심으로 창립된 독립협회는 영은문이 있던 자리 부근에 자주 독립의 상징인 독립문을 건립하였다.

핵심노트 ▶ 척화비(1871)의 내용

洋夷侵犯(양이침범) 非戰則和(비전즉화) 主和賣國(주화매국) 戒我萬年子孫(계아만년자손) 丙寅作(병인작) 辛未立(신미립) → 서양의 오랑캐가 침범함에 싸우지 않음은 곧 화의하는 것이요, 화의를 주장함은 나라를 파는 것이다. 우리들의 만대자손에게 경계하노라. 병인년에 만들고 신미년에 세운다.

276

04 신미양요의 발발

암기박사 어재연 : 광성보 전투 ⇒ 신미양요

정답 ②

정답 해설

독일 상인 오페르트가 통상을 거부당하자 충청남도 덕산에 있는 남연군(흥선 대원군의 아버지)의 묘를 도굴하다가 발각되었다(1868). 이후 미국이 제너럴셔먼호 사건을 구실로 강화도를 공격하여 신미양요가 발발하자 어재연 부대가 광성보에서 항전하였다(1871).

핵심노트 ▶ 신미양요(1871)

- 원인 : 병인양요 직전에 미국 상선 제너럴셔먼호가 통상을 요구하다 평양 군민과 충돌하여 불타 침몰함
- 경과 : 미국은 제너럴셔먼호 사건을 구실로 로저스 제독이 이끄는 5척의 군함으로 강화도를 공격
- 결과 : 어재연 등이 이끄는 조선의 수비대가 광성보와 갑곶 등지에서 격퇴하고 척화비 건립

05 흥선 대원군 집권기

암기박사 만동묘 철폐 ⇒ 흥선 대원군

정답 ②

정답 해설

기존 법전을 기본으로 각종 조례 등을 보완하여 체계적으로 정리한 조선 시대 마지막 통일 법전은 대전회통으로, 흥선 대원군 집권기에 편찬되었다. 이 시기에 노론의 소굴이 되어 상소와 비판을 올리고 양민을 수탈하는 등 폐해가 심한 만동묘가 철폐되었다. → 임진왜란 때 조선을 도와준 명나라에 대한 보답으로 지은 사당

오답 해설

① **동의보감 집필 → 조선 광해군**
광해군 때에 허준이 전통 한의학을 체계적으로 정리한 동의보감을 집필하여 의료 지식을 민간에 보급하였다.

③ **훈민정음 연구 → 조선 세종**
조선 세종은 집현전 학자들과 독창적인 문자인 훈민정음을 연구하였다.

④ **계해약조 체결 → 조선 세종**
조선 세종 때 쓰시마 도주의 간청으로 부산포·제포·염포의 3포를 개항한 후 제한된 범위의 무역을 허용한 계해약조가 체결되었다.

⑤ **탕평비 건립 → 조선 영조**
조선 영조는 붕당 정치의 폐해를 경계하기 위해 성균관 입구에 탕평비를 건립하였다.

06 병인양요의 원인

암기박사 병인박해 ⇒ 병인양요 발발

정답 ⑤

정답 해설

프랑스 선교사 베르뇌 주교가 처형된 것은 병인박해 때의 일이다. 병인박해 때의 프랑스 신부 처형은 프랑스의 로즈 제독 함대가 강화도를 침입하는 병인양요의 빌미가 되었다.

오답 해설

① **신유박해 → 황사영 백서 사건**
황사영이 신유박해의 내용과 대응 방안을 적은 밀서를 중국 베이징의 구베아 주교에게 보내려고 하다 발각되었다.

② **강화도 조약 → 수신사 김기수 파견**
일본과의 강화도 조약 이후 김기수가 수신사로 일본에 파견되어 메이지 유신 이후 발전된 일본의 문물을 시찰하였다.

③ **청군 출병 → 임오군란, 동학 농민 운동**
임오군란 때는 명성황후 일파가 청에 군대를 요청하여 군란을 진압하고 대원군을 압송하였으며, 동학 농민 운동 때는 조선 정부가 청에게 원군을 요청하여 전주화약이 체결되었다.

④ **안핵사 이용태 파견 → 고부 민란**
고부 군수 조병갑의 학정에 고부 민란이 발생하자 사태 수습을 위해 이용태가 안핵사로 파견되었다.

07 흥선 대원군의 개혁 정책

암기박사 만동묘 철폐(1865) ⇒ 척화비 건립(1871) ⇒ 계유상소 (1873)

정답 ③

정답 해설

- (가) **만동묘 철폐(1865)** : 만동묘는 임진왜란 때 조선을 도와준 명나라에 대한 보답으로 지은 사당으로, 노론의 소굴이 되어 상소와 비판을 올리고 양민을 수탈하는 등 폐해가 심해 흥선대원군 때 철폐되었다.
- **척화비 건립(1871)** : 병인양요와 신미양요의 결과 흥선 대원군은 척화교서를 내리고 종로와 전국 각지에 척화비를 건립하였다.
- (나) **계유상소(1873)** : 최익현은 서원 철폐 비판과 흥선 대원군의 하야를 요구하는 탄핵 상소를 올렸다.

오답 해설

① **별기군 창설(1881) → (나) 이후**
일본과 강화도 조약을 체결한 이후 개화 정책의 일환으로 무위영 아래 별도로 신식 군대인 별기군이 창설되었다.

② **독립신문 발행(1896) → (나) 이후**
서재필 등이 민중 계몽을 위해 우리나라 최초의 민간 신문이자 순한글 신문인 독립신문을 발행하였다.

④ **갑신정변(1884) → (나) 이후**
김옥균 등 개화 세력이 우정국 낙성 축하연을 이용해 사대당 요인을 살해하는 등 정변을 일으켰다.

⑤ **조청 상민 수륙 무역 장정(1882) → (나) 이후**
임오군란의 결과 조선과 청이 양국 상인의 통상에 대해 맺은 조청 상민 수륙 무역 장정을 체결하였다.

08 흥선 대원군

암기박사 사창제, 원납전 ⇒ 흥선 대원군

정답 ③

정답 해설

ㄴ. **사창제 실시** : 흥선 대원군은 환곡의 폐단을 시정하고자 사창제를 실시하여 농민 부담을 경감하고 재정 수입을 확보하였다.

277

ㄷ. 원납전 징수 : 흥선 대원군은 경복궁 중건에 필요한 경비 충당을 위해 관민에게 강제로 원납전을 징수하였다.
→ 흥선대원군이 경복궁 중건을 위해 강제로 거둔 기부금

오답 해설

ㄱ. 삼포왜란 : 비변사 설치 → 조선 중종
조선 중종 때 삼포왜란을 계기로 외적의 침입에 대비하고자 임시 기구인 비변사가 처음 설치되었다.

ㄹ. 대전통편 편찬 : 통치 체제 정비 → 정조
조선 정조 때 통치 체제를 정비하기 위해 경국대전을 원전으로 대전통편이 편찬되었다.

핵심노트 ▶ 흥선 대원군의 개혁 정치

- 왕권 강화 정책 : 사색 등용, 비변사 혁파, 경복궁 재건, 법치 질서 정비(대전회통, 육전조례), 서원 정리, 만동묘 철폐
- 애민 정책 : 삼정의 개혁(양전 사업, 호포제, 사창제)

09 흥선 대원군의 개혁 정치

정답 ⑤

암기박사 사창제 : 환곡의 폐단 시정 ⇒ 흥선 대원군

정답 해설

제시된 사료는 양반에게도 군포를 부과하는 호포제와 붕당의 온상이던 서원 철폐에 관한 내용으로, 흥선 대원군이 실시한 개혁 정치의 일환이다. 흥선 대원군은 환곡의 폐단을 시정하기 위해 사창제를 전국적으로 시행하여 농민 부담을 경감하고 재정 수입을 확보하였다.

오답 해설

① 통리기무아문과 12사 설치 → 고종
고종은 통리기무아문을 설치하고 그 아래 12사를 두어 신문물 수용과 부국강병 도모 등의 개화 정책을 추진하였다.

② 양전 사업 실시 : 지계 발급 → 고종
아관파천 후 환궁한 고종은 광무개혁 당시 근대적 토지 소유제도의 마련을 위해 양전 사업을 실시하고 지계를 발급하였다.
→ 근대적 토지증서

③ 나선 정벌 : 조총 부대 파견 → 효종
효종 때 러시아의 남하로 청과 러시아 간 국경 충돌이 발생하자 나선 정벌을 위해 조총 부대를 파견하였다.

④ 제2차 갑오개혁 : 교육 입국 조서 반포 → 고종
제2차 갑오개혁 때 고종은 교육의 기본 방향을 제시한 교육 입국 조서를 반포하였다.

10 흥선 대원군의 쇄국 정책

정답 ①

암기박사 제너럴셔먼호 사건(1866) → 병인양요(1866) → 오페르트 도굴사건(1868) → 신미양요(1871) ⇒ 흥선 대원군 : 쇄국 정책

정답 해설
→ 흥선 대원군의 아버지

독일 상인 오페르트가 통상을 거부당하자 충청남도 덕산에 있는 남연군의 묘를 도굴하다가 발각되었다(1868). 이후 미국이 제너럴셔먼호 사건을 구실로 강화도를 공격하여 신미양요가 발발하자 어재연 부대가 광성보에서 항전하였다(1871).

오답 해설

②·④·⑤ 로제 제독 vs 양헌수 → 병인양요
프랑스는 병인박해 때의 프랑스 신부 처형을 구실로 로즈 제독의 함대가 양화진을 침입하여 병인양요를 일으켰고, 양헌수 부대가 정족산성에서 프랑스군을 격퇴하였다. 프랑스는 철군 시 문화재에 불을 지르고 외규장각의 의궤도 국외로 약탈하였다(1866).

③ 미국의 통상 요구 → 제너럴 셔먼호 사건
대동강에 침입하여 통상을 요구하며 행패를 부리던 미국 상선 제너럴 셔먼호를 박규수와 평양 관민들이 불태웠다(1866).

PART 4 근대의 변화와 흐름

기출테마 30 일본 및 서양과의 조약 체결

01	②	02	①	03	⑤	04	⑤
05	③	06	④	07	③	08	①
09	⑤	10	②				

01 조·일 통상 장정

암기박사 방곡령 시행 규정 ⇒ 조·일 통상 장정

정답 ②

정답 해설

관세권을 일정 부분 회복했으나 일본에 최혜국 대우를 인정해 준 장정은 조·일 통상 장정이다. 조·일 통상 장정에는 방곡령 시행에 대한 규정을 명시하여 천재·변란 등에 의한 식량부족의 우려가 있을 때 1개월 전에 사전 통보토록 하였다(1883). → 곡물 반출 금지령

오답 해설

① 갑신정변 → 한성 조약(조·일), 톈진 조약(청·일)
 김옥균을 중심으로 한 급진개혁파의 갑신정변은 청의 무력 개입으로 실패로 끝나고, 이로 인해 조선과 일본 사이에는 한성 조약이 체결되었고, 청과 일본 사이에는 톈진 조약이 체결되었다(1884).
③ 일본 공사관 경비병 주둔 → 제물포 조약
 임오군란으로 조선은 일본 공사관 경비병의 주둔을 인정한 제물포 조약을 체결하고 배상금 지불과 군란 주동자의 처벌을 약속하였다(1882).
④ 재정 고문 : 메가타 → 제1차 한·일 협약
 일제는 러·일 전쟁의 전세가 유리하게 전개되자 한·일 협약의 체결을 강요하고 메가타를 재정 고문으로 임명하였다(1904).
⑤ 부산 외 2개 항구 개항 → 강화도 조약
 최초의 근대적 조약이자 불평등 조약인 강화도 조약이 체결되어 부산 외 두 곳의 항구가 개항되었다(1876). → 원산, 인천

02 방곡령이 선포된 배경

암기박사 조·일 통상 장정 : 조선 양곡 무제한 유출 허용 ⇒ 방곡령 선포

정답 ①

정답 해설

조·일 통상 장정의 체결에 따른 일본 수출입 상품의 무관세 및 조선 양곡의 무제한 유출을 허용함으로써 일본으로의 지나친 곡물 반출을 막기 위해 함경도 관찰사 조병식이 방곡령을 선포하였다(1889).

오답 해설

② 저탄소 설치 → 러시아 : 절영도 조차 요구 → 조약에 의해 다른 나라로부터 유상 또는 무상으로 영토를 빌림
 러시아가 저탄소 설치를 위해 절영도의 조차를 요구하자 독립 협회는 만민 공동회를 개최하여 러시아의 요구를 저지하였다(1898).
③ 황무지 개간권 반대 운동 → 보안회
 보안회는 일제의 황무지 개간권 요구에 대한 지속적인 반대 운동을 벌여 토지 약탈 음모를 분쇄하였다(1904).
④ 황국 중앙 총상회 → 시전 상인 : 상권 수호 운동
 서울의 시전 상인들은 황국 중앙 총상회를 만들어 상권 수호 운동을 전개함으로써 일제의 경제적 침탈에 적극적으로 대응하였다(1898).
⑤ 화폐 정리 사업 → 일본 화폐로 교환 : 재정 고문 메가타의 주도
 화폐 정리 사업은 조선의 상평통보나 백동화 등을 일본 제일 은행에서 만든 새 화폐로 교환하도록 한 사업으로, 재정 고문 메가타의 주도로 시행되었다(1905).

03 강화도 조약

암기박사 강화도 조약 ⇒ 부산 외 2곳에 개항장 설치

정답 ⑤

정답 해설

일본 군함 운요호가 연안을 탐색하다 강화도 초지진에서 조선 측의 포격을 받자 일본은 보복으로 영종도를 점령·약탈하였다. 이로 인해 최초의 근대적 조약이자 불평등 조약인 강화도 조약이 체결되어 부산 외 2곳에 개항장이 설치되는 결과를 가져왔다(1876). → 원산, 인천

오답 해설

① 천주교 포교 허용 → 조·프 수호 통상 조약
 조선과 프랑스의 조·프 수호 통상 조약 체결로 천주교 포교의 자유를 인정하는 계기가 되었다(1886).
② 거중조정 → 조·미 수호 통상 조약
 조·미 수호 통상 조약은 서양과 맺은 최초의 조약으로 거중조정(상호 안전 보장), 치외법권, 최혜국 대우 등이 포함된 불평등 조약이다(1882).
③ 재정 고문 : 메가타 → 제1차 한·일 협약
 일제는 러·일 전쟁의 전세가 유리하게 전개되자 한·일 협약의 체결을 강요하고 메가타를 재정 고문으로 임명하였다(1904).
④ 민영환 : 자결로써 항거 → 을사늑약
 을사늑약 체결에 반대하여 민영환, 조병세 등 많은 이들이 자결로써 항거하였다(1905).

핵심노트 ▶ 강화도조약(조·일 수호 조규)의 주요 내용

- 제1관 : 조선국은 자주의 나라이며, 일본과 평등한 권리를 가진다. → 조선에 대한 청의 종주권 부정, 일본의 침략 의도 대포
- 제2관 : 일본국 정부는 지금부터 15개월 후 수시로 사신을 조선국 서울에 파견한다.
- 제4관 : 조선국은 부산 외에 두 곳을 개항하고, 일본인이 왕래 통상함을 허가한다. → 부산(경제적 침략 목적) 개항, 1880년에는 원산(군사적 목적), 1883년에는 인천(정치적 목적)을 각각 개항
- 제7관 : 조선국은 일본국의 항해자가 자유롭게 해안을 측량하도록 허가한다. → 해안측량권은 조선에 대한 자주권 침해
- 제9관 : 양국 인민의 민간무역 활동에서 관리의 간섭을 받지 않는다.
- 제10관 : 일본국 인민이 조선국 지정의 각 항구에 머무르는 동안에 죄를 범한 것은 조선국 인민에게 관계된 사건일 때에도 모두 일본 관원이 심판할 것이다. → 치외법권 규정으로, 명백한 자주권 침해이자 불평등 조약임을 의미

04 강화도 조약의 후속 조치

정답 ⑤

암기박사
(가) 일본 화폐 유통 ⇒ 조·일 수호 조규 부록
(나) 쌀과 잡곡 수출입 허용 ⇒ 조·일 무역 규칙

정답 해설

조·일 수호 조규(강화도 조약)의 후속 조치로 조선국 개항장에서 쌀과 잡곡의 수출입을 허용한 조·일 무역 규칙과 일본 화폐의 유통을 허용한 조·일 수호 조규 부록이 부속 조약으로 체결되었다.

오답 해설

① 임오군란 → 제물포 조약, 조·청 상민 수륙 무역 장정
구식 군대의 차별로 일어난 임오군란으로 일본과는 제물포 조약을 체결하였고 청과는 조·청 상민 수륙 무역 장정을 체결하였다.

② 최혜국 대우 최초 규정 → 조·미 수호 통상 조약
조·미 수호 통상 조약은 서양과 맺은 최초의 조약으로, 이 조약으로 외국에 대한 최혜국 대우를 처음으로 규정하였다.

③ 조선책략 : 영남 만인소 → 조·미 수호 통상 조약
황준헌의 조선책략을 김홍집이 유포하자 이만손을 비롯한 영남 유생들이 김홍집의 처벌을 요구하였고, 이후 거중조정, 치외법권, 최혜국 대우 등이 포함된 조·미 수호 통상 조약이 체결되었다.

④ 거중 조정 → 조·미 수호 통상 조약
조·미 수호 통상 조약은 청의 알선으로 서양 국가와 맺은 최초의 조약으로, 거중조정, 치외법권, 최혜국 대우 조항 등이 포함된 불평등 조약이었다. → 상호 안전 보장

핵심노트 ▶ 조·일 무역 규칙 / 조·일 수호 조규 부록

조약	내용
조·일 무역 규칙	• 일본 수출입 상품 무관세 및 선박의 무항세 • 조선 양곡 무제한 유출 허용 →조선국 개항장에서 쌀과 잡곡 수출 허용
조·일 수호 조규 부록	• 일본 공사의 수도 상주 • 조선 국내에서 일본 외교관의 여행 자유 • 개항장에서의 일본 거류민의 거주 지역 설정 • 일본

05 조·청 상민 수륙 무역 장정

정답 ③

암기박사 임오군란 ⇒ 조·청 상민 수륙 무역 장정

정답 해설

구식 군인들이 일으킨 임오군란은 명성황후 일파가 청에 군대 파견을 요청하여 진압되었고, 그 결과 청나라와 조·청 상민 수륙 무역 장정을 체결하였다. 조선과 청이 양국 상인의 통상에 대해 맺은 이 조약은 외국 상인의 내지 통상권을 최초로 규정하였다(1882).

오답 해설

① 영국 : 러시아의 남하 견제 → 거문도 사건
갑신정변 이후 조·러 수호 통상 조약이 체결되자 영국은 러시아의 남하를 견제하기 위해 거문도를 불법으로 점령하였다(1885).

② 일본 : 청·일 전쟁에서 승리 → 시모노세키 조약
일본이 청·일 전쟁에서 승리한 후 체결한 시모노세키 조약에 따라 청으로부터 요동반도를 할양받았다(1895).

④ 상권 침탈 → 시전 상인 : 철시 투쟁
청국과 일본 상인들의 상권 침탈에 반대하여 상권 수호 운동의 일환으로 서울의 시전 상인들이 철시(撤市) 투쟁을 전개하였다(1898).

⑤ 일본 : 운요호 사건 → 강화도 조약 → 시장, 가게 따위가 문을 닫고 영업을 하지 않음
일본 군함 운요호가 연안을 탐색하다 강화도 초지진에서 조선 측의 포격을 받자 이를 구실로 불평등 조약인 강화도 조약이 체결되었다(1876).

핵심노트 ▶ 임오군란으로 인한 조약 체결

• 제물포 조약(1882. 7) : 일본과 제물포 조약을 체결하여 배상금을 지불하고 군란 주동자의 처벌을 약속, 일본 공사관의 경비병 주둔을 인정 →일본군의 주둔 허용
• 조·청 상민 수륙 무역 장정(1882. 8) : 청의 속국 인정, 치외법권, 서울과 양화진 개방, 내지 통상권, 연안 무역·어업권, 청 군함 항행권 등 →청 상인의 통상 특권이 넓게 허용되어 조선 상인들의 피해 증가

06 강화도 조약

정답 ④

암기박사 운요호 사건 : 강화도 조약 ⇒ 부산 외 2곳에 개항장 설치

정답 해설

일본 군함 운요호가 연안을 탐색하다 강화도 초지진에서 조선 측의 포격을 받자 이를 구실로 최초의 근대적 조약이자 불평등 조약인 강화도 조약이 체결되었다(1876). 이 조약의 체결로 부산 외 2곳에 개항장이 설치되는 결과를 가져왔다. → 원산, 인천

오답 해설

① 조·일 통상 장정 → 조병식 : 방곡령 선포
조선 양곡의 무제한 유출을 허용한 조·일 통상 장정으로 일본으로의 지나친 곡물 반출을 막기 위해 함경도 관찰사 조병식이 방곡령을 선포하였다.

② 제차 한·일 협약 → 메가타 : 재정 고문
일제는 러·일 전쟁의 전세가 유리하게 전개되자 한·일 협약의 체결을 강요하고 메가타를 재정 고문으로 임명하였다.

③ 최초의 최혜국 대우 규정 → 조·미 수호 통상 조약
조·미 수호 통상 조약은 서양과 맺은 최초의 조약으로, 이 조약으로 외국에 대한 최혜국 대우를 처음으로 규정하였다(1882).

⑤ 을사늑약 → 고종 : 헤이그 특사 파견
고종은 을사늑약의 무효를 선언하고 헤이그 만국 평화 회의에 이준, 이상설, 이위종 등의 특사를 파견해 일제 침략의 부당성을 호소하였다.

07 조·미 수호 통상 조약

정답 ③

암기박사 청의 알선 : 서양 국가와 맺은 최초의 조약 ⇒ 조·미 수호 통상 조약

정답 해설

조·미 수호 통상 조약은 청의 알선으로 서양 국가와 맺은 최초의 조약으로, 거중조정(상호 안전 보장), 치외법권, 최혜국 대우 등이 포함된 불평등 조약이다(1882).

오답 해설

① **양곡의 무제한 유출 조항 → 조 · 일 통상 장정**
일본과 조 · 일 통상 장정이 체결되어 일본 수출입 상품의 무관세 및 조선 양곡의 무제한 유출이 허용되었다(1883). → 방곡령 선포 계기

② **내지 통상권 최초 규정 → 조 · 청 상민 수륙 무역 장정**
조 · 청 상민 수륙 무역 장정은 임오군란 이후 조선과 청이 양국 상인의 통상에 대해 맺은 규정으로, 외국 상인의 내지 통상권을 최초로 규정하였다(1882). → 청의 종주국 인정

④ **스티븐스 : 외교 고문 → 1차 한 · 일 협약**
일제는 러 · 일 전쟁의 전세가 유리하게 전개되자 한 · 일 협약의 체결을 강요하였고, 스티븐스가 외교 고문으로 부임하는 계기가 되었다(1904).

⑤ **부산, 원산, 인천 : 개항장 설치 → 강화도 조약**
강화도 조약은 운요호 사건을 구실로 일본과 맺은 최초의 근대적 조약이자 불평등 조약으로, 부산, 원산, 인천에 개항장이 설치되는 결과를 가져왔다(1876).

핵심노트 ▶ 조 · 미 수호 통상 조약의 체결(1882)

- 조선이 일본과 조약을 맺자 미국은 일본에 알선을 요청
- 러시아 남하에 대응해 미국과 연합해야 한다는 조선책략이 지식층에 유포
- **체결** : 러시아와 일본 세력을 견제하고, 조선에 대한 종주권을 승인받을 기회를 노리던 청의 알선으로 체결, 신헌과 슈펠트가 대표로 체결
- **내용** : 거중조정(상호 안전 보장), 치외법권, 최혜국 대우(최초), 협정 관세율 적용(최초), 조차지 설정의 승인 등
- **의의** : 서양과 맺은 최초의 조약으로 처음으로 최혜국 대우를 규정, 불평등 조약(치외법권, 최혜국 대우, 조차지 설정 등), 청의 종주권 저지

08 조 · 미 수호 통상 조약

정답 ①

암기박사 최혜국 대우 조항 ⇒ 조 · 미 수호 통상 조약

정답 해설

조 · 미 수호 통상 조약의 체결로 전권대신 민영익을 중심으로 한 보빙사가 미국에 파견되었다. 조 · 미 수호 통상 조약은 청의 알선으로 서양 국가와 맺은 최초의 조약으로, 거중조정(상호 안전 보장), 치외법권, 최혜국 대우 조항 등이 포함된 불평등 조약이었다(1882).
→ 조선에서 최초로 미국 등 서방 세계에 파견된 외교 사절단

오답 해설

② **천주교 선교 인정 → 조 · 프 수호 통상 조약**
조선이 프랑스와 맺은 조 · 프 수호 통상 조약은 천주교 선교를 인정하는 근거가 되었다(1886).

③ **양곡 수출 허용 및 무관세 → 조 · 일 통상 장정**
일본과 조 · 일 통상 장정이 체결되어 조선 양곡의 무제한 유출이 허용되고 일본 수출입 상품의 무관세가 설정되었다(1883). → 방곡령(防穀令) 선포 계기

④ **스티븐스 : 외교 고문 → 1차 한 · 일 협약**
일제는 러 · 일 전쟁의 전세가 유리하게 전개되자 한 · 일 협약의 체결을 강요하였고, 스티븐스가 외교 고문으로 부임하는 계기가 되었다(1904).

⑤ **부산, 원산, 인천 : 개항장 설치 → 강화도 조약**
강화도 조약은 운요호 사건을 구실로 일본과 맺은 최초의 근대적 조약이자 불평등 조약으로, 부산, 원산, 인천에 개항장이 설치되는 결과를 가져왔다(1876).

09 강화도 조약

정답 ⑤

암기박사 운요호 사건 ⇒ 강화도 조약 : 부산, 원산, 인천 개항

정답 해설

일본 군함 운요호가 연안을 탐색하다 강화도 초지진에서 조선 측의 포격을 받자 이를 구실로 최초의 근대적 조약이자 불평등 조약인 강화도 조약이 체결되고 부산, 원산, 인천의 항구가 개항되는 결과를 가져왔다(1876).

오답 해설

① **거중조정 → 조 · 미 수호 통상 조약**
조 · 미 수호 통상 조약은 서양과 맺은 최초의 조약으로, 거중조정(상호 안전 보장), 치외법권, 최혜국 대우 등이 포함된 불평등 조약이다(1882).

② **갑신정변 → 한성 조약(조 · 일), 톈진 조약(청 · 일)**
김옥균을 중심으로 한 급진개혁파의 갑신정변은 청의 무력 개입으로 실패로 끝나고, 이로 인해 조선과 일본 사이에는 한성 조약이 체결되었고, 청과 일본 사이에는 톈진 조약이 체결되었다(1884).

③ **민영환 : 자결로써 항거 → 을사늑약**
을사늑약 체결에 반발하여 민영환, 조병세 등 많은 이들이 자결로써 항거하였다(1905).

④ **천주교 포교 허용 → 조 · 프 수호 통상 조약**
조선과 프랑스의 조 · 프 수호 통상 조약 체결로 천주교 포교의 자유를 인정하는 계기가 되었다(1886).

10 조 · 미 수호 통상 조약 / 조 · 일 통상 장정

정답 ②

암기박사 (가) 최혜국 대우 ⇒ 조 · 미 수호 통상 조약
(나) 방곡령 시행 규정 ⇒ 조 · 일 통상 장정

정답 해설

(가) **조 · 미 수호 통상 조약(1882)** : 청의 알선으로 서양과 맺은 최초의 조약으로, 이 조약으로 외국에 대한 최혜국 대우를 처음으로 규정하였다.

(나) **조 · 일 통상 장정(1883)** : 일본과 체결한 조 · 일 통상 장정에는 천재 · 변란 등에 의한 식량부족의 우려가 있을 때 1개월 전에 사전 통보로 방곡령을 시행할 수 있는 규정이 포함되어 있다.
→ 곡물 반출 금지령

오답 해설

ㄴ. **갑신정변 → 한성 조약(조 · 일), 톈진 조약(청 · 일)**
김옥균을 중심으로 한 급진개혁파의 갑신정변은 청의 무력 개입으로 실패로 끝나고, 이로 인해 조선과 일본 사이에는 한성 조약이 체결되었고, 청과 일본 사이에는 톈진 조약이 체결되었다(1884).

ㄹ. **제1차 한 · 일 협약 → 재정 고문 : 메가타**
일제는 러 · 일 전쟁의 전세가 유리하게 전개되자 제1차 한 · 일 협약의 체결을 강요하고 재정 고문으로 메가타를 임명하였다.

PART 4 근대의 변화와 흐름

기출테마 31 개화사상과 위정척사 운동

01	①	02	①	03	⑤	04	①
05	①	06	⑤	07	②	08	③
09	②	10	④				

01 영남 만인소

암기박사 영남 만인소(1881) ⇒ 조·미 수호 통상 조약(1882)

정답 ①

정답 해설

제시문은 황준헌의 조선책략을 김홍집이 유포하자 이만손을 비롯한 영남 유생들이 김홍집의 처벌을 요구하며 올린 만인소의 내용이다(1881). 영남 만인소 이후 거중조정(상호 안전 보장), 치외법권, 최혜국 대우 등이 포함된 조·미 수호 통상 조약이 체결되었다(1882). → 서양 국가와 맺은 최초의 조약

오답 해설

② 어재연 : 광성보 전투 → 신미양요(1871)
미국이 제너럴셔먼호 사건을 구실로 강화도를 공격하여 신미양요가 발발하자 어재연 부대가 광성보에서 결사 항전하였다.

③ 강화도 초지진 공격 → 운요호 사건(1875)
운요호가 연안을 탐색하다 강화도 초지진에서 조선 측의 포격을 받자 일본은 보복으로 영종도를 점령·약탈하였다. → 강화도 조약 체결의 원인

④ 외규장각 도서 약탈 → 병인양요(1866)
프랑스는 병인박해 때의 프랑스 신부 처형을 구실로 강화도를 공격하여 병인양요를 일으켰고, 철군 시 프랑스군이 외규장각 도서를 약탈하였다.

⑤ 제2차 수신사 김홍집 → 조선책략 반입(1880)
제2차 수신사 김홍집이 일본에 갔다가 황준헌의 조선책략을 가지고 들어와 개화 정책에 영향을 미쳤다.

02 개화기 외교 사절단

암기박사 영선사 파견 ⇒ 기기창 설립

정답 ①

정답 해설

음청사는 영선사 단장으로 청에 파견된 김윤식이 쓴 일기이다. 영선사의 파견은 톈진 기기국에서 무기 제조법과 근대적 군사 훈련법을 습득하고 서울에 최초의 근대적 무기 제조 공장인 기기창 설립의 계기가 되었다.

오답 해설

② 사명대사 유정 파견 → 쇄환사
임진왜란 때 포로 송환을 위하여 사명대사 유정이 일본에 회답 겸 쇄환사로 파견되었다.

③ 김홍집 : 조선책략 소개 → 2차 수신사
김홍집은 2차 수신사로 일본에 갔다가 귀국할 때 황준헌이 쓴 조선책략을 국내에 처음으로 소개하였다.

④ 민영익, 홍영식, 서광범 파견 → 보빙사
서양과 맺은 최초의 조약인 조·미 수호 통상 조약의 체결로 민영익, 홍영식, 서광범 등이 미국에 파견될 보빙사의 단원으로 참여하였다.

⑤ 비밀리에 출국 → 조사 시찰단 → 신사 유람단
박정양, 어윤중, 홍영식 등으로 구성된 조사 시찰단이 개화 반대 여론으로 인해 비밀리에 일본으로 출국하였다.

03 개화기 외교 사절단

암기박사 미국 : 민영익, 홍영식 파견 ⇒ 보빙사

정답 ⑤

정답 해설

미국 공사의 부임에 대한 답례로 파견된 외교 사절단은 보빙사로, 전권대신 민영익과 부대신 홍영식 등으로 구성되었다. 보빙사는 서양에 파견된 최초의 사절단으로, 미국과 조·미 수호 통상 조약이 체결된 후 파견되었다.

오답 해설

① 일본에 파견된 외교 사절단 → 수신사
수신사는 강화도 조약 이후 일본에 파견된 외교 사절단으로 1차에는 김기수, 2차에는 김홍집이 파견되었다.

② 조선책략 반입 → 제2차 수신사 : 김홍집
제2차 수신사 김홍집이 일본에 갔다가 귀국할 때 황쭌셴의 조선책략을 가지고 들어와 개화 정책에 영향을 미쳤다.

③ 청의 무기 제조 기술 습득 → 영선사
김윤식을 단장으로 하는 영선사가 청에 파견되어 톈진 기기국에서 무기 제조 기술을 배우고 돌아왔다.

④ 일본에 비밀리에 파견 → 조사 시찰단
고종은 개화 반대 여론을 의식하여 박정양·어윤중·홍영식 등으로 구성된 조사 시찰단을 일본에 비밀리에 파견하였다. → 신사유람단

04 위정척사 운동의 전개

암기박사 지부복궐척화의소 ⇒ 수신사 파견 ⇒ 영남 만인소

정답 ①

정답 해설

(가) 지부복궐척화의소(1876) : 최익현은 지부복궐척화의소를 올려 왜양일체론을 주장하며 일본과의 강화도 조약을 반대하였다.

• 김기수 수신사 파견(1876) : 일본과의 강화도 조약 이후 김기수가 수신사로 일본에 파견되어 메이지 유신 이후 발전된 일본의 문물을 시찰하였다.

(나) 영남 만인소(1881) : 이만손을 비롯한 영남 유생들이 김홍집의 조선책략 유포에 반발하여 만인소를 올리고 그의 처벌을 요구하였다.

오답 해설

② 영국 : 러시아 견제 → 거문도 사건(1885)
갑신정변 이후 조·러 수호 통상 조약이 체결되자 영국군이 러시아를 견제하기 위해 거문도를 불법 점령하였다.

③ 미국 : 통상 요구 → 제너럴셔먼호 사건(1866)
통상을 요구하는 미국 상선 제너럴셔먼호를 평양 관민이 불태워 침몰시켰다. → 신미양요의 원인

④ 거중 조정 → 조·미 수호 통상 조약(1882)
조·미 수호 통상 조약은 청의 알선으로 서양 국가와 맺은 최초의 조약으로, 거중조정, 치외법권, 최혜국 대우 조항 등이 포함된 불평등 조약이었다. → 상호 안전 보장

⑤ 양헌수 : 정족산성 → 병인양요(1866)
프랑스는 병인박해 때의 프랑스 신부 처형을 구실로 7척의 군함을 파병하였고 양헌수 부대가 정족산성에서 프랑스 군을 격퇴하였다.

👉 **핵심노트** ▶ 위정척사 운동의 전개
- 1860년대(통상 반대 운동) : 척화 주전론(이항로, 기정진), 통상 수교 거부 정책을 뒷받침
- 1870년대(개항 반대 운동) : 왜양 일체론(최익현), 개항 불가론
- 1880년대(개화 반대 운동) : 영남 만인소(이만손), 만언척사소(홍재학)
- 1890년대(항일 의병 운동) : 항일 투쟁(유인석, 이소응)

05 조선책략 반입 이후의 사실

정답 ①

🏷️ **암기박사**   수신사 : 조선책략 반입 ⇒ 영선사 : 기기창 설립

정답 해설

제시된 상소에서 청의 주일 참사관인 황준헌이 지은 책은 조선책략으로, 2차 수신사인 김홍집이 반입하였다. 그 이후 김윤식을 단장으로 한 영선사가 청에 파견되어 무기 제조법과 근대식 군사 훈련법을 배우고 돌아온 후 서울에 최초의 근대식 무기 제조 공장인 기기창이 설립되었다(1883).

오답 해설

② 강화도 조약 → 수신사 김기수 파견
일본과의 강화도 조약 이후 김기수가 수신사로 일본에 파견되어 메이지 유신 이후 발전된 일본의 문물을 시찰하였다(1876).

③ 청의 해국도지 반입 → 역관 오경석
역관인 오경석은 청나라로부터 세계 지리서인 해국도지를 들여와 국내에 소개하였다(1858).

④ 신미양요 → 어재연 : 광성보 전투
미국이 제너럴셔먼호 사건을 구실로 강화도를 공격하여 신미양요가 발발하자 어재연 부대가 광성보에서 결사 항전하였다(1871).

⑤ 미국의 통상 요구 → 제너럴 셔먼호 사건
대동강에 침입하여 통상을 요구하며 행패를 부리던 미국 상선 제너럴 셔먼호를 박규수와 평양 관민들이 불태웠다(1866).

👉 **핵심노트** ▶ 조선책략
- 도입 : 청의 주일 참사관인 황준헌이 지은 책으로, 김홍집(2차 수신사)이 도입
- 내용 : 조선의 당면 외교 정책으로 친중(親中)·결일(結日)·연미(聯美)를 주장
- 목적 : 일본 견제, 청의 종주권을 국제적으로 승인
- 영향 : 미국·영국·독일 등과의 수교 알선 계기, 개화론 자극, 위정척사론의 격화 요인

06 조선책략 유포의 영향

정답 ⑤

🏷️ **암기박사**   김홍집 : 조선책략 유포 ⇒ 이만손 : 영남 만인소 ⇒ 조·미 수호 통상 조약

정답 해설

대화 중 러시아를 막기 위해 중국을 가까이 하고, 일본과 관계를 공고히 하며, 미국과 연계하여 자강을 도모해야 한다는 내용은 청의 주일 참사관인 황준헌이 지은 조선책략의 내용이다.

ㄷ. 황준헌의 조선책략을 김홍집이 유포하자 이만손을 비롯한 영남 유생들이 만인소를 올리고 김홍집의 처벌을 요구하였다(1881).

ㄹ. 러시아의 남하에 대응해 미국과 연합해야 한다는 조선책략이 지식층에 유포되자 청의 알선으로 거중조정, 치외법권, 최혜국 대우 등이 포함된 조·미 수호 통상 조약이 체결되었다(1882).

오답 해설

ㄱ. 강화도 초지진 공격 → 운요호 사건
운요호가 연안을 탐색하다 강화도 초지진에서 조선 측의 포격을 받자 일본은 보복으로 영종도를 점령·약탈하였다(1875). → 강화도 조약 체결의 원인

ㄴ. 병인양요, 신미양요 → 흥선 대원군 : 척화비 건립
병인양요와 신미양요의 결과 흥선 대원군은 척화교서를 내리고 전국 각지에 척화비를 건립하였다(1871).

07 개화기 외교 사절단

정답 ②

🏷️ **암기박사**   (가) 영선사 : 김윤식 ⇒ 청에 파견
(나) 보빙사 : 민영익 ⇒ 미국에 파견

정답 해설

(가) 김윤식을 단장으로 하는 영선사가 청에 파견되어 톈진 기기국에서 무기 제조법과 근대적 군사 훈련법을 습득하였고, 서울에 최초의 근대적 무기 제조 공장인 기기창 설립의 계기를 마련하였다(1881).

(나) 보빙사는 서양에 파견된 최초의 사절단으로, 미국과 조·미 수호 통상 조약이 체결된 후 미국 공사의 서울 부임에 답하여 전권 대사 민영익 및 홍영식, 서광범 등이 미국에 파견되었다(1883).

오답 해설

① 제2차 수신사 : 김홍집 → 조선책략 반입
제2차 수신사 김홍집이 일본에 갔다가 귀국할 때 황쭌셴의 조선책략을 가지고 들어와 개화 정책에 영향을 미쳤다.

③ 통신사 : 신숙주 → 해동제국기 편찬
신숙주는 계해약조 당시 통신사로 일본에 다녀와 일본의 지세와 국정 등 보고 들은 내용을 해동제국기로 남겼다.

④ 역관 오경석 → 청의 해국도지, 영환지략 도입 → 세계 지리서
역관인 오경석은 청나라로부터 해국도지, 영환지략을 들여와 국내에 소개하였으며, 개화파 형성에 영향을 미쳤다.
⑤ 신사유람단 → 암행어사의 형태로 비밀리에 파견
고종은 개화 반대 여론으로 인해 박정양·어윤중·홍영식 등으로 구성된 조사 시찰단을 일본에 암행어사의 형태로 비밀리에 파견하였다. → 신사유람단

08 통리기무아문의 추진 정책

암기박사 통리기무아문 ⇒ 5군영을 2영으로 축소, 별기군 창설

정답 ③

정답 해설

고종은 개화 정책을 총괄하는 통리기무아문을 설치하고 소속 부서로 사대사, 교린사, 군무사, 통상사, 어학사, 이용사 등의 12사를 두어 외교·군사·산업 등의 업무를 분장하였다. 통리기무아문은 개화 정책의 일환으로 5군영을 2영으로 축소하고 별기군을 창설하였다(1880).

오답 해설

① · ⑤ 사법권 독립, 교육 입국 조서 반포 → 제2차 갑오개혁
김홍집과 박영효의 친일 연립 내각이 주도한 제2차 갑오개혁 때 재판소를 설치하여 사법권을 독립시켰으며, 교육 입국 조서를 반포하고 외국어 학교 관제를 마련하였다(1895).
② 한성 전기 주식회사 설립 → 대한 제국 : 광무개혁
대한 제국의 광무개혁 때 미국과 합작하여 한국 최초의 전기 회사인 한성 전기 주식회사를 설립하였다(1898).
④ 당백전 주조 → 흥선 대원군 : 개혁 정책
흥선 대원군은 경복궁 중건을 위한 재정 문제를 해결하기 위해 당백전을 주조하였다(1866).

09 개화기 외교 사절단

암기박사 1차 수신사 파견(1876) ⇒ 통리기무아문 설치(1880) ⇒ 조사 시찰단 파견(1881)

정답 ②

정답 해설

(가) 1차 수신사, 김기수 파견(1876) : 일본과의 강화도 조약 이후 김기수가 1차 수신사로 일본에 파견되어 메이지 유신 이후 발전된 일본의 문물을 시찰하였다.
• 통리기무아문과 12사가 설치(1880) : 고종은 개화 정책의 일환으로 통리기무아문을 설치하고 그 아래 12사를 두어 신문물 수용과 부국강병을 도모하였다.
(나) 조사 시찰단, 어윤중 파견(1881) : 고종은 개화 반대 여론을 의식하여 박정양·어윤중·홍영식 등으로 구성된 조사 시찰단을 일본에 비밀리에 파견하였다. → 신사유람단

오답 해설

① 보빙사 파견 → (나) 이후
미국과 조·미 수호 통상 조약이 체결된 후 미국 공사의 서울 부임에 답하여 민영익, 홍영식, 서광범 등이 보빙사의 단원으로 미국에 파견되었다(1883).

③ 운요호 사건 → (가) 이전
연안을 탐색하다 강화도 초지진에서 조선 측의 포격을 받자 일본 군함 운요호가 보복으로 영종도를 공격하였다(1875). → 강화도 조약 체결의 원인
④ 한성 사범 학교 설립 → (나) 이후
갑오개혁 이후 고종의 교육 입국 조서 발표에 따라 교원 양성을 위해 한성 사범 학교가 설립되었다(1895).
⑤ 조·프 수호 통상 조약 → (나) 이후
조선과 프랑스의 조·프 수호 통상 조약 체결로 천주교의 포교가 허용되었다(1886).

 **핵심노트** ▶ 개화기 외교 사절단

- 수신사
  - 제1차 수신사 김기수(1876) : 일동기유에서 신문명을 조심스럽게 비판하고, 수신사 일기를 저술하여 일본의 신문물 소개
  - 제2차 수신사 김홍집(1880) : 황준헌의 조선책략을 가지고 들어와 개화 정책에 영향을 미침
- 조사 시찰단(신사 유람단)(1881) : 박정양·어윤중·홍영식 등으로 구성. 일본의 발전상을 보고 돌아와 개화 정책의 추진을 뒷받침 → 박문국·전환국 설치의 계기
- 영선사(1881) : 김윤식을 단장으로 청에 파견하여 무기 제조법과 근대적 군사 훈련법을 배움 → 서울에 최초의 근대적 병기 공장인 기기창 설치
- 보빙사(1883) : 최초의 구미 사절단. 유길준이 미국에 남아 유학하고 유럽 여행 후 귀국

10 최익현의 활동

암기박사 위정 척사 운동, 왜양일체론, 을사의병 ⇒ 최익현

정답 ④

정답 해설

최익현은 흥선 대원군의 하야를 요구하는 탄핵 상소를 올렸고, 왜양일체론에 입각하여 위정 척사 운동을 전개하였다. 또한 을사늑약 체결에 반대하여 태인에서 의병 활동을 전개하다 체포되었고, 이후 쓰시마 섬으로 유배되어 결국 순국하였다.

오답 해설

① 한국독립운동지혈사 → 박은식
박은식은 일제 침략에 대항하여 투쟁한 한민족의 독립 운동을 서술한 한국독립운동지혈사를 저술하였다.
② 봉오동 전투 → 홍범도 : 대한 독립군
홍범도의 대한 독립군이 중심이 되어 봉오동 전투에서 독립군 근거지를 소탕하기 위해 간도 지역을 기습한 일본군 1개 대대 병력을 포위·공격하여 격파하였다.
③ 독립 의군부 조직 → 임병찬
임병찬은 고종의 밀지를 받아 고종의 복위 및 대한 제국의 재건을 목표로 독립 의군부를 조직하였다.
⑤ 13도 창의군 : 서울 진공 작전 → 이인영
정미의병이 확산되는 과정에서 유생 이인영이 의병 연합군인 13도 창의군을 결성하여 서울 진공 작전을 전개하였다.

기출테마 32 임오군란과 갑신정변

01	⑤	02	①	03	③	04	⑤
05	④	06	⑤	07	①	08	①
09	⑤	10	⑤				

01 갑신정변

암기박사 우정총국 개국 축하연 정변 ⇒ 갑신정변

정답 ⑤

정답 해설

김옥균과 박영효가 일본 공사 다케조에와의 모종의 협의를 통해 진행한 정변은 갑신정변이다. 급진개혁파는 우정총국 개국 축하연을 이용해 사대당 요인을 살해하고 개화당 정부를 수립하는 갑신정변을 일으켰다(1884).

오답 해설

① **별기군 창설 → 갑신정변 이전**
일본과 강화도 조약을 체결한 이후 개화 정책의 일환으로 무위영 아래 별도로 신식 군대인 별기군이 창설되었다(1881).

② **김기수 : 1차 수신사 → 갑신정변 이전**
일본과의 강화도 조약 이후 김기수가 1차 수신사로 일본에 파견되어 메이지 유신 이후 발전된 일본의 문물을 시찰하였다(1876).

③ **운요호 사건 → 갑신정변 이전**
연안을 탐색하다 강화도 초지진에서 조선 측의 포격을 받은 일본 군함 운요호가 보복으로 영종도를 공격하였다(1875). → 강화도 조약 체결의 원인

④ **영남 만인소 → 갑신정변 이전**
이만손을 비롯한 영남 유생들이 김홍집의 조선책략 유포에 반발하여 만인소를 올리고 그의 처벌을 요구하였다(1881).

핵심노트 ▶ 갑신정변의 개혁 내용

- 청에 대한 사대 외교(조공)를 폐지하고, 입헌 군주제로의 정치 개혁을 추구
- 지조법을 개정하고, 재정을 호조로 일원화하여 국가 재정을 충실히 함
- 혜상공국의 폐지와 각 도 상환미의 폐지
- 문벌을 폐지하여 인민 평등을 도모, 능력에 따른 인재 등용
- 군대(근위대)와 경찰(순사)을 설치

→ 보부상을 보호하기 위한 기관

02 유길준의 활동

암기박사 조선 중립화론 ⇒ 유길준

정답 ①

정답 해설

일본과 미국에서 유학하고 서유견문을 집필한 인물은 유길준이다. 영국이 러시아의 남하를 견제하기 위해 거문도를 불법으로 점령하자, 독일 부영사 부들러와 유길준은 조선을 영세 중립국으로 보장하는 조선 중립화론을 주장하였다(1885).

오답 해설

② **갑신정변 실패 : 일본 망명 → 김옥균, 박영효**
갑신정변은 청의 무력 개입으로 3일 만에 실패로 끝났고 김옥균, 박영효 등의 주동자는 일본으로 망명하였다.

③ **독립 협회 창립 → 서재필**
미국에서 귀국한 서재필은 한국 최초의 근대적 사회 정치 단체인 독립 협회를 창립하였다.

④ **배재 학당 설립 → 아펜젤러**
배재 학당은 미국의 개신교 선교사 아펜젤러가 선교를 목적으로 한양에 세운 학교로 근대 교육을 보급하였다.

⑤ **관민 공동회 연설 → 박정양**
만민 공동회의 규탄을 받던 보수 정부가 무너지고 개혁파 박정양이 참정대신 자격으로 관민 공동회에서 연설하였다.

03 거문도 사건

암기박사 영국 : 러시아의 남하 견제 ⇒ 거문도 사건(1885)

정답 ③

정답 해설

갑신정변 이후 조 · 러 수호 통상 조약이 체결되자 영국은 러시아의 남하를 견제하기 위해 거문도를 불법으로 점령하였다(1885).

핵심노트 ▶ 갑신정변 이후의 국내외 정세

- 러시아의 남하 정책 : 조 · 러 수호 통상 조약 체결(1884), 조 · 러 비밀 협약 추진 → 청의 방해로 실패
- 거문도 사건(1885~1887) : 영국이 러시아의 남하를 견제하고자 거문도를 불법 점령
- 조선 중립화론 제기 : 독일 부영사 부들러, 유길준
- 방곡령(1889) : 실패

04 임오군란의 결과

암기박사 임오군란 ⇒ 제물포 조약 : 일본 공사관 경비병 주둔

정답 ⑤

정답 해설

신식 군대인 별기군과 차별을 받던 구식 군인들이 일으킨 사건은 임오군란이다. 임오군란으로 조선은 일본 공사관 경비병의 주둔을 인정한 제물포 조약을 체결하고 배상금 지불과 군란 주동자의 처벌을 약속하였다(1882).

오답 해설

① 전주 화약 체결 → 동학 농민 운동
동학 농민 운동의 봉기로 청·일군이 개입하자 정부가 농민군에 휴전을 제의해 전주 화약이 체결되었다(1894).

② 통리기무아문 설치 → 개화 정책
고종은 개화 정책의 일환으로 통리기무아문을 설치하고 그 아래 12사를 두어 신문물 수용과 부국강병을 도모하였다(1880).

③ 우정총국 : 개화당 정부 수립 → 갑신정변
김옥균을 중심으로 한 급진개혁파가 우정총국 개국 축하연을 이용해 사대당 요인을 살해하고 개화당 정부를 수립하였다(1884).

④ 홍범 14조 반포 → 제2차 갑오개혁
고종은 제2차 갑오개혁 때 종묘에 나가 독립 서고문을 바치고 개혁의 방향을 제시한 홍범 14조를 반포하였다(1894).

핵심노트 ▶ 임오군란으로 인한 조약 체결

- 제물포 조약(1882. 7) : 일본과 제물포 조약을 체결하여 배상금을 지불하고 군란 주동자의 처벌을 약속, 일본 공사관의 경비병 주둔을 인정 → 일본군의 주둔 허용
- 조·청 상민 수륙 무역 장정(1882. 8) : 청의 속국 인정, 치외법권, 서울과 양화진 개방, 내지 통상권, 연안 무역·어업권, 청 군함 항행권 등 → 청 상인의 통상 특권이 넓게 허용되어 조선 상인들의 피해 증가

05 임오군란의 결과

암기박사 임오군란 ⇒ 조·청 상민 수륙 무역 장정 체결

정답 ④

정답 해설

개화 정책에 대한 불만과 구식 군인에 대한 차별 대우로 일어난 사건은 임오군란이다. 그 결과 조선과 청이 양국 상인의 통상에 대해 맺은 조·청 상민 수륙 무역 장정이 체결되었다. → 청의 종주국 인정

오답 해설

① 임술 농민 봉기 → 박규수 : 삼정이정청 설치
임술 농민 봉기가 발발하자 삼정의 폐단을 시정하기 위해 안핵사 박규수의 건의로 삼정이정청이 설치되었다.

② 신미양요 → 어재연 : 광성보 전투
미국이 제너럴셔먼호 사건을 구실로 강화도를 공격하여 신미양요가 발발하자 어재연 부대가 광성보에서 항전하였다.

③ 신미양요 → 흥선 대원군 : 척화비 건립
신미양요의 결과 흥선 대원군이 척화교서를 내려 종로와 전국 각지에 척화비가 세워졌다.

⑤ 운요호 사건 → 일본 : 영종도 공격
운요호가 연안을 탐색하다 강화도 초지진에서 조선 측의 포격을 받자 일본은 보복으로 영종도를 공격하였다. → 강화도 조약 체결의 원인

06 갑신정변의 결과

암기박사 갑신정변 ⇒ 조·일 : 한성 조약

정답 ⑤

정답 해설

제시된 자료에서 수 명의 조선 고관들이 살해되고 일본군 호위대가 개입했으며, 서울 주재 청국 수비대와 무력충돌이 일어난 것으로 보아 갑신정변에 대한 설명이다. 갑신정변은 피해를 입은 일본인에 대한 배상금 지불과 공사관 신축비 부담을 내용으로, 조선과 일본 사이에 한성 조약이 체결되는 계기가 되었다.

오답 해설

① 최익현, 민종식 주도 → 을사의병
을사늑약이 체결되자 최익현, 민종식 등이 주도하여 을사늑약의 폐기와 친일 내각 타도를 주장하며 을사의병을 일으켰다.

② 구본신참 → 광무개혁 → 옛것을 근본으로 새로운 것을 참작한다
아관파천 후 러시아 공사관에서 돌아온 고종은 국호를 대한 제국으로 고치고 구본신참에 입각한 광무개혁을 추진하였다.

③ 김기수 : 수신사 파견 → 강화도 조약
일본과의 강화도 조약 이후 김기수가 수신사로 파견되어 메이지 유신 이후 발전된 일본의 문물을 시찰하였다.

④ 외규장각 의궤 약탈 → 병인양요
병인양요 때 프랑스의 강화도 공격으로 외규장각 건물이 불타고 의궤가 약탈당하였다.

핵심노트 ▶ 갑신정변의 결과

- 한성 조약(조·일) : 일본의 강요로 배상금 지불, 공사관 신축비 부담
- 톈진 조약(청·일) : 청·일 양국군은 조선에서 철수하고 장차 파병할 경우 상대국에 미리 알릴 것 → 일본은 청과 동등하게 조선에 대한 파병권 획득

07 갑신정변의 결과

암기박사 갑신정변 ⇒ 한성 조약 체결

정답 ①

정답 해설

김옥균을 중심으로 한 급진개혁파가 우정국 낙성 축하연을 이용해 사대당 요인을 살해하고 개화당 정부를 수립하였으나, 청의 무력 개입으로 3일 만에 실패로 끝났다. 이로 인해 피해를 입은 일본인에 대한 배상금 지불과 공사관 신축비 부담을 내용으로 하는 한성 조약이 체결되었다(1884).

오답 해설

② 별기군 창설 → 갑신정변 이전
일본과 강화도 조약을 체결한 이후 개화 정책의 일환으로 무위영 아래 별도로 신식 군대인 별기군이 창설되었다(1881).

③ 강화도 조약 : 부산·원산·인천 항구 개항 → 갑신정변 이전
최초의 근대적 조약이자 불평등 조약인 강화도 조약이 체결되어 부산 외 두 곳의 항구가 개항되었다(1876).

④ 김윤식 : 영선사 파견 → 갑신정변 이전 → 원산, 인천
고종은 통리기무아문을 설치하여 개화 정책을 추진하였으며, 그 일환으로 김윤식을 단장으로 하는 영선사를 청에 파견하였다(1881).

⑤ 통리기무아문 설치 → 갑신정변 이전
고종은 개화 정책 전담 기구인 통리기무아문을 설치하고 그 아래 12사를 두어 외교·군사·산업 등의 업무를 분장하였다(1880).

08 갑신정변

암기박사 김옥균·박영효 : 개화당 정부 수립 ⇒ 갑신정변

정답 ①

정답 해설

김옥균, 박영효 등이 주도한 급진개혁파가 우정국 낙성 축하연을 이용해 사대당 요인을 살해하고 개화당 정부를 수립하였으나, 청의 무력 개입으로 3일 만에 실패로 끝나고 주동자들이 해외로 망명하였다.

오답 해설

② 강화도 조약 → 수신사 김기수 파견
일본과의 강화도 조약 이후 고종은 문호를 개방하고 김기수를 일본에 (제1차) 수신사로 파견하여 메이지 유신 이후 발전된 일본의 문물을 시찰하도록 하였다.

③ 대한 제국 → 광무개혁 (옛것을 근본으로 새로운 것을 창작한다)
아관파천 후 러시아 공사관에서 돌아온 고종은 국호를 대한 제국으로 고치고 구본신참에 입각한 광무개혁을 추진하였다.

④ 통리기무아문 설치 → 개화 정책
고종은 개화 정책을 총괄하는 통리기무아문을 설치하고 그 아래 12사를 두어 외교 · 군사 · 산업 등의 업무를 분장하였다.

⑤ 홍범 14조 반포 → 제2차 갑오개혁
고종은 제2차 갑오개혁 때 종묘에 나가 독립 서고문을 바치고, 개혁의 기본 방향을 제시한 홍범 14조를 반포하였다.

09 갑신정변

정답 ⑤

암기박사 청군의 개입으로 실패, 재정의 호조 일원화 ⇒ 갑신정변

정답 해설

ㄷ. 김옥균, 박영효 등이 주도한 급진개혁파가 우정국 낙성 축하연을 이용해 사대당 요인을 살해하고 개화당 정부를 수립하였으나, 청의 무력 개입으로 3일 만에 실패로 끝났다.

ㄹ. 갑신정변으로 개화당은 지조법을 개정하고 재정을 호조로 일원화하여 국가 재정을 충실히 하고자 하였다.

오답 해설

ㄱ. 집강소 설치 → 동학 농민 운동
동학 농민 운동의 봉기로 청 · 일군이 개입하자 정부는 농민군에 휴전을 제의해 전주 화약이 성립하였으며, 농민군은 전라도 일대에 집강소를 설치하였다.

ㄴ. 폐정 개혁 12개조 : 토지의 균등 분배 → 동학 농민 운동
동학 농민 운동은 폐정 개혁 12개조에서 토지의 균등 분배를 추진하였다.

10 임오군란의 결과

정답 ⑤

암기박사 임오군란 : 구식 군대의 차별 ⇒ 제물포 조약 체결

정답 해설

구식 군대에 대한 차별로 임오군란이 발발하자 흥선 대원군은 통리기무아문과 2영(무위영, 장어영)을 폐지하고 5군영의 군제를 복구하였다. 임오군란으로 인해 조선은 일본 공사관 경비병의 주둔을 인정한 제물포 조약을 체결하고 배상금 지불과 군란 주동자의 처벌을 약속하였다(1882).

오답 해설

① 신미양요 → 척화비 건립
제너럴셔먼호 사건을 구실로 미국과 신미양요가 발발하였고, 신미양요의 결과 흥선 대원군이 척화교서를 내려 전국 각지에 척화비가 건립되었다(1871).

② 강화도 조약 → 수신사 김기수 파견
일본과의 강화도 조약 이후 고종은 문호를 개방하고 김기수를 일본에 (제1차) 수신사로 파견하여 메이지 유신 이후 발전된 일본의 문물을 시찰하도록 하였다(1876).

③ 왕조의 통치 규범 재정비 → 정조 : 대전통편 편찬
조선 정조는 경국대전과 속대전 및 여러 법령을 통합하여 왕조의 통치 규범을 재정비한 대전통편을 편찬하였다(1785).

④ 김홍집 : 조선책략 유포 → 이만손 : 영남 만인소
김홍집의 조선책략 유포에 반발하여 이만손을 비롯한 영남 유생들이 영남 만인소를 올렸다(1881).

PART 4 근대의 변화와 흐름

기출테마 33 동학 농민 운동의 전개

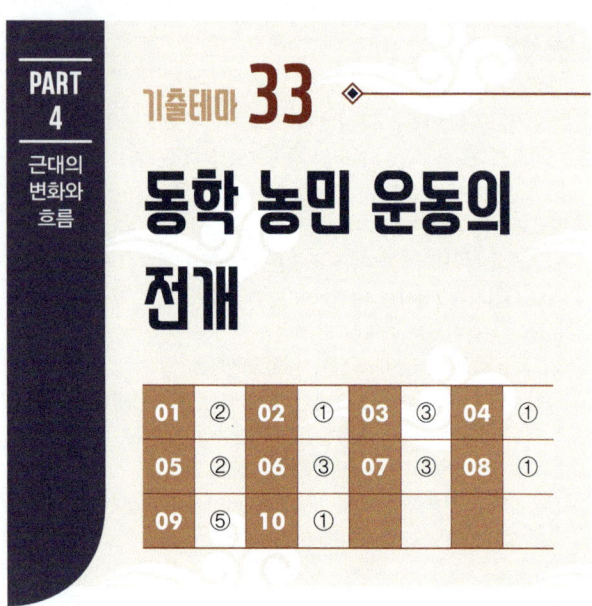

01	②	02	①	03	③	04	①
05	②	06	③	07	③	08	①
09	⑤	10	①				

01 동학 농민 운동

암기박사 황토현 전투, 우금치 전투 ⇒ 동학 농민 운동

정답 ②

정답 해설

남접(전봉준)과 북접(손병희)이 연합하여 서울로 북진하다 공주 우금치에서 관군과 일본군을 상대로 격전한 것은 동학 농민 운동이다. 동학 농민군은 황토현 전투에서 전라 감영의 지방 관군을 격파하였다.

오답 해설

① 이소응, 유인석 주도 → 을미의병
  이소응, 유인석 등 위정척사 사상을 가진 유생들이 을미사변과 단발령에 반발하여 을미의병을 주도하였다.

③ 한성 조약 체결 → 갑신정변
  김옥균을 중심으로 한 급진개혁파의 갑신정변은 청의 무력 개입으로 실패로 끝나고, 이로 인해 조선과 일본 사이에는 한성 조약이 체결되었다.

④ 관민 공동회 : 헌의 6조 결의 → 독립협회
  서재필을 중심으로 창립된 독립협회는 관민 공동회를 개최하여 헌의 6조를 결의하였다.

⑤ 안핵사 : 박규수 파견 → 임술 농민 봉기
  삼정의 문란과 백낙신의 탐학으로 임술 농민 봉기가 일어나자 사건 수습을 위해 박규수가 안핵사로 파견되었다.

핵심노트 ▶ 동학 농민 운동의 전개

구분	중심 세력	활동 내용	성격
1차 봉기 (고부 민란~ 전주 화약)	남접(전봉준, 김개남, 손화중 등)	• 황토현 전투 • 집강소 설치, 폐정 개혁안	반봉건적 사회 개혁 운동
2차 봉기	남접(전봉준) + 북접(손병희)	공주 우금치 전투	반외세, 항일 구국 운동

02 동학 농민 운동의 전개

암기박사 전주 화약 ⇒ 교정청 설치 ⇒ 제1차 갑오개혁

정답 ①

정답 해설

- **전주 화약**(1894) : 동학 농민 운동의 1차 봉기로 청·일군이 개입하자 정부는 농민군에 휴전을 제의해 전주 화약이 성립하였다.
- (가) **교정청 설치**(1894) : 전주 화약 직후 고종이 내정 개혁을 실시하기 위한 개혁 추진 기구로 교정청을 설치하였다.  ← 군국기무처의 설치로 폐지됨
- **제1차 갑오개혁**(1894) : 제1차 갑오개혁 때 김홍집 친일 내각은 초정부적 정책 의결 기구인 군국기무처를 설치하고 과거제 폐지, 공사 노비법 혁파 등의 개혁을 추진하였다.

오답 해설

② 독립신문 창간 → 1896년
  서재필 등이 민중 계몽을 위해 우리나라 최초의 민간 신문이자 순한글 신문인 독립신문을 창간하였다.

③ 한성 전기 회사 설립 → 1898년
  황실과 미국인 콜브란의 합자로 한국 최초의 전기 회사인 한성 전기 회사가 설립되었다.

④ 시모노세키 조약 체결 → 1895년
  일본이 청·일 전쟁에서 승리한 후 체결한 시모노세키 조약에 따라 청으로부터 요동반도를 할양받았다.

⑤ 을미개혁 → 1895년
  을미사변 후 김홍집 친일 내각의 을미개혁에 따라 건양이라는 연호가 제정되고 단발령이 시행되었다.

03 동학 농민 운동의 전개

암기박사 전주 화약 ⇒ 일본군의 경복궁 점령 ⇒ 남접과 북접의 연합

정답 ③

정답 해설

동학 농민 운동의 1차 봉기로 청·일군이 개입하자 정부는 농민군에 휴전을 제의해 전주 화약이 성립하였다. 그러나 일본이 군대를 동원하여 경복궁을 점령하여 청·일 전쟁이 발발하였고 농민군의 2차 봉기가 시작되었다. 남접(전봉준)과 북접(손병희)이 연합하여 서울로 북진하다 공주 우금치에서 관군과 민보군, 일본군을 상대로 격전하였다.

오답 해설

① 백산 집결 → 전주 화약 체결 이전
  동학 농민군은 고부 민란 후 백산에 다시 결집하여 전봉준·김개남·손화중 등이 조직을 재정비하고 격문 선포와 4대 강령을 발표하였다.

② 우금치 전투 → 남접과 북접의 연합 이후
  남접(전봉준)과 북접(손병희)이 연합하여 서울로 북진하다 공주 우금치에서 관군과 민보군, 일본군을 상대로 격전을 벌였다.

④ 보은 집회 → 전주 화약 체결 이전
  동학교도와 농민들은 보은에서 교조 신원을 요구하는 대규모 집회를 열고 탐관오리 숙청과 반봉건, 반외세를 요구하였다.

⑤ 고부 민란 → 전주 화약 체결 이전
  고부 군수 조병갑의 탐학에 저항해 전봉준 등이 농민군을 이끌고 고부 관아를 습격하였다.

04 동학 농민 운동의 전개

정답 ①

암기박사 백산 봉기 ⇒ 황토현 전투 ⇒ 전주성 점령

정답 해설

- **백산 봉기** : 동학 농민군은 고부 민란 후 백산에 다시 결집하여 전봉준, 김개남, 손화중 등이 조직을 재정비하고 격문 선포와 4대 강령을 발표하였다.
- (가) **황토현 전투** : 백산 봉기 후 농민군은 황토현 전투에서 관군을 물리치고 농민군 최대의 승리를 하였으며, 정읍·고창·함평·장성 등을 공략하였다.
- **전주성 점령** : 동학 농민군은 전라도 장성 황룡촌에서 관군과 싸워 승리한 후 전주성을 점령하였다.

오답 해설

② 논산 : 남접과 북접의 연합 → 전주성 점령 이후
   동학 농민 운동은 남접(전봉준)과 북접(손병희)이 논산에서 연합한 후 서울로 북진하는 등 조직적으로 전개되었다.
③ 우금치 전투 → 전주성 점령 이후
   남접(전봉준)과 북접(손병희)이 연합한 동학 농민군이 서울로 북진하다 공주 우금치에서 관군 및 일본군에 맞서 싸웠다.
④ 집강소 : 폐정 개혁안 → 전주성 점령 이후
   청·일군의 개입으로 전주 화약이 성립한 후, 농민군은 전라도 일대에 설치한 집강소를 중심으로 폐정 개혁안을 실천하였다.
⑤ 고부 민란 → 백산 봉기 이전
   고부 군수 조병갑의 탐학에 저항하여 전봉준이 농민들을 이끌고 고부 관아를 습격하면서 동학 농민 운동이 시작되었다.

핵심노트 ▶ 동학 농민 운동의 전개 과정

삼례 집회 → 경복궁 상소 → 보은 집회 → 고부민란 → 백산 집결 → 황토현 전투 → 황룡천 전투 → 전주성 점령 → 전주 화약 → 집강소 설치 → 일본군 경복궁 침입 → 청·일 전쟁 → 남접과 북접의 연합 → 공주 우금치 전투

05 녹두 장군 전봉준

정답 ②

암기박사 동학 농민 운동 : 공주 우금치 전투 ⇒ 전봉준

정답 해설

고부 군수 조병갑의 학정에 항거하여 농민군을 이끌고 고부 관아를 습격한 인물은 녹두 장군 전봉준이다. 동학 농민군의 2차 봉기 때 전봉준은 반침략 기치를 들고 공주 우금치에서 일본군 및 관군에 맞서 싸웠다.

오답 해설

① 을미의병 : 단발령 반발 → 유인석
   을미사변 후 김홍집 친일 내각이 단발령을 시행하자 유생 출신 유인석 등이 이에 반발하여 을미의병을 일으켰다.
③ 교조 신원 운동 → 최시형
   동학의 2대 교주인 최시형은 동학의 창시자로 처형된 최제우의 억울함을 풀고 포교의 자유를 인정받고자 교조 신원 운동을 주도하였다.

④ 명동 성당 앞에서 이완용 습격 → 이재명
   이재명은 명동 성당 앞에서 국권 피탈에 앞장섰던 이완용을 습격하여 중상을 입혔다.
⑤ 13도 창의군 : 서울 진공 작전 → 이인영, 허위
   정미의병이 확산되는 과정에서 유생 이인영을 총대장, 허위를 군사장으로 하는 13도 창의군이 조직되어 서울 진공 작전을 전개하였다.

06 동학 농민 운동의 전개

정답 ③

암기박사 우금치 전투 ⇒ 동학 농민 운동 : 2차 봉기

정답 해설

동학 농민 운동의 1차 봉기로 청·일군이 개입하자 정부는 농민군에 휴전을 제의해 전주 화약이 성립하였다. 그러나 청·일 전쟁이 발발하고 일본군이 경복궁을 강제 점령하자 2차 봉기가 일어났다. 동학 농민군의 2차 봉기 때 녹두 장군 전봉준이 반침략 기치를 들고 공주 우금치 전투에 참여하여 관군 및 일본군에 맞서 싸웠다.

오답 해설

① 최시형 : 동학의 2대 교주 → 동학 농민 운동 : 1차 봉기 이전
   동학의 제2대 교주인 최시형은 교세를 확대하면서 포·접 등 교단 조직을 정비하고 동경대전과 용담유사를 간행하였다.
② 백산 집결 : 4대 강령 발표 → 동학 농민 운동 : 1차 봉기
   동학 농민군은 고부 민란 후 백산에 다시 결집하여 전봉준·김개남·손화중 등이 조직을 재정비하고 격문 선포와 4대 강령을 발표하였다.
④ 황룡천 전투 : 전주성 점령 → 동학 농민 운동 : 1차 봉기
   동학 농민군이 전라도 장성 황룡촌에서 장태를 이용하여 관군과 싸워 승리한 후 전주성을 점령하였다.
⑤ 서울 복합 상소 : 교조 신원 요구 → 동학 농민 운동 : 1차 봉기 이전
   동학의 창시자로 처형된 최제우의 억울함을 풀고 포교의 자유를 인정받고자 동학 간부들은 서울 광화문에서 교조 신원을 위한 복합 상소를 올렸다.

07 동학 농민 운동의 전개

정답 ③

암기박사 집강소 : 폐정 개혁 12개조 ⇒ 동학 농민 운동

정답 해설

동학 농민 운동의 봉기로 청·일군이 개입하자 정부는 농민군에 휴전을 제의해 전주 화약이 성립하였으며, 농민군은 전라도 일대에 집강소를 설치하고 폐정 개혁 12개조를 요구하였다.

오답 해설

① 을사늑약에 반발 → 을사의병
   을사늑약이 체결되자 민종식, 최익현, 신돌석 등은 을사늑약의 폐기와 친일 내각 타도를 주장하며 을사의병을 일으켰다.
②·④ 백낙신의 탐학 : 유계춘이 진주성 점령 → 임술 농민 봉기
   임술 농민 봉기는 삼정의 문란과 백낙신의 탐학이 발단이 되어 진주 지역 농민들이 몰락 양반 유계춘의 지휘 아래 진주성을 점령하며 일어났다.

⑤ 홍의장군 : 곽재우 → 임진왜란

임진왜란 당시 최초의 의병으로 홍의장군으로 불린 곽재우가 경상도 의령에서 거병하여 진주성 혈전에서 김시민과 함께 의병장으로 활약하였다.

08 폐정 개혁 12조의 내용

암기박사 동학 농민 운동 ⇒ 집강소 : 폐정 개혁 12조

정답 ①

정답 해설

동학 농민 운동의 봉기로 청·일군이 개입하자 정부는 농민군에 휴전을 제의해 전주 화약이 성립하였으며, 농민군은 전라도 일대에 집강소를 설치하고 폐정 개혁 12개조를 요구하였다. '탐관오리를 징계하여 쫓아낼 것'은 폐정 개혁안 제2조의 내용이다.

오답 해설

② 갑신정변 → 정강 14개조

국가의 모든 재정을 호조에서 관할하자는 내용은 갑신정변 이후 발표된 정강 14개조의 내용이다.

③ 2차 갑오개혁 → 홍범 14조

의정부와 각 아문의 직무 권한을 명확히 하자는 내용은 2차 갑오개혁 때에 반포한 홍범 14조의 내용이다.

④ 연좌제 폐지 → 1차 갑오개혁

죄인 외의 친족에게 연좌율을 일체 적용하지 말자는 연좌제 폐지는 1차 갑오개혁 때의 내용이다.

⑤ 독립 협회 → 관민 공동회 : 헌의 6조

외국에 의존하지 말고 관민이 협력하여 전제 황권을 공고히 하자는 내용은 독립 협회가 관민 공동회에서 결의한 헌의 6조의 내용이다.

핵심노트 ▶ 폐정 개혁 12조

1. 동학도와 정부 사이에 원한을 씻어 버리고 모든 행정을 협력할 것
2. 탐관오리는 그 죄목을 조사하여 엄징할 것
3. 횡포한 부호들을 엄징할 것
4. 불량한 양반과 유림을 징벌할 것
5. 노비 문서를 불태워 버릴 것
6. 칠반천인의 대우를 개선하고 평량갓을 없앨 것
7. 과부의 재혼을 허락할 것
8. 무명잡세를 모두 폐지할 것
9. 관리 채용 시 지벌을 타파할 것
10. 왜적과 내통하는 자는 엄징할 것
11. 공사채는 물론이고 기왕의 것을 무효로 돌릴 것
12. 토지는 평균으로 분작할 것

09 녹두 장군 전봉준

암기박사 공주 우금치 전투 ⇒ 전봉준

정답 ⑤

정답 해설

녹두 장군 전봉준(남접)과 손병희(북접)의 연합군이 서울로 북진하다 보국안민을 내세우며 우금치에서 관군 및 일본군에 맞서 싸웠으나, 전봉준 등 지도자들은 체포되고 동학 농민 운동은 실패로 끝났다.

→ 나라 일을 돕고 백성을 편안하게 함

오답 해설

① 을사늑약 체결 : 을사의병 → 민종식, 최익현, 신돌석

을사늑약이 체결되자 민종식, 최익현, 신돌석 등은 을사늑약의 폐기와 친일 내각 타도를 주장하며 을사의병을 일으켰다.

② 독립 협회 창립, 독립문 건립 → 서재필

서재필은 독립 협회를 창립한 후 중추원 고문으로서 의회식 중추원 신관제를 반포하였고 독립문을 세워 자주 독립을 강조하였다.

③ 지부복궐척화의소 : 왜양일체론 → 최익현

최익현은 지부복궐척화의소를 올려 왜양일체론을 주장하며 위정척사 운동을 전개하였다.

④ 13도 창의군 : 서울 진공 작전 → 이인영, 허위

정미의병이 확산되는 과정에서 유생 이인영을 총대장, 허위를 군사장으로 하는 13도 창의군이 조직되어 서울 진공 작전을 전개하였다.

10 동학 농민 운동의 전개 과정

암기박사 동학 농민 운동의 전개 ⇒ 백산 봉기 → 황룡촌 전투 → 전주 화약 체결 → 남·북접 논산 집결 → 우금치 전투 패배

정답 ①

정답 해설

동학 농민군은 황토현 싸움에서 전라 감영의 지방 관군을 물리쳤고, 전라도 장성 황룡촌 전투에서 홍계훈의 중앙 관군과 싸워 승리한 후 전주성을 점령하였다. 정부의 요청으로 청·일군이 개입하자 정부는 농민군에 휴전을 제의해 전주 화약이 체결되었다.

오답 해설

② 교조 신원 요구 → 삼례 집회

동학의 창시자로 처형된 최제우의 억울함을 풀고 포교의 자유를 인정받고자 교조 신원을 요구하는 삼례 집회가 개최되었다.

③ 농민군 최대의 승리 → 황토현 전투

농민군 최대의 승리인 황토현 전투에서 관군을 물리치고, 정읍·고창·함평·장성 등을 공략하였다. → 전라 감영의 지방 관군

④ 사태 수습 → 안핵사 이용태 파견

사태 수습을 위해 안핵사로 파견된 이용태가 동학교도를 색출·탄압하자 농민군은 보국안민과 제폭구민을 기치로 한 무장포고문을 선포하고 봉기를 지속하였다. → 폭도를 제거하고 백성을 구함 → 나라 일을 돕고 백성을 편안하게 함

⑤ 전봉준 : 고부 관아 습격 → 고부 민란

고부 군수 조병갑의 학정에 항거하여 전봉준이 농민들을 이끌고 고부 관아를 습격하였다.

PART 4 근대의 변화와 흐름

기출테마 34 갑오개혁과 을미개혁

01	②	02	⑤	03	⑤	04	②
05	①	06	②	07	⑤	08	⑤
09	①	10	①				

01 을미개혁

정답 ②

암기박사 을미개혁 ⇒ 태양력 시행

정답 해설

일본군이 경복궁을 침범하여 건청궁에서 명성황후를 시해한 것은 을미사변이다. 을미사변 후 김홍집 친일 내각이 을미개혁을 추진하였는데, 이 때 태양력을 시행하였다(1895).

오답 해설

① · ④ 과거제 폐지, 공사 노비법 혁파 → 제1차 갑오개혁
제1차 갑오개혁 때 김홍집 친일 내각은 초정부적 정책 의결 기구인 군국기무처를 설치하고 과거제 폐지, 공사 노비법 혁파 등의 개혁을 추진하였다(1894).

③ 육영 공원 설립 → 1886년
육영 공원은 정부가 보빙사 민영익의 건의로 설립한 최초의 근대식 관립 학교로, 길모어 · 헐버트 등 미국인 교사를 초빙하여 상류층의 자제들에게 근대 학문을 교육하였다.

⑤ 통리기무아문 설치 → 개화 정책
고종은 통리기무아문을 설치하고 그 아래 12사를 두어 신문물 수용과 부국강병 도모 등의 개화 정책을 추진하였다(1880).

핵심노트 ▶ 을미개혁의 내용

- 종두법 실시
- 소학교 설립
- 태양력 사용
- 우편 제도 실시
- 연호 건양(建陽) 사용
- 단발령 실시
- 군제의 개편 → 훈련대 폐지, 중앙군(친위대 2개)·지방군(친위대) 설치

02 제2차 갑오개혁

정답 ⑤

암기박사 교육 입국 조서 반포 ⇒ 제2차 갑오개혁

정답 해설

군국기무처가 폐지되고 김홍집과 박영효 주도로 추진된 개혁은 제2차 갑오개혁이다. 제2차 갑오개혁 때에 고종은 교육의 기본 방향을 제시한 교육 입국 조서를 반포하였다(1894).

오답 해설

① 지계 발급 → 광무개혁
광무개혁 때 근대적 토지 소유제도의 마련을 위해 양지아문을 설치하여 양전사업을 실시하고, 지계아문에서 토지 소유자에게 지계를 발급하였다. → 근대적 토지증서

② 태양력 사용 → 을미개혁
을미사변 후 김홍집 친일 내각이 을미개혁을 추진하였는데, 이 때 건양이라는 연호를 제정하고 태양력을 사용하였다.

③ 박문국 : 한성순보 발행 → 개화 정책
고종은 개화 정책의 일환으로 박문국을 설치하여 최초의 근대식 신문인 한성순보를 발행하였다.

④ 공사 노비법 폐지 → 제1차 갑오개혁
제1차 갑오개혁 때 전통적 폐습을 타파하여 공사 노비법을 혁파하고 과부의 재가를 허용하였다.

핵심노트 ▶ 제2차 갑오개혁의 내용(1894. 12~1895. 7)

정치	• 의정부 80문을 7부로 개편 • 지방관제를 8도에서 23부 337군으로 개편 → 종래의 도·부·목·군·현의 대소행정구역 통폐합, 소지역주의 채택 • 내각과 분리된 궁내부 관제를 대폭 축소 • 지방관의 사법권 · 군사권 박탈 → 행정권만을 가짐 • 사법권과 행정권 분리(사법권 독립)와 재판소 설치(1심 · 2심 재판소 분리 · 설치)를 위해 재판소구성법과 법관양성소규정 등을 공포
교육	• 교육입국조서 발표(근대적 학제 등) • 신교육 실시, 한성사범학교 설립
군사·경찰	• 훈련대 · 시위대 설치, 근대적 군사 · 경찰제도 확립을 위한 군부관제, 경무청관제 등을 제정

03 제2차 갑오개혁

정답 ⑤

암기박사 교육 입국 조서 반포, 재판소 설치 ⇒ 제2차 갑오개혁

정답 해설

군국기무처에서 공노비와 사노비에 대한 법을 폐지한 것은 제1차 갑오개혁 때의 일이다. 이후 제2차 갑오개혁 때에는 교육 입국 조서를 반포하고 재판소를 설치하여 사법권을 독립시켰다(1894).

오답 해설

ㄱ. 개화 정책 → 별기군 창설(1881)
일본과 강화도 조약을 체결한 이후 개화 정책의 일환으로 무위영 아래 별도로 신식 군대인 별기군이 창설되었다.

ㄴ. 박문국 → 한성순보 발행(1883)
김옥균, 서광범, 박영효 등의 노력으로 설치된 박문국에서 최초의 근대식 신문인 한성순보가 발행되었다.

04 제2차 갑오개혁

정답 ②

암기박사 지방 행정 구역 : 8도 → 23부 ⇒ 제2차 갑오개혁

정답 해설

군국기무처가 폐지되고 김홍집과 박영효가 주도하는 내각에서 추진하는 개혁은 제2차 갑오개혁이다. 이 때 지방 행정 구역을 8도에서 23부로 개편하였다.

오답 해설

① 통리기무아문과 12사 설치 → 개화 정책
　고종은 통리기무아문을 설치하고 그 아래 12사를 두어 신문물 수용과 부국강병 도모 등의 개화 정책을 추진하였다.

③ 청의 연호 폐지, 개국기년 사용 → 제1차 갑오개혁
　제1차 갑오개혁 때 청의 연호를 쓰지 않고 개국기년을 사용하여 청의 종주권을 부인하였다.

④ 공사 노비법 혁파, 과부 재가 허용 → 제1차 갑오개혁
　제1차 갑오개혁 때 전통적 폐습을 타파하여 공사 노비법을 혁파하고 과부의 재가를 허용하였다.

⑤ 6조를 80문으로 개편, 과거제 폐지 → 제1차 갑오개혁
　1차 갑오개혁 때 왕실과 정부 사무 분리, 6조를 8아문으로 개편, 과거제 폐지 등의 개혁을 실시하였다.

05 갑오개혁과 을미개혁

정답 ①

암기박사 신분제 폐지(제1차 갑오개혁) ⇒ 홍범 14조(제2차 갑오개혁) ⇒ 단발령 시행(을미개혁)

정답 해설

(가) 제1차 갑오개혁(1894) : 제1차 갑오개혁 때 김홍집 친일 내각은 개국 기원이라는 연호를 사용하고 신분제 폐지, 공사 노비법 혁파 등의 개혁을 추진하였다.

(나) 제2차 갑오개혁(1894) : 제2차 갑오개혁은 홍범 14조를 개혁의 기본 방향으로 하여 청의 종주권을 부인하고 왕실과 국정의 사무를 분리하였다.

(다) 을미개혁(1895) : 을미사변 후 김홍집 친일 내각은 을미개혁을 추진하여 건양이라는 연호를 제정하였으며, 단발령을 시행하고 태양력을 사용하였다.

06 삼국 간섭 이후의 상황

정답 ②

암기박사 삼국 간섭 ⇒ 을미사변 ⇒ 을미개혁

정답 해설

러시아, 프랑스, 독일의 압력으로 일본이 청에 랴오둥반도를 반환한 것은 삼국 간섭이다. 삼국 간섭 이후 국내에는 일본 세력이 약해지고 친러 내각이 수립되자 일본은 명성황후를 시해하는 을미사변을 일으켰다. 을미사변 후 김홍집 친일 내각은 을미개혁을 추진하여 건양이라는 독자적인 연호를 사용하였다(1895).

오답 해설

① 조 · 청 상민 수륙 무역 장정 체결 → 임오군란

구식 군인들이 일으킨 임오군란은 명성황후 일파가 청에 군대 파견을 요청하여 진압되었고, 그 결과 청과 조 · 청 상민 수륙 무역 장정을 체결하였다(1882).

③ 6조에서 80문으로 개편 → 제1차 갑오개혁
　제1차 갑오개혁 때 왕실과 정부 사무를 분리하고 행정 기구를 6조에서 8아문으로 개편하였다(1894).

④ 군국기무처 설치 → 제1차 갑오개혁
　제1차 갑오개혁 때 김홍집은 초정부적 정책 의결 기구인 군국기무처를 설치하여 근대적 개혁을 추진하였다(1894).

⑤ 영국 : 러시아의 남하 견제 → 거문도 사건
　갑신정변 이후 조 · 러 수호 통상 조약이 체결되자 영국은 러시아의 남하를 견제하기 위해 거문도를 불법 점령하였다(1885).

07 제1차 갑오개혁

정답 ⑤

암기박사 건양 ⇒ 을미개혁 / 개국 기원 ⇒ 제1차 갑오개혁

정답 해설

건양은 을미개혁 때 채택한 연호이며, 제1차 갑오개혁 때 채택한 연호는 개국 기원이다. 을미사변 후 김홍집 친일 내각은 을미개혁을 추진하여 건양이라는 연호를 제정하였으며, 단발령을 시행하고 태양력을 사용하였다(1895).

오답 해설

① · ② · ③ · ④ 과거제 폐지, 연좌제 금지, 공사 노비법 혁파, 과부의 재가 허용 → 제1차 갑오개혁
　제1차 갑오개혁 때 김홍집 친일 내각은 초정부적 정책 의결 기구인 군국기무처를 설치하고 과거제 폐지, 연좌제 금지, 공사 노비법 혁파, 과부의 재가 허용 등의 개혁을 추진하였다.

핵심노트 ▶ 제1차 갑오개혁 : 군국기무처

정치	연호 개국, 왕실과 정부 사무 분리, 6조를 80문으로 개편, 과거제 폐지
경제	재정 일원화로 탁지아문이 관장, 은 본위 화폐 제도, 조세 금납제, 도량형 통일
사회	신분제 철폐, 공 · 사 노비제 폐지, 조혼 금지, 과부 개가 허용, 인신매매 금지, 고문과 연좌법의 폐지

08 을미사변의 영향

정답 ⑤

암기박사 을미사변 ⇒ 을미개혁 ⇒ 아관파천

정답 해설

(다) 을미사변(1895) : 명성황후가 친러파와 연결하여 일본을 견제하려 하자 일제는 을미사변을 일으켜 경복궁을 침범하고 명성황후를 시해하였다.

(나) 을미개혁(1895) : 을미사변 후 김홍집 친일 내각은 을미개혁을 추진하여 단발령을 시행하고 태양력을 사용하였으며 건양이라는 연호를 제정하였다.

(가) 아관파천(1896) : 고종이 을미사변으로 신변에 위협을 느끼자 러시아 공사 베베르가 친러파와 모의하여 고종을 러시아 공사관으로 파천시켜 1년간 머물게 하였다.

09 을미개혁

암기박사 연호 : 건양 ⇒ 을미개혁

정답 ①

정답 해설

을미사변 후 김홍집 친일 내각은 을미개혁을 추진하여 단발령을 시행하고 태양력을 사용하였으며 건양이라는 연호를 제정하였다(1895).

오답 해설

② 전국 8도를 23부로 개편 → 제2차 갑오개혁
고종은 제2차 갑오개혁 때 지방 행정 구역을 8도에서 23부 337군으로 개편하였다.

③ 원수부 설치 → 광무개혁
광무개혁 때 고종 황제는 군 통수권을 장악하기 위해 황제 직속의 원수부를 설치하였다.

④ 한성순보 발간 → 박문국
박문국은 김옥균, 서광범, 박영효 등의 노력으로 설치된 출판 기관으로 최초의 근대식 신문인 한성순보를 발행하였다.

⑤ 공사 노비법 혁파, 과거제 폐지 → 제1차 갑오개혁
제1차 갑오개혁 때 행정 기구를 6조에서 8아문으로 개편하고 공사 노비법을 혁파하였으며 과거제를 폐지하였다.

10 군국기무처

암기박사 공사 노비법 폐지 ⇒ 군국기무처

정답 ①

정답 해설

제1차 갑오개혁 때 김홍집 친일 내각은 초정부적 정책 의결 기구인 군국기무처를 설치하여 개혁을 추진하였는데, 사회 개혁으로 공사 노비법의 폐지를 결정하였다.

오답 해설

② 임술 농민 봉기 → 박규수 : 삼정이정청
임술 농민 봉기가 발발하자 삼정의 폐단을 시정하기 위해 안핵사 박규수의 건의로 임시 관청인 삼정이정청이 설치되었다.

③ 사림의 건의로 폐지 → 소격서
소격서는 국가적 제사를 주관하기 위해 설치된 도교 기관으로, 조광조를 비롯한 사림의 건의로 중종 때 혁파되었다.

④ 임진왜란 : 국정 최고 기구 → 비변사
조선 중종 때 외적에 대비하기 위해 비변사가 처음으로 설치되었으며, 임진왜란을 거치면서 국정 최고 기구로 자리 잡았다.

⑤ 12사 : 교린사, 군무사, 통상사 등 → 통리기무아문
고종은 개화 정책을 총괄하는 통리기무아문을 설치하고 소속 부서로 교린사, 군무사, 통상사 등의 12사를 두어 외교·군사·산업 등의 업무를 분장하였다.

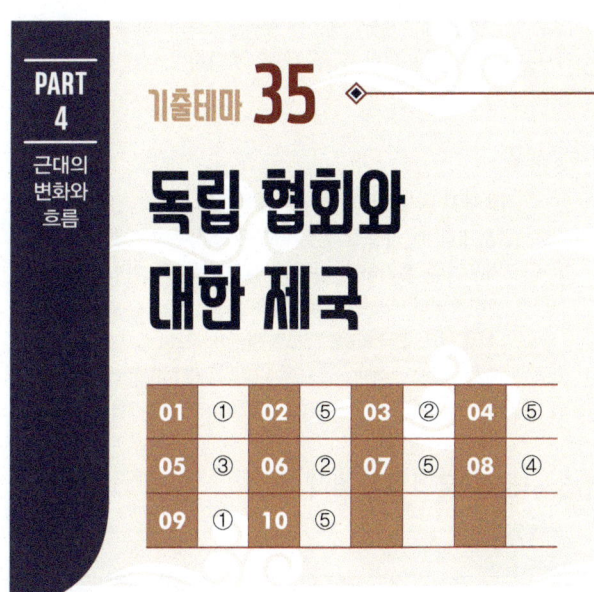

PART 4 근대의 변화와 흐름
기출테마 35
독립 협회와 대한 제국

01	①	02	⑤	03	②	04	⑤
05	③	06	②	07	⑤	08	④
09	①	10	⑤				

01 아관파천의 배경

암기박사 을미사변(1895) ⇒ 아관 파천(1896)

정답 ①

정답 해설

명성황후가 친러파와 연결하여 일본을 견제하려 하자 일제는 을미사변을 일으켜 경복궁을 침범하고 명성황후를 시해하였다(1895). 을미사변으로 명성황후가 시해되자 신변에 위협을 느낀 고종이 러시아 공사관으로 거처를 옮겼다(1896). 아관 파천 후 환궁한 고종은 국호를 대한 제국, 연호를 광무로 고치고 환구단에서 황제 즉위식을 거행하였다.

오답 해설

② 광무개혁 : 원수부 설치 → 대한 제국
광무개혁 때 고종 황제는 군 통수권을 장악하기 위해 황제 직속의 원수부를 설치하였다(1899).

③ 러·일 전쟁 → 대한 제국
러·일 전쟁은 일본 함대가 중국 뤼순 군항을 기습 공격함으로써 시작된 전쟁으로, 만주와 한반도의 지배권을 둘러싼 러시아와 일본 간 주도권 쟁탈전이었다(1904).

④ 한·일 신협약 → 대한 제국
고종이 을사늑약의 무효를 선언하고 헤이그 만국 평화 회의에 특사를 파견하자, 일제는 고종을 강제 퇴위시키고 한·일 신협약(정미 7조약)을 체결하였다(1907).

⑤ 러시아 : 용암포 사건 → 대한 제국
대한 제국 때 러시아가 용암포를 점령하고 조차를 요구한 용암포 사건이 발생하였다(1903).

02 대한제국의 광무개혁

암기박사 원수부 설치 : 군 통수권 장악 ⇒ 대한제국 : 광무개혁

정답 ⑤

정답 해설

구본신참을 원칙으로 추진되었으며, 상공 학교를 설립하고, 양전 사업을 실시하여 지계를 발급한 것은 광무개혁이다. 아관파천 후 환궁

한 고종은 국호를 대한제국, 연호를 광무로 고치고 환구단에서 황제 즉위식을 거행하였다. 또한 군 통수권을 장악하기 위해 황제 직속의 원수부를 설치하였다.

오답 해설

① · ③ 과거제 폐지, 공사 노비법 혁파 → 제1차 갑오개혁
제1차 갑오개혁 때 김홍집 친일 내각은 초정부적 정책 의결 기구인 군국기무처를 설치하고 과거제 폐지, 공사 노비법 혁파 등의 개혁을 추진하였다.

② · ④ 홍범 14조 반포, 전국 8도를 23부로 개편 → 제2차 갑오개혁
고종은 제2차 갑오개혁 때 종묘에 나가 독립 서고문을 바치고 홍범 14조를 반포하였으며, 전국 8도를 23부로 개편하였다.

03 대한제국의 광무개혁

암기박사 양전 사업 : 지계 발급 ⇒ 광무 개혁 **정답** ②

정답 해설

아관 파천 후 환궁한 고종은 국호를 대한 제국, 연호를 광무로 고치고 환구단에서 황제 즉위식을 거행하였다. 고종은 군 통수권을 장악하기 위해 황제 직속의 원수부를 설치하였고, 구본신참에 입각한 광무 개혁을 단행하였다. 또한 양전 사업을 시행하여 지계를 발급하였다(1899). ← 옛것을 근본으로 새로운 것을 창작한다
← 근대적 토지증서

오답 해설

① 5군영에서 2영으로 축소 → 개화 정책
고종은 개화 정책의 일환으로 5군영에서 2영으로 군제를 개편하고 별기군을 창설하였다(1880).

③ 박문국 : 한성순보 발행 → 개화 정책
고종은 개화 정책의 일환으로 박문국을 설치하여 최초의 근대식 신문인 한성순보를 발행하였다(1883).

④ 홍범 14조 반포 → 제2차 갑오개혁
고종은 제2차 갑오개혁 때 종묘에 나가 독립 서고문을 바치고 개혁의 방향을 제시한 홍범 14조를 반포하였다(1894).

⑤ 육영 공원 설립 → 개화 정책
고종은 개화 정책의 일환으로 서양식 근대 교육 기관인 육영 공원을 설립하였는데, 미국인 헐버트와 길모어 등을 교사로 초빙하여 상류층의 자제들에게 근대 학문을 교육하였다(1886).

04 대한제국의 광무개혁

암기박사 양전 사업 : 지계 발급 ⇒ 광무개혁 **정답** ⑤

정답 해설

아관파천 후 환궁한 고종은 국호를 대한제국으로 고치고 환구단에서 황제 즉위식을 거행한 후 광무개혁을 단행하였다(1897). 광무개혁의 일환으로 양전 사업이 실시되어 지계가 발급되었다(1899).

오답 해설

① 전환국 설치 → 광무개혁 이전
종래 사용하던 상평통보를 대체할 새 화폐 발행을 위해 전환국이 설치되었다(1883).

② 혜상공국 설립 → 광무개혁 이전
보부상의 상권을 보호하기 위해 상인 조합의 혜상공국이 설립되었다(1883).

③ 보빙사 파견 → 광무개혁 이전
미국과 조 · 미 수호 통상 조약이 체결된 후 미국 공사의 서울 부임에 답하여 민영익, 홍영식, 서광범 등이 보빙사의 단원으로 미국에 파견되었다(1883).

④ 조청 상민 수륙 무역 장정 체결 → 광무개혁 이전
임오군란의 결과 조선과 청이 양국 상인의 통상에 대해 맺은 조청 상민 수륙 무역 장정이 체결되었다(1882).

핵심노트 ▶ 광무개혁의 내용

정치면	• 황제권의 강화(전제황권) • 대한국제(대한국 국제)의 반포 • 원수부 설치 • 국방력 강화(경군은 친위대 2개 연대로 증강, 지방군은 진위대를 6개 연대로 증강
경제면	• 양지아문 설치, 지계(토지증서) 발급 • 내장원의 재정업무 관할 • 상공업 진흥책 실시 • 실업학교 및 기술교육기관을 설립
사회면	• 종합 병원인 광제원 설치 • 신교육령에 의해 소학교 · 중학교 · 사범학교 설립 • 고급장교의 양성을 위해 무관학교 설립 • 교통 · 통신 · 전기 · 의료 등 각 분야에 걸친 근대적 시설 확충

05 독립협회의 활동

암기박사 독립문 건립 ⇒ 독립협회 **정답** ③

정답 해설

서재필 등과 함께 독립협회를 창립하였고, 황성신문의 사장을 역임한 인물은 남궁억이다. 이들이 활동한 독립협회는 영은문이 있던 자리 부근에 자주 독립의 상징인 독립문을 건립하였다.

오답 해설

① 고종의 강제 퇴위 반대 운동 → 대한 자강회
고종이 을사늑약의 부당성을 알리기 위해 헤이그에 밀사를 파견한 것 때문에 일제가 고종을 강제 퇴위시키자 대한 자강회는 고종의 강제 퇴위 반대 운동을 전개하였다.

② 105인 사건으로 와해 → 신민회
신민회는 국권 회복과 공화정체의 국민 국가 건설을 목적으로 안창호와 양기탁이 중심이 되어 조직된 비밀 결사 단체로, 일제가 조작한 105인 사건으로 와해되었다.

④ 광주 학생 항일 운동 : 진상 조사단 파견 → 신간회
광주에서 발생한 한 · 일 학생 간의 충돌을 일본 경찰이 편파적으로 처리하여 광주 학생 항일 운동이 발생하자 신간회 중앙 본부가 진상 조사단을 파견하였다.

⑤ 독립 공채 발행 → 대한민국 임시 정부
대한민국 임시 정부는 국외 거주 동포들에게 독립 공채를 발행하거나 국민의 의연금으로 독립운동에 필요한 군자금을 마련하였다.

> **핵심노트 ▶ 독립협회의 활동**
> - **이권 수호 운동** : 러시아의 절영도 조차 요구 규탄, 한·러 은행 폐쇄
> - **독립 기념물의 건립** : 자주 독립의 상징인 독립문을 세우고, 모화관을 독립관으로 개수
> - **민중의 계도** : 강연회·토론회 개최, 독립신문의 발간 등을 통해 근대적 지식과 국권·민권 사상을 고취
> - **만민 공동회 개최** : 우리나라 최초의 근대적 민중 대회 → 외국의 내정 간섭·이권 요구·토지 조사 요구 등에 대항하여 반환을 요구
> - **관민 공동회 개최** : 만민 공동회의 규탄을 받던 보수 정부가 무너지고 개혁파 박정양이 정권을 장악하자, 정부 관료와 각계각층의 시민 등 만여 명이 참여하여 개최
> - **의회 설립 추진** : 의회식 중추원 신관제를 반포하여 최초로 국회 설립 단계까지 진행(1898. 11)
> - **헌의 6조** : 헌의 6조를 결의하고 국왕의 재가를 받음 → 실현되지는 못함

06 대한제국의 광무개혁

암기박사 원수부 설치 : 군 통수권 장악 ⇒ 대한제국 : 광무개혁

정답 ②

정답 해설

제시된 사료에서 지계사무를 실시하고 관계를 발급한 것은 대한제국의 광무개혁에 해당된다. → 대한제국 광무 5년(1901)에 정부가 발급한 토지 문서
아관파천 후 환궁한 고종은 국호를 대한제국, 연호를 광무로 고치고 환구단에서 황제 즉위식을 거행하였고, 군 통수권을 장악하기 위해 황제 직속의 원수부를 설치하였다.

오답 해설

① 영남 만인소 → 1880년대 개화기
이만손을 비롯한 영남 유생들이 김홍집의 조선책략 유포에 반발하여 만인소를 올리고 그의 처벌을 요구하였다(1881).

③ 오페르트 도굴사건 → 흥선 대원군 집권기
독일 상인 오페르트가 통상을 거부당하자 충청남도 덕산에 있는 남연군의 묘를 도굴하다가 발각되었다(1868).

④ 제너럴셔먼호 사건 → 흥선 대원군 집권기
통상을 요구하는 미국 상선 제너럴셔먼호를 평양 관민이 불태워 침몰시켰다(1866). → 신미양요의 원인

⑤ 통신사 파견 → 조선 시대
임진왜란 이후 에도 막부의 국교 재개 요청으로 조선은 19세기 초까지 12회에 걸쳐 통신사(通信使)를 파견하여 조선의 선진 문물을 일본에 전파하였다.

07 독립협회의 활동

암기박사 관민 공동회 : 헌의 6조 결의 ⇒ 독립협회

정답 ⑤

정답 해설

제시된 사료는 독립 협회가 관민 공동회를 개최한 후 반포한 의회식 중추원 신관제의 내용이다. 서재필을 중심으로 창립된 독립 협회는 관민 공동회에서 헌의 6조를 결의하였으며, 중추원 개편을 통한 의회 설립을 추진하였다.

오답 해설

① 105인 사건으로 해체 → 신민회
신민회는 국권 회복과 공화정체의 국민 국가 건설을 목적으로 안창호와 양기탁이 중심이 되어 조직된 비밀 결사 단체로, 일제가 조작한 105인 사건으로 해체되었다.

② 환곡의 폐단 시정 → 사창제
흥선 대원군은 환곡의 폐단을 시정하고자 사창제를 실시하여 농민 부담을 경감하고 재정 수입을 확보하였다.

③ 13도 창의군 : 서울 진공 작전 → 정미의병
정미의병이 확산되는 과정에서 의병 연합군인 13도 창의군이 서울 진공 작전을 전개하였다.

④ 을사늑약 → 헤이그 특사 파견
고종은 을사늑약의 무효를 선언하고 헤이그 만국 평화 회의에 이준, 이상설, 이위종 등의 특사를 파견해 일제 침략의 부당성을 호소하였다.

08 독립협회의 활동

암기박사 중추원 개편 : 의회 설립 추진 ⇒ 독립협회

정답 ④

정답 해설

독립 협회는 우리나라 최초의 근대적 민중 대회인 만민 공동회를 개최하였으나 정부는 보부상까지 동원하여 이를 탄압하였다. 서재필을 중심으로 창립된 독립 협회는 중추원 개편을 통한 의회 설립을 추진하였다.

오답 해설

① 대성 학교, 오산 학교 설립 → 신민회
신민회는 민족 교육을 실시하기 위해 대성 학교와 오산 학교를 설립하고 교육 활동을 전개하였다.

② 고종 강제 퇴위 반대 운동 → 대한 자강회   ← 정미 7조약
일제가 고종을 강제 퇴위시키고 순종을 즉위시킨 후 한·일 신협약을 체결하자 대한 자강회는 고종의 강제 퇴위 반대 운동을 주도하였다.

③ 황무지 개간권 요구 저지 → 보안회
보안회는 일제의 황무지 개간권 요구에 대한 지속적인 반대 운동을 벌여 토지 약탈 음모를 분쇄하였다.

⑤ 국채 보상 운동 → 국채 보상 기성회
국채 보상 기성회가 서울 등 전국 각지로 확대되고 일본에게 진 빚을 갚자는 국채 보상 운동을 주도하였다.

09 대한제국 시기의 사건

암기박사 이범윤 : 간도 관리사 임명 ⇒ 대한제국

정답 ①

정답 해설

아관파천 후 환궁한 고종은 국호를 대한제국으로 고치고 환구단에서 황제 즉위식을 거행한 후 광무개혁을 단행하였다(1897). 고종은 광무개혁의 일환으로 이범윤을 간도 관리사로 임명하여 간도에 거주하는 조선인의 생명과 재산을 보호하도록 하였다(1902).

오답 해설

② 영화 아리랑 제작 → 일제 강점기
나운규는 단성사에서 개봉된 영화 아리랑을 제작하여 한국 영화를 획기적으로 도약시켰다(1926).

③ 육영 공원 설립 → 대한제국 이전
육영 공원은 정부가 보빙사 민영익의 건의로 설립한 최초의 근대식 관립 학교로, 길모어·헐버트 등 미국인 교사를 초빙하여 상류층의 자제들에게 근대 학문을 교육하였다(1886).

④ 제너럴 셔먼호 사건 → 대한제국 이전
대동강에 침입하여 통상을 요구하며 행패를 부리던 미국 상선 제너럴 셔먼호를 박규수와 평양 관민들이 불태웠다(1866).

⑤ 조사 시찰단 파견 → 대한제국 이전
고종은 개화 반대 여론을 의식하여 박정양·어윤중·홍영식 등으로 구성된 조사 시찰단을 일본에 비밀리에 파견하였다(1881).
→ 신사유람단

핵심노트 ▶ 광무개혁

- 정치면 : 황제권 강화(전제황권), 대한국 국제 반포, 해삼위(블라디보스토크) 통상 사무관 및 간도 관리사 파견, 한·청 통상 조약 체결
- 경제면 : 양지아문 설치 및 지계 발급, 내장원의 재정업무 관할, 황실의 공장 및 민간 회사 설립 지원, 실업학교 및 기술교육기관 설립
- 사회면 : 광제원 설치, 신교육령 발표, 교통·통신·전기·의료 시설 확충
- 군사면 : 원수부 설치, 시위대·진위대 증강, 무관 학교 설립(장교 양성)

10 초대 주미 공사 박정양

암기박사 중추원 관제 개편 추진 ⇒ 박정양   **정답** ⑤

정답 해설

조사 사찰단으로 일본에 파견되고 초대 주미 공사에 부임한 인물은 박정양이다. 그는 만민 공동회에 참가한 후 독립 협회의 제안을 받아들여 중추원 관제 개편을 추진하였다.
→ 신사유람단

오답 해설

① 흥사단 창립 → 안창호
신민회에서 활동한 안창호는 미국 샌프란시스코로 건너가 재미 한인을 중심으로 한민족 운동 단체인 흥사단을 창립하였다.

② 독립 의군부 조직 → 임병찬
임병찬은 고종의 밀지를 받아 고종의 복위 및 대한 제국의 재건을 목표로 독립 의군부를 조직하였다.

③ 조선 광문회 조직 → 최남선, 박은식
최남선, 박은식 등은 조선 광문회를 조직하여 민족 고전을 정리 및 간행하였다.

④ 13도 창의군 결성 → 이인영, 허위
정미의병이 확산되는 과정에서 이인영, 허위 등이 의병 연합군인 13도 창의군을 결성하여 서울 진공 작전을 전개하였다.

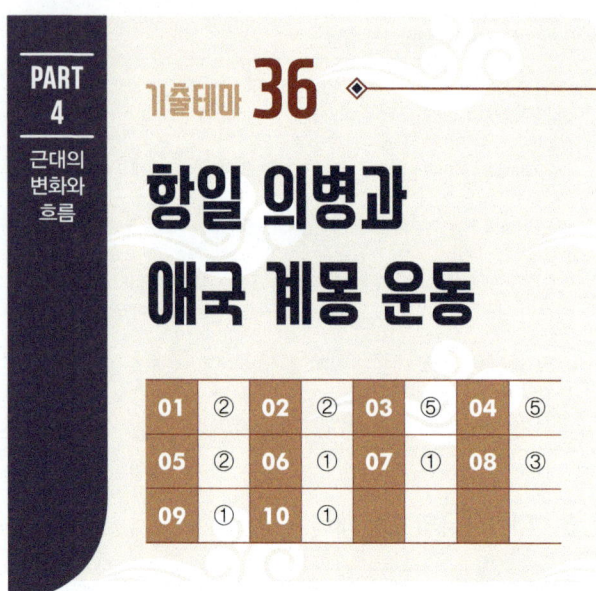

PART 4 근대의 변화와 흐름

기출테마 36
항일 의병과 애국 계몽 운동

01	②	02	②	03	⑤	04	⑤
05	②	06	①	07	①	08	③
09	①	10	①				

01 도산 안창호

암기박사 대성 학교 설립 : 민족 교육 실시 ⇒ 도산 안창호   **정답** ②

정답 해설

국권 회복과 공화정체의 국민 국가 건설을 목적으로 신민회를 결성하고, 서북학회를 조직했으며, 미국 샌프란시스코로 건너가 흥사단을 창설한 인물은 도산 안창호이다. 그밖에 안창호는 중등 교육기관인 대성 학교를 평양에 설립하여 민족 교육을 실시하였다.

오답 해설

① 국문 연구소 위원 → 주시경
주시경은 국문 연구소의 위원으로서 한글을 체계적으로 연구하고 국어문법을 편찬하였다.

③ 일본 국왕에 폭탄 투척 → 이봉창
한인 애국단 소속의 이봉창은 도쿄에서 일왕이 탄 마차를 향해 폭탄을 던졌다.

④ 한국독립운동지혈사 저술 → 박은식
박은식은 일제의 침략에 대항하여 한국독립운동지혈사에서 독립 투쟁을 서술하였다.

⑤ 13도 창의군 : 서울 진공 작전 → 이인영, 허위
정미의병이 확산되는 과정에서 총대장 이인영과 군사장 허위가 13도 창의군을 이끌고 서울 진공 작전을 전개하였다.

02 13도 창의군의 활약

암기박사 정미 7조약 : 정미의병 ⇒ 13도 창의군 : 서울 진공 작전   **정답** ②

정답 해설

일제의 정미 7조약(한·일 신협약)에 따른 대한제국 군대의 강제 해산에 맞서 정미의병이 확산되었고, 이 과정에서 유생 이인영을 총대장, 허위를 군사장으로 하는 13도 창의군이 조직되어 서울 진공 작전을 전개하였다(1908).

오답 해설

① 민영환·조병세 : 자결 → 을사늑약
을사늑약이 체결에 반발하여 민영환, 조병세 등 많은 이들이 자결로써 항거하였다(1905).

③ 메가타의 주도 → 화폐 정리 사업
재정 고문 메가타의 주도로 조선의 상평통보나 구(舊) 백동화를 일본 제일 은행에서 만든 새 화폐로 교환하는 화폐 정리 사업이 실시되었다(1905).

④ 을사늑약 → 헤이그 특사 파견
고종은 을사늑약의 무효를 선언하고 헤이그 만국 평화 회의에 이준, 이상설, 이위종 등의 특사를 파견해 일제 침략의 부당성을 호소하였다(1907).

⑤ 구식 군대의 차별 → 임오군란
신식 군대인 별기군과 차별을 받던 구식 군대가 난을 일으켜 일본 공사관을 습격하였다(1882).

핵심노트 ▶ 13도 창의군의 활약

- 유생 이인영을 총대장, 허위를 군사장으로 13도 연합 의병이 조직(1907)
- 외교 활동의 전개 : 서울 주재 각국 영사관에 의병을 국제법상의 교전 단체로 승인해 줄 것을 요구하여, 스스로 독립군임을 자처
- 서울 진공 작전 : 의병 연합 부대는 서울 근교까지 진격하였으나, 일본군의 반격으로 후퇴(1908)

03 신민회의 활동

암기박사 대성 학교, 오산 학교 설립 ⇒ 신민회

정답 ⑤

정답 해설

신흥 무관 학교는 안창호 등이 1907년 조직한 비밀결사인 신민회가 세운 독립군 양성 기관이다. 국권 회복과 공화정체의 국민 국가 건설을 목적으로 조직된 신민회는 대성 학교와 오산 학교를 설립하여 민족 교육을 실시하였다.

오답 해설

① 한글 맞춤법 통일안 제정 → 조선어 학회
조선어 학회는 한글 맞춤법 통일안과 표준어를 제정하였으나 일제의 조선어 학회 사건으로 해체되었다.

② 신채호 : 조선 혁명 선언 → 의열단
김원봉의 의열단은 무장 투쟁과 민중의 직접 혁명을 주장한 신채호의 조선 혁명 선언을 활동 지침으로 삼았다.

③ 브나로드 운동 : 농촌 계몽 → 동아일보사
동아일보사에서 문맹 퇴치를 목적으로 '배우자 가르치자 다 함께 브나로드' 등의 구호를 내세우며 농촌 계몽 운동인 브나로드(Vnarod) 운동을 전개하였다. ← 러시아어로 '민중 속으로'라는 의미

④ 독립 공채 발행 → 대한민국 임시 정부
대한민국 임시 정부는 독립운동 자금을 마련하기 위해 국외 거주 동포들에게 독립 공채를 발행하였다.

04 정미의병

암기박사 정미의병 ⇒ 13도 창의군 : 서울 진공 작전

정답 ⑤

정답 해설

일제의 정미 7조약(한·일 신협약)에 따른 대한제국 군대의 강제 해산에 맞서 정미의병이 확산되었고, 이 과정에서 유생 이인영을 총대장, 허위를 군사장으로 하는 13도 창의군이 조직되어 서울 진공 작전을 전개하였다(1908).

핵심노트 ▶ 정미의병의 격문

군대를 움직이는 데 가장 중요한 점은 고립을 피하고 일치단결하는 것에 있다. 따라서 각도의 의병을 통일하여 둑을 무너뜨릴 기세로 서울에 진격하면, 전 국토가 우리 손 안에 들어오고 한국 문제의 해결에 있어서도 유리하게 될 것이다.
― 이인영의 격문 ―

05 보안회의 활동

암기박사 황무지 개간권 반대 운동 ⇒ 보안회

정답 ②

정답 해설

보안회는 일본의 조선황무지 개간권 요구에 대항하기 위하여 서울에서 조직된 항일단체로, 일본의 개간권 요구를 철회시켰다.

오답 해설

① 105인 사건으로 해체 → 신민회
신민회는 국권 회복과 공화정체의 국민 국가 건설을 목적으로 안창호와 양기탁이 중심이 되어 조직된 비밀 결사 단체로, 일제가 조작한 105인 사건으로 해체되었다.

③ 독립문 건립 → 독립협회
서재필에 의해 설립된 독립협회는 모금 활동을 펼쳐 자주 독립의 상징인 독립문을 건립하였다.

④ 형평 운동 → 조선 형평사
갑오개혁에 의해 신분이 해방된 뒤에도 백정들이 오랜 관습으로 계속 차별을 받자 이학찬을 중심으로 진주에서 조선 형평사를 조직하고 형평 운동을 전개하였다.

⑤ 상권 수호 운동 → 황국 중앙 총상회
서울의 시전 상인들은 상권 수호를 위해 황국 중앙 총상회를 조직하여 일제의 경제적 침탈에 적극적으로 대응하였다.

핵심노트 ▶ 보안회

1904년 일본의 황무지 개척을 반대하기 위해 만든 단체. 일제시대 경제적 항일 운동 중의 하나. 일본은 황무지를 개척하여 조선의 토지를 차지하려고 하였다. 이에 송수만 등이 보안회를 조직하여 황무지 개간 반대 운동을 전개함으로써 일본은 황무지 개척 요구를 철회하였다.

06 신민회의 활동

암기박사 105인 사건으로 와해 ⇒ 신민회

정답 ①

정답 해설

신지식 보급과 민족의식 고취를 위해 태극 서관을 설립하고 대성 학교와 오산 학교를 세운 단체는 신민회이다. 신민회는 국권 회복과 공화정체의 국민 국가 건설을 목적으로 안창호와 양기탁이 중심이 되어 조직된 비밀 결사 단체로, 일제가 꾸며낸 105인 사건으로 와해되었다.

오답 해설

② 파리 강화 회의 : 독립 청원서 제출 → 신한 청년당
신한 청년당은 파리 강화 회의에 김규식을 대표로 파견하여 독립 청원서를 제출하였다.

③ 만민 공동회 개최 → 독립 협회
독립 협회는 우리나라 최초의 근대적 민중 대회인 만민 공동회를 열어 민권 신장을 추구하였다.

④ 독립 공채 발행 → 대한민국 임시 정부
대한민국 임시 정부는 국외 거주 동포들에게 독립 공채를 발행하거나 국민의 의연금으로 독립운동에 필요한 군자금을 마련하였다.

⑤ 소년 운동 주도 → 천도교 소년회
천도교 소년회는 '어린이'라는 말을 만들고 어린이날을 제정하였으며, 어린이 등의 잡지를 발간하여 소년 운동을 주도하였다.

핵심노트 ▶ 105인 사건

일본 경찰은 안중근의 사촌인 안명근이 무관 학교를 세울 자금을 모으다가 체포되자 이를 총독 데라우치 마사타케의 암살 미수 사건으로 날조하여, 신민회 회원을 비롯한 민족주의자 6백여 명을 검거해 고문을 가하였다. 그 결과 105명이 기소되었는데, 그들 중 윤치호, 양기탁, 안태국, 이승훈, 임치정, 옥관빈 등 6명만이 징역을 선고받았다. 기소된 인물이 105명이라 105인 사건이라 명명되었다(1911).

07 신민회의 활동

정답 ①

암기박사 태극 서관 운영, 105인 사건 ⇒ 신민회

정답 해설

대성 학교는 안창호 양기탁 등이 조직한 신민회에서 설립하였다.
ㄱ. 태극 서관 운영 : 신민회는 민중 계몽을 위해 태극 서관을 운영하며 계몽 서적을 보급하였다.
ㄴ. 105인 사건 : 신민회는 일제가 데라우치 총독 암살 미수 사건이라고 날조한 105인 사건으로 와해되었다.

오답 해설

ㄷ. **이륭양행 : 교통국 설치 → 대한민국 임시 정부**
대한민국 임시 정부는 아일랜드계 영국인 조지 루이스 쇼가 중국 단둥에 설립한 무역선박 회사인 이륭양행에 교통국을 설치하여 국내와 비밀연락을 취하였다.

ㄹ. **입헌 군주제 수립 목표 → 헌정 연구회**
민족의 정치의식 고취와 입헌 군주제 수립을 목표로 이준, 양한묵, 윤효정 등이 헌정 연구회를 창설하였다.

핵심노트 ▶ 신민회의 활동

• 문화적 · 경제적 실력 양성 운동 : 자기 회사 설립(평양), 태극서관 설립(대구), 대성 학교 · 오산 학교 · 점진 학교 설립 등
• 양기탁 등이 경영하던 대한매일신보를 기관지로 활용했고, 1908년 최남선의 주도하에 소년을 기관 잡지로 창간
• 군사적 실력 양성 운동 : 이상룡 · 이시영이 남만주에 삼원보, 이승희 · 이상설이 밀산부에 한흥동을 각각 건설하여 항일 의병 운동에 이어 무장 독립 운동의 터전이 됨

08 항일 의병 운동의 전개

정답 ③

암기박사 을미의병(1895) ⇒ 을사의병(1905) ⇒ 정미의병(1908)

정답 해설

(나) **을미의병(1895)** : 을미의병은 최초의 항일 의병으로, 을미사변과 단발령 시행에 반발하여 유인석, 이소응 등 유생들의 주도하에 일어났다.

(가) **을사의병(1905)** : 을사늑약이 체결되자 최익현, 신돌석 등은 을사늑약의 폐기와 친일 내각 타도를 주장하며 을사의병을 일으켰다.

(다) **정미의병(1907)** : 일제의 정미 7조약에 따른 대한제국 군대의 강제 해산에 맞서 정미의병이 확산되었고, 허위를 군사장으로 하는 13도 창의군이 결성되어 서울 진공 작전을 펼쳤다.
↳ 한·일 신협약

09 을미의병의 봉기

정답 ①

암기박사 을미사변, 단발령 ⇒ 을미의병

정답 해설

을미의병은 최초의 항일 의병으로, 명성황후 시해와 단발령의 시행에 반발하여 봉기하였다. 유인석·이소응·허위 등 위정척사 사상을 가진 유생들의 주도로 농민들과 동학 농민군의 잔여 세력이 가담하여 전국적으로 확대되었다.

오답 해설

② **민종식 : 홍주성 점령 → 을사의병**
을사조약이 체결된 뒤 관리 출신의 민종식이 의병을 일으켜 홍주성(홍성)을 점령하였다.

③·④ **국제법상 교전 단체 승인 요청, 서울 진공 작전 → 정미의병 : 13도 창의군**
정미의병이 확산되는 과정에서 의병 연합군인 13도 창의군이 서울 주재 각국 영사관에 국제법상의 교전 단체로 승인해 줄 것을 요구하며 서울 진공 작전을 전개하였다.

⑤ **국권 반환 요구서 → 독립 의군부**
조선 총독부에 한국 침략의 부당성을 밝히고 국권 반환 요구서를 제출하고자 한 것은 독립 의군부이다. 독립 의군부는 고종의 밀명으로 임병찬 등을 중심으로 결성된 복벽주의 단체이다.
↳ 나라를 되찾아 임금을 다시 세우겠다는 주장

핵심노트 ▶ 을미의병(1895)

• 원인 : 최초의 항일 의병으로, 명성황후 시해와 단발령을 계기로 발생
• 구성원과 활동 : 유인석·이소응·허위 등 위정척사 사상을 가진 유생들이 주도, 농민들과 동학 농민군의 잔여 세력이 가담하여 전국적으로 확대
• 해산 : 아관파천 후 단발령이 철회되고 고종의 해산 권고 조칙이 내려지자 대부분 자진 해산
• 활빈당의 활동 : 해산된 농민 일부가 활빈당을 조직하여 반봉건·반침략 운동을 계속함

10 대한 자강회의 활동

정답 ①

암기박사 고종의 강제 퇴위 반대 운동 ⇒ 대한 자강회

정답 해설

제시된 사료는 대한 자강회의 설립 취지서이다. 고종이 을사늑약의 부당성을 알리기 위해 헤이그에 밀사를 파견한 것 때문에 일제가 고종을 강제 퇴위시키고 한·일 신협약(정미 7조약)을 체결하자 대한 자강회는 고종의 강제 퇴위 반대 운동을 전개하였다.

오답 해설

② 의회 설립 추진 → 독립협회

서재필을 중심으로 창립된 독립협회는 만민 공동회와 관민 공동회를 개최한 후 헌의 6조를 결의하였으며, 중추원 개편을 통한 의회 설립을 추진하였다.

③ 가갸날 제정, 한글 발행 → 조선어 연구회

조선어 연구회는 3·1 운동 이후 이윤재·최현배 등이 국문 연구소의 전통을 이어 조직한 단체로, 기관지인 한글을 발행하였고 가갸날을 정하여 한글의 보급과 대중화에 공헌하였다.

④ 황무지 개간권 반대 운동 → 농광 회사

일제의 황무지 개간권 요구에 대해 이도재 등은 농광 회사를 설립하여 황무지를 우리 손으로 개간할 것을 주장하였다.

⑤ 대성학교, 오산 학교 설립 → 신민회

신민회에서는 민족 교육을 실시하기 위해 대성 학교와 오산 학교를 설립하고 교육 활동을 전개하였다.

핵심노트 ▶ 대한 자강회(1906)

- **조직**: 헌정 연구회를 모체로, 사회단체와 언론 기관을 주축으로 하여 창립
- **참여**: 윤치호, 장지연 등
- **목적**: 교육과 산업의 진흥을 통한 독립의 기초 마련
- **활동**: 독립 협회 정신을 계승하여 월보의 간행과 연설회의 개최 등을 통하여 국권 회복을 위한 실력 양성 운동 및 일진회에 대항하여 애국 계몽 운동 전개
- **해체**: 일제의 고종 황제에 대한 양위 강요에 격렬한 반대 운동을 주도하다가 강제로 해체됨

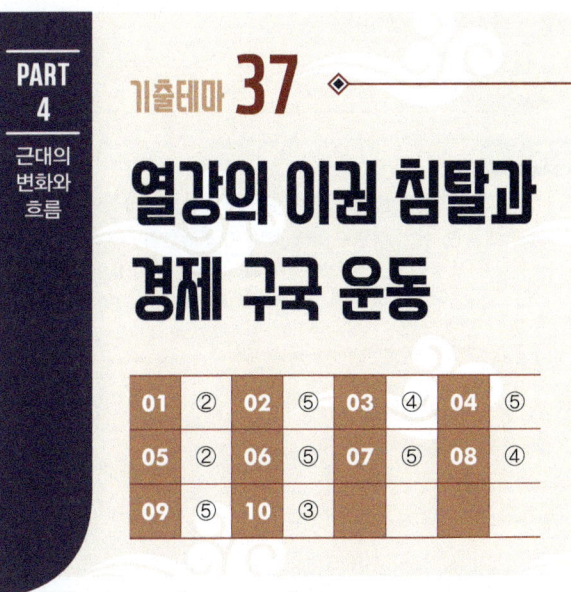

PART 4 근대의 변화와 흐름

기출테마 37
열강의 이권 침탈과 경제 구국 운동

01 ②	02 ⑤	03 ④	04 ⑤
05 ②	06 ⑤	07 ⑤	08 ④
09 ⑤	10 ③		

01 국채 보상 운동

암기박사 김광제 발의 ⇒ 국채 보상 운동

정답 ②

정답 해설

일본에서 도입한 차관을 갚기 위해 전개된 경제 구국 운동은 국채 보상 운동이다. 정부의 외채를 국민의 힘으로 상환하여 국권을 회복하고자 대구에서 개최한 국민 대회에서 김광제 등의 발의로 국채 보상 운동이 시작되었다(1907).

오답 해설

① 회사령 폐지 → 물산 장려 운동

일제의 회사령 폐지로 일본 대기업의 조선 진출이 용이해지자 민족 기업들이 민족 경제의 자립을 달성하고자 물산 장려 운동을 전개하였다.

③ 색동회 주도 → 소년 운동

소파 방정환이 결성한 어린이 운동 단체인 색동회는 어린이날을 제정하는 등 소년 운동을 주도하였다.

④ 민족주의 + 사회주의 → 6·10 만세 운동

순종의 인산일을 계기로 일어난 6·10 만세 운동은 천도교를 중심으로 한 민족주의 계열과 조선 공산당을 중심으로 한 사회주의 계열이 함께 준비하였다

⑤ 중국, 프랑스 노동 단체 : 격려 전문 → 원산 총파업

원산 총파업은 노동 조건 개선을 요구하며 전개한 1920년대 최대의 파업 투쟁으로 중국, 프랑스 등의 노동 단체로부터 격려 전문을 받았다.

핵심노트 ▶ 국채 보상 운동의 전개

- 서상돈·김광제 등이 대구에서 개최한 국민 대회를 계기로 전국으로 확산
- 국채 보상 기성회가 서울 등 전국 각지로 확대되고 대한매일신보 등 여러 신문사들도 적극 후원 → 금연 운동 전개
- 부녀자들은 비녀와 가락지를 팔아서 이에 호응했으며, 여성 단체인 진명 부인회·대한 부인회 등은 보상금 모집소를 설치하여 적극적인 활동을 전개
- 일본까지 파급되어 800여 명의 유학생들도 참여

02 열강의 이권 침탈

암기박사 경인선 철도 부설권 ⇒ 일본   정답 ⑤

정답 해설

청·일 전쟁과 아관파천 이후 최혜국 대우 규정을 이용하여 철도 부설권, 금광 채굴권, 산림 채벌권 등 열강의 이권 침탈이 가속화 되었다. 경인선 철도 부설권은 프랑스가 아니라 미국이 부설(1896)하여 일본으로 이양(1898)된 후 일본이 완공(1899)하였다.

오답 해설

① 당현 금광 채굴권 → 독일
② 경부선 철도 부설권 → 일본
③ 운산 금광 채굴권 → 미국
④ 울릉도 삼림 채벌권 → 러시아

핵심노트 ▶ 열강의 이권 침탈

- 러시아 : 경원·종성 광산 채굴권, 압록강·울릉도 산림 채벌권, 조·러 은행 설치권
- 일본 : 경인선 철도 부설권(미국으로부터 인수), 경부선·경원선 철도 부설권, 직산 금광 채굴권
- 미국 : 서울 시내 전차 부설권, 서울 시내 전기·수도 시설권, 운산 금광 채굴권
- 프랑스 : 경의선 철도 부설권(일본에 양도), 창성 금광 채굴권, 평양 무연탄 채굴권
- 영국 : 은산 금광 채굴권
- 독일 : 당현 금광 채굴권
- 청 : 황해도·평안도 연안 어채권, 인천–한성–의주 전선 가설권, 서울–부산 전선 가설권

03 국채 보상 운동의 전개

암기박사 대한매일신보의 후원 ⇒ 국채 보상 운동   정답 ④

정답 해설

일제로부터 도입한 차관을 갚기 위해 일어난 운동은 국채 보상 운동이다. 대구에서 개최된 국민 대회를 계기로 전국으로 확산되었으며, 대한매일신보 등 당시 언론이 적극적으로 참여하였다.

오답 해설

① 황국 중앙 총상회 → 상권 수호 운동
　서울의 시전 상인들은 황국 중앙 총상회를 만들어 상권 수호 운동을 전개함으로써 일제의 경제적 침탈에 적극적으로 대응하였다.
② 러시아 : 절영도 조차 요구 → 독립 협회 저지
　러시아가 저탄소 설치를 위해 절영도의 조차를 요구하자 독립 협회는 만민 공동회를 개최하여 러시아의 요구를 저지하였다.
③ 국채 보상 운동 → 통감부의 탄압
　국채 보상 운동은 통감부의 방해와 탄압으로 실패하였고, 조선 총독부는 일제 강점기 통치 기구이므로 국채 보상 운동의 탄압과 시기상 적절하지 않다.
⑤ 일본, 프랑스 노동 단체 : 격려 전문 → 원산 총파업
　원산 총파업은 노동 조건 개선을 요구하며 전개한 1920년대 최대의 파업 투쟁으로 일본, 프랑스 등의 노동 단체로부터 격려 전문을 받았다.

04 경제적 구국 운동

암기박사 (다) 일제의 황무지 개간권 요구 철회 ⇒ 보안회   정답 ⑤
　　　　　 (라) 국채 보상 운동 ⇒ 국채 보상 기성회

정답 해설

ㄷ. 보안회 : 일제의 황무지 개간권 요구에 대한 지속적인 반대 운동을 벌여 일제의 황무지 개간권 요구를 철회시켰다.
ㄹ. 국채 보상 기성회 : 금주·금연을 통한 차관 갚기 운동을 전개하여 국민의 힘으로 국권을 회복하자는 국채 보상 운동을 주도하였다.

오답 해설

ㄱ. 대동 상회, 장통 상회 설립 → 관리·객주·보부상
　조·청 상민 수륙 무역 장정의 체결로 외국 상인이 들어오자 관리들과 객주, 보부상 등이 동업자 조합 성격의 상회사인 대동 상회, 장통 상회를 설립하였다.
ㄴ. 러시아의 절영도 조차 요구 저지 → 독립 협회
　러시아가 저탄소 설치를 위해 절영도의 조차를 요구하자 독립 협회는 만민 공동회를 개최하여 러시아의 요구를 저지하였다. 황국 중앙 총상회는 일제의 경제적 침탈에 대응하여 서울의 시전 상인들이 상권 수호를 위해 조직한 단체이다.

05 상권 수호 운동

암기박사 황국 중앙 총상회 : 상권 수호 운동 ⇒ 서울   정답 ②

정답 해설

서울의 시전 상인들은 상권 수호를 위해 황국 중앙 총상회를 조직하여 일제의 경제적 침탈에 적극적으로 대응하였다(1898).

오답 해설

① 암태도 소작 쟁의 → 목포
　전남 신안군 암태도에서 지주 문재철의 횡포에 맞선 소작 쟁의가 발생하여 지주들의 소작료 인상률 저지와 1920년대 각지의 소작 운동에 큰 영향을 미쳤다(1923).
③ 국채 보상 운동 → 대구
　정부의 외채를 국민의 힘으로 상환하여 국권을 회복하고자 대구에서 개최한 국민 대회에서 김광제 등의 발의로 국채 보상 운동이 일어났다(1907).
④ 조선 물산 장려회 → 평양
　'조선 사람 조선 것'이라는 구호 아래 조만식, 이상재 등의 주도로 평양에서 토산품 애용을 위한 조선 물산 장려회가 발족되었다(1920).
⑤ 조선 형평사 → 진주
　이학찬을 중심으로 진주에서 백정에 대한 차별 철폐를 위해 조선 형평사가 창립되었다(1923).

핵심노트 ▶ 상권 수호 운동

- 의의 : 상인들이 상권 수호 운동을 벌여 일제의 경제적 침탈에 적극적으로 대응
- 시전 상인 : 황국 중앙 총상회를 만들어 서울의 상권을 지키려 함
- 경강상인 : 증기선을 도입하여 빼앗긴 운송권을 회복하려 함

06 국채 보상 운동

암기박사 외채 상환, 국권 회복 운동, 대한매일신보의 후원 ⇒ 국채 보상 운동

정답 ⑤

정답 해설

국채 보상 운동은 일제의 강제 차관 도입으로 인해 정부가 짊어진 1,300만 원의 외채를 국민의 힘으로 상환하여 국권을 회복하자는 운동으로, 국채 보상 기성회가 서울 등 전국 각지로 확대되고 대한매일신보 등 여러 신문사들도 적극 후원하였다(1907).

오답 해설

① 평양 : 조선 물산 장려회 발족 → 물산 장려 운동
   민족 기업을 지원하고 민족 산업을 육성함으로써 민족 경제의 자립을 달성하자는 목적 하에 조만식 등이 중심이 되어 평양에서 조선 물산 장려회가 발족되었다(1920).

② 조선 사람 조선 것 → 물산 장려 운동
   물산 장려 운동은 '조선 사람 조선 것' 등의 구호를 내세우며 전국적 민족 운동으로 확산되었으며 일본 상품 배격, 국산품 애용 등을 강조하였다.

③ 자작회, 토산 애용 부인회 등의 활동 → 물산 장려 운동
   물산 장려 운동을 추진하기 위해 조선 물산 장려회 외에 자작회, 토산 애용 부인회, 토산 장려회, 청년회 등의 단체가 활동하였다.

④ 민족주의 + 사회주의 → 신간회
   신간회는 민족주의 진영의 조선 민흥회와 사회주의 진영의 정우회가 민족 유일당, 민족 협동 전선의 기치 아래 결성되었다(1927).

07 시전 상인의 활동

암기박사 금난전권, 상권 수호 운동 ⇒ 시전 상인

정답 ⑤

정답 해설

금난전권은 시전 상인이 왕실이나 관청에 물품을 공급하는 대신 부여받은 독점 판매권인데, 조선 정조는 신해통공을 실시하여 육의전을 제외한 금난전권을 폐지하였다(1791). 시전 상인들은 일본 상인들로부터 서울의 상권을 지키기 위해 황국 중앙 총상회를 만들어 상권 수호 운동을 전개하였다(1898).

오답 해설

① 청과의 후시 무역 주도 → 만상
   조선 후기 상업의 발달로 사상(私商)이 등장하였고, 의주의 만상은 청과의 밀무역인 후시 무역을 주도하였다.

② 송방 설치 → 송상
   개성의 송상은 전국에 송방이라는 지점을 설치하고 청과 일본 사이의 중계 무역으로 부를 축적하였다.

③ 왜관을 통한 무역 활동 → 내상
   동래의 내상은 주로 왜관을 중심으로 일본과의 해상 무역을 주도하였다.

④ 포구에서의 중개·금융·숙박업 → 선상·객주·여각
   선상·객주·여각 등이 포구를 거점으로 상행위를 전개하며 포구에서의 중개·금융·숙박업에 주력하였다.

08 열강의 이권 침탈

암기박사 청·일 전쟁, 아관파천 ⇒ 열강의 이권 침탈

정답 ④

정답 해설

청·일 전쟁과 아관파천 이후 최혜국 대우 규정을 이용하여 철도 부설권, 금광 채굴권, 산림 채벌권 등 열강의 이권 침탈이 가속화 되었다.

ㄴ. 서울 시내 전차 부설권, 서울 시내 전기·수도 시설권, 운산 금광 채굴권은 미국이 차지하였다.

ㄹ. 직산 금광 채굴권, 경인선 철도 부설권(미국으로부터 인수), 경부선·경원선 철도 부설권은 일본이 차지하였다.

오답 해설

ㄱ. 한성과 의주를 연결하는 전신 가설권 → 청
   황해도·평안도 연안 어채권, 인천–한성–의주 전선 가설권, 서울–부산 전선 가설권은 청이 차지하였다.

ㄷ. 두만강 유역과 울릉도의 삼림 채벌권 → 러시아
   경원·종성 광산 채굴권, 압록강·두만강·울릉도 산림 채벌권, 조·러 은행 설치권은 러시아가 차지하였다.

09 국채 보상 운동

암기박사 대구 국민 대회 : 서상돈·김광제 ⇒ 국채 보상 운동

정답 ⑤

정답 해설

국채 보상 운동은 일제의 강제 차관 도입으로 인해 정부가 짊어진 1,300만 원의 외채를 국민의 힘으로 상환하여 국권을 회복하자는 운동으로, 서상돈·김광제 등이 대구에서 개최한 국민 대회를 계기로 전국으로 확산되었다(1907).

오답 해설

① 여성계 민족 유일당 → 근우회
   신간회의 출범과 더불어 탄생한 근우회는 김활란 등을 중심으로 한 여성계의 민족 유일당으로 조직으로 여성 노동자의 권익 옹호와 생활 개선을 행동 강령으로 한다(1927).

② 평양 : 조선 물산 장려회 발족 → 물산 장려 운동
   민족 기업을 지원하고 민족 산업을 육성함으로써 민족 경제의 자립을 달성하자는 목적 하에 조만식 등이 중심이 되어 평양에서 조선 물산 장려회가 발족되었다(1920).

③ 조선 사람 조선 것 → 물산 장려 운동
   물산 장려 운동은 '조선 사람 조선 것' 등의 구호를 내세우며 전국적 민족 운동으로 확산되었으며 일본 상품 배격, 국산품 애용 등을 강조하였다(1920).

④ 저탄소 설치 → 러시아 : 절영도 조차 요구
   러시아가 저탄소 설치를 위해 절영도의 조차를 요구하자 독립 협회는 만민 공동회를 개최하여 러시아의 요구를 저지하였다(1898).

10 국채 보상 운동의 원인

> **암기박사** 일본의 강제 차관 도입 ⇒ 국채 보상 운동

정답 ③

정답 해설

국채 보상 운동은 일본이 차관을 강요하여 대한 제국의 재정이 악화되자 국민의 힘으로 차관을 상환하여 국권을 회복하자는 운동이다. 국채 보상 기성회가 서울 등 전국 각지로 확대되고 대한매일신보 등 여러 신문사들도 적극 후원하였다.

오답 해설

①·②·④ 청·일 전쟁과 아관파천 → 열강의 이권 침탈

청·일 전쟁과 아관파천 이후 최혜국 대우 규정을 이용하여 철도 부설권, 금광 채굴권, 산림 채벌권 등 열강의 이권 침탈이 가속화되었다. 미국이 운산 금광 채굴권을, 프랑스가 경의선 철도 부설권을, 러시아가 압록강·두만강·울릉도의 삼림 채벌권을 차지하였다.

⑤ 내지 통상권 → 조·청 상민 수륙 무역 장정

조·청 상민 수륙 무역 장정은 임오군란 이후 조선과 청이 양국 상인의 통상에 대해 맺은 규정으로 조선에 대한 청의 종주권을 명시하고 있으며, 연안 무역권과 내지 통상권을 내주었다.

PART 4 근대의 변화와 흐름

기출테마 38 근대 문물의 수용 및 발전

01 ④	02 ④	03 ①	04 ⑤
05 ②	06 ③	07 ③	08 ④
09 ⑤	10 ①		

01 독립신문

> **암기박사** 근대적 민간 신문 ⇒ 서재필 : 독립신문

정답 ④

정답 해설

1896년 서재필이 창간한 근대적 민간 신문은 독립신문으로 독립협회의 기관지이다. 민중 계몽을 위해 순한글로 발행되었으며 외국인을 위해 영문판도 함께 제작되었다. 또한 최초로 한글에 띄어쓰기를 도입하였다.

오답 해설

① 해외 발행 한인 최초 한글 신문 → 해조신문

해조신문은 해외에서 발행된 한인 최초의 한글 신문으로, 최봉준이 연해주에서 창간하여 러시아 한인 동포들을 계몽하였다.

② 일반 대중과 부녀자 대상 → 제국신문

제국신문은 이종일이 발행한 순한글의 계몽적 일간지로 주로 일반 대중과 부녀자를 대상으로 하였다.

③ 최초의 근대식 신문 → 한성순보

박영효 등 개화파가 창간하여 박문국에서 발간한 최초의 근대식 신문으로, 순한문판 신문이며 10일 주기로 발간되었다.

⑤ 시일야방성대곡 게재 → 황성신문

남궁억, 유근 등 개신유학자들이 발간한 국한문 혼용 신문이다. 을사늑약의 부당성을 알리기 위해 장지연의 '시일야방성대곡'을 게재하는 등 민족주의적 성격의 항일 신문이다.

 **핵심노트** ▶ 개항기 발행 신문

언론기관	주요 활동
한성순보 (1883~1884)	박영효 등 개화파가 창간하여 박문국에서 발간한 최초의 신문. 관보 성격의 순한문판 신문으로, 10일 주기로 발간
한성주보 (1886~1888)	박문국 재설치 후 한성순보를 이어 속간, 최초의 국한문 혼용, 최초의 상업광고
독립신문 (1896~1899)	서재필이 발행한 독립 협회의 기관지, 최초의 민간지, 격일간지, 순한글판과 영문판 간행, 띄어쓰기 실시

매일신문 (1898~1899)	협성회의 회보를 발전시킨 최초의 순한글 일간지, 독립 협회 해산으로 폐간
황성신문 (1898~1910)	남궁억, 유근 등 개신유학자들이 발간, 국한문 혼용, 민족주의적 성격의 항일 신문, 보안회 지원, 장지연의 '시일야방성대곡'을 게재하고 을사조약을 폭로하여 80일간 정간
제국신문 (1898~1910)	이종일이 발행할 순한글의 계몽적 일간지 → 일반 대중과 부녀자 중심
대한매일신보 (1904~1910)	영국인 베델이 양기탁 등과 함께 창간, 국한문판·한글판·영문판 간행(최대 발행부수), 신민회 기관지, 국채 보상 운동에 주도적 참여, 총독부에 매수되어 일제 기관지(매일신보)로 속간
만세보 (1906~1907)	천도교의 후원을 받아 오세창이 창간한 천도교 기관지, 이인직의 혈의 누 연재
경향신문 (1906)	가톨릭 교회의 기관지, 주간지, 민족성 강조
해조신문 (1908)	최봉준이 연해주에서 창간, 해외에서 발행된 한인 최초의 한글 신문, 러시아 한인 동포 계몽
대한민보 (1909~1910)	대한협회의 기관지로, 일진회의 기관지인 국민신보에 대항
경남일보 (1909)	최초의 지방지

02 대한매일신보

암기박사 국채 보상 운동 후원 ⇒ 대한매일신보

정답 ④

정답 해설

영국인 베델과 한말의 언론인이자 독립운동가인 양기탁이 공동으로 창간한 신문은 대한매일신보이다. 대한매일신보는 정부의 외채를 국민의 힘으로 상환하여 국권을 회복하자는 국채 보상 운동의 확산에 기여하였다.

오답 해설

① 최초의 상업 광고 → 한성주보
박문국이 재설치 된 후 최초의 상업 광고가 게재된 한성주보가 발행되었다.

② 천도교의 기관지 → 만세보
천도교의 후원을 받아 오세창이 발간한 만세보는 천도교의 기관지로 민중 계몽에 힘쓰고 일진회의 국민신보에 대항하였다.

③ 최초의 민간 신문 → 독립신문
독립신문은 서재필이 민중 계몽을 위해 창간한 신문으로, 우리나라 최초의 민간 신문이자 순한글 신문이다.

⑤ 일장기 말소 사건 → 동아일보
동아일보는 제11회 베를린 올림픽 마라톤 대회 우승자인 손기정 선수의 가슴에 있던 일장기를 삭제하고 게재하여 무기 정간을 당하였다.

03 근대 문물의 수용

암기박사 광혜원, 배재 학당 설립 ⇒ 1885년

정답 ①

정답 해설

미국인 선교사 알렌(Allen)의 건의로 우리나라 최초의 근대식 병원인 광혜원이 설립된 것은 1885년이다. 이 해에 미국인 선교사 아펜젤러가 선교를 목적으로 한양에 배재 학당을 설립하였다. → 후에 제중원으로 개칭

오답 해설

② 영선사 파견(1881)
고종 때 개화 정책의 일환으로 김윤식을 단장으로 하는 영선사가 파견되어 청의 기기국에서 무기 제조 기술을 도입하였다.

③ 갑신정변(1884)
김옥균을 중심으로 한 급진개혁파가 우정총국 개국 축하연을 이용해 사대당 요인을 살해하고 개화당 정부를 수립하였으나, 청의 무력 개입으로 3일 만에 실패로 끝났다.

④ 강화도 조약(1876)
운요호 사건이 있은 후 일본의 강압에 의해 불평등 조약인 강화도 조약이 연무당에서 체결되었다.

⑤ 제너럴 셔먼호 사건(1866)
통상을 요구하는 미국 상선 제너럴 셔먼호를 평양 관민이 불태워 침몰시켰다. → 신미양요의 원인

핵심노트 ▶ 근대 문물의 수용

- 1883년 박문국 설치, 한성순보 발간
- 1883년 전환국 설치, 화폐 발행의 업무를 수행 • 1884년 우정국 설치
- 1885년 최초의 서양식 병원인 광혜원(후에 제중원) 건립
- 1885년 서울과 인천 사이에 전선이 가설, 한성전보총국이 문을 열면서 전신 업무를 시작
- 1887년 황실은 미국인과 합자로 한성전기회사를 만들고 발전소를 건설, 경복궁에 전등 가설
- 1899년 서대문과 청량리 사이에 처음으로 전차운행
- 1899년 경인선 개통
- 1904년 세브란스 병원 개원, 선교사들은 선교를 목적으로 의료 사업에 적극적으로 참여
- 1905년 러·일 전쟁 중 일본의 군사적인 목적에 의해 경부선과 경의선 개통

04 근대 문물의 수용

암기박사 경복궁 전등 가설(1887) ⇒ 경인선 개통(1899)

정답 ⑤

정답 해설

황실과 미국인 콜브란의 합자로 한국 최초의 전기 회사인 한성 전기 회사가 설립되었고 경복궁의 건청궁에 조선 최초의 전등이 가설되었다(1887). 이후 노량진에서 제물포를 잇는 우리나라 최초의 철도인 경인선이 개통되었다(1899).

오답 해설

① 알렌 건의 : 광혜원 설립 → 1885년 → 후에 제중원으로 개칭
미국인 선교사 알렌(Allen)의 건의로 최초의 서양식 병원인 광혜원이 설립되었다.

② 박문국 : 한성순보 발행 → 1883년
박문국은 김옥균, 서광범, 박영효 등의 노력으로 설치된 출판 기관으로 최초의 근대식 신문인 한성순보를 발행하였다.

③ 무기 제조 공장 : 기기창 설립 → 1883년
김윤식을 단장으로 한 영선사가 청에 파견되어 무기 제조법과 근대식 군사 훈련법을 배우고 돌아온 후 서울에 최초의 근대식 무기 제조 공장인 기기창이 설치되었다.

303

④ 동문학 : 외국어 교육 기관 → 1883년
동문학은 정부가 외국어 통역관 양성을 목적으로 설립한 교육 기관으로 통리교섭통상사무아문의 부속 기관이다.

05 근대 문물의 수용

암기박사 한성 전기 회사(1898) ⇒ 경부선 철도(1905)

정답 ②

정답 해설

황실과 미국인 콜브란의 합자로 한국 최초의 전기 회사인 한성 전기 회사가 설립되었고(1898) 서대문과 청량리 사이에 최초로 전차가 운행되었다(1899). 이후 러 · 일 전쟁 중에 일본의 군사적인 목적에 의해 경부선 철도가 완공되었다(1905).

오답 해설

① 박문국 설립 → 1883년
박문국은 김옥균, 서광범, 박영효 등의 노력으로 설치된 출판 기관으로 최초의 근대식 신문인 한성순보를 발행하였다.
③ 기기창 설치 → 1883년
김윤식을 단장으로 한 영선사가 청에 파견되어 무기 제조법과 근대식 군사 훈련법을 배우고 돌아온 후 서울에 최초의 근대식 무기 제조 공장인 기기창이 설치되었다.
④ 한성주보 발행 → 1886년
박문국이 재설치 된 후 최초의 상업 광고가 게재된 한성주보가 발행되었다.
⑤ 육영 공원 → 1886년
육영 공원은 정부가 보빙사 민영익의 건의로 설립한 최초의 근대식 관립 학교로, 길모어 · 헐버트 등 미국인 교사를 초빙하여 상류층의 자제들에게 근대 학문을 교육하였다.

06 원산 학사

암기박사 최초의 근대적 사립학교 ⇒ 원산 학사

정답 ③

정답 해설

함경도 덕원부사 정현석과 주민들이 힘을 합쳐 설립한 최초의 근대적 사립학교는 원산 학사로, 외국어와 자연 과학 등 근대 학문과 무술을 가르쳤다(1883).

오답 해설

① 동문학 → 외국어 통역관 양성 기관
동문학은 정부가 외국어 통역관 양성을 목적으로 설립한 교육 기관으로 통리교섭통상사무아문의 부속 기관이다(1883).
② 명동 학교 → 근대적 민족 교육 기관
명동 학교는 김약연 등이 간도 지역의 민족 교육을 위해 북만주 명동촌에 설립한 근대적 민족 교육 기관이다(1908).
④ 서전서숙 → 최초의 신문학 민족 교육 기관
서전서숙은 이상설이 북간도에서 설립한 최초의 신문학 민족 교육 기관이다(1906).
⑤ 배재 학당 → 선교 목적 설립
배재 학당은 미국의 개신교 선교사 아펜젤러가 선교를 목적으로 한양에 세운 학교로 신학문 보급에 기여하였다(1885).

핵심노트 ▶ 근대 교육의 시작

원산 학사 (1883)	최초의 근대적 사립학교, 외국어 · 자연 과학 등 근대 학문과 무술을 가르침
동문학 (1883)	정부가 세운 영어 강습 기관 → 통리교섭상상사무아문의 부속 기관
육영 공원 (1886)	정부가 보빙사 민영익의 건의로 설립한 최초의 근대식 관립 학교, 길모어 · 헐버트 등 미국인 교사를 초빙하여 상류층의 자제들에게 근대 학문 교육

07 대한매일신보

암기박사 베델과 양기탁이 공동 창간 ⇒ 대한매일신보

정답 ③

정답 해설

영국인 베델과 한말의 언론인이자 독립운동가인 양기탁이 공동으로 창간한 신문은 대한매일신보이다. 대한매일신보는 을사늑약이 강제로 체결되자 그 부당성을 주장하며 일제의 침략 행위를 비판하였다.

오답 해설

① 박문국 발간 → 한성순보
박문국은 김옥균, 서광범, 박영효 등의 노력으로 설치된 출판 기관으로 최초의 근대식 신문인 한성순보를 발간하였다.
② 최초의 상업 광고 → 한성주보
박문국이 재설치 된 후 최초의 상업 광고가 게재된 한성주보가 발행되었다.
④ 최초의 민간 신문 → 독립신문
독립신문은 서재필이 민중 계몽을 위해 창간한 신문으로, 우리나라 최초의 민간 신문이자 순한글 신문이다.
⑤ 일장기 말소 사건 → 동아일보
동아일보는 제11회 베를린 올림픽 마라톤 대회 우승자인 손기정 선수의 가슴에 있던 일장기를 삭제하고 게재하여 무기 정간을 당하였다.

08 육영 공원

암기박사 최초의 근대식 관립 학교 ⇒ 육영 공원

정답 ④

정답 해설

→ 조선에서 최초로 미국 등 서방 세계에 파견된 외교 사절단
육영 공원은 정부가 보빙사 민영익의 건의로 설립한 최초의 근대식 관립 학교로, 미국인 헐버트와 길모어 등을 교사로 초빙하여 상류층의 자제들에게 근대 학문을 교육하였다(1886).

오답 해설

① · ② 교육 입국 조서 : 교원 양성 → 한성 사범 학교
갑오개혁 이후 고종의 교육 입국 조서에 따라 근대적 교육 제도가 마련되어 소학교 · 중학교 등 각종 관립 학교가 설립되었으며, 교원 양성 학교인 한성 사범학교도 이때 건립되었다(1895).
③ 조선 시대 : 지방의 부 · 목 · 군 · 현에 설치 → 향교
향교는 조선 시대 지방의 국립 중등 교육 기관으로 지방의 부 · 목 · 군 · 현에 하나씩 설치되었다.

⑤ 고려 시대 : 교육 장학 재단 → 양현고

고려 예종 때 국립 교육 기관인 국자감 내에 장학 기금을 마련하기 위해 양현고를 설립하였다.

09 한성순보의 발간

정답 ⑤

암기박사 박문국, 순한문판, 10일 주기 발간 ⇒ 한성순보

정답 해설

한성순보는 박영효 등 개화파가 창간하여 박문국에서 발간한 최초의 신문으로, 국가 정책 홍보와 서양의 근대 문물을 소개하였다. 관보 성격의 순 한문 신문으로 열흘마다 발행하는 것이 원칙이었다.

오답 해설

① 항일 의병 운동 보도 → 대한매일신보

영국인 베델이 양기탁 등과 함께 창간한 신민회 기관지로 항일 의병 운동을 호의적으로 보도하였다.

② 장지연 : 시일야방성대곡 게재 → 황성신문

을사늑약의 부당성을 알리기 위한 장지연의 시일야방성대곡이 황성신문에 게재되었다.

③ 국채 보상 운동 후원 → 대한매일신보

국채 보상 운동은 정부의 외채를 국민의 힘으로 상환하여 국권을 회복하자는 운동으로, 대한매일신보의 지원을 받아 전국으로 확산되었다. → 신민회의 기관지

④ 한글판, 영문판으로 발행 → 독립신문

독립신문은 서재필이 민중 계몽을 위해 창간한 신문으로, 최초의 민간 신문이자 순한글 신문이다. 한글판과 영문판을 분리하여 2개의 신문으로 발행되었다.

핵심노트 ▶ 한성순보(1883~1884)

- 박영효 등 개화파가 창간하여 박문국에서 발간한 최초의 신문
- 관보 성격의 순 한문판 신문으로, 월 3회 10일 주기로 발간
- 국가 정책 홍보와 서양의 근대 문물 소개
- 갑신정변으로 박문국 폐지 시 중단

10 근대 학교의 설립 과정

정답 ①

암기박사 근대 학교 ⇒ 육영 공원, 원산 학사, 배재 학당, 대성 학교, 한성 사범 학교

정답 해설

(가)의 육영 공원(1886)은 정부가 보빙사 민영익의 건의로 설립한 최초의 근대식 관립 학교로, 길모어 · 헐버트 등 미국인 교사를 초빙하여 상류층의 자제들에게 근대 학문을 교육하였다.

오답 해설

② (나) 원산 학사(1883) → 최초의 근대적 사립학교

함경도 덕원부사 정현석과 주민들이 개화파 인물들의 권유로 설립한 최초의 근대적 사립학교로, 외국어 · 자연 과학 등 근대 학문과 무술을 가르쳤다.

③ (다) 배재 학당(1885) → 선교 목적으로 설립

미국의 개신교 선교사 아펜젤러가 선교를 목적으로 한양에 세운 학교로, 신학문 보급에 기여하였다.

④ (라) 대성 학교(1907) → 신민회의 민족 교육 기관

신민회에서 민족 교육을 실시하기 위해 대성 학교를 설립하였다.

⑤ (마) 한성 사범 학교(1895) → 교원 양성 학교

갑오개혁 이후 고종의 교육 입국 조서 발표에 따라 세워진 교원 양성 학교이다.

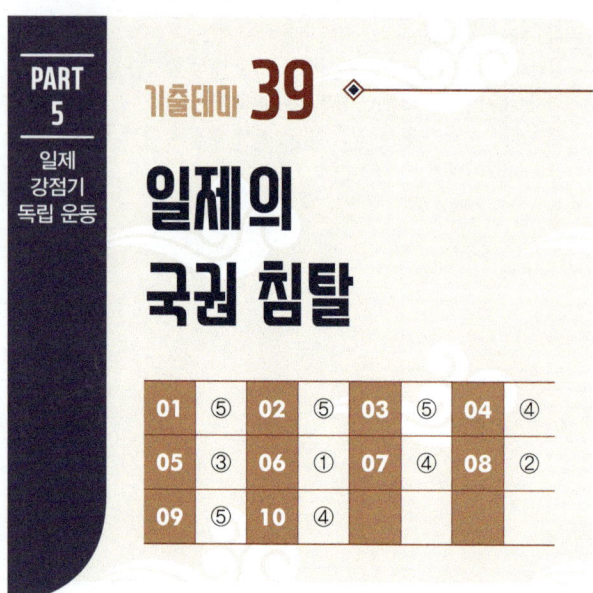

PART 5 일제 강점기 독립 운동

기출테마 39 일제의 국권 침탈

01	⑤	02	⑤	03	⑤	04	④
05	③	06	①	07	④	08	②
09	⑤	10	④

01 일제의 화폐 정리 사업

암기박사 재정 고문 : 메가타 주도 ⇒ 화폐 정리 사업 **정답** ⑤

정답 해설

일제는 러·일 전쟁의 전세가 유리하게 전개되자 한·일 협약의 체결을 강요하고 메가타를 재정 고문으로 임명하였다(1904). 이후 재정 고문 메가타의 주도로 조선의 상평통보나 구 백동화를 일본 제일 은행에서 만든 새 화폐로 교환하는 화폐 정리 사업이 실시되었다(1905).

오답 해설

① 금속류 회수령 공포 → 1941년
일제는 민족 말살 통치기에 침략 전쟁의 전개로 전쟁 물자의 조달을 위한 금속류 회수령을 공포하였다.

② 국채 보상 운동 → 1907년
정부의 외채를 국민의 힘으로 상환하여 국권을 회복하자는 국채 보상 운동은 대구에서 시작되어 전국으로 확산되었다.

③ 산미 증식 계획 → 1920년
일제는 문화 통치기에 쌀 수탈을 목적으로 하는 산미 증식 계획을 실시하였다.

④ 조선 물산 장려회 조직 → 1920년
민족 기업을 지원하고 민족 산업을 육성함으로써 민족 경제의 자립을 달성하자는 목적 하에 조만식 등이 중심이 되어 평양에서 조선 물산 장려회가 조직되었다.

핵심노트 ▶ 화폐 정리 사업(1905, 재정 고문 메가타)

- 일본의 제일 은행이 대한 제국의 화폐 발행권, 국고 출납권 장악
- 금 본위 화폐 제도
- 영향 : 민족 은행 몰락, 국내 중소 상인 몰락, 화폐 가치 상승

02 정미 7조약

암기박사 정미 7조약 ⇒ 정미의병 : 서울 진공 작전 **정답** ⑤

정답 해설

제시된 조약은 일제가 헤이그에 특사를 파견한 고종을 강제 퇴위시키고 체결한 정미 7조약(한·일 신협약)이다(1907). 이 조약에 따른 대한제국 군대의 강제 해산에 맞서 정미의병이 확산되어 의병 연합군이 13도 창의군을 조직하여 서울 진공 작전을 전개하였다(1908).

오답 해설

① 김홍집 : 조선책략 유포 → 이만손 : 영남 만인소
이만손을 비롯한 영남 유생들이 김홍집의 조선책략 유포에 반발하여 만인소를 올리고, 그의 처벌을 요구하였다(1881).

② 을사늑약 체결 → 최익현 : 을사의병
을사늑약이 체결된 후 최익현은 태인에서 의병 활동을 전개하다 체포되었고, 쓰시마 섬으로 유배되어 결국 순국하였다(1906).

③ 독립 협회 → 만민 공동회 : 최초의 근대적 민중 대회
독립협회는 우리나라 최초의 근대적 민중 대회인 만민 공동회를 개최하였다(1898).

④ 을사늑약 체결 → 민영환 : 자결로써 항거
을사늑약 체결에 반발하여 민영환, 조병세 등 많은 이들이 자결로써 항거하였다(1905).

핵심노트 ▶ 정미 7조약(한·일 신협약)의 내용

제1조 한국 정부는 시정 개선에 관하여 통감의 지도를 받을 것
제2조 한국 정부는 법령 제정 및 중요한 행정상의 처분은 미리 통감의 승인을 거칠 것
제3조 한국의 사법 사무는 보통 행정 사무와 이를 구분할 것
제4조 한국 고등 관리의 임명은 통감의 동의로써 이를 행할 것 ← 사람을 쓰려고 맞아들임
제5조 한국 정부는 통감이 추천하는 일본인을 한국 관리에 용빙할 것
제6조 한국 정부는 통감의 동의 없이 외국인을 한국 관리에 임명하지 말 것
제7조 1904년 8월 22일 조인한 한국인 고문 용빙에 관한 협정서 제항은 폐지할 것

03 헤이그 특사 파견

암기박사 을사늑약 ⇒ 헤이그 특사 파견 ⇒ 한·일 신협약 **정답** ⑤

정답 해설

(가) 을사늑약(1905) : 러·일 전쟁에서 승리한 일본은 을사늑약(제2차 한·일 협약)을 강제로 체결하여 외교권을 박탈하고, 통감부를 설치하여 한국의 독점적 지배권을 인정받았다.

• 헤이그 특사 파견(1907) : 고종은 을사늑약의 부당성을 알리기 위해 헤이그에서 열린 만국 평화 회의에 특사를 파견하였다.

(나) 한·일 신협약(1907) : 일제가 헤이그에 특사를 파견한 고종을 강제 퇴위시키고 모든 통치권이 일제의 통감부로 이관되는 한·일 신협약(정미 7조약)을 체결하였다.

오답 해설

① 13도 창의군 : 서울 진공 작전 → (나) 이후
정미의병이 확산되는 과정에서 의병 연합군인 13도 창의군이 서울 진공 작전을 전개하였다(1908).

② 관민 공동회 개최 : 헌의 6조 결의 → (가) 이전
서재필을 중심으로 창립된 독립협회는 관민 공동회를 개최하여 헌의 6조를 결의하였다(1898).
③ 동학 농민군 : 우금치 전투 → (가) 이전
남접(전봉준)과 북접(손병희)이 연합한 동학 농민군이 서울로 북진하다 공주 우금치에서 관군 및 일본군에 맞서 싸웠다(1894).
④ 영국 : 거문도 사건 → (가) 이전
갑신정변 이후 조·러 수호 통상 조약이 체결되자 영국은 러시아의 남하를 견제하기 위해 거문도를 불법으로 점령하였다(1885).

04 을사늑약의 결과

암기박사 외교권 박탈, 통감부 설치 ⇒ 을사늑약(1905)

정답 ④

정답 해설

일본이 러·일 전쟁에서 승리하자 을사늑약(제2차 한·일 협약)이 강제로 체결되어 외교권이 박탈되었으며, 통감부가 설치되고 이토 히로부미가 초대 통감으로 부임하였다(1905).

오답 해설

① 제1차 영·일 동맹 체결 → 을사늑약 이전
극동에서 세력 확대를 꾀하던 러시아를 겨냥하여 영국과 일본이 제1차 영·일 동맹을 체결하였고, 이 동맹으로 영국은 조선에서의 일본의 이권을 인정하고, 일본은 청에서 영국의 이권을 인정하였다(1902).
② 일본 : 경인선 부설권 인수 → 을사늑약 이전
경인선 철도 부설권은 미국이 부설(1896)하여 일본으로 인수(1898)된 후 일본이 완공하였다(1899).
③ 외교고문 : 묄렌도르프 파견 → 을사늑약 이전
임오군란 이후 청의 내정 간섭이 강화되어 묄렌도르프가 외교 고문으로 파견되었다(1882).
⑤ 러시아 : 용암포 사건 → 을사늑약 이전
대한 제국 때 러시아가 용암포를 점령하고 조차를 요구한 용암포 사건이 발생하였다(1903).

조약에 의해 다른 나라로부터 유상 또는 무상으로 영토를 빌림

핵심노트 ▶ 을사늑약

제2조(외교권 박탈) 일본 정부는 한국과 타국 간에 현존하는 조약의 실행을 완수하는 임무를 담당하고 한국 정부는 지금부터 일본 정부의 중개를 거치지 않고서는 국제적 성질을 가진 어떤 조약이나 약속을 맺지 않을 것을 서로 약속한다.
제3조(통감부 설치) 일본 정부는 그 대표자로 한국 황제 폐하 밑에 1명의 통감을 두되 통감은 오로지 외교에 관한 사항을 관리하기 위하여 경성에 주재하고 친히 한국 황제 폐하를 만날 수 있는 권리를 가진다.

05 을사늑약의 결과

암기박사 외교권 박탈, 통감부 설치 ⇒ 을사늑약

정답 ③

정답 해설

러·일 전쟁에서 승리한 일본은 을사늑약을 강제로 체결하여 외교권을 박탈하고 통감부를 설치하여 한국의 독점적 지배권을 인정받았다.

오답 해설

① 광무개혁 → 대한국 국제 반포
아관파천 후 환궁한 고종은 대한국 국제를 반포하여 황제권을 강화하고 광무개혁을 단행하였다.
② 개화 정책 → 별기군 창설
강화도 조약의 체결 이후 개화 정책의 일환으로 무위영 아래 별도로 신식 군대인 별기군이 창설되고 일본인 교관이 임명되었다.
④ 을미사변 → 아관파천
을미사변으로 명성황후가 시해되자 신변에 위협을 느낀 고종이 러시아 공사관으로 거처를 옮겼다.
⑤ 일본 : 러시아 함대 격침 → 러·일 전쟁
러·일 전쟁의 발발 직후 제물포에서 러시아 함대가 일본 해군의 공격을 받아 격침되었다.

06 헤이그 특사 파견

암기박사 헤이그 특사 파견 ⇒ 고종 강제 퇴위

정답 ①

정답 해설

고종은 을사늑약의 무효를 선언하고 헤이그 만국 평화 회의에 이준, 이상설, 이위종 등의 특사를 파견하자 일제는 이를 구실로 고종을 강제 퇴위시키고 정미 7조약(한·일 신협약)을 체결하였다(1907).

오답 해설

② 조·러 수호 통상 조약 → 거문도 사건
갑신정변 이후 조·러 수호 통상 조약이 체결되자 영국은 러시아의 남하를 견제하기 위해 거문도를 불법으로 점령하였다(1885).
③ 구식 군대의 차별 → 임오군란
신식 군대인 별기군과 차별을 받던 구식 군대가 임오군란을 일으켜 포도청과 의금부를 습격하고 일본 공사관을 불태웠다(1882).
④ 우정총국 : 개화당 정부 수립 → 갑신정변
김옥균을 중심으로 한 급진개혁파가 우정총국 낙성 축하연을 이용해 사대당 요인을 살해하고 개화당 정부를 수립하였다(1884).
⑤ 일본과 미국 → 가쓰라·태프트 밀약
러·일 전쟁에서 승리한 일본은 미국과 가쓰라·태프트 밀약을 맺고 일본의 한국 보호권과 미국의 필리핀 보호권을 교차 승인하였다(1905).

07 일제의 국권 침탈 과정

암기박사 한·일 의정서(1904) ⇒ 헤이그 특사 파견(1907) ⇒ 한·일 신협약(정미 7조약)(1907)

정답 ④

정답 해설

(가) 한·일 의정서 : 러·일 전쟁 발발 직전 대한 제국은 국외 중립을 선언하였으나, 일본군은 한반도 내 전략상 필요한 지역을 마음대로 사용하기 위해 한·일 의정서를 체결하였다(1904).
• 헤이그 특사 파견 : 고종은 을사늑약의 무효를 선언하고 일제 침략의 부당성을 호소하기 위해 헤이그에서 열린 만국 평화 회의에 특사를 파견하였다(1907. 4).

(나) 한·일 신협약(정미 7조약) : 일제가 헤이그에 특사를 파견한 고종을 강제 퇴위시키고 모든 통치권이 일제의 통감부로 이관되는 한·일 신협약(정미 7조약)을 체결하였다(1907. 7).

오답 해설

① 이토 히로부미 사살 → 안중근 의거
안중근 의사는 하얼빈 역에서 일제의 침략 원흉인 이토 히로부미를 사살하였다(1909).

② 일본 : 의병 진압 작전 → 남한 대토벌 작전
전라남도와 그 외곽 지대의 반일 의병 전쟁에 대한 일본군의 초토화 작전으로 '남한 대토벌' 작전이 전개되었다(1909).

③ 일본 : 경복궁 점령 → 내정 개혁 요구
청·일 전쟁에서 주도권을 잡은 일본이 무력을 동원하여 경복궁을 점령하고 내정 개혁을 요구하였다(1894).

⑤ 영국 : 러시아 견제 → 거문도 사건
갑신정변 이후 조·러 수호 통상 조약이 체결되자 영국군이 러시아를 견제하기 위해 거문도를 불법 점령하였다(1885).

핵심노트 ▶ 일제의 국권 침탈 과정

한·일 의정서(1904) → 1차 한·일 협약(1904) → 가쓰라·태프트 밀약(1905) → 2차 영·일 동맹(1905) → 포츠머스 조약(1905) → 을사늑약(1905) → 한·일 신협약(1907) → 한·일 병합 조약(1910)

08 일제의 국권 침탈 과정

정답 ②

암기박사 포츠머스 조약 ⇒ 을사늑약 ⇒ 헤이그 특사 파견

정답 해설

러·일 전쟁에서 승리한 일본은 한국에 대한 일본의 독점적 지배권을 인정받는 포츠머스 조약을 체결한 후, 한국과 을사늑약을 강제로 체결하여 외교권을 박탈하고 통감부를 설치하였다(1905). 이에 고종은 을사늑약의 무효를 선언하고 헤이그 만국 평화 회의에 특사를 파견하였다(1907).

오답 해설

① 영국 : 러시아의 남하 견제 → 거문도 사건(1885)
갑신정변 이후 조·러 수호 통상 조약이 체결되자 영국은 러시아의 남하를 견제하기 위해 거문도를 불법으로 점거하였다.

③ 황국 중앙 총상회 → 상권 수호 운동(1898)
서울의 시전 상인들은 상권 수호를 위해 황국 중앙 총상회를 조직하여 일제의 경제적 침탈에 적극적으로 대응하였다.

④ 을미의병 → 충주성 점령(1896)
을미사변과 단발령에 반발하여 유생 출신 유인석이 이끄는 의병이 충주성을 점령하였다.

⑤ 관세 폐지 주장 → 두모포 무력 시위(1878)
일본 군함이 관세 폐지를 주장하며 두모포에서 대포를 발사하는 무력 시위를 벌였다.

핵심노트 ▶ 일제의 국권 침탈 과정

한·일 의정서(1904) → 1차 한·일 협약(1904) → 가쓰라·태프트 밀약(1905) → 2차 영·일 동맹(1905) → 포츠머스 조약(1905) → 을사늑약(1905) → 한·일 신협약(1907) → 한·일 병합 조약(1910)

09 일제의 국권 침탈 과정

정답 ⑤

암기박사 한·일 의정서 ⇒ 1차 한·일 협약 ⇒ 포츠머스 조약

정답 해설

(다) 한·일 의정서(1904.2)
러·일 전쟁 발발 직전 대한 제국은 국외 중립을 선언하였으나, 일본군은 한반도 내 전략상 필요한 지역을 마음대로 사용하기 위해 한·일 의정서를 체결하였다.

(가) 1차 한·일 협약(1904.8)
러·일 전쟁의 전세가 유리하게 전개되자 일제는 한국 식민지화 방안을 확정하고, 제1차 한·일 협약의 체결을 강요하였다. → 외교 고문으로 스티븐스, 재정 고문으로 메가타를 임명

(나) 포츠머스 조약(1905.9)
러·일 전쟁에서 일본이 승리한 후 러시아는 한국에 대한 일본의 정치·군사·경제상의 특별 권리를 승인하였다.

10 을사늑약에 대한 저항

정답 ④

암기박사 을사늑약 폭로 ⇒ 시일야방성대곡 : 장지연

정답 해설

제시된 사료는 을사늑약의 부당성을 알리기 위해 황성신문에 게재한 장지연의 시일야방성대곡이다. 유생 출신 유인석이 이끄는 의병이 충주성을 점령한 사건은 을사늑약이 아니라 을미사변과 단발령에 반발하여 일어난 을미의병이다.

오답 해설

① 민영환, 조병세 → 자결로써 항거
을사늑약 체결에 반발하여 민영환, 조병세 등 많은 이들이 자결로써 항거하였다.

② 이상설 → 매국노 처단 요구 상소
이상설은 을사늑약의 파기와 매국노 처단을 요구하는 상소를 올렸다.

③ 이준, 이상설, 이위종 → 헤이그 만국 평화 회의에 특사로 파견
고종은 을사늑약의 무효를 선언하고 헤이그 만국 평화 회의에 특사를 파견해 일제 침략의 부당성을 호소하였다.

⑤ 나철, 오기호 → 자신회 조직
나철, 오기호 등은 이완용·이근택·박제순·이지용·권중현 등 소위 을사오적을 처단하기 위해 5적 암살단인 자신회를 조직하였다.

PART 5 일제 강점기 독립 운동

기출테마 40 일제의 식민 통치

01	④	02	⑤	03	①	04	③
05	⑤	06	③	07	④	08	②
09	⑤	10	③				

01 무단 통치기의 일제 정책

정답 ④

암기박사 헌병 경찰제 ⇒ 무단 통치기(1910년대)

정답 해설

제시된 자료는 일제가 1910년대의 무단 통치기에 실시한 범죄 즉결례와 조선 태형령이다. 이 시기에 강압적 통치를 목적으로 헌병이 경찰 업무를 대행하는 헌병 경찰제가 실시되었다.

오답 해설

① 박문국 : 한성순보 발행 → 1883년
박문국은 김옥균, 서광범, 박영효 등의 노력으로 설치된 출판 기관으로 최초의 근대식 신문인 한성순보를 발행하였다.

② 황국 중앙 총상회 : 상권 수호 운동 → 1898년
서울의 시전 상인들이 조직한 황국 중앙 총상회가 일제의 경제적 침탈에 대응하기 위해 상권 수호 운동을 주도하였다.

③ 제1차 갑오개혁 : 군국기무처 설치 → 1894년
제1차 갑오개혁 때 근대적 개혁 추진을 위해 초정부적 정책 의결 기구인 군국기무처가 설치되었다.

⑤ 국채 보상 기성회 : 국채 보상 운동 → 1907년
국채 보상 기성회를 중심으로 일본에게 진 빚을 국민의 힘으로 상환하여 국권을 회복하자는 국채 보상 운동이 전개되었다.

02 무단 통치기의 일제 정책

정답 ⑤

암기박사 헌병 경찰 제도, 조선 태형령 ⇒ 무단 통치기

정답 해설

일제가 강압적 통치를 목적으로 헌병이 경찰 업무를 대행하는 헌병 경찰 제도를 실시한 것은 무단 통치기이다. 이 시기에 일제는 조선인에 한하여 태형을 통해 형벌을 가하는 조선 태형령을 공포하였다 (1912).

오답 해설

① 경성 제국 대학 설립 → 문화 통치기
조선 교육회가 우리 손으로 대학을 설립하고자 조선 민립 대학 기성회를 중심으로 모금 운동을 전개하였으나 일제가 경성 제국 대학을 설립하여 중단되었다(1924).

② 원산 총파업 → 문화 통치기
원산 총파업은 원산 노동 연합회의 소속 노동자와 일반 노동자들이 합세하여 노동 조건 개선을 요구하며 전개한 1920년대 최대의 파업 투쟁이다(1929).

③ 조선어 학회 설립 → 민족 말살 통치기
조선어 연구회가 조선어 학회로 개편되면서 그 연구도 더욱 심화되어 한글 맞춤법 통일안과 표준어를 제정하였다(1931).

④ 암태도 소작 쟁의 → 문화 통치기
암태도 소작 쟁의는 전남 신안군 암태도의 소작농민들이 전개한 농민운동으로, 지주들의 고액 소작료에 반발하여 소작 쟁의가 발생하였다(1923).

03 일제의 산미 증식 계획

정답 ①

암기박사 일본 : 식량 수탈 ⇒ 산미 증식 계획

정답 해설

일본은 내지의 심각한 식량 부족과 쌀값 폭등을 우리나라에서의 식량 수탈로 해결하려고 산미 증식 계획을 추진하였다. 그러나 증산량보다 훨씬 많은 쌀을 수탈하여 만주산 잡곡의 수입이 증가하는 등 식량 사정이 악화되고 농촌 경제가 파탄에 빠졌다.

오답 해설

② 화폐 정리 사업 → 국내 중소 상인 몰락
조선의 상평통보나 구(舊) 백동화를 일본 제일 은행에서 만든 새 화폐로 교환하는 화폐 정리 사업의 실시로 유통 화폐가 부족해지고 통화량이 줄어들어 이에 대처하지 못한 국내 중소 상인들이 몰락하였다.

③ 보안회 → 황무지 개간권 반대 운동
보안회는 경제적 구국 운동으로 일제의 황무지 개간권 반대 운동을 지속적으로 벌여 토지 약탈 음모를 분쇄하였다.

④ 방곡령 선포 → 함경도, 전라도, 황해도, 경상도
조선 양곡의 무제한 유출을 허용한 조 · 일 통상 장정으로 일본으로의 지나친 곡물 반출을 막기 위해 함경도, 전라도, 황해도, 경상도 지방관들이 방곡령을 선포하였다.

⑤ 대한 제국의 토지와 자원 수탈 → 동양 척식 주식회사 설립
대한 제국의 토지와 자원을 수탈할 목적으로 일제에 의해 동양 척식 주식회사가 설립되었다.

핵심노트 ▶ 산미 증식 계획(1920~1934)의 결과

- **식량 사정 악화** : 증산량보다 훨씬 많은 수탈, 만주 잡곡 수입
- **농촌 경제의 파탄** : 쌀 수급량과 관계없이 정해진 목표대로 수탈함으로써 농촌 경제를 파탄에 빠뜨림
- **농민 몰락** : 수리 조합비 · 비료 대금 등 증산 비용을 농민에게 전가, 지주의 소작료 인상
- 화전민 · 유랑민 · 소작농 증가, 만주나 일본 등으로 이주
- 식민지 지주제를 강화하여 식민 지배체제를 위한 사회적 기반을 마련
- 쌀 중심의 단작형 농업 구조 형성
- 소작 쟁의 발생의 원인 제공
- 일제의 농촌 진흥 운동 실시(1932~1940)

04 일제의 식민지 정책

암기박사 범죄 즉결례(무단 통치기) ⇒ 보통 경찰제(문화 통치기) ⇒ 조선 사상범 보호 관찰령(민족 말살 통치기)

정답 ③

정답 해설

(나) 범죄 즉결례(무단 통치기) : 일제는 무단 통치기에 일정한 범죄나 법규 위반 행위에 대해 재판을 거치지 않고 바로 처벌하도록 규정한 범죄 즉결례를 시행하였다.

(가) 보통 경찰제(문화 통치기) : 일제는 3·1 운동 이후 무단 통치를 상징하는 헌병 경찰제를 폐지하고 문화 통치를 위한 보통 경찰제를 도입하였다.

(다) 조선 사상범 보호 관찰령(민족 말살 통치기) : 일제는 민족 말살 통치기에 치안 유지법 위반자 중 집행 유예나 형집행 종료 또는 가출옥한 자들을 보호·관찰할 수 있는 조선 사상범 보호 관찰령을 시행하였다.

05 민족 말살 통치기의 사건

암기박사 조선 태형령 ⇒ 무단 통치기

정답 ⑤

정답 해설

일제가 태평양 전쟁으로 물자 부족에 시달리던 시기는 민족 말살 통치기이다. 한편, 일제는 무단 통치기에 한국인에 한하여 태형을 통해 형벌을 가하는 조선 태형령을 공포하였다(1912).

오답 해설

① 국민학교령 → 민족 말살 통치기
일제는 민족 말살 통치기에 황국신민 양성이라는 일제 강점기의 초등 교육 정책을 반영한 국민학교령을 발표하였다(1941).

② 징병제 → 민족 말살 통치기
일제는 민족 말살 통치기에 징병제를 실시하여 조선인들을 강제로 병력에 동원시켰다(1943).

③ 국민 징용령 → 민족 말살 통치기
일제는 민족 말살 통치기에 조선인 근로자의 노동력을 착취하기 위해 국민 징용령을 공포하였다(1939).

④ 황국 신민 서사 암송 → 민족 말살 통치기
일제는 민족 말살 통치기에 천황에게 충성을 맹세하는 황국 신민 서사를 암송하게 하였다(1937).

06 민족 말살 통치기의 사건

암기박사 황국 신민 서사 암송 ⇒ 민족 말살 통치기

정답 ③

정답 해설

중·일 전쟁을 일으킨 일제가 침략 전쟁을 확대하던 시기는 일제의 민족 말살 통치기에 해당된다. 이 시기에 내선일체를 강조한 황국 신민 서사의 암송이 강요되었다(1937).

오답 해설

① 미쓰야 협정 체결 → 문화 통치기
미쓰야 협정은 만주의 군벌 장쭤린과 총독부 경무국장 미쓰야 간에 맺어진 협정으로, 만주 지역의 한국인 독립 운동가를 체포해 일본에 인계한다는 조약이다(1925).

② 조선 태형령 → 무단 통치기
일제는 무단 통치기에 한국인에 한하여 태형을 통해 형벌을 가하는 조선 태형령을 공포하였다(1912).

④ 헌병 경찰 제도 → 무단 통치기
일제는 무단 통치기에 강압적 통치를 목적으로 헌병이 경찰 업무를 대행하는 헌병 경찰 제도를 실시하였다(1910년대).

⑤ 만보산 사건 → 중·일 전쟁 이전
중국 길림성 만보산 지역에서 농사를 위한 수로 문제로 조선인 농민과 중국인 농민 사이에 충돌이 발생했고, 이에 대한 보복으로 평양 등지에서 반중 폭동이 일어났다(1931).

핵심노트 ▶ 민족 말살 정책의 내용

- 내선일체 : 내(內)는 내지인 일본을, 선(鮮)은 조선을 가리키며, 일본과 조선은 한 몸이라는 뜻으로 한국인을 일본인으로 동화시키고자 하였다.
- 일선동조론 : 일본인과 조선인은 조상이 같다는 이론으로, 한국인의 민족정신을 근원적으로 말살하기 위한 이론이다.
- 황국신민서사 : "우리들은 대일본 제국의 신민이다. 우리들은 마음을 합하여 천황 폐하에게 충의를 다한다."를 요지로 한다.

07 민족 말살 통치기의 일제 정책

암기박사 신사 참배 ⇒ 민족 말살 통치기

정답 ④

정답 해설

일제가 중일 전쟁 이후 침략 전쟁을 확대하던 시기는 민족 말살 통치기이다. 이 시기에 일제는 전국 각지에 신사를 증설하여 참배를 강요하였다.

오답 해설

① 조선 태형령 → 무단 통치기
일제는 무단 통치기에 한국인에 한하여 태형을 통해 형벌을 가하는 조선 태형령을 공포하였다(1912).

② 원산 총파업 → 문화 통치기
원산 총파업은 원산 노동 연합회의 소속 노동자와 일반 노동자들이 합세하여 노동 조건 개선을 요구하며 전개한 1920년대 최대의 파업 투쟁이다(1929).

③ 회사령 공포 → 무단 통치기
일제는 회사 설립 시 총독의 허가를 받도록 하는 회사령을 공포하여 민족 기업의 설립을 방해하였다(1910).

⑤ 암태도 소작 쟁의 → 문화 통치기
암태도 소작 쟁의는 전남 신안군 암태도의 소작농민들이 전개한 농민운동으로, 지주들의 고액 소작료에 반발하여 소작 쟁의가 발생하였다(1923).

핵심노트 ▶

- 우리 말, 우리 역사 교육 금지
- 황국 신민 서사 암송
- 소학교 명칭을 국민학교로 개칭
- 조선 사상범 예비 구금령
- 조선 농지령 제정
- 국가 총동원법
- 창씨개명
- 신사 참배, 궁성 요배 강요
- 조선 사상범 보호 관찰령
- 병참 기지화 정책
- 남면북양 정책

08 무단 통치기의 일제 정책

> 암기박사 : 조선 태형령 ⇒ 무단 통치기(1910년대)

정답 ②

정답 해설

- (가) 조선 총독부 설치(한·일 병합) : 한·일 병합 조약 후 국권이 피탈되고 식민 통치의 중추 기관인 조선 총독부가 설치되어 일제의 식민 통치가 시작되었다(1910).
- 조선 태형령(무단 통치기) : 일제는 무단 통치기에 한국인에 한하여 태형을 통해 형벌을 가하는 조선 태형령을 공포하였다(1912).
- (나) 경찰 제도 개정(문화 통치기) : 일제는 3·1 운동 이후 무단 통치를 상징하는 헌병 경찰제를 폐지하고 문화 통치를 위한 보통 경찰제를 도입하였다(1919).

오답 해설

① 미곡 공출제 → 민족 말살 통치기
  일제는 침략 전쟁을 확대하던 시기에 전시 군량을 확보하기 위해 미곡 공출제를 실시하였다(1940).
③ 국민 징용령 → 민족 말살 통치기
  일제는 민족 말살 통치기에 조선인 근로자의 노동력을 착취하기 위해 국민 징용령을 제정하였다(1939).
④ 경성 제국 대학 설립 → 문화 통치기
  조선 교육회가 우리 손으로 대학을 설립하고자 조선 민립 대학 기성회를 중심으로 모금 운동을 전개하였으나 일제가 경성 제국 대학을 설립하여 중단되었다(1924).
⑤ 황국 신민 서사 암송 → 민족 말살 통치기
  일제는 민족 말살 통치기에 천황에게 충성을 맹세하는 황국 신민 서사의 암송을 강요하였다(1937).

> 핵심노트 ▶ 무단 통치기의 일제 정책

- 헌병 경찰제 : 헌병의 경찰 업무 대행, 헌병 경찰의 즉결 처분권 행사, 체포 및 구금(영장 불요)
- 태형 처벌 : 조선 태형령 시행
- 토지 조사 사업(1912~1918) : 토지 조사령 발표(1912), 토지를 약탈하고 지주층을 회유하여 식민지화에 필요한 재정 수입원을 마련함
- 회사령(1910) : 회사 설립 허가제를 통해 민족 기업의 성장 억제 및 일제의 상품 시장화
- 자원 약탈 및 경제활동 통제 : 삼림령(1911), 어업령(1911), 광업령(1915), 임야조사령(1918)
- 범죄 즉결례(1910) : 일정한 범죄나 법규 위반 행위에 대해 재판을 거치지 않고 바로 처벌하도록 제정한 법령

09 민족 말살 통치기의 일제 정책

> 암기박사 : 조선 사상범 예방 구금령 제정 ⇒ 민족 말살 통치기

정답 ⑤

정답 해설

일제가 중일 전쟁 이후 침략 전쟁을 확대하던 시기에 사회를 통제하던 모습을 보여 준 화보의 그림은 민족 말살 통치기에 해당된다. 이 시기에 일제는 우리 민족의 사상을 통제하기 위해 조선 사상범 예방 구금령을 제정하고 독립운동을 탄압하였다(1941).

오답 해설

① 미쓰야 협정 체결 → 문화 통치기
  미쓰야 협정은 총독부 경무국장 미쓰야와 만주의 봉천성 경무처장 우징 사이에 맺어진 협정으로, 만주 지역의 한국인 독립 운동가를 체포해 일본에 인계한다는 조약이다(1925).
② 토지 조사 사업 실시 → 무단 통치기
  일제는 토지 약탈과 식민지화에 필요한 재정 수입원을 마련하기 위해 토지 조사령을 발표하고 토지 조사 사업을 실시하였다(1912).
③ 경성 제국 대학 설립 → 문화 통치기
  조선 교육회는 우리 손으로 대학을 설립하고자 조선 민립 대학 기성회를 중심으로 모금 운동을 전개하였으나 일제가 경성 제국 대학을 설립하면서 중단되었다(1924).
④ 헌병 경찰 제도 → 무단 통치기
  일제는 무단 통치기에 강압적 통치를 목적으로 헌병이 경찰 업무를 대행하는 헌병 경찰 제도를 실시하였다(1910년대).

10 문화 통치기의 일제 정책

> 암기박사 : 산미 증식 계획 ⇒ 문화 통치기

정답 ③

정답 해설

제시된 사료의 사이토 마코토는 3·1운동 이후 부임한 조선 총독으로, 3·1운동으로 인해 국제 여론이 악화되자 통치 방식을 무단 통치에서 문화 통치로 바꾸고 지방 자치, 교육 제도 개정, 일본인과 조선인 사이의 차별 대우 철폐를 발표하였다. 그러나 이 시기에 일제는 쌀 수탈을 목적으로 하는 산미 증식 계획을 실시하였다(1920).

오답 해설

① 국민 징용령 → 민족 말살 통치기
  일제는 민족 말살 통치기에 조선인 근로자의 노동력 동원을 위해 국민 징용령을 시행하였다(1939).
② 조선 태형령 → 무단 통치기
  일제는 무단 통치기에 한국인에 한하여 태형을 통해 형벌을 가하는 조선 태형령을 공포하였다(1912).
④ 조선 사상범 보호 관찰령 → 민족 말살 통치기
  일제는 민족 말살 통치기에 독립운동 탄압을 위한 조선 사상범 보호 관찰령을 공포하였다(1936).
⑤ 회사령 → 무단 통치기
  일제는 무단 통치기에 회사 설립 시 총독의 허가를 받도록 하는 회사령을 제정하여 민족 기업의 설립을 방해하였다(1910).

> 핵심노트 ▶ 문화 통치기의 일제 정책

- 보통 경찰제
- 도 평의회 및 부·면 협의회 설치
- 치안 유지법 제정
- 산미 증식 계획
- 회사령 철폐(회사 설립 신고제), 관세 철폐

PART 5 일제 강점기 독립 운동

기출테마 41 1910년대 민족 운동

01	⑤	02	①	03	②	04	①
05	②	06	②	07	②	08	④
09	①	10	⑤

01 하와이 지역의 민족 운동

암기박사 대조선 국민 군단 조직 ⇒ 하와이 **정답** ⑤

정답 해설

한인들은 미국의 요청으로 1902년에 하와이로 이주하기 시작하여 사탕수수 농장에서 일을 하였다. 하와이에서는 독립군 사관을 양성할 목적으로 박용만이 대조선 국민 군단을 조직하여 무장 투쟁을 준비하였다.

오답 해설

① 이봉창 의거 → 도쿄
  한인 애국단 소속의 이봉창은 도쿄에서 일왕이 탄 마차에 폭탄을 투척하였다.
② 권업회 조직 → 연해주
  연해주에서는 한인 자치 단체인 권업회를 조직하여 권업신문을 발행하고 학교, 도서관 등을 건립하였다. → 대한 광복군 정부 수립
③ 서전서숙 설립 → 북간도
  북간도에서는 민족 교육을 위해 이상설 등이 최초의 신문학 민족 교육기관인 서전서숙을 설립하였다.
④ 신흥 강습소 설립 → 서간도
  이회영 등은 서간도 삼원보에 독립군 양성을 위해 군사 교육 기관인 신흥 강습소를 세웠다.

02 보재 이상설

암기박사 연해주 : 대한 광복군 정부 수립 ⇒ 이상설 **정답** ①

정답 해설

헤이그에 특사로 파견되어 을사늑약의 부당성을 알리고, 연해주에서 성명회와 권업회를 조직하여 독립운동을 이끈 인물은 보재 이상설이다. 그는 또한 연해주에 대한 광복군 정부 수립을 주도하여 무장 독립 전쟁을 준비하였다.

오답 해설

② 이토 히로부미 사살 → 안중근
  안중근 의사는 하얼빈 역에서 일제의 침략 원흉인 이토 히로부미를 처단하고, 이듬해에 뤼순 감옥에서 순국하였다.
③ 의열단 조직 → 김원봉
  김원봉은 만주 길림성에서 의열단을 조직하여 단장으로 활동하였으며, 무장 투쟁과 민중의 직접 혁명을 통한 독립 쟁취를 주장하였다.
④ 숭무 학교 설립 → 이근영
  이근영은 멕시코 메리다 중심지에 한인 무관 양성 학교인 숭무 학교를 설립하여 독립군을 양성하였다.
⑤ 한국통사 저술 → 박은식
  박은식은 근대 이후 일본의 침략 과정을 서술한 한국통사를 저술하였다. → "나라는 형(形)이요, 역사는 신(神)이다."

03 연해주 지역의 민족 운동

암기박사 권업회 : 권업신문 발행 ⇒ 연해주 **정답** ②

정답 해설

대한 국민 의회가 결성되고 대한 광복군 정부가 수립된 곳은 연해주이다. 연해주의 신한촌에 거주한 한인들은 항일 독립 운동 단체인 권업회를 조직하고 항일 신문인 권업신문을 발행하였다.

오답 해설

① 신흥 강습소 설립 → 서간도
  이회영 등은 서간도 삼원보에 독립군 양성을 위해 군사 교육 기관인 신흥 강습소를 세웠고 이후 신흥 무관 학교로 발전하였다.
③ 숭무 학교 설립 → 멕시코
  멕시코로 이주한 한인들이 이근영을 중심으로 멕시코 메리다 중심지에 숭무 학교를 설립하여 무장 투쟁을 준비하였다.
④ 한인 비행 학교 설립 → 미국 캘리포니아
  대한민국 임시 정부의 군무총장을 지낸 독립운동가 노백린 장군은 미국 캘리포니아에 한인 비행 학교를 세워 독립군 비행사를 육성하였다.
⑤ 조선 독립 동맹 결성 → 중국 화북 지방
  중국 화북 지방의 예안에서 김두봉을 비롯한 사회주의 세력이 대일 항전을 준비하기 위해 조선 독립 동맹을 결성하였다.

핵심노트 ▶ 연해주 지역의 독립 활동

블라디보스토크 신한촌을 중심으로 13도 의군(1910), 성명회(1910), 권업회(1911), 대한 광복군 정부(1914), 한인 사회당(1918), 대한 국민 의회(1919, 3 · 1 운동 이후) 등이 활동

04 독립 운동가 최재형

암기박사 권업회 조직, 안중근 의거 지원 ⇒ 최재형 **정답** ①

정답 해설

대동공보 사장으로 취임하고 권업회를 조직하여 권업신문을 발간하였으며 제2회 전로 한족 대표 회의에서 이동휘와 함께 명예 회장으

로 추대된 인물은 최재형이다. 최재형은 침략 원흉인 이토 히로부미를 처단한 안중근의 하얼빈 의거를 지원하였다.

오답 해설

② 숭무 학교 설립 → 이근영
　이근영은 멕시코 메리다 중심지에 한인 무관 양성 학교인 숭무 학교를 설립하여 독립군을 양성하였다.
③ 조선 혁명 선언 작성 → 신채호
　신채호는 의열단의 활동 지침으로 민중의 직접 혁명을 주장하는 조선 혁명 선언을 작성하였다.
④ 대조선 국민군단 조직 → 박용만
　박용만은 하와이에 독립군 사관을 양성할 목적으로 대조선 국민 군단을 조직하여 무장 투쟁을 준비하였다.
⑤ 신한 청년당 결성 → 김규식
　김규식은 신한 청년당을 결성하고 파리 강화 회의에 대표로 참석하여 독립 청원서를 제출하였다.

05 멕시코 지역의 민족 운동

암기박사 이근영 : 숭무 학교 설립 ⇒ 멕시코　　**정답** ②

정답 해설

에네켄 농장은 멕시코로 이민을 온 한인들이 일했던 멕시코 유카탄 일대에 있는 농장이다. 멕시코 한인들은 이근영을 중심으로 멕시코 메라다 중심지에 독립군 양성을 위한 숭무 학교를 설립하였다.

오답 해설

① 권업회 조직 → 연해주
　연해주에서는 자치 조직인 권업회를 조직하고 기관지인 권업신문을 발간하여 민족 의식을 고취하였다.
③ 북로 군정서 → 북간도　　← 청산리 대첩 참여
　3·1 운동 직후 북간도에서 대종교의 항일 무장 단체인 중광단이 북로 군정서로 개편되어 무장 투쟁을 실시하였다.
④ 대동 단결 선언서 작성 → 상하이
　중국 상하이에서 융희 황제의 주권 포기를 단정하고 주권 재민을 천명한 대동 단결 선언서가 작성되었다.
⑤ 2·8 독립 선언서 발표 → 도쿄
　미국 대통령 윌슨이 제창한 민족 자결주의의 영향을 받아 일본의 도쿄 유학생들이 중심이 되어 2·8 독립 선언서를 발표하였다.

06 서간도에서 전개된 민족 운동

암기박사 신흥 강습소 설립 ⇒ 서간도　　**정답** ②

정답 해설

삼원보는 일제 강점기에 신민회가 중심이 되어 서간도에 세웠던 독립 운동 기지이다. 신민회는 서간도 삼원보의 경학사에 군사 교육 기관인 신흥 강습소를 설립하여 독립군을 양성하였다.

오답 해설

① 해조신문 발간 → 연해주
　해조신문은 해외에서 발행된 한인 최초의 한글 신문으로, 최봉준이 연해주에서 발간하여 국권 회복에 힘썼다.
③ 대한인 국민회 조직 → 미국
　미국에서는 하와이의 한인협성협회와 미국 샌프란시스코의 대한인 공립협회가 통합된 대한인 국민회를 조직하여 외교 활동을 펼쳤다.
④ 대조선 국민 군단 창설 → 하와이
　하와이에서는 독립군 사관을 양성할 목적으로 박용만이 대조선 국민 군단을 창설하여 군사 훈련을 실시하였다.
⑤ 2·8 독립 선언서 발표 → 도쿄
　일본에서는 미국 대통령 윌슨이 제창한 민족 자결주의의 영향을 받아 도쿄 유학생들이 중심이 되어 2·8 독립 선언서를 발표하였다.

07 만주 지역의 독립 운동

암기박사 중광단 : 북로 군정서로 개편 ⇒ 만주　　**정답** ②

정답 해설

나철이 조직한 대종교는 항일 무장 단체인 중광단을 결성하였고, 3·1 운동 직후 만주 지역의 북로 군정서로 개편하여 청산리 대첩에서 항일 투쟁을 전개하였다.

오답 해설

① 권업회 조직 → 연해주
　연해주에서는 자치 조직인 권업회를 조직하고 기관지인 권업신문을 발행하여 민족 의식을 고취하였다.
③ 숭무 학교 설립 → 멕시코
　멕시코로 이주한 한인들이 이근영을 중심으로 멕시코 메리다 중심지에 숭무 학교를 설립하여 독립군을 양성하였다.
④ 조선 독립 동맹 창립 → 중국 화북 지방　　← 김두봉, 김무정 등
　중국 화북 지방의 사회주의 세력이 조선 의용대원을 흡수하고 조선 독립 동맹을 창립하여 대일 항전을 준비하였다.
⑤ 2·8 독립 선언서 배포 → 일본 도쿄
　미국 대통령 윌슨이 제창한 민족 자결주의의 영향을 받아 일본 도쿄 유학생들은 조선 청년 독립단을 결성하고 2·8 독립 선언서를 배포하였다.

핵심노트 ▶ 만주 지역의 독립운동

- 1910년 서간도 삼원보에 자치기구인 경학사(부민단(1912)에서 한족회(1919)로 발전)와 군사교육기관인 신흥 강습소 설립(신흥학교(1912)에서 신흥무관학교(1919)로 발전)
- 북간도 용정에 간민회(1913)(대한 국민회(1919)로 개편), 중광단(1911)(북로 군정서로 발전), 서진서숙(1906), 명동학교(1908) 운영
- 소·만 국경 지역에 이상설·이승희 등이 설립한 밀산부의 한흥동도 중요 기지 → 대한 독립군단 결성

08 만주 지역의 독립운동

암기박사 중광단 : 북로 군정서로 개편 ⇒ 만주　　**정답** ④

정답 해설

나철이 조직한 대종교는 항일 무장 단체인 중광단을 결성하였고, 3·1 운동 직후 만주 지역의 북로 군정서로 개편하여 청산리 대첩에 참여하였다.

오답 해설

① **이근영 : 숭무 학교 → 멕시코**
이근영은 멕시코 메리다 중심지에 한인 무관 양성 학교인 숭무 학교를 설립하고 무장 투쟁을 준비하였다.

② **박용만 : 대조선 국민 군단 → 하와이**
박용만은 하와이에 독립군 사관을 양성할 목적으로 대조선 국민 군단을 조직하고 군사 훈련을 실시하였다.

③ **신규식, 박은식, 조소앙 : 동제사 → 상하이**
동제사는 신규식, 박은식, 조소앙 등이 상하이에 조직한 비밀결사로, 박달학원을 설립하여 청년 교육에 주력하였다.

⑤ **2·8 독립 선언서 발표 → 일본 도쿄**
미국 대통령 윌슨이 제창한 민족 자결주의의 영향을 받아 일본의 도쿄 유학생들이 중심이 되어 2·8 독립 선언서를 발표하였다.

09 대한 광복회의 활동

정답 ①

암기박사 박상진 : 공화 정체 국가 건설 ⇒ 대한 광복회

정답 해설

박상진이 주도한 대한 광복회는 풍기의 대한광복단과 대구의 조선 국권 회복단의 일부 인사가 모여 군대식으로 조직된 단체이다. 대한 광복회는 공화정체의 국가 건설을 지향하며, 군자금을 모아 만주에 독립 사관학교를 설립하고 독립군을 양성하여 친일파를 처단하였다 (1915)

오답 해설

② **대한민국 임시 정부 산하 군대 → 한국 광복군**
대한민국 임시 정부의 김구와 지청천 등이 한국 광복군을 창설하고 군사력을 증강하여 무장항전을 주도하였다.

③ **봉오동 전투 → 대한 독립군**
홍범도의 대한 독립군은 대한 국민회군과 연합하여 봉오동에서 간도 지역을 기습한 일본군을 상대로 승리를 거두었다.

④ **구미 위원부 설치 → 대한민국 임시 정부**
대한민국 임시 정부는 미국에 구미 위원부를 설치하여 국제 연맹과 워싱턴 회의에 우리 민족의 독립 열망을 전달하는 외교 활동을 전개하였다.

⑤ **영릉가 전투 → 조선 혁명군**
양세봉의 조선 혁명군은 중국 의용군과 함께 영릉가 전투에서 일본군에 큰 전과를 올렸다.

핵심노트 ▶ 대한 광복회(1915~1918)

- **조직** : 풍기의 대한 광복단과 대구의 조선 국권 회복단의 일부 인사가 모여 군대식으로 조직·결성, 각 도와 만주에 지부 설치, 박상진(총사령)·김좌진(부사령)·채기중
- **활동** : 군자금을 모아 만주에 독립 사관학교 설립, 연해주에서 무기 구입, 독립 전쟁을 통한 국권 회복을 목표로 함 → 1910년대 항일 결사 중에서 가장 활발한 활동 전개

10 독립 의군부

정답 ⑤

암기박사 국권 반환 요구서 ⇒ 임병찬 : 독립 의군부

정답 해설

임병찬이 고종의 밀지를 받아 결성한 비밀 무장 단체인 독립 의군부는 고종의 복위 및 대한 제국의 재건을 목표로 활동한 복벽주의 단체이다. 독립 의군부는 국권 반환 요구서를 조선 총독에게 제출할 것을 계획하였다. → 나라를 되찾아 임금을 다시 세우겠다는 주장

오답 해설

① **정우회 선언 → 신간회**
사회주의 세력이 정우회 선언을 발표함으로써 민족주의 계열인 조선 민흥회와 연합하여 민족 유일당인 신간회를 결성하였다.

② **105인 사건으로 해체 → 신민회**
신민회는 국권 회복과 공화정체의 국민 국가 건설을 목적으로 안창호와 양기탁이 중심이 되어 조직된 비밀 결사 단체로, 일제가 꾸며낸 105인 사건으로 해체되었다.

③ **일제의 사상 통제법 → 치안 유지법**
치안 유지법은 일제가 제정한 사상 통제법으로, 공산주의 및 무정부주의 운동을 탄압하기 위해 제정한다고 했으나 사실상 독립 운동에 대한 전반적 탄압을 위해 만들어진 법률이었다.

④ **백산 상회 : 독립운동 자금 → 대한민국 임시 정부**
대한민국 임시 정부는 일제 강점기 안희제가 세운 민족기업인 백산 상회를 통해 독립운동 자금을 마련하였다.

정답 및 해설

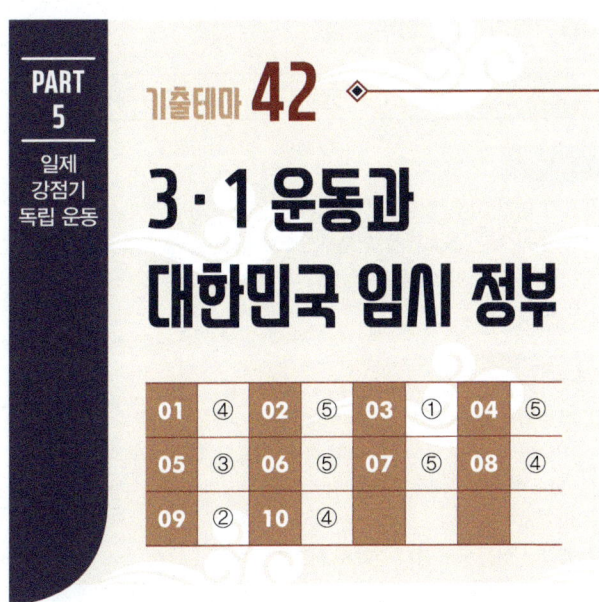

PART 5 일제 강점기 독립 운동

기출테마 42

3·1 운동과 대한민국 임시 정부

01	④	02	⑤	03	①	04	⑤
05	③	06	⑤	07	⑤	08	④
09	②	10	④

01 대한민국 임시 정부의 활동

암기박사 독립 공채 발행 ⇒ 대한민국 임시 정부

정답 ④

정답 해설

국제 연맹에 한국 독립의 당위성을 호소하기 위해 한·일 관계 사료집을 편찬한 단체는 대한민국 임시 정부이다. 대한민국 임시 정부는 국외 거주 동포들에게 독립 공채를 발행하거나 국민의 의연금으로 독립운동에 필요한 군자금을 마련하였다.

오답 해설

① **조선 혁명 간부 학교 설립 → 의열단**
의열단 단장인 김원봉은 황포 군관 학교에 입학하여 군사 훈련을 받은 후 조선 혁명 간부 학교를 세워 군사력을 강화하였다.

② **한글 맞춤법 통일안과 표준어 제정 → 조선어 학회**
조선어 학회는 한글 맞춤법 통일안과 표준어를 제정하였으나 일제의 조선어 학회 사건으로 해체되었다.

③ **태극 서관 운영 → 신민회**
신민회는 민중 계몽을 위해 태극 서관을 운영하며 계몽 서적을 보급하였다.

⑤ **광주 학생 항일 운동 : 진상 조사단 파견 → 신간회**
광주에서 발생한 한·일 학생 간의 충돌을 일본 경찰이 편파적으로 처리하여 광주 학생 항일 운동이 발생하자 신간회 중앙 본부가 진상 조사단을 파견하여 지원하였다.

핵심노트 ▶ 대한민국 임시 정부의 활동

- **군자금의 조달** : 애국 공채 발행이나 국민의 의연금으로 마련, 국내외에서 수합된 자금은 연통제나 교통국 조직망에 의해 임시 정부에 전달되었으며, 만주의 이륭양행이나 부산의 백산 상회를 통하여 전달되기도 함
- **외교 활동** : 파리 강화 회의에 김규식을 대표로 파견하여 독립을 주장, 미국에 구미 위원부를 두어 국제 연맹과 워싱턴 회의에 우리 민족의 독립 열망을 전달
- **문화 활동** : 기관지로 독립신문을 간행하여 배포, 사료 편찬소를 두어 한·일 관계 사료집과 한국 독립 운동 지혈사(박은식) 등 간행
- **군사 활동** : 육군 무관 학교 설립, 임시 정부 직할대 결성, 한국 광복군 창설

02 3·1 운동의 역사적 배경

암기박사 2·8 독립 선언 ⇒ 3·1 운동

정답 ⑤

정답 해설

제시된 사료는 조선 청년 독립단을 중심으로 일본 도쿄 유학생들이 발표한 2·8 독립 선언서이다. 이 선언문에 영향을 받아 민족 대표 33인 명의의 독립 선언서가 발표됨으로써 거족적인 3·1 운동 만세 시위가 전개되었다.

오답 해설

① **박상진 : 대한 광복회 결성 → 1915년**
박상진은 대구에서 광복단과 조선 국권 회복단의 일부 인사를 통합하여 대한 광복회를 결성하였다.

② **황성신문 : 시일야방성대곡 게재 → 1905년**
을사늑약의 부당성을 알리기 위해 황성신문에 장지연의 시일야방성대곡이 게재되었다.

③ **독립 협회 : 독립문 건립 → 1897년**
서재필이 설립한 독립 협회가 중심이 되어 자주 독립의 상징인 독립문을 건립하였다.

④ **임병찬 : 독립 의군부 조직 → 1912년**
임병찬은 고종의 밀지를 받아 고종의 복위 및 대한 제국의 재건을 목표로 독립 의군부를 조직하였다.

03 국민 대표 회의

암기박사 국민 대표 회의 개최 ⇒ 박은식 : 제2대 대통령 취임

정답 ①

정답 해설

→ 이승만이 미국 대통령 윌슨에게 위임 통치 청원서 제출

대한민국 임시 정부가 침체에 빠지자 독립운동의 새로운 활로와 방향을 모색하기 위해 상하이에서 개최된 회의는 국민 대표 회의이다. 임시 정부의 대통령인 이승만의 위임 통치 청원이 알려지면서 신채호, 박용만 등의 요구로 상하이에서 국민 대표 회의가 소집되었으나 창조파와 개조파의 대립으로 분열되었다(1923). 이후 임시 정부는 위임 통치건을 이유로 이승만을 탄핵하였고 박은식이 2대 대통령으로 취임하였다(1925).

핵심노트 ▶ 국민 대표 회의 소집(1923)

- 독립 운동 방법론을 둘러싼 임시 정부의 대립과 침체
- 외교론의 성과에 대한 독립운동 세력의 불신과 비판 → 위임 통치 청원서 사건(이승만)에 대한 불만 고조
- 임시 정부 개편의 필요성 제기 → 레닌 정부가 한국 독립운동 지원을 약속하며 임시 정부 개조를 요구
- 신채호, 박용만 등 외교 중심 노선에 비판적인 인사들의 요구로 회의 소집
- 창조파는 새 정부(韓 정부)를 조직하고 연해주로 이동하였으나 소련의 지원을 얻지 못해 힘을 잃음 → 일부는 무정부주의 운동에, 일부는 중국 공산당에 가담
- 임시 정부는 이승만을 위임 통치건을 이유로 탄핵하고 박은식을 2대 대통령으로 추대, 제2차·제3차 개헌을 추진하며 체제를 정비

04 충칭 임시 정부의 활동

암기박사 한국 광복군 : 국내 진공 작전 ⇒ 충칭 임시 정부

정답 ⑤

315

정답 해설

제시된 자료는 충칭 임시 정부 때에 김구와 조소앙 명의로 발표된 대일 선전 포고문이다(1941). 이후 임시 정부 산하 한국 광복군이 미군과 연계하여 국내 진공 작전을 추진하였으나 일제의 패망으로 실현하지는 못했다(1945).

오답 해설

① **지청천 : 한국 광복군 창설 → 충칭 임시 정부**
충칭에서 지청천을 총사령관으로 하는 한국 광복군이 창설되었고 미국 전략정보처(OSS)의 지원으로 국내 정진군 특수 훈련을 준비하였다(1940). → 충칭 임시 정부 시기에 한국 광복군이 창설(1940)되었으나 대일 선전 포고문이 발표(1941)되기 이전의 일이다.

② **연통제 : 독립 운동 자금 모금 → 상해 임시 정부**
상해 임시 정부는 국내 비밀 행정 조직으로 연통제를 두어 독립 운동 자금을 모았다(1919).

③ **파리 강화 회의 : 독립 청원서 제출 → 상해 임시 정부**
상해에서 결성된 신한 청년당은 파리 강화 회의에 김규식을 대표로 파견하여 독립 청원서를 제출하였다(1918).

④ **한인 애국단 조직 → 상해 임시 정부**
김구는 상해에서 임시 정부의 위기 타개책으로 한인 애국단을 조직하였고, 이 단체 소속의 이봉창과 윤봉길이 의거 활동을 전개하였다(1931).

핵심노트 ▶ 대일 선전 포고문 5개 조항

첫째, 한국민은 1개 전투단위가 되어 반침략 전선에 참가한다.
둘째, 1910년 한일합방조약과 기타 일제의 불평등 조약을 무효화한다.
셋째, 왜구의 최후의 멸망까지 혈전한다.
넷째, 난징의 괴뢰정권은 인정하지 않는다(일본이 중국난징에 수립한 정부).
다섯째, 한국 독립의 국제적 보장을 요구한다.

05 3·1 운동의 전개

정답 ③

암기박사 민족 대표 33인 : 독립 선언서 ⇒ 3·1 운동

정답 해설

고종의 인산일을 계기로 시작된 독립 만세 운동은 3·1 운동이다. 3·1 운동 당시 민족 대표 33인 명의의 독립 선언서가 발표됨으로써 거족적인 만세 시위가 전개되었다.

오답 해설

① **통감부의 방해와 탄압 → 국채 보상 운동**
국채 보상 운동은 정부의 외채를 국민의 힘으로 상환하여 국권을 회복하자는 운동으로, 통감부의 방해와 탄압으로 중단되었다.

② **절영도 조차 요구 저지 → 독립 협회**
러시아가 저탄소 설치를 위해 절영도의 조차를 요구하자 독립 협회는 만민 공동회를 개최하여 러시아의 요구를 저지하였다. → 조약에 의해 다른 나라로부터 유상 또는 무상으로 영토를 빌림

④ **대한매일신보의 후원 → 국채 보상 운동** → 지금의 부산 영도
국채 보상 운동은 정부의 외채를 국민의 힘으로 상환하여 국권을 회복하자는 운동으로, 대한매일신보의 후원을 받아 전국적으로 확산되었다.

⑤ **한·일 학생 간의 충돌 → 광주 학생 항일 운동**
광주에서 발생한 한·일 학생 간의 충돌을 일본 경찰이 편파적으로 처리하여 광주 학생 항일 운동이 촉발되었다.

06 충칭 임시 정부

정답 ⑤

암기박사 삼균주의 : 대한민국 건국 강령 ⇒ 충칭 임시 정부

정답 해설

윤봉길 의거 이후 충칭으로 근거지를 옮긴 대한민국 임시 정부는 김구를 주석으로, 조소앙을 외무부장으로 하였다. 충칭의 대한민국 임시 정부는 조소앙의 삼균주의를 기초로 하는 건국 강령을 선포하였다(1941).

오답 해설

① **좌우 합작 7원칙 발표 → 좌우 합작 위원회**
이승만의 정읍 발언 후 우익 측을 대표한 김규식과 좌익 측을 대표한 여운형이 좌우 합작 위원회를 구성하고 좌우 합작 7원칙을 발표하였다.

② **개벽, 신여성 등의 잡지 간행 → 천도교**
천도교에서는 개벽, 신여성 등의 잡지를 간행하여 민중의 자각과 근대 문물의 보급에 기여하였다.

③ **신채호 : 조선 혁명 선언 → 의열단**
김원봉의 의열단은 무장 투쟁과 민중의 직접 혁명을 주장한 신채호의 조선 혁명 선언을 활동 지침으로 삼았다.

④ **한글 맞춤법 통일안과 표준어 제정 → 조선어 학회**
조선어 학회는 한글 맞춤법 통일안과 표준어를 제정하였으나 일제의 조선어 학회 사건으로 해체되었다.

핵심노트 ▶ 대한민국 임시 정부의 시대 구분

- 1919~1932 : 제1기 상해 시대
- 1932~1940 : 제2기 이동 시대
- 1940~1945 : 제3기 충칭 시대

07 대한민국 임시 정부의 활동

정답 ⑤

암기박사 연통제 공소 공판(1920) ⇒ 국민 대표 회의 개최(1923) ⇒ 이봉창 의거(1932)

정답 해설

(가) **연통제 공소 공판(1920)** : 임시 정부의 국내 비밀 행정 조직인 연통제 설립을 주도하다 일제에 붙잡힌 관련자들의 공판이다.
- **국민 대표 회의 개최(1923)** : 임시 정부의 대통령인 이승만의 위임 통치 청원이 알려지면서 독립운동의 방략을 논의하기 위하여 국민 대표 회의가 개최되었다. → 이승만이 미국 대통령 윌슨에게 위임 통치 청원서 제출
(나) **이봉창 의거(1932)** : 임시 정부의 김구가 조직한 한인 애국단 소속의 이봉창은 도쿄에서 일왕의 행렬에 폭탄을 투척하였다.

오답 해설

① **대동단결 선언문 발표 → 1917년**
상하이에서 신규식 등이 대동 단결 선언을 발표하여 융희 황제의 주권 포기를 단정함으로써 조선 왕실의 존재를 신국가 건설의 도정에서 배제하였다.

② **대일 선전 성명서 공표 → 1941년**
태평양 전쟁이 시작된 직후 김구와 조소앙 명의로 대한민국 임시 정부가 대일 선전 성명서를 공표하였다.

정답 및 해설

③ 한국 국민당 창당 → 1935년
김구, 이시영 등이 항저우에서 한국 국민당을 창당하였고 이후 한국 독립당, 조선 혁명당과 통합되었다.
④ 한국 광복군 창설 → 1940년
충칭에서 지청천을 총사령관으로 하는 한국 광복군이 창설되었고 미국 전략정보처(OSS)의 지원으로 국내 정진군 특수 훈련을 준비하였다.

08 3 · 1 운동의 전개

암기박사 3 · 1 운동 ⇒ 일제 : 제암리 학살 사건 　　**정답** ④

정답 해설
고종의 인산일에 민족 대표 33인의 이름으로 독립 선언서를 발표함으로써 시작된 만세 운동은 3 · 1 운동이다. 3 · 1 운동의 전개 과정에서 일제가 수원 제암리 주민들의 집단 학살을 자행하였다.

오답 해설
① 조선 형평사 → 형평 운동
갑오개혁에 의해 신분이 해방된 뒤에도 오랜 관습 속에서 계속 차별을 받자 이학찬을 중심으로 한 백정들은 진주에서 조선 형평사를 조직하고 형평 운동을 전개하였다(1923).
② 신간회 : 진상 조사단 파견 → 광주 학생 항일 운동
광주에서 발생한 한 · 일 학생 간의 충돌을 일본 경찰이 편파적으로 처리하여 광주 학생 항일 운동이 발생하자 신간회에서 진상 조사단을 파견하여 지원하였다(1929).
③ 신채호 : 조선 혁명 선언 → 의열단
김원봉의 의열단은 무장 투쟁과 민중의 직접 혁명을 주장한 신채호의 조선 혁명 선언을 활동 지침으로 삼았다(1919).
⑤ 성진회 → 광주 학생 항일 운동
광주에서 발생한 한 · 일 학생 간의 충돌을 일본 경찰이 편파적으로 처리한 것에 저항하여 광주 학생 항일 운동이 일어났고, 성진회와 각 학교 독서회에 의해 전국적으로 확산되었다(1929).

핵심노트 ▶ 제암리 학살 사건

3 · 1 운동 당시 일본군이 수원 제암리에서 주민들을 집단 학살한 사건이다. 1919년 4월 15일 한 무리의 일본 군경은 만세 운동이 일어났던 제암리에 가 기독교도와 천도교도 약 30명을 교회당 안에 몰아넣은 후 문을 잠그고 집중 사격을 퍼부었다. 일본군은 증거를 없애기 위해 교회당에 불을 지른 후, 다시 부근의 채암리에 가서 민가를 방화하고 주민들을 학살했다. 이 만행에 분노한 선교사 스코필드(Frank W. Schofield)가 현장을 사진에 담아 〈수원에서의 일본군 잔악 행위에 관한 보고서〉를 작성하여 미국에 보내 여론화하였다.

09 3 · 1 운동의 영향

암기박사 3 · 1 운동 ⇒ 대한민국 임시 정부 수립 계기 　　**정답** ②

정답 해설
고종의 인산일에 민족 대표 33인의 이름으로 독립 선언서를 발표함으로써 전개된 3 · 1 운동은 대한민국 임시 정부 수립의 계기가 되었다.

오답 해설
① 사회주의 세력 주도 → 6 · 10 만세 운동
6 · 10 만세 운동은 순종의 인산일을 기회로 삼아 사회주의 세력의 주도 아래 계획되었고, 이 운동을 계기로 국내에서 민족 유일당 운동이 전개되었다.
③ 105인 사건으로 해체 → 신민회
신민회는 국권 회복과 공화정체의 국민 국가 건설을 목적으로 안창호와 양기탁이 중심이 되어 조직된 비밀 결사 단체로, 일제가 조작한 105인 사건으로 해체되었다.
④ 한 · 일 학생 간의 충돌 → 광주 학생 항일 운동
광주에서 발생한 한 · 일 학생 간의 충돌을 일본 경찰이 편파적으로 처리하여 광주 학생 항일 운동이 촉발되었다.
⑤ 농촌 계몽 → 브나로드 운동
동아일보사에서 문맹 퇴치를 목적으로 '배우자 가르치자 다 함께 브나로드' 등의 구호를 내세우며 농촌 계몽 운동인 브나로드(Vnarod) 운동을 전개하였다. ◁ 러시아어로 '민중 속으로'라는 의미

10 충칭 정부의 한국 독립당

암기박사 삼균주의 : 대한민국 건국 강령 ⇒ 충칭 임시 정부 　　**정답** ④

정답 해설
한국 국민당, 조선 혁명당, 한국 독립당의 3당이 합당하여 한국 독립당을 창당한 것은 충칭 정부 때의 일이다. 충칭의 대한민국 임시 정부는 조소앙의 삼균주의에 입각한 대한민국 건국 강령을 발표하였다(1941).

오답 해설
① 파리 강화 회의 → 김규식 파견
상하이에서 결성된 신한 청년당은 파리 강화 회의에 김규식을 대표로 파견하여 외교 활동을 전개하였다(1918).
② 자유시 참변 : 독립군 → 3부 조직
자유시 참변 이후 독립군이 만주로 탈출하여 조직을 재정비하면서 참의부, 신민부, 정의부의 3부가 만주 지역에 성립되었다(1923).
③ 훙커우 공원에서 폭탄 투척 → 윤봉길 의거
한인 애국단 소속의 윤봉길 의사가 상하이 훙커우 공원에서 의거를 일으켰다(1932).
⑤ 이승만 : 위임 통치 청원 → 국민 대표 회의 개최
이승만의 위임 통치 청원을 이유로 상하이에서 독립 운동의 방략을 논의하기 위한 국민 대표 회의가 개최되었으나 창조파와 개조파의 대립으로 분열되었다(1923).

핵심노트 ▶ 충칭 정부의 체제 정비

• 충칭 정부(1940) : 한국 독립당 결성
• 주석제 채택(1940) : 김구 주석 중심의 단일 지도 체제 강화
• 건국 강령 발표(1941) : 조소앙의 3균주의(정치, 경제, 교육적 균등)

317

PART 5 일제 강점기 독립 운동

기출테마 43 항일 운동과 의열 투쟁

01	⑤	02	③	03	①	04	①
05	⑤	06	②	07	③	08	③
09	⑤	10	④				

01 광주 학생 항일 운동

암기박사 신간회 : 진상 조사단 파견 ⇒ 광주 학생 항일 운동 〔정답 ⑤〕

정답 해설
한일 학생 간 충돌을 계기로 광주에서 일어나 전국적으로 확산된 운동은 광주 학생 항일 운동이다. 광주 학생 항일 운동이 발발하자 신간회 중앙 본부가 진상 조사단을 파견하여 지원하였다(1929).

오답 해설
① **조선 형평사 → 형평 운동**
갑오개혁에 의해 신분이 해방된 뒤에도 오랜 관습 속에서 계속 차별을 받자 이학찬을 중심으로 한 백정들은 진주에서 조선 형평사를 조직하고 형평 운동을 전개하였다(1923).

② **순종의 인산일 → 6·10 만세 운동**
순종의 인산일을 계기로 6·10 만세 운동이 일어나 격문 살포와 시위 운동이 전개되었다(1926).

③ **대한민국 임시 정부 수립에 영향 → 3·1운동**
고종의 인산일에 민족 대표 33인의 이름으로 독립 선언서를 발표함으로써 전개된 3·1 운동은 대한민국 임시 정부 수립에 영향을 주었다(1919).

④ **민족 유일당 운동 → 6·10 만세 운동**
6·10 만세 운동은 천도교를 중심으로 한 민족주의 세력과 조선 공산당을 중심으로 한 사회주의 세력이 연대하여 국내에서 민족 유일당 운동이 시작되는 계기가 되었다(1926).

02 안중근 의사

암기박사 이토 히로부미 사살 ⇒ 안중근 의사 〔정답 ③〕

정답 해설
옥중에서 동양 평화론을 저술하고 1910년 뤼순 감옥에서 순국한 인물은 안중근 의사이다. 그는 하얼빈 역에서 일제의 침략 원흉인 이토 히로부미를 사살하였다.

오답 해설
① **봉오동 전투 → 홍범도**
홍범도의 대한 독립군은 대한 국민회군과 연합하여 봉오동 전투에서 간도 지역을 기습한 일본군을 격파하였다.

② **대한매일신보 발간 → 양기탁**
한말의 언론인이자 독립운동가인 양기탁은 만민 공동회의 간부로 활약하다 영국인 베델과 함께 대한매일신보를 발간하였다.

④ **서전서숙 설립 → 이상설**
이상설은 북간도에서 최초의 신문학 민족 교육기관인 서전서숙을 설립하여 민족 교육을 실시하였다.

⑤ **독립 의군부 조직 → 임병찬**
임병찬은 고종의 밀지를 받아 고종의 복위 및 대한 제국의 재건을 목표로 독립 의군부를 조직하였다.

03 안중근 의사

암기박사 동양 평화론 저술 ⇒ 안중근 〔정답 ①〕

정답 해설
안중근 의사는 하얼빈 역에서 일제의 침략 원흉인 이토 히로부미를 사살하고 이듬해에 뤼순 감옥에서 동양 평화론을 집필하던 중 순국하였다(1909).

오답 해설
② **스티븐스 사살 → 장인환, 전명운**
장인환과 전명운은 미국 샌프란시스코에서 대한 제국의 외교 고문이었던 친일 미국인 스티븐스를 사살하였다.

③ **자신회 조직 → 나철, 오기호**
나철, 오기호 등은 을사오적을 처단하기 위해 5적 암살단인 자신회를 조직하였다. → 이완용, 이근택, 박제순, 이지용, 권중현

④ **친일파 이완용 습격 → 이재명**
이재명은 명동 성당 앞에서 국권 피탈에 앞장섰던 친일파 이완용을 습격하여 중상을 입혔다.

⑤ **동양 척식 주식회사에 폭탄 투척 → 나석주**
나석주는 의열단 소속으로 일제의 대표적 수탈 기관인 동양 척식 주식회사에 폭탄을 투척하였다.

핵심노트 ▶ 독립운동가의 의거 활동
- 안중근(1909) : 하얼빈에서 이토 히로부미 사살
- 이재명(1909) : 명동 성당 앞에서 이완용 저격
- 박재혁(1920) : 부산 경찰서에 폭탄 투척
- 강우규(1920) : 사이토 총독에게 폭탄 투척
- 나석주(1926) : 동양 척식 주식회사에 폭탄 투척
- 이봉창(1932) : 도쿄에서 일왕에 폭탄 투척
- 윤봉길(1932) : 홍커우 공원에서 일본군에 폭탄 투척

04 의열단의 독립 운동

암기박사 신채호 : 조선 혁명 선언 ⇒ 의열단 행동 강령 〔정답 ①〕

정답 해설
김상옥은 김원봉이 조직한 의열단의 단원으로 종로 경찰서에 폭탄을

투척하였다. 의열단은 민중의 직접 혁명을 주장하는 신채호의 조선 혁명 선언을 행동 강령으로 삼았다.

오답 해설

② 연통제 : 비밀 행정 조직 → 대한민국 임시 정부
대한민국 임시 정부는 국내 비밀 행정 조직인 연통제를 실시하여 문서와 명령 전달, 군자금 송부, 정보 보고 등의 업무를 수행하였다.

③ 임병찬 : 고종의 밀지 → 독립 의군부
임병찬이 고종의 밀지를 받아 결성된 비밀 단체는 독립 의군부로, 고종의 복위 및 대한 제국의 재건을 목표로 조직되었다.

④ 이봉창 의거 계획 → 한인 애국단
김구는 상해에서 임시 정부의 위기 타개책으로 한인 애국단을 조직하였고, 도쿄에서 일어난 이봉창 의거를 계획하였다.

⑤ 신흥 무관 학교 설립 → 신민회
신민회는 서간도 삼원보의 경학사에 신흥 강습소를 세워 독립군을 양성하였고 이후 신흥 무관 학교로 발전시켰다.

핵심노트 ▶ 의열단의 독립 투쟁

- 박재혁 : 부산 경찰서 폭탄 투척(1920)
- 김익상 : 조선 총독부 폭탄 투척(1921)
- 김상옥 : 종로 경찰서 폭탄 투척(1923)
- 김지섭 : 일본 황궁 침입 시도(1923)
- 나석주 : 조선 식산 은행, 동양 척식 주식회사 폭탄 투척(1926)

05 6·10 만세 운동

암기박사 6·10 만세 운동(1926) ⇒ 신간회 결성(1927)

정답 ⑤

정답 해설

(조선과 대한제국에서 왕이나 황제 직계 가족의 장례일)
융희는 대한제국의 마지막 연호로 순종을 말한다. 순종의 인산일에 학생들이 격문을 뿌리고 만세를 외친 사건은 6·10 만세운동으로, 민족 협동 전선인 신간회 결성에 영향을 미쳤다.

오답 해설

① 원산 총파업 → 1920년대 최대의 파업 투쟁
원산 총파업은 원산 노동 연합회의 소속 노동자와 일반 노동자들이 합세하여 노동 조건 개선을 요구하며 전개한 1920년대 최대의 파업 투쟁이다(1929).

② 치안 유지법 → 일제의 사상 통제법
치안 유지법은 일제가 제정한 사상 통제법으로, 공산주의 및 무정부주의 운동을 탄압하기 위해 제정한다고 했으나 사실상 독립 운동에 대한 전반적 탄압을 위해 만들어진 법률이었다(1925).

③ 이승만 : 위임 통치 청원 → 국민 대표 회의 개최
임시 정부의 대통령인 이승만의 위임 통치 청원이 알려지면서 신채호, 박용만 등의 요구로 상하이에서 국민 대표 회의가 소집되었으나 창조파와 개조파의 대립으로 분열되었다(1923).

④ 한일 학생 간 충돌 → 광주 학생 항일 운동
광주에서 발생한 한·일 학생 간의 충돌을 일본 경찰이 편파적으로 처리하여 광주 학생 항일 운동이 촉발되었다(1929).

핵심노트 ▶ 6·10 만세 운동(1926)

- 배경 : 순종의 사망을 계기로 민족 감정 고조(제2의 3·1 운동), 일제의 수탈 정책과 식민지 교육에 대한 반발
- 준비 : 민족주의 계열(천도교)과 사회주의 계열이 연대하여 만세 시위 운동을 준비하였으나 사전에 발각
- 전개 : 조선 학생 과학 연구회(사회주의계)를 비롯한 전문학교와 고등보통학교 학생들이 주도
- 결과 : 200여 명의 학생이 검거됨
- 의의 : 민족주의계와 사회주의계가 연대하는 계기 마련 → 신간회 결성(1927)에 영향을 미침

06 한인 애국단의 독립 활동

암기박사 윤봉길, 이봉창 의거 지원 ⇒ 김구 : 한인 애국단

정답 ②

정답 해설

윤봉길의 상하이 홍커우 공원 의거를 지원한 단체는 한인 애국단으로 이봉창 의거도 지원하였으며, 김구를 단장으로 하여 활발한 의열 활동을 펼쳤다.

오답 해설

① 신채호 : 조선 혁명 선언 → 의열단
김원봉의 의열단은 무장 투쟁과 민중의 직접 혁명을 주장한 신채호의 조선 혁명 선언을 활동 지침으로 삼았다.

③ 강우규 : 조선 총독 저격 → 대한 노인단
대한 노인단은 제3대 사이토 마코토 조선 총독을 저격한 강우규가 단원으로 활동하였다.

④ 민립 대학 설립 운동 → 조선 민립 대학 기성회
우리 손으로 대학을 설립하고자 조선 민립 대학 기성회에서 이상재 등의 주도로 민립 대학 설립 운동을 전개하였다.

⑤ 광주 학생 항일 운동 : 진상 조사단 파견 → 신간회
광주에서 한·일 학생 간의 충돌을 일본 경찰이 편파적으로 처리하여 광주 학생 항일 운동이 발생하자 신간회가 진상 조사단을 파견하여 광주 학생 항일 운동을 지원하였다.

핵심노트 ▶ 한인 애국단

- 1931년 상해에서 김구가 임시 정부의 위기 타개책으로 조직
- 이봉창 의거(1932. 1. 8) : 도쿄에서 일왕의 행렬에 폭탄 투척
- 윤봉길 의거(1932. 4. 29) : 상하이 홍커우 공원에서 열린 일본국 축하 기념식에서 폭탄 투척
- 임시 정부 인사들이 중국 군관학교에서 훈련할 수 있게 되어 한국 광복군의 탄생의 계기가 됨
- 한반도 문제에 대한 국제적 관심 고조, 독립 운동의 의기 고양
- 중국 국민당(장개석) 정부의 임시 정부 지원 계기 → 한국 광복군 창설(1940)

07 6·10 만세 운동

암기박사 민족주의 + 사회주의 ⇒ 6·10 만세 운동

정답 ③

정답 해설

순종의 인산일을 계기로 일어난 6·10 만세 운동은 천도교를 중심으로 한 민족주의 진영과 조선 공산당을 중심으로 한 사회주의 진영이 함께 준비하였다(1926).

오답 해설

① 대구에서 시작 → 국채 보상 운동
정부의 외채를 국민의 힘으로 상환하여 국권을 회복하자는 국채 보상 운동은 대구에서 시작되어 전국으로 확산되었다(1907).

② 대한민국 임시 정부 수립 영향 → 3·1 운동
고종의 인산일에 민족 대표 33인의 이름으로 독립 선언서를 발표함으로써 전개된 3·1 운동은 대한민국 임시 정부 수립에 영향을 주었다(1919).

④ 일제 : 문화 통치 실시 배경 → 3·1 운동
3·1 운동에서 나타난 민족적 저항과 국제적 여론 악화는 일제가 이른바 문화 통치를 실시하는 배경이 되었다(1919).

⑤ 신간회 : 진상 조사단 파견 → 광주 학생 항일 운동
광주에서 발생한 한·일 학생 간의 충돌을 일본 경찰이 편파적으로 처리하여 광주 학생 항일 운동이 발생하자 신간회 중앙 본부가 진상 조사단을 파견하여 지원하였다(1929).

08 한인 애국단의 독립 활동

암기박사 미쓰야 협정 ⇒ 한인 애국단 조직 ⇒ 김구 가흥 피신

정답 ③

정답 해설

(가) 미쓰야 협정(1925) : 총독부 경무국장 미쓰야와 만주의 군벌 장쭤린이 체결한 협정으로, 만주 지역의 한국인 독립 운동가를 체포해 일본에 인계한다는 조약이다.
• 한인 애국단 조직(1931) : 김구는 상해에서 임시 정부의 위기 타개책으로 한인 애국단을 조직하였고, 이 단체 소속의 이봉창과 윤봉길이 의거 활동을 전개하였다.
(나) 김구 가흥 피신(1932) : 상해에서 윤봉길의 홍커우 공원 의거를 주도한 김구는 일제의 추적을 피해 가흥으로 피신하였다.

오답 해설

① 일본군의 보복 → 간도 참변
봉오동 전투와 청산리 전투에서 패배한 일본군의 보복으로, 간도의 한인 촌락을 습격하여 무차별 학살과 방화를 저지른 간도 참변이 발생하였다(1920).

② 한국 광복군 → 국내 진공 작전 준비
한국 광복군은 미국 전략정보처(OSS)의 지원 하에 미군과 연계하여 국내 진공 작전을 준비하였으나 일제의 패망으로 실현하지는 못했다(1940).

④ 일본의 토지 침탈 대응 → 농광 회사 설립
일본의 황무지 개간권 요구로 인한 토지 침탈을 막고자 이도재 등을 중심으로 농광 회사가 설립되었다(1904).

⑤ 조소앙 : 삼균주의 → 대한민국 건국 강령
대한민국 임시 정부는 조소앙의 삼균주의를 기초로 정치·경제·교육의 균등을 주장한 대한민국 건국 강령을 발표하였다(1941).

09 광주 학생 항일 운동

암기박사 동맹 휴학의 도화선 ⇒ 광주 학생 항일 운동

정답 ⑤

정답 해설

광주에서 발생한 한·일 학생 간의 충돌을 일본 경찰이 편파적으로 처리하여 광주 학생 항일 운동이 촉발되었고, 전국 각지에서 일어난 동맹 휴학의 도화선이 되었다(1929).

오답 해설

① 순종의 인산일 → 6·10 만세 운동
순종의 인산일을 계기로 6·10 만세 운동이 일어나 격문 살포와 시위 운동이 전개되었다(1926).

② 일제 : 무단 통치 완화 배경 → 3·1 운동
3·1 운동에서 나타난 민족적 저항과 국제적 여론 악화는 일제의 무단 통치를 완화시키고 문화 통치를 실시하는 배경이 되었다(1919).

③ 대한민국 임시 정부 수립 계기 → 3·1 운동
고종의 인산일에 민족 대표 33인의 이름으로 독립 선언서를 발표함으로써 전개된 3·1 운동은 대한민국 임시 정부가 수립되는 계기가 되었다(1919).

④ 대한매일신보의 후원 → 국채 보상 운동
국채 보상 운동은 정부의 외채를 국민의 힘으로 상환하여 국권을 회복하자는 운동으로, 대한매일신보의 후원 속에 전국적으로 확산되었다(1907).

10 윤봉길 의거

암기박사 홍커우 공원에서 폭탄 투척 ⇒ 윤봉길 의거 : 한인 애국단 소속

정답 ④

정답 해설

윤봉길은 김구가 임시정부의 타개책으로 조직한 한인 애국단 소속으로(1931), 상하이 홍커우 공원에서 열린 일본군 축하 기념식에서 폭탄을 투척하였다(1932).

오답 해설

① 대한 독립 군단 → 자유시 참변
간도 참변으로 일제의 공격을 피해 자유시로 이동한 대한 독립 군단은 소련 적색군의 무장 해제 요구에 저항하다 공격을 당해 많은 희생자가 발생하였다.

② 신민회 → 신흥 무관 학교의 설립
신민회는 서간도 삼원보의 경학사에 독립군을 양성하기 위해 군사 교육 기관인 신흥 강습소를 설립하였고 이후 신흥 무관 학교로 발전하였다.

③ 독립 의군부 → 복벽주의 단체
임병찬이 고종의 밀지를 받아 조직한 독립 의군부는 고종의 복위 및 대한 제국의 재건을 목표로 활동한 복벽주의 단체이다.

⑤ 대종교의 중광단 → 북로 군정서 조직
대종교의 지도자들은 항일 무장 단체인 중광단을 조직하였고, 3·1 운동 직후 북로 군정서로 개편하여 청산리 대첩에 참여하였다.

PART 5 일제 강점기 독립 운동

기출테마 44
1920~1940년대 무장 독립 전쟁

01	④	02	①	03	③	04	④
05	⑤	06	⑤	07	⑤	08	③
09	①	10	③				

01 1920년대 만주 지역의 독립 운동

암기박사 봉오동 전투 ⇒ 청산리 대첩 ⇒ 3부 조직

정답 ④

정답 해설

(나) **봉오동 전투(1920.6)** : 홍범도의 대한 독립군 등이 간도 지역을 기습한 일본군을 봉오동으로 유인하여 크게 무찔렀다.

(다) **청산리 대첩(1920.10)** : 김좌진의 북로 군정서 등이 청산리 일대에서 일본군에 대승을 거두었다.

(가) **3부 조직(1923~1925)** : 자유시 참변 이후 독립군은 만주로 다시 탈출하여 조직을 재정비하면서 역량을 강화하고 참의부, 정의부, 신민부의 3부를 조직하였다.

핵심노트 ▶ 3부 조직

- **참의부(1923)** : 압록강 건너 만주의 집안 일대에 설치된 임시 정부 직할하의 정부 형태
- **정의부(1925)** : 길림과 봉천을 중심으로 하는 남만주 일대를 담당하는 정부 형태
- **신민부(1925)** : 자유시 참변 후 소련에서 되돌아온 독립군을 중심으로 북만주 일대에서 조직된 정부 형태

02 조선 혁명군

암기박사 흥경성 전투 ⇒ 양세봉 : 조선 혁명군

정답 ①

정답 해설

조선 혁명군은 1929년 조직되어 남만주에서 항일 무장 투쟁을 전개한 조선 혁명당의 군사 조직이다. 양세봉을 총사령관으로 하는 조선 혁명군은 중국 의용군과 연합하여 흥경성 전투에서 일본군에 승리하였다.

오답 해설

② 자유시 참변 → 대한 독립군단

간도 참변으로 인해 자유시로 이동한 대한 독립 군단은 적색군의 무장 해제 요구에 저항하다 공격을 받아 세력이 약화되었다.

③ 중국 팔로군에 편제 → 조선 의용군

조선 독립 동맹이 조선 의용대를 개편하여 조선 의용군을 창설하였으며, 중국 팔로군에 편제되어 항일 전선에 참여하였다.

④ 인도 · 미얀마 전선에서 활동 → 한국 광복군

대한민국 임시 정부 산하의 한국 광복군은 영국군의 요청으로 태평양 전쟁에 참가하여 연합군과 함께 인도 · 미얀마 전선에서 활동하였다.

⑤ 한국 독립당의 산하 부대 → 한국 독립군

북만주 지역에서 활동한 한국 독립당의 산하 부대인 한국 독립군은 지청천의 지휘 아래 중국군과 연합하여 호로군을 조직하였다.

핵심노트 ▶ 한 · 중 연합 작전

- **한국 독립군** : 지청천이 인솔하며, 중국의 호로군과 한 · 중 연합군을 편성하여 쌍성보 전투(1932) · 사도하자 전투(1933) · 동경성 전투(1933) · 대전자령 전투(1933)에서 승리
- **조선 혁명군** : 양세봉의 지휘로 중국 의용군과 연합, 영릉가 전투(1932) · 흥경성 전투(1933)에서 대승

03 김원봉의 독립 투쟁

암기박사 조선 의용대 창설 ⇒ 김원봉

정답 ③

정답 해설

의열단 단장으로 독립군 간부 양성을 위해 조선 혁명 군사 정치 간부 학교를 설립한 인물은 김원봉이다. 그는 중 · 일 전쟁 발발 직후 중국 국민당과 협력하여 조선 의용대를 창설하였다(1938). 조선 의용대는 중국 관내에서 조직된 최초의 한인 무장 부대로, 중국 국민당과 연합하여 포로 심문, 요인 사살, 첩보 작전을 수행하였다.

오답 해설

① 대한 광복군 정부 수립 → 이상설, 이동휘

이상설, 이동휘는 연해주에서 대한 광복군 정부를 수립하고 무장 독립 전쟁을 준비하였다.

② 대한 광복회 총사령 → 박상진

박상진은 대한 광복회의 총사령으로 만주에 독립 사관학교를 설립하고 독립군을 양성하여 친일파를 처단하였다.

④ 대전자령 전투 → 지청천

한국 독립군의 지청천은 만주 사변 이후 중국군과 연합하여 호로군을 조직하고 대전자령 전투에서 일본군을 격퇴하였다.

⑤ 조선 혁명 선언 집필 → 신채호

신채호는 의열단의 활동 지침으로 민중의 직접 혁명을 주장하는 조선 혁명 선언을 집필하였다.

04 한국 광복군

암기박사 국내 진공 작전 추진 ⇒ 한국 광복군

정답 ④

정답 해설

독립운동가 조성환이 창설을 주도한 대한민국 임시 정부 산하의 군대는 한국 광복군이다. 한국 광복군은 국내 정진군을 조직하여 국내 진공 작전을 추진하였으나 일제의 패망으로 실현하지는 못했다.

오답 해설

① **숭무 학교 설립 → 이근영**
이근영은 멕시코 메리다 중심지에 한인 무관 양성 학교인 숭무 학교를 설립하여 독립군을 양성하였다.

② **쌍성보 전투 → 한국 독립군**
지청천의 한국 독립군은 중국의 호로군과 함께 쌍성보 전투에서 한중 연합 작전을 전개하였다.

③ **호가장 전투 → 조선 의용대**
조선 의용대는 중국 팔로군과 함께 한중 연합 작전을 펼쳐 중국 화북 지역의 호가장 전투에서 활약하였다.

⑤ **중국 관내에 결성된 최초의 한인 무장 부대 → 조선 의용대**
조선 의용대는 중국 관내에 결성된 최초의 한인 무장 부대로, 중국 국민당과 연합하여 포로 심문, 요인 사살, 첩보 작전을 수행하였다.

핵심노트 ▶ 한국 광복군의 활동
- 대일 선전 포고(1941)
- 영국군과 연합 작전 전개(1943) → 인도, 미얀마 전선
- 국내 진입 작전(1945) → 미국 전략정보처(OSS)의 지원과 국내 정진군 특수 훈련

05 국외 무장 투쟁

암기박사 봉오동 전투(1920) ⇒ 영릉가 전투(1932)

정답 ⑤

정답 해설

(가) **봉오동 전투(1920)** : 홍범도의 대한 독립군은 대한 국민회군과 연합하여 봉오동에서 간도 지역을 기습한 일본군을 상대로 승리를 거두었다.

(나) **영릉가 전투(1932)** : 양세봉의 조선 혁명군은 중국 의용군과 연합하여 영릉가 전투에서 일본군에 대승을 거두었다.

- **한인 강제 이주 정책(1937)** : 만주가 일제의 지배 하에 놓이자 일제가 연해주 한인들을 밀정으로 포섭할 것을 염려한 소련의 스탈린에 의해 많은 한인이 중앙아시아로 강제 이주되었다.

오답 해설

① **3부 조직(1923~1925)**
자유시 참변 이후 독립군이 만주로 탈출하여 조직을 재정비하면서 참의부, 정의부, 신민부의 3부가 만주 지역에 조직되었다.

② **간도 참변(1920)**
봉오동 전투와 청산리 전투에서 패배한 일본군의 보복으로, 간도의 한인 촌락을 습격하여 무차별 학살과 방화를 저지른 간도 참변이 발생하였다(1920).

③ **청산리 전투(1920)**
김좌진의 독립군 연합 부대가 청산리 전투에서 일본군을 대파하여 독립군 사상 최대의 승리를 거두었다.

④ **미쓰야 협정(1925)**
일제가 독립군을 탄압하고자 총독부 경무국장 미쓰야와 만주의 군벌 장쭤린이 협정을 체결하였다.

06 청산리 대첩

암기박사 북로 군정서 + 대한 독립군 + 대한 국민군 ⇒ 청산리 대첩

정답 ⑤

정답 해설

독립군 사상 최대의 승리를 가져온 청산리 대첩은 김좌진의 북로 군정서군과 홍범도의 대한 독립군 그리고 안무의 대한 국민군 등이 연합하여 참여하였다.

오답 해설

① **중국 호로군과 협력 → 한국 독립군**
지청천의 한국 독립군은 중국 호로군과의 연합 작전을 통해 항일 전쟁을 전개하였다.

② **미국 전략 정보국(OSS)의 지원 → 한국 광복군**
한국 광복군은 미국 전략 정보국(OSS)의 지원을 받아 국내 진공 작전을 계획하였으나 일제의 패망으로 실현하지는 못했다.

③ **대한민국 임시 정부 수립에 영향 → 3·1운동**
고종의 인산일에 민족 대표 33인의 이름으로 독립 선언서를 발표함으로써 전개된 3·1 운동은 대한민국 임시 정부 수립에 영향을 주었다.

④ **조국 광복회의 지원 → 동북 항일 연군**
동북 항일 연군이 조국 광복회의 지원 아래 유격전으로 보천보 전투를 전개하였다.

핵심노트 ▶ 청산리 대첩(1920. 10)
- 김좌진의 북로 군정서군, 홍범도의 대한 독립군, 안무 국민회군 등 연합
- 간도 청산리의 어랑촌, 백운평, 천수평 등에서 6일간 10여 차례의 전투 끝에 일본군 대파
- 독립군 사상 최대의 승리

07 조선 의용대

암기박사 중국 관내에서 결성된 최초의 한인 무장 부대 ⇒ 조선 의용대

정답 ⑤

정답 해설

김원봉의 조선 의용대는 중국 관내에서 결성된 최초의 한인 무장 부대로, 중·일 전쟁 발발 직후 중국 국민당 정부의 지원을 받아 조직되었다. 포로 심문, 요인 사살, 첩보 작전을 수행하였으며 조선 민족 전선 연맹 산하 부대로 한커우에서 창설되었다(1938).

오답 해설

① **청산리 전투 → 북로 군정서군 + 대한 독립군**
김좌진의 지휘 아래 북로 군정서군은 홍범도의 대한 독립군과 연합하여 간도의 청산리 전투에서 일본군과 교전하였다.

② **대전자령 전투 → 한국 독립군**
지청천의 한국 독립군은 중국군과 연합하여 호로군을 조직하고 대전자령 전투에서 일본군을 격퇴하였다.

③ **자유시 이동 → 대한 독립 군단**
간도 참변 이후 대한 독립 군단은 일본군의 공세를 피해 자유시로 이동하였다.

④ 흥경성 전투 → 조선 혁명군
  양세봉의 조선 혁명군은 중국 의용군과 연합하여 흥경성 전투를 이끌고 일본군을 격파하였다.

> **핵심노트** ▶ 조선 의용대
> - 배경 : 중 · 일 전쟁(1937)이 일어나자 군사 조직의 필요성이 대두
> - 조선 민족 전선 연맹 산하 부대로 한커우에서 창설(1938. 10)
> - 중국 국민당과 연합하여 포로 심문, 요인 사살, 첩보 작전 수행

08 지청천의 독립 투쟁

암기박사 쌍성보, 대전자령 전투 ⇒ 지청천   **정답** ③

정답 해설

한국 독립군과 한국 광복군의 총사령관으로 항일 독립 전쟁을 이끈 지청천은 북만주에서 중국군과 연합하여 호로군을 조직하고 쌍성보, 대전자령 전투에서 일본군을 격파하였다.

오답 해설

① 동양 척식 주식회사에 폭탄 투척 → 나석주
  나석주는 의열단 소속으로 일제의 대표적 수탈 기관인 동양 척식 주식회사에 폭탄을 투척하였다.
② 대한 광복회 조직 → 박상진
  박상진은 대구에서 광복단과 조선 국권 회복단의 일부 인사를 통합하여 대한 광복회를 조직하고 친일파를 처단하였다.
④ 봉오동 전투 → 홍범도
  홍범도의 대한 독립군은 대한 국민회군과 연합하여 봉오동 전투에서 간도 지역을 기습한 일본군을 상대로 승리하였다.
⑤ 조선 혁명 선언 집필 → 신채호
  신채호는 의열단의 행동 강령으로 민중의 직접 혁명을 주장하는 조선 혁명 선언을 집필하였다.

09 조선 혁명군

암기박사 양세봉 : 조선 혁명군 ⇒ 영릉가 전투   **정답** ①

정답 해설

양세봉을 총사령으로 남만주 일대에서 조직된 독립군 부대는 조선 혁명군이다. 조선 혁명군은 중국 의용군과 함께 연합 작전을 전개하여 영릉가 전투에서 일본군을 상대로 승리하였다.

오답 해설

② 중광단 중심 → 북로 군정서군
  북로 군정서는 대종교 지도자들이 조직한 항일 무장 단체인 중광단을 중심으로 3 · 1 운동 직후 개편 · 조직되었다.
③ 자유시 참변 → 대한 독립군단
  간도 참변으로 인해 자유시로 이동한 대한 독립 군단은 적색군의 무장 해제 요구에 저항하다 공격을 받아 세력이 약화되었다.
④ 조선 혁명 간부 학교 설립 → 의열단
  의열단 단장인 김원봉은 황포 군관 학교에 입학하여 군사 훈련을 받은 후 조선 혁명 간부 학교를 세워 군사력을 강화하였다.

⑤ 인도 · 미얀마 전선에 투입 → 한국 광복군
  대한민국 임시 정부 산하의 한국 광복군은 영국군의 요청으로 태평양 전쟁에 참가하여 인도, 미얀마 전선에 투입되었다.

10 홍범도의 독립 활동

암기박사 홍범도 : 대한 독립군 ⇒ 봉오동 전투   **정답** ③

정답 해설

대한 독립군은 총사령관인 홍범도를 중심으로 북간도에서 조직된 항일 무장 단체이다. 대한 독립군은 대한 국민회군과 연합하여 봉오동 전투에서 일본군을 상대로 승리를 거두었다.

오답 해설

① 신민회 조직 → 안창호
  안창호는 국권 회복과 공화정체의 국민 국가 건설을 목적으로 양기탁 등과 함께 비밀 결사 단체인 신민회를 조직하였다.
② 조선 건국 동맹 결성 → 여운형
  여운형은 일제의 패망과 광복에 대비하여 일제 타도와 민주국가 건설을 목표로 조선 건국 동맹을 결성하였다.
④ 신흥 강습소 설립 → 이회영 *(신흥 무관 학교로 발전)*
  신민회의 일원인 이회영은 삼원보에 경학사를 조직하고 독립군을 양성하기 위하여 신흥 강습소를 설립하였다.
⑤ 한국독립운동지혈사 저술 → 박은식
  박은식은 일제 침략에 대항하여 독립 투쟁 과정을 정리한 한국독립운동지혈사를 저술하였다.

PART 5 일제 강점기 독립 운동

기출테마 45 실력 양성 및 사회적 민족 운동

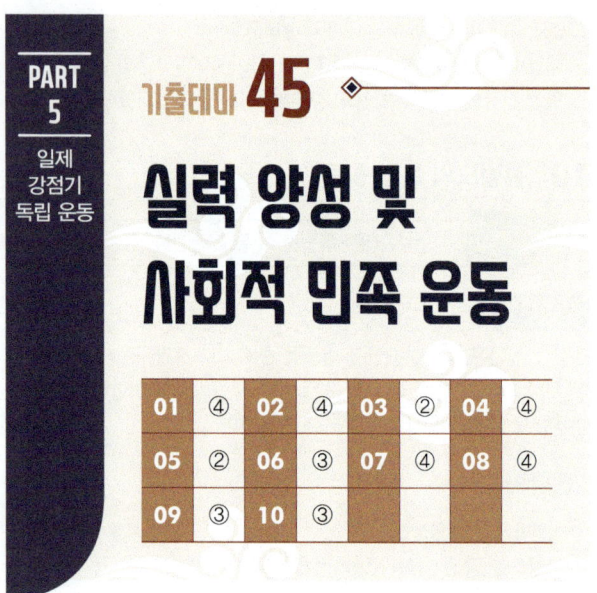

01	④	02	④	03	②	04	④
05	②	06	③	07	④	08	④
09	③	10	③				

01 천도교 소년 운동

암기박사 소년 운동 ⇒ 천도교

정답 ④

정답 해설

개벽과 별건곤은 모두 천도교에서 발간한 잡지이다. 천도교 소년회에서는 '어린이'라는 말을 만들고 어린이날을 제정하는 등 소년 운동을 추진하였다.

오답 해설

① 새생활 운동 → 원불교
 박중빈이 창시한 원불교는 현대화와 생활화를 주창하여 민족 역량 배양과 남녀평등, 허례허식의 폐지 등 생활 개선 및 새생활 운동을 펼쳤다.
② 중광단 조직 → 대종교
 대종교의 지도자들은 항일 무장 단체인 중광단을 조직하였고, 3·1 운동 직후 북로 군정서로 개편하여 청산리 대첩에 참여하였다.
③ 배재 학당 설립 → 개신교
 미국의 개신교 선교사 아펜젤러가 배재 학당을 세워 신학문 보급에 기여하였다.
⑤ 경향신문 발행 → 천주교
 천주교(가톨릭교회)에서 기관지인 경향신문을 발행하여 민중 계몽을 위해 노력하였다.

핵심노트 ▶ 소년 운동

- 인물 : 김기전, 방정환, 조철호
- 천도교 소년회(1921) : 천도교 청년회에서 독립하면서 소년 운동이 본격화, 전국적 확산
- 소년회 활동 : '어린이'라는 말을 만듦, 어린이날 제정, 최초의 순수 아동 잡지 어린이 발행
- 조선 소년 연합회(1927) : 전국적 조직체로서 조직되어 체계적인 소년 운동 전개
- 분열 : 지도자들 간의 사상과 이념의 대립으로 분열
- 중단 : 일제는 중·일 전쟁 발발 후 한국의 청소년 운동을 일체 금지하고 단체를 해산

02 브나로드 운동

암기박사 브나로드 운동 ⇒ 농촌 계몽 운동, 문맹퇴치

정답 ④

정답 해설

배우자 가르치자 다 함께 브나로드
1931년 동아일보사에서 문맹퇴치를 목적으로 농촌 계몽 운동을 전개하였다. 1933년 계몽운동이라고 개칭하면서 폭넓게 지속되다가 1935년 조선총독부 경무국의 명령으로 중단되었다. 원래 브나로드(Vnarod)란 말은 러시아어로 '민중 속으로'라는 의미이다.

오답 해설

① 조선 사람 조선 것으로 → 물산 장려 운동
 민족 기업을 지원하고 민족 산업을 육성함으로써 민족 경제의 자립을 달성하자는 목적 하에 조만식 등이 중심이 되어 평양에서 조선 물산 장려회를 발족하였다.
② 잘살려면 어린이를 위하라 → 소년 운동
 천도교 소년회에서 소년 운동이 본격화 되어 어린이날을 제정하였으며, 조선 소년 연합회에서는 전국적 조직체로서 체계적인 소년 운동을 전개하였다.
③ 한민족 1천만이 한 사람이 1원씩 → 민립 대학 설립 운동
 총독부가 대학 설립 요구를 묵살하자 조선 교육회는 우리 손으로 대학을 설립하고자 조선 민립 대학 기성 회를 중심으로 모금 운동을 전개하였다.
⑤ 천차만별의 천시(賤視)를 철폐하자 → 형평 운동
 이학찬을 중심으로 백정들이 진주에서 평등대우를 주장하며 형평 운동을 전개하였다.

03 물산 장려 운동

암기박사 조선 관세령 폐지 ⇒ 물산 장려 운동(1920년대)

정답 ②

정답 해설

조선 총독부의 회사령 철폐(1920)와 관세 철폐(1923) 등으로 일본 대기업의 조선 진출이 용이해지자 국내 기업의 위기감 고조되었다. 이에 조만식, 이상재 등의 주도로 평양에서 조선 물산 장려회가 발족되고, 조선 사람 조선 것이라는 구호 아래 물산 장려 운동이 전국으로 확산되었다.

오답 해설

① 동양 척식 주식회사 설립 → 1908년
 대한 제국의 토지와 자원을 수탈할 목적으로 일제에 의해 동양 척식 주식회사가 설립되었다.
③ 화폐 정리 사업 → 1905년
 재정 고문 메가타의 주도로 조선의 상평통보나 구(舊) 백동화를 일본 제일 은행에서 만든 새 화폐로 교환하는 화폐 정리 사업이 실시되었다.
④ 회사령 공포 → 1910년
 일제가 회사 설립을 허가제로 하는 회사령을 공포하여 민족 기업의 설립을 방해하였다.
⑤ 상권 수호 운동 → 1898년
 서울의 시전 상인들은 상권 수호를 위해 황국 중앙 총상회를 조직하여 일제의 경제적 침탈에 적극적으로 대응하였다.

핵심노트 ▶ 물산 장려 운동

- **배경** : 회사령 철폐(1920)와 관세 철폐(1923) 등으로 일본 대기업의 한국 진출이 용이해지자 국내 기업의 위기감 고조
- **목적** : 민족 기업을 지원하고 민족 산업을 육성함으로써 민족 경제의 자립을 달성
- **발족** : 조선 물산 장려회(1920)가 조만식 등이 중심이 되어 평양에서 최초 발족
- **활동** : 일본 상품 배격, 국산품 애용 등을 강조
- **구호** : 내 살림 내 것으로, 조선 사람 조선 것, 우리가 만들어서 우리가 쓰자
- **확산** : 전국적 민족 운동으로 확산되면서 근검 절약, 생활 개선, 금주·단연 운동도 전개
- **문제점** : 상인, 자본가 중심으로 추진되어 상품 가격 상승 초래, 사회주의자들의 비판
- **결과** : 초기에는 전국적으로 확산되었으나, 일제의 탄압과 친일파의 개입, 사회주의 계열의 방해 등으로 큰 성과를 거두지 못함

04 근우회의 활동

암기박사 조선 여성의 단결과 지위 향상 ⇒ 근우회

정답 ④

정답 해설

근우회는 신간회의 자매 단체로서 조선 여성의 단결과 지위 향상을 목표로 조직되었다. 근우회는 김활란 등을 중심으로 한 여성계 민족 유일당으로, 여성 노동자의 권익 옹호와 생활 개선을 행동 강령으로 삼았다.

오답 해설

① 대동 단결 선언 발표 → 신한 혁명당
  신한 혁명당은 중국 상하이에서 융희 황제의 주권 포기를 단정하고 주권 재민을 천명한 대동 단결 선언을 발표하였다.
② 일제의 황무지 개간권 요구 저지 → 보안회
  보안회는 일제의 황무지 개간권 요구에 대한 지속적인 반대 운동을 벌여 일제의 황무지 개간권 요구를 저지하였다.
③ 배화 학당 설립 → 여선교사 캠벨
  여선교사 캠벨이 기독교 복음 전파와 여성 교육을 위해 종로에 배화 학당을 설립하였다.
⑤ 소년 운동 → 천도교 소년회
  천도교 소년회는 '어린이'라는 말을 만들고 어린이날을 제정하였으며, 어린이 등의 잡지를 발간하여 소년 운동을 주도하였다.

핵심노트 ▶ 근우회의 행동 강령

- 여성에 대한 사회적·법률적 일체 차별 철폐
- 일체 봉건적인 인습과 미신 타파
- 조혼 방지 및 결혼의 자유
- 인신 매매 및 공창 폐지
- 농촌 부인의 경제적 이익 옹호
- 부인 노동의 임금 차별 철폐 및 산전·산후 임금 지불
- 부인 및 소년공의 위험 노동 및 야업 폐지

05 형평 운동

암기박사 진주 : 조선 형평사 조직 ⇒ 형평 운동

정답 ②

정답 해설

'공평은 사회의 근본이요, 애정은 인류의 본령'이라는 취지 아래 백정에 대한 권익 보호를 목적으로 전개된 운동은 형평 운동이다. 진주에서 시작된 이 운동은 조선 형평사를 조직하여 백정에 대한 사회적 차별에 맞섰다(1923).

오답 해설

① 천도교 : 어린이날 제정 → 소년 운동
  천도교 소년회는 '어린이'라는 말을 만들고 어린이날을 제정하였으며, 어린이 등의 잡지를 발간하여 소년 운동을 주도하였다.
③ 신민회 : 태극 서관 → 계몽 서적 보급
  신민회는 국권 회복과 공화정체의 국민 국가 건설을 목적으로 조직된 비밀 결사 단체로, 계몽 서적의 보급을 위해 태극 서관을 설립하였다.
④ 일제 : 문화 통치 실시 → 3·1 운동
  3·1 운동에서 나타난 민족적 저항과 국제적 여론 악화는 일제가 이른바 문화 통치를 실시하는 결과를 가져왔다.
⑤ 라이징 선 석유 회사 : 조선인 구타 사건 → 원산 총파업
  라이징 선 석유 회사의 조선인 구타 사건을 계기로 1920년대 최대의 파업 투쟁인 원산 총파업이 시작되었다.

핵심노트 ▶ 형평 운동(1923)

- **배경** : 백정들은 갑오개혁에 의해 법제적으로는 권리를 인정받았으나, 사회적으로는 오랜 관습 속에서 계속 차별
- **조직** : 이학찬을 중심으로 한 백정들은 진주에서 조선 형평사를 창립
- **전개** : 사회적으로 평등한 대우를 요구하는 형평 운동을 전개
- **변질** : 1930년대 중반 이후 경제적 이익 향상 운동으로 변질

06 일제 강점기 노동 운동

암기박사 을밀대 고공 농성(1931) ⇒ 동방 광산 광부 투쟁(1941)

정답 ③

정답 해설

노동자 강주룡이 을밀대 지붕에서 고공 농성을 전개한 평양 고무 공장 파업이 일어나 임금 삭감 반대와 노동 조건 개선을 주장하였다(1931). 이후 전시 징용 정책에 반대하여 동방 광산 광부들이 작업을 거부하는 등 노동 쟁의 투쟁을 하였다(1941).

오답 해설

① 조선 노동 총동맹과 조선 농민 총동맹 창립 → 1927년
  사회주의자들을 중심으로 결성된 조선 노·농 총동맹이 분리되어 조선 노동 총동맹과 조선 농민 총동맹이 창립되었다.
② 조선 노동 공제회 조직 → 1920년
  최초의 대중적 노동단체로서 전국 단위의 노동 운동 단체인 조선 노동 공제회가 조직되었다.
④ 회사령 제정 → 1910년
  일제는 회사 설립 시 총독의 허가를 받도록 하는 회사령을 제정하여 민족 기업의 설립을 방해하였다.
⑤ 원산 총파업 → 1929년
  일본인 감독의 한국인 구타 사건을 계기로 1920년대 최대의 파업 투쟁인 원산 총파업이 일어났다.

> **핵심노트** ▶ 일제 강점기 대표적 노동 운동
> - 조선 노동 공제회 조직(1920) : 최초의 대중적 노동단체, 전국 단위의 노동 운동 단체
> - 부산 부두 노동자 파업(1921) : 최초의 대규모 연대파업, 임금 인상 요구
> - 서울 고무 공장 여자 노동자 파업(1923) : 최초의 여성 노동자 연대 파업
> - 원산 총파업(1929) : 원산 노동 연합회 노동자 주도, 1920년대 최대의 파업투쟁
> - 평양 고무 공장 파업(1931) : 노동자 강주룡이 을밀대 지붕에서 전개한 최초의 고공 농성 운동
> - 동방 광산 광부 투쟁(1941) : 전시 징용 정책에 반대한 동방 광산 광부들의 작업 거부 노동 쟁의 투쟁

07 암태도 소작 쟁의

암기박사 암태도 소작 쟁의(1923) ⇒ 조선 농민 총동맹(1927)

정답 ④

정답 해설

전남 신안군 암태도의 소작농민들이 전개한 농민 운동으로, 지주들의 소작료 인상률 저지와 1920년대 각지의 소작운동에 큰 영향을 미쳤다(1923). 이후 조선 노·농 총동맹에서 조선 노동자 총동맹과 분리되어 농민 운동 단체인 조선 농민 총동맹이 결성되었다(1927).

오답 해설

① 회사령 제정 → 1910년
  일제는 회사 설립 시 총독의 허가를 받도록 하는 회사령을 제정하여 민족 기업의 설립을 방해하였다.
② 농광 회사 설립 → 1904년
  일제의 황무지 개간권 요구에 대해 이도재 등은 농광 회사를 설립하여 황무지를 우리 손으로 개간할 것을 주장하였다.
③ 토지 조사 사업 실시 → 1910~1918년
  일제는 토지 약탈과 식민지화에 필요한 재정 수입원을 마련하기 위해 토지 조사령을 발표하고 토지 조사 사업을 실시하였다.
⑤ 방곡령 선포 → 1889년
  조선 양곡의 무제한 유출을 허용한 조·일 통상 장정으로 인해 일본으로 지나치게 곡물이 반출되자 이를 막기 위해 함경도 관찰사 조병식이 방곡령을 선포하였다.

08 물산 장려 운동

암기박사 자작회, 토산 애용 부인회 ⇒ 물산 장려 운동

정답 ④

정답 해설

조만식, 이상재 등의 주도로 평양에서 조선 물산 장려회가 발족되고, 조선 사람 조선 것이라는 구호 아래 물산 장려 운동이 전개되었다. 물산 장려 운동을 추진하기 위해 조선 물산 장려회 외에 자작회, 토산 애용 부인회 등의 단체가 활동하였다(1920).

오답 해설

① 조선 노동 총동맹 → 노동 운동
  조선 노·농 총동맹에서 분리된 조선 노동 총동맹을 중심으로 임금 인상과 노동 조건의 개선 등을 요구하는 노동 운동이 전개되었다.
② 근우회 → 여성 운동
  근우회의 주도로 여성 노동자의 권익 옹호와 생활 개선을 위해 여성 운동이 진행되었다. ▶ 김활란 등을 중심으로 한 여성계의 민족 유일당 조직

③ 백정 : 사회적 차별 철폐 → 형평 운동
  이학찬을 중심으로 진주에서 조선 형평사를 조직하고 백정에 대한 사회적 차별 철폐를 목적으로 형평 운동이 전개되었다.
⑤ 국문 연구소 → 한글 연구
  국문 연구소는 학부 대신 이재곤의 요청으로 한글을 연구하기 위해 최초로 설립된 국가 기관이다.

09 원산 총파업

암기박사 1920년대 최대의 파업 투쟁 ⇒ 원산 총파업

정답 ③

정답 해설

원산 총파업은 원산 노동 연합회의 소속 노동자와 일반 노동자들이 합세하여 노동 조건 개선을 요구하며 전개한 1920년대 최대의 파업 투쟁이다(1929). 이후 노동자 강주룡이 을밀대 지붕에서 고공 농성을 전개한 평양 고무 공장 파업(1931)이 일어났다.

오답 해설

① 조선 노·농 총동맹 → 조선 노동 총동맹과 조선 농민 총동맹으로 분리 (1927)
  사회주의자를 중심으로 결성된 조선 노·농 총동맹이 분리되어 조선 노동 총동맹과 조선 농민 총동맹이 성립되었다.
② 최초의 여성 노동자 연대 파업 → 경성 고무 여자 직공 조합(1923)
  경성 고무 여자 직공 조합이 아사(餓死) 동맹을 결성하고 최초의 여성 노동자 연대 파업을 전개하였다.
④ 최초의 대중적 노동단체 → 조선 노동 공제회(1920)
  최초의 대중적 노동단체로써 전국 단위의 노동 운동 단체인 조선 노동 공제회가 조직되었다.
⑤ 백정에 대한 차별 철폐 → 조선 형평사 창립(1923)
  이학찬을 중심으로 진주에서 백정에 대한 차별 철폐를 요구하는 조선 형평사가 창립되었다.

10 민립 대학 설립 운동

암기박사 이상재 : 모금 활동 ⇒ 민립 대학 설립 운동

정답 ③

정답 해설

총독부가 대학 설립 요구를 묵살하자 조선 교육회는 우리 손으로 대학을 설립하고자 조선 민립 대학 기성회를 중심으로 이상재 등이 주도하여 모금 운동을 전개하였다.

오답 해설

① 중국의 5·4 운동에 영향 → 3·1 운동
  3·1 운동은 중국 전역에서 일어난 반일 애국 운동인 중국의 5·4 운동에 영향을 주었다.
② 사립 학교령 공포 → 사립학교 설립 규제
  사립 학교령은 한국인이 설립하는 사립학교가 크게 늘어나자 일제가 이를 규제하기 위해 공포하였는데, 이는 민족교육을 실시하던 사립학교의 설립을 방해하고 식민지 교육을 강화하기 위한 것이다.
④ 통감부의 방해와 탄압 → 국채 보상 운동
  국채 보상 운동은 정부의 외채를 국민의 힘으로 상환하여 국권을

회복하자는 운동으로, 통감부의 방해와 탄압으로 실패하였다.

⑤ **여권통문 발표 → 여권 운동**

서울 북촌의 양반 여성들이 주축이 되어 여성 교육의 중요성을 강조한 여권통문을 발표하였다.

└ 대한민국 최초의 여성 권리 선언문

핵심노트 ▶ 민립 대학 설립 운동

- 민족 역량 강화 위해 고등 교육의 필요성
- 총독부가 대학 설립 요구를 묵살하자 조선 교육회는 우리 손으로 대학을 설립하고자 조선 민립 대학 기성 준비회(이상재, 1922)를 결성
- 모금 운동 전개(1923) : 조선 민립 대학 기성회를 중심으로 모금 운동 전개 → 한민족 1천만이 한 사람 1원씩
- 지역 유지들과 사회단체의 후원으로 순조롭게 진행되었으나 일제의 방해와 남부 지방의 가뭄과 수해로 모금이 어려워져 결국 좌절
- 일제는 1924년 경성 제국 대학을 설립을 통해 조선인의 불만 무마를 시도

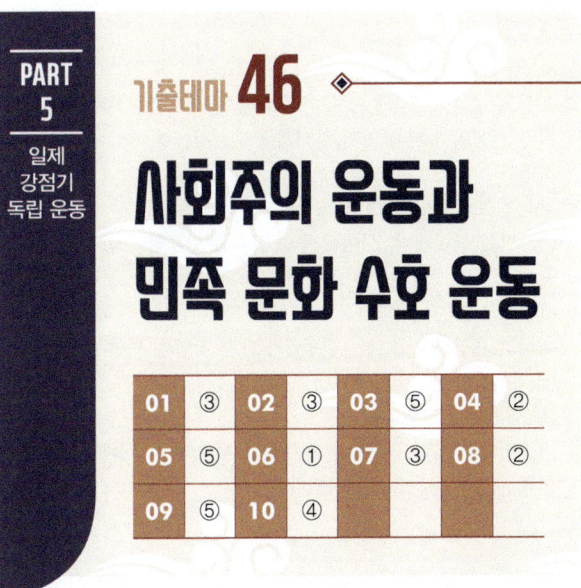

PART 5 일제 강점기 독립 운동

기출테마 46 사회주의 운동과 민족 문화 수호 운동

01	③	02	③	03	⑤	04	②
05	⑤	06	①	07	③	08	②
09	⑤	10	④				

01 만해 한용운

정답 ③

🏷️ **암기박사** 월간지 유심 발간 : 불교 개혁 운동 ⇒ 만해 한용운

정답 해설

일제 강점기 대표적인 저항시인 님의 침묵을 지은 인물은 만해 한용운이다. 그는 월간지 유심을 발간하여 불교 개혁 운동에 힘썼으며 조선불교유신론을 집필하였다.

오답 해설

① **우리말 큰사전 편찬 추진 → 조선어 학회**

이윤재가 설립한 조선어 학회는 한글 맞춤법 통일안과 표준어를 제정하였으며, 우리말 큰사전 편찬 사업도 추진하였다.

② **유교 구신론 제창 → 박은식**

국혼을 강조한 민족주의 사학자 박은식은 양명학을 기초로 유교 개혁을 주장하는 유교 구신론을 제창하였다.

④ **진단 학회 설립 → 이병도, 손진태**

이병도, 손진태 등은 진단 학회를 설립하여 실증주의 사학을 발전시키고 진단 학보를 발행하였다.

⑤ **독사신론 : 민족주의 사학 → 신채호**

신채호는 만주와 부여족 중심의 고대사를 서술한 독사신론을 저술하여 민족주의 사학의 기반을 마련하였다.

02 대종교의 무장 투쟁

정답 ③

🏷️ **암기박사** 항일 무장 단체 : 중광단 결성 ⇒ 대종교

정답 해설

→ 이환응, 이근택, 박제순, 이지용, 권중현

나철은 을사오적을 처단하기 위한 모의 실패 후 대종교를 창시하였다. 이후 대종교의 지도자들은 항일 무장 단체인 중광단을 결성하여 무장 투쟁을 전개하였으며, 3·1 운동 직후 북로 군정서로 개편하여 청산리 대첩에 참여하였다.

오답 해설

① **사찰령 폐지 운동 → 불교**
조선 불교의 자주성을 말살하기 위해 전국 사찰을 총독부에 직속시킨 일제의 통제에 맞서 불교계에서는 사찰령 폐지 운동을 추진하였다.

② **개벽, 신여성 등의 잡지 발행 → 천도교**
천도교에서는 개벽, 신여성 등의 잡지를 발행하여 민중의 자각과 근대 문물의 보급에 기여하였다.

④ **배재 학당 설립 → 개신교**
미국의 개신교 선교사 아펜젤러가 배재 학당을 세워 신학문 보급에 기여하였다.

⑤ **새생활 운동 → 원불교**
박중빈이 창시한 원불교는 현대화와 생활화를 주창하며 간척 사업과 새생활 운동을 추진하였다.

핵심노트 ▶ 일제 강점기의 종교 활동

- **천도교** : 제2의 3·1 운동을 계획하여 자주 독립 선언문 발표, 개벽·어린이·학생 등의 잡지를 간행하여 민중의 자각과 근대 문물의 보급에 기여
- **개신교** : 천도교와 함께 3·1 운동에 적극 참여, 민중 계몽과 문화 사업을 활발하게 전개, 1930년대 후반에는 신사 참배를 거부하여 탄압을 받음
- **천주교** : 고아원·양로원 등 사회사업을 계속 확대하면서 경향 등의 잡지를 통해 민중 계몽에 이바지, 만주에서 항일 운동 단체인 의민단을 조직하여 항일 무장 투쟁 전개
- **대종교** : 지도자들은 항일 무장 단체인 중광단을 조직, 3·1 운동 직후 북로 군정서로 개편하여 청산리 대첩에 참여 → 천도교와 더불어 양대 민족 종교를 형성
- **불교** : 3·1 운동에 참여, 한용운 등의 승려들이 총독부의 정책에 맞서 민족 종교의 전통을 지키려 노력, 교육 기관을 설립하여 민족 교육 운동에 기여
- **원불교** : 박중빈이 창시(1916), 불교의 현대화와 생활화를 주창, 민족 역량 배양과 남녀평등, 허례허식의 폐지 등 생활 개선 및 새생활 운동에 앞장섬

03 신간회의 활동

암기박사 광주 학생 항일 운동 : 진상 조사단 파견 ⇒ 신간회

정답 ⑤

정답 해설

사회주의 세력이 정우회 선언을 발표함으로써 민족주의 진영과 사회주의 진영이 민족 유일당, 민족 협동 전선의 기치 아래 창립 대회를 개최하고 이상재를 회장으로 추대한 단체는 신간회이다. 신간회는 광주 학생 항일 운동이 발생하자 진상 조사단을 파견하였다.

오답 해설

① **자기 회사 설립 → 신민회**
신민회는 국권 회복과 공화정체의 국민 국가 건설을 목표로 조직된 단체로 평양에 자기 회사를 설립하였다.

② **2·8 독립 선언서 발표 → 조선 청년 독립단**
미국 대통령 윌슨이 제창한 민족 자결주의의 영향을 받아 일본 도쿄 유학생들은 조선 청년 독립단을 중심으로 2·8 독립 선언서를 작성하여 발표하였다.

③ **제국신문 발행 → 이종일**
이종일은 순한글의 계몽적 일간지인 제국신문을 발행하여 민중 계몽에 힘썼다.

④ **어린이날 제정 → 천도교 소년회**
천도교 소년회는 '어린이'라는 말을 만들고 어린이날을 제정하였으며 잡지 어린이를 간행하였다.

핵심노트 ▶ 신간회 결성과 활동

- **결성** : 민족주의 진영과 사회주의 진영이 민족 유일당 운동의 일환으로, 조선 민흥회(비타협 민족주의 계열)와 정우회(사회주의 계열)가 연합하여 결성(1927) → 회장 이상재, 안재홍 등이 중심
- **조직** : 민족 운동계의 다수 세력이 참가하였으며, 전국에 약 140여 개소의 지회 설립, 일본과 만주에도 지회 설립이 시도됨
- **강령** : 민족의 단결, 정치·경제적 각성 촉진, 기회주의자 배격
- **활동** : 민중 계몽 활동, 노동 쟁의·소작 쟁의·동맹 휴학 등 대중 운동 지도, 광주 학생 항일 운동 시 조사단 파견

04 조선어 학회

암기박사 한글 맞춤법 통일안과 표준어 제정 ⇒ 조선어 학회

정답 ②

정답 해설

조선말 큰사전 편찬을 주도한 단체는 최현배, 이윤재가 설립한 조선어 학회로 한글 맞춤법 통일안과 표준어를 제정하였으나 일제의 조선어 학회 사건으로 해체되었다.

오답 해설

① **대한문전 : 국어 문법서 → 유길준**
유길준은 국어 문법서인 대한문전을 편찬하였고 안악면학회에서 발행하였다.

③ **언문지 : 우리말 음운 연구서 → 유희**
조선 순조 때 유희는 우리말 음운 연구서인 언문지를 저술하여 음리와 음가를 규명하였다.

④·⑤ **국문 연구소 : 한글 연구 목적 → 주시경**
국문 연구소는 한글 연구를 목적으로 학부 아래에 설립되었으며, 주시경을 중심으로 국문을 정리하고 철자법을 연구하였다.

핵심노트 ▶ 조선어 학회(1931)

- 조선어 연구회가 조선어 학회로 개편되면서 그 연구도 더욱 심화
- 한글 교재를 출판하고, 회원들이 전국을 순회하며 한글을 교육·보급
- 한글 맞춤법 통일안(1933)과 표준어(1936) 제정
- 조선말 큰사전 편찬에 착수 → 일제의 방해로 성공하지 못함
- 1940년대 초에 일제는 조선어 학회 사건을 일으켜 수많은 회원들을 체포·투옥하여 강제로 해산

05 민족주의 사학자 박은식

암기박사 한국통사 저술 ⇒ 박은식

정답 ⑤

정답 해설

일제 침략에 대항하여 한민족의 독립 투쟁 과정을 밝힌 한국독립운동지혈사를 저술한 인물은 박은식이다. 박은식은 "나라는 형(形)이요, 역사는 신(神)이다."라는 국혼을 강조한 역사서인 한국통사를 저술하고 민족주의 사학의 기초를 닦았다.

오답 해설

① **민족의 얼 강조, 조선학 운동 추진 → 정인보**
정인보는 '오천 년간 조선의 얼'을 신문에 연재하여 민족의 얼을 강조하고 정약용의 여유당전서 간행 사업을 시작하면서 조선학 운동을 추진하였다.

② 진단 학회 창립 → 이병도, 손진태
이병도, 손진태 등은 진단 학회를 설립하여 실증주의 사학을 발전시키고 진단 학보를 발행하였다.
③ 조선사 편수회 → 식민 사학 기관
일제는 한국사의 자율성·독창성을 부인하고 식민 통치를 합리화하기 위해 식민 사학 기관인 조선사편수회를 설립하여 조선사를 편찬하였다.
조선사 편수회에 들어가 조선사 편찬에 참여하였다.
④ 조선사회경제사 저술 → 백남운
백남운은 유물 사관을 바탕으로 조선사회경제사를 저술하고, 일제 식민 사학의 정체성 이론을 반박하였다.

> 핵심노트 ▶ 민족주의 사학자 박은식

- 민족정신을 혼(魂)으로 파악하고, 혼이 담긴 민족사의 중요성을 강조
- 한국통사 : 근대 이후 일본의 침략 과정을 밝힘 → "나라는 형(形)이요, 역사는 신(神)이다."
- 한국독립운동지혈사 : 일제 침략에 대항하여 투쟁한 한민족의 독립 운동을 서술
- 유교구신론 : 양명학을 기초로 유교를 개혁하기 위해 저술
- 기타 : 천개소문전, 동명왕실기 등을 저술, 서사건국지 번역
- 서북학회(1908)의 기관지인 서북학회월보의 주필로 직접 잡지를 편집하고 다수의 애국계몽 논설을 게재
- 임시 정부의 대통령 지도제하에서 제2대 대통령을 지냄

06 1920년대의 사회 모습

정답 ①

암기박사 나운규 : 아리랑 / 카프(KAPF) : 신경향파 ⇒ 1920년대

정답 해설

나운규가 제작한 영화 아리랑이 단성사에서 처음 개봉된 것은 1920년대의 일이다. 이 시기에 사회주의 사상이 지식인 사이에 퍼지면서 카프(KAPF)가 조직되고 문학의 사회적 실천을 강조한 신경향파가 등장하였다. → 조선 프롤레타리아 예술가 동맹

오답 해설

② 최초의 서양식 극장 → 원각사(1908)
이인직이 설립한 최초의 서양식 극장인 원각사에서 은세계, 치악산 등의 신극이 공연되었다.
③ 헐버트, 길모어 등 초빙 → 육영 공원(1886)
육영 공원은 정부가 보빙사 민영익의 건의로 설립한 최초의 근대식 관립 학교로 헐버트, 길모어 등이 교사로 초빙되었다.
④ 한국 최초의 전기 회사 → 한성 전기 회사 설립(1898)
황실과 미국인 콜브란의 합자로 한국 최초의 전기 회사인 한성 전기 주식회사가 설립되어 발전소를 건설하고 서대문과 청량리 간에 최초로 전차를 운행하였다.
⑤ 손기정 → 베를린 올림픽 마라톤 대회 우승(1936)
손기정 선수는 제11회 베를린 올림픽 마라톤 대회에 참가하여 당시 올림픽 신기록으로 우승하였다.

> 핵심노트 ▶ 1920년대 중반의 문학 사조

- 신경향파 문학의 대두 : 사회주의 문학, 1920년대 사회주의 사상이 지식인 사이에 퍼지면서 현실 비판 의식이 더욱 강화됨. 1925년 카프(KAPF, 조선 프롤레타리아 예술가 동맹)를 결성
- 프로 문학의 대두 : 신경향파 문학 이후 등장하여 극단적인 계급 노선을 추구
- 국민 문학 운동의 전개 : 민족주의 계열이 계급주의에 반대하고 문학을 통해 민족주의 이념을 전개 → 동반 작가라고 불림, 염상섭과 현진건 등이 대표적

07 민족 문화 수호 운동

정답 ③

암기박사 민족의 얼 강조, 조선학 운동 추진 ⇒ 정인보

정답 해설

정인보는 '오천 년간 조선의 얼'을 신문에 연재하여 민족의 얼을 강조하고 정약용의 여유당전서 간행 사업을 시작하면서 조선학 운동을 추진하였다.

오답 해설

① 조선어연구회 : 잡지 한글 간행 → 최현배, 이윤재
조선어 연구회는 3·1 운동 이후 최현배·이윤재 등이 국문 연구소의 전통을 이어 조직한 단체로 잡지 한글의 간행을 주도하였다.
② 조선어 학회 : 한글 맞춤법 통일안 제정 → 최현배, 이윤재
조선어 연구회가 조선어 학회로 개편된 후 최현배, 이윤재는 등은 한글 맞춤법 통일안과 표준어를 제정하였다.
④ 을지문덕전 : 애국심 고취 → 신채호
신채호는 애국심 고취를 위해 이순신전, 을지문덕전 등의 위인 전기를 저술하였다.
⑤ 조선사회경제사 : 식민 사학의 정체성론 반박 → 백남운
백남운은 유물 사관을 토대로 조선사회경제사를 저술하고 일제 식민 사학의 정체성론을 반박하였다.

> 핵심노트 ▶ 정인보

- 양명학과 실학사상을 주로 연구
- 신채호를 계승하여 고대사 연구에 치중하였고, '오천 년간 조선의 얼'을 신문에 연재
- 조선사 연구 : 식민 사관에 대항하여 고대사 왜곡을 바로잡고자 광개토대왕비를 새롭게 해석하고, 한사군 실재성을 부인
- 민족 사관 : '얼' 사상을 강조

08 조선어 학회 사건

정답 ②

암기박사 한글 맞춤법 통일안과 표준어 제정 ⇒ 조선어 학회

정답 해설

제시된 사료는 조선어 학회 사건으로, 일제는 조선어 학회가 독립 운동 단체라는 거짓 자백을 근거로 최현배, 이극로 등을 투옥시키고 조선어 학회를 강제 해산시켰다. 이윤재가 설립한 조선어 학회는 한글 맞춤법 통일안과 표준어를 제정하고 〈우리말 큰사전〉의 편찬도 착수하였다.

오답 해설

① 정인보, 안재홍, 문일평 : 여유당전서 간행 → 조선학 운동
정인보, 안재홍, 문일평 등은 다산 정약용의 서거 99주년을 기념하여 여유당전서를 간행하고 조선학 운동을 주도하였다.
③ 주시경 : 국어의 이해 체계 확립 → 국문 연구소
주시경은 국어의 이해 체계 확립을 위해 국문 연구소를 세웠고, 국어문법을 편찬하였다.
④ 개벽, 신여성 등의 잡지 발행 → 천도교
천도교에서는 개벽, 신여성 등의 잡지를 간행하여 민족의식을 높이고 근대 문물의 보급에 기여하였다.

⑤ 민립 대학 설립 운동 → 조선 민립 대학 기성회
 총독부가 대학 설립 요구를 묵살하자 조선 교육회는 우리 손으로 대학을 설립하고자 조선 민립 대학 기성회를 중심으로 모금 운동을 전개하였다.

09 백남운의 저술 활동

정답 ⑤

암기박사 조선봉건사회경제사 : 식민 사학 반박 ⇒ 백남운

정답 해설

제시된 사료는 조선의 역사적 발전 과정이 세계사적 일원론에 따른다는 내용으로, 일제의 식민주의 사학의 조선 정체성 이론을 반박한 것이다. 백남운은 식민 사학을 반박하는 조선봉건사회경제사를 저술하였다.

오답 해설

① 조선사 편수회 → 식민 사학 기관
 일제는 한국사의 자율성·독창성을 부인하고 식민 통치를 합리화하기 위해 식민 사학 기관인 조선사편수회를 설립하여 조선사를 편찬하였다.
② 진단 학회 창립 → 이병도, 손진태
 이병도, 손진태 등은 실증주의 사학의 연구를 위해 진단 학회를 창립하고 진단 학보를 발행하였다.
③ 한국독립운동지혈사 저술 → 박은식
 박은식은 일제 침략에 대항하여 독립 투쟁 과정을 서술한 한국독립운동지혈사를 저술하였다.
④ 한·일 관계 사료집 편찬 → 대한민국 임시 정부
 대한민국 임시 정부는 임시 사료 편찬회에서 한·일 관계 사료집을 편찬하였다.

10 신채호의 저술 활동과 사상

정답 ④

암기박사 독사신론 : 민족 중심의 역사 서술 ⇒ 신채호

정답 해설

신채호는 조선상고사에서 역사를 '아(我)와 비아(非我)의 투쟁'의 기록으로 보았고, 이순신전과 을지문덕전 등을 집필하여 애국심을 고취시켰다. 또한 만주와 부여족 중심의 고대사를 서술한 독사신론을 발표하여 근대 민족주의 역사학의 초석을 다졌다.

오답 해설

① 여유당전서 간행 : 조선학 운동 → 정인보, 안재홍
 정인보, 안재홍 등은 다산 정약용의 서거 99주년을 기념하여 여유당전서 간행 사업을 시작하면서 조선학 운동을 전개하였다.
② 서유견문 : 서양 근대 문명 소개 → 유길준
 미국에 보빙사의 일행으로 파견된 유길준은 유럽을 여행한 후 서유견문을 집필하여 서양 근대 문명을 소개하고 새로운 국·한문체의 보급에 공헌하였다.
③ 한국독립운동지혈사 : 독립 투쟁 과정 → 박은식
 박은식은 일제 침략에 대항하여 투쟁한 한민족의 독립 운동을 서술한 한국독립운동지혈사를 저술하였다.

⑤ 조선사회경제사 : 식민주의 사학의 정체성 이론 반박 → 백남운
 백남운은 사적 유물론을 도입하여 조선사회경제사를 저술하고, 일제의 식민주의 사학의 정체성 이론을 반박하였다.

핵심노트 ▶ 민족주의 사학자 신채호

- 조선 상고사 : 역사는 아(我)와 비아(非我)의 투쟁의 기록
- 조선사 연구초 : 낭가 사상을 강조하여 묘청의 서경 천도 운동을 '조선 1천년래 제일대 사건'으로 높이 평가
- 조선 상고 문화사 : 조선 상고사에서 다루지 못한 상고사 관련 부분과 우리 민족의 전통적 풍속, 문화 등을 다룸 → 대종교와 연결되는 전통적 민간신앙에 관심을 보임
- 독사신론 : 일제 식민사관에 기초한 일부 국사교과서를 비판하기 위해 대한 매일 신보에 연재, 만주와 부여족 중심의 고대사 서술로 근대 민족주의 역사학의 초석을 다짐
- 조선 혁명 선언(한국 독립 선언서, 의열단 선언) : 무장투쟁과 민중 혁명을 강조한 민중 봉기를 주장 → 의열단의 요청으로 집필

PART 6 현대 사회의 발전

기출테마 47 대한민국 정부 수립과 6·25 전쟁

01	⑤	02	④	03	③	04	③
05	③	06	②	07	④	08	①
09	③	10	③				

01 5·10 총선거

정답 ⑤

암기박사 유엔 총회의 남북 총선거 의결(1947) ⇒ 5·10 총선거(1948) ⇒ 여수·순천 10.19 사건(1948)

정답 해설

(가) 유엔 총회의 남북 총선거 의결(1947) : 유엔 한국 임시 위원단의 감시 하에 인구 비례에 의한 남북 총선거 실시를 의결하였다.

- 5·10 총선거(1948) : 우리나라 최초의 보통 선거인 5·10 총선거가 남한 단독으로 실시되어 제헌 국회를 구성하고 헌법을 제정·공포하였다.

(나) 여수·순천 10.19 사건(1948) : 이승만 정부 때에 여수에 주둔하던 군인들이 제주 4·3 사건 진압을 거부하고 순천까지 무력 점거하는 여수·순천 10·19 사건이 발생하였다.

오답 해설

① 제1차 미·소 공동 위원회 결렬 → (가) 이전

모스크바 삼국 외상 회의의 결정에 따라 한국에 임시 민주 정부 수립을 목적으로 제1차 미·소 공동 위원회가 개최되었으나 결렬되었다(1946).

② 모스크바 삼국 외상 회의 개최 → (가) 이전

모스크바에서 삼국 외상 회의가 개최되어 미·소 공동 위원회를 설치하고 최고 5년 동안 미·영·중·소 4개국이 신탁 통치를 하기로 결정하였다(1945).

③ 좌우 합작 7원칙 발표 → (가) 이전

이승만의 정읍 발언 후 우익 측을 대표한 김규식과 좌익 측을 대표한 여운형이 좌우 합작 위원회를 구성하고 좌우 합작 7원칙을 발표하였다(1946).

④ 농지 개혁법 시행 → (나) 이후

이승만 정부 때에 소작제를 철폐하고 자영농을 육성하고자 유상 매수, 유상 분배 원칙의 농지 개혁법이 시행되었다(1949).

02 독립운동가 김병로

정답 ④

암기박사 남조선 과도 정부 대법원장 : 사법 제도의 기초 확립 ⇒ 김병로

정답 해설

김병로는 일제 강점기 신간회 중앙집행위원장을 역임한 독립운동가로, 해방 후 남조선 과도 정부의 사법부장과 대법원장으로 재임하면서 사법 제도의 기초를 다졌다.

오답 해설

① 남북 협상 참석 → 김구, 김규식

김구, 김규식이 남한만의 단독 정부 수립과 분단을 막기 위해 평양에서 개최된 남북 협상에 참석하였다.

② 정읍 발언 → 이승만

제1차 미·소 공동 위원회가 개최되었으나 결렬되자 이승만이 정읍에서 남한만의 단독 정부 수립을 주장하였다.

③ 삼균주의 : 건국 강령 작성 → 조소앙

조소앙은 삼균주의를 바탕으로 정치, 경제, 교육의 균등을 주장한 대한민국 건국 강령을 작성하였다.

⑤ 조선 건국 동맹 결성 → 여운형

여운형은 일제의 패망과 광복에 대비하여 일제 타도와 민주국가 건설을 목표로 조선 건국 동맹을 결성하였다.
→ 민족연합전선 형태, 좌우 합작 성격, 불언(不言)·불문(不問)·불명(不名)의 3불 원칙 제시

03 6·25 전쟁의 경과

정답 ③

암기박사 서울 수복 ⇒ 흥남 철수 ⇒ 정전 회담

정답 해설

ㄴ. 흥남 철수(1950. 10) : 6·25 전쟁 당시 중공군의 개입으로 전세가 불리해지자, 국군과 유엔군은 흥남항을 통해 대규모의 철수 작전이 전개되었다.

ㄷ. 정전 회담(1951. 6) : 소련이 유엔 대표를 통해 휴전을 제의하자 미국이 이를 받아들이고 중국과 북한에 휴전 회담을 제의함으로써 정전 협정이 체결되었다.

오답 해설

ㄱ. 애치슨 선언 → 6·25 전쟁 이전

6·25 전쟁 이전 미국의 극동 방위선에서 한반도를 제외한 애치슨 선언으로 북한이 남침 가능성을 오판하여 6·25 전쟁이 발발하였다(1950. 1).

ㄹ. 다부동 전투 → 서울 수복 이전

국군이 낙동강 방어선 전투 중 다부동 일대에서 북한군의 공세를 성공적으로 방어하였다(1950. 8).

핵심노트 ▶ 6·25 전쟁의 경과

전쟁 발발(1950. 6. 25) → 서울 함락(1950. 6. 28) → 한강 대교 폭파(1950. 6. 28) → 낙동강 전선 후퇴(1950. 7) → 인천 상륙 작전(1950. 9. 15) → 서울 수복(1950. 9. 28) → 중공군 개입(1950. 10. 25) → 압록강 초산까지 전진(1950. 10. 26) → 흥남 철수(1950. 12) → 서울 철수(1951. 1. 4) → 서울 재수복(1951. 3. 14) → 정전 회담(1951. 6. 23) → 정전 협정 체결(1953. 7. 27)

04 제주 4·3 사건

암기박사 명예 회복을 위한 특별법 제정 ⇒ 제주 4·3 사건

정답 ③

정답 해설

제주도에서 남한만의 단독 선거에 반대하는 세력을 진압한다는 명분 하에 무고한 사람들이 희생된 사건은 제주 4·3 사건이다. 2000년에 제주 4·3 사건 진상 규명 및 희생자들의 명예 회복을 위한 특별법이 제정되었다.

오답 해설

① 허정 과도 내각 성립 → 4·19 혁명
4·19 혁명으로 이승만 대통령이 하야한 후 혼란 수습을 위해 허정을 수반으로 하는 과도 내각이 성립되었다.

② 유신 체제 항거 → 3·1 민주 구국 선언
박정희 정부 때에 유신 체제에 항거하여 재야 정치인들과 가톨릭 신부, 개신교 목사, 대학 교수 등이 3·1 민주 구국 선언을 발표하였다.

④ 귀속 재산 처리 → 신한 공사 설립
미군정 시기에 일제의 귀속 재산 처리를 위해 신한 공사가 설립되어 동양 척식 주식회사가 소유했던 재산 및 군정청 소유의 모든 토지를 관리했다.

⑤ 제주 4·3 사건 → 유네스코 세계 기록 유산(X)
제주 4·3 사건 관련 기록물이 유네스코 세계 기록 유산으로 등재되어 있지는 않다.

핵심노트 ▶ 제주 4·3 사건
- 1948년 4월 3일부터 1954년 9월 21일까지 제주도에서 남조선 노동당(남로당) 세력이 주도가 되어 벌어진 무장 항쟁 및 그에 대한 대한민국 군경과 극우 단체의 유혈 진압
- 주장 : 남한 단독 선거 반대, 경찰과 극우 단체의 탄압에 대한 저항, 반미구국투쟁 등
- 진압 과정에서 무고한 주민들이 많이 희생됨

05 모스크바 삼국 외상 회의

암기박사 모스크바 삼국 외상 회의 ⇒ 4개국 신탁 통치 결정

정답 ③

정답 해설

한국에 임시 민주 정부를 수립하기 위하여 미·소 공동 위원회를 설치하고, 최고 5년 동안 미·영·중·소 4개국의 신탁 통치하에 두기로 모스크바 삼국 외상 회의에서 결정하였다(1945).

오답 해설

① 좌우 합작 7원칙 발표 → 좌우 합작 운동
이승만의 정읍 발언 이후 남한만의 단독 정부 수립운동이 일어나자, 우익 측을 대표한 김규식과 좌익 측을 대표한 여운형이 좌우 합작 7원칙을 발표하고 좌우 합작 운동을 전개하였다(1946).

② 임시 민주 정부 수립 → 제1차 미소 공동위원회
모스크바 삼국 외상 회의의 결정에 따라 한국에 임시 민주 정부 수립을 목적으로 제1차 미·소 공동 위원회가 개최되었으나 결렬되었다(1946).

④ 친일 주요 인사 조사 → 반민족 행위 특별 조사 위원회

이승만 정부 때 제헌 국회에서 친일 주요 인사들을 조사하기 위해 반민족 행위 특별 조사 위원회가 구성되었다(1948).

⑤ 남한만의 단독 총선거 결의 → 유엔 소총회
인구 비례에 의한 남북한 총선거 실시를 결의하였으나 소련과 북한의 반대로 유엔 소총회에서 남한만의 단독 총선거가 결의되었다(1948).

핵심노트 ▶ 모스크바 삼국 외상 회의 결정서(1945)
- 한국을 독립 국가로 재건하기 위해 임시적인 한국 민주 정부를 수립한다.
- 한국 임시 정부 수립을 돕기 위해 미·소 공동 위원회를 설치한다.
- 미, 영, 소, 중의 4개국이 공동 관리하는 최고 5년 기한의 신탁 통치를 실시한다.
- 남북한의 행정·경제면의 항구적 균형을 수립하기 위해 2주일 이내에 미·소 양군 사령부 대표 회의를 소집한다.

06 6·25 전쟁의 경과

암기박사 낙동강 후퇴 ⇒ 흥남 철수 ⇒ 정전 회담

정답 ②

정답 해설

(가) 낙동강 후퇴(1950. 7) : 북한의 기습 남침으로 국군은 서울을 함락당하고 낙동강 전선까지 후퇴하였다.

• 흥남 철수(1950. 12) : 6·25 전쟁 당시 중공군의 공세가 거세지자, 국군과 유엔군의 흥남항을 통한 대규모 철수 작전이 전개되었다.

(나) 정전 회담(1951. 6) : 소련이 유엔 대표를 통해 휴전을 제의하자 미국이 이를 받아들이고 중국과 북한에 휴전 회담을 제의함으로써 정전 협정이 체결되었다.

오답 해설

① 애치슨 선언 → 6·25 전쟁 이전
6·25 전쟁 이전 미국의 극동 방위선에서 한반도를 제외한 애치슨 선언으로 북한이 남침 가능성을 오판하여 6·25 전쟁이 발발하였다(1950).

③ 여수·순천 10·19 사건 → 6·25 전쟁 이전
이승만 정부 때에 여수에 주둔하던 군인들이 제주 4·3 사건 진압을 거부하고 순천까지 무력 점거하는 여수·순천 10·19 사건이 발생하였다(1948).

④ 한미 상호 방위 조약 체결 → 정전 회담 이후
이승만 정부 때에 한미 상호 방위 조약이 체결되어 한반도에서 무력 충돌이 일어날 경우 유엔의 결정 없이 미국이 즉각 개입할 수 있게 되었다(1953).

⑤ 발췌 개헌 → 정전 회담 이후
이승만 정부와 자유당은 6·25 전쟁 중 부산에서 계엄령을 선포한 가운데 대통령 직선제와 양원제의 발췌 개헌안을 통과시켰다(1952).

07 6·25 정전 협정

암기박사 발췌 개헌(1952) ⇒ 정전 협정(1953) ⇒ 사사오입 개헌(1954)

정답 ④

정답 해설

(가) 발췌 개헌(1952) : 이승만 정부와 자유당은 6·25 전쟁 중 부산에서 계엄령을 선포한 가운데 대통령 직선제와 양원제의 발췌

개헌안을 통과시켰다.
- 정전 협정(1953) : 국제연합군 총사령관과 북한국 최고사령관 및 중공인민지원군 사령관이 판문점에서 6·25 전쟁 정전 협정을 조인하였다.

(나) 사사오입 개헌(1954) : 자유당의 이승만 정부는 권력을 계속 장악하기 위해 초대 대통령에 한해 중임 제한 규정을 철폐하는 개헌안을 제출하였으나, 1표 부족으로 부결되자 사사오입의 논리로 개헌안을 불법 통과시켰다.

오답 해설

① 중화 인민 공화국과 국교 수립 → 1992년
노태우 정부 때에는 적극적 북방 정책으로 소련 및 동유럽 사회주의 국가들과 수교 후 중화 인민 공화국과 국교를 수립하였다.

② 경제 협력 개발 기구(OECD) 가입 → 1996년
김영삼 정부 때에 선진국 진입의 관문인 경제 협력 개발 기구(OECD)에 29번째 회원국으로 가입하였다.

③ 베트남 파병 → 1964년
박정희 정부 때에 미국의 요청에 따라 국군의 전력 증강과 차관 원조를 약속받고 베트남 파병을 시작하였다.

⑤ 한·미 상호 방위 원조 협정 체결 → 1950년
이승만 정부 때에 한국과 미국 정부 간의 경제 및 군사 원조에 관한 협정인 한·미 상호 방위 원조 협정이 체결되었다. → 미국의 원조물자를 가공하는 제분·제당·면방직의 삼백 산업이 발달

08 광복 이후의 현대사

정답 ①

암기박사 여운형 : 조선 건국 동맹 결성 ⇒ 광복 이전

정답 해설

제시된 사료는 아놀드 미군정 장관이 발표한 조선 인민 공화국 부인 성명으로 광복 직후인 1945년 10월에 발표되었다. 한편, 여운형이 일제의 패망과 광복에 대비하여 일제 타도와 민주국가 건설을 목표로 조선 건국 동맹을 결성한 것은 광복 이전이다(1944). → 민족연합전선 형태, 좌우 합작 성격, 불언(不言)·불문(不問)·불명(不名)의 3불 원칙 제시

오답 해설

② 좌우 합작 7원칙 발표 → 광복 이후
이승만의 정읍 발언 이후 남한만의 단독 정부 수립운동이 일어나자, 우익 측을 대표한 김규식과 좌익 측을 대표한 여운형이 양측의 주장을 절충하여 좌우 합작 7원칙을 발표하였다(1946).

③ 유엔 한국 임시 위원단 설치 → 광복 이후
유엔 총회에서는 유엔 한국 임시 위원단을 파견하여 한반도에서 인구 비례에 따른 남북한 총선거 실시를 결의하였다(1948).

④ 반민족 행위 특별 조사 위원회 출범 → 광복 이후
이승만 정부 때 제헌 국회에서 일제 강점기 친일 행위를 한 사람들을 처벌하고 공민권을 제한하기 위해 반민족 행위 특별 조사 위원회가 출범하였다(1948).

⑤ 귀속 재산 처리를 위한 신한 공사 설립 → 광복 이후
미군정 시기에 일제의 귀속 재산 처리를 위해 신한 공사가 설립되어 동양 척식 주식회사가 소유했던 재산 및 군정청 소유의 모든 토지를 관리했다(1946).

핵심노트 ▶ 광복 이후의 현대사

8·15 광복(1945. 8) → 모스크바 3국 외상 회의 개최(1945. 12) → 제1차 미·소 공동 위원회 개최(1946. 3) → 좌·우 합작 위원회 구성(1946. 7) → 제2차 미·소 공동 위원회 개최(1947. 5) → 유엔 한국 임시 위원단 방한(1948. 1) → 김구의 남북 협상 참석(1948. 4) → 5·10 총선거 실시(1948. 5) → 대한 민국 헌법 공포(1948. 7) → 대한 민국 정부 수립(1948. 8)

09 좌·우 합작 7원칙

정답 ③

암기박사 제1차 미·소 공동 위원회(1946. 3) ⇒ 좌우 합작 7원칙(1946. 10) ⇒ UN 상정(1947. 9)

정답 해설

제1차 미·소 공동 위원회의 회의 결렬로 이승만에 의해 남한만의 단독 정부 수립이 제기되었다. 이승만의 정읍 발언 이후, 우익 측을 대표한 김규식과 좌익 측을 대표한 여운형이 양측의 주장을 절충하여 좌우 합작 위원회에서 좌우 합작 7원칙을 발표하였다(1946. 10). 그러나 좌우 합작 운동은 실패하고 미·소 공동 위원회의 소관 사항이었던 한국 문제는 결국 국제연합(UN)으로 이관되었다(1947. 9).

오답 해설

① 남북 협상(1948)
김구, 김규식 등이 단독 정부 수립 반대와 통일 정부 구성을 위해서 평양에서 개최된 남북 협상에 참석하였다.

② 반민족 행위 특별 조사 위원회(1948)
이승만 정부 때 제헌 국회에서 일제 강점기 친일 행위를 한 사람들을 처벌하고 공민권을 제한하기 위해 반민족 행위 특별 조사 위원회가 구성되었다.

④ 농지 개혁법(1949)
이승만 정부는 소작제를 철폐하고 자영농을 육성하고자 유상 매수, 유상 분배 원칙의 농지 개혁법을 제정하였다(1949).

⑤ 5·10 총선거(1948)
우리나라 최초의 보통 선거인 5·10 총선거가 남한 단독으로 실시되어 제헌 국회를 구성하고 헌법을 제정·공포하였다.

10 광복 이후의 현대사

정답 ③

암기박사 좌·우 합작 7원칙 발표 ⇒ 남북 총선거 의결 ⇒ 남북 협상

정답 해설

(가) 좌·우 합작 7원칙(1946. 10) : 이승만의 정읍 발언 이후 남한만의 단독 정부 수립운동이 일어나자, 우익 측을 대표한 김규식과 좌익 측을 대표한 여운형이 양측의 주장을 절충하여 좌·우 합작 7원칙을 발표하였다.
- 유엔 총회의 남북 총선거 의결(1947) : 유엔 한국 임시 위원단의 감시 하에 인구 비례에 의한 남북 총선거 실시를 의결하였으나, 소련과 북한의 반대로 남한만의 단독 총선거가 실시되었다.

(나) 남북 협상(1948) : 김구, 김규식 등이 단독 정부 수립 반대와 통일 정부 구성을 위해서 평양에서 개최된 남북 협상에 참석하였다.

오답 해설

① 농지 개혁법 → 이승만 정부
이승만 정부 때에 소작제를 철폐하고 자영농을 육성하고자 유상 매수, 유상 분배 원칙의 농지 개혁법이 제정되었다(1949).

② 정읍 발언 → 제1차 미·소 공동 위원회 개최 직후
제1차 미·소 공동 위원회가 개최되었으나 결렬되자 이승만에 의해 남한만의 단독 정부 수립을 주장한 정읍 발언이 제기되었다(1946. 6).

④ 조선 건국 준비 위원회 → 8·15 광복 직후
8·15 광복 직후 일제의 패망과 광복에 대비하여 건국 작업을 진행하기 위해 여운형이 중심이 되어 조선 건국 준비 위원회가 조직되었다(1945).

⑤ 보안법 파동 → 이승만 정부
이승만 정부 때에 국회에서 여당 단독으로 국가보안법 개정안을 통과시킨 이른바 보안법 파동이 발생하였다(1958).

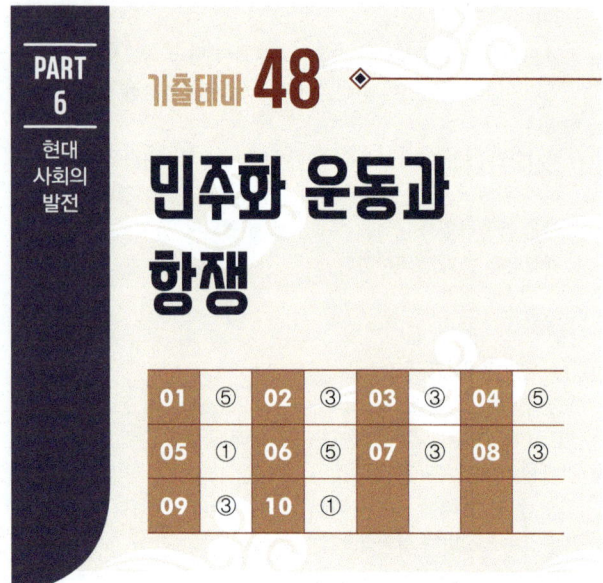

PART 6 현대 사회의 발전

기출테마 48 민주화 운동과 항쟁

01	⑤	02	③	03	③	04	⑤
05	①	06	⑤	07	③	08	③
09	③	10	①				

01 6월 민주 항쟁

정답 ⑤

암기박사 8차 개헌(전두환 정부) ⇒ 6월 민주 항쟁 ⇒ 9차 개헌(노태우 정부)

정답 해설

(가) 8차 개헌(1980) : 전두환의 신군부가 대통령 선거인단에 의한 임기 7년의 대통령 선거를 골자를 하는 8차 개헌을 단행하였다.
• 6월 민주 항쟁(1987) : 국민들의 대통령 직선제 요구를 거부하는 전두환 정부의 4·13 호헌 조치 발표로 호헌 철폐, 독재 타도를 요구하는 6·10 국민 대회가 개최되었다.
(나) 9차 개헌(1988) : 6월 민주 항쟁의 결과 노태우의 6·29 선언이 발표되고, 임기 5년의 대통령 직선제 개헌을 골자로 하는 9차 개헌이 이루어졌다.

오답 해설

① 국가 재건 최고 회의 → 박정희 정부
박정희의 5·16 군사 정변 당시 입법·사법·행정의 3권을 행사했던 국가 재건 최고 회의를 기반으로 군정이 실시되었다(1961).

② 조봉암 : 진보당 창당 → 이승만 정부
이승만 정부 때에 조봉암이 혁신 세력을 규합하여 진보당을 창당하였다(1956).

③ 4·19 혁명 → 이승만 정부
이승만 정부 때에 3·15 부정 선거에 항의하는 4·19 혁명이 전국으로 확산되었다(1960).

④ 부마 민주 항쟁 → 박정희 정부
박정희 정부 때에 유신 체제에 저항하여 부산, 마산 등지에서 부마 민주 항쟁이 일어났다(1979).

핵심노트 ▶ 4·19 혁명과 6월 민주 항쟁 비교

	4·19 혁명	6월 민주 항쟁
원인	3·15 부정 선거	4·13 호헌 조치
전개 과정	김주열 사망 → 전국적 시위 → 계엄령 발동	박종철·이한열 사망 → 전국적 시위 · 계엄령 발동 안 함
결과	• 내각 책임제 • 정권 교체(장면 내각)	• 대통령 직선제 • 정권 교체 실패(노태우 정부)

02 5·18 민주화 운동

정답 ③

암기박사 계엄군 vs 시민군 ⇒ 5·18 민주화 운동

정답 해설

신군부의 계엄 확대와 무력 진압에 5·18 민주화 운동이 발발하였고, 시위 과정에서 시민군이 자발적으로 조직되었다. 현재 5·18 민주화 운동 관련 기록물은 유네스코 세계 기록 유산으로 등재되어 있다.

오답 해설

① 호헌 철폐, 독재 타도 → 6월 민주항쟁
국민들의 대통령 직선제 요구를 거부하는 전두환 정부의 4·13 호헌 조치 발표로 호헌 철폐와 독재 타도 등의 구호를 내세운 6월 민주 항쟁이 촉발되었다.

② 김영삼 : 국회의원직 제명 → 부·마 민주 항쟁
신민당 당사에서 YH 사건이 일어나자 박정희 정부가 야당 총재인 김영삼을 국회의원직에서 제명하여 부산과 마산에서 민주 항쟁이 촉발되었다.

④ 경무대 총격 → 4·19 혁명
3·15 부정 선거로 4·19 혁명이 촉발되자 이승만 대통령의 하야를 요구하며 경무대로 향하던 시위대가 경찰의 총격을 받았다.

⑤ 박종철 고문 치사 진상 규명 → 6월 민주 항쟁
6월 민주 항쟁의 시위대는 치안본부 대공 분실에서 숨진 박종철 고문 치사 사건의 진상 규명을 요구하였다.

03 4·19 혁명의 결과

정답 ③

암기박사 이승만 대통령 하야(1960) ⇒ 의원 내각제 개헌(1960) ⇒ 5·16 군사 정변(1961)

정답 해설

(가) 이승만 대통령 하야(1960) : 자유당 정권의 3·15 부정선거 규탄 시위에 대한 유혈 진압에 항거하여 4·19 혁명이 발발하였으며, 국민들의 요구에 굴복하여 이승만 대통령이 하야하였다.

• 의원 내각제 개헌(1960) : 4·19 혁명으로 이승만 대통령이 하야한 후 실시한 총선거에서 민주당이 압승하여 장면 내각이 출범하고 의원 내각제를 골자로 하는 개헌이 이루어졌다.

(나) 5·16 군사 정변(1961) : 4·19 혁명 후 장면 내각이 성립하였으나, 박정희를 중심으로 한 군부 세력이 5·16 군사 정변을 일으켜 권력을 장악하였다.

오답 해설

① 조봉암 : 진보당 창당 → (가) 이전
이승만 정부 때에 조봉암이 혁신 세력을 규합하여 진보당을 창당하였다(1956).

② 국가 보위 비상 대책 위원회 설치 → (나) 이후
유신 체제 붕괴 후 12·12 군사 반란을 일으킨 전두환의 신군부가 통치권을 확립하기 위해 국가 보위 비상 대책 위원회를 설치하였다(1980).

④ 농지 개혁법 제정 → (가) 이전
이승만 정부는 소작제를 철폐하고 자영농을 육성하고자 유상 매수, 유상 분배를 규정한 농지 개혁법을 제정하였다(1949).

⑤ 3·1 민주 구국 선언 발표 → (나) 이후
박정희 정부 때에 유신 체제에 항거하여 재야 정치인들과 가톨릭 신부, 개신교 목사, 대학 교수 등이 긴급 조치 철폐를 요구하는 3·1 민주 구국 선언을 발표하였다(1976).

04 6월 민주 항쟁

정답 ⑤

암기박사 호헌 철폐, 독재 타도 ⇒ 6월 민주 항쟁

정답 해설

박종철 고문치사와 전두환 정부의 4·13 호헌 조치 발표로 호헌 철폐와 독재 타도 등의 구호를 내세운 6월 민주 항쟁이 촉발되었고, 그 결과 노태우의 6·29 민주화 선언에 따라 5년 단임의 대통령 직선제 개헌이 이루어졌다.

오답 해설

① 유신 체제 붕괴 → 부·마 민주 항쟁
YH 사건으로 부산과 마산에서 유신 철폐와 독재 타도를 외치며 부·마 민주 항쟁이 발발하였고 유신 체제가 붕괴되는 계기가 되었다(1979).

② 한·일 국교 정상화 → 6·3 시위
박정희 정부 때에 한·일 회담에 따른 굴욕적인 한·일 국교 정상화에 반대하여 6·3 시위가 일어났다(1964).

③ 양원제 국회 출현 → 4·19 혁명
4·19 혁명으로 이승만 대통령이 하야한 후 민의원과 참의원의 양원제 국회와 장면 내각이 출범하였다.

④ 신군부의 비상계엄 확대 → 5·18 민주화 운동
전두환·노태우 등의 신군부 세력이 쿠데타를 일으켜 권력을 장악하고 비상계엄을 전국으로 확대하자 이에 저항하여 5·18 민주화 운동이 전개되었다.

05 YH 무역 사건

정답 ①

암기박사 YH 사건 ⇒ 부마 민주 항쟁(1979년)

정답 해설

박정희 정부 때 신민당 당사에서 폐업에 항의하는 YH 무역 노동자들의 농성을 강경 진압한 YH 사건이 일어났고, 이로 인해 부산과 마산에서 유신 철폐와 독재 타도를 외치며 부마 민주 항쟁이 일어났다(1979). → 김영삼이 국회의원에서 제명

오답 해설

② **3·1 민주 구국 선언 → 1976년**
박정희 정부 때에 유신 체제에 항거하여 재야 정치인들과 가톨릭 신부, 개신교 목사, 대학 교수 등이 3·1 민주 구국 선언을 통해 긴급 조치 철폐 등을 요구하였다.

③ **민의원, 참의원 : 양원제 국회 → 1960년**
4·19 혁명으로 이승만 대통령이 하야한 후 민의원과 참의원의 양원제 국회가 출범하였다.

④ **6·3 시위 → 1964년**
박정희 정부 때에 한·일 회담에 따른 굴욕적인 한·일 국교 정상화에 반대하여 6·3 시위가 전개되고 비상 계엄령이 선포되었다.

⑤ **전태일 분신 사건 → 1970년**
서울 동대문 평화시장에서 피복공장 재단사로 일하던 노동운동가 전태일이 근로 기준법 준수를 외치며 분신하였다.

06 5·18 민주화 운동

암기박사 신군부의 계엄령 확대 ⇒ 5·18 민주화 운동

정답 ⑤

정답 해설

임을 위한 행진곡은 5·18 민주화 운동 당시 사망한 윤상원과 박기순의 영혼 결혼식에 헌정된 노래이다. 5·18 민주화 운동은 전두환·노태우 등 신군부의 비상계엄 확대와 무력 진압에 저항하여 발발하였다(1980).

오답 해설

① **유신 반대 운동 → 3·1 민주 구국 선언**
박정희 정부의 유신 체제에 항거하여 재야 정치인들과 가톨릭 신부, 개신교 목사, 대학 교수 등이 3·1 민주 구국 선언을 통해 긴급 조치 철폐 등을 요구하였다(1976).

② **4·13 호헌 조치 → 6월 민주 항쟁**
박종철 고문치사와 전두환 정부의 4·13 호헌 조치 발표로 호헌 철폐와 독재 타도 등을 외치며 6월 민주 항쟁이 촉발되었다(1987).

③ **장면 내각 출범 → 4·19 혁명**
이승만 정권의 장기 독재와 자유당 정권의 3·15 부정선거로 4·19 혁명이 발발하였고, 그 결과 이승만 대통령이 하야하고 장면 내각이 출범하는 계기가 되었다(1960).

④ **이한열 사망 → 6월 민주 항쟁**
박종철 고문치사와 국민들의 대통령 직선제 요구를 거부하는 전두환 정부의 4·13 호헌 조치 발표로 6월 민주 항쟁이 촉발되었고 시위 도중 대학생 이한열이 희생되었다(1987).

07 4·19 혁명의 전개

암기박사 대학 교수단 : 대통령 퇴진 요구 시위 ⇒ 4·19 혁명

정답 ③

정답 해설

2·28 민주 운동, 3·8 민주 의거, 3·15 마산 의거는 모두 4·19 혁명의 전개 배경이다. 4·19 혁명 후 서울 시내 27개 대학 교수단이 대통령 퇴진을 요구하며 시위 행진을 벌였다.

오답 해설

① **한·일 국교 정상화 → 6·3 시위**
박정희 정부 때에 한·일 회담에 따른 굴욕적인 한·일 국교 정상화에 반대하여 6·3 시위가 일어났다(1964).

②·⑤ **6월 민주 항쟁 → 6·29 민주화 선언 : 5년 단임의 대통령 직선제 개헌**
박종철 고문치사와 전두환 정부의 4·13 호헌 조치 발표로 호헌 철폐와 독재 타도 등의 구호를 내세운 6월 민주 항쟁이 촉발되었고, 그 결과 노태우의 6·29 민주화 선언에 따라 5년 단임의 대통령 직선제 개헌이 이루어졌다(1987).

④ **긴급 조치 철폐 → 3·1 민주 구국 선언**
박정희 정부 때에 유신 체제에 항거하여 재야 정치인들과 가톨릭 신부, 개신교 목사, 대학 교수 등이 3·1 민주 구국 선언을 통해 긴급 조치 철폐 등을 요구하였다(1976).

핵심노트 ▶ 4·19 혁명의 전개(1960)

- 3월 15일 : 선거 당일 부정 선거를 규탄하는 마산의거에서 경찰의 발포로 많은 사상자 발생 → 3·15 마산의거
- 4월 11일 : 마산의거에서 행방불명되었던 김주열 학생의 시신 발견
- 4월 18일 : 고려대 학생들의 총궐기 시위 직후 정치 깡패들이 기습·폭행하여 수십 명의 사상자 발생 → 4·18 고대생 습격 사건
- 4월 19일 : 부정 선거와 강경 진압으로 인한 사상자 속출 등의 진상이 밝혀지면서 국민의 분노가 극에 달해 학생·시민들의 대규모 시위 발발 → 4·19 혁명
- 4월 22일 : 재야인사들의 이승만 대통령 퇴진 요구
- 4월 25일 : 서울 시내 27개 대학 259명의 대학 교수들의 시국 선언문 발표 → 4·25 대학 교수단 선언
- 4월 26일 : 라디오 연설을 통한 이승만 대통령의 하야 발표, 자유당 정권 붕괴

08 6월 민주 항쟁의 결과

암기박사 6월 민주 항쟁 ⇒ 6·29 민주화 선언 : 5년 단임의 대통령 직선제 개헌

정답 ③

정답 해설

박종철 고문치사와 전두환 정부의 4·13 호헌 조치 발표로 호헌 철폐와 독재 타도 등의 구호를 내세운 6월 민주 항쟁이 촉발되었고, 그 결과 노태우의 6·29 민주화 선언에 따라 5년 단임의 대통령 직선제 개헌이 이루어졌다.

오답 해설

① **국가 보위 비상 대책 위원회 설치 → 12·12 군사 반란**
유신 체제 붕괴 후 12·12 군사 반란을 일으킨 전두환의 신군부가 통치권을 확립하기 위해 국가 보위 비상 대책 위원회를 설치하였다.

② **신군부의 비상계엄 확대 → 5·18 민주화 운동**
전두환·노태우 등의 신군부 세력이 쿠데타를 일으켜 권력을 장악하고 비상계엄을 전국으로 확대하자 이에 저항하여 5·18 민주화 운동이 전개되었다.

④ **허정 과도 정부 수립 → 4·19 혁명**
4·19 혁명으로 이승만 대통령이 하야한 후 혼란 수습을 위해 허정을 수반으로 하는 과도 정부가 수립되었다.

⑤ **조봉암 : 진보당 창당 → 이승만 정부**
이승만 정부 때에 조봉암이 혁신 세력을 규합하여 진보당을 창당하였으나 간첩 혐의로 처형되었다.

> **핵심노트** ▶ 6·29 민주화 선언
> - 여야 합의 하에 조속히 대통령 직선제로 개헌하고 새 헌법에 의해 대통령 선거를 실시, 1988년 2월 평화적 정부 이양을 실현한다.
> - 직선 제도의 변경뿐만 아니라 이를 민주적으로 실천하기 위해 대통령 선거법을 개정, 자유로운 출마와 공정한 선거를 보장하여 국민의 심판을 받도록 한다.
> - 국민적 화해와 대동단결을 위해 김대중 씨를 사면 복권시키고, 자유 민주주의적 기본 질서를 부인한 반국가사범이나 살상·방화·파괴 등으로 국가를 흔들었던 소수를 제외한 모든 시국 관련 사범들을 석방한다.

09 5·18 민주화 운동

정답 ③

암기박사 5·18 민주화 운동 ⇒ 유네스코 세계 기록유산 등재

정답 해설

신군부의 명령을 거부하고 시민을 보호한 경찰관의 징계 처분이 당시 국가 보위 비상 대책 위원회의 문책 지시에 따른 것이라고 하였으므로 (가)는 5·18 민주화 운동을 의미한다. 5·18 민주화 운동 관련 기록물은 현재 유네스코 세계 기록유산으로 등재되어 있다.

오답 해설

① 박종철, 이한열 희생 → 6월 민주항쟁
박종철 고문치사와 전두환 정부의 4·13 호헌 조치 발표로 6월 민주 항쟁이 촉발되었고 시위 도중 이한열 열사가 사망하였다.

② 호헌 철폐, 독재 타도 → 6월 민주항쟁
국민들의 대통령 직선제 요구를 거부하는 전두환 정부의 4·13 호헌 조치 발표로 호헌 철폐와 독재 타도 등의 구호를 내세운 6월 민주 항쟁이 촉발되었다.

④ 대통령 중심제에서 의원 내각제 변경 → 4·19 혁명
4·19 혁명 후의 혼란 수습을 위해 허정 과도 내각이 출범되어 대통령 중심제에서 의원 내각제로 바뀌는 계기가 되었다.

⑤ 대학 교수단 : 대통령 하야 요구 시위 → 4·19 혁명
4·19 혁명 후 서울 시내 27개 대학 259명의 대학 교수들이 시국 선언문을 발표하고 대통령의 하야를 요구하는 시위행진을 벌였다.

10 부·마 민주 항쟁의 결과

정답 ①

암기박사 부·마 민주 항쟁 ⇒ 유신 체제 붕괴

정답 해설

박정희 정부 때 신민당 당사에서 YH 사건이 일어나 김영삼을 국회의원에서 제명하였다. 이로 인해 부산과 마산에서 유신 철폐와 독재 타도를 외치며 부·마 민주 항쟁이 발발하였고 유신 체제가 붕괴되는 배경이 되었다.

오답 해설

②·④ 시민군의 저항, 유네스코 세계 기록 유산 → 5·18 민주화 운동
신군부의 계엄 확대와 무력 진압에 5·18 민주화 운동이 발발하였고 시민군이 조직되어 계엄군에 대항하였다. 5·18 민주화 운동 관련 기록물은 유네스코 세계 기록 유산으로 등재되었다.

③·⑤ 대학 교수단 시위, 허정 과도 정부 구성 → 4·19 혁명
3·15 부정 선거로 인해 촉발된 4·19 혁명으로 대통령의 하야를 요구하는 대학 교수단 시위가 있었고, 이승만 대통령이 하야한 후에는 혼란 수습을 위해 허정 과도 정부가 구성되었다.

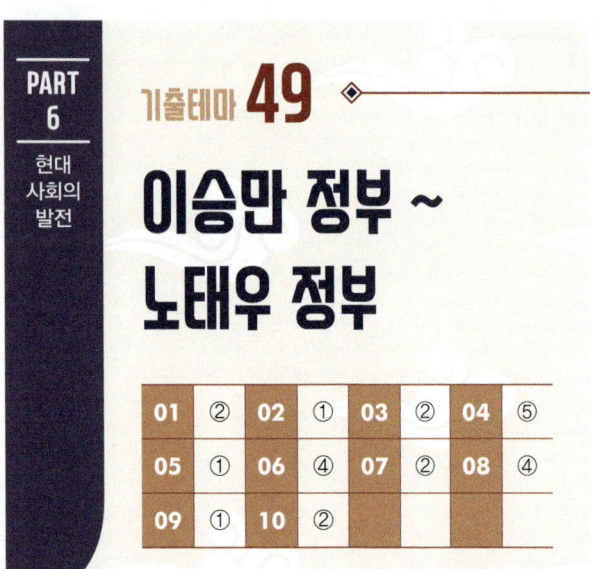

PART 6 현대 사회의 발전

기출테마 49 이승만 정부 ~ 노태우 정부

01	②	02	①	03	②	04	⑤
05	①	06	④	07	②	08	④
09	①	10	②				

01 노태우 정부의 통일 노력

암기박사 남북한 유엔 동시 가입 ⇒ 노태우 정부

정답 ②

정답 해설

하계 올림픽인 88 서울 올림픽이 개최되고 냉전 체제가 붕괴되면서 사회주의 국가인 헝가리 등과 수교를 한 것은 노태우 정부 때의 일이다. 노태우 정부 때에 제46차 UN 총회에서 개별 회원국으로 남북한이 유엔에 동시 가입하였다.

오답 해설

① 남북 조절 위원회 구성 → 박정희 정부
  박정희 정부 때에 7·4 남북 공동 성명을 실천하기 위한 남북 조절 위원회가 구성되어 통일 방안이 논의되었다.

③ 금강산 해로 관광 사업 → 김대중 정부
  김대중 정부 때에 평양에서 최초로 남북 정상회담이 개최되었고, 남북 교류 협력이 확대되면서 금강산 해로 관광 사업이 시작되었다.

④ 남북 경제 협력 협의 사무소 설치 → 노무현 정부
  노무현 정부 때에 민간 기업들의 대북 사업을 지원하기 위해 개성에 남북 경제 협력 협의 사무소가 설치되었다.

⑤ 최초의 남북 이산가족 고향 방문 → 전두환 정부
  전두환 정부 때에 남북 이산가족 고향 방문단의 교환 방문이 최초로 실현되어, 평양에서 이산가족 고향 방문과 예술 공연이 이루어졌다.

02 박정희 정부의 경제 상황

암기박사 포항 제철소 1기 설비 준공 ⇒ 박정희 정부

정답 ①

정답 해설

새마을 운동이 시작된 것은 박정희 정부 때의 일이다. 박정희 정부 때에는 장기적인 철강 공업 육성 계획에 따라 포항 제철소 1기 설비가 준공되었다(1973).

오답 해설

② 미국과 자유 무역 협정(FTA) 체결 → 노무현 정부 〔발효는 이명박 정부 때부터 임〕
  노무현 정부 때에 한·미 자유 무역 협정(FTA)이 체결되어 미국과의 무역 장벽을 허무는 계기가 되었다.

③ 3저 호황, 수출 증가 → 전두환 정부
  전두환 정부 때에 유가 하락, 달러 가치 하락, 금리 하락의 3저 호황으로 물가가 안정되고 수출이 증가하였다.

④ 금융 실명제 → 김영삼 정부
  김영삼 정부 때에 금융 거래의 투명성을 확보하고자 대통령의 긴급 명령으로 금융 실명제가 실시되었다.

⑤ 노사정 위원회 구성 → 김대중 정부
  김대중 정부 때에 대통령 직속 자문 기구로 노사정 위원회가 구성되어 고용 안정, 노사 협력, 경제 위기 극복 등의 현안을 논의하였다.

핵심노트 ▶ 경제 개발 계획

- 제1, 2차 경제 개발 계획(1962~1971) : 기간산업, 사회 간접 자본 확충, 경공업 중심의 수출 산업 육성, 베트남 특수로 호황, 새마을 운동 시작(1970)
- 제3, 4차 경제 개발 계획(1972~1981) : 중화학 공업 육성, 중동 진출, 새마을 운동 확산

03 이승만 정부

암기박사 인민혁명당 재건위 사건 ⇒ 박정희 정부

정답 ②

정답 해설

보안법 파동과 부산 정치 파동은 이승만 정부 시기의 사건이다. 한편, 유신 반대 투쟁을 벌인 인사들의 배후가 인민 혁명당 재건위라며 관련자를 탄압한 것은 박정희 정부 때의 일이다(1974).

오답 해설

① 진보당 사건 → 이승만 정부
  이승만 정부 때 조봉암을 중심으로 진보당이 창당되었으나 평화 통일론을 주장한 조봉암을 간첩 혐의로 처형하였다(1958).

③ 경향신문 폐간 사건 → 이승만 정부
  이승만 정부 때 정부에 비판적인 경향신문을 폐간하고 관련자들을 내란선동 혐의로 기소하는 등 언론을 통제하였다(1959).

④ 3·15 부정선거 → 이승만 정부
  이승만 정부 때 여당 부통령 후보 당선을 위한 3·15 부정 선거가 자행되어 4·19 혁명이 촉발되었다(1960).

⑤ 반민 특위 습격 사건 → 이승만 정부 〔반민족 행위 특별 조사 위원회〕
  이승만 정부 때 친일 주요 인사들을 조사하기 위해 반민 특위를 구성하였으나, 반공을 우선시하던 이승만 정부와 경찰이 반민 특위를 이끌던 국회의원들에게 간첩 혐의를 씌워 체포하였다(1949).

04 전두환 정부

암기박사 최초의 이산가족 고향 방문 ⇒ 전두환 정부

정답 ⑤

정답 해설

프로 야구 6개 구단이 창단되고 언론 통제와 호헌 철폐의 6월 민주항쟁이 발발한 것은 전두환 정부 때의 일이다. 전두환 정부 때에는 최

초로 이산가족의 고향 방문이 성사되어 평양에서 이산가족 고향 방문과 예술 공연단 교환을 실현하였다.

> 오답 해설

① 7·4 남북 공동 성명 발표 → 박정희 정부

박정희 정부 때에 7·4 남북 공동 성명을 발표하여 '자주, 평화, 민족 대단결'의 민족 통일 3대 원칙을 제시하였다.

② 개성 공단 착공식 → 노무현 정부

노무현 정부 때에 개성 공단 착공식이 개최되어 개성 공단 건설 사업을 실현하였다. ← 개성 공단 건설 합의는 김대중 정부

③ 금강산 관광 사업 → 김대중 정부

김대중 정부 때에 평양에서 최초로 남북 정상회담이 개최되고 햇볕 정책의 일환으로 금강산 관광 사업을 실시하였다.

④ 한반도 비핵화 공동 선언 → 노태우 정부

노태우 정부 때에 남북한이 한반도에서 핵무기의 보유나 사용금지 등을 규정한 한반도 비핵화 공동 선언문이 발표되었다.

05 박정희 정부의 경제 상황

> 암기박사 경부 고속 도로 개통 ⇒ 박정희 정부

정답 ①

> 정답 해설

제2차 경제 개발 5개년 계획이 실시된 것은 박정희 정부 때의 일이다. 이 시기에 새마을 운동이 시작되고 서울과 부산을 연결하는 경부 고속 도로가 개통되었다(1970).

> 오답 해설

② 귀속 재산 처리법 제정 → 이승만 정부

이승만 정부는 일제가 남긴 재산을 민간인 연고자에게 분배하는 귀속 재산 처리법을 제정하였다.

③ 경제 협력 개발 기구(OECD) 가입 → 김영삼 정부

김영삼 정부 때에 선진국 진입의 관문인 경제 협력 개발 기구(OECD)에 29번째 회원국으로 가입하였다.

④ 미국과 자유 무역 협정(FTA) 체결 → 노무현 정부

노무현 정부 때에 한·미 자유 무역 협정(FTA)이 체결되어 미국과의 무역 장벽을 허무는 계기가 되었다. ← 발효는 이명박 정부 때부터 임

⑤ 금융 실명제 → 김영삼 정부

김영삼 정부 때에 금융 거래의 투명성을 확보하고자 대통령의 긴급 명령으로 금융 실명제가 실시되었다.

06 박정희 정부의 통일 노력

> 암기박사 남북 조절 위원회 설치 ⇒ 박정희 정부

정답 ④

> 정답 해설 ← 경기도 광주(지금의 경기도 성남시)

광주 대단지 사건은 박정희 정부 때에 주민 수만 명이 정부의 무계획적인 도시정책과 졸속행정에 반발하여 일으킨 사건이다(1971). 박정희 정부 때에는 7·4 남북 공동 성명을 실천하기 위해 남북 조절 위원회를 설치하여 통일 방안을 논의하였다.

> 오답 해설

① 남북한 유엔 동시 가입 → 노태우 정부

노태우 정부 때에 제46차 UN 총회에서 개별 회원국으로 남북한이 유엔에 동시 가입하였다.

② 10·4 남북 공동 선언 발표 → 노무현 정부

노무현 정부 때에 제2차 남북 정상회담이 개최된 후 10·4 남북 공동 선언을 발표하여 기본 8개 조항에 합의하고 공동으로 서명하였다.

③ 한반도 비핵화 공동 선언 → 노태우 정부

노태우 정부 때에 남북한이 한반도에서 핵무기의 보유나 사용금지 등을 규정한 한반도 비핵화 공동 선언에 서명하였다.

⑤ 개성 공업 지구 건설 착수 → 노무현 정부

노무현 정부 때에 남북한의 교류 협력을 위한 개성 공업 지구 건설에 착수하였다. ← 조성 합의는 김대중 정부, 건설은 노무현 정부

07 1960년대의 역사적 사실

> 암기박사 3선 개헌, 브라운 각서 ⇒ 1960년대

정답 ②

> 정답 해설

(가) 국가 재건 최고 회의(1961) : 박정희의 5·16 군사정변 당시 입법·사법·행정의 3권을 행사했던 과도기의 국가 최고 통치 의결 기구이다.

(나) 통일 주체 국민 회의(1972) : 박정희 정부의 유신 헌법에 의해 설치된 헌법 기관이자 국민적 조직체이다.

ㄱ. 3선 개헌 통과(1969) : 박정희 정부의 장기 집권 의도로 3선 개헌이 강행되어 연임이 허용되고, 대통령 선출 방식으로 직선제가 유지되었다.

ㄷ. 브라운 각서 체결(1966) : 박정희 정부 때에 월남 파병을 조건으로 국군의 전력 증강과 차관 원조를 약속받은 브라운 각서가 체결되었다.

> 오답 해설

ㄴ. 제1·2차 석유 파동 → 1970년대

제1차 석유 파동(1974)에 이어 제2차 석유 파동이 발생함으로써 석유의 공급 부족과 가격 폭등으로 경제 불황이 심화되었다(1978).

ㄹ. 금융 실명제 실시 → 1990년대

김영삼 정부 때에 금융 거래의 투명성을 확보하고자 대통령의 긴급 명령으로 금융 실명제가 실시되었다(1993).

> 핵심노트 ▶ 브라운 각서(1966)

- 한국에 있는 대한민국 국군의 현대화 계획을 위하여 앞으로 수년 동안에 상당량의 장비를 제공한다.
- 월남 공화국에 파견되는 추가 병력에 필요한 장비를 제공하며 또한 파월 추가 병력에 따르는 일체의 추가적 원화 경비를 부담한다.
- 파월 대한민국 부대에 소요되는 보급 물자 용역 및 장비를 실행할 수 있는 한도까지 대한민국에서 구매하며 파월 미군과 월남군을 위한 물자 중 결정된 구매 품목을 한국에서 발주한다.
- 수출 진흥의 전반 부분에 있어서 대한민국에 대한 기술 협조를 강화한다.

08 전두환 정부

암기박사 6개 프로 야구단 출범 ⇒ 전두환 정부

정답 ④

정답 해설

대통령 선거인단에서 무기명 투표로 대통령을 선출하고, 대통령의 임기를 7년 단임제로 하는 8차 개헌을 단행한 것은 전두환 정부 시기이다. 이 시기에 6개의 프로 야구단이 창단되어 프로 야구가 정식으로 출범되었다.

오답 해설

① 긴급 조치 9호 발동 → 박정희 정부
   박정희 정부 때에 헌법상의 국민의 자유와 권리를 잠정적으로 정지할 수 있는 긴급 조치 9호가 발동되었다.
② 국민 교육 헌장 공포 → 박정희 정부
   박정희 정부 때에 국민의 윤리와 정신적인 기반을 확고히 하기 위하여 국민 교육 헌장이 공포되었다.
③ 지방 자치제 전면 시행 → 김영삼 정부
   김영삼 정부 때에 지방 자치단체장 선거를 포함한 지방 자치제가 전면 시행되었다.
⑤ 한미 자유 무역 협정(FTA) 체결 → 노무현 정부
   노무현 정부 때에 한·미 자유 무역 협정(FTA)이 체결되어 미국과의 무역 장벽을 허무는 계기가 되었다. → 발효는 이명박 정부 때부터 임

09 노태우 정부의 통일 노력

암기박사 남북 기본 합의서 채택 ⇒ 노태우 정부

정답 ①

정답 해설

대한민국 대통령이 최초로 중국을 공식 방문한 것은 노태우 정부 때의 일이다. 노태우 정부 때에 상호 화해와 불가침, 교류 및 협력 확대 등을 규정한 남북 기본 합의서를 채택하였다.

오답 해설

② 7·4 남북 공동 성명 발표 → 박정희 정부
   박정희 정부 때에 7·4 남북 공동 성명을 발표하여 '자주, 평화, 민족 대단결'의 민족 통일 3대 원칙을 제시하였다.
③ 남북 정상 회담 → 김대중 정부
   김대중 정부 때에 평양에서 처음으로 남북 정상 회담이 성사되어 남북한 최고 당국자 사이에 화해와 협력이 이루어졌다.
④ 최초의 이산가족 고향 방문 → 전두환 정부
   전두환 정부 때에는 최초로 이산가족의 고향 방문이 성사되어 평양에서 이산가족 고향 방문과 예술 공연단 교환을 실현하였다.
⑤ 개성 공단 건설 추진 → 김대중 정부
   김대중 정부 때에 남북 정상회담이 최초로 개최되고, 남북한 경제 협력을 위한 개성 공단 건설을 추진하였다. → 개성 공단 건설 합의는 김대중 정부, 착공은 노무현 정부

10 노태우 정부의 통일 노력

암기박사 한반도 비핵화 공동 선언 ⇒ 노태우 정부

정답 ②

정답 해설

88 서울 올림픽이 개최되고 남북한 유엔 동시 가입이 이루어진 시기는 노태우 정부 때의 일이다. 이 시기에 한반도에서 핵무기의 보유나 사용금지 등을 규정한 한반도 비핵화 공동 선언이 채택되었다.

오답 해설

①·③ 남북 정상 회담 최초 개최, 개성 공단 조성 합의 → 김대중 정부
   김대중 정부 때에는 햇볕 정책의 일환으로 평양에서 처음으로 남북 정상 회담이 개최되고 개성 공단 조성에 합의하였다.
④ 남북 조절 위원회 운영 합의 → 박정희 정부
   박정희 정부 때에는 7·4 남북 공동 성명을 실천하기 위해 남북 조절 위원회를 운영하기로 합의하였다.
⑤ 남북 간 이산가족 상봉 최초 실현 → 전두환 정부
   전두환 정부 때에 이산가족의 고향 방문이 성사되어 평양에서 남북 간 이산가족 상봉을 최초로 실현하였다.

핵심노트 ▶ 노태우 정부의 통일 정책

- 7·7선언(1988) : 북한을 적대의 대상이 아니라 상호 신뢰·화해·협력을 바탕으로 공동 번영을 추구하는 민족 공동체 일원으로 인식
- 한민족 공동체 통일 방안(1989) : 자주·평화·민주의 원칙 아래 제시
- 남북 고위급 회담, 남북한 유엔 동시 가입(1991) : 제46차 유엔 총회에서 남북한이 각각 별개의 의석을 가진 회원국으로 유엔에 가입
- 남북 기본 합의서 채택(1991. 12)·발효(1992) : 상호 화해와 불가침, 교류 및 협력 확대 등을 규정
- 한반도 비핵화 공동 선언 채택(1991. 12)·발효(1992) : 핵무기의 보유나 사용금지 등을 규정

PART 6 현대 사회의 발전

기출테마 50 김영삼 정부 ~ 현 정부

01	④	02	③	03	①	04	⑤
05	⑤	06	⑤	07	①	08	⑤
09	⑤	10	⑤				

01 김대중 정부

정답 ④

🔖 **암기박사** 국민 기초 생활 보장법 실시 ⇒ 김대중 정부

정답 해설

월드컵과 부산 아시안 게임이 개최된 것은 김대중 정부 때의 일이다. 김대중 정부 때에 생활이 어려운 사람에게 최저 생활을 보장하고 자활을 조성할 목적으로 국민 기초 생활 보장법이 실시되었다.

오답 해설

① 호주제 폐지 → 노무현 정부
  노무현 정부 때에 양성평등의 실현을 위해 남성 중심의 가부장제를 상징했던 호주제가 폐지되었다.
② 대학 졸업 정원제 → 전두환 정부
  전두환을 중심으로 한 신군부가 국가 보위 비상 대책 위원회를 통해 7·30 교육 개혁 조치를 단행하고, 과외 전면 금지와 대학 졸업 정원제를 시행하였다.
③ 노인 장기 요양 보험법 제정 → 노무현 정부
  노무현 정부 때에 고령의 노인들에게 신체활동과 가사활동 등의 서비스를 제공하는 노인 장기 요양 보험법이 제정되었다.
⑤ 중학교 무시험 진학 제도 → 박정희 정부
  박정희 정부 때에 중학교 입시 제도를 폐지하고 중학교 무시험 진학 제도가 시작되었다.

02 노무현 정부의 통일 노력

정답 ③

🔖 **암기박사** 제2차 남북 정상 회담 : 10·4 남북 정상 선언 발표 ⇒ 노무현 정부

정답 해설

행정 중심 복합 도시 추진, 질병 관리 본부 설치, 과거사 정리 위원회 구성은 모두 노무현 정부 때의 일이다. 노무현 정부 때에는 제2차 남북 정상회담이 개최되어 10·4 남북 정상 선언이 발표되고 기본 8개 조항에 합의하고 공동으로 서명하였다.

오답 해설

① 남북 기본 합의서 서명 → 노태우 정부
  노태우 정부 때에 상호 화해와 불가침, 교류 및 협력 확대 등을 규정한 남북한 간 최초의 공식 합의서인 남북 기본 합의서에 서명하였다.
② 남북 조절 위원회 구성 → 박정희 정부
  박정희 정부 때에는 7·4 남북 공동 성명을 실천하기 위한 남북 조절 위원회를 구성하였다.
④ 한반도 비핵화 공동 선언 → 노태우 정부
  노태우 정부 때에 한반도에서 핵무기의 보유나 사용금지 등을 규정한 한반도 비핵화 공동 선언을 채택하였다.
⑤ 이산가족 고향 방문 최초 성사 → 전두환 정부
  전두환 정부 때에 이산가족의 고향 방문이 최초로 성사되어 평양에서 남북한 이산가족 상봉이 이루어졌다.

03 김영삼 정부

정답 ①

🔖 **암기박사** 경제 협력 개발 기구(OECD) 가입 ⇒ 김영삼 정부

정답 해설

역사 바로 세우기 운동의 일환으로 옛 조선 총독부 건물을 철거한 것은 김영삼 정부 때의 일이다. 김영삼 정부 때에 선진국 진입의 관문인 경제 협력 개발 기구(OECD)에 29번째 회원국으로 가입하였다.

오답 해설

② 한·칠레 자유 무역 협정(FTA) → 노무현 정부
  노무현 정부 때에 칠레와 한·칠레 자유 무역 협정(FTA)을 체결하였다.
③ 호주제 폐지 → 노무현 정부
  노무현 정부 때에 양성평등의 실현을 위해 남성 중심의 가부장제를 상징했던 호주제가 폐지되었다.
④ 5년 단임의 대통령 직선제 개헌 → 전두환 정부
  전두환 정부 때에 6월 민주항쟁의 결과 노태우의 6·29 민주화 선언에 따라 5년 단임의 대통령 직선제 개헌안이 통과되었다.
⑤ 6·3 시위 → 박정희 정부
  박정희 정부 때에 한·일 회담에 따른 굴욕적인 대일 외교에 반대하는 6·3 시위가 일어났다.

👆 **핵심노트** ▶ 김영삼 정부(문민 정부, 1993.3 ~ 1998.2)

- 성립 : 1992년 12월 김영삼 대통령 당선 → 5·16 군사 정변 이후 30여 년만의 민간인 출신 대통령
- 주요 정책 : 공직자 재산 등록, 금융 실명제, 지방 자치제 전면 실시, 역사 바로 세우기 운동 → 전두환, 노태우 구속
- 외환위기 : 집권 말기 국제 통화 기금(IMF)의 구제 금융 지원 요청

04 노무현 정부

정답 ⑤

🔖 **암기박사** 과거사 정리 위원회 출범 ⇒ 노무현 정부

정답 해설

질병 관리 본부 출범, 아시아·태평양 경제 협력체(APEC) 정상 회의 주최, 행정 중심 복합 도시 건설은 모두 노무현 정부 때의 일이다. 노무현 정부 때에 반민주적·반인권적 사건의 진상 규명을 위해 진

실·화해를 위한 과거사 정리 위원회가 처음으로 출범하였다.

오답 해설

① 전국 민주 노동조합 총연맹 창립 → 김영삼 정부
  김영삼 정부 때에 한국노총과 더불어 대한민국 노동조합의 양대 조직인 전국 민주 노동조합 총연맹(민노총)이 창립되었다.
② 국제 통화 기금(IMF)의 채무 조기 상환 → 김대중 정부
  김대중 정부 때에 외환 위기로 지원받은 국제 통화 기금(IMF)의 구제 금융 채무를 조기 상환하였다.
③ 경실련 창립 대회 개최 → 노태우 정부 — 경제 정의 실천 시민 연합
  노태우 정부 때에 공정한 소득 분배에 기초한 경제정의를 실현하려는 취지로 발족한 경실련 창립 대회가 개최되었다.
④ 중학교 입시 제도 폐지 : 추첨제 실시 → 박정희 정부
  박정희 정부 때에 문교부에서 중학교 입시 제도를 폐지하고 무시험 추첨제를 실시한다는 새로운 중학교 입시 제도를 발표하였다.

05 김대중 정부의 통일 노력

암기박사 개성 공단 조성 합의 ⇒ 김대중 정부
정답 ⑤

정답 해설

국민 기초 생활 보장법을 제정하고 국가 인권 위원회를 설립하였으며 IMF의 외환 위기를 극복한 것은 김대중 정부 때의 일이다. 이 시기에 평양에서 최초로 남북 정상회담이 개최되었고, 남북한 교류 협력을 위한 개성 공단 조성에 합의하였다.

오답 해설

① 남북한 유엔 동시 가입 → 노태우 정부
  노태우 정부 때에 제46차 UN 총회에서 개별 회원국으로 남북한이 유엔에 동시 가입하였다.
② 7·4 남북 공동 성명 발표 → 박정희 정부
  박정희 정부 때에 7·4 남북 공동 성명을 발표하여 '자주, 평화, 민족 대단결'의 민족 통일 3대 원칙을 제시하였다.
③ 한반도 비핵화 공동 선언 → 노태우 정부
  노태우 정부 때에 한반도에서 핵무기의 보유나 사용금지 등을 규정한 한반도 비핵화 공동 선언을 채택하였다.
④ 최초의 이산가족 고향 방문 → 전두환 정부
  전두환 정부 때에는 최초로 이산가족의 고향 방문이 성사되어 평양에서 이산가족 고향 방문과 예술 공연단 교환을 실현하였다.

핵심노트 ▶ 김대중 정부(국민의 정부, 1998.3 ~ 2003.2)

- 베를린 선언 : 남북 경협, 냉전 종식과 평화 공존, 남북한 당국 간 대화 추진
- 남북 정상 회담 개최 : 평양에서 최초로 남북 정상 회담 개최
- 6·15 남북 공동 선언 : 1국가 2체제 통일 방안 수용, 이산가족 방문단의 교환, 협력과 교류의 활성화 등
- 금강산 관광 시작(1998), 육로 관광은 2003년부터 시작
- 경의선 철도 연결 사업 → 2000년 9월 착공, 2003년 12월 완료
- 남북한의 교류 협력을 위한 개성 공업 지구 조성에 합의
- 금 모으기 운동, 노사정 위원회 구성, 신자유주의 경제 정책 추진
- 수출, 무역 흑자 증가, 벤처 기업 창업 등으로 외환위기 극복
- 중학교 의무 교육 실시, 만 5세 유아에 대한 무상 교육·보육 등 추진

06 외환위기 극복을 위한 노력

암기박사 김영삼 : IMF 구제 금융 지원 ⇒ 김대중 : 노사정 위원회 구성
정답 ⑤

정답 해설

제시된 문서는 김영삼 정부 때 외환 위기로 국제 통화 기금(IMF)에 구제 금융을 지원하는 내용이다(1997). 이후 김대중 정부 때에 외환 위기 극복을 위해 대통령 직속 자문 기구인 노사정 위원회가 구성되어 고용 안정, 노사 협력, 경제 위기 극복 등의 현안을 논의하였다(1998).

오답 해설

① 전국 민주 노동조합 총연맹 창립 → 김영삼 정부
  김영삼 정부 때에 한국노총과 더불어 대한민국 노동조합의 양대 조직인 전국 민주 노동조합 총연맹(민노총)이 창립되었다.
② 3저 호황 → 전두환 정부
  전두환 정부 때에 저유가, 저금리, 저달러의 3저 호황으로 물가가 안정되고 수출이 증가하였다.
③ 제2차 석유 파동 → 박정희 정부
  박정희 정부 때에 제1차 석유 파동에 이어 제2차 석유 파동이 발생함으로써 석유의 공급 부족과 가격 폭등으로 경제 불황이 심화되었다.
④ 금융 실명제 → 김영삼 정부
  김영삼 정부 때에 금융 거래의 투명성을 확보하고자 대통령의 긴급 명령으로 금융 실명제가 실시되었다.

07 대한민국 정부의 활동

암기박사 남북한 유엔 동시 가입(노태우 정부) ⇒ OECD 가입(김영삼 정부) ⇒ G20 정상 회의 개최(이명박 정부)
정답 ①

정답 해설

(가) 남북한 유엔 동시 가입(노태우 정부) : 노태우 정부 때에 제46차 UN 총회에서 개별 회원국으로 남북한이 유엔에 동시 가입하였다(1991).
(나) 경제 협력 개발 기구(OECD) 가입(김영삼 정부) : 김영삼 정부 때에 선진국 진입의 관문인 경제 협력 개발 기구(OECD)에 29번째 회원국으로 가입하였다(1996).
(다) G20 정상 회의 개최(이명박 정부) : 이명박 정부 때에 G20 주요 경제국 정상들이 모이는 G20 정상 회의가 아시아 최초로 서울에서 개최되었다(2010).

08 문재인 정부의 평화 통일 노력

암기박사 10·4 남북 정상 선언 ⇒ 평창 동계 올림픽 ⇒ 판문점 선언
정답 ⑤

정답 해설

(가) 10·4 남북 정상 선언(2007) : 노무현 정부 때에 제2차 남북 정상 회담이 개최된 후 남북 관계 발전과 평화 번영을 위한 10·4 남북 정상 선언에 서명하였다.
- 평창 동계 올림픽(2018. 2) : 문재인 정부 때에 제23회 평창 동계 올

림픽 개막식에서 남북 선수단이 공동 입장하였다.
(나) 판문점 선언(2018. 4) : 문재인 정부 때에 판문점에서 김정은 국무위원장과 남북 정상 회담을 개최하고 한반도의 평화와 번영, 통일을 위한 판문점 선언을 채택하였다.

오답 해설

① 7 · 4 남북 공동 성명(1972) → 박정희 정부
박정희 정부 때에 7 · 4 남북 공동 성명을 발표하여 '자주, 평화, 민족 대단결'의 민족 통일 3대 원칙을 제시하였다.
② 개성 공업 지구 조성 합의(2000) → 김대중 정부
김대중 정부 때에 남북 교류 협력을 위한 개성 공업 지구 조성에 합의하였다.
③ 남북한 UN 동시 가입(1991) → 노태우 정부
노태우 정부 때에 제46차 유엔 총회에서 개별 회원국으로 남북한이 국제 연합(UN)에 동시 가입하였다.
④ 최초의 남북 이산가족 고향 방문(1985) → 전두환 정부
전두환 정부 때에 최초의 이산가족 고향 방문이 성사되어 평양에서 이산가족 고향 방문과 예술 공연단 교환을 실현하였다.

09 노무현 정부의 통일 노력

정답 ⑤

암기박사 개성 공단 착공식 개최 ⇒ 노무현 정부

정답 해설

김대중 정부(국민의 정부)의 햇볕 정책과 6 · 15 정신을 계승한 정부는 노무현 정부(참여정부)이다. 노무현 정부 때에 남북 간 경제 교류 활성화를 위한 개성 공단 착공식이 개최되었다.

오답 해설

① 판문점 : 남북 정상 회담 → 문재인 정부
문재인 정부 때에 판문점에서 김정은 국무위원장과 남북 정상 회담을 개최하고 한반도의 평화와 번영, 통일을 위한 판문점 선언을 채택하였다.
② 남북한 UN 동시 가입 → 노태우 정부
노태우 정부 때에 제46차 유엔 총회에서 개별 회원국으로 남북한이 국제 연합(UN)에 동시 가입하였다.
③ 최초의 남북 이산가족 고향 방문 → 전두환 정부
전두환 정부 때에 최초의 이산가족 고향 방문이 성사되어 평양에서 이산가족 고향 방문과 예술 공연단 교환을 실현하였다.
④ 6 · 23 평화 통일 외교 정책 선언 → 박정희 정부
박정희 정부 때에 공산권에 문호개방, 남북한 유엔 동시 가입 등을 주요 내용으로 하는 평화 통일 외교 정책에 관한 6 · 23 특별 성명이 발표되었다.

10 김대중 정부

정답 ⑤

암기박사 경의선 복원 공사 ⇒ 김대중 정부

정답 해설

금 모으기 운동을 통해 IMF의 외환 위기를 극복하고 국민 기초 생활 보장법을 제정한 것은 김대중 정부 때의 일이다. 이 시기에 평양에서 최초로 남북 정상 회담이 개최되고, 햇볕 정책의 일환으로 남북 경제 교류 증진을 위한 경의선 복원 공사가 시작되었다.

오답 해설

① G20 정상 회의 개최 → 이명박 정부
이명박 정부 때에 G20 주요 경제국 정상들이 모이는 G20 정상 회의가 아시아 최초로 서울에서 개최되었다.
② 미국과 자유 무역 협정(FTA) 체결 → 노무현 정부
노무현 정부 때에 한 · 미 자유 무역 협정(FTA)이 체결되어 미국과의 무역 장벽을 허무는 계기가 되었다. → 발효는 이명박 정부 때부터 임
③ 금융 실명제 → 김영삼 정부
김영삼 정부 때에 금융 거래의 투명성을 확보하고자 금융 실명제가 대통령 긴급 명령으로 실시되었다.
④ 8 · 3 조치 → 박정희 정부
8 · 3 조치는 박정희 대통령의 긴급 명령으로 발포된 경제의 안정과 성장에 관한 조치로, 사채 동결 등의 특혜가 기업에게 제공되었다.

핵심노트 ▶ 김대중 정부(국민의 정부, 1998.3 ~ 2003.2)

- **베를린 선언** : 남북 경협, 냉전 종식과 평화 공존, 남북한 당국 간 대화 추진
- **남북 정상 회담 개최** : 평양에서 최초로 남북 정상 회담 개최
- **6 · 15 남북 공동 선언** : 1국가 2체제 통일 방안 수용, 이산가족 방문단의 교환, 협력과 교류의 활성화 등
- 금강산 관광 시작(1998), 육로 관광은 2003년부터 시작
- 경의선 철도 연결 사업 → 2000년 9월 착공, 2003년 12월 완공
- 남북한의 교류 협력을 위한 개성 공업 지구 조성에 합의
- 금 모으기 운동, 노사정 위원회 구성, 신자유주의 경제 정책 추진
- 수출, 무역 흑자 증가, 벤처 기업 창업 등으로 외환위기 극복
- 중학교 의무 교육 실시, 만 5세 유아에 대한 무상 교육 · 보육 등 추진

대한민국 헌법의 변천 과정

개헌 정부	개헌 회차	개헌 연도	개헌 내용
이승만 정부	제1차 개헌 [발췌 개헌]	1952	• 대통령 직선제(이승만 재선 목적) • 국회 양원제(시행 안 됨) • 국회의 국무위원 불신임 제도
	제2차 개헌 [사사오입 개헌]	1954	• 자유당의 사사오입 논리로 개헌안 통과 • 초대 대통령에 한해 중임 제한 철폐(이승만 3선 목적)
허정 과도 정부	제3차 개헌	1960. 6	• 국회에서 대통령 선출 • 의원 내각제(장면 내각 출범) • 양원제(민의원·참의원)
장면 내각	제4차 개헌	1960. 11	• 3·15 부정 선거 관련자 처벌 • 특별 재판소 및 검찰부 설치
박정희 군정	제5차 개헌	1962	• 5·16 군사 정변(공화당 정권) • 대통령 중심제(직선제) • 단원제 국회
박정희 정부	제6차 개헌 [3선 개헌]	1969	• 대통령 직선제 • 대통령 3선 연임 허용 • 국회의원의 국무위원 겸직 허용
	제7차 개헌 [유신 헌법]	1972	• 대통령 간선제(통일 주체 국민 회의에서 선출) • 대통령 임기 6년(중임 및 연임 제한 규정 철폐) • 대통령 권한 확대(국회의원 1/3 추천권, 긴급 조치권, 국회 해산권 등)
전두환 정부	제8차 개헌	1980	• 전두환 신군부의 비상계엄 확대(12·12 사태) • 7년 단임의 대통령 간선제(대통령 선거인단에서 선출)
	제9차 개헌 [현행 헌법]	1987	• 노태우의 6·29 민주화 선언 • 5년 단임의 대통령 직선제